解放军和武警部队院校招生
文化科目统考复习参考教材
[适用于招收军士(警士)职业技术教育学员]

科学知识综合
(物理·化学·历史)

军考教材编写组 编

国防工业出版社

·北京·

内 容 简 介

本书是解放军和武警部队院校招生文化科目统考复习参考教材的《科学知识综合》分册,供报考军士(警士)职业技术教育学员的士兵复习使用。本书以《2023年军队院校招收士兵学员文化科目考试大纲》为依据,以广大考生复习考试的实际需要为目标而编写。

图书在版编目(CIP)数据

解放军和武警部队院校招生文化科目统考复习参考教材. 科学知识综合/军考教材编写组编. —北京:国防工业出版社,2023.1
 ISBN 978-7-118-12810-9

Ⅰ.①解… Ⅱ.①军… Ⅲ.①科学知识—军事院校—入学考试—自学参考资料 Ⅳ.①E251.3②G723.4

中国国家版本馆 CIP 数据核字(2023)第 001038 号

※

国防工业出版社 出版发行
(北京市海淀区紫竹院南路23号 邮政编码100048)
北京富博印刷有限公司印刷
新华书店经售

*

开本 787×1092 1/16 印张 32½ 字数 792 千字
2023年1月第1版第1次印刷 印数 1—2500 册 定价 94.00 元

(本书如有印装错误,我社负责调换)

国防书店:(010)88540777   书店传真:(010)88540776
发行业务:(010)88540717   发行传真:(010)88540762

丛书编委会

主　任　聂风华

副主任　陈　翔　张　婷

编　委　贾长丰　矫仁宗　张小平
　　　　　赵　晴　管　彤

物理编委会

主　编　孙作江

副主编　许　敏

参　编　隋　雁　宋江霞　高　卓　王　霞
　　　　薛江红

主　审　（按姓氏笔画排序）

　　　　杨豆豆　肖　三　陈正宏

化学编委会

主　编　王希军

副主编　严喜样

主　审　（按姓氏笔画排序）

　　　　王平安　肖　三　陈正宏

历史编委会

主　编　杨　武

副主编　王幼安

主　审　（按姓氏笔画排序）

　　　　仲光友　肖　三　陈正宏

丛书说明

为便于广大考生复习迎考,军队院校招生主管部门委托中国融通文化教育集团组织编写了《解放军和武警部队院校招生文化科目考试复习参考教材》。本套教材分为三个系列:适用于招收生长军官(警官)学员的《语文》《数学》《军政知识综合(上册)·政治》《军政知识综合(下册)·军事》《科学知识综合(上册)·物理》《科学知识综合(中册)·化学》《科学知识综合(下册)·历史》《英语》;适用于招收军士(警士)职业技术教育学员的《语文》《数学》《军政知识综合》《科学知识综合》《英语》;适用于大学毕业生士兵提干的《科技素养》《军政基础知识与军事职业能力》。

本套教材紧扣2023年军队院校招生文化科目考试大纲,科学编排知识框架,合理设置练习讲解,确保了复习内容的科学性、针对性和实用性。同时,这套教材的电子版可在强军网"军队院校招生信息平台"(http://www.zsxxw.mtn)免费下载使用。

为提供优质、便捷、高效的考学助学服务,中国融通文化教育集团所属融通人力公司打造了"融考通"服务平台,考生可通过关注"融通人力公司"公众号和下载App,获取更多考试帮助。

军考教材编写组
2023年1月

前　言

本书是解放军和武警部队院校招生文化科目统考复习参考教材的《科学知识综合》分册，供报考军士（警士）职业技术教育学员的士兵复习使用。本书以《2023年军队院校招收士兵学员文化科目考试大纲》为依据，并针对广大考生特点编写而成。

本书共分为三大部分，分别为物理、化学和历史。物理部分包括直线运动与运动定律、曲线运动和力、功和能、电场、电路、磁场与交流电、光学。化学部分包括化学基本概念、物质结构和元素周期律、电解质溶液、常见元素及其重要化合物、有机化合物、化学实验。历史部分包括主要内容和强化训练，其中：主要内容包括中国古代史、中国近代史、中国现代史、世界古代史、世界近代史、世界现代史，共六章；强化训练是针对前六章中的知识点设置的练习题，旨在检验考生对知识点的掌握程度。

本书在最后收录了"二〇二二年军队院校招收士兵学员文化科目统一考试军士科学知识综合试题重点真题及解析"，并附有参考答案，供考生了解考试形式和内容并模拟练习。

编者
2023 年 1 月

目 录

第一部分 物 理

第一章 直线运动与运动定律 ... 3

- 第一节 质点运动的描述 ... 3
- 第二节 匀变速直线运动 ... 4
- 第三节 几种常见的力 ... 5
- 第四节 力的合成与分解 ... 6
- 第五节 牛顿运动定律 ... 7
- 典型例题 ... 8
- 强化训练 ... 10

第二章 曲线运动和力 ... 21

- 第一节 圆周运动 ... 21
- 第二节 平抛运动 ... 22
- 第三节 万有引力与天体的运动 ... 23
- 典型例题 ... 24
- 强化训练 ... 26

第三章 功和能 ... 37

- 第一节 功 功率 ... 37
- 第二节 动能定理 ... 38
- 第三节 机械能守恒定律 ... 38
- 典型例题 ... 39
- 强化训练 ... 42

第四章 电场 ... 52

- 第一节 电荷守恒定律 ... 52
- 第二节 库仑定律 ... 52
- 第三节 电场 电场强度 ... 53
- 第四节 电势能 电势 ... 54
- 第五节 静电平衡 电容 ... 55

典型例题	....	56
强化训练	....	59

第五章 电路 ··· 70

第一节 电流强度 电源 电动势 ·· 70
第二节 欧姆定律 电阻定律 ··· 71
第三节 电功 电功率 焦耳定律 ··· 71
第四节 电表的改装 电阻的测量 ·· 72
典型例题 ··· 74
强化训练 ··· 76

第六章 磁场与交流电 ··· 86

第一节 磁场 磁感应强度 ··· 86
第二节 交流电 ·· 87
第三节 变压器 远距离输电 ··· 89
典型例题 ··· 90
强化训练 ··· 91

第七章 光学 ··· 102

第一节 反射定律 ·· 102
第二节 折射定律 ·· 103
第三节 全反射 色散 ·· 105
典型例题 ··· 106
强化训练 ··· 107

第二部分 化 学

第一章 化学基本概念 ··· 119

考试范围与要求 ··· 119
第一节 物质的组成、分类和性质 ····································· 119
第二节 化学用语和化学量 ·· 124
第三节 化学反应与分类 ··· 134
第四节 化学反应速率 ·· 146
第五节 溶液 ··· 150
典型例题 ··· 156
强化训练 ··· 159

第二章 物质结构和元素周期律 ······································· 170

考试范围与要求 ··· 170

第一节	原子结构	170
第二节	元素周期律	173
第三节	化学键和分子结构	178
典型例题		182
强化训练		183

第三章 电解质溶液 192

考试范围与要求		192
第一节	电解质溶液	192
第二节	原电池及金属的腐蚀和防护	199
典型例题		204
强化训练		205

第四章 常见元素及其重要化合物 211

考试范围与要求		211
第一节	氢和水	211
第二节	卤素	214
第三节	氧和硫	219
第四节	氮和磷	224
第五节	碳和硅	229
第六节	碱金属	236
第七节	镁和铝	240
第八节	铁	246
典型例题		251
强化训练		257

第五章 有机化合物 263

考试范围与要求		263
第一节	概述	263
第二节	烃	267
第三节	烃的衍生物	273
第四节	糖类和蛋白质	281
典型例题		284
强化训练		287

第六章 化学实验 292

考试范围与要求		292
第一节	常用仪器及用途	292
第二节	化学实验基本操作	296

第三节 气体的实验室制备、收集和检验 ………………………………… 303
  第四节 物质的检验、分离与提纯 ……………………………………… 310
  典型例题 ……………………………………………………………………… 316
  强化训练 ……………………………………………………………………… 317

第三部分 历 史

第一单元 主要内容 ………………………………………………………… 329

第一章 中国古代史 ……………………………………………………… 329
  考试范围与要求 ……………………………………………………………… 329
  第一节 中华文明的起源与早期国家 ……………………………………… 329
  第二节 春秋战国的政治社会变革 ………………………………………… 332
  第三节 秦汉时期统一多民族国家的建立和巩固 …………………………… 334
  第四节 三国两晋南北朝时期的政权更迭与民族交融 ……………………… 338
  第五节 隋唐统一多民族国家的发展 ………………………………………… 339
  第六节 宋辽夏金元时期的政治、经济与文化 ……………………………… 343
  第七节 明清时期统一多民族国家的巩固和发展 …………………………… 347
  典型例题 ……………………………………………………………………… 352

第二章 中国近代史 ……………………………………………………… 359
  考试范围与要求 ……………………………………………………………… 359
  第一节 中国开始沦为半殖民地半封建社会 ……………………………… 359
  第二节 国家出路的探索与民族危机的加剧 ……………………………… 362
  第三节 资产阶级民主革命与中华民国的建立 …………………………… 371
  第四节 中国共产党的成立与国民革命运动 ……………………………… 375
  第五节 南京国民政府的统治与中国共产党开辟革命新道路 ……………… 379
  第六节 中国人民的抗日战争 ……………………………………………… 383
  第七节 人民解放战争 …………………………………………………… 388
  典型例题 ……………………………………………………………………… 393

第三章 中国现代史 ……………………………………………………… 400
  考试范围与要求 ……………………………………………………………… 400
  第一节 中华人民共和国的成立和社会主义制度的确立 ………………… 400
  第二节 社会主义建设的艰辛探索和曲折发展 …………………………… 404
  第三节 改革开放与社会主义现代化建设新时期 ………………………… 407
  第四节 中国特色社会主义进入新时代 …………………………………… 411
  典型例题 ……………………………………………………………………… 419

第四章 世界古代史 ……………………………………………………… 424
  考试范围与要求 ……………………………………………………………… 424
  第一节 奴隶社会时期的古代世界 ……………………………………… 424
  第二节 奴隶制帝国的发展及文明 ……………………………………… 425

第三节　封建社会时期的古代世界 ·· 428
　　典型例题 ·· 429

第五章　世界近代史 ·· 432
　考试范围与要求 ·· 432
　　第一节　世界近代资本主义兴起 ·· 432
　　第二节　世界近代思想解放运动 ·· 434
　　第三节　资产阶级革命与资本主义制度的初步确立 ···································· 435
　　第四节　资本主义制度的初步扩展 ·· 440
　　第五节　马克思主义的诞生和国际共产主义运动 ·· 442
　　第六节　资本主义世界殖民体系的形成 ·· 446
　　典型例题 ·· 448

第六章　世界现代史 ·· 452
　考试范围与要求 ·· 452
　　第一节　第一次世界大战与战后国际秩序 ·· 452
　　第二节　俄国十月社会主义革命 ·· 454
　　第三节　第二次世界大战与雅尔塔体系的形成 ·· 457
　　第四节　第二次世界大战后的世界 ·· 461
　　第五节　苏联和东欧社会主义国家的发展与变化 ·· 462
　　第六节　当代世界发展的主要特点与主要趋势 ·· 464
　　第七节　现代科学技术 ·· 467
　　典型例题 ·· 468

第二单元　强化训练 ·· 474
　第一章　中国古代史 ·· 474
　第二章　中国近代史 ·· 476
　第三章　中国现代史 ·· 479
　第四章　世界古代史 ·· 482
　第五章　世界近代史 ·· 483
　第六章　世界现代史 ·· 485

参考答案 ·· 487

二〇二二年军队院校招收士兵学员文化科目统一考试
　军士科学知识综合试题重点真题及解析 ·· 499

附录　酸、碱和盐的溶解性表(20℃) ·· 507

元素周期表 ·· 508

第一部分

物 理

第一章

謎

第一章 直线运动与运动定律

复习要求

- 理解质点、位移、速度和加速度的概念；
- 理解匀变速直线运动的规律；
- 理解重力、摩擦力、弹力的概念；
- 理解力的合成和分解；
- 理解共点力的平衡条件；
- 理解牛顿运动定律；
- 了解军事与生活中的简单应用。

第一节 质点运动的描述

1. 质点

一个物体相对于另一个物体的位置的改变叫作机械运动，简称运动。它包括平动、转动和振动等运动形式。为了研究物体的运动，需要选定参考系，即假定为不动的物体。对同一个物体的运动，所选择的参考系不同，对它的运动的描述就会不同，从运动的描述来说，参考系的选取可以是任意的，参考系本身既可以是运动的物体，也可以是静止的物体，主要看问题的性质和研究的方便而定，通常以地球为参考系来研究地面上物体的运动。

用来代替物体的只有质量没有形状和大小的点，叫质点，它是一个理想化的物理模型。物体能否看作质点，不是根据物体的大小。当物体上各部分的运动情况都相同，物体上任意一点的运动情况都能反映物体的运动，此时物体可看成质点；此外，如果物体的形状和大小对所研究的问题无影响，或可以忽略不计时，物体可看成质点，比如，地球虽然大，但在研究地球公转时，由于地球直径远远小于地球和太阳之间的距离，地球上各点相对于太阳的运动，差别极小，可以认为相同，即地球的大小形状可以忽略不计，从而把地球看作质点；乒乓球虽然小，在研究它的旋转对运动的影响时，却不能看作质点。

2. 位移

位移描述物体位置的变化，是从物体运动的初位置指向末位置的有向线段，是矢量。路程是物体运动轨迹的长度，是标量。路程和位移是完全不同的概念，仅就大小而言，一般情况下位移的大小小于路程，只有在单方向的直线运动中，位移的大小才等于路程。

3. 时刻和时间

时刻：是指某一瞬时，在表示时间的数轴上，用点来表示，例如，几秒初、几秒末、几秒时；时间：是指前后两时刻之差，在表示时间的数轴上用线段来表示，即一段时间间隔，例如，前几秒内、第几秒内。

4. 速度和速率

速度是描述物体运动快慢的物理量,是矢量。速率只有大小,没有方向,是标量。质点在某段时间内的位移与发生这段位移所用时间的比值叫作这段时间(或位移)的平均速度,平均速度是对变速运动的粗略描述。瞬时速度是运动物体在某一时刻(或某一位置)的速度,方向是沿轨迹上质点所在点的切线方向并指向前进的一侧,瞬时速度是对变速运动的精确描述。质点在某段时间内通过的路程和所用时间的比值叫作这段时间内的平均速率,在一般变速运动中平均速度的大小不一定等于平均速率,只有在单方向的直线运动中,二者才相等。

5. 加速度

加速度是描述速度变化快慢的物理量,它是矢量,加速度又叫速度变化率。在匀变速直线运动中,速度的变化 Δv 跟发生这个变化所用时间 Δt 的比值,叫作匀变速直线运动的加速度,用 a 表示, $a = \dfrac{\Delta v}{\Delta t} = \dfrac{v_t - v_0}{t - t_0}$ 。加速度方向与速度变化 Δv 的方向一致,但不一定与 v 的方向一致。

第二节　匀变速直线运动

1. 匀变速直线运动

在任意相等的时间内位移相等的直线运动叫作匀速直线运动,其特点是 $a = 0$, $v = $ 恒量,位移公式 $x = vt$。

在任意相等的时间内速度的变化相等的直线运动叫作匀变速直线运动,其特点是 $a = $ 恒量。

(1) 匀变速直线运动基础式

速度公式 $v = v_0 + at$,位移公式 $x = v_0 t + \dfrac{1}{2}at^2$,速度位移公式 $v_t^2 - v_0^2 = 2ax$;以上各式均为矢量式,应用时应规定正方向,然后把矢量化为代数量求解,通常选初速度方向为正方向,凡是跟正方向一致的取"+"值,跟正方向相反的取"-"值。

(2) 重要推论:

① 平均速度公式: $\bar{v} = \dfrac{v_0 + v_t}{2} = v_{\frac{t}{2}}$,即做匀变速直线运动的物体在一段时间内的平均速度等于这段时间初、末时刻速度矢量和的一半,还等于中间时刻的瞬时速度。

② 任意相邻的两段连续相等的时间(T)内,位移之差是一个恒量,即
$$\Delta x = x_2 - x_1 = x_3 - x_2 = \ldots = x_n - x_{n-1} = aT^2$$

2. 自由落体运动和竖直上抛运动

自由落体运动和竖直上抛运动是两种常见的具体的匀变速直线运动。物体只在重力作用下从静止开始下落的运动,叫做自由落体运动。自由落体运动的条件是初速度为零,只受重力作用,是一种初速为零的匀加速直线运动,加速度为 g;速度公式 $v_t = gt$,位移公式 $h = \dfrac{1}{2}gt^2$,速度位移公式 $v_t^2 = 2gh$。

物体以一定初速度沿竖直方向向上抛出,所做的运动叫作竖直上抛运动。在上升过程中,速度越来越小,加速度方向跟速度方向相反;当速度减少到零时,物体上升达最大高度;然后物

体从这个高度自由下落,速度越来越大,加速度方向跟速度方向相同。因为竖直上抛运动中物体在同一位置的上抛速度和下落速度大小相等、方向相反,所以有时可以利用这种对称性求解,使解题过程简化。

若不考虑空气阻力,即空气阻力可以忽略时,竖直上抛运动在上升过程和下落过程的加速度都是重力加速度g。所以在处理竖直上抛运动时,可以把这个全过程看作一个统一的匀变速直线运动。我们就可以用匀变速直线运动的速度公式和位移公式来求解这一运动,速度公式$v_t = v_0 - gt$;位移公式$h = v_0 t - \frac{1}{2}gt^2$;速度位移公式$v_t^2 - v_0^2 = -2gh$。这里需要提醒的是:①式中$h$为正,表示质点在抛出点的上方,$h$为负表示在抛出点的下方;②$v$为正,表示质点向上运动,$v$为负表示质点向下运动;③由同一$h$求出的$t$和$v_t$可能有两个解,要注意分清其意义。

3. 运动图像

运动图像是通过建立坐标系来表达有关物体运动规律的一种重要方法,常见的运动图像有位移—时间($x-t$)图像和速度—时间($v-t$)图像。形状类似的图像在不同的坐标系中表示的物理规律不同,因此,应用图像时,首先要看清纵、横坐标表示的是何种物理量。

位移图像($x-t$图像):①图像上一点切线的斜率表示该时刻所对应速度;②图像是直线表示物体做匀速直线运动,图像是曲线则表示物体做变速运动;③图像与横轴交叉,表示物体从参考点的一边运动到另一边。

速度图像($v-t$图像):①在速度图像中,可以读出物体在任何时刻的速度;②在速度图像中,物体在一段时间内的位移大小等于物体的速度图像与这段时间轴所围面积的值;③在速度图像中,物体在任意时刻的加速度就是速度图像上所对应的点的切线的斜率;④图线与横轴交叉,表示物体运动的速度反向;⑤图线是直线表示物体做匀变速直线运动或匀速直线运动,图线是曲线表示物体做变加速运动。

第三节 几种常见的力

1. 重力

力是物体对物体的作用,是物体发生形变和改变物体运动状态的原因,力是矢量。

重力是由于地球对物体的吸引而产生的,但不能说重力就是地球的吸引力,重力是万有引力的一个分力,但在地球表面附近,可以认为重力近似等于万有引力。地球表面$G = mg$,在地面附近不太大的范围内可以认为g值是恒定的,通常g取9.8m/s^2。重力的方向竖直向下(不一定指向地心)。重心是物体的各部分所受重力合力的作用点,物体的重心不一定在物体上。质量分布均匀、形状规则的物体的重心在其几何中心上。

2. 弹力

弹力是由于发生弹性形变的物体有恢复形变的趋势而产生的,弹力产生的条件:①需要直接接触,②发生弹性形变。弹力的方向与物体形变的方向相反,弹力的受力物体是引起形变的物体,施力物体是发生形变的物体。在点面接触的情况下,垂直于面;在两个曲面接触(相当于点接触)的情况下,垂直于过接触点的公切面。弹力的大小一般情况下应根据物体的运动状态,利用平衡条件或牛顿定律来求解,弹簧弹力可由胡克定律来求解。

胡克定律:在弹性限度内,弹簧弹力的大小和弹簧的形变量成正比,即$F = kx$,k为弹簧的劲度系数,它只与弹簧本身因素有关,单位是 N/m。

3. 摩擦力

摩擦力产生的条件:①相互接触的物体间存在压力;②接触面不光滑;③接触的物体之间有相对运动(滑动摩擦力)或相对运动的趋势(静摩擦力)。这三点缺一不可。摩擦力的方向沿接触面切线方向,与物体相对运动或相对运动趋势的方向相反,与物体运动的方向可以相同也可以相反。关于摩擦力的大小,应先判明是何种摩擦力,然后再根据各自的规律去分析求解。滑动摩擦力大小可以利用公式 $f=\mu F_N$ 进行计算,其中 F_N 是物体的正压力,不一定等于物体的重力,甚至可能和重力无关;滑动摩擦力大小可根据物体的运动状态,利用平衡条件或牛顿定律来求解。静摩擦力大小可在 0 与最大静摩擦力 f_{max} 之间变化,一般应根据物体的运动状态由平衡条件或牛顿定律来求解。

4. 物体的受力分析

确定所研究的物体,分析周围物体对它产生的作用,不要分析该物体施于其他物体上的力,也不要把作用在其他物体上的力错误地认为通过"力的传递"作用在研究对象上。一般按"性质力"的顺序分析,即按重力、弹力、摩擦力、其他力顺序来分析,不要把"效果力"与"性质力"混淆重复分析。如果有一个力的方向难以确定,可用假设法分析,先假设此力不存在,想象所研究的物体会发生怎样的运动,然后审查这个力应在什么方向,所研究的物体才能满足给定的运动状态。

第四节 力的合成与分解

1. 力的合成与分解

如果一个力作用在物体上,它产生的效果跟几个力共同作用产生的效果相同,这个力就称为那几个力的合力,而那几个力就称为这个力的分力。求几个已知力的合力,叫作力的合成。

力合成与分解的根本方法:平行四边形定则。求互成角度的两个力的合力,不是简单地将两个力相加减,而是(可以)用表示两个力的有向线段为邻边作平行四边形,这两个邻边之间的对角线就表示合力的大小和方向。这就是平行四边形定则,如图 1-1 所示。

共点的两个力(F_1 和 F_2)合力大小 F 的取值范围为 $|F_1-F_2|\leqslant F\leqslant F_1+F_2$。

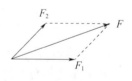

图 1-1

求一个已知力的分力,叫作力的分解,力的分解与力的合成互为逆运算。同样遵循平行四边形定则在实际问题中,通常将已知力按力产生的实际作用效果分解。为方便某些问题的研究,在很多问题中都采用正交分解法。

2. 共点力的平衡

作用在物体的同一点,或作用线相交于一点的几个力叫作共点力。物体保持匀速直线运动或静止的状态称为平衡状态,是加速度等于零的状态。要注意:静止与速度 $v=0$ 意义不同,物体处于静止状态,则 $a=0$,$v=0$,两者同时成立。若只是 $v=0$,$a\neq 0$,如上抛最高点的物体,它并不能保持静止,所以它并非处于平衡状态,所以平衡状态是加速度为零的状态,而非速度为零的状态。

共点力作用下的物体的平衡条件:物体所受的合外力为零,即 $\sum F=0$。若采用正交分解法求解平衡问题,则平衡条件应为$\sum F_x = 0, \sum F_y = 0$。

解决平衡问题的常用方法有隔离法、整体法、图解法、三角形相似法和正交分解法等。

第五节　牛顿运动定律

1. 牛顿第一定律

牛顿第一定律:一切物体总保持匀速直线运动状态或静止状态,直到有外力迫使它改变这种运动状态为止。

物体保持匀速直线运动状态或静止状态的性质叫惯性。惯性是物体的固有属性,即一切物体都有惯性,与物体的受力情况及运动状态无关,因此说,人们只能"利用"惯性而不能"克服"惯性。质量是物体惯性大小的量度。

牛顿第一定律定性地给出了力与运动的关系,说明:①运动是物体的一种属性,物体的运动不需要力来维持。②任何物体都有惯性。③牛顿第一定律对力的本质进行了定义,力是改变物体运动状态的原因,不是维持物体运动状态的原因。例如,运动的物体逐渐减速直至停止,不是因为不受力,而是因为受到了阻力。④揭示了物体不受力时的运动规律:牛顿第一定律描述的只是一种理想状态,而实际中不受外力作用的物体是不存在的,当物体受外力作用但所受合力为零时,其作用效果跟不受外力作用时相同。因此,我们可以把理想情况下的"不受外力作用"理解为实际情况中的"所受合外力为零"。牛顿第一定律不能用实验直接验证,是建立在大量实验现象的基础之上,通过思维的逻辑推理而得出的。

2. 牛顿第二定律

牛顿第二定律:物体的加速度的大小跟它所受的合外力成正比,跟它的质量成反比,加速度的方向跟合外力的方向相同,表达式:$F_合 = ma$。

牛顿第二定律定量揭示了力与运动的关系,说明:①知道了力,可根据牛顿第二定律,分析出物体的运动规律;反过来,知道了物体的运动规律,可根据牛顿第二定律研究其受力情况,为设计运动、控制运动提供了理论基础。②牛顿第二定律揭示的是力的瞬间效果,即作用在物体上的力与它的效果是瞬时对应关系,力改变加速度就改变,力撤除加速度就为零,注意力的瞬间效果是加速度而不是速度。③牛顿第二定律表达式$F_合 = ma$中,$F_合$是矢量,a也是矢量,且a与$F_合$的方向总是一致的,$F_合$可以进行合成与分解,ma也可以进行合成与分解。

3. 牛顿第三定律

牛顿第三定律:两个物体之间的作用力与反作用力总是大小相等,方向相反,作用在同一条直线上。

牛顿第三定律指出了两物体之间的作用是相互的,因而力总是成对出现的,它们总是同时产生,同时消失;作用力和反作用力总是同种性质的力;作用力和反作用力分别作用在两个不同的物体上,各产生其效果,不可叠加。

4. 超重和失重

超重:物体有向上的加速度称物体处于超重。处于超重的物体对支持面的压力F_N(或对悬挂物的拉力)大于物体的重力mg,即$F_N = mg + ma$。

失重:物体有向下的加速度称物体处于失重。处于失重的物体对支持面的压力F_N(或对悬挂物的拉力)小于物体的重力mg,即$F_N = mg - ma$,当$a = g$时$F_N = 0$,物体处于完全失重。

不管物体处于失重状态还是超重状态,物体本身的重力并没有改变,只是物体对支持物的压力(或对悬挂物的拉力)不等于物体本身的重力;超重或失重现象与物体的速度无关,只取决于加速度的方向,"加速上升"和"减速下降"都是超重,"加速下降"和"减速上升"都是失重;在完全失重的状态下,平常一切由重力产生的物理现象都会完全消失,如出现单摆停摆、天平失效、浸在水中的物体不再受浮力、液体柱不再产生压强等。

典型例题

例1 图1-2是物体做直线运动的$v-t$图像,由图可知,该物体( )。

A. 第1s内和第3s内的运动方向相反
B. 第3s内和第4s内的加速度相同
C. 第1s内和第4s内的位移大小不相等
D. 0~2s和0~4s内的平均速度大小相等

【答案】 B

【分析】 (1)$v-t$图像直接反映了速度随时间的变化,可据此直接分析判断物体的运动情况;(2)图线斜率表示物体运动的加速度;图线与时间轴所围面积表示运动位移。

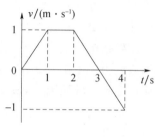

图1-2

【解析】 由图可知第1s内和第3s内速度都为正值,运动方向相同,选项A错误;2~4s图线斜率不变,加速度不变,选项B正确;$v-t$图线与时间轴所围的面积表示位移,故第1s内和第4s内的位移大小相等,选项C错误;0~2s和0~4s内位移相等,但时间不等,由$\bar{v}=\dfrac{s}{t}$可知选项D错误。

例2 交通路口是交通事故的多发地,驾驶员驾车行驶到交通路口时也格外小心。现有甲、乙两汽车正沿同一平直马路同向匀速行驶,甲车在前,乙车在后,它们行驶的速度均为$v_0=8m/s$。当两车快要到十字路口时,甲车司机看到绿灯已转换成了黄灯,于是紧急刹车(反应时间忽略不计),乙车司机为了避免追尾也紧急刹车,但乙车司机反应较慢(反应时间为$t=0.5s$)。已知甲车紧急刹车时制动力为车重的0.5,乙车紧急刹车时制动力为车重的0.4,取$g=10m/s^2$。

(1)若甲车司机看到黄灯时车头距警戒线6.5m,他采取了上述措施后是否会闯红灯?

(2)为保证两车在紧急刹车过程中不相撞,甲、乙两车在行驶过程中应至少保持多大安全距离?

【答案】 (1)不会;(2)5.6m

【分析】 (1)甲车的运动直接为匀减速运动,可直接应用运动学公式求出运动位移并做比较;(2)乙车在反应时间内做匀速运动,刹车后做匀减速运动,乙车整个运动的位移减去甲车运动的位移,就是至少应该保持的安全距离。

【解析】 (1)由牛顿运动定律,甲车紧急刹车过程的加速度大小为$a_1=\dfrac{f_1}{m_1}=\dfrac{0.5m_1g}{m_1}=5m/s^2$

甲车刹车过程滑行的距离$s_1=\dfrac{v_0^2}{2a_1}=\dfrac{8^2}{2\times 5}m=6.4m$,因6.4m<6.5m,故甲车不会闯红灯。

(2) 由牛顿第二定律,乙车紧急刹车过程的加速度大小为 $a_2=\dfrac{f_2}{m_2}=\dfrac{0.4m_2g}{m_2}=4\text{m/s}^2$

乙车刹车过程滑行的距离 $s_2=\dfrac{v_0^2}{2a_2}=\dfrac{8^2}{2\times4}\text{m}=8\text{m}$

乙车在司机反应时间内的运动位移 $s_3=v_0t=8\times0.5\text{m}=4\text{m}$

所以最小的安全距离为 $\Delta s=s_2+s_3-s_1=5.6\text{m}$

例 3 如图 1-3 所示,一小球放置在木板与竖直墙面之间。设墙面对球的压力大小为 N_1,球对木板的压力大小为 N_2。以木板与墙连接点所在水平直线为轴,将木板从图示位置开始缓慢地转到水平位置。不计摩擦,在此过程中( )。

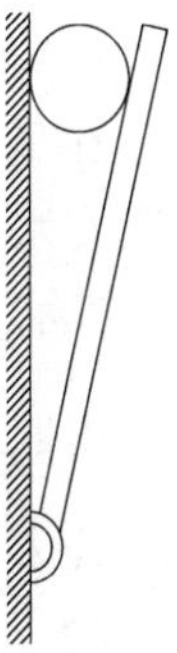

A. N_1 始终减小,N_2 始终增大
B. N_1 始终减小,N_2 始终减小
C. N_1 先增大后减小,N_2 始终减小
D. N_1 先增大后减小,N_2 先减小后增大

【答案】 B

图 1-3

【分析】 首先对小球受力分析,建立平衡方程,再分析随着板与墙面夹角逐渐变大,各力的变化情况。

【解析】 对小球进行受力分析,如图 1-4 所示。设板与墙面夹角为 θ,板转到水平位置过程中 θ 逐渐增大,$N_1=mg\cot\theta$,$N_2'=N_2=\dfrac{mg}{\sin\theta}$,而在第一象限内 $\sin\theta$ 为增函数,$\cot\theta$ 为减函数,可知随着 θ 的增大 N_1 和 N_2 都减小,故只有 B 正确。

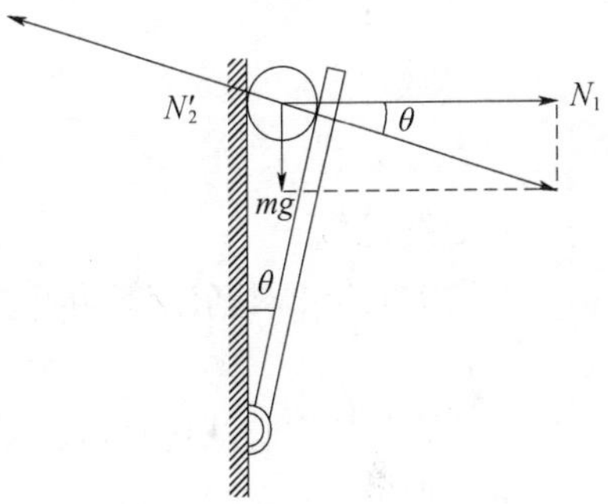

图 1-4

例 4 在训练运动员奔跑中下肢向后的蹬踏力量时,有一种方法是让运动员腰部系绳拖汽车轮胎奔跑,如图 1-5 所示。一次训练中,运动员腰部系着不可伸长的绳拖着质量 $m=11\text{kg}$ 的轮胎从静止开始沿着笔直的跑道加速奔跑,经过 $t_1=3\text{s}$ 后速度达到 $v_1=6\text{m/s}$,开始匀速跑,在匀速跑的某时刻拖绳从轮胎上脱落,运动员立即减速。当运动员速度减为零时发现轮胎静止在身后 $s_0=2\text{m}$ 处。已知轮胎与跑道间的动摩擦因数 $\mu=0.5$,运动员奔跑时拖绳两结点的距离 $L=2\text{m}$,结点高度差视为定值 $H=1.2\text{m}$,将运动员加速跑和减速跑过程视为匀变速运动,取 $g=10\text{m/s}^2$。求:

(1) 加速阶段绳子对轮胎的拉力大小 T;
(2) 运动员减速跑的加速度大小。

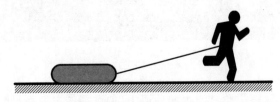

图 1-5

【答案】 (1)70N;(2)4.5m/s²

【分析】 (1)对在拖绳拉拽下加速运动的轮胎进行受力分析,再由牛顿第二定律建立动力学方程,结合运动学公式,即可求出绳中拉力;(2)绳脱落后,轮胎和运动员两者均做减速运动,运动员的总位移与轮胎的总位移满足一定关系。对绳脱落后减速运动的轮胎进行受力分析,由牛顿第二定律即可求出其减速运动的加速度。

【解析】 (1)设加速阶段轮胎的加速度大小为 a_1,由运动学方程有:$v_1 = a_1 t_1$

设轮胎受到绳子的拉力 T 与水平方向的夹角为 θ。地面支持力为 N,摩擦力为 f,

在竖直方向有:$T\sin\theta + N = mg$

在水平方向有:$T\cos\theta - f = ma$

又有 $f = \mu N$

由题意得:$\sin\theta = \dfrac{H}{L} = 0.6, \cos\theta = 0.8$

代入相关数据得 $T = 70$N

(2)设绳脱落后轮胎在地面上,滑行的加速度大小为 a_2,位移小为 s,运动员减速运动的加速度大小为 a_3

由牛顿第二定律有 $\mu m g = m a_2$

由运动学方程有 $v_1^2 = 2a_2 s, v_1^2 = 2a_3(s + s_0 - L\cos\theta)$,代入数据可得 $a_3 = 4.5$m/s²

强化训练

一、选择题

1. 2021年日本东京举办了第32届奥运会,在本届奥运会上,下列情况可看作质点的是( )。

A. 研究花样游泳运动员的动作
B. 研究百米赛跑运动员的起跑动作
C. 研究运动员在射击时,子弹从射出到击中靶心所用的时间
D. 研究对方运动员发过来的乒乓球的转动

2. 我国辽宁号航母在海军导弹驱逐舰沈阳号、石家庄号和导弹护卫舰烟台舰、潍坊舰的伴随下赴南海进行训练,如图1-6所示。下列说法正确的是( )。

图1-6

A. 辽宁号航母上的观察员感觉海水向后退去,他选择的参考系是海水
B. 辽宁号航母上的观察员感觉海水向后退去,他选择的参考系是航母

C. 辽宁号航母上的观察员感觉其他舰没有动,其他舰一定是静止的

D. 辽宁号航母上的观察员感觉天空中的白云没有动,航母一定是静止的

3. 对于体育比赛的论述,下列说法正确的是( )。

A. 运动员铅球成绩为4.50m,指的是位移大小为4.50m

B. 某场篮球比赛打了两个加时赛,共需10min,指的是时刻

C. 运动员跑完800m比赛,指的是路程为800m

D. 足球比赛挑边时,上抛的硬币落回地面猜测正反面,该硬币可以看做质点

4. 汽车在平直公路上以20m/s的速度匀速行驶。前方突遇险情,司机紧急刹车,汽车做匀减速运动,加速度大小为8m/s²。从开始刹车到汽车停止,汽车运动的距离为( )。

A. 10m　　　B. 20m　　　C. 25m　　　D. 50m

5. 甲、乙两汽车在一平直公路上同向行驶。在$t=0$到$t=t_1$的时间内,它们的$v-t$图像如图1-7所示。在这段时间内( )。

A. 汽车甲的平均速度比乙的大

B. 汽车乙的平均速度等于$\frac{v_1+v_2}{2}$

C. 甲乙两汽车的位移相同

D. 汽车甲的加速度大小逐渐减小,汽车乙的加速度大小逐渐增大

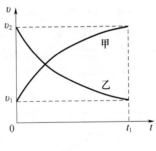

图1-7

6. 汽车以10m/s的速度在平直公路上行驶,刹车时的加速度大小为2m/s²,则自驾驶员踩刹车开始,经过2s与6s时汽车的位移大小之比为( )。

A. 1∶3　　　B. 2∶3　　　C. 3∶5　　　D. 16∶25

7. 一个质点做方向不变的直线运动,加速度的方向始终与速度方向相同,但加速度大小逐渐减小直至为零,在此过程中,( )。

A. 速度逐渐减小,当加速度减小到零时,速度达到最小值

B. 位移逐渐减小,当加速度减小到零时,位移达到最小值

C. 位移逐渐增大,当加速度减小到零时,位移达到最大值

D. 速度逐渐增大,当加速度减小到零时,速度达到最大值

8. 一物体以初速度v_0做匀减速直线运动,第1s内通过的位移$x_1=3$m,第2s内通过的位移$x_2=2$m,又经过位移x_3物体的速度减小为0,则下列说法错误的是( )。

A. 初速度v_0的大小为2.5m/s

B. 加速度a的大小为1m/s²

C. 位移x_3的大小为1.125m

D. 位移x_3内的平均速度大小为0.75m/s

9. 氢气球升到离地面80m高空时掉下一物体,物体又上升了10m后开始下落。若取向上为正方向,则物体从掉落开始到落到地面时的位移和经过的路程分别为( )。

A. 80m,100m　　　　　　B. -80m,100m

C. 90m,180m　　　　　　D. -90m,180m

10. 一小球从A点由静止开始做匀变速直线运动,若到达B点时速度为v,到达C点时速度为$2v$,则$AB:BC$等于( )。

A. 1∶1 B. 1∶2
C. 1∶3 D. 1∶4

11. 如图 1-8 所示为一质点做直线运动的 $v-t$ 图像,下列说法中正确的是(　　)。

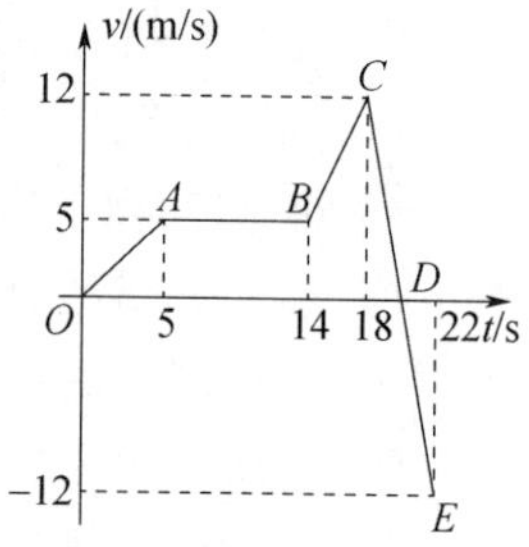

A. 整个过程中,E 点对应时刻离出发点最远

B. 整个过程中,BC 段对应过程的加速度最大

C. 在 18~22s 时间内,质点的位移为 24m

D. 在 14~18s 时间内,质点的位移为 34m

图 1-8

12. 如图 1-9 所示,一物体在粗糙水平地面上受斜向上的恒定拉力 F 作用而做匀速直线运动,则下列说法正确的是(　　)。

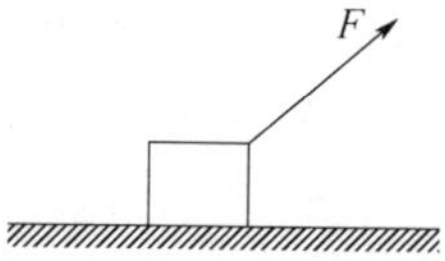

A. 物体可能只受两个力作用

B. 物体可能受三个力作用

C. 物体可能不受摩擦力作用

D. 物体一定受四个力

图 1-9

13. 如图 1-10 所示,有两个共点力,一个是 $F_1=40\text{N}$,一个是 F_2,它们的合力是 $F=100\text{N}$,则 F_2 的大小可能是(　　)。

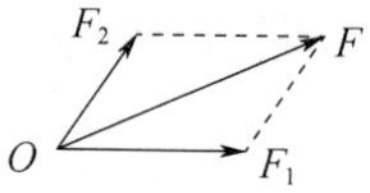

A. 20N B. 40N C. 80N D. 160N

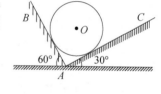

图 1-10

14. 在图 1-11 中,AB、AC 两光滑斜面互相垂直,AC 与水平面成 30°。若把球 O 的重力按照其作用效果分解,则两个分力的大小分别为(　　)。

A. $\frac{1}{2}G,\frac{\sqrt{3}}{2}G$ B. $\frac{\sqrt{3}}{3}G,\sqrt{3}G$

C. $\frac{\sqrt{2}}{3}G,\frac{\sqrt{2}}{2}G$ D. $\frac{\sqrt{2}}{2}G,\frac{\sqrt{3}}{2}G$

图 1-11

15. 关于速度、加速度和合外力之间的关系,正确的是(　　)。

A. 物体的速度越大,则加速度越大,所受的合外力也越大

B. 物体的速度为零,则加速度为零,所受的合外力也为零

C. 物体的速度很小,但加速度可能很大,所受的合外力也可能很大

D. 物体的速度很大,但加速度可能为零,所受的合外力不可能为零

16. 物体的运动情况及所受合外力的情况如图 1-12 所示,从图中可以判断这四个质量一定的物体的运动特征,下列说法正确的是(　　)。

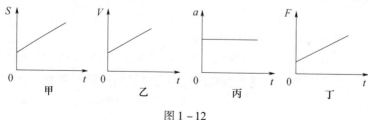

图 1-12

A. 甲物体受到不为零且恒定的合外力

B. 乙物体受到不为零且恒定的合外力作用,做初速度为零的匀加速运动

C. 丙物体受到的合外力为零
D. 丁物体的加速度越来越大

17. 如图 1-13 所示,放在固定斜面上的物块以加速度 a 沿斜面匀加速下滑,若在物块上再施加一竖直向下的恒力 F,则( )。

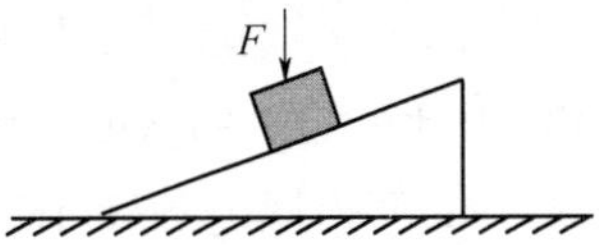

图 1-13

A. 物块可能匀速下滑
B. 物块仍以加速度 a 匀速下滑
C. 物块将以大于 a 的加速度匀加速下滑
D. 物块将以小于 a 的加速度匀加速下滑

18. 如图 1-14 所示,轻弹簧上端与一质量为 m 的木块 1 相连,下端与另一质量为 M 的木块 2 相连,整个系统置于水平放置的光滑木板上,并处于静止状态。现将木板沿水平方向突然抽出,设抽出后的瞬间,木块 1、2 的加速度大小分别为 a_1、a_2。重力加速度大小为 g。则有( )。

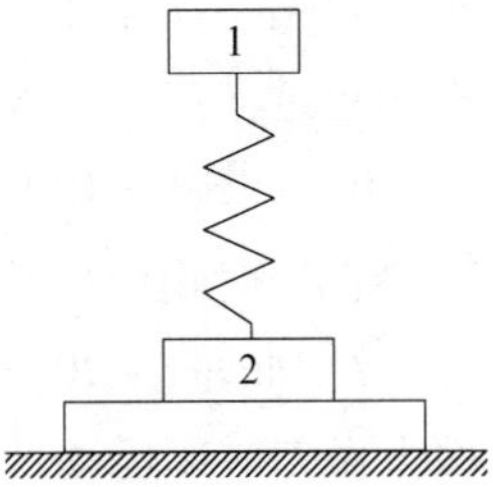

A. $a_1 = 0, a_2 = g$
B. $a_1 = g, a_2 = g$
C. $a_1 = 0, a_2 = \dfrac{m+M}{M}g$
D. $a_1 = g, a_2 = \dfrac{m+M}{M}g$

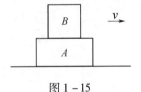

图 1-14

19. 如图 1-15 所示,A、B 两物块叠放在一起,在粗糙的水平面上保持相对静止地向右做匀减速直线运动,运动过程中 B 受到的摩擦力( )。

A. 方向向左,大小不变
B. 方向向左,逐渐减小
C. 方向向右,大小不变
D. 方向向右,逐渐减小

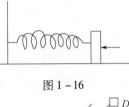

图 1-15

20. 如图 1-16 所示,一木块在光滑水平面上受一恒力作用而运动,前方固定一个弹簧,当木块接触弹簧后,( )。

A. 将立即做减速运动
B. 在一段时间内仍然做加速运动,但加速运动的大小会逐渐减少
C. 当 F 等于弹簧弹力时,木块加速度最大
D. 在弹簧处于最大压缩量时,物体的加速度为零

二、填空题

1. 将近 1000 年前,宋代诗人陈与义乘着小船在一个风和日丽的春日出游时曾经写了一首诗:"飞花两岸照船红,百里榆堤半日风。卧看满天云不动,不知云与我俱东。"诗中主要描述了 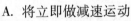 的运动,它是以  为参考系的。

2. 如图 1-17 所示,一辆汽车沿着马路由 A 地出发经

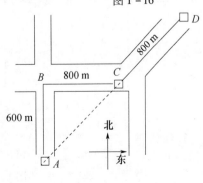

图 1-17

B、C 两地到达 D 地，D 与 A、C 两地恰好在一条直线上，汽车行驶的路程是_____，位移大小是_____，方向_____。

3. 某人估测一竖直枯井的深度，从井口静止释放一石头并开始计时，经 2s 听到石头落地声，由此可知井的深度约为_____m（不计声音传播的时间，重力加速度 g 取 10m/s^2）。

4. 某市规定：卡车在市区内行驶速度不得超过 40km/h。一次一辆卡车在市区路面紧急刹车后，经 1.5s 停止，量得刹车痕迹 $s=9\text{m}$，这车是否违章？_____。

5. 如图 1-18 所示，在光滑水平面上叠放两个物体 A 和 B，$m_A=0.2\text{kg}$，$m_B=0.3\text{kg}$。为保持 A、B 相对静止，作用在物体 A 上的水平力不能超过 0.5N，若将水平力作用在物体 B 上，那么，作用在物体 B 上的水平力不能超过_____N，物体 A 的最大加速度是_____m/s^2。

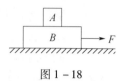

图 1-18

6. 如图 1-19 所示，物块 A 放在倾斜的木板上，木板的倾角 α 分别为 30°和 45°时物块所受摩擦力的大小恰好相同，则物块和木板间的动摩擦因数 $\mu=$ _____。

7. 如图 1-20 所示，有一箱装得很满的土豆，以一定的初速度在动摩擦因数为 μ 的水平地面上做匀减速运动，不计其他外力及空气阻力，则中间一质量为 m 的土豆受到其他土豆对它的作用力大小应为_____。

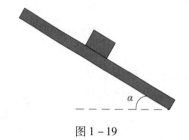

图 1-19

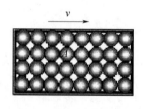

图 1-20

8. 物体在重力和空气阻力作用下匀加速竖直下落，其加速度等于 $\dfrac{4}{5}g$。如果空气阻力的大小不变，将物体竖直向上抛出，物体的加速度应等于_____。

9. 如图 1-21 所示，一个质量为 M 的人站在台秤上，用跨过定滑轮的绳子，将质量为 m 的物体自高处放下，当物体以 a 加速下降（$a<g$）时，台秤的读数为_____。

10. 如图 1-22 所示，用细线拉着小球 A 向上做加速运动，小球 A、B 间用弹簧相连，两球的质量分别为 m 和 $3m$，加速度大小为 a，若拉力 F 突然撤去，则 A、B 两球的加速度大小分别为 $a_A=$ _____，$a_B=$ _____。

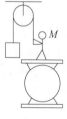

图 1-21

图 1-22

三、计算题

1. 足球运动员在罚点球时,球获得30m/s的速度并做匀速直线运动,设脚与球作用时间为0.1s,球在空中飞行0.3s后被守门员挡出,守门员双手与球接触时间为0.1s,且球被挡出去后以10m/s沿原路反弹,求:
(1) 罚点球的瞬间,球的加速度的大小;
(2) 守门员接球瞬间,球的加速度的大小。

2. 质点做减速直线运动,在第1s内位移为6m,停止运动前的最后1s内位移为2m,求:
(1) 在整个减速运动过程中质点的位移大小;
(2) 整个减速过程共用多长时间。

3. 如图1-23(a)所示,用一水平外力F拉着一个静止在倾角为θ的光滑斜面上的物体,逐渐增大F,物体做变加速运动,其加速度a随外力F变化的图像如图1-23(b)所示。若重力加速度g取10m/s²,根据图中所提供的信息,计算物体的质量和斜面的倾角。

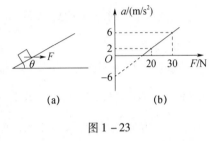

图1-23

4. 水平传送带被广泛应用于机场和火车站,如图1-24所示为一水平传送带装置示意图。紧绷的传送带AB始终保持恒定的速率$v=1$m/s运行,一质量为$m=4$kg的行李(可视为质点)无初速度地放在A处,传送带对行李的滑动摩擦力使行李开始做匀加速直线运动,随后行李又以与传送带相等的速率做匀速直线运动。设行李与传送带之间的动摩擦因数$\mu=0.1$,A、B间的距离$L=2$m,g取10m/s²。求:

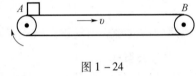

图1-24

(1) 行李刚开始运动时所受滑动摩擦力的大小与加速度的大小;
(2) 行李做匀加速直线运动的时间;
(3) 如果提高传送带的运行速率,行李就能被较快地传送到B处,求行李从A处传送到B处的最短时间和传送带对应的最小运行速率。

参考答案

一、选择题

1. 答案:C

解析:首先,要明确题目中给定的每个运动的研究目的,如动作、速度、时间、转动等;然后,看物体大小和形状对所研究的运动是否有影响。以研究运动员的动作、姿势是否优美为目的,运动员的身躯、四肢是研究对象,不能看成质点,选项A、B错误;以研究子弹击中靶子所用时间为目的,子弹本身的形状大小可忽略不计,可以看成质点,选项C正确;以研究乒乓球的转动为目的,乒乓球的形状大小不可忽略,不能看成质点,选项D错误。

2. 答案:B

解析:辽宁号航母上的观察员感觉海水向后退去,他选择的参考系是航母,故A错误,B正确;辽宁号航母上的观察员感觉其他舰没有动,观察员与其他舰同向同速,其他舰与辽宁号是相对静止的,故C错误;若航母是运动的,观察员感觉天空中的白云没有动,说明观察员与白云以相同速度运动,是相对静止的,故 D 错误。

3. 答案:C

解析:运动员铅球成绩为 4.50m,指的是抛出点和落地点水平距离为 4.50m,选项 A 错误;某场篮球比赛打了两个加时赛,共需 10min,指的是时间,选项 B 错误;运动员跑完 800m 比赛,指的是路程为 800m,选项 C 正确;足球比赛挑边时,上抛的硬币落回地面猜测正反面,该硬币不可以看做质点,选项 D 错误。

4. 答案:C

解析:由匀减速运动规律得 $s=\dfrac{v^2}{2a}=\dfrac{20^2}{2\times 8}=25\text{m}$,选项 C 正确。

5. 答案:A

解析:因 $v-t$ 图像中图线与 t 轴所围面积表示位移,则由题 $v-t$ 图像知,在 $0\sim t_1$ 时间内,甲的位移大于乙的位移,C 错误;由 $\overline{v}=\dfrac{x}{t}$ 可知,甲的平均速度比乙的大,故 A 正确;如图 1-25 所示,汽车乙的 $v-t$ 图像中,实线下的面积小于倾斜虚线下的面积,故汽车乙的平均速度小于 $\dfrac{v_1+v_2}{2}$,故 B 错误;$v-t$ 图像中图线的斜率表示加速度,甲、乙图线上各点切线斜率的绝对值均逐渐减小,故加速度都逐渐减小,故 D 错误。

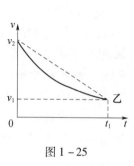

图 1-25

6. 答案:D

解析:设汽车经过时间 t_0 停止运动,由 $0=v_0+at$,得 $t_0=\dfrac{10}{2}=5\text{s}$,即汽车经过 5s 停止运动。所以汽车在 6s 内发生的位移大小应为 $x_0=v_0t_0+\dfrac{1}{2}at_0^2=10\times 5\text{m}+\dfrac{1}{2}\times(-2)\times 5^2\text{m}=25\text{m}$,汽车在 2s 内发生的位移 $x_1=v_0t_1+\dfrac{1}{2}at_1^2=10\times 2\text{m}+\dfrac{1}{2}\times(-2)\times 2^2\text{m}=16\text{m}$,位移大小之比为 $\dfrac{x_1}{x_0}=\dfrac{16}{25}$,故正确的选项为 D。

7. 答案:D

解析:因为加速度方向始终和速度方向相同,虽然加速度在减少,但速度还是在增大,质点的运动方向不变,所以位移也在增大,故 A、B 错;当加速度减少到零时,速度不再增大,质点运动继续,位移仍在增大,故 C 错,D 对。

8. 答案:A

解析:由 $\Delta x=aT^2$ 可得加速度大小 $a=1\text{m/s}^2$;第 1s 末的速度 $v_1=\dfrac{x_1+x_2}{2T}=2.5\text{m/s}$;物体的速度由 2.5m/s 减速到 0 所需时间 $t=\dfrac{\Delta v}{-a}=2.5\text{s}$,则经过位移 x_3 的时间 t' 为 1.5s,且 $x_3=\dfrac{1}{2}at'^2=1.125\text{m}$;位移 x_3 内的平均速度 $\overline{v}=\dfrac{x_3}{t'}=0.75\text{m/s}$。综上可知,A 错误,B、C、D 正确。

9. 答案:B

解析:位移是矢量,是指从初位置指向末位置的有向线段,而路程是指氢气球的运动轨迹的长度,故 B 对。

10. 答案:C

解析:设 AB 的距离为 s_1,BC 的距离为 s_2,由 $v_t^2 - v_0^2 = 2as$,知 $v^2 = 2as_1$,$4v^2 - v^2 = 2as_2$,$s_1 : s_2 = 1 : 3$,所以选 C。

11. 答案:D

解析:$v-t$ 图像中"面积"代表位移,由图可知 D 点对应时刻所围面积最大,离出发点最远,故 A 错误。$v-t$ 图线的斜率代表加速度,由图可知 CE 段斜率最大,加速度最大,故 B 错误;在 18~22s 时间内,$x_1 = \frac{1}{2} \times 12 \times 2 + \frac{1}{2} \times (-12) \times 2 = 0$,故 C 错误;在 14~18s 时间内,$x_2 = \frac{1}{2} \times (5+12) \times (18-14) = 34\text{m}$,故 D 正确。

12. 答案:D

解析:物体在粗糙水平地面上,做匀速直线运动,则物体受到合外力为零,由于拉力 F 倾斜向上,所以物体一定受到滑动摩擦力作用,因而物体一定受到地面的支持力、重力及拉力,故选项 D 正确。

13. 答案:C

解析:由平行四边形法则可知,F_2 的大小应该是介于 60~140N,所以答案选 C。

14. 答案:A

解析:对球所受重力进行分解,如图 1-26 所示,由几何关系得 $F_1 = G\sin 60° = \frac{\sqrt{3}}{2}G$,$F_2 = G\sin 30° = \frac{1}{2}G$,A 正确。

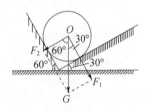

图 1-26

15. 答案:C

解析:物体的加速度与速度无必然联系,加速度由合外力决定。物体的速度为零,加速度可以为零也可以不为零;当加速度为零时,速度不变。故 C 正确。

16. 答案:D

解析:甲物体做匀速直线运动,合外力为零,选项 A 错误;乙物体做匀加速运动,合外力恒定,且初速度不为零,选项 B 不正确;丙物体做匀加速运动,合外力恒定且不为零,选项 C 错误;丁物体所受合外力越来越大,加速度越来越大,选项 D 正确。

17. 答案:C

解析:根据牛顿第二定律,起初:$mg\sin\theta - \mu mg\cos\theta = ma$,加上竖直向下的恒力 F 以后:$(mg+F)\sin\theta - \mu(mg+F)\cos\theta = ma'$,所以 $a' > a$,即物块将以大于 a 的加速度匀加速下滑,故选项 C 正确。

18. 答案:C

解析:木板抽出前,由平衡条件可知弹簧被压缩产生的弹力大小为 mg。木板抽出后瞬间,弹簧弹力保持不变,仍为 mg。由平衡条件和牛顿第二定律可得 $a_1 = 0$,$a_2 = \frac{m+M}{M}g$。所以答案为 C。

19. 答案:A

解析:对 A、B 系统整体分析有 $F_{地A} = \mu(m_A + m_B)g = (m_A + m_B)a$,$a = \mu g$,$B$ 与 A 有共同的运动状态,对 B 受力分析知,B 所受静摩擦力 $F_{AB} = m_B a = \mu m_B g$,大小不变,方向向左,故 A 正

确,B、C、D错误。

20. 答案:B

解析:木块刚接触弹簧后,弹簧的弹力较小,此时推力大于弹簧的弹力,合力向右,因此,木块仍做加速运动。随着木块的运动,弹簧的形变量逐渐增大,弹力逐渐增大,由牛顿第二定律 $F - F_{弹} = ma$,可得加速度逐渐减少,所以,开始先做加速度逐渐减少的加速运动。当 $F = F_{弹}$ 时,加速度为零,此时,木块速度达到最大,之后木块继续向左运动,弹簧弹力大于推力,合力向左,$F_{弹} - F = ma$,之后将做加速度逐渐增大的减速运动,当弹簧处于最大压缩量时,速度为零,加速度不为零,故选 B。

二、填空题

1. 答案:船 河岸(地面)

解析:本题考查的是运动的相对性。

2. 答案:2200m 1800m 东偏北37°

解析:路程是轨迹的长度是标量,位移是矢量,是从初始位置指向末位置的有向线段。

3. 答案:20

解析:不计声音传播的时间,由自由落体的位移公式得 $h = \frac{1}{2}gt^2 = \frac{1}{2} \times 10 \times 2^2 = 20$m。

4. 答案:是

解析:由于卡车做匀减速运动,则平均速度 $\bar{v} = \frac{v_0 + v_t}{2}$。又因为 $s = \bar{v}t$,所以 $9 = \frac{v_0 + 0}{2} \times 1.5$,解得 $v_0 = 12$m/s $= 43.2$km/h > 40km/h,此车违章。

5. 答案:0.75 1.5

解析:当力作用在物体 A 上时,A、B 相对静止,由整体法分析:$a = \frac{F}{m_A + m_B} = \frac{0.5}{0.5} = 1$m/s^2,对 A 分析:$a = \frac{F - f}{m_A} = \frac{0.5 - f}{0.2} = 1$m/s^2,得到 A、B 间的最大静摩擦力为 0.3N;当力作用在物体 B 上时,A 只受到静摩擦力作用,当物体 A 的加速度最大时,A 受到最大静摩擦力作用,$a_{max} = \frac{f}{m_A} = \frac{0.3}{0.2} = 1.5$m/s^2,此时,整体法分析:$a_{max} = \frac{F_{max}}{m_A + m_B} = \frac{F_{max}}{0.5} = 1.5$m/s^2,得作用在物体 B 上的最大水平力 $F_{max} = 0.75$N。

6. 答案:$\frac{\sqrt{2}}{2}$

解析:木板的倾角为30°时物块静止,所受摩擦力为静摩擦力,由沿斜面方向二力平衡可知其大小为 $mg\sin30°$;木板的倾角为45°时物块滑动,所受摩擦力为滑动摩擦力,大小为 $\mu mg\cos45°$,由二者相等可得物块和木板间的动摩擦因数为 $\mu = \frac{\sqrt{2}}{2}$。

7. 答案:$mg\sqrt{1+\mu^2}$

解析:每个土豆随筐一起做匀减速运动,加速度为 a,由牛顿第二定律得 $\mu mg = ma$,加速度 $a = \mu g$,对土豆进行受力分析,如图 1-27 所示,由牛顿第二定律和平行四边形定则得 $F = \sqrt{(mg)^2 + (ma)^2} = mg\sqrt{1+\mu^2}$。

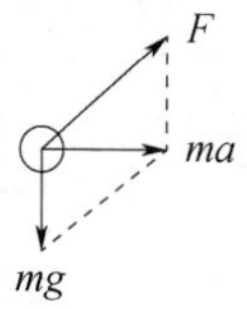

图 1-27

8. 答案: $\dfrac{6}{5}g$

解析: 物体竖直下落, 由牛顿第二定律列得 $mg - f_阻 = ma$, 将 $a = \dfrac{4}{5}g$ 代入式中得 $f_阻 = \dfrac{1}{5}mg$。物体竖直上抛运动上升过程中, 由牛顿第二定律得 $mg + f_阻 = ma'$, 将 $f_阻 = \dfrac{1}{5}mg$ 代入得 $a' = \dfrac{6}{5}g$。

9. 答案: $N = (M - m)g + ma$

解析: 对物体受力分析, 设绳子拉力为 T, 由牛顿第二定律得 $mg - T = ma$ ①, 对人受力分析, 有 $N + T = Mg$ ②, 由上述①②两式联立得 $N = (M - m)g + ma$。

10. 答案: $4g + 3a$

解析: 撤去力 F 之后, 由于惯性, A、B 两球仍向上运动, 且弹簧的弹力不发生变化, 故 B 的受力情况未变, 其加速度仍为 a, 但 A 的受力情况发生变化, 加速度发生变化, 去掉力的瞬间, 对 B 受力分析由牛顿第二定律得 $F_N - 3mg = 3ma$, 所以弹簧弹力 $F_N = 3m(g + a)$, 对 A 球, 由牛顿第二定律得 $F_N + mg = ma_A$, 所以 A 球的加速度 $a_A = \dfrac{3m(g+a) + mg}{m} = 4g + 3a$。

三、计算题

1. 答案: (1) 300m/s²   (2) 400m/s²

解析: (1) 设球被踢出去时的速度方向为正方向, 则罚点球时的速度由 $v_0 = 0$ 变到 $v_1 = 30$m/s, 用时 $t_1 = 0.1$s, 由 $a = \dfrac{\Delta v}{\Delta t}$ 得罚点球时的 $a_1 = \dfrac{v_1 - v_0}{t_1} = \dfrac{30 - 0}{0.1} = 300$m/s²。

(2) 接球时的速度由 v_1 变到 v_2, 用时 $t_2 = 0.1$s, 则接球时 $a_2 = \dfrac{v_2 - v_1}{t_2} = \dfrac{-10 - 30}{0.1} = -400$m/s²。即加速度大小为 400m/s²。

2. 答案: (1) 8m   (2) 2s

解析: (1) 设质点做匀减速运动的加速度大小为 a, 初速度为 v_0。由于质点停止运动前的最后 1s 内位移为 2m, 则 $x_2 = \dfrac{1}{2}at_2^2$, 所以 $a = \dfrac{2x_2}{t_2^2} = \dfrac{2 \times 2}{1^2} = 4$m/s²。

质点在第 1s 内位移为 6m, $x_1 = v_0t_1 - \dfrac{1}{2}at_1^2$,

所以 $v_0 = \dfrac{2x_1 + at_1^2}{2t_1} = \dfrac{2 \times 6 + 4 \times 1^2}{2 \times 1} = 8$m/s。

在整个减速运动过程中质点的位移大小为

$x = \dfrac{v_0^2}{2a} = \dfrac{8^2}{2 \times 4} = 8$m。

(2) 对整个过程逆向考虑

$x = \dfrac{1}{2}at^2$, 所以 $t = \sqrt{\dfrac{2x}{a}} = \sqrt{\dfrac{2 \times 8}{4}} = 2$s。

3. 答案: $m = 2$kg, $\theta = 37°$

解析: 对物体受力分析, 受推力、重力、支持力, 列方程

x 方向：$N - F\sin\theta - G\cos\theta = ma$①，

y 方向：$N - F\sin\theta - G\cos\theta = 0$②，

从图像中取两个点 $(20\mathrm{N}, 2\mathrm{m/s}^2)$，$(30\mathrm{N}, 6\mathrm{m/s}^2)$ 代入①式

解得 $m = 2\mathrm{kg}$，$\theta = 37°$。

4. **答案**：(1) $4\mathrm{N}$，$1\mathrm{m/s}^2$ (2) $1\mathrm{s}$ (3) $2\mathrm{s}$，$2\mathrm{m/s}$

解析：(1) 滑动摩擦力 $F_\mathrm{f} = \mu mg = 0.1 \times 4 \times 10\mathrm{N} = 4\mathrm{N}$，

加速度 $a = \mu g = 0.1 \times 10\mathrm{m/s}^2 = 1\mathrm{m/s}^2$

(2) 行李达到与传送带相同速率后不再加速，则 $v = at_1$

所以 $t_1 = \dfrac{v}{a} = \dfrac{1}{1}\mathrm{s} = 1\mathrm{s}$

(3) 行李始终匀加速运行所用时间最短，加速度仍为 $a = 1\mathrm{m/s}^2$，当行李到达右端时，有 $v_\mathrm{min}^2 = 2aL$，所以 $v_\mathrm{min} = \sqrt{2aL} = \sqrt{2 \times 1 \times 2}\mathrm{m/s} = 2\mathrm{m/s}$

所以传送带对应的最小运行速率为 $2\mathrm{m/s}$

行李最短运行时间由 $v_\mathrm{min} = at_\mathrm{min}$

得 $t_\mathrm{min} = \dfrac{v_\mathrm{min}}{a} = \dfrac{2}{1}\mathrm{s} = 2\mathrm{s}$。

第二章 曲线运动和力

复习要求

- 理解匀速圆周运动的规律；
- 理解运动的合成和分解；
- 理解平抛运动的规律；
- 理解万有引力定律；
- 了解军事与生活中的简单应用。

第一节 圆周运动

1. 曲线运动

运动轨迹是曲线的运动叫曲线运动。曲线运动的特点：质点在某一点的速度方向，就是通过该点的曲线的切线方向。质点的速度方向时刻在改变，所以曲线运动一定是变速运动，必具有加速度。加速度可以是不变的，这类曲线运动是匀变速曲线运动，如平抛运动；加速度可以是变化的，这类曲线运动是变加速曲线运动（或非匀变速曲线运动），如圆周运动。

物体做曲线运动的条件：运动质点所受的合外力（或加速度）的方向跟它的速度方向不在同一直线上。

曲线运动的轨迹：做曲线运动的物体，其轨迹向合外力所指一方弯曲，若已知物体的运动轨迹，可判断出物体所受外力的大致方向，如平抛运动的轨迹向下弯曲，圆周运动的轨迹总向圆心弯曲等。

2. 圆周运动

物体的运动轨迹是圆周的运动叫圆周运动。描述圆周运动的物理量：①线速度，描述质点做圆周运动的快慢，大小 $v = s/t$，s 是 t 时间内通过的弧长，线速度的方向为质点在圆弧某点的切线方向；②角速度，描述质点绕圆心转动的快慢，大小 $\omega = \varphi/t$，单位为 rad/s，φ 是连接质点和圆心的半径在 t 时间内转过的角度；③周期，做圆周运动的物体运动一周所用的时间叫作周期（T），做圆周运动的物体单位时间内沿圆周绕圆心转过的圈数叫作频率（f）；④ $T = \dfrac{1}{f}$，$\omega = \dfrac{2\pi}{T} = 2\pi f$，$v = \dfrac{2\pi r}{T} = 2\pi rf = \omega r$，其中 r 为圆周运动半径；⑤向心加速度，描述物体线速度方向改变快慢，大小 $a = \dfrac{v^2}{r} = \omega^2 r$，方向总是指向圆心，时刻在变化；⑥向心力，方向总是指向圆心，产生向心加速度，向心力只改变线速度的方向，不改变速度的大小，其大小 $F = ma = m\dfrac{v^2}{r} = m\omega^2 r$，向心力是根据力的效果命名的,可以由重力、弹力、摩擦力等力来提供,也可以由几个力在半径方向上的合力来提供,在分析做圆周运动的质点受力情况时,千万不可在物体受力之外再添加一个向心力。

匀速圆周运动:线速度的大小恒定,角速度、周期和频率都是恒定不变的,向心加速度和向心力的大小也都是恒定不变的,是速度大小不变而速度方向时刻在变的变速曲线运动。

变速圆周运动:速度大小方向都发生变化,不仅存在着向心加速度(改变速度的方向),而且还存在着切向加速度(方向沿着轨道的切线方向,用来改变速度的大小),一般而言,合加速度方向不指向圆心,合力不一定等于向心力,合外力在指向圆心方向的分力充当向心力,产生向心加速度,合外力在切线方向的分力产生切向加速度。

第二节　平抛运动

1. 运动的合成与分解

对于复杂的运动,常常可以把它们看成是由几个简单的运动组成的,通过研究简单的运动达到研究复杂运动的目的。由分运动求合运动叫运动的合成;反之,叫运动的分解。运动的合成与分解,通常是指描述物体运动的各物理量即位移、速度、加速度的合成与分解。由于它们都是矢量,所以它们都遵循矢量的合成与分解法则,即平行四边形定则。两分运动在同一直线上时,同向相加,反向相减;不在同一直线上时,按照平行四边形定则进行合成或分解。

合运动与分运动的关系:

① 等时性:合运动和各分运动经历的时间相等,即同时开始、同时进行、同时停止。

② 独立性:一个物体同时参与两个方向的分运动,每个分运动独立进行,不因其他分运动的存在而有所改变,即各分运动是互相独立的、互不影响的。

③ 等效性:各分运动的叠加与合运动具有相同的效果,即分运动与合运动可以"等效替代"。

分解原则:根据运动的实际效果分解,物体的实际运动为合运动。

2. 平抛运动

物体初速度水平、只在重力作用下的运动,为平抛运动。

物体做平抛运动有两个条件:一是物体具有水平方向的初速度 v_0;二是物体始终只受到重力的作用(空气阻力忽略不计)。显然,平抛运动属于匀变速曲线运动。

由于做平抛运动的物体仅在竖直方向上受到重力的作用,所以速度矢量只在竖直方向上有变化($\Delta v = g\Delta t$),而在水平方向上没有变化。基于这一缘故,通常将平抛运动分解为水平和竖直两个方向的分运动来研究。

做平抛运动的物体在水平方向上不受外力,做的是匀速直线运动:$v_x = v_0$,$x = v_0 t$。在竖直方向上没有初速度,且只受重力作用,做的是自由落体运动:$v_y = gt$,$y = \dfrac{1}{2}gt^2$。经历时间 t 后物体的速度大小是 $v = \sqrt{v_x^2 + v_y^2} = \sqrt{v_0^2 + g^2 t^2}$。速度 v 的方向可用它和水平方向的夹角 α 来表示,如图 2 - 1 所示可看出 $\alpha = \arctan \dfrac{v_y}{v_x} = \arctan \dfrac{gt}{v_0}$。

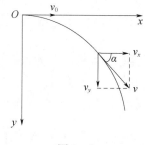

图 2 - 1

在给定高度和初速度的条件下,经常要讨论的是物体的落地速度和水平位移。为了求得这两个量,关键的问题是要设法求出落地过程所经历的时间。平抛物体的落地时间与它抛出时的水平速度无关,只取决于它落地点与抛出点间的竖直高度,即 $t = \sqrt{\dfrac{2H_0}{g}}$。

若物体的初速度与合外力垂直,且合外力恒定,这一类运动的规律与平抛运动类似,往往将此类运动称为类平抛运动。在合外力方向上,可分解为匀加速直线运动,位移为 $y = \dfrac{1}{2}at^2$,相邻相等时间间隔内的位移之差为 $\Delta y = aT^2$;在垂直合外力方向上为匀速直线运动。

第三节 万有引力与天体的运动

1. 万有引力定律

万有引力定律:自然界中任何两个物体都是互相吸引的,引力的方向在它们的连线上,引力的大小跟这两个物体的质量的乘积成正比,跟它们的距离的平方成反比。表达式:$F = G\dfrac{m_1 m_2}{r^2}$,其中,$G$ 为引力常量,通常取 $G = 6.67 \times 10^{-11} \mathrm{N \cdot m^2/kg^2}$。适用条件:适用于质点间的相互作用,其中 r 应为两质点间距离;均匀的球体可视为质点,r 是两球心间的距离。

应用万有引力定律分析天体运动的基本方法:把天体的运动看成是匀速圆周运动,其所需向心力由万有引力提供,即 $G\dfrac{Mm}{r^2} = m\dfrac{v^2}{r} = m\omega^2 r = m\left(\dfrac{2\pi}{T}\right)^2 r = ma_{向}$,应用时可根据实际情况选用适当的公式进行分析或计算,从而可估算天体质量 M、密度 ρ 等物理量。

2. 天体的运动

三种宇宙速度:第一宇宙速度(环绕速度),$v_1 = 7.9 \mathrm{km/s}$,它是卫星的最小发射速度,也是地球卫星的最大环绕速度;物体在地面附近绕地球做匀速圆周运动,则 $G\dfrac{Mm}{R_{地}^2} = m\dfrac{v_1^2}{R_{地}} = mg$,$v_1 = \sqrt{\dfrac{GM}{R_{地}}} = \sqrt{gR_{地}} = 7.9 \mathrm{km/s}$。其他星球上都有各自的第一宇宙速度,计算方法与地球的相同。第二宇宙速度(脱离速度),$v_2 = 11.2 \mathrm{km/s}$,是使物体挣脱地球引力束缚的最小发射速度;第三宇宙速度(逃逸速度),$v_3 = 16.7 \mathrm{km/s}$,是使物体挣脱太阳引力束缚的最小发射速度。

地球同步卫星:所谓地球同步卫星,是指相对于地面静止的卫星,和地球自转周期相同的卫星,又叫通信卫星。这种卫星位于赤道上方某一高度的稳定轨道上,且绕地球运动的周期等于地球的自转周期,即 $T = 24\mathrm{h}$,离地面高度一定,同步卫星的轨道一定在赤道平面内,并且只有一条,所有同步卫星都在这条轨道上,以大小相同的线速度、角速度和周期运行着。

卫星运行的特点:卫星做圆周运动的向心力必须由地球对它的万有引力来提供,所以所有的地球卫星其轨道圆的圆心都必须在地球的球心上;同步卫星跟地球自转同步,其轨道平面与赤道平面重合;其他卫星线速度的最大值为 $v = 7.9 \mathrm{km/s}$,最小周期大约为 $85\mathrm{min}$,轨道可以是任意的,但轨道平面一定通过地球球心。

卫星的超重和失重:"超重"是卫星进入轨道的加速上升过程和回收时的减速下降过程,此情景与"升降机"中物体超重相同。"失重"是卫星进入轨道后正常运转时,卫星上的物体完全

"失重"。因为重力提供向心力,此时,在卫星上的仪器,凡是制造原理与重力有关的均不能正常使用。

典型例题

例1 如图2-2所示,物体A、B经无摩擦的定滑轮用细线连在一起,A物体受水平向右的力F的作用,此时B匀速下降,A水平向左运动,可知(   )。

A. 物体A做匀速运动

B. 物体A做减速运动

C. 物体A所受摩擦力逐渐增大

D. 物体A所受摩擦力逐渐减小

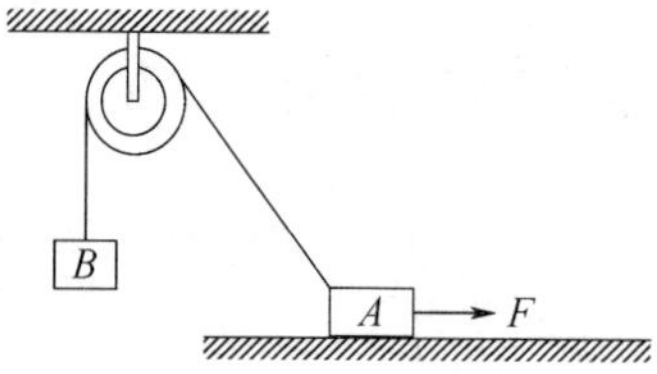

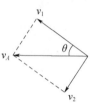

图2-2

【答案】 D

【分析】 题中的轻绳是不可伸长的,所以解题原则是把物体的实际速度分解为垂直于绳和平行于绳的方向上的两个分量,根据沿绳方向的分速度大小相等来进行求解。

【解析】 设物体A水平向左的速度v_A(也就是绳子末端的运动速度)为合速度,它的两个分速度v_1、v_2分别沿绳方向和垂直于绳方向,则其中v_1就是物体B拉动绳子的速度,由图2-3得,$v_B = v_1 = v_A\cos\theta$,物体$B$匀速下落的过程中,$\theta$逐渐变大,则$v_A$逐渐变大,故物体$A$做加速运动,选项A错误,B错误;由于物体$A$对地面的压力逐渐减小,所以物体$A$所受的摩擦力逐渐没有减小,选项C错误,D正确。故本题答案为D。

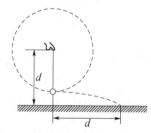

图2-3

例2 小明站在水平地面上,手握不可伸长的轻绳一端,绳的另一端系有质量为m的小球,甩动手腕,使球在竖直平面内做圆周运动。当球某次运动到最低点时,绳突然断掉,球飞行水平距离d后落地,如图2-4所示。已知握绳的手离地面高度为d,手与球之间的绳长为$\frac{3}{4}d$,重力加速度为g。忽略手的运动半径和空气阻力。求:

(1)绳断时球的速度大小v_1和球落地时的速度大小v_2;

(2)绳所能承受的最大拉力;

(3)改变绳长,使球重复上述运动,若绳仍在球运动到最低点时断掉,要使球抛出的水平距离最大,绳长应为多少?最大水平距离为多少?

图2-4

【答案】 (1)$\sqrt{2gd}$,$\sqrt{\frac{5}{2}gd}$ (2)$\frac{11}{3}mg$ (3)见解析

【分析】 小球在竖直面内做圆周运动,在最低点时,其向心力由绳的拉力和自身重力的合力提供,小球运动到最低点处时绳断,此时小球具有水平的速度,并受重力作用,做平抛运动,可根据牛顿运动定律和平抛的运动规律进行求解。

【解析】 (1)设绳断后球飞行时间为t,由平抛运动规律有:

竖直方向 $d - \frac{3}{4}d = \frac{1}{2}gt^2$

水平方向 $d = v_1 t$

联立解得 $v_1 = \sqrt{2gd}$

由机械能守恒定律,有 $\dfrac{1}{2}mv_2^2 = \dfrac{1}{2}mv_1^2 + mg\left(d - \dfrac{3}{4}d\right)$

解得 $v_2 = \sqrt{\dfrac{5}{2}gd}$

(2) 设绳能承受的最大拉力大小为 F_T,这也是球受到绳的最大拉力大小,球做圆周运动的半径为 $R = \dfrac{3}{4}d$,

由圆周运动向心力公式,有 $F_T - mg = m\dfrac{v_1^2}{R}$

联立解得 $F_T = \dfrac{11}{3}mg$

(3) 设绳长为 l,绳断时球的速度大小为 v_3,绳承受的最大拉力不变。

有 $F_T - mg = m\dfrac{v_3^2}{l}$

得 $v_3 = \sqrt{\dfrac{8}{3}gl}$

绳断后球做平抛运动,竖直位移为 $d - l$,水平位移为 x,时间为 t_1

有 $d - l = \dfrac{1}{2}gt_1^2, x = v_3 t_1$

解得 $x = 4\sqrt{\dfrac{l(d-l)}{3}}$

当 $l = \dfrac{d}{2}$ 时,x 有极大值 $x_{max} = \dfrac{2\sqrt{3}}{3}d$

例3 一卫星绕某一行星表面附近做匀速圆周运动,其线速度大小为 v,假设宇航员在该行星表面上用弹簧测力计测量一质量为 m 的物体的重力,物体静止时,弹簧测力计的示数为 N。已知引力常量为 G,则这颗行星的质量为( )。

A. $\dfrac{mv^2}{GN}$ B. $\dfrac{mv^4}{GN}$ C. $\dfrac{Nv^2}{Gm}$ D. $\dfrac{Nv^4}{Gm}$

【答案】 B

【分析】 弹簧测力计静止时的示数等于物体在行星表面时所受的重力也等于该物体所受的万有引力,再运用万有引力提供向心力即可进行求解。

【解析】 卫星在行星表面附近做匀速圆周运动,万有引力提供向心力,有 $G\dfrac{Mm'}{R^2} = m'\dfrac{v^2}{R}$,宇航员在行星表面用弹簧测力计测得质量为 m 的物体的重为 N,则 $G\dfrac{Mm}{R^2} = N$,解得 $M = \dfrac{mv^4}{GN}$。

这里需要明确的是,天体做匀速圆周运动时,常用到万有引力等于重力和万有引力提供向心力这两个关系式,注意在运用这两个关系时,一定要搞清楚天体半径和轨道半径的区别。

例4 北京航天飞行控制中心对"嫦娥二号"卫星实施多次变轨控制并获得成功,首次变轨是在卫星运行到远地点时实施的,紧随其后进行的 3 次变轨均在近地点实施。"嫦娥二号"卫星的首次变轨之所以选择在远地点实施,是为了抬高卫星近地点的轨道高度。同样的道理,要抬高远地点的轨道高度就需要在近地点实施变轨。图2-5为"嫦娥二号"某次在近地点 A 由轨道1变轨为轨道2的示意图,下列说法中正确的是( )。

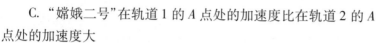

图2-5

A. "嫦娥二号"在轨道1的 A 点处应点火加速

B. "嫦娥二号"在轨道1的 A 点处的速度比在轨道2的 A 点处的速度大

C. "嫦娥二号"在轨道1的 A 点处的加速度比在轨道2的 A 点处的加速度大

D. "嫦娥二号"在轨道1的 B 点处的机械能比在轨道2的 C 点处的机械能大

【答案】 A

【分析】 天体运动的变轨问题通常主要讨论天体在不同轨道上运动过程中的速度、加速度、周期等相关物理量的分析与比较,解题时应注意两个关键,一是变轨过程中两轨道相切点的特点:一般天体都在椭圆轨道和圆轨道的轨道相切点进行变轨,两轨道的切点处速度不同,但加速度相同;二是天体从低轨道变轨运动到高轨道时天体的机械能增加。

【解析】 卫星要由轨道1变轨为轨道2需在 A 处做离心运动,应加速使其做圆周运动所需向心力($m\dfrac{v^2}{r}$)大于地球所能提供的万有引力($G\dfrac{Mm}{r^2}$),故 A 项正确,B 项错误;由 $G\dfrac{Mm}{r^2}=ma$ 可知,卫星在不同轨道同一点处的加速度大小相等,C 项错误;卫星由轨道1变轨到轨道2,反冲发动机的推力对卫星做正功,卫星的机械能增加,所以卫星在轨道1的 B 点处的机械能比在轨道2的 C 点处的机械能小,D 项错误。

强化训练

一、选择题

1. 关于物体的运动下列说法正确的是( )。

A. 物体做曲线运动时,它所受的合力一定不为零

B. 做曲线运动的物体,有可能处于平衡状态

C. 速度时刻改变运动一定是曲线运动

D. 做曲线运动的物体,所受合外力的方向有可能与速度方向在一条直线上

2. F1车王舒马赫曾经在某次比赛中在一个弯道上突然调整行驶的赛车致使后轮脱落而不得不遗憾地退出了比赛。关于脱落的后轮的运动情况,以下说法中正确的是( )。

A. 仍然沿着汽车行驶的弯道运动

B. 沿着与弯道垂直的方向飞出

C. 脱落时,沿着轮子前进的方向做直线运动,离开弯道

D. 上述情况都有可能

3. 飞机沿水平方向飞行,从飞机上落下一物体。这个物体下落时,下列说法正确的是( )。

A. 水平方向速度为零,但有向下的加速度

B. 有向下的初速度和向下的加速度

C. 有水平方向的初速度和向下的加速度

D. 在水平方向具有速度和加速度

4. 降落伞在匀速下落的过程中遇到水平方向吹来的风,若风速越大,则降落伞(　　)。

　　A. 下落的时间越短　　　　　　B. 下落的时间越长

　　C. 落地时速度越小　　　　　　D. 落地时速度越大

5. 如图 2-6 所示的直角三角板紧贴在固定的刻度尺上方,现假使三角板沿刻度尺水平向右匀速运动的同时,一支钢笔从三角板直角边的最下端,由静止开始沿此边向上做匀加速直线运动,下列关于铅笔尖的运动及其留下的痕迹的判断中,正确的有(　　)。

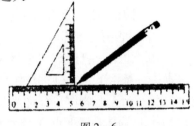

图 2-6

　　A. 笔尖留下的痕迹是一条抛物线

　　B. 笔尖留下的痕迹是一条倾斜的直线

　　C. 笔尖留下的痕迹不能确定

　　D. 在运动过程中,笔尖运动的速度方向始终保持不变

6. 某人向放在水平地面的正前方小桶中水平抛球,结果球划着一条弧线飞到小桶的前方,如图 2-7 所示。不计空气阻力,为了能把小球抛进小桶中,则下次再水平抛时,他可能做出的调整为(　　)。

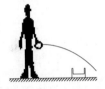

图 2-7

　　A. 增大初速度,抛出点高度增加

　　B. 增大初速度,抛出点高度不变

　　C. 初速度大小不变,降低抛出点高度

　　D. 初速度大小不变,提高抛出点高度

7. 如图 2-8 所示,轮滑运动员从较高的弧形坡面上滑到 A 处时,沿水平方向飞离坡面,在空中划过一段抛物线后,再落到倾角为 θ 的斜坡上。若飞出时的速度大小为 v_0,则(　　)。

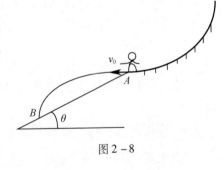

图 2-8

　　A. 运动员落到斜坡上时,速度方向与坡面平行

　　B. 运动员落回斜坡时的速度大小是 $v = \dfrac{v_0}{\cos\theta}$

　　C. 运动员在空中经历的时间是 $\dfrac{v_0 \tan\theta}{g}$

　　D. 运动员的落点 B 与起飞点 A 的距离是 $\dfrac{2v_0^2 \sin\theta}{g\cos^2\theta}$

8. 计算机硬盘上的磁道为一个个不同半径的同心圆,如图 2-9 所示。M、N 是不同磁道上的两个点。当磁盘转动时,比较 M、N 两点的运动,下列判断正确的是(　　)。

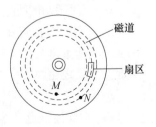

图 2-9

　　A. M、N 的线速度大小相等

　　B. M、N 的角速度大小相等

　　C. M 点的线速度大于 N 点的线速度

D. M 点的角速度小于 N 点的角速度

9. 如图 2-10 所示,细绳一端固定,另一端系一小球,给小球一个合适的初速度,小球便可在水平面内做匀速圆周运动,这样就构成了一个"圆锥摆",则小球所受的向心力是( )。

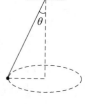

图 2-10

A. 细绳对小球的拉力
B. 小球所受的重力
C. 小球所受的重力和细绳对它的拉力的合力
D. 除重力和细绳的拉力外,能使小球做匀速圆周运动的向心力

10. 如图 2-11 所示,质量为 m 的物体,沿着半径为 R 的半球形金属壳内壁滑下,半球形金属壳竖直放置,开口向上,滑到最低点时速度大小为 v,若物体与金属壳内壁之间的动摩擦因数为 μ,重力加速度为 g,则物体在最低点时,下列说法正确的是( )。

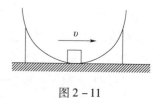

图 2-11

A. 受到的向心力为 $mg + m\dfrac{v^2}{R}$

B. 受到的摩擦力为 $\mu m\dfrac{v^2}{R}$

C. 受到的摩擦力为 μmg

D. 受到的合力方向斜向左上方

11. 如图 2-12 所示,杂技演员在表演"水流星",用长为 1.6m 轻绳的一端,系一个总质量为 0.5kg 的盛水容器,以绳的另一端为圆心,在竖直平面内做圆周运动,若"水流星"通过最高点时的速度为 4m/s,g 取 $10m/s^2$,则下列说法正确的是( )。

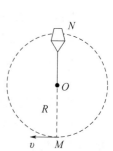

A. "水流星"通过最高点时,有水从容器中流出
B. "水流星"通过最高点时,绳的拉力及容器底部受到的压力均为零
C. "水流星"通过最高点时,处于完全失重状态,不受力的作用
D. "水流星"通过最高点时,绳子的拉力大小为 5N

图 2-12

12. 假如一个做圆周运动的人造地球卫星的轨道半径增大到原来的 2 倍,仍做圆周运动,则( )。

A. 根据公式 $v = \omega r$,可知卫星运动的线速度增大到原来的 2 倍

B. 根据公式 $F = m\dfrac{v^2}{r}$,可知卫星所需的向心力将减小到原来的 $\dfrac{1}{2}$

C. 根据公式 $F = G\dfrac{Mm}{r^2}$,可知地球提供的向心力将减小到原来的 $\dfrac{1}{4}$

D. 卫星运动的线速度将减小到原来的 0.5 倍

13. 据报道,最近在太阳系外发现了首颗"宜居"行星,其质量约为地球质量的 6.4 倍,一个在地球表面重量为 600N 的人在这个行星表面的重量将变为 960N。由此可推知,该行星的半径与地球半径之比约为( )。

A. 0.5   B. 2   C. 3.2   D. 4

14. 据媒体报道,"嫦娥一号"探测卫星环月工作轨道为圆轨道,轨道高度 200km,运用周期 127min。若还知道引力常量和月球平均半径,仅利用以上条件不能求出的是( )。

A. 月球表面的重力加速度　　　　B. 月球对卫星的吸引力
C. 月球的质量　　　　　　　　　D. 卫星绕月运行的加速度

15. 地球和木星绕太阳运行的轨道都可以看作是圆形的。已知木星的轨道半径约为地球轨道半径的5.2倍,则木星与地球绕太阳运行的线速度之比约为(　　)。
　　A. 0.19　　　　B. 0.44　　　　C. 2.3　　　　D. 5.2

16. 某星球表面附近的重力加速度 g' 为地球表面重力加速度 g 的 $\frac{1}{5}$,若该星球的半径与地球半径之比为 $R_星 : R_地 = 1 : 4$,该星球的质量与地球质量之比 $M_星 : M_地$ 为(　　)。
　　A. 16 : 1　　　B. 1 : 16　　　C. 80 : 1　　　D. 1 : 80

17. 甲、乙为两颗地球卫星,其中甲为地球同步卫星,乙的运行高度低于甲的运行高度,两卫星轨道均可视为圆轨道。以下判断正确的是(　　)。
　　A. 甲的周期大于乙的周期
　　B. 乙的速度大于第一宇宙速度
　　C. 甲的加速度大于乙的加速度
　　D. 甲在运行时能经过北极的正上方

18. 北斗卫星导航系统是我国自行研制的全球卫星导航系统。北斗卫星导航系统空间段由35颗卫星组成,其中5颗是地球同步卫星。关于同步卫星绕地球运动的相关物理量,下列说法正确的是(　　)。
　　A. 向心加速度大于地球表面的重力加速度
　　B. 角速度等于地球自转的角速度
　　C. 线速度大于第一宇宙速度
　　D. 运行周期一定大于月球绕地球运动的周期

19. 继"天宫一号"之后,我国在酒泉卫星发射中心又成功发射了"天宫二号"空间实验室。"天宫一号"的轨道是距离地面370千米的近圆轨道;"天宫二号"的轨道是距离地面393千米的近圆轨道,后继发射的"神舟十一号"与之对接。下列说法正确的是(　　)。
　　A. 在各自的轨道上正常运行时,"天宫二号"比"天宫一号"的速度大
　　B. 在各自的轨道上正常运行时,"天宫二号"比地球同步卫星的周期长
　　C. 在低于"天宫二号"的轨道上,"神舟十一号"需要先加速才能与之对接
　　D. "神舟十一号"只有先运行到"天宫二号"的轨道上,然后再加速才能与之对接

20. 宇宙中,两颗靠得比较近的恒星,只受到彼此之间的万有引力作用,分别围绕其连线上的某一点做周期相同的匀速圆周运动,称之为双星系统。由恒星 A 与恒星 B 组成的双星系统绕其连线上的 O 点做匀速圆周运动,如图2-13所示。已知它们的运行周期为 T,恒星 A 的质量为 M,恒星 B 的质量为 $3M$,引力常量为 G,则下列判断正确的是(　　)。

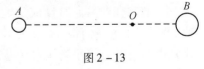

图 2-13

　　A. 两颗恒星相距 $\sqrt[3]{\dfrac{GMT^2}{\pi^2}}$
　　B. 恒星 A 与恒星 B 的向心力之比为 3 : 1
　　C. 恒星 A 与恒星 B 的线速度之比为 1 : 3

D. 恒星 A 与恒星 B 的轨道半径之比为 $\sqrt{3}:1$

二、填空题

1. 如图 2-14 所示，A、B 两点的线速度的大小关系是_____。

2. 如图 2-15 所示，A、C 两点的角速度的大小关系是_____。

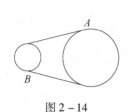

图 2-14   图 2-15

3. 一列火车的质量为 500t，拐弯时沿着圆弧形轨道前进，圆弧半径为 375m，通过弯道时的车速为 54km/h，火车所需要的向心力大小是_____，产生的向心加速度大小是_____。

4. 从距地面高度为 $h=5m$ 处水平抛出一小球，小球落地处距抛出点的水平距离为 $s=10m$，则小球落地所需时间 $t=$ _____ s；小球抛出时的初速度为 $v_0=$ _____ m/s。（g 取 $10m/s^2$）

5. 一水平抛出的小球落到一倾角为 θ 的斜面上时，其速度方向与斜面垂直，运动轨迹如图 2-16 中虚线所示，小球在竖直方向下落的距离与在水平方向通过的距离之比为_____。

6. 某星球的质量约为地球的 9 倍，半径约为地球的一半。若在地球上和在该星球上，从同样的高度，以同样的初速度平抛同一物体，则星球上射程与地球上射程之比为_____。

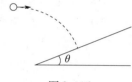

图 2-16

7. 若有一颗宜居行星，其质量为地球的 p 倍，球的半径为地球的 q 倍，则该行星的重力加速度是地球重力加速度 g 的_____倍。

三、计算题

1. 如图 2-17 所示，两段长均为 L 的轻质线共同系住一个质量为 m 的小球，另一端分别固定在等高的 A、B 两点，A、B 两点间距也为 L，今使小球在竖直平面内做圆周运动，当小球到达最高点的速率为 v 时，两段线中张力恰好均为零。若小球到达最高点速率为 $2v$，则此时每段线中张力为多少？（重力加速度为 g）

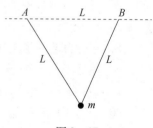

图 2-17

2. 我国在西昌向月球成功地发射了一颗绕月球探测卫星"嫦娥一号"。不久我们将会登上月球。若在月球表面 A 点的正上方某处 B 以初速度 v_0 将小物块水平抛出，物块落在月球表面 C 点，用米尺测出 A、B 两点间的距离 h 和 A、C 两点间的距离 s。设 A、C 两点在同一水平面上，月球可视为均匀球体且半径为 R。试问：

（1）月球表面重力加速度 g 为多大？

（2）物块水平"抛出"的初速度至少为多大才不会落回月球表面？

3. 游乐场中的"旋转飞椅"的游艺机，该游艺机的顶上有一个半径为 4.5m 的"伞盖"，"伞盖"在转动过程中带动下面的悬绳转动，其示意图如图 2-18 所示。已知"旋转飞椅"高 $O_1O_2=5.8m$，悬绳长 5m。小明挑选了一个悬挂在"伞盖"边缘的最外侧的椅子坐下，他与座椅的总质量为40kg。小明和椅子的转动可简化为圆周运动。在某段时间内,"伞盖"保持在水平面内稳定旋转,绳与竖直方向夹角为37°。g 取 $10m/s^2$,$\sin37°=0.6$,$\cos37°=0.8$,在此过程中,求:

(1)座椅受到绳子的拉力大小;

(2)小明运动的线速度大小;

(3)小明随身带的玻璃球从座椅上不慎滑落,求落地点与游艺机转轴(即图2-19中O_1点)的距离。(结果保留两位有效数字)

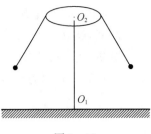

图2-18

4. 火星是太阳系中和地球环境最为相似的行星,100年后,人类或已能够方便地前往火星度假。地球人小明去火星度假前,在地球上用体重秤测得体重为 F,到达火星后,小明参加了为期一个月的减肥训练营,他惊喜地发现,经过一个月的训练,在火星上测得的体重已变为 $\frac{4}{9}F$,已知火星半径是地球半径的 $\frac{1}{2}$,火星第一宇宙速度是地球第一宇宙速度的 $\frac{\sqrt{2}}{3}$,地球密度为 ρ。(忽略地球和火星自转的影响,火星和地球均可看成质量分布均匀的球体)(1)小明减肥是否成功?(2)人类即将前往度假的这颗星球的密度是多少?

参考答案

一、选择题

1. **答案**:A

解析:速度时刻改变运动不一定是曲线运动,C错误;做曲线运动的物体,一定受力的作用,加速度方向与速度方向不同。答案选A。

2. **答案**:C

解析:车轮被甩出后,不再受到车身的约束,被甩出的后轮沿甩出时的速度方向(即甩出点轨迹的切线方向)做直线运动,轮不可能沿车行驶的弯道运动,也不可能沿垂直于弯道的方向运动,故本题答案为C。

3. **答案**:C

解析:物体开始时和飞机一起水平飞行,从飞机上落下时,具有水平方向的初速度,在竖直方向上初速度为零,受重力作用,具有向下的加速度,故选C。

4. **答案**:D

解析:降落伞的运动是匀速下降和水平方向运动的合成,下落的时间由下落的高度和下落的速度决定,所以下落的时间与风速无关。落地时速度是风速与下落的合成,若风速越大,则降落伞落地时速度越大。

5. **答案**:A

解析:笔尖留下的运动是水平向右匀速运动与竖直匀加速直线运动的合成,对比平抛运动,可以判断笔尖留下的痕迹是一条抛物线。在运动过程中,笔尖沿三角板直角边向上做匀加速直线运动。答案选A。

6. **答案**:C

解析:高度不变,则飞行时间不变,只要减小初速度才能减少射程,故A正确。初速度大小不变,为减少射程就要减少飞行时间,因此要降低高度。故 C 正确。答案选 C。

7. 答案:D

解析:运动员从 A 点做平抛运动落到斜坡上的 B 点的过程中,小球运动的位移与水平方向上的夹角等于斜面的倾角 θ,设速度与水平方向之间的夹角为 α,则 $\tan\alpha = 2\tan\theta$,显然 $\alpha \neq \theta$,所以选项 A 错误;运动员落回斜坡时的合速度大小为 $v = \dfrac{v_0}{\cos\alpha}$,选项 B 错误;根据 $\tan\theta = \dfrac{y}{x} = \dfrac{0.5 v_y t}{v_0 t}$,可得竖直分速度大小为 $v_y = 2v_0\tan\theta$,运动员在空中经历的时间 $t = \dfrac{v_y}{g} = \dfrac{2v_0\tan\theta}{g}$,选项 C 错误;运动员的落点 B 与起飞点 A 的距离是 $s = \dfrac{x}{\cos\theta} = \dfrac{v_0 t}{\cos\theta} = \dfrac{2v_0^2\sin\theta}{g\cos^2\theta}$,选项 D 正确。

8. 答案:B

解析:由角速度定义式 $\omega = \dfrac{\theta}{t} = \dfrac{2\pi}{T}$ 可知,M、N 在同一圆盘上,周期 T 相同,则角速度相同;$v = \omega R$,因 $R_N > R_M$,所以 $v_N > v_M$,A、C、D 错误,B 正确。

9. 答案:C

解析:对小球受力分析如图 2-19 所示。

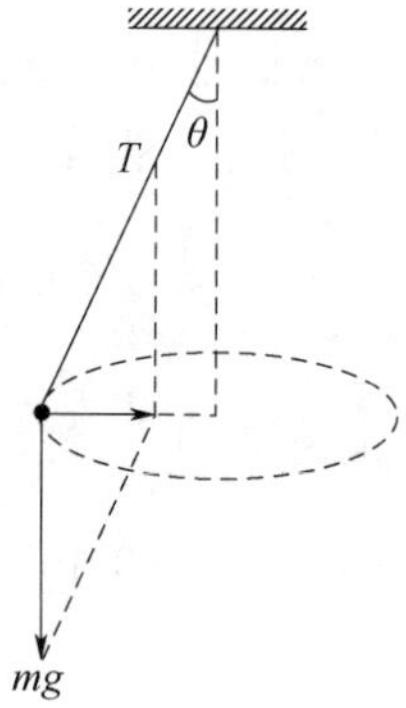

小球受重力和细绳对它的拉力两个力作用,使小球在水平面内做匀速圆周运动的向心力是重力和细绳对它的拉力的合力,选项 C 正确。

图 2-19

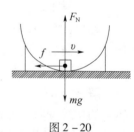

10. 答案:D

解析:物体受力如图 2-20 所示,因此受到的合力方向斜向左上方,D 正确;到达最低点时,根据圆周运动的特点,向心力 $F_{向} = m\dfrac{v^2}{R}$,A 错误;而 $F_{合} = F_N - mg$,得支持力 $F_N = mg + m\dfrac{v^2}{R}$,则物体受到的摩擦力 $f = \mu F_N = \mu\left(mg + m\dfrac{v^2}{R}\right)$,因此 B、C 错误。

图 2-20

11. 答案:B

解析:在最高点,当水对容器底部压力为零时有 $mg = m\dfrac{v^2}{r}$,解得 $v = \sqrt{gr} = 4$m/s,即当"水流星"通过最高点的速度为 4m/s 时,水对容器底部压力为零,不会从容器中流出,故 A 错误;对水和容器分析,有 $T + Mg = M\dfrac{v^2}{R}$,解得 $T = 0$,知此时绳子的拉力为零,故 D 错误、B 正确;"水流星"通过最高点时,仅受重力,处于完全失重状态,故 C 错误。

12. 答案:C

解析:卫星的轨道半径增大时角速度也在变化,公式 $v = \omega r$ 不能说明线速度与轨道半径成正比,A 不正确。万有引力 $F = G\dfrac{Mm}{r^2}$ 为向心力,所以 C 正确,公式 $F = m\dfrac{v^2}{r}$ 中 v 随 r 变化,所以 B 不正确。由 $F = m\dfrac{v^2}{r}$ 可知 D 错误。答案选 C。

13. 答案:B

解析：由 $\dfrac{GMm}{r^2}=mg$ 可知，$\dfrac{M_\text{地}}{M_\text{行}}\cdot\dfrac{r_\text{行}^2}{r_\text{地}^2}=\dfrac{G_\text{地}}{G_\text{行}}$，则有 $\dfrac{r_\text{行}}{r_\text{地}}=\sqrt{\dfrac{600\times 6.4}{960}}=2$。答案选 B。

14. 答案：B

解析：由公式 $\dfrac{GM_\text{月}m}{r^2}=m\left(\dfrac{2\pi}{T}\right)^2 r=ma$，已知轨道半径和周期就可以确定月球表面的重力加速度、月球表面的重力加速度、卫星绕月运行的加速度。本题要确定月球对卫星的吸引力还缺少卫星质量。

15. 答案：C

解析：万有引力为向心力 $\dfrac{GM_\text{太}m}{r^2}=m\dfrac{v^2}{r}$，所以 $\dfrac{v_\text{木}}{v_\text{地}}=\sqrt{\dfrac{r_\text{地}}{r_\text{木}}}=\sqrt{5.2}\approx 2.3$。

16. 答案：D

解析：由 $g=G\dfrac{M}{R^2}$，得 $M=\dfrac{gR^2}{G}$，可解得 $M_\text{星}:M_\text{地}=(1\times 1^2):(5\times 4^2)=1:80$，故选 D。

17. 答案：A

解析：$\dfrac{GM_\text{地}m}{R^2}=m\left(\dfrac{2\pi}{T}\right)^2 R$，可见运行高度大，周期就大。故 A 正确。第一宇宙速度是在地球表面的运动速度，由 $\dfrac{GM_\text{太}m}{R^2}=m\dfrac{v^2}{R}$ 可知轨道高速度小，所以 B 不正确。轨道高加速度小，故 C 错误。地球同步卫星是与地球自转同步，所以 D 不正确。答案选 A。

18. 答案：B

解析：由 $G\dfrac{Mm}{R^2}=ma$，可知 $a=G\dfrac{M}{R^2}$，所以 R 越大，a 越小，选项 A 错误；地球同步卫星的周期与地球自转周期相同，由 $T=\dfrac{2\pi}{\omega}$，可知选项 B 正确；由 $G\dfrac{Mm}{R^2}=m\dfrac{v^2}{R}$，得 $v=\sqrt{\dfrac{GM}{R}}$，知同步卫星的线速度小于第一宇宙速度，选项 C 错误；月球绕地球运动的周期为一个月，大于地球同步卫星的周期，选项 D 错误。

19. 答案：C

解析：当天体绕地球做匀速圆周运动时，万有引力恰好提供向心力，高度决定着飞行的各个参数，判断时必须抓住这一特点。根据万有引力提供向心力，$G\dfrac{Mm}{r^2}=m\dfrac{v^2}{r}\Rightarrow v=\sqrt{\dfrac{GM}{r}}$，因为"天宫一号"的轨道半径比"天宫二号"的轨道半径小，所以"天宫二号"比"天宫一号"的速度小，选项 A 错误；地球同步卫星距离地面 36000km，根据 $G\dfrac{Mm}{r^2}=m\dfrac{4\pi^2}{T^2}r\Rightarrow T=\sqrt{\dfrac{4\pi^2 r^3}{GM}}$，因"天宫二号"的轨道距地面 393 千米，可知"天宫二号"比地球同步卫星的周期短，选项 B 错误；在低于"天宫二号"的轨道上，"神舟十一号"需要先加速做离心运动，才能与之对接，选项 C 正确；若"神舟十一号"先运行到"天宫二号"的轨道上，然后再加速会做离心运动，不可能与之对接，选项 D 错误。

20. 答案：A

解析：两恒星做匀速圆周运动的向心力来源于两恒星之间的万有引力，所以向心力大小相等,即 $M\dfrac{4\pi^2}{T^2}r_A = 3M\dfrac{4\pi^2}{T^2}r_B$,解得恒星 A 与恒星 B 的轨道半径之比为 $r_A:r_B = 3:1$,故选项 B、D 错误;设两颗恒星相距为 L,根据牛顿第二定律 $M\dfrac{4\pi^2}{T^2}r_A = G\dfrac{3M^2}{L^2}$,解得 $L = \sqrt[3]{\dfrac{GMT^2}{\pi^2}}$,故选项 A 正确;由 $v = \dfrac{2\pi}{T}r$,得恒星 A 与恒星 B 的线速度之比为 $3:1$,故选项 C 错误。

二、填空题

1. **答案**:相等

解析:主动轮通过皮带、链条、齿轮等带动从动轮的过程中,皮带(链条)上各点以及两轮边缘上各点的线速度大小相等。

2. **答案**:相等

解析:同一轮上各点的角速度相同。

3. **答案**:$3 \times 10^5\text{N}$ 0.6m/s^2

解析:火车拐弯时的圆周运动无论是否匀速率,都可利用公式求出拐弯瞬时的向心力和加速度。$v = 54\text{km/h} = 15\text{m/s}$。向心力:$F = mv^2/r = 5 \times 10^5 \times 15^2/375 = 3 \times 10^5\text{N}$。向心加速度:$a = v^2/r = 15^2/375 = 0.6\text{m/s}^2$。

4. **答案**:1 10

解析:小球做平抛运动,由 $h = \dfrac{1}{2}gt^2, t = \sqrt{\dfrac{2h}{g}} = 1\text{s}, s = v_0t, v_0 = \dfrac{s}{t} = 10\text{m/s}$。

5. **答案**:$\dfrac{1}{2\tan\theta}$

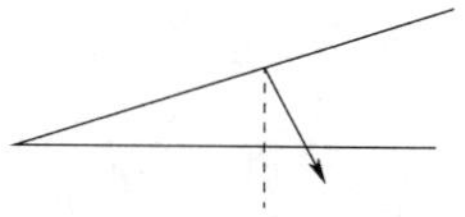

解析:如图 2-21 所示,平抛的末速度与竖直方向的夹角等于斜面倾角 θ,根据有 $\tan\theta = \dfrac{v_0}{gt}$,则下落高度与水平射程之比为 $\dfrac{y}{x} = \dfrac{gt^2}{2v_0t} = \dfrac{gt}{2v_0} = \dfrac{1}{2\tan\theta}$。

图 2-21

6. **答案**:$1:6$

解析:该题是万有引力定律和平抛运动的综合题,一般来说,抛体运动都是在星球表面上,故可近似认为重力等于万有引力,且认定在给定的空间内该力是恒力,然后根据各量间的关系求解。

物体做平抛运动 $x = v_0t, h = \dfrac{1}{2}gt^2$,重力等于万有引力,即 $mg = G\dfrac{Mm}{R^2}$,解得 $x = v_0\sqrt{\dfrac{2hR^2}{GM}}$,其中 h、v_0、G 相同,则 $x \propto \sqrt{\dfrac{R^2}{M}}, \dfrac{x_星}{x_地} = \sqrt{\dfrac{R_星^2}{R_地^2} \cdot \dfrac{M_地}{M_星}} = \sqrt{\left(\dfrac{1}{2}\right)^2 \times \dfrac{1}{9}} = \dfrac{1}{6}$,所以,正确的答案为 $1:6$。

7. **答案**:$\dfrac{p}{q^2}$

解析:设地球的质量为 M,半径为 R,由 $G\dfrac{Mm}{R^2} = mg$,得 $g = G\dfrac{M}{R^2}$,同理,设行星的重力加速度为 g',则 $\dfrac{g'}{g} = \dfrac{G\dfrac{pM}{(qR)^2}}{G\dfrac{M}{R^2}} = \dfrac{p}{q^2}$。

三、计算题

1. 答案: $T=\sqrt{3}mg$

解析: 当速率为 v 时,满足 $mg=\dfrac{mv^2}{R}$;

当速率为 $2v$ 时,满足 $mg+F=\dfrac{m(2v)^2}{R}$,得 $F=3mg$。设每根线上的张力为 T,满足:$2T\cos\dfrac{60°}{2}=3mg$,即 $T=\sqrt{3}mg$。

2. 答案:(1) $g=\dfrac{2hv_0^2}{s^2}$ (2) $v=\sqrt{\dfrac{2hv_0^2 R}{s^2}}$

解析:(1)水平方向:$s=v_0 t$,则 $t=\dfrac{s}{v_0}$。

竖直方向:$h=\dfrac{1}{2}gt^2$,$g=\dfrac{2h}{t^2}=\dfrac{2hv_0^2}{s^2}$。

(2) $G\dfrac{Mm}{R^2}=\dfrac{mv^2}{R}$,$v=\sqrt{gR}=\sqrt{\dfrac{2hv_0^2 R}{s^2}}$。

3. 答案:(1)500N (2)7.5m/s (3)8.7m

解析:(1)小明和座椅做圆周运动的向心力沿水平方向,由平行四边形定则得

座椅受到绳子的拉力 $T=\dfrac{mg}{\cos37°}=500\text{N}$

(2)由牛顿第二定律有:$mg\tan37°=m\dfrac{v^2}{R_0}$

其中 $R_0=4.5\text{m}+5\times\sin37°\text{m}=7.5\text{m}$

解得 $v=7.5\text{m/s}$

(3)由几何关系知,座椅离地高度 $h=O_1 O_2-L\cos37°=5.8\text{m}-4\text{m}=1.8\text{m}$
由平抛运动规律得 $x=vt$

$$h=\dfrac{1}{2}gt^2$$

解得 $x=4.5\text{m}$,由勾股定理得,落地点与游艺机转轴的距离 $r'=\sqrt{R_0^2+x^2}=8.7\text{m}$

4. 答案:(1)见解析 (2) $\dfrac{8}{9}\rho$

解析:(1)设火星和地球半径分别为 R' 和 R,火星和地球第一宇宙速度分别为 v' 和 v,火星和地球表面重力加速度分别为 g' 和 g。

根据已知条件,得:$\dfrac{R'}{R}=\dfrac{1}{2}$ ①

$\dfrac{v'}{v}=\dfrac{\sqrt{2}}{3}$ ②

火星上第一宇宙速度满足 $m_0 g'=m_0\dfrac{v'^2}{R'}$ ③

地球上第一宇宙速度满足 $m_0 g=m_0\dfrac{v^2}{R}$ ④

联立以上各式得：$\dfrac{g'}{g} = \dfrac{4}{9}$ ⑤

设小明在火星和地球上的质量分别为 m' 和 m，则

$$F = mg \qquad ⑥$$

$$\dfrac{4}{9}F = m'g' \qquad ⑦$$

由⑤⑥⑦以上各式可得 $m' = m$

因此，小明的质量没变，减肥没有成功。

（2）设火星和地球的质量分别为 M' 和 M，火星密度为 ρ'

火星上满足 $m_0 g' = G\dfrac{M'm_0}{R'^2}$ ⑧

地球上满足 $m_0 g = G\dfrac{Mm_0}{R^2}$ ⑨

由①⑤⑧⑨式得 $\dfrac{M'}{M} = \dfrac{1}{9}$ ⑩

所以 $\dfrac{\rho'}{\rho} = \dfrac{M'R^3}{MR'^3} = \dfrac{8}{9}$，得 $\rho' = \dfrac{8}{9}\rho$

第三章 功和能

复习要求

- 理解功、功率的概念;
- 理解动能、重力势能、弹性势能、机械能的概念;
- 理解动能定理;
- 理解机械能守恒定律;
- 了解军事与生活中的简单应用。

第一节 功 功率

1. 功

功的定义:作用在物体上的力和物体在力的方向上通过的位移的乘积。功是描述力对空间积累效应的物理量,是过程量。定义式 $W = F \cdot s \cdot \cos\theta$,其中 F 是力,s 是力的作用点位移,θ 是力与位移间的夹角,功是标量,有大小和正负之分,正负功表示力起推动或阻碍物体运动的作用,对应使能量增或减的效果。

功的大小的计算方法:①恒力的功可根据 $W = F \cdot s \cdot \cos\theta$ 进行计算,本公式只适用于恒力做功;②根据 $W = P \cdot t$,计算一段时间内平均做功;③利用动能定理计算力的功,特别是变力所做的功;④根据功是能量转化的量度反过来可求功。摩擦力、空气阻力做功的计算,发生相对运动的两物体的这一对相互摩擦力做的总功 $W = fd$,d 是两物体间的相对路程,且 $W = Q$,即摩擦生热。

2. 功率

功率是表示力做功快慢的物理量,是标量。求功率时一定要分清是求哪个力的功率,还要分清是求平均功率还是瞬时功率。

功率的计算:①平均功率,定义式 $P = W/t$,表示时间 t 内的平均功率,不管是恒力做功,还是变力做功,都适用;②瞬时功率,$P = F \cdot v \cdot \cos\alpha$,$P$ 和 v 分别表示 t 时刻的功率和速度,α 为力 (F) 和速度 (v) 之间的夹角。

计算功率的三个注意:①要弄清楚是平均功率还是瞬时功率;②平均功率与一段时间(或过程)相对应,计算时应明确是哪个力在哪段时间(或过程)内做功的平均功率;③瞬时功率计算时应明确是哪个力在哪个时刻(或状态)的功率。求解瞬时功率时,如果 F 与 v 不同向,可用力 F 乘 F 方向的分速度,或速度 v 乘速度方向的分力求解。

发动机铭牌上所标注的功率为这部机械的额定功率。额定功率是发动机正常工作时的最大功率,它是人们对机械进行选择、配置的一个重要参数,它反映了机械的做功能力或者机械所能承担的"任务"。机械运行过程中的功率是实际功率,实际功率是发动机实际输出的功率,它可以小于其额定功率,可以等于其额定功率,但不能长时间超过额定功率。

交通工具的启动问题。通常说的机车的功率或发动机的功率实际是指其牵引力的功率。①以恒定功率 P 启动,机车的运动过程是先做加速度减小的加速运动,后以最大速度 $v_m = P/f$ 做匀速直线运动;②以恒定牵引力 F 启动,机车先做匀加速运动,当功率增大到额定功率时速度为 $v_1 = P/F$,而后开始做加速度减小的加速运动,最后以最大速度 $v_m = P/f$ 做匀速直线运动。

第二节　动能定理

物体由于运动而具有的能量称为动能,表达式 $E_k = \frac{1}{2}mv^2$,v 对应物体的瞬时速度,动能是描述物体运动状态的物理量,只与运动物体的质量及速率有关,而与其运动方向无关,物体运动速度的方向发生变化时,动能不变。

动能定理:外力对物体所做的总功等于物体动能的变化,表达式 $W = \frac{1}{2}mv_t^2 - \frac{1}{2}mv_0^2$,式中的 W 是指物体所受的合力做的功或物体所受各力做功的代数和。动能定理的表达式是在物体受恒力作用且做直线运动的情况下得出的,但它也适用于变力及物体做曲线运动的情况。功和动能都是标量,不能利用矢量法则分解,故动能定理无分量式。

动能定理说明了物体动能的变化(即运动状态的改变)是通过外力做功的过程(即力的空间积累)来实现的,并且合外力做功的多少可以量度物体动能的变化量。

应用动能定理只考虑初、末状态,没有守恒条件的限制,也不受力的性质和物理过程的变化的影响,所以,凡涉及力和位移,而不涉及力的作用时间的动力学问题,都可以用动能定理分析和解答,而且一般都比直接用牛顿运动定律简捷。当物体的运动是由几个物理过程所组成,又不需要研究过程的中间状态时,可以把这几个物理过程看作一个整体进行研究,从而避开每个运动过程的具体细节,具有过程简明、方法巧妙、运算量小等优点。

第三节　机械能守恒定律

1. 重力势能和弹性势能

地球上的物体具有跟它的高度有关的能量,称为重力势能,$E_p = mgh$。注意:①重力势能是地球和物体组成的系统共有的,而不是物体单独具有的;②重力势能的大小和零势能面的选取有关,式中的 h 是物体的重心到参考平面(零势能面)的高度;③重力势能是标量,但有"+""-"之分。

重力做功只决定于初、末位置间的高度差,与物体的运动路径无关,即 $W_G = mgh$;重力做功等于重力势能增量的负值,即 $W_G = -\Delta E_p$。

物体由于发生弹性形变而具有的能量称为弹性势能。在弹性限度内,弹簧的弹性势能为 $E_p = \frac{1}{2}kx^2$,式中 k 为弹簧的劲度系数,x 为弹簧形变量。

2. 机械能守恒定律

动能和势能(重力势能、弹性势能)统称为机械能,$E = E_k + E_p$。

机械能守恒定律的内容：在只有重力（或弹簧弹力）做功的情形下，物体动能和重力势能（及弹性势能）发生相互转化，但机械能的总量保持不变；机械能守恒定律的表达式为 $mgh_1 + \frac{1}{2}mv_1^2 = mgh_2 + \frac{1}{2}mv_2^2$。

系统机械能守恒的三种表示方式：①系统初态的总机械能 E_1 等于末态的总机械能 E_2，即 $E_1 = E_2$；②系统减少的总重力势能 $\Delta E_{P减}$ 等于系统增加的总动能 $\Delta E_{k增}$，即 $\Delta E_{P减} = \Delta E_{k增}$；③若系统只有 A、B 两物体，则 A 物体减少的机械能等于 B 物体增加的机械能，即 $\Delta E_{A减} = \Delta E_{B增}$。解题时究竟选取哪一种表达形式，应根据题意灵活选取；需注意的是，选用方式①时，必须规定零势能参考面，而选用方式②和方式③时，可以不规定零势能参考面，但必须分清能量的减少量和增加量。

判断机械能是否守恒的方法：①用做功来判断，分析物体或物体受力情况（包括内力和外力），明确各力做功的情况，若对物体或系统只有重力或弹簧弹力做功，没有其他力做功或其他力做功的代数和为零，则机械能守恒；②用能量转化来判定，若体系中只有动能和势能的相互转化而无机械能与其他形式的能的转化，则系统机械能守恒。

3. 功能关系与能量守恒定律

当只有重力（或弹簧弹力）做功时，物体的机械能守恒。重力对物体做的功等于物体重力势能的减少，即 $W_G = E_{P_1} - E_{P_2}$。合外力对物体所做的功等于物体动能的变化，$W_合 = E_{k_2} - E_{k_1}$，这是质点的动能定理。这些都是功能关系的特例，除了重力（或弹簧弹力）之外的力对物体所做的功等于物体机械能的变化，这叫功能关系，即 $W_F = E_2 - E_1$。

功能关系又是能量守恒定律的形式之一，能量既不会凭空产生，也不会凭空消失，它只能从一种形式转化成另一种形式，或者从一个物体转移到另一个物体，在转化或转移的过程中其总量保持不变，这就是能量守恒定律。能量守恒定律是最基本、最普遍、最重要的自然规律之一，它揭示了自然界各种运动形式不仅具有多样性，而且具有统一性。

典型例题

例 1 在水平面上运动的物体，从 $t = 0$ 时刻起受到一个水平力 F 的作用，力 F 和此后物体的速度随时间 t 变化的图像分别如图 3-1 甲、乙所示，则（　　）。

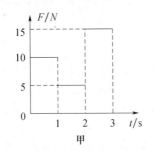 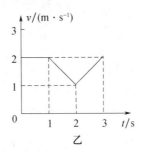

图 3-1

A. 在 $t = 0$ 时刻之前物体所受的合力一定做负功
B. 从 $t = 0$ 时刻开始的前 3s 内，力 F 做的功为零

C. 除力 F 外,其他外力在第 1s 内做正功
D. 力 F 在第 3s 内做的功是第 2s 内做的功的 2 倍

【答案】 A

【分析】 (1)要先根据两个题给图像,弄清楚各个阶段的运动性质以及各段位移情况,再计算各段的做功情况;(2)计算做功前,要清楚求的是哪个力的功。

【解析】 由 $v-t$ 图像知,物体在受到力 F 作用的第 1s 内做匀速运动,且力 F 与 v 同向,说明之前物体受到的合力与速度反向,物体所受的合力一定做负功,故 A 正确;力 F 在前 3s 内一直与速度同向,力 F 一直做正功,故 B 错误;在第 1s 内,除 F 外,其他力的合力大小为 10N,方向与速度方向相反,其他外力在第 1s 内做负功,故 C 错误;力 F 在第 2s 内和第 3s 内做功分别为 $W_2 = 5 \times \frac{1}{2}(1+2) \times 1\text{J} = 7.5\text{J}$, $W_3 = 15 \times \frac{1}{2}(1+2) \times 1\text{J} = 22.5\text{J}$,即力 F 在第 3s 内做的功是第 2s 内做的功的 3 倍,故 D 错误。

例 2 一汽车的额定功率 $P_0 = 6 \times 10^4 \text{W}$,质量 $m = 5 \times 10^3 \text{kg}$,在水平直路面上行驶时阻力是车重的 0.1。若汽车从静止开始以加速度 $a = 0.5\text{m/s}^2$ 做匀加速直线运动,求:

(1) 汽车保持加速度不变的时间;
(2) 汽车匀加速直线运动过程中实际功率随时间变化的关系;
(3) 此后汽车运动所能达到的最大速度。

【答案】 (1)16s (2)$P_t = m(a + \mu g)at$ (3)12m/s

【分析】 汽车开始做匀加速直线运动时,说明牵引力 F 和阻力恒定,随着速度增加,它的实际功率逐渐增大,直到 Fv 等于额定功率为止,由牛顿第二定律和运动学关系式即可求出汽车匀加速运动持续的时间;此后汽车保持额定功率不变,速度增大,牵引力减小,汽车做加速度逐渐减小的加速运动,直到牵引力等于阻力为止,此时汽车达到最大速度。

【解析】 (1)设汽车做匀加速直线运动时的牵引力为 F,阻力为 f,匀加速过程中的最大速度为 v_t,有

$$F - f = ma$$
$$f = \mu mg$$
$$P_0 = Fv_t$$

由以上各式可求得 $v_t = \dfrac{P_0}{m(a + \mu g)} = 8.0\text{m/s}$

匀加速过程持续的时间:$t = \dfrac{v_t}{a} = 16\text{s}$

(2)汽车在匀加速直线运动过程中的实际功率与时间的关系是 $P_t = Fv = m(a + \mu g)at$

(3)汽车达到额定功率后,将保持额定功率不变,随着速度的增加,牵引力减小,但只要牵引力大于阻力,汽车就做加速运动,只是加速度要减小,汽车做加速度逐渐减小的加速直线运动,直到牵引力等于阻力,即 $F = f$,加速度变为零,此时汽车能达到最大速度 $v_m = \dfrac{P_0}{f} = 12\text{m/s}$。

【方法归纳】 (1)无论哪种启动过程,机车的最大速度都等于其匀速运动时的速度,即 $v_m = \dfrac{P}{F_{阻}}$;

(2) 机车以恒定加速度启动时,匀加速过程结束时功率最大,速度不是最大,即 $v = \dfrac{P}{F} < v_m = \dfrac{P}{F_{阻}}$；

(3) 机车以恒定功率运动时,牵引力做的功 $W = Pt$ 由动能定理得 $Pt - F_{阻} x = \Delta E_k$,此式可用于求解机车以恒定功率启动过程的位移或速度。

例3 完全由我国自行设计、建造的国产新型航空母舰已完成多次海试,并取得成功。航母上的舰载机采用滑跃式起飞,故甲板是由水平甲板和上翘甲板两部分构成,如图 3-2 甲所示。为了便于研究舰载机的起飞过程,假设上翘甲板 BC 是与水平甲板 AB 相切的一段圆弧,示意如图 3-2 乙,AB 长 $L_1 = 150\text{m}$,BC 水平投影 $L_2 = 63\text{m}$,图中 C 点切线方向与水平方向的夹角 $\theta = 12°(\sin 12° \approx 0.21)$。若舰载机从 A 点由静止开始做匀加速直线运动,经 $t = 6\text{s}$ 到达 B 点进入 BC。已知飞行员的质量 $m = 60\text{kg}$,$g = 10\text{m/s}^2$,求：

(1) 舰载机水平运动的过程中,飞行员受到的水平力所做功 W；
(2) 舰载机刚进入 BC 时,飞行员受到竖直向上的压力 F_N 大小。

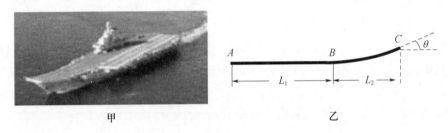

图 3-2

【答案】 (1) $W = 7.5 \times 10^4 \text{J}$；(2) $F_N = 1.1 \times 10^3 \text{N}$

【分析】 AB 段舰载机做匀加速直线运动,利用运动学关系式可求得舰载机到达 B 点时的速度大小,再根据动能定理即可求出飞行员受到的水平力所做的功；BC 段,则由牛顿第二定律和圆周运动的知识得出。

【解析】 (1) 舰载机由静止开始做匀加速直线运动,设其刚进入上翘甲板的 B 点时速度为 v,则有

$$\dfrac{v}{2} = \dfrac{L_1}{t} \qquad\qquad ①$$

根据动能定理,有

$$W = \dfrac{1}{2} mv^2 - 0 \qquad\qquad ②$$

联立①②式,代入数据,得 $W = 7.5 \times 10^4 \text{J}$ ③

(2) 设上翘甲板所对应的圆弧半径为 R,根据几何关系,有

$$L_2 = R\sin\theta \qquad\qquad ④$$

由牛顿第二定律,有

$$F_N - mg = m\dfrac{v^2}{R} \qquad\qquad ⑤$$

联立①④⑤式,代入数据,得

$$F_N = 1.1 \times 10^3 \text{N} \qquad\qquad ⑥$$

例 4 如图 3-3 所示,可视为质点的小球 A、B 用不可伸长的细软轻线连接,跨过固定在地面上、半径为 R 的光滑圆柱,A 的质量为 B 的两倍。当 B 位于地面时,A 恰与圆柱轴心等高。将 A 由静止释放,B 上升的最大高度是( )。

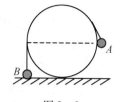

图 3-3

A. $2R$ B. $5R/3$
C. $4R/3$ D. $2R/3$

【答案】 C

【分析】 先根据 A、B 组成的系统机械能守恒求解,A 落地后,再根据 B 机械能守恒求解。

【解析】 当 A 下落至地面时,B 恰好上升到与圆心等高位置,这个过程中机械能守恒,即:

$2mgR - mgR = \dfrac{1}{2} \times 3mv^2$,

接下来,B 物体做竖直上抛运动,再上升的高度 $h = \dfrac{v^2}{2g}$

两式联立得 $h = \dfrac{R}{3}$

这样 B 上升的最大高度 $H = h + R = 4R/3$

【方法总结】 系统机械能守恒的表示方式主要有以下三种:(1)系统初态的总机械能等于末态的总机械能;(2)系统减少的总重力势能等于系统增加的总动能;(3)若系统只有两个物体,则 A 减少的机械能等于 B 增加的机械能,本题要注意两个方面:一个是 A 和 B 的质量关系不要搞错或者混淆;二是 B 上升的高度应该是从地面开始计算。

强化训练

一、选择题

1. 下列关于摩擦力对物体做功的说法中,正确的是( )。
   A. 静摩擦力只能做正功
   B. 静摩擦力一定不做功
   C. 滑动摩擦力只能做负功
   D. 滑动摩擦力既可以做正功,也可以做负功

2. 关于功率,下列说法中正确的是( )。
   A. 力越大,则该力的功率就越大
   B. 功率小说明物体做功少
   C. 机器做的功越多,说明其功率越大
   D. 单位时间机器做功越多,其功率越大

3. 如图 3-4 所示,拖着旧橡胶轮胎跑是身体耐力训练的一种有效方法。如果受训者拖着轮胎在水平直道上跑了 100m,那么下列说法正确的是( )。
   A. 摩擦力对轮胎做了负功
   B. 重力对轮胎做了正功
   C. 拉力对轮胎不做功
   D. 支持力对轮胎做了正功

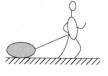

图 3-4

4. 以下说法中正确的是( )。
   A. 力做功多,则说明受力物体的位移一定大
   B. 力对物体不做功,则物体一定没有位移
   C. 力对物体做正功,力与位移方向一定相同
   D. 力对物体做负功,力与位移不一定方向相反

5. 从同一高度以相同的初速率向不同方向抛出质量相同的几个物体,不计空气阻力,则( )。
   A. 它们落地时的动能都相同
   B. 它们落地时重力的即时功率一定相同
   C. 它们运动的过程中,重力的平均功率一定相同
   D. 它们从抛出到落地的过程中,重力所做的功不一定相同

6. 木块在水平恒定的拉力 F 作用下,由静止开始在水平路面上前进 x,随即撤销此恒定的拉力,接着木块又前进了 $2x$ 才停下来。设运动全过程中路面情况相同,则木块在运动中获得动能的最大值为( )。
   A. $\frac{Fx}{2}$ B. $\frac{Fx}{3}$ C. Fx D. $\frac{2Fx}{3}$

7. 质量为 1.5×10^3 kg 的汽车在水平路面上匀速行驶,速度为 20m/s,受到的阻力大小为 1.8×10^3 N。此时,汽车发动机输出的实际功率是( )。
   A. 90W   B. 30kW   C. 36kW   D. 300kW

8. 关于机械能守恒,下面说法中正确的是( )。
   A. 物体所受合外力为零时,机械能一定守恒
   B. 在水平地面上做匀速运动的物体,机械能一定守恒
   C. 在竖直平面内做匀速圆周运动的物体,机械能一定守恒
   D. 做各种抛体运动的物体,若不计空气阻力,机械能一定守恒

9. 按额定功率行驶的汽车,所受地面的阻力保持不变,则( )。
   A. 汽车加速行驶时,牵引力不变,速度增大
   B. 汽车可以做匀加速运动
   C. 汽车加速行驶时,加速度逐渐增大,速度逐渐增大
   D. 汽车达到最大速度时,所受合力为零

10. 如图 3-5,一半径为 R 的半圆形轨道竖直固定放置,轨道两端等高;质量为 m 的质点自轨道端点 P 由静止开始滑下,滑到最低点 Q 时,对轨道的正压力为 $2mg$,重力加速度大小为 g,质点自 P 滑到 Q 的过程中,克服摩擦力所做的功为( )。

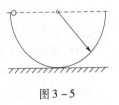

图 3-5

   A. $\frac{1}{4}mgR$ B. $\frac{1}{3}mgR$ C. $\frac{1}{2}mgR$ D. $\frac{\pi}{4}mgR$

11. 某车以相同功率在两种不同的水平路面上行驶,受到的阻力分别为车重的 k_1 和 k_2 倍,最大速率分别为 v_1 和 v_2,则( )。
    A. $v_2 = k_1 v_1$ B. $v_2 = \frac{k_1}{k_2} v_1$ C. $v_2 = \frac{k_2}{k_1} v_1$ D. $v_2 = k_2 v_1$

12. 韩晓鹏是我国首位在冬奥会雪上项目夺冠的运动员。他在一次自由式滑雪空中技巧比赛中沿"助滑区"保持同一姿态下滑了一段距离,重力对他做功 1900J,他克服阻力做功 100J。韩晓鹏在此过程中(   )。

   A. 动能增加了 1900J

   B. 动能增加了 2000J

   C. 重力势能减小了 1900J

   D. 重力势能减小了 2000J

13. 质量为 m 的小球拴在长为 L 的细绳一端,在竖直平面内做圆周运动,当小球通过最高点时,下列表述错误的是(   )。

   A. 它的最小动能为 $mgL/2$ B. 它的最小向心加速度为 g

   C. 细绳对小球的最小拉力为零   D. 小球所受重力为零

14. 如图 3-6 所示,光滑水平桌面上开一个小孔,穿一根细绳,绳一端系一个小球,另一端用力 F 向下拉,维持小球在水平面上做半径为 r 的匀速圆周运动。现缓缓地增大拉力,使圆周半径逐渐减小。当拉力变为 $8F$ 时,小球运动半径变为 $r/2$,则在此过程中拉力对小球所做的功是(   )。

   A. 0   B. $7Fr/2$

   C. $4Fr$ D. $3Fr/2$

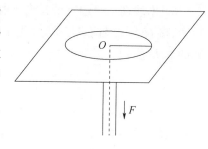

图 3-6

15. 一质量为 $m=5$kg 的哑铃被人从离地面高 1m 处举高到离地面高 2m 处,g 取 10m/s^2,则(   )。

   A. 哑铃在 2m 高处的重力势能为 100J

   B. 哑铃在 2m 高处的重力势能一定不为零

   C. 若取地面为零势能参考平面,在此过程中哑铃的重力势能增加量为 100J

   D. 无论取何处为零势能参考平面,在此过程中哑铃的重力势能增加量均为 50J

16. 一蹦极运动员身系弹性蹦极绳从水面上方的高台下落,到最低点时距水面还有数米距离。假定空气阻力可忽略,运动员可视为质点,下列表述错误的是(   )。

   A. 运动员到达最低点前重力势能始终减小

   B. 蹦极绳张紧后的下落过程中,弹性力做负功,弹性势能增加

   C. 蹦极过程中,运动员、地球和蹦极绳所组成的系统机械能守恒

   D. 蹦极过程中,重力势能的改变与重力势能零点的选取有关

17. 如图 3-7 所示,一根很长,不可伸长的柔软轻绳跨过光滑定滑轮,绳两端各系一小球 a 和 b,a 球质量为 m,静置于地面;b 球质量为 $2m$,用手托住,高度为 h,此时轻绳刚好拉紧,从静止开始释放 b 后,a 可能达到的最大高度为(   )。

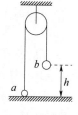

图 3-7

   A. $\frac{2}{3}h$ B. h

   C. $\frac{4}{3}h$ D. $\frac{5}{3}h$

18. 质量为 m 的物体从距地面 h 高处由静止开始以加速度 $a=g/3$ 竖直下落到地面,在这个过程中(   )。

A. 物体的动能增加 mgh/3 B. 物体的重力势能减少 mgh/3
C. 物体的机械能减少 mgh/3 D. 物体的机械能保持不变

19. 被竖直上抛的物体的初速度与回到抛出点时速度大小之比为 K，空气阻力在运动过程中大小不变，则重力与空气阻力的大小之比等于(　　)。

A. $(K^2+1)/(K^2-1)$ B. $(K+1)/(K-1)$
C. K D. $1/K$

二、填空题

1. 质量为 m 的汽车以额定功率 P 行驶，它在水平公路上的最大速度为 v，设它所受到的阻力保持不变，如果它在某时刻的即时速度为 $v'(v'<v)$，则此时汽车的加速度是_____。

2. 一辆汽车在平直公路上以额定功率行驶，汽车质量为 4.0×10^3 kg，所受阻力恒为 2.0×10^3 N，发动机的额定功率为 4.0×10^4 W，则在 60s 内汽车牵引力所做的功为_____J，汽车在行驶过程中所能达到的最大速度为_____m/s。

3. 汽车发动机的额定功率为 60kW，汽车质量为 5t，汽车在运动中所受阻力的大小恒为车重的 0.1 倍。若汽车以额定功率启动，则汽车所能达到的最大速度是_____；当汽车速度达到 5m/s 时，其加速度是_____。(g 取 10m/s²)

4. 质量为 M 的铁球，由离泥土地面 H 高度处自由落下，进入地面 h 深度而停止，则泥土对铁球的平均阻力大小是_____。

5. 质量为 m 的长方体，长为 $2L$，高为 L，躺放在水平地面上，现在要把它竖直立起来，在这一过程中，外力至少对它做功_____。

6. 小运动员从 1.25m 高处平抛一个质量为 0.5kg 的铅球，水平飞行了 5m 落地，运动员的肌肉对铅球做的功为_____J；铅球下落过程中重力所做的功为_____J。(g 取 10m/s²)

图 3-8

7. 如图 3-8 所示，轻弹簧竖直固定在水平地面上，弹簧的劲度系数为 k，原长为 l_0。质量为 m 的铁球由弹簧正上方 H 高处自由下落，球在离地面的高度为_____时它的动能最大；球在离地面的高度为_____时，弹簧的弹性势能最大。

8. 一质量为 1kg 的物体从静止开始竖直下落，经 2s 落地，落地时的速度大小为 18m/s，若重力加速度 g 取 10m/s²，则下落过程中物体的动能增加了_____J，物体的机械能减少了_____J。

9. 如图 3-9 所示，一物块沿倾角为 θ 的斜坡向上滑动。当物块的初速度为 v 时，上升的最大高度为 H；当物块的初速度为 $\dfrac{v}{2}$ 时，上升的最大高度为_____，物块与斜坡间的动摩擦因数为_____。（重力加速度大小为 g）

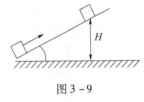

图 3-9

三、计算题

1. C919 是我国自行研制、具有完全自主知识产权的新一代大型喷气式客机，假设飞机在水平跑道上的滑跑是初速度为零的匀加速直线运动，当位移 $x=1.6\times10^3$ m 时才能达到起飞所要求的速度 $v=80$m/s。已知飞机质量 $m=7.0\times10^4$ kg，滑跑时受到的阻力为自身重力的 0.1 倍，重力加速度取 $g=10$m/s²，求飞机滑跑过程中：

(1) 加速度 a 的大小；

(2) 牵引力的平均功率 P。

2. 如图 3-10 所示，装置由 AB、BC、CD 三段轨道组成，轨道交接处均由很小的圆弧平滑连接，其中轨道 AB、CD 段是光滑的，水平轨道 BC 的长度 $s=5\text{m}$，轨道 CD 足够长且倾角 $\theta=37°$，A、D 两点离轨道 BC 的高度分别为 $h_1=4.30\text{m}$，$h_2=1.35\text{m}$。现让质量为 m 的小滑块自 A 点由静止释放，已知小滑块与轨道 BC 间的动摩擦因数 $\mu=0.5$，重力加速度 g 取 10m/s^2，$\sin 37°=0.6$，$\cos 37°=0.8$。求：

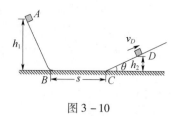

图 3-10

(1) 小滑块第一次到达 D 点时的速度大小；

(2) 小滑块最终停止的位置距 B 点的距离。

3. 如图 3-11 所示，水平桌面上的轻质弹簧左端固定，右端与静止在 O 点质量为 $m=1\text{kg}$ 的小物块接触而不连接，此时弹簧无形变。现对小物块施加 $F=10\text{N}$ 水平向左的恒力，使其由静止开始向左运动。小物块在向左运动到 A 点前某处速度最大时，弹簧的弹力为 6N，运动到 A 点时撤去推力 F，小物块最终运动到 B 点静止。图中 $OA=0.8\text{m}$，$OB=0.2\text{m}$，重力加速度 g 取 10m/s^2。求小物块：

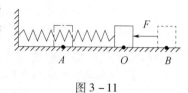

图 3-11

(1) 与桌面间的动摩擦因数 μ；

(2) 向右运动过程中经过 O 点的速度；

(3) 向左运动的过程中弹簧的最大压缩量。

4. 如图 3-12，用跨过光滑定滑轮的缆绳将海面上一艘失去动力的小船沿直线拖向岸边。已知拖动缆绳的电动机功率恒为 P，小船的质量为 m，小船受到的阻力大小恒为 f，经过 A 点时的速度大小为 v_0，小船从 A 点沿直线加速运动到 B 点经历时间为 t_1，A、B 两点间距离为 d，缆绳质量忽略不计。求：

(1) 小船从 A 点运动到 B 点的全过程克服阻力做的功 W_1；

(2) 小船经过 B 点时的速度大小 v_1；

(3) 小船经过 B 点时的加速度大小 a。

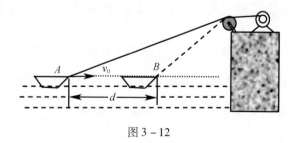

图 3-12

5. 如图 3-13，在竖直平面内有由 $\frac{1}{4}$ 圆弧 AB 和 $\frac{1}{2}$ 圆弧 BC 组成的光滑固定轨道，两者在最低点 B 平滑连接。AB 弧的半径为 R，BC 弧的半径为 $\frac{R}{2}$。一小球在 A 点正上方与 A 相距 $\frac{R}{4}$ 处由静止开始自由下落，经 A 点沿圆弧轨道运动。

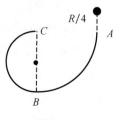

图 3-13

(1) 求小球在 B、A 两点的动能之比;

(2) 通过计算判断小球能否沿轨道运动到 C 点。

参考答案

一、选择题

1. 答案:D

解析:恒力做功的表达式 $W = Fs\cos\alpha$,静摩擦力的方向与物体相对运动趋势的方向相反,但与运动方向可以相同,也可以相反,故静摩擦力可以做负功,也可以做正功,故 A、B 错误;滑动摩擦力的方向与物体相对运动方向相反,但与物体的运动方向可以相反,也可以相同,故可以做负功,也可以做正功,故 C 错误,D 正确。故选 D。

2. 答案:D

解析:根据 $P = Fv$,力大 F,但 F 与 v 的乘积不一定大,故功率不一定大,故 A 错误;功率小说明物体做功慢,故 B 错误;机器做的功越多,根据 $P = \dfrac{W}{t}$,不能说明其功率大,故 C 错误;根据 $P = \dfrac{W}{t}$,单位时间机器做功越多,其功率越大,故 D 正确。故选 D。

3. 答案:A

解析:摩擦力方向与轮胎位移方向相反,摩擦力做负功,A 项正确;重力和支持力的方向与轮胎位移方向垂直,不做功,B,D 项错误;拉力方向与轮胎位移方向成锐角,做正功,C 错误。答案选 A。

4. 答案:D

解析:考查力做功公式 $W = Fs\cos\alpha$ 的理解。

5. 答案:A

解析:从同一高度以相同的初速率向不同方向抛出质量相同的几个物体,不计空气阻力,机械能守恒,则它们落地时的动能都相同;速度的方向不同,所以它们落地时重力的即时功率不一定相同;时间相同,所以它们运动的过程中,重力的平均功率不一定相同;重力是保守力,它们从抛出到落地的过程中,重力所做的功一定相同。答案选 A。

6. 答案:D

解析:木块从静止开始在拉力 F 和阻力(设为 f)的作用下,先做匀加速直线运动,撤去拉力 F 后木块在阻力 f 的作用下做匀减速运动,所以撤去拉力 F 的瞬间木块的动能最大。对全过程分析,由动能定理有 $Fx - f \cdot 3x = 0$;对木块由静止开始到最大动能的过程,由动能定理得 $Fx - f \cdot x = E_{km}$,由此二式解得 $E_{km} = \dfrac{2}{3}Fx$,故 D 正确。

7. 答案:C

解析:汽车匀速行驶,则牵引力与阻力平衡,所以 $F = f = 1.8 \times 10^3 \text{N}$,汽车发动机的功率 $P = Fv = 1.8 \times 10^3 \times 20 = 36 \text{kW}$,故选 C

8. 答案:D

解析:物体所受合外力为零时,可能有非保守力做功,机械能不一定守恒。在水平地面上做匀速运动的物体,弹性势能可能变化,机械能不一定守恒。在竖直平面内做匀速圆周运动的物体,重力势能在变化,机械能不守恒。答案选 D。

9. 答案:D

解析:按额定功率行驶的汽车,所受地面的阻力保持不变,由 $a = \dfrac{F-f}{m} = \dfrac{(P/v)-f}{m}$ 可得:汽车加速行驶时,牵引力会变小,速度增大;汽车不可以做匀加速运动;汽车加速行驶时,加速度逐渐减小,速度逐渐增大;汽车达到最大速度时,所受合力为零。答案选 D。

10. 答案:C

解析:质点在 Q 点受到竖直向下的重力和竖直向上的支持力,两力的合力充当向心力,所以有 $N - mg = m\dfrac{v^2}{R}$,$N = 2mg$,联立解得 $v = \sqrt{gR}$,下落过程中重力做功 mgR,根据动能定理可得 $mgR + W_f = \dfrac{1}{2}mv^2$,

解得 $W_f = -\dfrac{1}{2}mgR$,所以克服摩擦力做功 $\dfrac{1}{2}mgR$,选项 C 正确。

11. 答案:B

解析:以相同功率在两种不同的水平路面上行驶达最大速度时,有 $F = F_f = kmg$。由 $P = Fv$ 可知最大速度 $v_m = \dfrac{P}{F} = \dfrac{P}{F_f}$,则 $\dfrac{v_1}{v_2} = \dfrac{F_{f2}}{F_{f1}} = \dfrac{k_2}{k_1}$,故 $v_2 = \dfrac{k_1}{k_2}v_1$,选项 B 正确。

12. 答案:C

解析:根据动能定理:动能的增量等于合外力的功,即动能增量为 1900J – 100J = 1800J,选项 AB 错误;重力做功等于重力势能的变化量,故重力势能减少了 1900J,选项 C 正确,D 错误;故选 C。

13. 答案:D

解析:质量为 m 的小球拴在长为 L 的细绳一端,在竖直平面内做圆周运动,当小球通过最高点时细绳对小球的最小拉力为零,此时它的最小向心加速度为 g,由向心加速度公式可得它的最小动能为 $mgL/2$。答案选 D。

14. 答案:D

解析:设力 F、半径为 r 时的速度为 v,由匀速圆周运动向心力公式可得:拉力变为 $8F$、半径变为 $r/2$ 时的速度为 $2v$,则在此过程中拉力对小球所做的功是 $3Fr/2$。答案选 D。

15. 答案:D

解析:重力势能与参考平面有关,重力势能增加与参考平面无关,在此过程中哑铃的重力势能增加量均为 $mgh = 50J$。答案选 D。

16. 答案:D

解析:运动员到达最低点过程中,重力做正功,所以重力势能始终减少,A 项正确。蹦极绳张紧后的下落过程中,弹性力做负功,弹性势能增加,B 项正确。蹦极过程中,运动员、地球和蹦极绳所组成的系统,只有重力和弹性力做功,所以机械能守恒,C 项正确。重力势能的改变与重力势能零点选取无关,D 项错误。因本题是选出表述错误的选项,故正确的选项为 D。

17. 答案:C

解析:a 上升、b 下降的过程中,对 ab 系统,绳的拉力是内力,只有重力做功,所以系统的机械能守恒。则由机械能守恒得 $2mgh = mgh + \frac{1}{2}(m+2m)v^2$，解得 $v = \sqrt{\frac{2gh}{3}}$。b 落地后，绳子开始松弛，a 球由于惯性，开始做初速为 v 的竖直上抛运动，a 继续上升的高度为 $h' = \frac{v^2}{2g} = \frac{1}{3}h$，故 a 能上升的最大高度为 $H = h + h' = \frac{4}{3}h$，故 C 正确。

18. **答案**：A

解析：质量为 m 的物体从距地面 h 高处由静止开始以加速度 $a = g/3$ 竖直下落到地面，由动能定理可得：在这个过程中物体的动能增加 $mgh/3$；物体受到向上的力为 $2mg/3$，物体的重力势能减少 mgh，物体的机械能减少 $2mgh/3$。答案选 A。

19. **答案**：A

解析：被竖直上抛的物体的初速度与回到抛出点时速度大小之比为 K，空气阻力在运动过程中大小不变，由动能定理可得 $fh + Gh = \frac{1}{2}mK^2v^2$ 和 $-fh + Gh = \frac{1}{2}mv^2$。解之得重力与空气阻力的大小之比等于 $(K^2+1)/(K^2-1)$。答案选 A。

二、填空题

1. **答案**：$P(v-v')/(mv')$

解析：质量为 m 的汽车以额定功率 P 行驶，它在水平公路上的最大速度为 v，则它所受到的阻力 $f = \frac{P}{v}$。如果它在某时刻的即时速度为 $v'(v' < v)$，则此时汽车的加速度是 $a = \frac{F-f}{m} = \frac{(P/v')-f}{m} = P(v-v')/(mv')$。

2. **答案**：2.4×10^6 20

解析：在 60s 内汽车牵引力所做的功为 $W = Pt = 4.0 \times 10^4 \times 60 \text{J} = 2.4 \times 10^6 \text{J}$。汽车达到最大速度后做匀速直线运动，根据平衡条件，有 $F = f = 2.0 \times 10^3 \text{N}$；根据公式 $P = Fv$，最大速度为 $v = \frac{4 \times 10^4}{2 \times 10^3} = 20 \text{m/s}$。

3. **答案**：12m/s   1.4m/s²

解析：汽车前进的过程中阻力不变 $F_{阻} = 0.1mg = 0.1 \times 5 \times 10^3 \times 10\text{N} = 5 \times 10^3\text{N}$，牵引力等于阻力时，汽车达到最大速度：$v_m = \frac{P_0}{F_{阻}} = \frac{6 \times 10^4}{5 \times 10^3}\text{m/s} = 12\text{m/s}$；当 $v = 5\text{m/s}$ 时，$F_{牵} = \frac{P_0}{v} = \frac{6 \times 10^4}{5}\text{N} = 1.2 \times 10^4\text{N}$，所以此刻加速度 $a = \frac{F_{牵} - F_{阻}}{m} = \frac{1.2 \times 10^4 - 5 \times 10^3}{5 \times 10^3}\text{m/s}^2 = 1.4\text{m/s}^2$。

4. **答案**：$Mg(H+h)/h$

解析：质量为 M 的铁球，由离泥土地面 H 高度处自由落下，进入地面 h 深度而停止，由动能定理得 $Mg(H+h) - fh = 0$，则泥土对铁球的平均阻力大小是 $Mg(H+h)/h$。

5. **答案**：$mgL(\sqrt{5}-1)/2$

解析：质量为 m 的长方体，长为 $2L$，高为 L，躺放在水平地面上，现在要把它竖直立起来，由功能原理可得 $W = mgL\sqrt{5}/2 - (mgL/2) = mgL(\sqrt{5}-1)/2$，所以在这一过程中，外力至少对它做功 $mgL(\sqrt{5}-1)/2$。

6. 答案:25 6.25

解析:由高度 1.25m 和水平飞行了 5m 落地可得平抛时的水平速度,由动能定理可得运动员的肌肉对铅球做的功为 25J;铅球下落过程中重力所做的功为 $mgh = 6.25J$。

7. 答案:$l_0 - \dfrac{mg}{k}$ $l_0 - \dfrac{mg + \sqrt{m^2g^2 + 2mgkH}}{k}$

解析:弹力与重力相等时它的动能最大,设此时离地面多高度为 h_1,则 $mg = k(l_0 - h_1)$,解得 $h_1 = l_0 - \dfrac{mg}{k}$。当小球速度为 0 时,弹簧的弹性势能最大,设此时离地面多高度为 h_2,则由机械能守恒得 $mg(H - h_2) = \dfrac{1}{2}k(l_0 - h_2)^2$,解得 $h_2 = l_0 - \dfrac{mg + \sqrt{m^2g^2 + 2mgkH}}{k}$。

8. 答案:162 18

解析:动能的增加量 $\Delta E_K = \dfrac{1}{2}mv^2 = \dfrac{1}{2} \times 1 \times 18^2 J = 162J$;物体下落的高度 $h = \dfrac{v}{2}t = \dfrac{18}{2} \times 2m = 18m$,故重力做功 $W_1 = mgh = (1 \times 10 \times 18)J = 180J$,故重力势能减少了 180J;根据机械能等于重力势能和动能之和,可得机械能减小了 $\Delta E = (180 - 162)J = 18J$。

9. 答案:$\dfrac{H}{4}$;$\left(\dfrac{v^2}{2gH} - 1\right)\tan\theta$

解析:根据动能定理,以速度 v 上升时有 $\dfrac{1}{2}mv^2 = \mu mg\cos\theta \cdot \dfrac{H}{\sin\theta} + mgH$,

以 $\dfrac{v}{2}$ 速度上升时有 $\dfrac{1}{2}m\left(\dfrac{v}{2}\right)^2 = \mu mg\cos\theta \cdot \dfrac{h}{\sin\theta} + mgh$,

解得 $h = \dfrac{H}{4}, \mu = \left(\dfrac{v^2}{2gH} - 1\right)\tan\theta$。

三、计算题

1. 答案:(1) $2m/s^2$ (2) $8.4 \times 10^6 W$

解析:(1) 飞机滑跑过程中做初速度为零的匀加速直线运动,有 $v^2 = 2ax$,代入数据解得 $a = 2m/s^2$。

(2) 设飞机滑跑受到的阻力为 $F_阻$,依题意有 $F_阻 = 0.1mg$。

设发动机的牵引力为 F,根据牛顿第二定律有 $F - F_阻 = ma$。

设飞机滑跑过程中的平均速度为 $\bar{v}$,有 $\bar{v} = \dfrac{v}{2}$。

在滑跑阶段,牵引力的平均功率 $P = F\bar{v} = 8.4 \times 10^6 W$。

2. 答案:(1) $3m/s$ (2) $1.4m$

解析:(1) 小滑块从 $A \to B \to C \to D$ 过程中,由动能定理得

$mg(h_1 - h_2) - \mu mgs = \dfrac{1}{2}mv_D^2 - 0$。

将 $h_1 、 h_2 、 s 、 \mu 、 g$ 代入得 $v_D = 3m/s$。

(2) 对小滑块运动全过程应用动能定理,设小滑块在水平轨道上运动的总路程为 $s_总$,有 $mgh_1 = \mu mgs_总$。

将 $h_1 、 \mu$ 代入得 $s_总 = 8.6m$。

故小滑块最终停止的位置距 B 点的距离为 $2s - s_总 = 1.4m$。

3. 答案:(1) 0.4　(2) 1.26m/s　(3) 0.9m

解析:(1)小物块速度达到最大时,加速度为零。

$F - \mu mg - F_弹 = 0$, $\mu = \dfrac{F - F_弹}{mg} = 0.4$。

(2)设向右运动通过 O 点时的速度为 v_0,从 O 到 B,由动能定理得

$-F_f x_{OB} = 0 - \dfrac{1}{2}mv_0^2$, $F_f = \mu mg = 4\text{N}$,

解得 $v_0 = \sqrt{1.6}\text{m/s} \approx 1.26\text{m/s}$。

(3)弹簧最大压缩量为 $x_{\max}$,对小物块运动的全过程,根据动能定理得 $Fx_{OA} - F_f(2x_{\max} + x_{OB}) = 0$,代入数值得 $x_{\max} = 0.9\text{m}$。

4. 答案:(1) $W = Fs = fd$;(2) $v_1 = \sqrt{\dfrac{2(Pt - fd)}{m} + v_0^2}$;(3) $a = \dfrac{P}{\sqrt{m^2v_0^2 + 2m(Pt - fd)}} - \dfrac{f}{m}$

解析:(1)小船从 A 点到达 B 点,受到的阻力恒为 f,其克服阻力做的功为:$W = Fs = fd$

(2)从 A 到 B 由动能定理可知:$\dfrac{1}{2}mv_B^2 - \dfrac{1}{2}mv_A^2 = Pt_1 - fd$

解得:$v_1 = \sqrt{\dfrac{2(Pt_1 - fd)}{m} + v_0^2}$

(3)设小船经过 B 点时绳的拉力大小为 F,绳与水平方向夹角为 θ,电动机牵引绳的速度大小为 u,则 $P = Fu$　$u = v_1 \cos\theta$

由牛顿第二定律有　$F\cos\theta - f = ma$

解得 $a = \dfrac{P}{\sqrt{m^2v_0^2 + 2m(Pt_1 - fd)}} - \dfrac{f}{m}$

5. 答案:(1) $\dfrac{E_{kA}}{E_{kB}} = 5$　(2)小球恰好可以沿轨道运动到 C 点

解析:(1)设小球的质量为 m,小球在 A 点的动能为 E_{kA},由机械能守恒得 $E_{kA} = mg\dfrac{R}{4}$　①

设小球在 B 点的动能为 E_{kB},同理有 $E_{kB} = mg\dfrac{5R}{4}$　②

由①②式得　$\dfrac{E_{kA}}{E_{kB}} = 5$　③

(2)若小球能沿轨道运动到 C 点,小球在 C 点所受轨道的正压力 N 应满足 $N \geq 0$　④

设小球在 C 点的速度大小为 v_C,由牛顿运动定律和向心力加速度公式有

$$N + mg = m\dfrac{v_C^2}{\dfrac{R}{2}}$$　⑤

由④⑤式得,v_C 应满足 $mg \leq m\dfrac{2v_C^2}{R}$　⑥

由机械能守恒有　$mg\dfrac{R}{4} = \dfrac{1}{2}mv_C^2$　⑦

由⑥⑦式可知,小球恰好可以沿轨道运动到 C 点。

第四章 电 场

复习要求

- 理解电荷守恒定律；
- 理解库仑定律；
- 理解点电荷场强公式；
- 理解电势能、电势、电势差的概念；
- 理解静电平衡的概念；
- 理解电容的概念；
- 了解军事与生活中的简单应用。

第一节 电荷守恒定律

1. 电荷与电量

自然界只存在两种电荷。用丝绸摩擦过的玻璃棒上带的电荷叫作正电荷，用毛皮摩擦过的硬橡胶棒上带的电荷叫作负电荷。两种物质摩擦后所带的电荷种类是相对的。电荷的多少叫电量，在 SI 制中，电量的单位是 C(库)。

元电荷是指最小的电荷量，用 e 表示，为一个电子所带的电量 $e = 1.6 \times 10^{-19}$ C。点电荷是指不考虑形状和大小的带电体，类似于力学中的质点，是一种理想化的模型。检验电荷是指电量很小的点电荷，当它放入电场后不会影响该电场的性质。

2. 电荷守恒定律

电荷守恒定律：系统与外界无电荷交换时，系统的电荷代数和守恒。电荷守恒定律揭示了在电荷的分离和转移的过程中总量保持不变的规律。要注意它在中和现象、三种起电(接触起电、摩擦起电、感应起电)过程和静电感应现象中的应用。

第二节 库仑定律

1. 库仑定律

内容：真空中两个点电荷之间的相互作用力 F 的大小，跟它们的电荷量 Q_1、Q_2 的乘积成正比，跟它们的距离 r 的二次方成反比；作用力的方向沿着它们的连线。同种电荷相斥，异种电荷相吸。公式：$F = k\dfrac{Q_1 Q_2}{r^2}$。静电力常量 $k = 9.0 \times 10^9$ N·m²/C²。适用条件：真空中的点电荷，对空气中的点电荷近似适用。

应用库仑定律需要注意的问题：①库仑定律适用于真空中两个点电荷之间的相互作用力，与周围是否存在其他电荷无关。②在使用公式 $F=k\dfrac{Q_1Q_2}{r^2}$ 时，式中 Q_1、Q_2 的正、负表示带电性质，力 F 的正、负表示库仑力是斥力还是引力，不表示力的方向。因此，在应用库仑定律解题时，只将电荷量的绝对值代入公式中，计算出力的大小，力的方向再由同种电荷相斥、异种电荷相吸来确定。③两个电荷间的距离 $r \to 0$ 时，两电荷已失去了点电荷的前提条件，所以违背了库仑定律的适用条件，不能再运用库仑定律计算两电荷间的相互作用力，因此不能认为 $F \to \infty$。④库仑力具有力的一切性质，相互作用的两个点电荷之间的作用力遵守牛顿第三定律。库仑力同样遵守平行四边形定则，在解决多个电荷相互作用时矢量合成法则同样有效。

2. 静电力叠加原理

对于两个以上的点电荷，其中每一个点电荷所受的总的静电力，等于其他点电荷分别单独存在时对该点电荷的作用力的矢量和。

静电力叠加原理的理解：①静电力具有力的一切性质，静电力之间可以叠加，也可以与其他力叠加，静电力叠加原理实际就是力叠加原理的一种具体表现。②由于任何带电体都可以看成是由很多点电荷组成的，从理论上讲，利用库仑定律和静电力叠加原理，可以知道任何带电体之间的作用力。③当多个带电体同时存在时，任一带电体同时受到多个静电力的作用，可以利用力的合成的平行四边形法则求其合力。

第三节 电场 电场强度

1. 电场

电场是物质的一种特殊形态，它存在于电荷的周围空间，电荷间的相互作用通过电场发生。电场的基本特性是它对放入其中的电荷有电场力的作用。对电场可以这样认识：①电场是一种特殊物质，场和实物是物质存在的两种不同形式；②电荷间的相互作用力是通过电场发生的；③电场虽然看不见摸不着，但可以通过一些实验表现其存在，如在电场中放入电荷，电场对电荷就有力的作用，这就表明电场是真实存在的一种物质。

2. 电场强度

电场强度是反映电场的力的性质的物理量。描述电场强度有以下几种常用方法。

（1）用代数法定量描述。定义法，$E=F/q$，即放入电场中某点的电荷所受的电场力 F 与它的电荷量 q 的比值，为该点的电场强度。该定义式适用于任何电场，E 与 q 无关，只取决于电场本身，E 的方向规定为正电荷受到的电场力方向；公式法，$E=\dfrac{kQ}{r^2}$，仅适用于真空中点电荷 Q 形成的电场，场强 E 与场源电荷的电荷量 Q 及研究点到场源电荷的距离 r 有关；电势法，$E=U/d$，仅适用于匀强电场，式中的 U 指的是匀强电场中两点的电势差，d 是指这两点沿电场方向的距离。

要注意理解：①场强是描述电场的力的性质的物理量，与检验电荷存在与否无关；②E 是矢量，它的方向即电场的方向，规定场强的方向是正电荷在该点受力的方向；③注意区别三个公式的物理意义和适用范围；④几个电场叠加计算合场强时，要按平行四边形法则求其矢量和。

(2) 用电场线形象描述(几何法)。电场线是画在电场中的一条条有方向的曲线,电场线的密(疏)程度表示场强的强(弱)。电场线上某点的切线方向表示该点的场强方向。匀强电场中的电场线是方向相同、距离相等的互相平行的直线。要注意:①电场线是使电场形象化而假想的线;②电场线起始于正电荷而终止于负电荷,在静电场中,电场线不能形成闭合曲线;③电场中任何两条电场线都不相交,也不相切;电场力是电荷间通过电场相互作用的力,正(负)电荷受力方向与 E 的方向相同(反)。图 4-1 是几种常见的电场线分布。

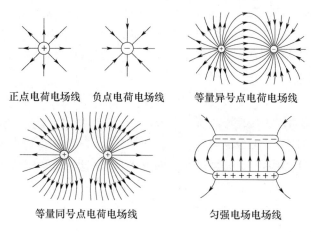

图 4-1

3. 点电荷的电场

(1) 推导:如图 4-2 所示,场源电荷 Q 与检验电荷 q 相距 r,则它们的库仑力 $F = k\dfrac{Qq}{r^2}$,所以电荷 q 处的电场强度 $E = \dfrac{F}{q} = k\dfrac{Q}{r^2}$。

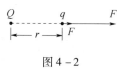

图 4-2

(2) 公式: $E = \dfrac{kQ}{r^2}$。

(3) 含义:点电荷 Q 的电场中任意点的电场强度的大小与该点电荷的电量成正比,与该点到点电荷距离的平方成反比。

(4) 方向:若 Q 为正电荷,则场强方向沿 Q 和该点的连线指向该点;若 Q 为负电荷,则场强方向沿 Q 和该点的连线指向 Q。

第四节 电势能 电势

1. 电势能

电势能是电荷在电场中具有的势能。要注意理解:①电荷在电场中某点的电势能在数值上等于把电荷从这点移到电势能为零处电场力所做的功;②电势能是相对的,通常取电荷在无限远处的电势能为零,这样电势能就有正负;③电场力对电荷所做的正(负)功总等于电荷电势能的减少(增加),即 $W_{AB} = \varepsilon_A - \varepsilon_B$, ε_A, ε_B 分别表示电荷在电场中 A、B 点的电势能;④电场力移动电荷做功,只跟电荷的始、末位置有关,跟具体路径无关。

2. 电势电压

电势是反映电场的能的性质的物理量,描述电势有下面几种方法。

（1）用公式法定量描述：电场中某点的电势定义为 $U=\varepsilon/q$。即电荷在电场中某一点的电势能与它的电荷量的比值为该点的电势。要注意理解：①电势是描述电场的能的性质的物理量，与检验电荷存在与否无关；②在 SI 制中的单位是伏特（伏），$1V=1J/C$；③电势是相对的，通常取无限远处（或大地）的电势为零，这样电势就有正负；④电势是标量，几个电场叠加计算合电势时，只需求各个电场在该点产生的电势的代数和。

（2）用等势面形象描述（几何法）：电场中电势相等的点构成的面称为等势面；任意两个等势面不能相交。等势面与电场线垂直。不同等势面的电势沿电场线方向逐渐降低。任何相邻两等势面间的电势差相等，场强大（小）的地方等势面间的距离小（大）。在同一等势面上的任何两点间移动电荷时，电场力不做功。在匀强电场中的等势面是一族与电场线垂直的平面。

电势差指电场中两点间的电势的差值，有时又叫作电压，表示为 $U_{AB}=U_A-U_B$。注意：①电场中两点间的电势差值是绝对的。电场中某点的电势实际上是指该点与无穷远处间的电势差；②电势差有正负，$U_{AB}=-U_{BA}$。

电势差跟电场强度的关系可从以下三方面理解：①大小关系，$U=Ed$（适用于匀强电场，d 为沿电场线方向的两点间距离）；②方向关系，场强的方向就是电势降低最快的方向；③单位关系：$1V/m=1N/C$。

3. 电场力的功

电场中移动电荷时电场力做的功 $W=qU$。要注意：①公式适用于任何电场；②q、U、W 三个量都有正、负，为避免错误，应用时均取绝对值，功的正负可从电荷的正负及移动方向加以判断；③在电场力作用下，正（负）电荷总是从高（低）电势处移向低（高）电势处，且电荷的电势能减小。

第五节　静电平衡　电容

1. 静电平衡问题

把导体放入电场时，导体中的自由电荷将会重新分布，产生感应电荷，当感应电荷产生的附加电场和原场强在导体内部叠加为零时，自由电荷停止定向移动，导体处于静电平衡状态。

孤立的带电体和处于电场中的感应导体，处于静电平衡状态时，其特征：①导体内部场强处处为零，没有电场线（叠加后）；②整个导体是等势体，导体表面是等势面；③导体外部的电场线与导体表面垂直，表面场强不一定为零；④对孤立导体，净电荷分布在外表面（可用法拉第圆筒实验验证）。

处理静电平衡问题要注意两点：①用导线接地或用手触摸一下导体可把导体和地球看成一个大导体；②一般取无穷远处和地球的电势为零。

2. 电容器与电容

两个彼此绝缘又相互靠近的导体就可以构成电容器，每个导体称为电容器的极板。

电容器是储存电荷的器件，反映电容器储存电荷的能力的物理量叫作电容器的电容，电容定义：电容器所带电荷量 Q 与两板间电势差 U 的比值为电容器的电容，即 $C=\dfrac{Q}{U}$。在国际单位制中，电容的单位是法拉（F），常用单位有微法（μF）和皮法（pF）。它们的换算关系是 $1F=$

$10^6\mu F=10^{12}pF$。注意理解：①电容是表征电容器特性的物理量,对于给定的电容器,C 一定；②电容器所带电荷量指每个导体(或极板)所带电荷量的绝对值；使电容器带电的过程称为充电；使充电后的电容器失去电荷的过程称为放电。③电容器的电容只跟导体的大小、形状、相对位置、介质性质有关,而与它所带的电量 Q 和电势差 U 无关；④电容器的电容 $C=Q/U=\Delta Q/\Delta U$,此式为定义式,适用于任何电容器；⑤电容器的额定电压应低于击穿电压。

由两块正对、互相平行、间隔很近、彼此绝缘的金属板所构成的导体组叫做平行板电容器。平行板电容器的电容 $C=\varepsilon S/d$,表示 C 与介电常数 ε 成正比,跟正对面积 S 成正比,跟极板间的距离 d 成反比；对平行金属板电容器有关的 Q、E、U、C 的讨论要熟记两种情况：①若两极保持与电源相连,则两极板间电压 U 不变；②若充电后断开电源,则带电量 Q 不变。

典型例题

例1 三个相同的金属小球 1、2、3 分别置于绝缘支架上,各球之间的距离远大于小球的直径。球 1 的带电荷量为 q,球 2 的带电荷量为 nq,球 3 不带电且离球 1 和球 2 很远,此时球 1、2 之间作用力的大小为 F。现使球 3 先与球 2 接触,再与球 1 接触,然后将球 3 移至远处,此时 1、2 之间作用力的大小仍为 F,方向不变。由此可知(   )。

A. $n=3$ B. $n=4$ C. $n=5$ D. $n=6$

【答案】 D

【分析】 先用库仑定律表示出球 1、2 间的库仑力大小,再根据电荷守恒定律分别求出球 3 与球 2 接触后 3、2 的带电量、球 3 再与球 1 接触后 3、1 的带电量,最后再用库仑定律表示出球 1、球 2 间的库仑力,进而求出 n 的大小。(本题主要考查考生对电荷守恒定律、库仑定律的理解与应用)

【解析】 设 1、2 距离为 R,则：$F=k\dfrac{nq^2}{R^2}$,3 与 2 接触后,它们带的电荷量均为 $\dfrac{nq}{2}$,再将 3 与 1 接触后,它们带的电荷量均为 $\dfrac{(n+2)q}{4}$,最后 $F=k\dfrac{n(n+2)q^2}{8R^2}$,由以上两式得 $n=6$。

例2 如图 4-3 所示,图中虚线为一组间距相等的同心圆,圆心处固定一带正电的点电荷,一带电粒子以一定初速度射入电场,实线为粒子仅在电场力作用下的运动轨迹,a、b、c 三点是实线与虚线的交点。则该粒子(   )。

A. 带负电
B. 在 c 点受力最大
C. 在 b 点的电势能小于在 c 点的电势能
D. 由 a 点到 b 点的动能变化大于由 b 点到 c 点的动能变化

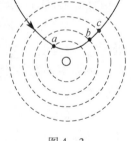

图 4-3

【答案】 D

【分析】 先分析运动电荷所受电场力的方向,再根据库仑定律判断电场力的大小,由点电荷产生的电场中电势分布的特点判断电势的高低,再根据电势能的定义判断电势能的大小,由动能定理判断动能变化的大小。

【解析】 由粒子运动轨迹可以判断出粒子受到斥力作用,则粒子带正电,选项 A 错误；离电荷距离越近受斥力越大,故粒子在 a 点处受力最大,选项 B 错误;由 b 点到 c 点的运动过程中电场力对粒子做正功,电势能减小,故该粒子在 b 点电势能大于在 c 点电势能,选项 C 错误;ab 与 bc 处于等距离同心圆上,靠近电荷的位置电场强度较大,结合 $U=Ed$ 可判断电势差 $U_{ab} > U_{bc}$,电场力做功 $W=qU$,则 $W_{ab} > W_{bc}$,结合动能定理可知,该粒子由 a 点到 b 点的动能变化大于由 b 点到 c 点的动能变化,所以选项 D 正确。

【方法感悟】 物体做曲线运动时,所受的合外力总是指向轨道凹侧;根据电荷间的库仑力的方向可以判断运动电荷的电性;正的点电荷的电场中离场源电荷越远电势越低;在只有电场力做功时电势能与动能的总和恒定。

例3 图 4-4 中虚线 a、b、c、d、f 代表匀强电场内间距相等的一组等势面,已知平面 b 上的电势为 2V。一电子经过 a 时的动能为 10eV,从 a 到 d 的过程中克服电场力所做的功为 6eV。下列说法正确的是( )。

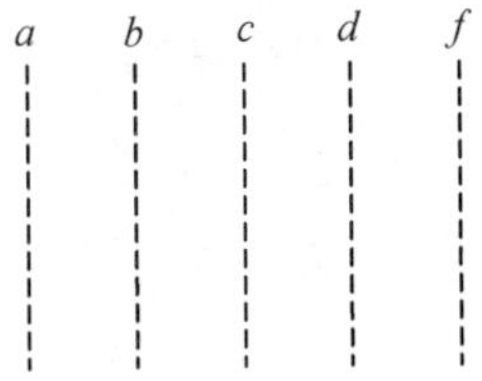

A. 平面 c 上的电势为零
B. 该电子一定能到达平面 f
C. 该电子经过平面 d 时,其电势能为 4eV
D. 该电子经过平面 b 时的速率是经过 d 时的 2 倍

图 4-4

【答案】 A

【分析】 根据匀强电场的电场线与等势面的特点,即匀强电场中等势面的间距相等,相邻等势面间电势差相等,电场线与等势面垂直,再由题给条件进行判断。

【解析】 因匀强电场中等势面间距相等,相邻等势面之间的电势差相等。设相邻等势面之间的电势差为 U,根据电子从 a 到 d 的过程中克服电场力所做的功为 $W_{ad}=6eV$,电场方向水平向右,则 $W_{ab}=2eV$,可知 $U=2V$。已知平面 b 上的电势为 2V,则平面 c 的电势为 0,选项 A 正确;由于 af 之间的电势差为 $4U=8V$,一电子经过 a 时的动能为 10eV,由于电子运动的速度方向未知,电子受到的电场力向左,若该电子的速度方向指向左或向上或向下,则该电子就到不了平面 f,选项 B 错误;由于题目没有指出电子的速度方向,选项 CD 错误。

例4 如图 4-5 所示,在一个水平向右的匀强电场中,用一条绝缘细线悬挂一个带正电的小球,小球的质量为 m,所带电荷量为 q。当小球处于静止状态时,悬线与竖直方向的夹角为 θ,已知当地的重力加速度为 g。求:

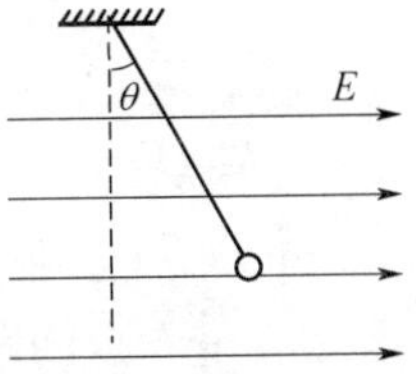

(1) 该电场的场强大小;
(2) 剪断细线后经过时间 t_0,小球的电势能的变化量 ΔE_p;
(3) 将该电场方向迅速改为水平向左,小球到达最低点时对细线的拉力 F。

图 4-5

【答案】 (1) $\dfrac{mg\tan\theta}{q}$ (2) $-\dfrac{m(gt_0\tan\theta)^2}{2}$ (3) $3mg+2mg(\tan\theta\sin\theta-\cos\theta)$,方向竖直向下。

【分析】 对小球准确受力分析,应用知识、共点力平衡条件和几何关系可求解场强的大小;电势能增量的负值等于电场力所做的功;电场方向改变,小球在竖直平面内摆动,重力和电场力对小球做功,综合运用动能定理、牛顿运动定律及圆周运动的规律求得小球到达最低点时细线对小球的拉力,它和小球对细线的拉力是一对作用力与反作用力。

【解析】 (1) 对小球受力分析,如图 4-6 所示,小球受重力 mg、绳的拉力 T 和电场力 F 作用,根据电场强度的定义、共点力平衡条件及图中几何关系有:

$$\tan\theta = \frac{qE}{mg}, 解得 E = \frac{mg\tan\theta}{q}$$

（2）剪断悬线后，小球水平方向受电场力作用，设小球的水平加速度为 a_x，有 $qE = ma_x$

小球在水平方向的位移大小为 x，有 $x = \frac{1}{2}a_x t_0^2$

电场力做的功 $W_电 = qEx$

小球的电势能的变化量 $\Delta E_p = -W_电 = -qEx$

由以上解得 $\Delta E_p = -\frac{m(gt_0\tan\theta)^2}{2}$

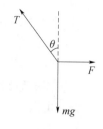

图 4-6

（3）电场方向变成水平向左后，设小球到达最低点的速度大小为 v，绳长为 L，由动能定理得：

$$mgL(1-\cos\theta) + EqL\sin\theta = \frac{1}{2}mv^2$$

由牛顿第二定律得：$F' - mg = m\frac{v^2}{L}$

根据牛顿第三定律，小球对细线的拉力大小为 $F = F'$

联立解得 $F = 3mg + 2mg(\tan\theta\sin\theta - \cos\theta)$，方向竖直向下。

例 5 一水平放置的平行板电容器的两极板间距为 d，极板分别与电池两极相连，上极板中心有一小孔（小孔对电场的影响可忽略不计）。小孔正上方处 $\frac{d}{2}$ 的 P 点有一带电粒子，该粒子从静止开始下落，经过小孔进入电容器，并在下极板处（未与极板接触）返回。若将下极板向上平移 $\frac{d}{3}$，则从 P 点开始下落的相同粒子将（　　）。

A. 打到下极板上　　　　　　B. 在下极板处返回

C. 在距上极板 $\frac{d}{2}$ 处返回　　D. 在距上极板 $\frac{2d}{5}$ 处返回

【答案】　D

【分析】　确定不变量——电容器两极板分别与电池两极相连，两极板间电压不变；明确动态起因——板间距离减小；选择公式分析——动能定理方程、$U = Ed$。

【解析】　设板间电压为 U，场强为 E，则 $E = \frac{U}{d}$，由动能定理得

$$mg\frac{3}{2}d - qEd = 0$$

将下极板向上平移 $\frac{d}{3}$ 后，U 不变，$d' = \frac{2}{3}d$，则 $E' = \frac{3U}{2d} = \frac{3}{2}E$，设粒子在距上极板 x 处返回，则

$$mg\left(\frac{d}{2} + x\right) - qE'x = 0$$

联立解得 $x = \frac{2}{5}d$，故 D 正确，A、B、C 错误。

强化训练

一、选择题

1. 如图4-7所示，两个不带电的导体A和B，用一对绝缘柱支持使它们彼此接触。把一带正电荷的物体C置于A附近，贴在A、B下部的金属箔都张开，下列说法正确的是(　　)。

　　A. 此时A带正电，B带负电

　　B. 此时A电势低，B电势高

　　C. 移去C，贴在A、B下部的金属箔都闭合

　　D. 先把A和B分开，然后移去C，贴在A、B下部的金属箔都闭合

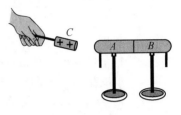

图4-7

2. 静电现象在自然界中普遍存在，我国早在西汉末年已有对静电现象的记载，《春秋纬·考异邮》中有"玳瑁吸裾"之说，但下列不属于静电现象的是(　　)。

　　A. 梳过头发的塑料梳子吸起纸屑

　　B. 带电小球移至不带电金属球附近，两者相互吸引

　　C. 小线圈接近通电线圈过程中，小线圈中产生电流

　　D. 从干燥的地毯上走过，手碰到金属把手时有被电击的感觉

3. 如图4-8所示，空间存在一方向水平向右的匀强电场，两个带电小球P和Q用相同的绝缘细绳悬挂在水平天花板下，两细绳都恰好与天花板垂直，则(　　)。

　　A. P和Q都带正电荷

　　B. P和Q都带负电荷

　　C. P带正电荷，Q带负电荷

　　D. P带负电荷，Q带正电荷

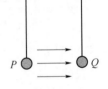

图4-8

4. 对于库仑定律，下列说法正确的是(　　)。

　　A. 凡计算两个电荷间的作用力，就可以使用公式$F=k\dfrac{q_1q_2}{r^2}$

　　B. 两个带电小球即使相距非常近，也能用库仑定律计算它们之间的相互作用力

　　C. 相互作用的点电荷，只有它们的电荷量相同，它们之间的库仑力才大小相等

　　D. 库仑定律是实验定律

5. 两个分别带有电荷量$-Q$和$+3Q$的相同金属小球(均可视为点电荷)，固定在相距为r的两处，它们间静电力的大小为F。两小球相互接触后将其固定距离变为$\dfrac{r}{2}$，则两球间静电力的大小为(　　)。

　　A. $\dfrac{1}{12}F$　　　　　　　　　　B. $\dfrac{3}{4}F$

　　C. $\dfrac{4}{3}F$　　　　　　　　　　D. $12F$

6. 由电场强度的定义式 $E=\dfrac{F}{q}$ 可知,在电场中的同一点(　　)。

　　A. 电场强度 E 跟 F 成正比,跟 q 成反比

　　B. 无论放入的试探电荷所带的电荷量如何变化,$\dfrac{F}{q}$ 始终不变

　　C. 电场中某点的场强为零,放入该点的电荷受到的静电力不一定为零

　　D. 试探电荷在该点受到的静电力的方向就是该点的场强方向

7. 如图4－9所示是静电场的一部分电场线分布,下列说法中正确的是(　　)。

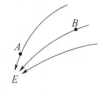

图4－9

　　A. 这个电场可能是负点电荷的电场

　　B. 点电荷 q 在 A 点处受到的电场力比在 B 点处受到的电场力大

　　C. 点电荷 q 在 A 点处的瞬时加速度比在 B 点处的瞬时加速度小(不计重力)

　　D. 负电荷在 B 点处所受到的电场力的方向沿 B 点切线方向

8. 绝缘细线上端固定,下端悬挂一轻质小球a,a的表面镀有铝膜,在 a 的近旁有一绝缘金属球b,开始时a、b都不带电,如图4－10所示,现使b带电,则(　　)。

　　A. a、b之间不发生相互作用

　　B. b将吸引a,吸住后不放开

　　C. b立即把a排斥开

　　D. b先吸引a,接触后又把a排斥开

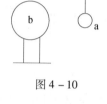

图4－10

9. 相距为 L 的点电荷 A、B 带电荷量分别为 $+4q$ 和 $-q$,如图4－11所示,今引入第三个点电荷 C,使三个点电荷都处于平衡状态,则 C 的电荷量和放置的位置是(　　)。

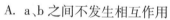

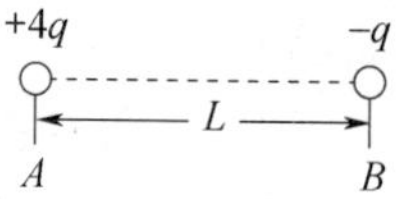

图4－11

　　A. $-q$,在 A 左侧距 A 为 L 处

　　B. $-2q$,在 A 左侧距 A 为 $\dfrac{L}{2}$ 处

　　C. $+4q$,在 B 右侧距 B 为 L 处

　　D. $+2q$,在 B 右侧距 B 为 $\dfrac{3L}{2}$ 处

10. 空气中的负离子对人的健康极为有益。人工产生负氧离子的方法最常见的是电晕放电法。如图4－12所示,一排针状负极和环形正极之间加上直流高压电,电压达5000V左右,使空气发生电离,从而产生负氧离子(O_3^-)排出,使空气清新化,针状负极与环形正极间距为5mm,且视为匀强电场,电场强度为 E,电场对负氧离子的作用力为 F,则(　　)。

　　A. $E=10^3$N/C, $F=1.6\times10^{-16}$N

　　B. $E=10^6$N/C, $F=1.6\times10^{-16}$N

　　C. $E=10^3$N/C, $F=1.6\times10^{-13}$N

　　D. $E=10^6$N/C, $F=1.6\times10^{-13}$N

图4－12

11. 一带电粒子从某点电荷电场中的 A 点运动到 B 点,径迹如图4－13中虚线所示,不计

粒子所受重力,则下列说法正确的是( )。

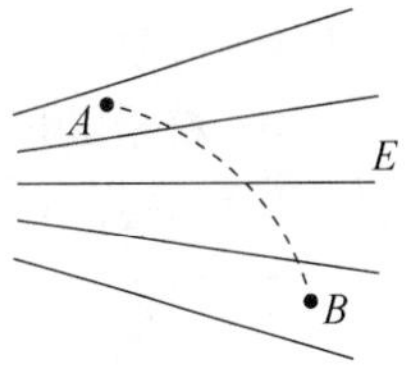

  A. 该电场是某正点电荷电场

  B. 粒子的速度逐渐增大

  C. 粒子的加速度逐渐增大

  D. 粒子的电势能逐渐增大

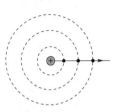

图 4-13

12. 如图 4-14 所示,三个同心圆是同一个点电荷周围的三个等势面,已知这三个圆的半径成等差数列。A、B、C 分别是这三个等势面上的点,且这三点在同一条电场线上。A、C 两点的电势依次为 $\phi_A = 10V$ 和 $\phi_C = 2V$,则 B 点的电势是( )。

  A. 一定等于 6V

  B. 一定低于 6V

  C. 一定高于 6V

  D. 无法确定

图 4-14

13. 下列关于电势高低的判断,正确的是( )。

  A. 负电荷从 A 移到 B 时,电场力做正功,A 点的电势一定较高

  B. 负电荷从 A 移到 B 时,电势能增加,A 点电势一定较低

  C. 正电荷从 A 移到 B 时,电势能增加,A 点电势一定较低

  D. 正电荷只在电场力作用下从 A 移到 B,A 点电势一定较高

14. 关于静电场的电场线,下列说法正确的是( )。

  A. 电场强度较大的地方电场线一定较疏

  B. 沿电场线方向,电场强度一定越来越小

  C. 沿电场线方向,电势一定越来越低

  D. 电场线一定是带电粒子在电场中运动的轨迹

15. 如图 4-15 所示,在场强大小为 E 的匀强电场中,一根不可伸长的绝缘细线一端拴一个质量为 m 电荷量为 q 的带负电小球,另一端固定在 O 点。把小球拉到使细线水平的位置 A,然后将小球由静止释放,小球沿弧线运动到细线与水平成 $\theta = 60°$ 的位置 B 时速度为零。以下说法正确的是( )。

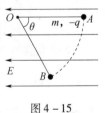

图 4-15

  A. 小球重力与电场力的关系是 $mg = \sqrt{3}Eq$

  B. 小球重力与电场力的关系是 $Eq = \sqrt{2}mg$

  C. 球在 B 点时,细线拉力为 $T = \sqrt{3}mg$

  D. 球在 B 点时,细线拉力为 $T = 2Eq$

16. 关于静电场的等势面,下列说法正确的是( )。

  A. 两个电势不同的等势面可能相交

  B. 电场线与等势面处处相互垂直

  C. 同一等势面上各点电场强度一定相等

  D. 将一负的试探电荷从电势较高的等势面移至电势较低的等势面,电场力做正功

17. 如图 4-16 所示,一个质量为 m,带电量为 q 的粒子,从两平行板左侧中点沿垂直场强方向射入,当入射速度为 v 时,恰好穿过电场而不碰金属板。要使粒子的入射速度变为 $v/2$,仍

能恰好穿过电场,则必须再使( )。

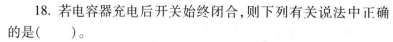

A. 粒子的电量变为原来的 1/4
B. 两板间电压减为原来的 1/2
C. 两板间距离增为原来的 4 倍
D. 两板间距离增为原来的 4 倍

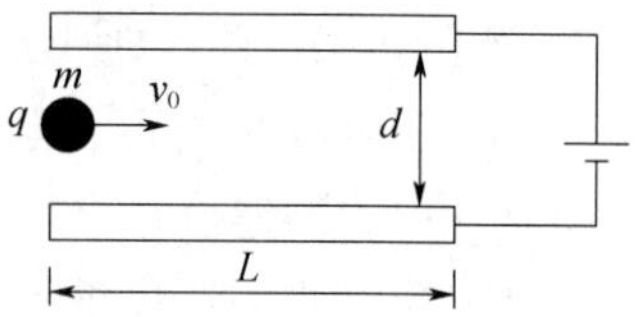

图 4－16

18. 若电容器充电后开关始终闭合,则下列有关说法中正确的是( )。

A. 若两极板的正对面积减小,则电容器所带的电荷量变大
B. 若两极板的正对面积减小,则两极板间的场强变大
C. 若两极板间的距离减小,则两极板间的场强变大
D. 若两极板间插入电介质,则两极板间的场强变大

19. 如图 4－17,在点电荷 Q 产生的电场中,将两个带正电的试探电荷 q_1、q_2 分别置于 A、B 两点,虚线为等势线。取无穷远处为零电势点,若将 q_1、q_2 移动到无穷远的过程中外力克服电场力做的功相等,则下列说法正确的是( )。

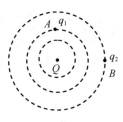

A. A 点电势大于 B 点电势
B. A、B 两点的电场强度相等
C. q_1 的电荷量小于 q_2 的电荷量
D. q_1 在 A 点的电势能小于 q_2 在 B 点的电势能

图 4－17

20. 如图 4－18 所示,竖直实线表示某匀强电场中的一簇等势面,一带电微粒在电场中从 A 到 B 做直线运动(如图中虚线所示)。则该微粒( )。

A. 一定带正电
B. 从 A 到 B 的过程中做匀速直线运动
C. 从 A 到 B 的过程中电势能增加
D. 从 A 到 B 的过程中机械能守恒

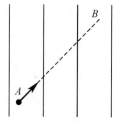

图 4－18

21. 板间距为 d 的平行板电容器所带电荷量为 Q 时,两极板间电势差为 U_1,板间场强为 E_1。现将电容器所带电荷量变为 $2Q$,板间距变为 $\frac{1}{2}d$,其他条件不变,这时两极板间电势差为 U_2,板间场强为 E_2,下列说法正确的是( )。

A. $U_2 = U_1, E_2 = E_1$
B. $U_2 = 2U_1, E_2 = 4E_1$
C. $U_2 = U_1, E_2 = 2E_1$
D. $U_2 = 2U_1, E_2 = 2E_1$

二、填空题

1. 有三个完全一样的金属小球 A、B、C,A 带电 $7Q$,B 带电量 $-Q$,C 不带电,将 A、B 固定起来,然后让 C 球反复与 A、B 球接触,最后移去 C 球,试问 A、B 间的库仑力为原来的 _____ 倍。

2. 在真空中两个带正电的点电荷相距 0.2m,一个带电量是另一个的 4 倍,相互作用力是 0.9N,则这两个点电荷的电量分别为 _____ C 和 _____ C。

3. 在点电荷 Q 形成的电场中,已测出 A 点场强为 100N/C,C 点场强为 36N/C,B 点为 A、C 两点连线的中点,如图 4 – 19 所示,那么 B 点的场强为_____。

4. 如图 4 – 20 所示,一个粒子质量为 m、带电荷量为 $+Q$,以初速度 v_0 与水平面成 $45°$ 角射向空间匀强电场区域,粒子恰做直线运动,则此匀强电场的强度最小值为_____;方向是_____。

5. 在静电场中有 a、b、c 三点,有一个电荷 $q_1 = 3 \times 10^{-8}\text{C}$,自 a 移到 b,电场力做功 $3 \times 10^{-6}\text{J}$。另有一个电荷 $q_2 = -1 \times 10^{-8}\text{C}$,自 a 移到 c,电场力做功 $3 \times 10^{-6}\text{J}$,则 a、b、c 三点的电势由高到低的顺序是_____,b、c 两点间的电势差 U_{bc} 为_____V。

6. 如图 4 – 21 所示为匀强电场中的一组等势面,若 A、B、C、D 相邻两点间的距离都是 2cm,则该电场的场强为_____;到 A 点距离为 1.5cm 的 P 点的电势为_____;该电场的场强方向为_____。

7. 一个电容器,充电后所带电量为 Q,两板间电压为 U。若向电容器再充进 $\Delta Q = 4 \times 10^{-6}\text{C}$ 的电量时,它的板间电压又升高 $\Delta U = 2\text{V}$,由此可知该电容器的电容是_____F。

8. 一质量为 $4.0 \times 10^{-15}\text{kg}$、电荷量为 $2.0 \times 10^{-9}\text{C}$ 的带正电质点,以 $4.0 \times 10^{4}\text{m/s}$ 的速度垂直于电场方向从 a 点进入匀强电场区域,并从 b 点离开电场区域,离开电场时的速度为 $5.0 \times 10^{4}\text{m/s}$。由此可见,电场中 a、b 两点间的电势差 $U_a - U_b =$ _____V。带电质点离开电场时,速度在电场方向的分量为_____m/s。不考虑重力。

9. 氢原子中电子绕核做匀速圆周运动,当电子运动轨道半径增大时,电子的电势能_____,电子的动能_____,运动周期_____(填"增大""减小"或"不变")。

10. 经过相同电场加速后的质子和 α 粒子垂直于电场线的方向飞进两平行板间的匀强电场,则它们通过该电场所用时间之比为_____,通过该电场后发生偏转的角度的正切之比为_____。

11. 图 4 – 22 中 A、B、C、D 是匀强电场中一正方形的四个顶点。已知 A、B、C 三点的电势分别为 $U_A = 15\text{V}$,$U_B = 3\text{V}$,$U_C = -3\text{V}$。由此可得 D 点电势 $U_D =$ _____V。

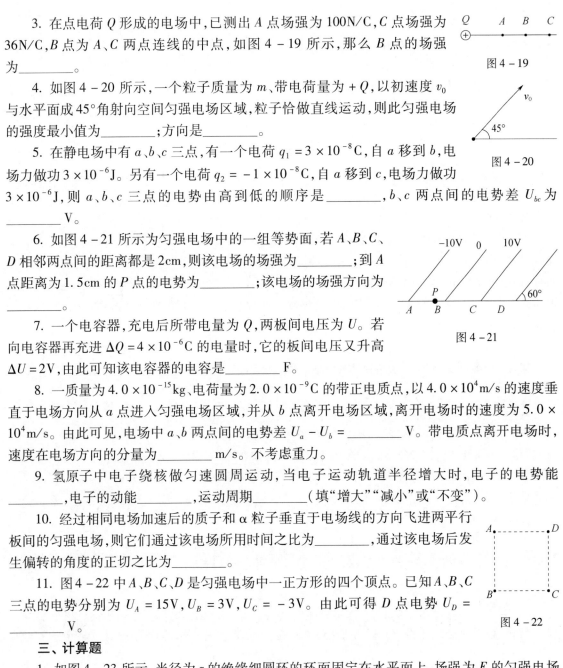

图 4 – 19

图 4 – 20

图 4 – 21

图 4 – 22

三、计算题

1. 如图 4 – 23 所示,半径为 r 的绝缘细圆环的环面固定在水平面上,场强为 E 的匀强电场与环面平行。一电量为 $+q$、质量为 m 的小球穿在环上,可沿环做无摩擦的圆周运动,若小球经 A 点时,速度 v_A 的方向恰与电场垂直,且圆环与小球间沿水平方向无力的作用,试计算:

(1) 速度 v_A 的大小;

(2) 小球运动到与 A 点对称的 B 点时,对环在水平方向的作用力。

图 4 – 23

2. 一个平行板电容器,电容为 200pF,充电后两极板间的电压为 100V,电容器的带电量是多少?断开电源后,将两板距离减半,两极板间电压为多少?

3. 如图 4-24 所示,一平行板电容器接在 $U=12V$ 的直流电源上,电容 $C=3.0\times10^{-10}F$,两极板间距离 $d=1.20\times10^{-3}m$,g 取 $10m/s^2$,求:

(1)该电容器所带电荷量。

(2)若板间有一带电微粒,其质量 $m=2.0\times10^{-3}kg$,恰在板间处于静止状态,则该微粒带电荷量为多少?带何种电荷?

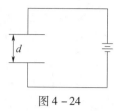

图 4-24

参考答案

一、选择题

1. 答案:C

解析:由于静电感应可知,近端感应出异种电荷,故 A 左端带负电,B 右端带正电,处于静电平衡状态下的导体是等势体,故 A、B 电势相等,选项 A、B 错误;若移去 C,则 A、B 两端的等量异种电荷又重新中和,两端的感应电荷消失,则贴在 A、B 下部的金属箔都闭合,选项 C 正确;先把 A 和 B 分开,然后移去 C,则 A、B 带的电荷仍然存在,故贴在 A、B 下部的金属箔仍张开,选项 D 错误;故选 C。

2. 答案:C

解析:小线圈接近通电线圈过程中,小线圈中产生感应电流是电磁感应现象,不是静电现象,所以选 C。

3. 答案:D

解析:由受力分析可知,两球不能带同种电荷,选项 A、B 错误;假设 P 球带负电,Q 带正电,水平方向受力分析如右图 4-25 所示,两球恰能满足题意,反之,P 带正电荷,Q 带负电荷,则不能满足题意。故选 D。

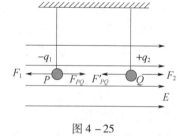

图 4-25

4. 答案:D

解析:由库仑定律的适用条件得 A、B 错;库仑力遵守牛顿三定律和每个电荷电量无关,故 C 错误;库仑定律是库仑通过实验得出的,D 正确。

5. 答案:C

解析:根据库仑定律得 $F=k\dfrac{3Q^2}{r^2}$,两球相接触后所带电荷量相等均为 q,且 $q=\dfrac{3Q-Q}{2}=Q$,接触后静电力为 $F'=k\dfrac{Q^2}{\frac{r_2}{2}}$,则有 $\dfrac{F'}{F}=\dfrac{4}{3}$,所以 $F'=\dfrac{4}{3}F$,选项 C 正确。

6. 答案:B

解析:电场中某点电场强度,与形成电场的场源电荷和空间位置有关,与有无试探电荷无关,其方向是正电荷在该点的受力方向,故 B 正确。

7. 答案:B

解析:点电荷的电场线是直线,A 错。A 点电场线比 B 点密,$E_A>E_B$,$F_A>F_B$,B 正确。由 $a=\dfrac{F}{m}$ 知,$a_A>a_B$,所以 C 错。B 点的切线方向为 B 点场强方向,负电荷受电场力方向与场强方向相反,D 错。

8. 答案:D

解析:题目虽小,但它考查了四个知识点:①带电体有吸引轻小物体的性质;②物体间力的作用是相互的;③接触带电;④同种电荷相排斥,由①②知道 b 应吸引 a,使 b、a 接触;由③知 a、b 接触后,原来 a 所带的电荷要重新在 a、b 表面分布,使 a、b 带了同种电荷;由④知 b 又把 a 排斥开,故应选 D。

9. 答案:C

解析:A、B、C 三个电荷要平衡,必须三个电荷在一条直线上,外侧二个电荷相互排斥,中间电荷吸引外侧两个电荷,所以外侧两个电荷距离大,要平衡中间电荷的引力,必须外侧电荷电量大,中间电荷电量小,所以 C 必须带正电,在 B 的右侧。设 C 所在位置与 B 的距离为 r,则 C 所在位置与 A 的距离为 $L+r$,要能处于平衡状态,所以 A 对 C 的电场力大小等于 B 对 C 的电场力大小,设 C 的电量为 Q。则有:$\dfrac{k\cdot 4q\cdot Q}{(L+r)^2}=\dfrac{kqQ}{r^2}$,解得 $r=L$。对点电荷 A,其受力也平衡,则 $k\dfrac{4q\cdot Q}{(L+r)^2}=\dfrac{k4q\cdot q}{L^2}$,解得 $Q=4q$,即 C 带正电,电荷量为 $4q$,在 B 的右侧距 B 为 L 处。

10. 答案:D

解析:由 $E=\dfrac{U}{d}=\dfrac{5\times 10^3}{5\times 10^{-3}}=10^6$ N/C,由 $F=Eq=10^6\times 1.6\times 10^{-19}=1.6\times 10^{-13}$ N,故正确选项为 D。

11. 答案:D

解析:只知道电场的分布,没法判断是正点电荷产生的电场,故 A 错误;由于带电粒子是从 A 到 B,带电粒子受电场力的方向大致斜向左方,故电场力做负功,带电粒子的速度减小,故 B 错误;A 点电场线密集,故电场强度大,故粒子在 A 点受到的电场力大于 B 点,由牛顿第二定律可得在 A 点的加速度大于 B 点,故 C 错误;由于带电粒子是从 A 到 B,带电粒子受电场力的方向大致斜向左方,故电场力做负功,带电粒子的电势能增大,故 D 正确。

12. 答案:B

解析:由 $U=Ed$,在 d 相同时,E 越大,电压 U 也越大。因此 $U_{AB}>U_{BC}$,答案选 B。

13. 答案:C

解析:由 A 到 B,电场力对负电荷做正功,说明负电荷逆着电场线运动,电势升高,即 $\varphi_B>\varphi_A$,A 错;电势能增加,电场力做负功,负电荷应是顺着电场线运动,电势降低,即 $\varphi_A>\varphi_B$,B 错;电势能增加,电场力做负功,正电荷应是逆着电场线运动,电势升高,即 $\varphi_B>\varphi_A$,C 对;D 项无法比较电势,故 D 错。答案选 C。

14. 答案:C

解析:电场强度较大的地方电场线一定较密,A 错误;沿电场线方向,电势一定越来越低,B 错误;C 正确;当带电粒子只受电场力在匀强电场中运动时,由于电场强度 E 处处相同,$F=qE$,所以 F 的方向和电场线的方向相同,所以带电粒子如果从静止开始或初速度沿电场方向运动轨迹是直线运动了;当带电粒子在非匀强电场中运动时,E 的方向是电场线的切线方向,这时的切线方向不是电场线的轨迹了,这时候带电粒子在电场中的轨迹就不是电场线了,D 错误。

15. 答案:C

解析:从 A 到 B 由动能定理得 $mgl\sin60° - qEl(1-\cos60°) = 0$,所以 $Eq = \sqrt{3}mg$。由圆周运动规律得 $T - mg\sin60° - qE\cos60° = 0$,所以 $T = \sqrt{3}mg$。答案选 C。

16. 答案:B

解析:等势面相交,则电场线一定相交,故在同一点存在两个不同的电场强度方向,与事实不符,故 A 错误;电场线与等势面垂直,B 正确;同一等势面上的电势相同,但是电场强度不一定相同,C 错误;将负电荷从高电势处移动到低电势处,受到的电场力方向是从低电势指向高电势,所以电场力方向与运动方向相反,电场力做负功,D 错误。

17. 答案:A

解析:带电粒子在电场中做匀变速曲线运动。由于粒子在平行板的方向上不受力,在垂直板方向受到恒定不变的电场力作用,因而可将此匀变速曲线运动视为沿平行板方向上的匀速直线运动与垂直板的方向上的初速度为零的匀加速直线运动的合运动。粒子恰好穿过电场时,它沿平行板的方向发生位移 L 所用时间,与垂直板方向上发生位移 $d/2$ 所用时间相等,设两板电压为 U,则有 $\dfrac{L}{v} = \sqrt{\dfrac{md^2}{Uq}}$,当入射速度变为 $v/2$,它沿平行板的方向发生位移 L 所用时间变为原来的 2 倍。由上式可知,粒子的电量变为原来的 1/4 或两板间距离增为原来的 2 倍时,均使粒子在与垂直板方向上发生位移 $d/2$ 所用时间增为原来的 2 倍,从而保证粒子仍恰好穿过电场,因此选项 A 正确。

18. 答案:C

解析:电容器两极板间的电压不变,当两极板正对面积减小时,电容器的电容减小,由公式 $Q = CU$ 知,电容器上的电荷量减少,A 错误;正对面积减小,不影响两极板间的距离,所以两极板间的场强不变,B 错误;由 $E = \dfrac{U}{d}$ 知,C 正确;两极板间插入电介质,两极板间的电压和距离都没有变化,所以场强不变,D 错误。答案选 C。

19. 答案:C

解析:根据题意"外力克服电场力做功"可知电场力做负功,点电荷 Q 带负电,电场线指向 Q。根据"沿着电场线电势降低"可知 B 点的电势高于 A 点的电势,选项 A 错误;根据场强 $E = k\dfrac{Q}{r^2}$ 可知,距离 Q 较近的 A 点的场强较大,选项 B 错误;又因为两电荷移到无穷远处电场力做功一样,表明两个电荷在两点的电势能相同,选项 D 错误;根据电势 $\varphi = \dfrac{E_p}{q}$,$\varphi_B > \varphi_A$ 可知,q_1 的电荷量小于 q_2 的电荷量,选项 C 正确。

20. 答案:C

解析:根据电场线和等势面垂直画出电场线,如图 8-26(1)所示,电场力的方向一定跟电场线平行,或者水平向左,或者水平向右,但该带电微粒不能只受电场力的作用,否则该微粒将做曲线运动而不能做直线运动,故题目中隐含了微粒也受重力的作用。结合微粒做直线运动的轨迹分析,重力竖直向下,电场力只能水平向左,受电场力和重力的合力方向与 AB 反向。如图 8-26(2)所示,微粒做匀减速直线运动,故 B 选项错误。由于不知道电场线的方向,不能结合电场力的方向判断电性,故 A 选项错误。微粒由 A 向 B 运动过程中,除了重力做功之外,电场力也做功了,所以机械能不守恒,D 选项错误。

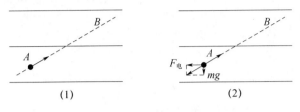

图 4-26

21. 答案:C

解析:$U_1 = \dfrac{Q}{C}$,$E_1 = \dfrac{U_1}{d}$。当板间距变为 $\dfrac{1}{2}d$ 时,由 $C = \dfrac{\varepsilon_r S}{4\pi kd}$ 可知电容变为 $2C$,而带电荷量也变为 $2Q$,故 $U_2 = \dfrac{2Q}{2C} = U_1$,$E_2 = \dfrac{U_2}{\dfrac{d}{2}} = 2E_1$,故选项 C 正确。

二、填空题

1. 答案:4/7

解析:题中所说的 C 与 A、B 反复接触之意,隐含一个条件:即 A、B 原先所带电量的总和,最后在三个相同的小球间均分,最后 A、B 两球带的电量均为 $[7Q + (-Q)]/3 = 2Q$,A、B 两球原先有引力 $F = k\dfrac{7Q \cdot Q}{r^2} = 7\dfrac{kQ^2}{r^2}$,A、B 两球最后有斥力 $F = k\dfrac{2Q \cdot 2Q}{r^2} = 4\dfrac{kQ^2}{r^2}$,以上两式相除可得 $F' = 4F/7$,即 A、B 间的库仑力减为原来的 4/7。

2. 答案:10^{-6},4×10^{-6}

解析:由题给条件:$r = 0.2$m,$Q_2 = 4Q_1$,$F = 0.9$N

根据库仑定律:$F = k\dfrac{Q_1 Q_2}{r^2}$,代入数据:$9 \times 10^9 \dfrac{Q_1 \times 4Q_1}{(0.2)^2} = 0.9$,得 $Q_1 = 10^{-6}$C,$Q_2 = 4 \times 10^{-6}$C。

3. 答案:56.25N/C

解析:设 A、B 间的距离为 x,由点电荷的场强公式可得 $E_A = k\dfrac{Q}{r^2} = 100$N/C,$E_C = k\dfrac{Q}{(r+2x)^2} = 36$N/C,所以 $E_B = k\dfrac{Q}{(r+x)^2} = 56.25$N/C。

4. 答案:$\dfrac{\sqrt{2}mg}{2Q}$ 斜向左上方,与水平方向成45°角

解析:当粒子恰好做直线运动时,它的合外力方向一定与速度共线,粒子的重力为 mg,所以最小的电场力为 $\dfrac{\sqrt{2}mg}{2}$,方向是与重力垂直,则此匀强电场的场强最小值为 $\dfrac{\sqrt{2}mg}{2Q}$,方向是斜向左上方,与水平方向成45°角。

5. 答案:c、a、b -400

解析:自 a 移到 b,电场力做功 3×10^{-6}J,$U_{ab} = \dfrac{W}{q} = 100$V;自 a 移到 c,电场力做功 3×10^{-6}J,

$U_{ac} = \dfrac{W}{q} = -300V$;所以 $U_{bc} = \dfrac{W}{q} = -400V$,则 $a、b、c$ 三点的电势由高到低的顺序是 $c、a、b$。

6. 答案:$\dfrac{10}{3}\sqrt{3}$ $-2.5V$ 垂直等势面斜向左上方

解析:该电场的场强为 $E = \dfrac{U}{d} = \dfrac{10}{\sqrt{3} \times 10^{-2}} = 577.4V/m$;$P$ 点的电势为 $U_P = -10 \times \dfrac{0.5}{2} = -2.5V$,该电场的场强方向为垂直等势面斜向左上方。

7. 答案:2.0×10^{-6}

解析:电容器的电容为 $C = \dfrac{Q}{U} = \dfrac{\Delta Q}{\Delta U} = \dfrac{4 \times 10^{-6}}{2} = 2 \times 10^{-6}F$。

8. 答案:9.0×10^2 3.0×10^4

解析:因不考虑重力,该带电质点在电场中做类平抛运动,应用动能定理得 $qU_{ab} = \dfrac{1}{2}mv_b^2 - \dfrac{1}{2}mv_a^2$,将题给条件代入得 $U_a - U_b = 9 \times 10^2 V$;

带电质点离开电场时,速度在电场方向的分量为 $v_y = \sqrt{(5 \times 10^4)^2 - (4 \times 10^4)^2} = 3 \times 10^4 m/s$。

9. 答案:增大 减小 增大

解析:氢原子中电子绕核做匀速圆周运动,当电子运动轨道半径增大时,电场力做负功,电势能增大;当电子运动轨道半径增大时,库仑力提供向心力,由公式 $k\dfrac{e^2}{r^2} = m\dfrac{v^2}{r}$,可得 $\dfrac{1}{2}mv^2 = \dfrac{1}{2}\dfrac{ke^2}{r}$,所以电子的动能减小,由公式 $k\dfrac{e^2}{r^2} = m\left(\dfrac{2\pi}{T}\right)^2 r$ 可得运动周期增大。

10. 答案:$1:\sqrt{2}$ $1:1$

解析:经过相同电场加速后的质子和 α 粒子满足:$\dfrac{1}{2}mv^2 = Uq$,它们通过该电场所用的时间为 $t = \dfrac{l}{v} = \dfrac{l}{\sqrt{\dfrac{2Uq}{m}}} = \dfrac{l}{\sqrt{2U}}\sqrt{\dfrac{m}{q}}$,所以时间之比为 $1:\sqrt{2}$;通过该电场后发生偏转的角度的正切值为 $\tan\theta = \dfrac{at}{v} = \dfrac{El}{2U}$,通过该电场后发生偏转的角度的正切之比为 $1:1$。

11. 答案:9

解析:$U_{AC} = U_A - U_C = 18V$,连接 AC 并把 AC 三等分,如图 $4-27$ 则中间两点的电势分别为 $9V$ 和 $3V$,这样 B 点必与 F 点在同一等势面,连接 BF,过 D 点的等势面恰好过 E 点,所以 D 点的电势为 $9V$。

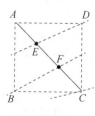

图 $4-27$

三、计算题

1. 答案:(1) $v_A = \sqrt{\dfrac{qEr}{m}}$ (2) $N_B = 6qE$

解析:(1) 在 A 点,小球在水平方向只受电场力作用,根据牛顿第二定律得 $qE = m\dfrac{v_A^2}{r}$,所以

小球在 A 点的速度 $v_A = \sqrt{\dfrac{qEr}{m}}$。

(2) 在小球从 A 到 B 的过程中,根据动能定理,电场力做的正功等于小球动能的增加量,即 $2qEr = \dfrac{1}{2}mv_B^2 - \dfrac{1}{2}mv_A^2$。

小球在 B 点时,根据牛顿第二定律,在水平方向有 $N_B - qE = m\dfrac{v_B^2}{r}$。

解以上两式,小球在 B 点对环的水平作用力为 $N_B = 6qE$。

注意:也可将水平的匀强电场等效成一新的重力场,重力为 Eq,A 是环上的最高点,B 是最低点;这样可以把该题看成是熟悉的小球在竖直平面内做圆周运动的问题。

2. 答案:2×10^{-8}C,50V

解析:根据电容定义式 $C = \dfrac{Q}{U}$ 得,

电容器带电量 $Q = CU = 200 \times 10^{-12} \times 100$C $= 2 \times 10^{-8}$C。

断开电源后,电容器的带电量不变。将两板距离减半,由 $C = \dfrac{\varepsilon_r S}{4\pi kd}$ 得电容变为原来的 2 倍,所以两极板间电压 $U' = \dfrac{Q}{C'} = \dfrac{Q}{2C} = \dfrac{1}{2}U = 50$V。

3. 答案:(1) 3.6×10^{-9}C (2) 2.0×10^{-6}C,负电荷

解析:(1) 由公式 $C = \dfrac{Q}{U}$ 得 $Q = CU = 3.0 \times 10^{-10} \times 12$C $= 3.6 \times 10^{-9}$C。

(2) 带电微粒恰在极板间静止,则带电微粒带负电,并且有 $qE = mg$,而 $E = \dfrac{U}{d}$,

解得 $q = \dfrac{mgd}{U} = \dfrac{2.0 \times 10^{-3} \times 10 \times 1.20 \times 10^{-3}}{12}$C $= 2.0 \times 10^{-6}$C。

第五章 电 路

复习要求

- 理解电流的概念;
- 了解电源、电动势的概念;
- 理解电功、电功率的概念;
- 理解电阻定律;
- 理解闭合电路的欧姆定律;
- 了解电流表改装的原理;
- 了解伏安法测电阻的原理;
- 了解军事与生活中的简单应用。

第一节 电流强度 电源 电动势

1. 电流强度

电流强度是表示电流强弱的物理量,定义式为 $I=q/t$。要注意理解:①电流是电荷的定向移动;规定正电荷定向移动方向为电流方向,在外(内)电路电流从电源的正(负)极流向负(正)极;②导体中存在持续电流的条件:一是要有可移动的电荷;二是保持导体两端的电势差(如电源);③导体中自由电子定向移动速率并不快,电流的传导速率即电场的传播速率,等于光速。

如图 5-1 所示,AD 表示粗细均匀的一段导体长为 l,两端加一定的电压,导体中的自由电荷沿导体定向移动的速率为 v。设导体的横截面积为 S,导体每单位体积内的自由电荷数为 n,每个自由电荷的电荷量为 q。

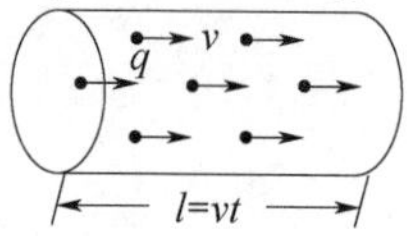

所以,AD 导体上的电流:$I=\dfrac{Q}{t}=\dfrac{nlSq}{\dfrac{l}{v}}=nqSv$,这是电流的微观表达式。

图 5-1

2. 电阻

电阻是表示导体对电流的阻碍作用的物理量,定义式为 $R=U/I$,其单位是欧姆,即 1 欧 = 1 伏/安,电阻是导体的一种特性。电阻率是反映材料导电性好坏的物理量,单位是"$\Omega \cdot m$",各种材料的电阻率都随温度的改变而变化,有些材料的电阻率随温度升高而增大(如金属);有些材料的电阻率随温度升高而减小(如半导体和绝缘体);有些材料的电阻率几乎不受温度影响(如锰铜和康铜)。

半导体:导电性能介于导体和绝缘体之间,而且电阻随温度的增加而减小,这种材料称为半导体,半导体有热敏特性、光敏特性、掺入微量杂质特性。

超导现象:当温度降低到绝对零度附近时,某些材料的电阻率突然减小到零的现象称为超导现象,处于这种状态的物体称为超导体。

3. 电源、电动势

电源是把其他形式的能转化为电能的装置。对于给定的电源,电动势、内电阻和允许通过的最大电流一定,电动势是表征电源特性的量。要注意理解:①ε 是由电源本身所决定的,跟外电路的情况无关,电动势在数值上等于电路中通过1C电量时电源所提供的电能;②注意区别电动势和电压的概念,电动势是描述其他形式的能转化成电能的物理量,是反映非静电力做功的特性。电压是描述电能转化为其他形式的能的物理量,是反映电场力做功的特性。

路端电压是外电路两端的电压,可表示为 $U = \varepsilon - Ir$。要明确:①当 I 增大时,U 减小;当 $I = 0$ 时,$U = \varepsilon$。②当 R 增大(减小)时,U 随着增大(减小);当 $R \to \infty$(断路)时,$U = \varepsilon$(据此原理可用伏特计直接测 ε);当 $R \to 0$(短路)时,$U \to 0$,此时有 $I = \varepsilon/r$,电流很大。

4. 电路串并联和电源串并联

电路串并联要注意理解电压分配、电流分配、功率分配的规律。电源(相同电池)串并联要注意适用条件:当用电器额定电压高于单个电池的电动势时,应采用串联电池组。当用电器的额定电流比单个电池允许通过的最大电流大时,应采用并联电池组。必要时采用混联电池组。

第二节 欧姆定律 电阻定律

1. 欧姆定律

部分电路欧姆定律为 $I = U/R$,要注意公式中的 I、U、R 三个量必须是属于同一段电路的或理解为仅适用于不含电源的某一部分电路,适用于金属导体和电解质的溶液,不适用于气体。

闭合电路欧姆定律可表示为 $I = \varepsilon/(R + r)$,适用于包括电源的整个闭合电路。从能量的转化观点来理解 $I\varepsilon = IU + I^2r$ 时,要明确电源的总功率($I\varepsilon$)、输出功率(IU)和内电路消耗的功率(I^2r)及其关系。电源的输出功率与电源的功率之比,叫电源的效率,即 $\eta = P_{出}/P_{总} = IU/IE = U/\varepsilon$。

2. 电阻定律

电阻定律是一个实验定律,$R = \rho L/S$,该公式适用于粗细均匀的金属导体及均匀一致的电解液,它揭示了影响导体电阻的因素间的关系。当温度不变时,导线的电阻是由它的长短、粗细、材料决定的,而与加在导体两端的电压和通过的电流强度无关。

第三节 电功 电功率 焦耳定律

1. 电功、电热、电功率和额定功率

电场力对自由电荷所做的功,俗称电流做功(电功 W),国际单位是焦耳(J)。电流在单位时间内所做的功叫电功率(P),国际单位是瓦特(W)。用电器正常工作时的电功率为额定功率,此时的电压为额定电压,电流为额定电流。注意:线性电路,欧姆定律成立;非线性电路,欧姆定律不成立。$W = UIt$ 用于求任何电路中的总电功,$Q = I^2Rt$ 用于求任何电路中的焦耳热。

2. 焦耳定律

焦耳定律是定量反映电流热效应的规律,在 SI 制中表示为 $Q = I^2Rt$,Q 用焦作单位。对任何电路,只要有电阻 R 存在,由电流热效应产生的热量都可用该公式计算。在纯电阻电路中,还可表示为 $Q = UIt$ 或 U^2t/R。

第四节　电表的改装　电阻的测量

小量程电流表 G 的原理:磁场对其中的电流有力的作用。电流表 G 的电阻 r 称为表头内阻,指针偏转到最大刻度时的电流 I_g 称为满偏电流,指针偏转到最大刻度时的电压 U_g 称为满偏电压,$U_g = I_g r$。

1. 将小量程电流计改装成大量程的电压表

(1) 改装原理:将电流计的示数根据欧姆定律 $U = IR$ 换算成电压值,只是量程 U_g 很小。如果给小量程电流计串联一个较大的分压电阻,就可以用来测量较大的电压,因此电流计就变成了一个串联了分压电阻的电压表。

(2) 分压电阻值:由串联电路的电压特点 $U = U_1 + U_2 = I_g R_g + I_g R$,解得 $R = \dfrac{U}{I_g} - R_g$,结合 $U_g = I_g R_g$ 得 $R = \dfrac{U}{I_g} - R_g = \dfrac{U}{U_g / R_g} - R_g = \dfrac{U}{U_g} R_g - R_g = \left(\dfrac{U}{U_g} - 1 \right) R_g$。因为电压扩大后的倍数 $n = \dfrac{U}{U_g}$,所以分压电阻的阻值 $R = (n - 1) R_g$。

2. 把小量程的电流计改装成大量程的电流表

给小量程的电流计并联一个较小电阻就可以用来量度较大的电流,即扩大了电流表的量程。

(1) 改装原理:给小量程的电流计并联一个分流电阻,就可以用来测量一个较大的电流,也就扩大了电流计的量程。

(2) 分流电阻值:由并联电路的特点 $I_g R_g = (I - I_g) R$,解得 $R = \dfrac{I_g R_g}{I - I_g} = R_g / \left(\dfrac{I}{I_g} - 1 \right)$,因为电流计的量程扩大后的倍数 $n = \dfrac{I}{I_g}$,所以分流电阻的阻值 $R = \dfrac{R_g}{n - 1}$。

(3) 改装流程图,如图 5 - 2 所示。

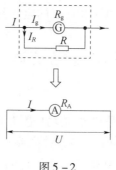

图 5 - 2

电表的改装小结如表 5 - 1 所示。

表 5 – 1　大量程的电流表与电压表的改装

类型	R_x 的作用	计算方法
电流表 ⟶G⟶ 并联 R_x	分流	$\dfrac{R_x}{R_g}=\dfrac{I_g}{I_x}$
电压表 ⟶G—R_x⟶	分压	$\dfrac{R_x}{R_g}=\dfrac{U_x}{U_g}$

3. 电阻的测量

（1）伏安法。原理：$R=U/I$，当测量小（大）电阻时应采用安培计外（内）接法，具体如表 5 – 2 所示。

表 5 – 2　伏安法测量电阻

电流表外接法	电流表内接法
(A)—R_x，V 并联于 R_x	(A)—R_x，V 并联于 A 和 R_x
$R_x \ll R_V$	$R_x \gg R_A$
实际测量，R_x 偏小，I_x 偏大	实际测量，R_x 偏大，U_x 偏大

（2）多用电表：多用电表也叫"万用表"，是一种集测量交流与直流电压、电流和电阻等功能于一体的测量仪器。它具有用途多、量程广、使用方便等优点。

多用电表的结构，多用电表的核心是一只直流灵敏电流计，即"表头"。表头与若干元件组成测量电路，每进行一种测量时只使用其中的一部分电路，其他部分不起作用。多用电表测直流电流和电压的原理是电阻的分流和分压原理。多用电表测电阻的原理是闭合电路欧姆定律。

多用电表电阻挡测电阻的原理（欧姆表原理），多用电表电阻挡原理图如图 5 – 3 所示，G 是内阻为 R_g、满偏电流为 I_g 的电流表，R 是可变电阻，也叫调零电阻，电池的电动势为 E，内阻为 r。

当红黑表笔相接触时，相当于被测电阻 $R_x=0$，调节 R 的值，使电流表的指针达到满偏 $I_g=\dfrac{E}{R+R_g+r}$，所以电流表的满刻度处被定为电阻的 0 处。

当红黑表笔不接触时，相当于被测电阻 $R_x=\infty$，电流表指针指零，所以电流表零刻度处是电阻刻度的"∞"位置。

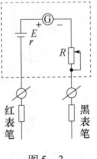

图 5 – 3

当红黑表笔间接入某一电阻 R_x 时，通过电流表的电流 $I=\dfrac{E}{R_g+r+R+R_x}$，可见 R_x 与 I 有着一一对应关系。

如果在刻度盘上标出与 I 对应的 R_x 值,就可以从刻度盘上直接读出待测电阻 R_x 的值。示意图如图 5-4 所示。

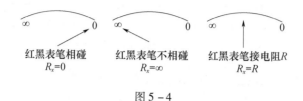

图 5-4

由 $I = \dfrac{E}{R_内 + R_x}$ 可得,当 $R_x = R_内$ 时 $I = \dfrac{1}{2}I_g$,指针半偏,则当指针半偏时,表盘的中值电阻 $R_中 = R_内$,通常把此时的 R_x 的值(即表盘中央的标度)称为中值电阻。

典型例题

例1 如图 5-5 所示,某一导体的形状为长方体,其长、宽、高之比为 $a:b:c=5:3:2$。在此长方体的上下左右四个面上分别通过导线引出四个接线柱 1、2、3、4。在 1、2 两端加上恒定的电压 U,通过导体的电流为 I_1,在 3、4 两端加上恒定的电压 U,通过导体的电流为 I_2。则 $I_1:I_2=$ _____。

【答案】 25:4

【分析】 灵活应用电阻定律公式,并理解各字母所代表的物理意义,再结合部分电路欧姆定律即可求解。

【解析】 1、2 两端加上恒定的电压 U 时,导体的长度是 c,横截面积是 ab;3、4 两端加上恒定的电压 U 时,导体的长度是 a,横截面积是 bc,所以两种情况下导体的电阻之比 $\dfrac{R_1}{R_2} = \dfrac{\frac{c}{ab}}{\frac{a}{bc}} = 4:25$,又由于图中两种情况下电压相等,由欧姆定律可得,$I_1:I_2 = 25:4$.

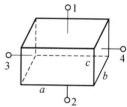

图 5-5

【方法感悟】 电流的方向改变,从而导致电阻的长度和截面积发生变化,根据电阻定律 $R = \rho\dfrac{l}{S}$,将影响电阻的大小,在解题时应分清哪个是 l,哪个为 S。

例2 如图 5-6 所示的电路中,E 为内阻不能忽略的电池,闭合开关,R_1、R_2、R_3 为定值电阻,S_0、S 为开关,Ⓥ 与 Ⓐ 分别为理想电压表和理想电流表,初始时 S_0 与 S 均闭合,现将 S 断开,则(   )。

A. Ⓥ 的读数变大,Ⓐ 的读数变小

B. Ⓥ 的读数变大,Ⓐ 的读数变大

C. Ⓥ 的读数变小,Ⓐ 的读数变小

D. Ⓥ 的读数变小,Ⓐ 的读数变大

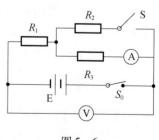

图 5-6

【答案】 B

【分析】 先确定外电阻的变化,然后根据闭合电路欧姆定律确定干路电流和路端电压,再根据串并联知识确定支路的电流和电压,从而判断出正确选项。

【解析】 S 断开,外电阻变大,总电流减小,故路端电压 $U = E - IR$ 增大,电压表的读数变大;而 R_2 与 R_3 并联的电阻变为 R_3,电阻变大,R_3 两端的电压增大,电流增大,电流表的读数变大,故 B 正确。

【方法感悟】 本题是以闭合电路欧姆定律以及串并联知识为依托对电路动态变化进行分析。由于开关闭合引起电路的动态变化,重点分析电路闭合和断开前后电阻的变化引起电流和电压的变化,从而可以得到答案。

例 3 如图 5-7 所示,A 为电解槽,M 为电动机,N 为电热炉,恒定电压 $U = 12V$,电解槽内阻 $r_A = 2\Omega$,当 S_1 闭合,S_2、S_3 断开时,电流表 A 的示数为 6A;当 S_2 闭合,S_1、S_3 断开时,电流表 A 的示数为 5A,且电动机输出功率为 35W;当 S_3 闭合,S_1、S_2 断开时,电流表 A 的示数为 4A。求:

(1) 电热炉的电阻及发热功率;
(2) 电动机的内阻;
(3) 在电解槽工作时,电能转化为化学能的功率。

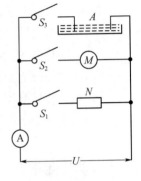

图 5-7

【答案】 (1)2Ω,72W (2)1Ω (3)16W

【分析】 解决电功、电热问题,首先应判断电路是纯电阻电路还是非纯电阻电路。若是非纯电阻电路,要分析清楚电能转化成什么形式的能,然后再选择公式计算。比如电动机、电风扇等用电器正常工作时,所消耗的电能一部分转化为内能 Q,一部分转化为机械能 $E_{机}$;再比如电解槽正常工作时,所消耗的电能一部分转化为内能 Q,一部分转化为化学能 $E_{化}$。

【解析】 (1) 电热炉为纯电阻元件,由欧姆定律有 $I_1 = \dfrac{U}{R}$

解得 $R = \dfrac{U}{I_1} = 2\Omega$

其发热功率为 $P_R = UI_1 = 12 \times 6W = 72W$

(2) 电动机为非纯电阻元件,由能量守恒定律得

$$UI_2 = I_2^2 r_M + P_{输出}$$

所以 $r_M = \dfrac{UI_2 - P_{输出}}{I_2^2} = \dfrac{12 \times 5 - 35}{5^2}\Omega = 1\Omega$

(3) 电解槽也是非纯电阻,所以其工作时,由能量守恒定律得

$$P_{化} = UI_3 - I_3^2 r_A = 16W$$

【方法感悟】 非纯电阻电路比纯电阻电路多了其他形式的能量参与转化,值得注意的是,若当非纯电阻电路中的这些其他形式的能量停止转化时,非纯电阻电路也就转化成了纯电阻电路,电路特征发生了根本性转变,电路元件中电流也一定会发生变化,这时就需要根据欧姆定律重新确定电流值。比如说如果电动机通电后突然处于不转动状态,电动机无机械能输出,此时便成了纯电阻电路。所以解题时,必须仔细理解题意。

强化训练

一、选择题

1. 以下说法正确的是( )。
   A. 只要有可以自由移动的电荷,就存在持续电流
   B. 金属导体内的持续电流是自由电子在导体内的电场作用下形成的
   C. 电流的传导速率就是导体内自由电子的定向移动速率
   D. 在金属导体内当自由电子定向移动时,它们的热运动就消失了

2. 电源电动势反映了电源把其他形式的能量转化为电能的能力,因此( )。
   A. 电动势是一种非静电力
   B. 电动势越大,表明电源储存的电能越多
   C. 电动势的大小是非静电力做功能力的反映
   D. 电动势就是闭合电路中电源两端的电压

3. 电路中每分钟有60万亿个自由电子通过横截面积为 $0.64 \times 10^{-6} m^2$ 的导线,那么电路中的电流是( )。
   A. $0.016 \mu A$ B. $1.6 mA$
   C. $16 \mu A$ D. $0.16 \mu A$

4. 关于公式 $R = \dfrac{U}{I}$ 和公式 $R = \rho \dfrac{l}{S}$,下列说法中正确的是( )。
   A. 两公式对一切情况都适用
   B. $R = \dfrac{U}{I}$ 仅适用于金属导体,$R = \rho \dfrac{l}{S}$ 适用于任何导体
   C. 导体的电阻 R 与 U 成正比,与 I 成反比
   D. 导体的电阻在温度一定时,与导体的长度成正比,与导体的横截面积成反比

5. 一段粗细均匀的镍铬丝,横截面的直径是 d,电阻是 R,把它拉制成直径为 $\dfrac{d}{10}$ 的均匀细丝后,它的电阻变为( )。
   A. $10000R$ B. $\dfrac{R}{10000}$ C. $100R$ D. $\dfrac{R}{100}$

6. 关于四个公式:①$P = UI$;②$P = I^2R$;③$P = \dfrac{U^2}{R}$;④$P = \dfrac{W}{t}$。下列叙述正确的是( )。
   A. 公式①④适用于任何电路的电功率
   B. 公式②③适用于任何电路的电热功率
   C. 公式①②③适用于任何电路电功率
   D. 上述没有一个正确

7. 有一只电风扇,标有"220V 50W"字样,电动机线圈的电阻为 0.4Ω,把它接入220V的电路中,在以下几种计算时间 t 内产生热量的方法中,正确的是( )。
   A. $Q = U^2 \cdot t / R$ B. $Q = Pt$
   C. $Q = (P/U)^2 \cdot Rt$ D. 以上三种方法均正确

8. 电阻 R_1、R_2、R_3 串联在电路中,已知 $R_1=10\Omega$、$R_3=5\Omega$,R_1 两端的电压为 6V,R_2 两端的电压为 12V,则下列判断错误的是( )。

  A. 电路中的电流为 0.6A

  B. 电阻 R_2 的阻值为 20Ω

  C. 三只电阻两端的总电压为 21V

  D. 电阻 R_3 消耗的电功率为 3.6W

9. 如图 5-8 所示的电路中,电阻 $R=2\Omega$. 断开 S 后,电压表的示数为 3V;闭合 S 后,电压表的示数为 2V,则电源的内阻 r 为( )。

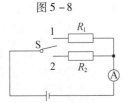

图 5-8

  A. 1Ω B. 2Ω

  C. 3Ω D. 4Ω

10. 如图 5-9 所示,电源的内阻 r 为 2Ω,$R_1=10\Omega$,$R_2=8\Omega$,当 S 连接 1 时,电流表的示数为 0.2A,则将 S 切换到 2 时,电流表的示数变为( )。

图 5-9

  A. 0.18A   B. 0.20A

  C. 0.24A   D. 0.26A

11. 如图 5-10 所示的电路中,R 由 2Ω 变为 6Ω 时,电路中的电流变为原来的一半,则电源的内阻是( )。

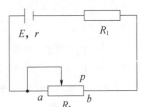

图 5-10

  A. 1Ω B. 2Ω

  C. 3Ω D. 4Ω

12. 如图 5-11 所示的直流电路中,电源电动势为 E,内阻为 r,外电路中,电阻 $R_1=r$,滑动变阻器的全部电阻为 $R_2=2r$,滑动片从 a 端向 b 端滑动过程中,哪种说法不正确?( )。

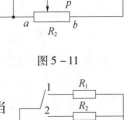

图 5-11

  A. 电源的转化功率逐渐增大

  B. 电源内部的热功率逐渐增大

  C. 电源的输出功率逐渐减小

  D. R_2 上得到的功率逐渐减小

13. 如图 5-12 所示的电路中,电源的内阻不能忽略。已知定值电阻 $R_1=10\Omega$,$R_2=8\Omega$。当开关接到位置 1 时,电压表 V 的读数为 2V。当开关接到位置 2 时,电压表 V 的示数可能为( )。

  A. 2.2V   B. 1.9V

  C. 1.6V   D. 1.3V

图 5-12

14. 如图 5-13 所示,两只灯泡 L_1、L_2 分别标有"110V,60W"和"110V,100W",另外有一只滑动变阻器 R,将它们连接后接入 220V 的电路中,要求两灯泡都正常发光,并使整个电路消耗的总功率最小,应使用下面哪个电路?( )。

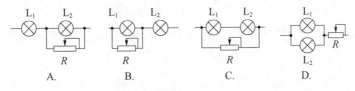

图 5-13

15. 如图 5-14 所示电路,电源内阻不可忽略。开关 S 闭合后,在变阻器 R_0 的滑动端向下滑动的过程中(　　)。

   A. 电压表与电流表的示数都减小

   B. 电压表与电流表的示数都增大

   C. 电压表的示数增大,电流表的示数减小

   D. 电压表的示数减小,电流表的示数增大

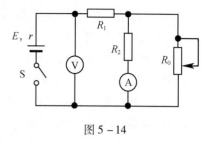

图 5-14

16. 某市计划将主干道上的部分高压钠灯换成 LED 灯,已知高压钠灯功率为 400W,LED 灯功率为 180W,若更换 4000 盏,则一个月可节约的电能约为(　　)。

   A. $9 \times 10^2 \text{kW} \cdot \text{h}$　　B. $3 \times 10^5 \text{kW} \cdot \text{h}$　　C. $6 \times 10^5 \text{kW} \cdot \text{h}$　　D. $1 \times 10^{12} \text{kW} \cdot \text{h}$

17. 用电器与电源距离为 L,线路上的电流为 I,为使在线路上的电压降不超过 U,已知输电线的电阻率为 ρ,那么输电线的横截面积的最小值是(　　)。

   A. $\dfrac{\rho L}{R}$　　B. $\dfrac{2\rho L I}{U}$　　C. $\dfrac{U}{\rho L I}$　　D. $\dfrac{2UL}{I\rho}$

18. 把一个量程为 5mA 的电流表改装成欧姆表 $R \times 1$ 挡,电流表的内阻是 50Ω,电池的电动势是 1.5V,经过调零之后测电阻,当欧姆表指针指到满偏的 3/4 位置时,被测电阻的阻值是(　　)。

   A. 50Ω　　B. 100Ω　　C. 16.7Ω　　D. 400Ω

19. 如图 5-15,三个电阻 R_1、R_2、R_3 的阻值均为 R,电源的内阻 $r < R$,c 为滑动变阻器的中点。闭合开关后,将滑动变阻器的滑片由 c 点向 a 端滑动,下列说法正确的是(　　)。

   A. R_2 消耗的功率变小

   B. R_3 消耗的功率变大

   C. 电源输出的功率变小

   D. 电源内阻消耗的功率变大

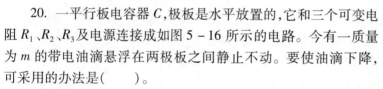

图 5-15

20. 一平行板电容器 C,极板是水平放置的,它和三个可变电阻 R_1、R_2、R_3 及电源连接成如图 5-16 所示的电路。今有一质量为 m 的带电油滴悬浮在两极板之间静止不动。要使油滴下降,可采用的办法是(　　)。

   A. 增大 R_1 的阻值

   B. 减小 R_1 的阻值

   C. 减小 R_2 的阻值

   D. 减小 R_3 的阻值

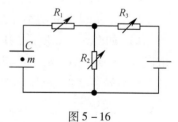

图 5-16

21. 用图 5-17 所示的电路可以测量电阻的阻值。图中 R_x 是待测电阻,R_0 是定值,G 是灵敏度很高的电流表,MN 是一段均匀的电阻丝。闭合开关,改变滑动头 P 的位置,当通过电流表 G 的电流为零时,测得 $MP = l_1$,$PN = l_2$,则 R_x 的阻值为(　　)。

   A. $\dfrac{l_1}{l_2} R_0$　　　　　　B. $\dfrac{l_1}{l_1 + l_2} R_0$

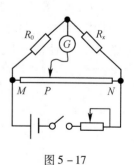

图 5-17

C. $\dfrac{l_2}{l_1}R_0$ D. $\dfrac{l_2}{l_1+l_2}R_0$

22. 如图 5-18 所示，其中电流表 A 的量程为 0.6A，表盘均匀划分为 30 个小格，每一小格表示 0.02A，R_1 的阻值等于电流表内阻的 1/2；R_2 的阻值等于电流表内阻的 2 倍。若用电流表 A 的表盘刻度表示流过接线柱 1 的电流值，则下列分析正确的是(　　)。

A. 将接线柱 1、2 接入电路时，每一小格表示 0.04A
B. 将接线柱 1、2 接入电路时，每一小格表示 0.02A
C. 将接线柱 1、3 接入电路时，每一小格表示 0.06A
D. 将接线柱 1、3 接入电路时，每一小格表示 0.01A

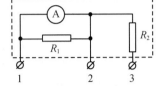

图 5-18

二、填空题

1. 在横截面积为 0.5m 的电解液中，(1)若 5s 内沿相反方向通过此横截面的正、负离子的电量均为 5C，则电解液中的电流强度为_____A；(2)若 5s 内到达阳极的负离子和达到阴极的正离子均为 5C，则电流强度为_____A。

2. 两根完全相同的金属裸导线，如果把其中的一根拉长到原来的 2 倍，把另一根对折后绞合起来，则它们的电阻之比为_____。

3. 两地相距 40km，从 A 到 B 两条输电线的总电阻为 800Ω，若 A、B 之间的某处 E 两条输电线发生短路，为查明短路地点，在 A 处接上电源，测得电压表示数为 10V，小量程电流表读数为 40mA，则短路处到 A 点的距离为_____。

4. 如图 5-19 所示，设 $R_1 = R_2 = R_3 = R_4 = R$，求：开关 S 闭合和开启时的 AB 两端的电阻比为_____。

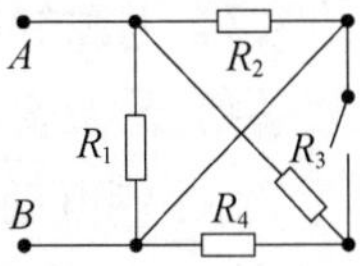

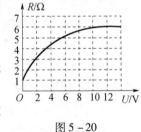

图 5-19

5. 一个标有"12V"字样，功率未知的灯泡，测得灯丝电阻 R 随灯泡两端电压变化的关系图线如图 5-20 所示，利用这条图线计算：

（1）在正常发光情况下，灯泡的电功率 $P =$ _____ W。

（2）假设灯丝电阻与其绝对温度成正比，室温有 300K，在正常发光情况下，灯丝的温度为_____K。

（3）若一定值电阻与灯泡串联，接在 20V 的电压上，灯泡能正常发光，则串联电阻的阻值为_____Ω。

图 5-20

6. 有"200 V，40 W"规格的灯泡 400 盏，并联于电源两端，这时路端电压 $U_1 = 150$V，当关掉 200 盏灯时，路端电压升为 $U_2 = 175$V，则：(1)前后两次每盏灯实际消耗的功率分别为_____W 和_____W；(2)若使电灯正常发光，还应关掉_____盏灯。

7. 一个电阻为 20Ω 的导体，当它每通过 3C 的电量时，电流做功为 18J，那么此导体两端所加电压为_____V，通过 3C 的电量的时间为_____s。

8. 如图 5-21 所示的电路中，电源的电动势 $E = 10$V，内电阻 $r = 0.5Ω$，电动机的电阻 $R_0 = 1.0Ω$，电阻 $R_1 = 1.5Ω$。电动机正常工作时，电压表的示数 $U_1 = 3.0$V，则：(1)电源释放的电功率_____；(2)电动机消耗的电功率将电能转化为机械能的功率_____；(3)电源的输出功率_____。

9. 如图 5-22 所示的电路中，电压表和电流表的读数分别为 10V 和 0.1A，那么，待测量电阻 R_X 的测量值比真实值_____，真实值为_____。（电流表的内阻为 0.2Ω）

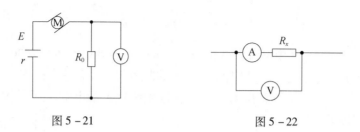

图 5-21　　　　　　图 5-22

三、计算题

1. 如图 5-23 所示的电解槽内，2s 内共有 2C 正电荷向右通过截面 MN，同时又有 2C 负电荷向左通过截面 MN，问：

（1）电流方向如何？

（2）电路中电流多大？

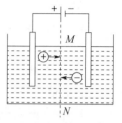

图 5-23

2. 如图 5-24 所示电路中，电阻 $R_1 = R_2 = R_3 = 10\Omega$，电源内阻 $r = 5\Omega$，电压表可视为理想电表。当开关 S_1 和 S_2 均闭合时，电压表的示数为 10V。求：

（1）电阻 R_2 中的电流为多大？

（2）路端电压为多大？

（3）电源的电动势为多大？

（4）开关 S_1 闭合而 S_2 断开时，电压表的示数变为多大？

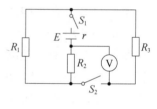

图 5-24

3. 一辆电动车，蓄电池充满电后可向电动机提供 $E_0 = 4.5 \times 10^6 J$ 的能量。已知车辆总质量 $M = 150kg$，行驶时所要克服的阻力 f 是车辆总重力的 0.05 倍。（g 取 $10m/s^2$）

（1）若这辆车的电动机的效率 $\eta = 80\%$，则这辆车充一次电能行驶的最大距离是多少？

（2）若电动车蓄电池的电动势 $E_1 = 24V$，工作时的电流强度 $I = 20A$，设电动车电路中总电阻为 R，蓄电池工作时有 20% 的能量在 R 上转化为内能。求 R 的大小。

4. 三峡水电站是我国最大的水力发电站，平均水位落差约 100m，水的流量约 $1.35 \times 10^4 m^3/s$，船只通航需要约 $3500 m^3/s$ 的流量，其余流量全部用来发电。水流冲击水轮机发电时，水流减少的势能有 20% 转化为电能。（g 取 $10m/s^2$）。

（1）按照以上数据估算，三峡水电站的发电功率最大是多大；

（2）本市现行阶梯电价，每户每月 1 档用电量最高为 240kW·h。如果按照本市现行阶梯电价 1 档最高用电量计算，三峡电站可以满足多少户家庭的生活用电；

（3）当把抽水蓄能电站产生的电能输送到北京城区的话，若输电功率为 P，输电线路的总电阻值为 R，要使输电线路上损耗的功率小于 ΔP，请写出输电电压的最小值 U 的表达式。

参考答案

一、选择题

1. 答案：B

解析：要有持续电流必须有电压，A 错误；金属导体中形成持续电流的原因是在导体两端加上电压,于是在导体内形成了电场,导体内的自由电子在电场力作用下定向移动形成电流,B 正确;电流的传导速率等于光速,电子定向移动的速率很小,C 错误;在形成电流时电子定向移动,但电子仍然做无规则的热运动,并不是热运动就消失了,故 D 错误。

2. 答案:C

解析:电动势是反映电源通过非静电力做功将其他形式的能转化为电势能本领的物理量,电动势越大说明这种转化本领越强,但不能说明储存的电能越多,故选项 A、B 错误而选项 C 正确;闭合电路中电源两端电压大小等于外电压大小,故选项 D 错误。

3. 答案:D

解析:据 $I=\dfrac{q}{t}$ 得 $I=\dfrac{60\times10^{12}\times1.6\times10^{-19}}{60}\text{A}=1.6\times10^{-7}\text{A}=0.16\mu\text{A}$。

4. 答案:D

解析:$R=\dfrac{U}{I}$ 适用于一切导体,$R=\rho\dfrac{l}{S}$ 适用于金属导体和电解质溶液,A、B 错;导体电阻在温度一定时,与导体长度成正比,与横截面积成反比,长度、横截面积不变时,电阻阻值不变,与导体两端电压、通过导体的电流大小无关,C 错、D 对。

5. 答案:A

解析:均匀镍铬丝拉制成直径 $d'=\dfrac{d}{10}$ 时,其横截面积减小到 $S'=\dfrac{S}{100}$,由于镍铬丝的体积不变,则其长度变为 $l'=100l$。根据电阻定律,拉长后的电阻为

$R=\rho\dfrac{l'}{S'}=\rho\dfrac{100l}{S/100}=10000\rho\dfrac{l}{S}=10000R$。故 A 正确。

6. 答案:A

解析:$P=UI$、$P=\dfrac{W}{t}$ 适用于任何电路电功率的计算,而 $P=I^2R$ 适用于任何电路热功率的计算,故 A 正确;$P=\dfrac{U^2}{R}$ 只适用于纯电阻电路中电功率及热功率的计算,故 B、C、D 错。

7. 答案:C

解析:由于电风扇是非纯电阻电路,故 A、B 错;由 $P=UI$ 得 $I=\dfrac{P}{U}$,再由 $Q=I^2Rt$ 知 C 正确。故选 C。

8. 答案:D

解析:串联电路中电流处处相等,所以 $I=I_1=U_1/R_1=0.6\text{A}$,所以 A 对;又串联电路中导体两端电压和导体电阻成正比,即 $U_1:U_2:U_3=R_1:R_2:R_3$,所以 $R_2=20\Omega$,$U_3=3\text{V}$,B 对;又串联电路的总电压等于各支路电压之和,所以 $U=U_1+U_2+U_3=21\text{V}$,C 对;$P_3=I^2R_3=1.8\text{W}$,所以 D 错。

9. 答案:A

解析:开关 S 断开时电压表的读数为 3V,则有 $E=3\text{V}$,开关 S 闭合时电压表的读数为 2V,由闭合电路欧姆定律,有:$2=\dfrac{E}{R+r}R$,其中 $R=2\Omega$,解得:$r=1\Omega$,故选项 A 正确。

10. 答案:C

解析:根据闭合电路欧姆定律,S 连 1 时 $I_1 = \dfrac{E}{R_1 + r}$,S 连 2 时 $I_2 = \dfrac{E}{R_2 + r}$,两式联立得 $I_2 = 0.24\text{A}$。

11. 答案:B

解析:由闭合电路欧姆定律 $I = \dfrac{E}{R + r}, r + 6 = 2(r + 2)$,解得 $r = 2\Omega$,B 正确。

12. 答案:C

解析:当滑片 P 由 a 向 b 滑动时,外电路电阻逐渐减小,因此电流逐渐增大,可知选项 A、B 正确;当滑片 P 滑到 b 端时,外电路电阻等于 R_1,与内阻相同,此时电源输出功率最大,因此,C 不正确;判断 D 选项时,可把 R_1 看成内阻的一部分,即内阻为 $2r$,因此当 P 处于 a 端时,外阻 = 内阻 = $2r$,此时 R_2 上的功率最大,所以选项 D 正确。答案选 C。

13. 答案:B

解析:$\dfrac{E}{R_1 + r}R_1 = 2(1)$ $\dfrac{E}{R_2 + r}R_2 = U_2(2)$ 解得 $U_2 = \dfrac{(R_1 + r)R_2}{(R_2 + r)R_1} \times 2$,当 r 趋近于零时,$U_2 = 2\text{V}$;当 r 趋近于无穷大时,$U_2 = 1.6\text{V}$。故选 B。

14. 答案:B

解析:A、C 两图中两灯泡不能正常发光。B、D 中只要调节滑动变阻器阻值 R,两灯泡都可以正常发光。由图可直接看出,D 图中通过滑动变阻器阻值 R 的电流比 B 图中的大,因此 D 图中总功率比 B 图中的大,所以要求两灯泡都正常发光,并使整个电路消耗的总功率最小只能是 B 答案正确。

15. 答案:A

解析:变阻器 R_0 的滑动端向下滑动的过程中,使连入电路中的 R_0 阻值减小,整个电路的电阻减小,电路中的电流 I 增大,路端电压 $U = E - Ir$ 减小,即电压表的示数减小,又 R_2 与 R_0 并联后再与 R_1 串联,在 R_0 减小时,使得 R_2 两端电压减小,R_2 中的电流减小,即电流表示数减小。A 正确,B、C、D 错误。

16. 答案:B

解析:一个月 30 天,每天亮灯按 10h 计,共 $30 \times 10\text{h} = 300\text{h}$,LED 灯比高压钠灯每盏功率小 220W,使用 4000 盏可节电 $4000 \times 0.22\text{kW} \times 300\text{h} = 2.64 \times 10^5 \text{kW} \cdot \text{h}$,即可节电 $2.64 \times 10^5 \text{kW} \cdot \text{h}$,最接近为 B。

17. 答案:B

解析:由题意知,输电线最大电阻 $R = \dfrac{U}{I}$,根据电阻定律得 $R = \rho \dfrac{2L}{S}$(要构成回路,电线的总长需是距离 L 的两倍),横截面积最小值 $S = \dfrac{2\rho L I}{U}$,故 B 正确。

18. 答案:B

解析:设待测电阻为 R_x,调零电阻等的阻值(除待测电阻外的总电阻)为 R_0,由欧姆表的原理可知,$\dfrac{1.5\text{V}}{R_0} = 5\text{mA}, \dfrac{1.5\text{V}}{R_0 + R_x} = \dfrac{3}{4} \times 5\text{mA}$,解之得 $R_x = 100\Omega$,答案 B 正确。

19. 答案:D

解析:等效电路如图 5 - 25 所示。滑动变阻器的滑片由 c 点向 a 端滑动,并联电阻减小,总

电阻减小,总电流增大,路端电压减小,R_1 上的电压增大,并联电压减小。R_3 支路的电阻增大,电流减小,R_3 消耗的功率变小,选项 B 错误;因为总电流增大,所以 R_2 支路的电流增大,R_2 消耗的功率变大,选项 A 错误;因为总电流增大,则电源内阻消耗的功率变大,D 正确;当外电阻等于电源的内电阻时,电源的输出功率最大,外电阻偏离电源的内电阻越大,电源的输出功率越小。原来外电阻大于 $1.5R$,滑动变阻器的滑片由 c 点向 a 端滑动,并联电阻减小,总电阻减小,但仍大于内电阻,所以电源输出的功率变大,选项 C 错误。故选 D。

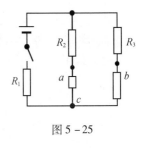

图 5-25

20. 答案:C

解析:带电油滴悬浮在两极板之间静止不动时,油滴受到的向下的重力和向上的电场力平衡。要使油滴下降,可减小场力,因为 $F_电 = qE = q\dfrac{U}{d}$,可使电容器两极板间的电压减小。R_1 与电容器串联在一条支路上,稳定时相当于导线,改变 R_1 的阻值对电路没有影响,故 A、B 错误;电容器的电压等于 R_2 两端的电压,减小 R_2 可使 R_2 分压变小,而减小 R_3 会使 R_2 的分压变大,故选项 C 正确,选项 D 错误。

21. 答案:C

解析:当通过电流表 G 的电流为零时,说明电流表 G 的两端电势相等,MP 与 R_0 的电压相等,PN 与 R_x 的电压相等,根据串并联关系有 $\dfrac{\rho l_1}{S} : \dfrac{\rho l_2}{S} = R_0 : R_x$,解之有 $R_x = \dfrac{l_2}{l_1} R_0$,故 C 对,A、B、D 错。

22. 答案:C

解析:当接线柱 1、2 接入电路时,电阻 R_1 与电流表内阻并联后等效阻值为电流表电阻的 $\dfrac{1}{3}$,由于电流表的满偏电压为定值,故量程扩大为原来的 3 倍,则每小格变为 $0.02 \times 3 = 0.06$A,选项 A、B 均错误;当接线柱 1、3 接入电路时,电阻 R_1 与电流表内阻并联后再和电阻 R_2 串联,但串联的电阻 R_2 对于电流表量程无影响,故每一小格仍为 0.06A,选项 D 错 C 正确。故选 C。

二、填空题

1. 答案:2 1

解析:(1) 因 $I = \dfrac{q}{t}$ 中 q 是通过整个截面的电量,并非单位面积通过的电量,且因为正负离子沿相反方向定向形成的电流方向是相同的,所以 q 应为正、负离子电量的绝对值之和,故 $I = \dfrac{q}{t} = \dfrac{2 \times 5}{5}\text{A} = 2\text{A}$。

(2) 对阳极进行讨论:根据电解液导电的原理得知到达阳极的离子只有负离子,则 $I = \dfrac{q}{t} = \dfrac{5}{5}\text{A} = 1\text{A}$。

2. 答案:1/16

解析:金属线原来的电阻为 $R = \rho\dfrac{l}{S}$;拉长后,长度变为 $2L$。因为体积不变,横截面积变为 $4S$,再对折,则电阻将变为原来的 1/16 倍。

3. 答案:12.5km

解析:根据题意画出电路如图 5-26 所示,A、B 两地相距为 $L_1 = 40$km,原输电线总长为 $2L_1 = 80$km,电阻 $R = 800\Omega$,设短路处 E 距 A 端 L_2,其间输电线电阻为 $R_2 = \dfrac{U}{I} = \dfrac{10}{40 \times 10^{-3}}\Omega = 250\Omega$,$\dfrac{R_1}{R_2} = \dfrac{2L_1}{2L_2} = \dfrac{L_1}{L_2}$,$L_2 = \dfrac{R_1}{R_2}L = 12.5$km,即 E 处距离 A 端 12.5km。

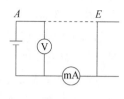

图 5-26

4. 答案:5/6

解析:利用节点法,开关闭合时,其中 R_1、R_2、R_3 都接在 AB 两点间,而 R_4 两端都为 B,即 R_4 被短路,所以其等效电路如图 5-27 所示,易得 $R_{AB} = R/3$。当开关开启时,其对应等效电路为图 5-27 所示,易得 $R_{AB'} = 2R/5$。所以两次电阻比为 5/6。

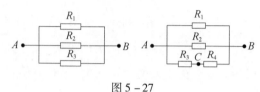

图 5-27

5. 答案:(1) 24   (2) 1800   (3) 4

6. 答案:22.5,30.625,150

解析:由 $P = \dfrac{U^2}{R}$ 得每盏灯的电阻为 $R = \dfrac{U^2}{P} = 1 \times 10^3 \Omega$。根据并联电路特点及闭合电路欧姆定律,当 400 盏灯并联时,有 $R_{总} = \dfrac{1 \times 10^3}{400} = 2.5\Omega$,$U_1 = \dfrac{ER_{总}}{R_{总}+r} = 150$V,关掉 200 盏灯时,有 $R'_{总} = \dfrac{1 \times 10^3}{200} = 5\Omega$,$U_2 = \dfrac{ER'_{总}}{R'_{总}+r} = 175$V,解得 $E = 210$V,$r = 1\Omega$,所以(1)实际功率 $P_1 = \dfrac{U_1^2}{R} = 22.5$W,$P_2 = \dfrac{U_2^2}{R} = 30.625$W;(2)要使灯泡正常发光,则 $P = \dfrac{U^2}{R} = 40$W,$U = 200$V,由 $U = \dfrac{ER'}{R'+r} = 200$V 解得 $R' = 20\Omega = \dfrac{1 \times 10^3 \Omega}{n}$,所以 $n = 50$,即要使灯泡正常发光,需再关掉 150 盏灯。

7. 答案:6   10

解析:由公式 $W = UIt = Uq$,可得导体两端所加电压为 6V,通过 3C 的电量的时间为 10s。

8. 答案:(1) 20W   (2) 8W   (3) 18W

解析:(1)电动机正常工作时,总电流为 $I = \dfrac{U_1}{R_1} = \dfrac{3.0}{1.5}$A = 2A,电源释放的电功率为 $P_{释} = EI = 10 \times 2$W = 20W。(2)电动机两端的电压为 $U = E - Ir - U_1 = 6$V,电动机消耗的电功率为 $P_{消} = UI = 6 \times 2$W = 12W,电动机消耗的热功率为 $P_{热} = I^2R_0 = 4$W,电动机将电能转化为机械能的功率,根据能量守恒为 $P_{机} = P_{消} - P_{热} = 12 - 4$W = 8W。(3)电源的输出功率为 $P_{出} = P_{释} - I^2r = 18$W。

9. 答案:偏大   99.8Ω

解析:因为电流表和 R_x 直接串联,则电流表读数 I' 等于 R_x 的真实电流 I,电压表并联在电流表和 R_x 串联电路的两端,故电压表读数 U' 大于 R_x 两端电压 U,所以 R_x 的测量值 $R_x' = \dfrac{U'_{偏大}}{I'_{准确}}$ 大于

真实值 $R_x = U/I$；R_x 真实值为 $R_x = U/I = \dfrac{U' - I'R_A}{I'} = \dfrac{10 - 0.1 \times 0.2}{0.1}\Omega = 99.8\Omega$。

三、计算题

1. 答案： (1) 方向向右　(2) 2A

解析： 本题考查电流的形成、大小计算及电流的方向。

(1) 因规定正电荷定向移动的方向为电流的方向，故电解液中电流方向向右。

(2) 电解液中电流应是正、负电荷定向移动的共同效果，因此通过截面 MN 的电荷量应是两种电荷迁移量之和。所以 $I = \dfrac{q}{t} = \dfrac{2+2}{2}A = 2A$。

2. 答案： (1) $I = 1A$　(2) $U = 15V$　(3) $E = 20V$　(4) $U' = 16V$

解析： (1) 电阻 R_2 中的电流 $I = U_2/R_2$，

代入数据得 $I = 1A$。

(2) 外电阻 $R = R_2 + \dfrac{R_1 R_3}{R_1 + R_3} = 15\Omega$，

路端电压 $U = IR = 15V$。

(3) 根据闭合电路欧姆定律 $I = E/(R+r)$，

代入数据解得 $E = 20V$。

(4) S_1 闭合而 S_2 断开，电路中的总电流 $I' = E/(R_1 + R_2 + r)$，

电压表示数 $U' = I'(R_1 + R_2)$，

代入数据解得 $U' = 16V$。

说明： 此类题目处理的关键是根据电路的特点，找出用电器两端的电压或流过该用电器的电流，进而选用不同的公式规律进行列式求解。在公式应用时，一定要注意公式的适用条件。

3. 答案： (1) $s = 48km$　(2) $R = 0.24\Omega$

解析： (1) 设电动车保持匀速行驶且行驶过程中不刹车，车辆储存的能量全部用来克服地面阻力做功，则 $\eta E_0 = \mu Mgs$，得这辆车最多能行驶的距离 $s = 48km$。

(2) 由电路中能量关系，$20\% E_1 I = I^2 R$，得 $R = 0.24\Omega$。

4. 答案： (1) $2 \times 10^6 kW$　(2) 6×10^6 户　(3) $U = \dfrac{P}{\sqrt{\dfrac{\Delta P}{R}}}$

解析： (1) $P_1 = (1.35 \times 10^4 - 3500) \times 10 \times 100 \times 20\% kW = 2 \times 10^6 kW$

(2) 每户用电的平均功率：$P_2 = \dfrac{240}{30 \times 24} = \dfrac{1}{3} kW$

可满足的家庭数为：$\dfrac{P_1}{P_2} = \dfrac{2 \times 10^6}{\dfrac{1}{3}} = 6 \times 10^6$（户）

(3) 输电线路损失的热功率为 $\Delta P = I^2 R$

输电功率为 $P = IU$，可得 $U = \dfrac{P}{\sqrt{\dfrac{\Delta P}{R}}}$

第六章　磁场与交流电

复习要求

- 了解磁场、磁感应强度的概念；
- 了解磁感线的概念；
- 理解正弦交变电流的概念；
- 了解理想变压器的原理。

第一节　磁场　磁感应强度

1. 磁场和磁感线

磁场：磁场是存在于磁体、电流和运动电荷周围的一种物质，变化的电场也能产生磁场。磁场对处于其中的磁体、电流和运动电荷有力的作用。一切磁现象都是起源于运动电荷，通过磁场而发生的相互作用。规定在磁场中任一点小磁针 N 极受力的方向（或者小磁针静止时 N 极的指向）就是那一点的磁场方向。安培分子电流假说——在原子、分子等物质微粒内部，存在着一种环形电流即分子电流，分子电流使每个物质微粒成为微小的磁体。

磁感线：在磁场中人为地画出一系列曲线，曲线的切线方向表示该位置的磁场方向，曲线的疏密能定性地表示磁场的弱强，这一系列曲线称为磁感线。磁铁外部的磁感线，都从磁铁 N 极出来，进入 S 极，在内部，由 S 到 N 极，磁感线是闭合曲线，磁感线不相交。

条形磁铁、蹄形磁铁和地磁场周围的磁感线的分布，如图 6-1 所示。

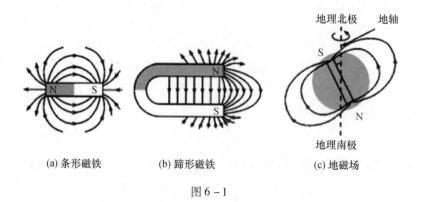

(a) 条形磁铁　　(b) 蹄形磁铁　　(c) 地磁场

图 6-1

常见的电流周围磁感线分布如表 6-1 所示。

表 6-1 常见的电流周围磁感线分布

	通电直导线	通电螺线管	环形电流
安培定则			
立体图			
截面图	从上往下看	从左往右看	从右往左看

①直线电流的磁场:同心圆、非匀强、距导线越远处磁场越弱。②通电螺线管的磁场:两端分别是 N、S 极,管内可看作匀强磁场,管外是非匀强磁场。③环形电流的磁场:两侧是 N 极和 S 极,离圆环中心越远,磁场越弱。④匀强磁场:磁感应强度的大小处处相等、方向处处相同。匀强磁场中的磁感线是分布均匀、方向相同的平行直线。⑤地磁场:地球的磁场与条形磁体的磁场相似,地磁场的 N 极在地球南极附近,S 极在地球北极附近。

2. 磁感应强度

(1) 定义:磁感应强度是表示磁场强弱的物理量,在磁场中垂直于磁场方向的通电导线,受到的磁场力 F 跟电流 I 和导线长度 L 的乘积 IL 的比值,叫作通电导线所在处的磁感应强度,定义式 $B=F/IL$,单位 T(特斯拉),$1T=1N/(A·m)$。

(2) 磁感应强度是矢量,磁场中某点的磁感应强度的方向就是该点的磁场方向,即通过该点的磁感线的切线方向。磁感应强度 B 是矢量,遵守矢量的平行四边形法则,注意磁感应强度的方向就是该处的磁场方向,并不是在该处的电流的受力方向。

(3) 磁场中某位置的磁感应强度的大小及方向是客观存在的,与放入的电流强度 I 的大小、导线的长短 L 的大小无关,与电流受到的力也无关,即使不放入载流导体,它的磁感应强度也照样存在,因此不能说 B 与 F 成正比,或 B 与 IL 成反比。

第二节 交流电

1. 磁通量和电磁感应现象

(1) 磁通量:在匀强磁场中,磁通量是磁感应强度 B 与磁场垂直面积 S 的乘积,表示穿过某一面积的磁感应线的条数。公式:$\Phi=BS$(S 是垂直 B 的面积,或 B 是垂直 S 的分量),国际单位:韦伯(Wb),磁通量 Φ 是标量,但有正负。同一线圈平面,当它跟磁场方向垂直时,磁通量最大;当它跟磁场方向平行时,磁通量为零;当正向穿过线圈平面的磁感线条数和反向穿过的条数一样多时,磁通量为零。

由 $\Phi=BS$ 得 $B=\dfrac{\Phi}{S}$,即为磁感应强度的另一定义式,表示穿过垂直于磁场方向的单位面积的磁感线条数,故磁感应强度又称磁通密度。

(2)电磁感应现象:当穿过闭合电路的磁通量发生变化时,闭合电路中有感应电流产生的现象,称为电磁感应现象。引起磁通量变化的因素有:①磁感应强度 B 发生变化;②线圈的面积 S 变化;③磁感强度 B 与面积 S 之间的夹角 θ 发生变化。这三种情况都可以引起磁通量变化产生电磁感应现象。其实质就是其他形式的能转化成电能。电磁感应时一定有感应电动势,电路闭合时才有感应电流。产生感应电动势的那部分电路相当于电源的内电路,感应电流从低电势端流向高电势端(相当于"-"流向"+");外部电路感应电流从高电势端流向低电势端(相当于"+"流向"-")。

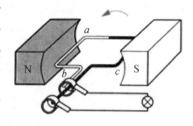

图6-2

发电机是将机械能转变为电能的装置。常用的交流发电机主要由转子和定子两部分组成,包括磁极、线圈、铜环、电刷等,如图6-2所示。利用线圈在磁场中的旋转产生的感应电流进行发电。大型发电机因线圈匝数多、重量大,一般采用线圈不动、磁极旋转的方式,这类发电机叫作旋转磁极式发电机。

2. 正弦式交变电流的产生和规律

(1)交变电流:强度和方向都随时间作周期性变化的电流叫作交变电流。直流电是电流方向不改变的电流。我国家庭电路使用的是交流电。电压是220V,周期是0.02s,频率是50Hz(电流方向1s改变50次)。当线圈在匀强磁场中绕垂直于磁场方向的轴匀速转动时,线圈中产生的交变电流是随时间按正弦规律变化的,此种交变电流叫正弦式电流。

(2)中性面、正弦式电流的峰值:如图6-3那样的矩形线圈,当匀速转到穿过线圈的磁通量达最大值时,这个位置叫中性面。此时 ab 和 cd 都未切割磁感线,或者说这时线圈的磁通量变化率为零,线圈中无感应电动势。当线圈转到线圈平面与磁感线平行时,磁通量为零,但此时 ab 和 cd 边切割磁感线的有效速度最大,产生的感应电动势最大,因为 ab 和 cd 边产生的感应电动势都是 $E_1 = BL_{ab}v$,而线圈只有这两条边切割磁感线,线圈电动势 $E = 2BL_{ab}v$,若线圈有 N 匝,则相当于有 N 个电源串联,故线圈感应电动势的峰值:$E_{max} = 2NBL_{ab}v = NBS\omega = NBS\pi f$(因为 $v = L_{bc}\omega/2$,$\omega = 2\pi/T = 2\pi f$)。

图6-3

(3)正弦式电流的瞬时值:当线圈通过中性面时开始计时,穿过线圈的磁通量瞬时值表达式为 $\phi = \phi_m \cos\omega t$;交变电动势瞬时值表达式为 $E = E_m \sin\omega t$;若电路闭合且总电阻为 R,则瞬时电流为 $I = E_m \sin\omega t / R$。

(4)交流电的角频率 ω、频率 f、周期 T:就是线圈转动的角速度、频率、周期。

3. 交变电流的图像、峰值与有效值

(1)交变电流的变化在图像上能很直观地表示出来,如图6-4所示,可以判断出产生交变电流的线圈是垂直于中性面位置时开始计时的,表达式应为 $e = E_m \cos\omega t$,图像中 A、B、C 时刻线圈的位置 A、B 为中性面,C 为线圈平面平行于磁场方向。由纵轴可读出交变电流的峰值,由横轴可求时间 t 和线圈转过角度 ωt(或周期、频率)。

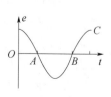

图6-4

(2)交变电流的瞬时值、峰值、有效值。

①瞬时值:交变电流某一时刻的值;

② 峰值:交变电流(电流、电压或电动势)所能达到的最大的值,也叫最大值;

③ 有效值:跟交变电流的热效应等效的恒定电流的值叫做交变电流的有效值。

用电器所标的额定电压、电流,电表所测交流数值都是交变电流的有效值。有效值不是平均值,求交流电的热量功率时,只能用有效值,求通过导体电荷量时,只能用交流的平均值。对于正弦(余弦)交流电,其有效值和峰值的关系为:

$$U = \frac{U_m}{\sqrt{2}} = 0.707 U_m \quad I = \frac{I_m}{\sqrt{2}} = 0.707 I_m。$$

$U = 220V, U_m = 220\sqrt{2}V = 311V; U = 380V, U_m = 380\sqrt{2}V = 537V;$

线圈匀速转动一周,交变电流完成一次周期性变化所需时间叫周期(T),单位:秒(s)。交变电流在1s内周期性变化的次数叫频率(f),单位:赫兹(Hz),$T = 1/f$。圆频率(ω):$\omega = 2\pi f = 2\pi/T$。我国交变电的频率:50Hz,周期 0.02s(1s方向变 50 次)。

(3) 由于穿过线圈的磁通量与产生的感应电动势(或感应电流)随时间变化的函数关系总是互余的,因此利用这个关系去分析一些交变电流的问题,常常会使问题简化。

第三节 变压器 远距离输电

1. 变压器

(1) 理想变压器:如图 6 – 5 所示,磁通量全部集中在铁芯内,变压器没有能量损失,即输入功率等于输出功率。变压器只变换交流,不变换直流,更不变频。原、副线圈中交流电的频率一样,高压线圈匝数多、电流小、导线较细;低压线圈匝数少、电流大、导线较粗。

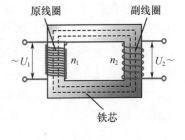

图 6 – 5

(2) 理想变压器电压、电流跟匝数的关系式:

$U_1/U_2 = n_1/n_2$(对于有一个副线圈或有几个副线圈的变压器都适用)。

$I_1/I_2 = n_2/n_1$(只适用于一个副线圈的变压器)。

若有两个以上副线圈,根据 $P_入 = P_出$ 可导出 $I_1 U_1 = I_2 U_2 + I_3 U_3 + \cdots + I_n U_n$。

2. 远距离输电

(1) 如图 6 – 6 所示,发电站的输出电功率为 P,输出电压为 U,用户得到的电功率为 P',电压为 U',则输电电流为 $I = \frac{P}{U} = \frac{U - U'}{R_线} = \frac{U_线}{R_线}$。

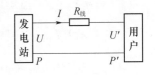

图 6 – 6

(2) 输电导线损失的电压:$U_线 = U - U' = IR_线$。

(3) 输电导线上损失的电功率

$$\Delta P = P - P' = I^2 R_线 = \left(\frac{P}{U}\right)^2 R_线 = \frac{(U_线)^2}{R_线}。$$

(4) 远距离输电线上电能损失的基本途径:根据公式 $\Delta P = I^2 R_线 = \left(\frac{P}{U}\right)^2 R_线$,可知有两个基本途径,即①减小输电线电阻,如加大输电导线的横截面积,采用电阻率小的材料等;②高压输电,即在输送功率一定的条件下,提高电压,减小输电电流。

典型例题

例1 如图6-7所示,大小不同的同心圆形线圈 A、B 在同一平面内,条形磁铁穿过圆心并与圆面垂直,则穿过两线圈的磁通量 Φ_A 与 Φ_B 相比较( )。

A. $\Phi_A > \Phi_B$ B. $\Phi_A < \Phi_B$

C. $\Phi_A = \Phi_B$ D. 不能确定

【答案】 A

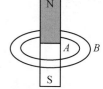

图6-7

【分析】 先要明确空间磁场的分布,其次明确磁通量如何计算。

【解析】 条形磁铁内部的磁感线全部穿过 A、B 两个线圈,而外部磁感线穿过线圈 B 的比穿过线圈 A 的要多,故线圈 B 中磁感线条数的代数和要小,所以 $\Phi_A > \Phi_B$,故答案为A。

【方法感悟】 磁通量虽然是标量,但却有正、负。从线圈平面穿过的方向不同,符号是不同的。若磁感线沿正、反方向通过同一平面,则磁通量在数值上等于正、反磁感线条数的代数和,这就是所谓的净磁通量;如果 B 与 S 间存在夹角时,则要用有效的面积计算磁通量,所谓有效面积,是指面积在与磁感应强度 B 垂直的方向上的投影。

例2 如图6-8示,闭合的矩形导体线圈 $abcd$ 在匀强磁场中绕垂直于磁感线的对称轴 OO' 匀速转动,沿着 OO' 方向观察,线圈沿逆时针方向转动。已知匀强磁场的磁感应强度大小为 B,线圈匝数为 n,ab 边的边长为 L_1,ad 边的边长为 L_2,线圈总电阻为 R,转动的角速度为 ω。图中线圈平面与磁场方向平行。

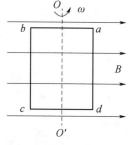

图6-8

(1)从线圈经过图示位置开始计时,写出线圈内的电流随时间变化的函数关系式。

(2)求线圈的发热功率。

(3)从线圈经过图示位置开始计时,求经过四分之一周期时间通过线圈导线某横截面的电荷量。

【答案】 (1) $I = \dfrac{nBL_1L_2\omega\cos\omega t}{R}$;(2) $\dfrac{n^2B^2L_1^2L_2^2\omega^2}{2R}$;(3) $\dfrac{nBL_1L_2}{R}$。

【解析】 (1)由法拉第电磁感应定律可知线圈切割磁感线产生的最大电动势 $E_m = nBL_1L_2\omega$,又因为 $e = E_m\cos\omega t$,$I = \dfrac{e}{R}$

可得 $I = \dfrac{nBL_1L_2\omega\cos\omega t}{R}$;

(2)电流的有效值 $I_{有} = \dfrac{E_m}{\sqrt{2}R}$,$P = I_{有}^2 R$

可得 $P = \dfrac{n^2B^2L_1^2L_2^2\omega^2}{2R}$

(3)由 $q = \bar{I}t$,$\bar{I} = \dfrac{\bar{E}}{R}$,$\bar{E} = n\dfrac{\Delta\Phi}{\Delta t}$

可得 $q = n\dfrac{\Delta \Phi}{R} = n\dfrac{BL_1L_2}{R}$。

例3 如图6-9示，理想变压器的原线圈接在 $u = 220\sqrt{2}\sin\pi t(\text{V})$ 的交流电源上，副线圈接有 $R = 55\Omega$ 的负载电阻，原、副线圈匝数之比为 2∶1，电流表、电压表均为理想电表。下列说法正确的是( )。

A. 原线圈的输入功率为 $220\sqrt{2}\text{W}$

B. 电流表的示数为 1A

C. 电压表的示数为 $110\sqrt{2}\text{V}$

D. 副线圈输出交流电的周期为 50s

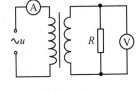

图 6-9

【答案】 B

【分析】 根据理想变压器两端电压与线圈匝数的关系以及理想变压器输入功率等于输出功率的特点，再结合电表的读数为交变电流的有效值进行分析判断。

【解析】 电表的读数均为有效值，因此在原线圈两端电压有效值为220V，由理想变压器原副线圈两端电压与线圈匝数成正比，因此副线圈两端电压有效值为110V，故选项C错误；流过电阻 R 的电流为2A，可知负载消耗的功率为220W，根据能量守恒可知，原线圈的输入功率为220W，故选项A错误；由 $P = UI$ 可知，电流表的读数为1A，故选项B正确，由交变电流瞬时值表达式可知：$\omega = 100\pi$，因此周期为：$T = 0.02\text{s}$，故选项D错误。

强化训练

一、选择题

1. 下列关于磁场的说法正确的是( )。

A. 只有磁铁周围才存在磁场

B. 磁场是假想的，不是客观存在的

C. 磁场是在磁极与磁极、磁极与电流发生作用时才产生的

D. 磁极与磁极、磁极与电流、电流与电流之间都是通过磁场发生相互作用的

2. 关于磁场中某一点磁感应强度的方向，下列说法正确的是( )。

A. 与一小段通电直导线所受磁场力的方向一致

B. 与运动电荷所受磁场力的方向一致

C. 与小磁针N极所受磁场力的方向一致

D. 与小磁针S极所受磁场力的方向一致

3. 中国宋代科学家沈括在《梦溪笔谈》中最早记载了地磁偏角："磁石磨针锋，则能指南，然常微偏东，不全南也。"进一步研究表明，地球周围地磁场的磁感线分布示意如图6-10所示。结合上述材料，下列说法不正确的是( )。

A. 地理南、北极与地磁场的南、北极不重合

B. 地球内部也存在磁场，地磁南极在地理北极附近

C. 地球表面任意位置的地磁场方向都与地面平行

D. 地磁场对射向地球赤道的带电宇宙射线粒子有力的作用

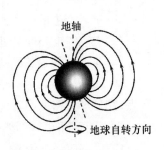

图 6-10

4. 一种磁悬浮列车的车厢和铁轨上分别安放着磁体,车厢用的磁体大多是通过强大电流的电磁铁,现有下列说法正确的是(　　)。

A. 磁悬浮列车利用了同名磁极互相吸引

B. 磁悬浮列车利用了异名磁极互相排斥

C. 磁悬浮列车消除了车体与轨道之间的摩擦

D. 磁悬浮列车增大了车体与轨道之间的摩擦

5. 磁性是物质的一种普遍属性,大到宇宙星体,小到电子、质子等微观粒子,几乎都会有磁性。地球就是一个巨大的磁体,其表面的磁性很强。甚至在一些生物体内也会含有微量强磁性物质,如 Fe_3O_4,鸽子正是利用这种体内外磁性的相互作用来辨别方向的。若在鸽子身上缚一块永久磁铁,且其附近的磁场比地磁场强,则(　　)。

A. 鸽子仍能辨别方向

B. 鸽子更容易辨别方向

C. 鸽子会迷失方向

D. 不能确定鸽子是否会迷失方向

6. 在做"奥斯特实验"时,下列操作中现象最明显的是(　　)。

A. 沿电流方向放置磁针,使磁针在导线的延长线上

B. 沿电流方向放置磁针,使磁针在导线的正下方

C. 导线沿南北方向放置在磁针的正上方

D. 导线沿东西方向放置在磁针的正上方

7. 磁场中某区域的磁感线如图 6-11 所示,则(　　)。

A. a 处磁场比 b 处磁场强

B. b 处磁场和 a 处磁场强度一样

C. 小磁针 N 极在 a 处受力比 b 处受力大

D. 小磁针 N 极在 a 处受力比 b 处受力小

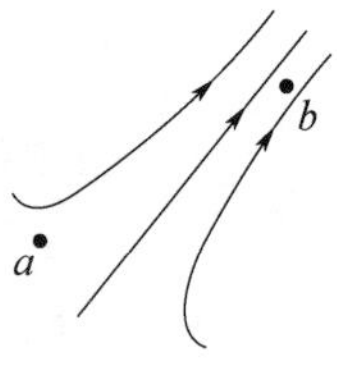

图 6-11

8. 关于磁感线,下列说法正确的是(　　)。

A. 磁感线是真实存在的,细铁粉撒在磁铁附近,我们看到的就是磁感线

B. 磁感线始于 N 极,终止于 S 极

C. 沿磁感线方向磁场减弱

D. 磁感线是无头无尾的闭合曲线

9. 下列所说的情况中,不可能的是(　　)。

A. 一环形电流产生的磁场,环内的磁感线与环外的磁感线数目相等

B. 电流产生的磁场比磁极产生的磁场强

C. 磁感线在空间某处中断

D. 某两处的磁感线疏密一样

10. 如图 6-12 所示,电流从 A 点分两路通过对称的环形分路汇合于 B 点,在环形分路的中心处的磁感应强度的方向(　　)。

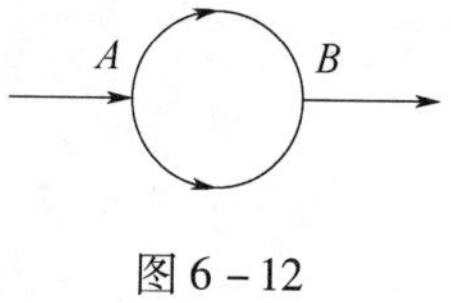

A. 垂直环面指向"纸内"　　　B. 垂直环面指向"纸外"

C. 磁感应强度为零　　　D. 无法判断

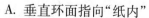

图 6-12

11. 三根相互平行的通电长直导线放在等边三角形的三个顶点上,如

图 6-13 所示为其截面图,电流方向如图。若每根导线的电流均为 I,每根直导线单独存在时,在三角形中心 O 点产生的磁感应强度大小都是 B,则三根导线同时存在时的磁感应强度大小为( )。

A. 0　　　　　　　　　　B. B
C. $2B$　　　　　　　　　D. $3B$

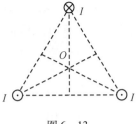

图 6-13

12. 超导是当今高科技的热点,当一块磁体靠近超导体时,超导体会产生强大的电流对磁体有排斥作用,这种排斥力可使磁体悬浮在空中,磁悬浮列车就是采用了这种技术。磁悬浮的原理是( )。

①超导体电流的磁场方向与磁体相同　②超导体电流的磁场方向与磁体相反　③超导体使磁体处于失重状态　④超导体产生的磁力与磁体重力平衡

A. ①　　　　　　　　　　B. ③
C. ②④　　　　　　　　　D. ①④

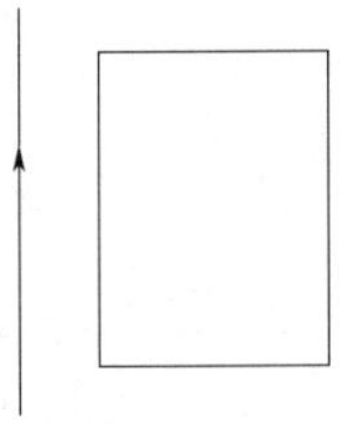

13. 如图 6-14 所示,通电直导线右边有一个矩形线框,线框平面与直导线共面,若使线框逐渐远离(平动)通电导线,则穿过线框的磁通量将( )。

A. 逐渐增大　　　　　　　B. 逐渐减小
C. 保持不变　　　　　　　D. 不能确定

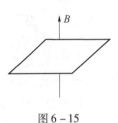

图 6-14

14. 如图 6-15 所示,闭合导线框放置在竖直向上的匀强磁场中,匀强磁场的磁感应强度 B 的大小随时间变化。关于线框中感应电流的说法正确的是( )。

A. 当 B 增大时,俯视线框,电流为逆时针方向
B. 当 B 增大时,线框中的感应电流一定增大
C. 当 B 减小时,俯视线框,电流为逆时针方向
D. 当 B 减小时,线框中的感应电流一定增大

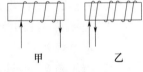

图 6-15

15. 如图 6-16 所示,取两个完全相同的长导线,用其中一根绕成如图 6-16 甲所示的螺线管,当该螺线管中通以电流强度为 I 的电流时,测得螺线管内中部的磁感应强度大小为 B;若将另一根长导线对折后绕成如图 6-16 乙所示的螺线管,并通以电流强度也为 I 的电流时,则在螺线管内中部的磁感应强度大小为( )。

A. 0　　　　　　　　　　B. $0.5B$
C. B　　　　　　　　　　D. $2B$

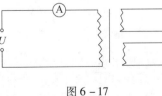

图 6-16

16. 一个电热器接在 10V 的直流电源上,具有一定的热功率。把它改接在交流电源上要使其热功率为原来的一半,则交流电源电压的最大值应为( )。

A. 7.07V　　B. 6V　　C. 14V　　D. 10V

17. 如图 6-17 所示,变压器输入交变电压 U 一定,两个副线圈的匝数为 n_2 和 n_3,当把一电阻先后接在 a、b 间和 c、d 间时,安培表的示数分别为 I 和 I',则 $I:I'$ 为( )。

A. $n_2^2:n_3^2$　　　　　　B. $\sqrt{n_2}:\sqrt{n_3}$
C. $n_2:n_3$　　　　　　　D. $n_3^2:n_2^2$

图 6-17

18. 如图6-18甲所示,在匀强磁场中,一矩形金属线框绕与磁场方向垂直的轴匀速转动产生交流电,电动势 e 随时间 t 的变化关系如图6-18乙所示,则(　　)。

A. 该交流电的频率为100Hz

B. 该交流电电动势的有效值为311V

C. $t=0.01$s时,穿过线框的磁通量为零

D. $t=0.01$s时,穿过线框的磁通量的变化率为零

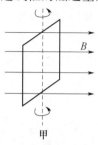
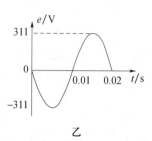

图6-18

19. 如图6-19所示,一理想变压器的原线圈匝数 $n_1=1000$,副线圈匝数 $n_2=200$,交流电源的电动势 $e=311\sin100\pi t$(V)(不考虑其内阻),电阻 $R=88\Omega$。电压表和电流表对电路的影响可忽略不计。下列说法正确的是(　　)。

A. 电压表的示数为62.2V

B. 电流表的示数为2.5A

C. 变压器的输入功率为22W

D. 原线圈磁通量变化率的最大值为311Wb/s

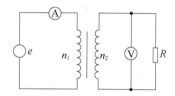

图6-19

20. 如图6-20所示,一理想变压器的原线圈接正弦交流电源,副线圈接有电阻R和小灯泡。电流表和电压表均可视为理想电表。闭合开关S,下列说法正确的是(　　)。

A. 电流表 A_1 的示数减小

B. 电流表 A_2 的示数减小

C. 电压表 V_1 的示数减小

D. 电压表 V_2 的示数减小

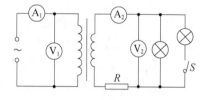

图6-20

21. 如图6-21所示为交流发电机的示意图,从线圈通过如图所示的位置开始计时。如果发电机产生的交变电流的频率为50Hz,电动势的最大值为400V,则发电机产生的电动势瞬时值表达式为(　　)。

A. $e=400\sin50t$(V)　　　　B. $e=400\cos50t$(V)

C. $e=400\sin100\pi t$(V)　　　D. $e=400\cos100\pi t$(V)

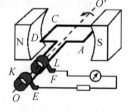

图6-21

二、填空题

1. 如图6-22所示,同一平面内有两根互相平行的长直导线1和2,通有大小相等、方向相反的电流,a、b 两点与两导线共面,a 点在两导线的中间,与两导线的距离均为 r,b 点在导线2右侧,与导线2的距离也为 r。现测得 a 点磁感应强度的大小为 B,则去掉导线1后,b 点的磁感应强度大小为_____,方向_____。

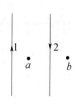

图6-22

2. 如图 6 – 23 所示，螺线管中通有电流，如果在图中的 a、b、c 三个位置上各放一个小磁针，其中 a 在螺线管内部，则

（1）放在 a 处的小磁针的 N 极指向_____；

（2）放在 b 处的小磁针的 N 极指向_____；

（3）放在 c 处的小磁针的 N 极指向_____。

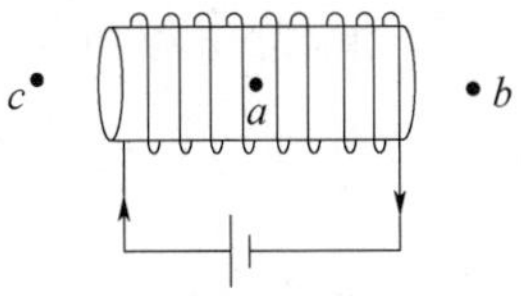

图 6 – 23

3. 实验室有一旧的蓄电池，输出端的符号变得模糊不清，无法分辨正、负极，某同学设计了下面的判断电源两极的方法：在桌面上放一个小磁针，在小磁针右侧放置一个螺线管，图 6 – 24 为水平桌面上的俯视图。闭合开关后，小磁针指南的一端向东偏转，由此可判断电源 A 端是_____（填"正"或"负"）极。

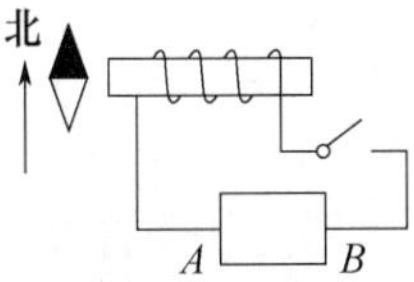

图 6 – 24

4. 如图 6 – 25 所示，框架面积为 S，框架平面与磁感应强度为 B 的匀强磁场方向垂直，则穿过平面的磁通量为_____。若使框架绕 OO' 转过 $60°$ 角，则穿过框架平面的磁通量为_____；若从初始位置转过 $90°$ 角，则穿过框架平面的磁通量为_____；若从初始位置转过 $180°$ 角，则穿过框架平面的磁通量大小为_____。

5. 如图 6 – 26 所示是我国民用交流电的电压的图像。根据图像可知下列有关家庭用交变电压参数：

（1）电压的最大值是_____；

（2）用电压表测出的值是_____；

（3）交流电的频率是_____；

（4）t 时刻的交流电压的瞬时值表达式为_____（V）。

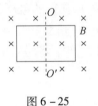

图 6 – 25

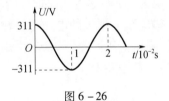

图 6 – 26

6. 如图 6 – 27 所示，表示一交流的电流随时间变化的图像，此交变电流的有效值是_____。

7. 某交流发电机产生的感应电动势与时间的关系如图 6 – 28 所示。设发电机线圈内阻为 $r = 2\Omega$，现将 $R = 98\Omega$ 的用电器接在此交流电路上，它消耗的功率是_____；如果将电容是 $2\mu F$ 的电容器接在电路上，则电容器的耐压值至少是_____。

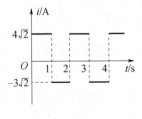

图 6 – 27

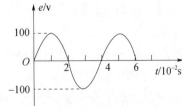

图 6 – 28

8. A、B 是两个完全相同的电热器，A 通以图 6 – 29 甲所示的交变电流，B 通以图 6 – 29 乙

所示的交变电流,则两电热器的电功率之比 $P_A : P_B$ 等于_____。

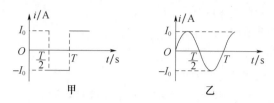

图 6-29

三、计算题

1. 三根平行长直导线,分别垂直地通过一等腰直角三角形的三个顶点,如图 6-30 所示。现在使每条通电导线在斜边中点处所产生的磁感应强度大小均为 B,则该处实际磁感应强度的大小如何?方向如何?

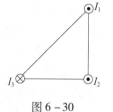

图 6-30

2. 如图 6-31 所示,单匝线圈在匀强磁场中绕 OO' 轴从图示位置开始匀速转动。已知从图示位置转过 $\frac{T}{6}$ 时,线圈中电动势大小为 10V,求:

(1) 交流电动势的峰值;

(2) 交流电动势的有效值;

(3) 设线圈电阻为 $R=1\Omega$,角速度 $\omega=100\text{rad/s}$,线圈由图示位置转过 $\frac{\pi}{2}$ 过程中通过导线截面的电荷量 q。

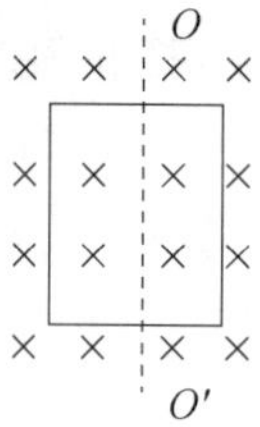

图 6-31

3. 某小型发电站的发电机输出交流电压为 500V,输出电功率为 50kW。

(1) 如果用电阻为 3Ω 的输电线向远处用户送电,这时用户获得的电压和电功率是多少?

(2) 如果要求输电线上损失的电功率是输送功率的 0.6%,则发电站要安装一个升压变压器,到达用户前再用降压变压器变为 220V 供用户使用,不考虑变压器的能量损失,这两个变压器原、副线圈的匝数比各是多少?

参考答案

一、选择题

1. **答案:D**

解析: 磁铁周围存在磁场,运动电荷周围也存在磁场,故选项 A 错误;磁场虽然看不到摸不着,却是客观存在的,故选项 B 错误;磁极与磁极、磁极与电流、电流与电流之间的作用是通过磁场实现的,选项 C 错误,选项 D 正确。

2. **答案:C**

解析: 根据左手定则,磁场中某点磁感应强度的方向与一小段通电直导线所受磁场力的方向垂直,故 A 错误;根据左手定则,某点磁感应强度的方向与运动电荷所受磁场力的方向垂直,故 B 错误;磁场中某点磁感应强度的方向与小磁针 N 极所受磁场力的方向相同,故 C 正确,D 错误。

3. **答案:C**

解析: 由题意可知,地理南、北极与地磁场的南、北极不重合,存在磁偏角,A 正确;磁感线是闭合的,再由图可推知地球内部存在磁场,地磁南极在地理北极附近,故 B 正确;只有赤道上方附近的磁感线与地面平行,故 C 错误;射向地球赤道的带电宇宙射线粒子的运动方向与地磁场方向不平行,故地磁场对其有力的作用,这是磁场的基本性质,故 D 正确。

4. 答案:C

解析:磁悬浮列车利用磁极间的相互作用的特性而与铁轨分离,这样它在前进过程中不再受到与铁轨之间的摩擦阻力,而只会受到空气的阻力。故 C 正确。

5. 答案:C

解析:鸽子"认家"的本领是通过体内磁性与外部地磁场的相互作用来辨别方向的。若鸽子身上缚上一块磁铁后,由于磁铁的磁场和地磁场共同与鸽子体内磁性发生相互作用,不能正确地区分地磁场的作用,也就不能辨别正确的方向。故选 C。

6. 答案:C

解析:把导线沿南北方向放置在地磁场中处于静止状态的磁针的正上方,通电时磁针发生明显的偏转,是由于南北方向放置的电流的正下方的磁场恰好是东西方向。

7. 答案:D

解析:因为 b 处磁感线密,所以 b 处磁场强,故 B 错误。小磁针受力也是 b 处大,故 D 正确。

8. 答案:D

解析:磁感线是人们为了形象描述磁场而假想的线,实际不存在,细铁粉在磁铁附近的排列可以显示磁感线的分布,但我们看到的不是磁感线,故 A 错;磁感线是闭合曲线,在磁体外部是从 N 极到 S 极,在磁体内部是从 S 极到 N 极,故 D 对,B 错;磁感线的疏密表示磁场的强弱,沿磁感线方向磁场可能增强,也可能减弱,故 C 错。

9. 答案:C

解析:由于磁感线是闭合的,环形电流的环内与环外的磁感线数目应该是相等的;电流产生的磁场和磁极产生的磁场大小没有必然联系,电流产生的磁场有可能比磁极产生的磁场强;但磁感线是闭合的,它不可能在空间某处中断;磁感线疏密程度相同说明磁场强度大小相等,这也是有可能的。

10. 答案:C

解析:由图可知,在环形分路的中心处的磁感应强度为零,垂直环面指向"纸内"的磁感应强度与垂直环面指向"纸外"的完全抵消。

11. 答案:C

解析:利用安培定则将三条导线在 O 处的磁感应强度的方向判断出来,如图 6 - 32 所示,由于 $B_1 = B_2 = B_3 = B$,由图可知,B_2 与 B_3 夹角为 $120°$,磁感应强度大小仍为 B,方向与 B_1 相同,故三根导线在 O 处的合磁感应强度大小为 $2B$,C 对。

12. 答案:C

解析:由题目信息知,磁体因受电流磁场的排斥力而悬浮,电流磁场如果等效为条形磁铁,则据同名磁极相斥可知超导体电流的磁场方向与磁体相反。悬浮时,磁体处于受力平衡状态,即超导体产生的磁力与磁体重力平衡,故选项②④正确,①③错误。

13. 答案:B

解析:线框远离导线时,穿过线框的磁感应强度减小,线框的面积不变,所以穿过线框的磁通量减小。

14. 答案:C

解析:由楞次定律知,当 B 增大时,$B_感$ 与 $B_原$ 反向。再由安培定则判断感应电流的方向为顺时针(俯视),A 错;$I_感 = \dfrac{E_感}{R_总} \cdot E_感 = n\dfrac{\Delta B \cdot S}{\Delta t}$,当 B 随 t 均匀增加时,感应电流恒定,B 错;同理知 D 错;同理,当 B 减小时,电流为逆时针方向(俯视),故 C 对。

15. 答案:A

解析:图乙中螺线管上的长导线可等效为两个通过等大、反向电流的通电螺线管,两螺线管中的电流方向相反,由安培定则可知产生的磁场方向也是大小相等、方向相反的,所以螺线管内中部的磁感应强度为零。故选 A。

16. 答案:D

解析:由焦耳定律:$\dfrac{(10\text{V})^2}{R} \times \dfrac{1}{2} = \dfrac{(U_m/\sqrt{2})^2}{R}$,解之得 $U_m = 10\text{V}$,D 正确。

17. 答案:A

解析:由变压器原理有 $U_{ab} = \dfrac{n_2}{n}U$,$U_{cd} = \dfrac{n_3}{n}U$,$UI = \dfrac{U_{ab}^2}{R}$,$UI' = \dfrac{U_{cd}^2}{R}$;联立可得 $I : I'$ 为 $n_2^2 : n_3^2$,A 正确。

18. 答案:D

解析:由题中图 6-18 乙可知该交流电的周期为 0.02s,频率 $f = \dfrac{1}{T} = 50\text{Hz}$,A 错;该交流电电动势的最大值为 311V,有效值为 $\dfrac{311}{\sqrt{2}}\text{V} \approx 220\text{V}$,B 错;$t = 0.01\text{s}$ 时,$e = N\dfrac{\Delta \Phi}{\Delta t} = 0$,即磁通量的变化率为零,而磁通量最大,D 对、C 错。

19. 答案:C

解析:原线圈两端电压为 $U_1 = \dfrac{311}{\sqrt{2}}\text{V} \approx 220\text{V}$,则副线圈两端电压为 $U_2 = \dfrac{n_2}{n_1}U_1 = 44\text{V}$,电压表示数为 44V,则 $I_2 = \dfrac{44}{88}\text{A} = 0.5\text{A}$,$P_出 = 0.5 \times 44\text{W} = 22\text{W}$,又 $P_入 = P_出$,则 $P_入 = 22\text{W} = I_1 \times 220\text{V}$,得 $I_1 = 0.1\text{A}$,则电流表示数为 0.1A,交流电源的电动势 $e = 311\sin100\pi t(\text{V})$,而原线圈磁通量变化率的最大值为 $\dfrac{311}{1000}\text{Wb/s} = 0.311\text{Wb/s}$,所以答案为 C。

20. 答案:D

解析:输入电压不变,输出电压也不变,多并入一个小灯泡,两灯泡并联总电阻减小,分压减小,所以 V_1 示数不变,V_2 示数减小,C 错、D 对。同时,输出电流变大,A_2 示数变大,B 错。A_1 示数也变大,A 错。

21. 答案:D

解析:由题图所示位置开始计时,磁通量为 0,感应电动势最大,则其产生的电动势瞬时值表达式为 $e = E_m\cos\omega t(\text{V})$,又知 $E_m = 400\text{V}$,$\omega = 2\pi f = 100\pi\text{rad/s}$,可得 $e = 400\cos100\pi t(\text{V})$,故 D 正确。

二、填空题

1. 答案：$B/2$　垂直纸面向外

解析：因为两根互相平行的长直导线通有大小相等、方向相反的电流，现测得 a 点磁感应强度的大小为 B，则每根导线在 a 点磁感应强度的大小都为 $B/2$，去掉导线 1 后，a、b 两点的磁场都是由导线 2 产生的，且大小相等为 $B/2$，根据安培定则可知，方向垂直纸面向外。

2. 答案：(1) 右　(2) 右　(3) 右

解析：由安培定则，通电螺线管的磁场如图 6 - 33 所示，右端为 N 极，左端为 S 极，在 a 点磁场方向向右，则小磁针在 a 点时，N 极向右；在 b 点磁场方向向右，则磁针在 b 点时，N 极向右；在 c 点，磁场方向向右，则磁针在 c 点时，N 极向右。

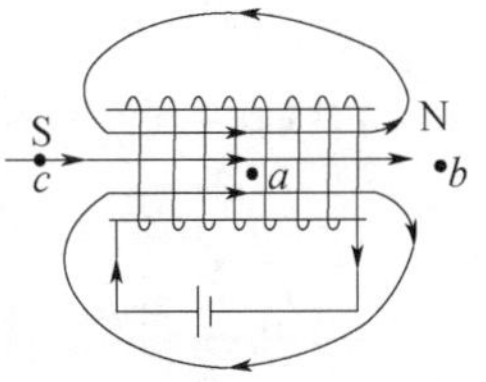

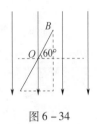

图 6 - 33

3. 答案：负

解析：磁针指南的一端就是 S 极，因为电磁铁的作用而逆时针向东偏转，可知电磁铁的左侧等效于 N 极，所以判断电路中电流为逆时针方向，B 端为电源正极，A 端为电源负极。

4. 答案：BS　$\dfrac{1}{2}BS$　0　$-BS$

解析：在图示位置，磁感线与框架平面垂直时，$\Phi = BS$。当框架绕 OO' 轴转过 $60°$ 时可以将原图改画成从上向下看的图，如图 6 - 34 所示，$\Phi = BS_\perp = BS \cdot \cos60° = \dfrac{1}{2}BS$。转过 $90°$ 时，框架由与磁感线垂直穿过变为平行，$\Phi = 0$。框架转过 $180°$ 时，磁感线仍然垂直穿过框架，只不过穿过另一面了。因而 $\Phi = -BS$。

图 6 - 34

5. 答案：(1) 311V　(2) 220V　(3) 50Hz　(4) $u = 311\sin(100\pi t + \pi/2)$ 或 $u = 311\cos 100\pi t$

解析：电压的最大值就是幅值，用电压表测出的值是有效值，交流电的频率是周期的倒数。

6. 答案：5A

解析：设此交变电流的有效值为 I，根据交流有效值的定义，有 $I^2RT = \dfrac{1}{2}I_1^2RT + \dfrac{1}{2}I_2^2RT$，所以 $I = \sqrt{\dfrac{1}{2}(I_1^2 + I_2^2)} = \sqrt{\dfrac{1}{2}(4\sqrt{2})^2 + \dfrac{1}{2}(3\sqrt{2})^2}\text{A} = 5\text{A}$。注意，交流的有效值等于热效应与此交流等效的直流电的值。为分析方便，可选交流电的一个周期进行研究。

7. 答案：49W　100V

解析：此交流电的最大值为 $E_m = 100\text{V}$，则电动势的有效值为 $E = E_m/\sqrt{2} = \dfrac{100}{\sqrt{2}}\text{V}$，由全电路欧姆定律知，电阻 R 上的电压有效值为 $U = \dfrac{E}{R+r} \cdot R = \dfrac{98}{\sqrt{2}}\text{V}$，故电阻 R 消耗的功率为 $P = \dfrac{U^2}{R} = \dfrac{98^2}{2} \times \dfrac{1}{98}\text{W} = 49\text{W}$。电容器接入电路，则要求电容器的耐压值至少等于感应电动势的最大值，故有 $U_m = E_m = 100\text{V}$。

8. 答案：$2 : 1$

解析：题图6-29甲电流有效值为I_0，题图6-29乙电流有效值为$\frac{I_0}{\sqrt{2}}$，由$P=I^2R$知，$P_A:P_B=2:1$。

三、计算题

1. 答案：$\sqrt{5}B$，方向与斜边夹角为arctan2。

解析：根据安培定则，I_1和I_3在O点处产生的磁感应强度的方向相同，大小均为B，合成大小为$2B$，I_2在O点产生的磁感应强度与它们垂直，如图6-35所示。由大小均为B可知，O点处实际磁感应强度的大小 $B_0=\sqrt{2B^2+B^2}=\sqrt{5}B$。

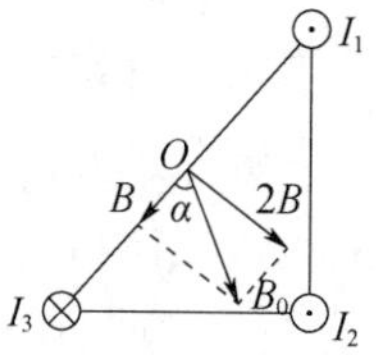

设B_0与斜边夹角为α，则$\tan\alpha=\frac{2B}{B}=2$。

所以$\alpha=\arctan 2$，即为B_0的方向。

图6-35

2. 答案：(1) 20V (2) $10\sqrt{2}$V (3) 0.2C

解析：(1) 图示位置为中性面，从此时开始计时，交流电动势的瞬时值为$e=E_m\sin\omega t$，将$\omega t=\frac{T}{6}$、$e=10$V代入上式，求得$E_m=20$V。

(2) 此电流为正弦交变电流，交流电动势的有效值$E=\frac{E_m}{\sqrt{2}}=\frac{20}{\sqrt{2}}V=10\sqrt{2}$V。

(3) 在线圈转过$\frac{\pi}{2}$的过程中，穿过线圈平面的磁通量变化量$\Delta\Phi=B\cdot S$。

根据$E_m=BS\omega$，得$\Delta\Phi=\frac{E_m}{\omega}=0.2$Wb，故$q=\frac{\Delta\Phi}{R}=0.2$C。

3. 答案：(1) 200V，2×10^4W；(2) 1:10，497:22

解析：(1) 用500V电压送电时示意图如图6-36所示

输电线上的电流$I_0=\frac{P}{U_0}=\frac{50\times10^3}{500}A=100$A

用户获得电压$U_1=U_0-I_0R=500$V-100×3V$=200$V

用户获得的电功率$P_1=I_0U_1=2\times10^4$W

图6-36

(2) 改用高压输送时，示意图如图6-37所示。

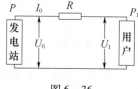

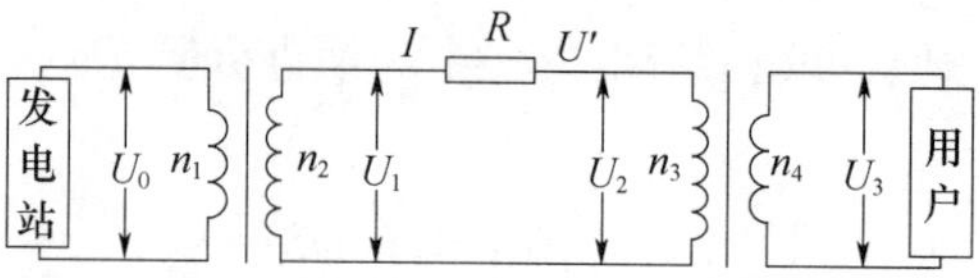

图6-37

要求$P_损=0.6\%P$，即$P_损=50\times10^3\times0.6\%=300$W

输电电流$I=\sqrt{\frac{P_损}{R}}=\sqrt{\frac{300}{3}}A=10$A

发电站升压后输电电压$U_1=\frac{P}{I}=\frac{50\times10^3}{10}V=5000$V

升压变压器原、副线圈匝数比 $\dfrac{n_1}{n_2} = \dfrac{U_0}{U_1} = \dfrac{500}{5000} = \dfrac{1}{10}$

输电线上损失的电压 $U' = IR = 10 \times 3\text{V} = 30\text{V}$

降压变压器的输入电压 $U_2 = U_1 - U' = 5000\text{V} - 30\text{V} = 4970\text{V}$

降压变压器原、副线圈匝数比 $\dfrac{n_3}{n_4} = \dfrac{U_2}{U_3} = \dfrac{4970}{220} = \dfrac{497}{22}$

第七章 光 学

复习要求

- 理解光的反射定律；
- 了解折射率的概念；
- 了解色散的概念；
- 理解光的折射定律。

第一节 反射定律

1. 光源和光的直线传播

能够自行发光的物体叫光源。光源分类：自然光源和人造光源。被照亮的物体、实像、虚像等不是光源，但可以引起人的视觉，解题时可以当成"光源"来处理。

光在同种均匀介质中沿直线传播。光线是由一小束光抽象而建立的理想物理模型。典型的实例有小孔成像（倒立、实像）、影子的形成（光被不透明的物体挡住后形成的暗区，点光源形成本影，非点光源形成本影和半影，在本影区完全看不到光源的光，在半影区只能看到光源的某部分发出的光）、日月食，如图 7-1 所示。

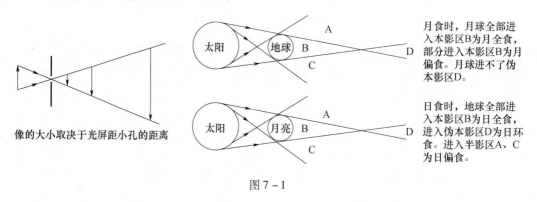

图 7-1

光在不同介质中的速度不同。光在真空中速度 $c = 3 \times 10^8$ m/s $= 3 \times 10^5$ km/s；光在空气中速度约为 3×10^8 m/s。光在水中速度为真空中光速的 3/4，在玻璃中速度为真空中速度的 2/3。丹麦天文学家罗默第一次利用天体间的大距离测出了光速，法国人菲索第一次在地面上用旋转齿轮法测出了光速。

2. 光的反射

（1）反射定律：光从一种介质射向另一种介质表面时，一部分光被反射回原来介质的现象叫作光的反射。光的反射定律：三线同面，法线居中，两角相等，光路可逆。即反射光线与入射光线、法线在同一平面上，反射光线和入射光线分居于法线的两侧，反射角等于入射角。注意：①当入射角为0°时，反射角也为0°，这时反射光线与入射光线重合，但光线行进的方向相反；②如果光线逆着原来的反射光线的方向射到界面上，它就要逆着原来入射光线的方向反射出去。可见，光的反射过程中光路是可逆的；③反射定律适用于任何反射面。

（2）反射分为：镜面反射和漫反射。镜面反射：射到物面上的平行光反射后仍然平行。镜面反射发生的条件是反射面平滑。迎着太阳看平静的水面，特别亮。黑板"反光"等，都是因为发生了镜面反射。漫反射：射到物面上的平行光反射后向着不同的方向，每条光线遵守光的反射定律。漫反射发生的条件是反射面凹凸不平。能从各个方向看到本身不发光的物体，是由于光射到物体上发生漫反射的缘故。

（3）反射的应用：面镜。平面镜：平面镜成像的特点是等大，等距，垂直，虚像。即像、物大小相等，到镜面的距离相等，像、物的连线与镜面垂直，物体在平面镜里所成的像是虚像。平面镜的主要作用是成像和改变光路。实像：实际光线会聚点所成的像。虚像：反射光线反向延长线的会聚点所成的像。

球面镜：①凹面镜：用球面的内表面作反射面。凹面镜能把射向它的平行光线会聚在一点；从焦点射向凹面镜的反射光是平行光。凹面镜应用：太阳灶、手电筒、汽车头灯。②凸面镜：用球面的外表面做反射面。凸面镜对光线起发散作用。凸面镜所成的像是缩小的虚像。凸面镜应用：汽车后视镜。

第二节　折射定律

1. 折射定律和折射率

光线射到两种介质界面上时，除了反射外，还有一部分光线会改变原来传播的方向进入另一种介质里继续传播，这种现象称为光的折射。如图7–2所示。入射光线与法线间的夹角 i 称为入射角，折射光线与法线间的夹角 r 称为折射角。折射定律：

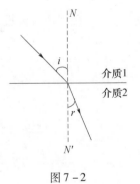

图 7–2

折射光线与入射光线、法线在同一平面内，折射光线、入射光线在法线两侧，入射角的正弦值与折射角的正弦值成正比。折射定律，也叫斯涅耳定律。数学表达式为 $n_1 \sin i = n_2 \sin r$。注意：①当入射角为0°时，折射角也为0°，折射光线与入射光线在同一线上，方向相同；②光从真空（空气）射入任何介质，折射光线折向法线（r 小于 i）；从任何介质射入真空（空气），折射光线折离法线（r 大于 i）；③折射现象的光路是可逆的；④折射定律是透镜成像的依据。

光从真空射入介质中时，入射角正弦值与折射角的正弦值之比或光在真空中的速度与光在介质中速度之比叫物质的折射率（n）。定义式为 $\dfrac{\sin i}{\sin r} = n = \dfrac{c}{v}$，任何介质的折射率都大于1（空气近似等于1），折射率是反映介质的光学性质的物理量，表明了介质的折光本领，也表示对光传播的阻碍本领。

2. 透镜

(1) 重要名词:①薄透镜:透镜的厚度远小于球面的半径。②主光轴:通过两个球面球心的直线。③光心(O):即薄透镜的中心。性质:通过光心的光线传播方向不改变。④焦点(F):凸透镜能使跟主光轴平行的光线会聚在主光轴上的一点,这个点叫焦点。⑤焦距(f):焦点到凸透镜光心的距离。

(2) 透镜分类,如表 7-1 所列。

表 7-1

名称	又名	眼镜	实物形状	光学符号	性质
凸透镜	会聚透镜	老花镜	◯	↕	对光线有会聚作用
凹透镜	发散透镜	近视镜	)(	)(	对光线有发散作用

(3) 透镜成像作图,利用 3 条特殊光线可以给透镜成像作图。这三条特殊光线是:①通过光心的光线,经过透镜后方向不变;②跟主轴平行的入射光线,经过凸透镜折射以后通过焦点,经过凹透镜折射后,其反向延长线通过焦点;③通过凸透镜焦点(或延长线通过凹透镜焦点)的入射光线,它经过透镜折射以后跟主光轴平行。典型光路,如图 7-3 所示。

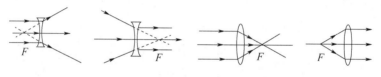

图 7-3

3. 凸透镜成像规律及其应用

(1) 实验。实验时点燃蜡烛,使烛焰、凸透镜、光屏的中心大致在同一高度,目的是:使烛焰的像成在光屏中央。若在实验时,无论怎样移动光屏,在光屏都得不到像,可能得原因有:①蜡烛在焦点以内;②烛焰在焦点上;③烛焰、凸透镜、光屏的中心不在同一高度;④蜡烛到凸透镜的距离稍大于焦距,成像在很远的地方,光具座的光屏无法移到该位置。

(2) 实验结论。凸透镜成像规律:F 分虚实,$2f$ 大小,实倒虚正。具体如表 7-2 所列。

表 7-2

物距	像的性质			像距	应用
	倒、正	放、缩	虚、实		
$u > 2f$	倒立	缩小	实像	$f < v < 2f$	照相机
$f < u < 2f$	倒立	放大	实像	$v > 2f$	幻灯机
$u < f$	正立	放大	虚像	$|v| > u$	放大镜

(3) 对规律的进一步认识。①$u = f$ 是成实像和虚像,正立像和倒立像,像物同侧和异侧的分界点;②$u = 2f$ 是像放大和缩小的分界点;③当像距大于物距时成放大的实像(或虚像),当像距小于物距时成倒立缩小的实像。

放大镜是凸透镜成像在 $u < f$ 时的应用,通过放大镜在物方同侧看到正立虚像。照相机是

凸透镜成像在 $u>2f$ 时的应用,得到的是倒立缩小实像。幻灯机是凸透镜成像在 $f<u<2f$ 时的应用,得到的是倒立放大的实像。

显微镜:显微镜镜筒的两端各有一组透镜,每组透镜的作用都相当于一个凸透镜,靠近眼睛的凸透镜叫作目镜,靠近被观察物体的凸透镜叫作物镜。来自被观察物体的光经过物镜后成一个放大的实像,道理就像投影仪的镜头成像一样;目镜的作用则像一个普通的放大镜,把这个像再放大一次。经过这两次放大作用,我们就可以看到肉眼看不见的小物体了。

望远镜:有一种望远镜也是由两组凸透镜组成的。靠近眼睛的凸透镜叫作目镜,靠近被观察物体的凸透镜叫作物镜。我们能不能看清一个物体,它对我们的眼睛所成"视角"的大小十分重要。望远镜的物镜所成的像虽然比原来的物体小,但它离我们的眼睛很近,再加上目镜的放大作用,视角就可以变得很大。

眼睛成像原理:从物体发出的光线经过晶状体等一个综合的凸透镜在视网膜上行成倒立,缩小的实像,分布在视网膜上的视神经细胞受到光的刺激,把这个信号传输给大脑,人就可以看到这个物体了。近视及远视的矫正:近视眼要戴凹透镜,远视眼要戴凸透镜。

第三节　全反射　色散

1. 光的全反射

如果两种介质相比较,折射率较小的介质叫做光疏介质,折射率较大的介质叫做光密介质,光疏介质与光密介质是相对的。水跟空气比是光密介质,跟水晶比则是光疏介质。光由光密介质射向光疏介质(例如从某种介质进入空气或真空)时,折射角大于入射角。入射角逐渐增大折射角随之增大,当入射角增大到某一角度时,折射角将增大到 $90°$,入射角再增大,就不存在折射光线了,全部光线将反射回原来的介质,这种现象称为全反射。临界角:折射角等于 $90°$ 时的入射角叫做临界角,用 C 表示。

设某介质的折射率为 n,它对空气($n=1$)的临界角为 C,由折射定律 $\dfrac{\sin C}{\sin 90°}=\dfrac{1}{n}$,得到 $\sin C=\dfrac{1}{n}$ 全反射的条件:光密介质射向光疏介质,入射角大于临界角 C,$\sin C=1/n$。横截面是等腰直角三角形(临界角 $C=42°$)的棱镜是全反射棱镜,如图 7-4 所示。

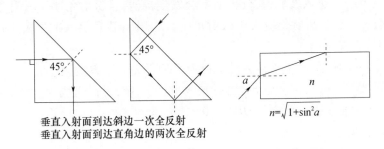

垂直入射面到达斜边一次全反射
垂直入射面到达直角边的两次全反射

图 7-4

2. 光的色散

三棱镜能使射向侧面的光线向底面偏折,相同条件下,n 越大,光线偏折越多。一束白色光通过三棱镜后可分解为红、橙、黄、绿、蓝、靛、紫七色光,这叫色散。如图 7-5 所示,偏折角从小到大的顺序是红、橙、黄、绿、蓝、靛、紫。光的色散现象说明：①白光(复色光)是由不同颜色的单色光组成的；②白光通过三棱镜折射后，其中红光偏折角度最小，紫光偏折角度最大，说明棱镜对红光折射率最小，对紫光折射率最大；③在真空中，各种色光的速度是相同的，而不同颜色的光在同一介质中的速度是不同的，红光折射率最小，说明红光在介质中跟其他单色光相比速度最大，紫光折射率最大，说明紫光在介质中速度最小。概括一下，从红到紫的方向是：①同一介质对不同色光的折射率逐渐增大；②在同一介质中不同色光的传播速度逐渐减小；③光的频率逐渐增大；④在真空中的波长逐渐减小；⑤光子的能量逐渐增大。

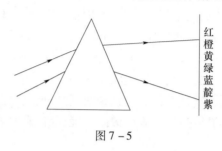

图 7-5

典型例题

例1 如图 7-6，一束光由空气射向半圆柱体玻璃砖，O 点为该玻璃砖截面的圆心，能正确描述其光路图的是图 7-6 中的( )。

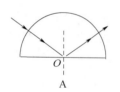 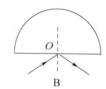 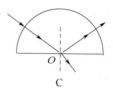 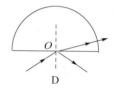
　　A　　　　　　　　B　　　　　　　　C　　　　　　　　D

图 7-6

【答案】 A

【分析】 本题主要考查光的折射和全反射知识。

【解析】 光从空气进入玻璃，在分界面上会发生折射，且折射角小于入射角，故选项 B、D 错误；光从玻璃进入空气，折射角应大于入射角，所以 C 错；若满足入射角大于临界角的情况，则会发生全反射，故 A 正确。

例2 如图 7-7 所示，一玻璃球体的半径为 R，O 为球心，AB 为直径。来自 B 点的光线 BM 在 M 点射出，出射光线平行于 AB，另一光线 BN 恰好在 N 点发生全反射。已知 $\angle ABM = 30°$，求：

（1）玻璃的折射率；

（2）球心 O 到 BN 的距离。

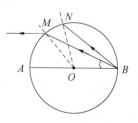

图 7-7

【答案】 （1）$n = \sqrt{3}$；（2）$d = \dfrac{\sqrt{3}}{3}R$

【分析】 本题实质上考查了光的折射和全反射知识，求解思路是根据题意正确画出光路图，依据几何关系以及光的折射定律即可求解。

【解析】 （1）设光线 BM 在 M 点的入射角为 i，折射角为 r，由几何知识可知，$i = 30°$，$r = 60°$，根据折射定律得 $n = \dfrac{\sin r}{\sin i}$，代入数据得 $n = \sqrt{3}$

（2）光线 BN 恰好在 N 点发生全反射，则 $\angle BNO$ 为临界角 C，$\sin C = \dfrac{1}{n}$，

设球心到 BN 的距离为 d，由几何知识可知 $d = R\sin C$

联立解得 $d = \dfrac{\sqrt{3}}{3}R$

例3 如图 7-8 所示，半圆形玻璃砖置于光屏 PQ 的左下方，一束白光沿半径方向从 A 点射入玻璃砖，在 O 点发生反射和折射，折射光在白光屏上呈现七色光带，若入射点由 A 向 B 缓慢移动，并保持白光沿半径方向入射到 O 点，观察到各色光在光屏上陆续消失，在光带未完全消失之前，反射光的强度变化以及光屏上最先消失的光分别是（　　）。

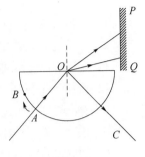

图 7-8

A. 减弱，紫光　　　　　　B. 减弱，红光
C. 增强，紫光　　　　　　D. 增强，红光

【答案】 C

【分析】 复色光从光密介质射到光疏介质，入射角越大，发生全反射的光越多，则反射光越强；当入射角达到某光的临界角时该光将发生全反射，分析色光的临界角大小即可得出最先发生全反射的光。

【解析】 光线从光密介质射到光疏介质，入射角增大则反射光的强度增强；因紫色光的折射率最大，发生全反射的临界角最小，故紫光最先发生全反射，在光屏上最先消失，故选 C。

【方法感悟】 本题中应记住七色光中从红到紫，折射率增大、频率增大，而波长减小，故红光的波长最长，紫光的频率最高，折射率最大。

强化训练

一、选择题

1. 下列有关光现象的说法中正确的是（　　）。

A. 水的视深比实际深度浅些是光的全反射现象
B. 白光经三棱镜折射发生色散，红光偏向角最大
C. 在光导纤维束内传送图像是利用光的色散现象
D. 光导纤维丝内芯材料的折射率比外套材料的折射率大

2. 某物体左右两侧各有一竖直放置的平面镜，两平面镜相互平行，物体距离左镜 4m，右镜 8m，如图 7-9 所示。物体在左镜所成的像中从右向左数的第三个像与物体的距离是（　　）。

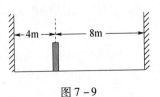

图 7-9

A. 24m　　　　　　　　B. 32m
C. 40m　　　　　　　　D. 48m

3. 如图 7-10 所示,口径较大、充满水的薄壁圆柱形玻璃缸底有一发光小球,则( )。

A. 小球必须位于缸底中心才能从侧面看到小球

B. 小球所发的光能从水面任何区域射出

C. 小球所发的光频率变大

D. 小球所发的光从水中进入空气后传播速度变大

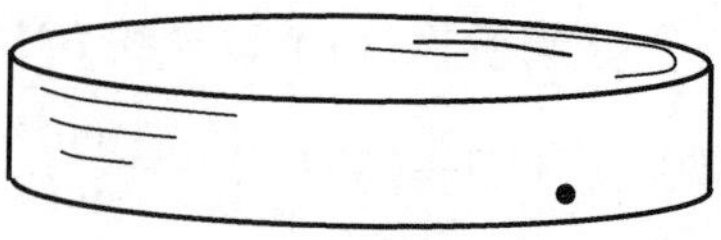

图 7-10

4. 如图 7-11 所示,用手电筒对着平面镜中的像照射时,观察到像比原来亮多了,其原因是( )。

A. 光射到像上,所以像变亮了

B. 光反射到物体上,物体变亮了,所以像也变亮了

C. 光使整个空间变亮了,更便于观察像,所以像变亮了

D. 光使镜子更明亮了,所成的像也就变亮了

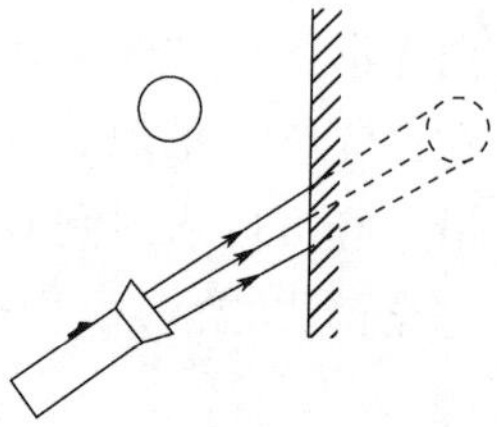

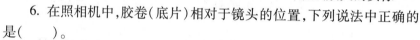

5. 放映幻灯片时,在屏幕上得到的是幻灯片上景物的( )。

A. 正立、放大的虚像   B. 正立、放大的实像

C. 倒立、放大的虚像   D. 倒立、放大的实像

图 7-11

6. 在照相机中,胶卷(底片)相对于镜头的位置,下列说法中正确的是( )。

A. 一定在大于镜头 2 倍焦距的地方

B. 一定在大于镜头焦距、小于镜头 2 倍焦距的范围内

C. 一定在小于镜头焦距的地方

D. 胶片与镜头的距离没有限制,可以任意调节

7. 如图 7-12 是一种被称为"七仙女"的神奇玻璃酒杯,空杯时什么也看不见,斟上酒,杯底立即显现出栩栩如生的仙女图。下列对仙女图形成原因的探讨,正确的是( )。

A. 可能是酒具有化学显影作用

B. 可能是酒的液面反射,在酒中出现放大的像

C. 可能是图片在杯底凸透镜焦点处成放大的像

D. 可能是斟酒后杯底凸透镜焦距变大,使图片在一倍焦距以内

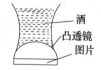

图 7-12

8. 如图 7-13 所示,用自制的针孔照相机观察烛焰,有以下四种说法:①薄膜上出现烛焰的像是倒立的;②薄膜上烛焰的像是放大的也可能是缩小的;③保持小孔和烛焰的距离不变,向后拉动内筒,增加筒长,烛焰的像变大;④保持小孔和烛焰的距离不变,向前推动内筒,烛焰的像更明亮。这四种说法中正确的是( )。

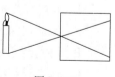

图 7-13

A. ①②③④   B. ①③④   C. ①②③   D. ③④

9. 蜡烛处在凸透镜前 2 倍焦距以外,光屏上观察到清晰的像。若将蜡烛向透镜移近一些(距离仍大于 2 倍焦距),要想再次观察到清晰的像,下列所述做法和观察到的像的情况正确的是( )。

A. 将光屏稍远离透镜一些,观察到的像比原来的像稍大些

B. 将光屏稍远离透镜一些,观察到的像比原来的像稍小些

C. 将光屏稍移近透镜一些，观察到的像比原来的像稍大些

D. 将光屏稍移近透镜一些，观察到的像比原来的像稍小些

10. 如图 7-14 所示，有一束光线射入杯中，在杯底形成光斑，逐渐往杯中加水，光斑将(　　)。

A. 向右移动　　　　B. 向左移动　　　　C. 不动　　　　D. 无法判断

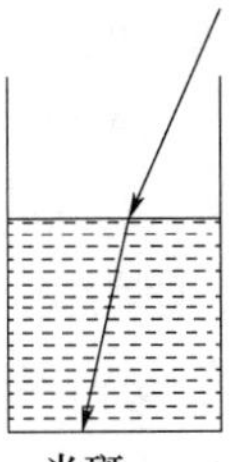

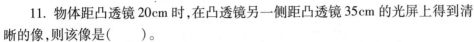

11. 物体距凸透镜 20cm 时，在凸透镜另一侧距凸透镜 35cm 的光屏上得到清晰的像，则该像是(　　)。

A. 放大的　　　　B. 缩小的　　　　C. 等大的　　　　D. 虚像

图 7-14

12. 自行车的尾灯采用了全反射棱镜的原理，它虽然本身不发光，但在夜间骑行时，从后面开来的汽车发出的强光照到尾灯后，会有较强的光被反射回去，使汽车司机注意到前面有自行车，尾灯由透明介质制成，其外形如图 7-15 所示，下面说法正确的是(　　)。

A. 汽车灯光从左面射过来，在尾灯的左表面发生全反射

B. 汽车灯光从左面射过来，在尾灯的右表面发生全反射

C. 汽车灯光从右面射过来，在尾灯的左表面发生全反射

D. 汽车灯光从右面射过来，在尾灯的右表面发生全反射

图 7-15

13. 如图 7-16 所示，水的折射率为 n，距水面深 h 处有一个点光源，岸上的人看到水面被该光源照亮的圆形区域的直径为(　　)。

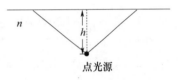

A. $2h\tan\left(\arcsin\dfrac{1}{n}\right)$

图 7-16

B. $2h\tan(\arcsin n)$

C. $2h\tan\left(\arccos\dfrac{1}{n}\right)$

D. $2h\cot(\arccos n)$

14. 在水底同一深度处并排放着三种颜色的球，如果从水面上方垂直俯视色球，感觉最浅的是(　　)。

A. 紫色球　　　　　　　　　　　B. 蓝色球

C. 红色球　　　　　　　　　　　D. 三种色球视深度相同

15. 对下列自然现象的描述正确的是(　　)。

A. 在海面上，向远方望去，有时能看到远方的景物悬在空中。同样，在沙漠中也能观察到同样的现象

B. 在沙漠中，向远方望去，有时能看到远方的景物的倒影。同样，在海面也能观察到同样的现象

C. 在海面上，向远方望去，有时能看到远方的景物悬在空中。在沙漠中，向远方望去，有时能看到远方的景物的倒影

D. 在海面上，向远方望去，有时能看到远方的景物的倒影。在沙漠中，向远方望去，有时能看到远方的景物悬在空中

16. 如图 7-17 所示，一束可见光穿过平行玻璃砖后，变为 a、b 两束单色

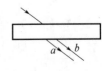

图 7-17

光。如果光束 b 是蓝光,则光束 a 可能是(　　)

　　A. 红光　　　B. 黄光　　　C. 绿光　　　D. 紫光

17. 高速公路上的标牌常用"回光返照膜"制成,夜间行车时,它能将车灯照射出去的光逆向返回,使标志牌上的字特别醒目。这种"回光返照膜"是用球体反射元件制成的。如图 7-18 所示,反光膜内均匀分布着直径 $10\mu m$ 的细玻璃珠,所用玻璃的折射率为 $\sqrt{3}$,为使入射的车灯光线经玻璃的折射、反射、再折射后恰好和入射光线平行,那么第一次入射的入射角是(　　)。

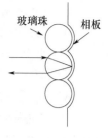

图 7-18

　　A. $60°$　　　B. $45°$　　　C. $30°$　　　D. $15°$

18. 与通常观察到的月全食不同,小虎同学在 2012 年 12 月 10 日晚观看月全食时,看到整个月亮是暗红的。小虎画了月全食的示意图,如图 7-19 所示,并提出了如下猜想,其中最为合理的是(　　)。

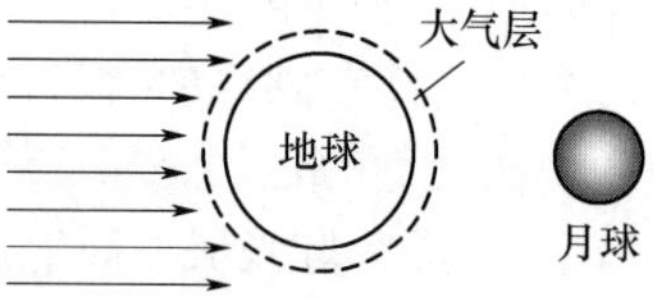

　　A. 地球上有人用红色激光照射月球
　　B. 太阳照射到地球的红光反射到月球
　　C. 太阳光中的红光经地球大气层折射到月球
　　D. 太阳光中的红光在月球表面形成干涉条纹

图 7-19

二、填空题

1. 电影、幻灯银幕是用粗糙的白布做成,其优点在于:一是利用_____使剧场里各处的观众均能看到画面;二是白布能反射_____颜色的光,使观众能看到色彩正常的画面。

2. 人在河岸上观察到水中有白云,这是由于光的_____现象造成的;如果观察水中的鱼,所看到的鱼的位置要比它的实际位置_____(选填"深些"或"浅些"),这是由于光的_____现象造成。

3. 水平桌面上放着一块平面镜,一只小球沿桌面向平面镜滚去,结果人从平面镜中观察到小球的像是竖直向下运动的。由此可知,平面镜与桌面的夹角是_____度。

4. 有一种液面微变监视器,基本结构原理如图 7-20 所示:光发射器始终以一定角度向被监视的液面发射一细束光;光束经液面反射,其反射光被水平放置的平面光电转换器接收;光电转换器将光信号转换为电信号并通过显示器显示出来。若反射到光电转换器接收平面上的光点从 S_1 点移向 S_2 点,则表明被监视的液面是_____(选填"上升"或"下降")。

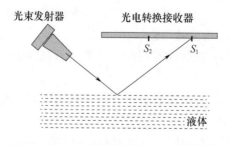

图 7-20

5. 如图 7-21 所示,MM' 是空气和水的分界面,光从空气射到水面时既发生反射也发生折射。由图可知,AO 是_____光线,OB 是_____光线,OC 是_____光线,$\angle N'OC$ 是_____角。

6. 有一条南北走向的河,两岸风景如画,上午七八点钟的时候,某同学想用照相机拍一张带有水中倒影的风景照片,那么该同学应站在河的_____岸(选填"东"或"西")拍摄,这一选择是根据光的_____规律而做出的。

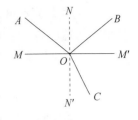

图 7 - 21

7. 一束平行光线经凸透镜折射后的传播方向如图 7 - 22(a)所示,由图可知,此透镜的焦距大小约为_____cm;若将一烛焰放在此凸透镜左侧 2cm 处,如图 7 - 22(b)所示,则透过透镜可以看到一个_____、_____的虚像。

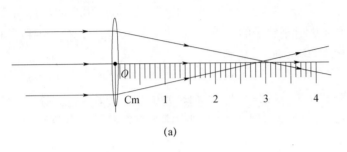

(a)

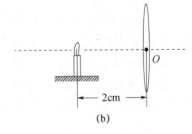

(b)

图 7 - 22

8. 某人手持边长为 6cm 的正方形平面镜测量身后一棵树的高度。测量时保持镜面与地面垂直,镜子与眼睛的距离为 0.4m。在某位置时,他在镜中恰好能够看到整棵树的像;然后他向前走了 6.0m,发现用这个镜子长度的 $\frac{5}{6}$ 就能看到整棵树的像,这棵树的高度约为_____。

9. 一束光从空气射向折射率为 $\sqrt{3}$ 的某种介质,若反射光线与折射光线垂直,则入射角为_____。真空中的光速为 c,则光在该介质中的传播速度为_____。

三、计算题

1. 如图 7 - 23 所示,游泳池宽度 $L=15m$,水面离岸边的高度为 0.5m,在左岸边一标杆上装有一 A 灯,A 灯距地面高 0.5m,在右岸边站立着一个人,E 点为人眼的位置,人眼距地面离 1.5m,若此人发现 A 灯经水反射所成的像与左岸水面下某处的 B 灯经折射后所成的像重合,已知水的折射率为 1.3,则 B 灯在水面下多深处?

2. 如图 7 - 24 所示,置于空气中的一不透明容器内盛满某种透明液体。容器底部靠近器壁处有一竖直放置的 6.0cm 长的线光源。靠近线光源一侧的液面上盖有一遮光板,另一侧有一水平放置的与液面等高的望远镜,用来观察线光源。开始时通过望远镜不能看到线光源的任何一部分。将线光源沿容器底向望远镜一侧平移至某处时,通过望远镜刚好可以看到线光源底端。再将线光源沿同一方向移动 8.0cm,刚好可以看到其顶端。求此液体的折射率 n。

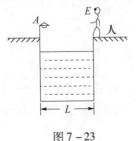

图 7 - 23

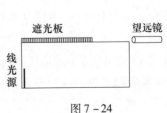

图 7 - 24

3. 光线从真空进入玻璃,玻璃折射率为 1.52,当入射角为 30°时,折射角为多少？光在这种玻璃里的速度多大？（结果保留三位有效数字）

参考答案

一、选择题

1. 答案:D

解析:水的视深比实际深度浅,是由光的折射形成的,A 错误;白光经三棱镜色散,因为紫光折射率最大,所以紫光的偏向角最大,B 错误;在光导纤维束内传送图像是利用光的全反射现象,C 错误;光由折射率较大的介质射向折射率较小的介质时,才会出现全反射,因此,光导纤维内芯材料折射率大于外芯材料的折射率,D 正确。

2. 答案:B

解析:本题考查平面镜成像规律,意在考查考生借助光路图分析问题的能力。根据对称性作出示意图,注意二次成像、三次成像,找到左镜中第三个像到物体的距离为 32m,B 项正确。

3. 答案:D

解析:光从水中进入空气,只要在没有发生全反射的区域,都可以看到光线射出,所以 A、B 错误;光的频率是由光源决定与介质无关,所以 C 错误;由 $n = c/v$ 得,光从水中进入空气后传播速度变大,所以 D 正确。

4. 答案:B

解析:由反射定律可知手电筒光会反射到物体上,物体变亮了,所以像也变亮了,答案选 B。

5. 答案:D

解析:"正立"与"倒立"是相对的,是相对一定参照物而言的。放映幻灯片时,大家在屏幕看到的确实是"正立"的像,这里说的"正立"是以日常生活中处于常态的景物为参照物而言的,而光学中说的"倒立"与"正立"是以物为参照物而言的。像与物同向为"正立";像与物反向为"倒立"。放映幻灯片时,幻灯片是倒插(以常规景物为参照物)在幻灯机的光源与镜头之间的,屏幕上的像相对于幻灯片上的图而言是"倒立"的。实像是由实际光线组成,否则为虚像。幻灯机屏幕确有光线会聚,故是实像。正确答案为应为 D。

6. 答案:B

解析:由照相机的成像原理可知,胶卷(底片)一定在大于镜头焦距、小于镜头 2 倍焦距的范围内,答案选 B。

7. 答案:D

解析:可能是斟酒后杯底凸透镜焦距变大,使图片在一倍焦距以内,起到了放大镜的作用,答案选 D。

8. 答案:A

解析:用自制的针孔照相机的原理是小孔成像,所以答案选 A。

9. 答案:A

解析:蜡烛处在凸透镜前 2 倍焦距以外,光屏上观察到清晰的像;若将蜡烛向透镜移近一些(距离仍大于 2 倍焦距),要想再次观察到清晰的像,画光路图可知,应将光屏稍远离透镜一些,观察到的像比原来的像稍大些,答案选 A。

10. 答案:A

解析:往杯中加水,光射到水面上,入射角不变,折射角不变,入射点向右移动,在杯底形成的光斑随之向右移动。若误认为入射角不变,折射角不变,光斑不动,就错误了;当折射光线方向不变,入射点向右移动时,折射光线是向右移动一些,光路如图 7-25 所示。答案选 A。

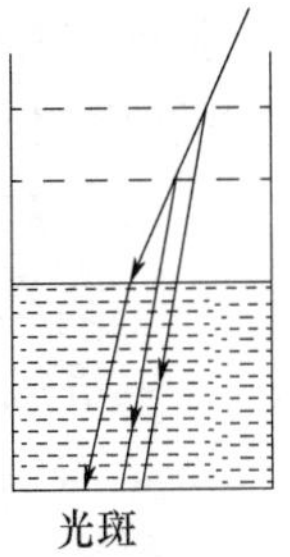

11. 答案:A

解析:根据题意,由于是在屏上成像,肯定是实像;又由于像距大于物距,说明物体处于 1 倍焦距到 2 倍焦距之间,所以成的像是放大倒立实像。

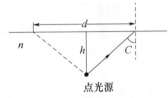

图 7-25

12. 答案:C

解析:我们从题图中取一个凸起并作出一条光路,每一部分相当于一块全反射棱镜,要想让司机看到,光要沿入射的反方向射出,因此光只能从右侧(直边)射入,经过尾灯左表面反射回去,故选项 C 正确,A、B、D 错误。

13. 答案:A

解析:如图 7-26 所示,设光源照亮的圆形区域的直径为 d,则临界角 $C = \arcsin\dfrac{1}{n}$,根据图中的几何关系: $\tan C = \dfrac{\dfrac{d}{2}}{h}$,解得 $d = 2h\tan\left(\arcsin\dfrac{1}{n}\right)$,故 A 正确。

图 7-26

14. 答案:A

解析:当观察者从水面上方垂直俯视色球时,θ_1、θ_2 均非常小,且满足 $\sin\theta_1 \approx \tan\theta_1$,$\sin\theta_2 \approx \tan\theta_2$,由折射定律,有 $n = \dfrac{\sin\theta_1}{\sin\theta_2} \approx \dfrac{\tan\theta_1}{\tan\theta_2} = \dfrac{H}{h}$,故观察者感觉色球深度 $h = \dfrac{H}{n}$,其中 n 为水对不同色光的折射率。由于水对紫色的折射率最大,故在 H 相同时,感觉紫色球最浅,选 A。

15. 答案:C

解析:海面上的下层空气,折射率比上层大,远处的实物发出的光线射向空中时,由于不断被折射,进入上层空气时,发生了全反射。光线反射回地面,人逆着光线看去,景物悬在空中。沙漠里的下层空气折射率小,从远处物体射向地面的光线,也可能发生全反射,人们就会看到远处物体的倒影。

16. 答案:D

解析:由题图可知,可见光穿过玻璃砖后,发生了色散,其中 a 光的侧移距离大于 b 光的侧移距离,说明玻璃对 a 光的折射率大于对 b 光的折射率,同种介质对红、橙、黄、绿、青、蓝、紫的折射率依次增大,由于 b 光是蓝光,故只 D 选项符合题意。

17. 答案:A

解析:设入射角为 i,折射角为 θ,作出光路图如图 7-27 所示,因为入射光线恰好和反射光线平行,所以 $i = 2\theta$,根据折射定律 $\dfrac{\sin i}{\sin\theta} = \dfrac{\sin 2\theta}{\sin\theta} = \sqrt{3}$,所以 $\theta = 30°$,$i = 2\theta = 60°$。本题答案为 A。

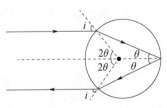

图 7-27

18. 答案:C

解析:因大气层对红光的折射率较小,红光发生全反射的临界角较大,而其他色光的临界角较小,因此在同等条件下,红光比较难发生全反射,红光经大气层折射到月球,再经月球反射回地球,因此月球呈现暗红色。此题考查学生的推理能力和对知识的理解能力。

二、填空题

1. **答案:** 漫反射　各种

解析: 银幕用粗糙的白布做成是漫反射的典型例子,题干中表述得非常清楚。

2. **答案:** 反射　浅些　折射

解析: 人在河岸上观察到水中有白云,这是由于光的反射现象;观察水中的鱼,这是由于光的折射现象,由光路图可知鱼像的位置要比它的实际位置浅些。

3. **答案:** 45

解析: 水平桌面上放着一块平面镜,一只小球沿桌面向平面镜滚去,结果人从平面镜中观察到小球的像是竖直向下运动的。由光路图可知,平面镜与桌面的夹角是45°。

4. **答案:** 上升

解析: 这是由于光的反射现象,由光路图可知,若反射到光电转换器接收平面上的光点从S_1点移向S_2点,被监视的液面将上升。

5. **答案:** 入射　反射　折射　折射

解析: 由反射定律和折射定律内容可知,AO 是入射光线,OB 是反射光线,OC 是折射光线,$\angle N'OC$ 是折射角。

6. **答案:** 东　反射

解析: 本题考查的是光的反射现象及规律的生活实际问题。

7. **答案:** 3　正立　放大

解析: 由图可知,此透镜的焦点大约为3cm,所以透镜的焦距大小约为3cm;若将一烛焰放在此凸透镜左侧2cm处,物距小于焦距,则透过透镜可以看到一个正立、放大的虚像。

8. **答案:** 4.5m

解析: 如图2-28是恰好看到树时的反射光路,设树高为H,树到镜的距离为L,由图中的三角形可得

$$\frac{树高}{镜高(6cm)} = \frac{树到镜的距离 + 眼睛距镜的距离(0.4cm)}{眼睛距镜的距离(0.4cm)}$$

即 $\dfrac{H}{0.06} = \dfrac{L+0.4}{0.4}$

人离树越远,视野越大,看到树所需镜面越小,同理 $\dfrac{H}{0.05} = \dfrac{L+0.4+6}{0.4}$

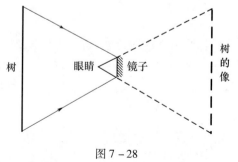

图7-28

以上两式解得 $L = 29.6m$　$H = 4.5m$

9. **答案:** 60°　$\dfrac{\sqrt{3}}{3}c$

解析: 设入射角、折射角分别为θ_1、θ_2,则 $\theta_1 + \theta_2 = 90°$。由 $n = \dfrac{\sin\theta_1}{\sin\theta_2}$,可得 $\tan\theta_1 = \sqrt{3}$,即入射角为60°;由于 $n = \dfrac{c}{v}$,所以 $v = \dfrac{c}{n} = \dfrac{\sqrt{3}}{3}c$。

三、计算题

1. 答案 $L_2 = 4.35\text{m}$

解析:如图7-29所示,设水面为 CF,A 到水面点 C 的距离为 L_1,B 灯与水面点 C 之间的距离为 L_2,人眼到水面上点 F 之间的距离为 L_3,点 C、D 之间的距离为 L_4,由 A 灯光的反射得

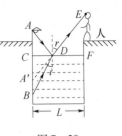

图7-29

$$\frac{L_4}{L-L_4} = \frac{L_1}{L_3}, \frac{L_4}{15-L_4} = \frac{0.5+0.5}{1.5+0.5}, 解得 L_4 = 5\text{m}。$$

对 B 灯光的折射过程,有 $\dfrac{\sin i}{\sin r} = \dfrac{1}{n} = \dfrac{1}{1.3}$,

解得 $L_2 = 4.35\text{m}$,即灯在水面下 4.35m 深处。

2. 答案:$n = 1.25$

解析:当线光源上某一点发出的光线射到未被遮光板遮住的液面上时,射到遮光板边缘 O 的那条光线的入射角最小。

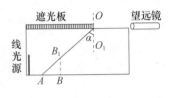

图7-30

如图7-30所示,线光源底端在 A 点时,望远镜内刚好可以看到此光源底端,设过 O 点液面的法线为 OO_1,则 $\angle AOO_1 = \alpha$,其中 α 为此液体到空气的全反射临界角。由折射定律有 $\sin\alpha = \dfrac{1}{n}$。

同理,线光源顶端在 B_1 点时,通过望远镜刚好可以看到此光源顶端,则

$\angle B_1OO_1 = \alpha$。设此时线光源底端位于 B 点。由图中几何关系可得 $\sin\alpha = \dfrac{AB}{AB_1}$,解得 $n = \dfrac{\sqrt{AB^2 + BB_1^2}}{AB}$,将 $AB = 8.0\text{cm}$,$BB_1 = 6.0\text{cm}$ 代入得 $n = 1.25$。

3. 答案:$19.3°$,$1.97 \times 10^8 \text{m/s}$

解析:根据折射定律:$n_1\sin i = n_2\sin\gamma$,由题给条件:$n_1 = 1$,$i = 30°$,$n_2 = 1.52$

得 $\sin\gamma = \dfrac{\sin i}{n_2} = \dfrac{\sin 30°}{1.52} \approx 0.33$,所以 $\gamma = 19.3°$

又由 $n = \dfrac{c}{v}$ 得,$v = \dfrac{c}{n} = \dfrac{3 \times 10^8}{1.52} = 1.97 \times 10^8 \text{m/s}$

第二部分

化 学

第一章　化学基本概念

考试范围与要求

理解分子、原子、离子的含义;掌握混合物和纯净物、单质和化合物、金属和非金属的概念;理解酸、碱、盐、氧化物的概念。

熟悉并正确书写常见元素、离子的名称、符号;掌握原子结构示意图;理解质量守恒定律的含义;能正确书写和配平各类化学方程式;掌握物质的量(n)、摩尔质量(M)、气体摩尔体积(V_m)、物质的量浓度(c)和阿伏加德罗常数(N_A)的含义。

理解氧化还原反应的概念;掌握常见的氧化还原反应及简单计算。理解化学反应速率的概念,并能进行简单计算。

理解溶液的定义、组成和质量分数的概念;理解溶解度、饱和溶液的概念;掌握配制一定质量分数、物质的量浓度溶液的方法;能根据上述知识进行简单计算。

第一节　物质的组成、分类和性质

一、物质的组成

从微观的角度来说,物质是由分子、原子或离子等微粒构成的;从宏观的角度来说,物质是由元素组成的。

（一）分子、原子、离子

(1) 分子:分子是保持物质化学性质的最小微粒。

说明:①分子总是在不停地运动着。②分子的质量非常小。③分子间有一定的间隔。④同种物质的分子,化学性质相同;不同种物质的分子,化学性质不同。

(2) 原子:原子是化学变化中的最小微粒。

说明:①原子和分子一样,也是在不停地运动着。②原子很小。③有些物质是由分子构成的,有些物质是由原子直接构成的。④原子结构复杂,可以再分;但在化学反应里,原子不能再分。

(3) 离子:离子是带有电荷的原子或原子团。

说明:①带正电荷的离子称为阳离子,带负电荷的离子称为阴离子。②阴、阳离子相互作用构成离子化合物。

（二）元素

具有相同核电荷数(质子数)的同一类原子总称为元素。

说明:①元素一般有两种存在的形态:一种是以单质的形态存在的,称为元素的游离态;一种是以化合物的形态存在的,称为元素的化合态。②各种元素在地壳里的含量相差很大。③元素只有种类之分,没有数量、大小、质量的含义。

二、物质的分类

(一)混合物和纯净物

(1)混合物:混合物是由多种成分组成的物质。例如:空气是由氧气、氮气、二氧化碳、稀有气体等多种成分组成的混合物。

说明:①混合物里没有固定组成,各成分间没有发生化学反应。②混合物里各成分都保持原有的性质。

(2)纯净物:纯净物是由一种成分组成的物质。例如:氧气是由许多氧分子构成的,水是由许多水分子构成的,氧气和水都是纯净物。

说明:①完全纯净的物质是没有的,通常所谓的纯净物都不是绝对纯净的。②研究任何一种物质的性质,都必须取用纯净物。

(二)单质和化合物

(1)单质:由同种元素组成的纯净物称为单质。

说明:①有的单质由分子构成,如氧气、氢气、氮气等;有的单质由原子构成,如铁、铝、铜等。②有的元素有几种不同单质,如氧和臭氧、白磷和红磷、金刚石和石墨,这种由同一种元素形成的多种单质,称为这种元素的同素异形体。③单质一般可分为非金属单质和金属单质两类,如表1-1所列。

表1-1 金属单质和非金属单质的比较

类型	原子结构	化学性质	物理性质
金属单质	最外层电子数一般少于4	易失去最外层电子,表现还原性	具有金属光泽,易导电、导热,有可塑性、延展性,常温下是固态(汞除外)
非金属单质	最外层电子数一般大于或等于4	易得到电子,表现氧化性	没有金属光泽,一般不能导电,导热性差

(2)化合物:由不同种元素组成的纯净物称为化合物。例如:氧化钙是由氧和钙2种不同的元素组成的;硫酸铜是由铜、硫和氧3种不同的元素组成的。

化合物又分为无机化合物和有机化合物。无机化合物又分为氧化物、酸、碱、盐等类别。

说明:①氧化物:由氧元素跟另外一种元素组成的化合物称为氧化物,如表1-2所列。②酸:电解质电离时所生成的阳离子全部是氢离子的化合物称为酸,如表1-3所列。③碱:电解质电离时所生成的阴离子全部是氢氧根离子的化合物称为碱,如表1-4所列。④盐:由金属离子(包括NH_4^+)和酸根离子组成的化合物称为盐,如表1-5所列。

表1-2 氧化物的分类

分类		定义	举例
成盐氧化物	碱性氧化物	凡能跟酸起反应,生成盐和水的氧化物	Na_2O、Fe_2O_3
	酸性氧化物	凡能跟碱起反应,生成盐和水的氧化物	CO_2、SO_3
	两性氧化物	既能跟酸起反应生成盐和水,又能跟碱起反应生成盐和水的氧化物	Al_2O_3
不成盐氧化物		既不能跟酸起反应生成盐和水,也不能跟碱起反应生成盐和水的氧化物	CO、NO

表 1-3　酸的分类

根据	分类	举例	命名
是否含氧	含氧酸	H_2SO_3、H_2CO_3	某酸或氢某酸 HCl 俗称盐酸 HNO_3 俗称硝酸
	无氧酸	HCl、H_2S	
含氢原子个数	一元酸	HCl、HNO_3	
	二元酸	H_2SO_4、H_2S	
	三元酸	H_3PO_4	

表 1-4　碱的分类

根据	分类	举例	命名
溶解性	可溶性碱	NaOH、$Ba(OH)_2$	氢氧化某 低价碱叫氢氧化亚某
	不溶性碱	$Cu(OH)_2$、$Fe(OH)_2$	

表 1-5　盐的分类

根据	分类	举例	命名
酸碱中和是否完全	正盐	NaCl、K_2S $CuSO_4$、$CaCO_3$	某化某 某酸某
	酸式盐	$NaHCO_3$、$KHSO_4$ NaH_2PO_4	某酸氢某 某酸几氢某
	碱式盐	$Cu_2(OH)_2CO_3$	碱式某酸某
是否含氧	含氧酸盐	Na_2SO_4、$FeSO_4$	低价金属盐叫某化亚某、某酸亚某
	无氧酸盐	$CuCl_2$、FeS	
相同酸根或相同金属离子的盐,常给它统称	钠盐	NaCl、$NaNO_3$	
	铵盐	NH_4Cl、NH_4HCO_3	
	硫酸盐	K_2SO_4、$MgSO_4$	
	碳酸盐	$CaCO_3$、$BaCO_3$	

上述物质的分类,可简单归纳如下:

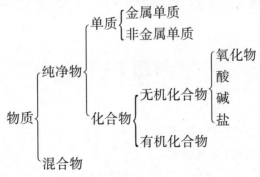

三、物质的变化和性质

(一) 物质的物理变化和化学变化

没有生成其他物质的变化称为物理变化,例如:水的三态变化、矿石的粉碎等。

生成了其他物质的变化称为化学变化,例如:钢铁制品生锈、火药爆炸等。

物理变化和化学变化的主要区别是有没有新物质生成。化学变化和物理变化常常同时发生。

（二）物质的物理性质和化学性质

物质不需要发生化学变化就表现出来的性质称为物理性质,例如颜色、状态、气味、熔点、沸点、硬度、密度等。

物质在化学变化中表现出来的性质称为化学性质,例如:镁在空气中燃烧生成氧化镁;碳酸铵受热分解会产生刺激性气味的气体等。

【例题选解】

例 1 下列叙述正确的是( )。

A. 水是由氢原子和氧原子组成的
B. 水是由两个氢元素和一个氧元素组成的
C. 氢元素和氧元素组成的物质一定是水
D. 一个水分子是由两个氢原子和一个氧原子构成的

【解析】 A 错。水是指宏观组成,而氢原子和氧原子是微观粒子,不能说明水的宏观组成。可以说水是由氢元素和氧元素组成的。

B 错。元素只有种类之分,没有数量、大小、质量的含义。

C 错。如双氧水(H_2O_2)是由氢元素和氧元素组成的,但 H_2O_2 不是水。

【答案】 D

例 2 以下说法正确的是( )。

A. 因为水和冰是聚集状态不同的物质,所以冰与水共存时是混合物
B. 不含杂质的盐酸是纯净物
C. 因为胆矾($CuSO_4 \cdot 5H_2O$)分子中含有硫酸铜和水,所以胆矾是混合物
D. 氧气(O_2)和臭氧(O_3)都是单质

【解析】 本题重点考查对混合物、纯净物等基本概念的理解。A 错。水和冰是由同一种分子 H_2O 构成,因而冰与水共存时仍是纯净物。B 错。盐酸就是氯化氢的水溶液,因而是混合物。C 错。$CuSO_4 \cdot 5H_2O$ 中的结晶水是胆矾的组成部分,不是游离态的水,即 $CuSO_4$ 与 H_2O 有固定的比例。所以 $CuSO_4 \cdot 5H_2O$ 是纯净物。D 正确。氧气(O_2)和臭氧(O_3)都是由同种元素——氧元素组成的纯净物,因而它们都是单质。

【答案】 D

习题 1-1

一、选择题

1. 下列关于分子和原子的说法,错误的是( )
A. 分子和原子都可以直接构成物质
B. 由分子构成的物质,分子是保持其化学性质的最小粒子
C. 在化学变化中,分子可以分成原子,原子又可以结合成新的分子
D. 分子和原子之间都有间隔,分子之间间隔较大,原子之间间隔较小

2. 下列各物质的分类、名称(或俗名)、化学式都正确的是( )
A. 碱性氧化物 氧化铁 Fe_3O_4
B. 酸性氧化物 二氧化碳 CO_2

C. 酸　硫酸　H_2SO_3

D. 碱　纯碱　Na_2CO_3

3. 下列说法正确的是(　　)

A. 高锰酸钾完全分解后的固体产物是纯净物

B. 氮气和液氮混合后仍为纯净物

C. 金刚石和石墨燃烧后产物都是CO_2,因此金刚石和石墨是同一种物质

D. 根据组成元素,氧化物可以分为酸性氧化物和碱性氧化物;根据化学性质,氧化物可以分为金属氧化物和非金属氧化物

4. 对$KHSO_4$的物质类型进行分析,其中不正确的是(　　)

A. 根据元素组成可知它是化合物

B. 因它含有钾离子与酸根离子,故$KHSO_4$是钾盐

C. $KHSO_4$可以称为硫酸盐

D. 因为它含有与酸相同的元素氢,故$KHSO_4$也可称为酸

5. 下列有关物质分类或归类正确的一组是(　　)

① 液氨、液氯、干冰、碘化银均为化合物

② 白米醋、盐酸、水玻璃、氨水均为混合物

③ 明矾、小苏打、冰醋酸、次氯酸均为电解质

④ Na_2O_2、Na_2CO_3、$NaHCO_3$、Na_2SiO_3均为钠盐

A. ①和②　　　　　　　　　　B. ②和③

C. ③和④　　　　　　　　　　D. ②和④

6. 下列说法正确的是(　　)

①金属氧化物都是碱性氧化物　②冰和干冰既是纯净物又是化合物

③$Cu(OH)_2$既是碱又是纯净物　④稀盐酸和醋酸既是化合物又是酸

A. ①③　　　　　　　　　　　B. ①④

C. ②③　　　　　　　　　　　D. ②③④

7. 下列说法正确的是(　　)

①Na_2O、Fe_2O_3、Al_2O_3属于碱性氧化物,CO_2、SiO_2、NO_2属于酸性氧化物;

②碳酸钠、氢氧化钡、氯化铵、过氧化钠都属于离子化合物;

③漂白粉、水玻璃、$Fe(OH)_3$胶体、冰水混合物均属于混合物;

④醋酸、烧碱、纯碱和生石灰分别属于酸、碱、盐和氧化物;

⑤硅导电,铝在浓硫酸中钝化均属于物理变化;

⑥盐酸属于混合物,而液氯、冰醋酸均属于纯净物。

A. ①③⑤　　　　　　　　　　B. ④⑤⑥

C. ②④⑥　　　　　　　　　　D. ②③

8. 在抗击新型冠状病毒肺炎的"战役"中,化学品发挥了重要作用。下列说法错误的是(　　)

A. 医用消毒酒精中乙醇的体积分数为95%

B. 生产医用防护口罩的原料聚丙烯纤维属于有机高分子材料

C. 84消毒液、二氧化氯泡腾片可作为环境消毒剂

D. 硝酸铵制成的医用速冷冰袋利用了硝酸铵溶于水吸热的性质

9. 下列说法正确的是( )

   A. "春蚕到死丝方尽,蜡炬成灰泪始干。"古代的蜡是高级脂肪酸甘油酯,属于高分子化合物

   B. 造纸是中国古代四大发明之一,古代造纸有6个步骤:斩竹漂塘、煮楻足火、舂臼打烂、荡料入帘、覆帘压纸、透火焙干,都属于物理变化

   C. 干雾过氧化氢空气消毒机在新冠抗疫中被广泛使用,其原理是利用过氧化氢的氧化性

   D. 经分析,"嫦娥四号"采样返回器带回的月球矿物中含有 $CaO \cdot MgO \cdot 2SiO_2$,该物质属于氧化物

二、填空题

1. 将碳酸钙、稀盐酸、铁、氧气 4 种物质填写到下图的适当位置。

$$物质\begin{cases}纯净物\begin{cases}化合物:①\underline{\quad}\\单质\begin{cases}金属单质:②\underline{\quad}\\非金属单质:③\underline{\quad}\end{cases}\end{cases}\\混合物:④\underline{\quad}\end{cases}$$

【参考答案】

一、1. D 2. B 3. B 4. D 5. B 6. C 7. C 8. A 9. C

二、1. ①碳酸钙 ②铁 ③氧气 ④稀盐酸

第二节　化学用语和化学量

一、化学基本定律

(一) 质量守恒定律

参加化学反应的各物质的质量总和,等于反应后生成的各物质的质量总和。

(二) 阿伏加德罗定律

在相同的温度和压强下,相同体积的任何气体都含有相同数目的分子。

二、化学用语

(一) 元素符号

在化学上,采用不同的符号表示各种元素,这种符号称为元素符号。

说明:①有的元素用一个大写字母表示,有的元素用一个大写字母和一个或几个小写字母表示。②元素符号表示一种元素,还表示这种元素的一个原子。

我们以氯的元素符号 Cl 为例来说明元素符号上附加数字或标记所表示的各种意义。见表 1-6。

表 1-6　元素符号的意义

符号	意义
Cl	氯元素或一个氯原子
2Cl	2 个氯原子
Cl_2	氯气的分子式;氯气的 1 个分子;氯气分子由 2 个氯原子构成

(续)

符号	意 义
$_{17}Cl$	氯原子的核电荷数为17
^{35}Cl	氯原子的质量数为35
$^{37}_{17}Cl$	质量数为37的氯原子(氯的一种同位素)
$\overset{-1}{Cl}$	氯元素的化合价为 −1 价
Cl^-	带有一个单位负电荷的氯离子
$:\overset{..}{\underset{..}{Cl}}\cdot$	氯原子的电子式,7个小黑点表示氯原子的最外层有7个电子
$[:\overset{..}{\underset{..}{Cl}}:]^-$	氯离子的电子式,表示氯原子得到一个电子后最外层有8个电子,整个微粒带有一个单位的负电荷

(二) 化学式

用元素符号来表示物质组成的式子称为化学式。

说明:①各种物质的化学式是通过实验得出的;②一种物质只有一个化学式;③化学式的书写要遵循一定的规则。

单质化学式的写法 氧气、氢气、氯气、溴、碘等单质的1个分子里含有2个原子,它们的化学式就是其分子式,分别是 O_2、H_2、Cl_2、Br_2、I_2。

氦、氖、氩、氪、氙等稀有气体的分子都是由单原子构成的,所以通常就用元素符号 He、Ne、Ar、Kr、Xe 来表示它们的化学式。

金属单质和固体非金属单质(碘除外)的结构比较复杂,习惯上就用元素符号来表示它们的化学式,如铁(Fe)、铜(Cu)、磷(P)、硫(S)等。

化合物化学式的写法 先写出组成该化合物的元素符号(习惯上把金属元素符号写在左侧,非金属元素符号写在右侧),然后在各元素符号右下角用一个阿拉伯数字标出该化合物中所含各元素的原子数。例如,水的化学式是 H_2O,氧化镁的化学式是 MgO,硫酸铝的化学式是 $Al_2(SO_4)_3$。

(三) 化合价

一种元素一定数目的原子跟其他元素一定数目的原子化合的性质,称为这种元素的化合价。化合价有正价和负价。一些常见元素的化合价如表 1−7 所列。

表 1−7 一些常见元素的化合价

元素名称	元素符号	常见的化合价	元素名称	元素符号	常见的化合价
钾	K	+1	氢	H	+1
钠	Na	+1	氟	F	−1
银	Ag	+1	氯	Cl	−1, 0, +1, +3, +4, +5, +7
钙	Ca	+2	溴	Br	−1
镁	Mg	+2	碘	I	−1
钡	Ba	+2	氧	O	−2
锌	Zn	+2	硫	S	−2, +4, +6
铜	Cu	+1, +2	碳	C	+2, +4
铁	Fe	+2, +3	硅	Si	+4
铝	Al	+3	氮	N	−3, +2, +4, +5
锰	Mn	+2, +4, +6, +7	磷	P	−3, +3, +5

在离子化合物里,元素化合价的数值,就是这种元素的一个原子得失电子的数目。

在共价化合物里,元素化合价的数值,就是这种元素的一个原子跟其他元素的原子形成的共用电子对的数目。

说明:①在化合物里,正负化合价的代数和等于零;②在单质中,元素的化合价为零;③许多元素的化合价不是固定不变的,这些元素在不同条件下显示出不同的化合价。

在某些化合物里,往往有两个或两个以上的不同元素的原子紧密地结合在一起,形成原子团。这种原子团也称为根,在许多化学反应里作为一个整体参加反应。根也有化合价,一般称为根价。一些常见原子团的化合价如表 1–8 所列。

表 1–8 一些常见原子团的化合价

名称	铵根	氢氧根	硝酸根	硫酸根	亚硫酸根	碳酸根	磷酸根
符号	NH_4^+	OH^-	NO_3^-	SO_4^{2-}	SO_3^{2-}	CO_3^{2-}	PO_4^{3-}
化合价	+1	−1	−1	−2	−2	−2	−3

(四)电子式

在元素符号周围用小黑点(或×)表示原子最外层电子数目的式子。例如:·Ö·、·N·。

离子化合物和共价化合物的电子式的写法不同。在离子化合物的电子式中,要用方括号表明某元素的原子得到电子形成阴离子,又要在所含各离子右上方标出由于电子得失而带的电荷数。共价化合物是通过共用电子对形成的化合物,不需要用方括号和电荷符号来表示。

离子化合物的电子式,例如:氯化钠($Na^+[\overset{..}{\underset{..}{×Cl}}:]^-$)、溴化镁($[:\overset{..}{\underset{..}{Br}}×]^- Mg^{2+}[×\overset{..}{\underset{..}{Br}}:]^-$)。

共价化合物的电子式,例如:氯化氢($H×\overset{..}{\underset{..}{Cl}}:$)、水($H×\overset{..}{\underset{..}{O}}×H$)。

(五)化学方程式

用化学式来表示化学反应的式子称为化学方程式。

说明:①化学方程式的书写必须以事实为根据,不能随便臆造;②要遵循质量守恒定律。

三、化学量

(一)相对原子质量

以一种碳原子①质量的 1/12 作为标准,原子的质量跟它相比较所得的数值,就是该种原子的相对原子质量。

说明:一个碳原子质量的 1/12 是:$1.993×10^{-26}kg×1/12=1.66×10^{-27}kg$;相对原子质量是一个比值,单位是 1。

(二)相对分子质量

化学式中各原子的相对原子质量的总和就是相对分子质量。

(三)阿伏加德罗常数

阿伏加德罗常数是指 1mol 任何粒子的粒子数,符号是 N_A、单位为 mol^{-1}。国际上规定,1mol 粒子集合体所含的粒子数与 $0.012kg\ ^{12}C$ 中所含的碳原子数相同,约为 $6.02×10^{23}$ 个。

---

① 这种碳原子指的是原子核内有 6 个质子和 6 个中子的碳原子。

(四) 物质的量

表示含有物质粒子的数量,每摩尔物质含有阿伏加德罗常数(约 6.02×10^{23})个微粒,单位为摩尔(mol),符号为 n。

(五) 摩尔质量

1 摩尔物质的质量称为该物质的摩尔质量,单位是克/摩尔(g/mol)。

物质的量、物质的质量和摩尔质量之间的关系:

$$\frac{物质的质量(克)}{摩尔质量(克/摩尔)} = 物质的量(摩尔)$$

(六) 气体摩尔体积

气体的摩尔体积是指 1mol 物质的气体所占的体积。在标准状况下(指压强为 101325Pa 和温度为 0℃),1mol 的任何气体所占的体积都约是 22.4L,这个体积称为气体摩尔体积。

在标准状况下,气体的体积、质量和摩尔质量之间的关系如下:

$$气体体积(升) = \frac{气体的质量(克)}{气体的摩尔质量(克/摩尔)} \times 22.4(升/摩尔)$$

四、有关化学量和化学式的计算

(一) 有关化学量的计算

物质的量 n(摩尔) $= \dfrac{物质的质量 m(克)}{摩尔质量 M(克/摩尔)}$

气体物质的量 n(摩尔) $= \dfrac{气体体积(升)}{气体的摩尔体积(22.4 升/摩尔)(标况下)}$

微粒数(个) $=$ 物质的量(摩尔) $\times 6.02 \times 10^{23}$(个/摩尔)

气态物质相对分子质量的求法:

①根据气态物质在标准状况下的密度(ρ)求相对分子质量(M)。

摩尔质量(克/摩尔) $= 22.4$(升/摩尔) $\times$ 气体密度(克/升)

②根据气体相对密度(D)求相对分子质量。

气体 A 对气体 B 的相对密度:

$$D_B = \frac{\rho_A}{\rho_B} = \frac{A\ 的摩尔质量}{B\ 的摩尔质量} = \frac{M_A(气体\ A\ 的相对分子质量)}{M_B(气体\ B\ 的相对分子质量)}$$

$M_A = M_B \cdot D_B$

例如 B 为 H_2:$M_A = 2 \times D_{H_2}$;B 为空气:$M_A = 29 \times D_{空气}$

(二) 有关化学式的计算

1. 化合物中某元素的质量分数的计算

$$纯化合物中某元素的质量分数 = \frac{某元素的质量}{化合物的质量} \times 100\% = \frac{某元素的相对原子质量 \times 原子个数}{化合物的相对分子质量} \times 100\%$$

2. 不纯物中某元素或化合物质量分数的计算

$$纯化合物的质量 = \frac{某元素的质量}{纯化合物中某元素的质量分数} \quad ①$$

$$不纯物的质量 = \frac{某元素的质量}{不纯物中某元素的质量分数} \quad ②$$

根据:纯化合物在不纯物中的质量分数 = $\dfrac{\text{纯化合物的质量}}{\text{不纯物的质量}} \times 100\%$ ③

将①、②代入③式,得

纯化合物在不纯物中的质量分数 = $\dfrac{\text{不纯物中某元素的质量分数}}{\text{纯化合物中某元素的质量分数}}$ ④

不纯物中的某元素的质量分数 = 纯化合物中某元素的质量分数 × 纯化合物在不纯物中的质量分数。

3. 化学式的确定

同一物质,其分子式是最简式的整数倍,其相对分子质量也是最简式量的相同整数倍。

$\dfrac{\text{化学式}}{\text{最简式}} = n$, 化学式 = 最简式 × n

$\dfrac{\text{相对分子质量}}{\text{最简式量}} = n$, 相对分子质量 = n × 最简式量

式中 n 为正整数。化学式和最简式的这一关系,可以用于确定化合物的化学式。

【例题选解】

例1 将25.6g KOH 和 $KHCO_3$ 的混合物在250℃时于密闭容器中加热,待充分反应后冷却并排除气体,发现混合物的质量减少4.9g,则原混合物中 KOH 和 $KHCO_3$ 的组成为(   )

A. KOH 的质量 < $KHCO_3$ 的质量

B. KOH 的质量 > $KHCO_3$ 的质量

C. KOH 的质量 = $KHCO_3$ 的质量

D. KOH 和 $KHCO_3$ 以任意质量比混合

【解析】 250℃时,KOH 不反应,而 $KHCO_3$ 发生分解反应:$2KHCO_3 \xrightarrow{250℃} K_2CO_3 + H_2O\uparrow + CO_2\uparrow$。根据质量守恒定律,反应前后混合物质量应保持25.6g,而实际上反应后混合物质量减少4.9g,由化学方程式及题意可知,此4.9g 为反应后从容器中排除 CO_2 气体的质量(因在密闭容器中加热,且冷却后只排除了气体)。不妨设 $KHCO_3$ 的质量为 x 克,依据化学方程式进行计算:

$$2KHCO_3 \xrightarrow{\triangle} K_2CO_3 + H_2O + CO_2\uparrow$$
$$2 \times 100 \qquad\qquad\qquad\qquad 44$$
$$x \qquad\qquad\qquad\qquad\qquad 4.9$$

列方程:$\dfrac{2 \times 100}{44} = \dfrac{x}{4.9}$,解得:$x = 22.27g$。因此,25.6g - 22.27g = 3.33g。

因为在加热过程中,可能发生下列反应:

$$KOH + KHCO_3 = K_2CO_3 + H_2O$$
$$2KOH + CO_2 = K_2CO_3 + H_2O$$

则 KOH 的质量应小于3.33g。

【答案】 A

例2 用氢气还原某二价金属的氧化物使其成为单质。若每40g 该氧化物需要1g 氢气,则该金属的相对原子质量为(   )

A. 40   B. 56   C. 64   D. 24

【解析】 设二价金属氧化物的化学式为 RO,设金属 R 的相对原子质量为 M。据题意可写

出反应的化学方程式:

$$RO + H_2 \xrightleftharpoons{\triangle} R + H_2O$$
$$M+16 \quad 2$$
$$40 \quad 1$$

得方程:$\dfrac{M+16}{2}=\dfrac{40}{1}$

解得:$M=64$

【答案】 C

例3 "嫦娥五号"成功着陆月球,实现了中国首次月球无人采样返回。月壤中的 ^{3}He 可用于核聚变,下列说法正确的是( )

A. ^{3}He 和 ^{4}He 核外电子数相等　　B. ^{3}He 和 ^{4}He 是同种核素

C. ^{3}He 和 ^{4}He 中子数相等　　D. 由 ^{3}He 组成的单质为 ^{3}He$_2$

【解析】 A. ^{3}He 和 ^{4}He 质子数为 2,质量数不同,属于同种元素的不同原子,核外电子数相同,故 A 正确;

B. ^{3}He 和 ^{4}He 质量数不同,质子数相同,是同种元素的不同核素,故 B 错误;

C. ^{3}He 和 ^{4}He 的中子数分别为:$3-2=1,4-2=2$,中子数不相等,故 C 错误;

D. 由 ^{3}He 组成的单质是单原子分子,分子式 ^{3}He,故 D 错误。

【答案】 A

例4 下列化学用语正确的是( )

A. 氨的电子式:H$\overset{\overset{H}{..}}{\underset{}{:}}N\overset{..}{\underset{}{:}}$H

B. 中子数为 20 的 Cl 的核素:$^{20}_{17}$Cl

C. 甲烷的球棍模型: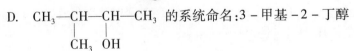

D. $\underset{\underset{CH_3}{|}}{CH_3—CH}—\underset{\underset{OH}{|}}{CH}—CH_3$ 的系统命名:3 - 甲基 - 2 - 丁醇

【解析】 A. 氨是共价分子,氮原子和每个氢原子共用 1 对电子对,氮原子还有 1 对未共用电子对,这都需要在电子式上表示出来,A 错误;

B. 中子数为 20 的 Cl 的核素,其质量数为 37:$^{37}_{17}$Cl,B 错误;

C. 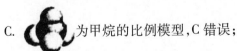为甲烷的比例模型,C 错误;

D. $\underset{\underset{CH_3}{|}}{CH_3—CH}—\underset{\underset{OH}{|}}{CH}—CH_3$ 属于醇类,主链 4 个碳原子、羟基在 2 号位、3 号位上有甲基,系统命名:3 - 甲基 - 2 - 丁醇,D 正确。

【答案】 D

例5 N_A 为阿伏加德罗常数的值,下列有关说法正确的是( )

A. 标准状况下,相同体积的氢气与水所含的分子数目相同

B. 标准状况下,22.4L 以任意比混合的氢气、二氧化碳的混合气体所含的分子数为 N_A

C. 常温常压下,32g O_2 的物质的量不是 1mol

D. 标准状况下,22.4L He 所含核外电子数为 $4N_A$

【解析】 A 项,在标准状况下,水是液体,所以含有的分子数一定比氢气大,错误;

B 项,标准状况下,1mol 任何气体的体积都约为 22.4L,这里的"任何气体",包括"混合气体",正确;

C 项,32g O_2 的物质的量为 1mol,与状态无关,错误;

D 项,标准状况下,22.4L He 是 1 mol,而 1 个 He 原子的核外电子数是 2 个,所以 1 mol He 原子的核外电子的物质的量为 2mol,错误。

【答案】 B

例 6 2.5g 结晶硫酸铜灼烧失水后,质量为 1.6g。求硫酸铜的分子数和水分子数的比值,并写出结晶硫酸铜的分子式。

【解析】 在 2.5g 硫酸铜中,水的质量为 2.5 − 1.6 = 0.9(g)

$$\frac{CuSO_4 \text{质量}}{CuSO_4 \text{摩尔质量}} : \frac{H_2O \text{质量}}{H_2O \text{摩尔质量}} = \frac{1.6g}{160g/mol} : \frac{0.9g}{18g/mol} = 0.01 : 0.05 = 1 : 5$$

所以,结晶硫酸铜的分子式为 $CuSO_4 \cdot 5H_2O$。

答:结晶硫酸铜中硫酸铜的分子数和水的分子数的比值为 1:5,结晶硫酸铜的分子式为 $CuSO_4 \cdot 5H_2O$。

例 7 某烃含碳 91.3%,又知该烃的蒸气对氢气的相对密度为 46,求此烃的分子式。

【解析】 应该注意:在将原子个数比变为最简整数比时,不能四舍五入,一般就为"一舍九入"。方法:将几个比数分别除以中间最小的数,如果其他数也为整数或近似整数,便得到最简整数比;如果还有的比数仍带小数,则用 2~9 的各数乘以各比数,用哪个数得到的乘积接近整数(小数第一位小于 1 或大于 9),则用此数乘以各个比数,即得最简整数比。

C:H(原子个数比) $= \frac{91.3}{12} : \frac{8.7}{1} = 7.6 : 8.7$,比数 7.6:8.7 不能取 8:9,而应为 $\frac{7.6}{7.6} : \frac{8.7}{7.6} = 1 : 1.145$,将 1.145 乘以 7 得近似整数 8.015,可近似取 8,所以用 7 乘以两个比数(1:1.145),便得 7:8,可确定此烃的最简式 C_7H_8,其式量 = 92。

$n = \frac{\text{相对分子质量}}{\text{式量}} = \frac{46 \times 2}{92} = 1$ 所以,分子式为 C_7H_8。

答:该烃的分子式为 C_7H_8。

习题 1−2

一、选择题

1. 已知某原子的实际质量为 M g,又知 C12 原子的质量为 N g,该原子的中子数是 P,则该原子的核外电子数为(　　)

   A. $\frac{12M}{N} - P$　　　　B. $\frac{12N}{M} - P$　　　　C. $\frac{12M}{N} + P$　　　　D. $\frac{12N}{M} + P$

2. 日本福岛核泄漏的成分有碘 131 和铯 137 等,碘元素与铯元素的本质区别是(　　)

   A. 质子数不同　　　　　　　　　　　　B. 中子数不同

C. 最外层电子数不同　　　　　　　　D. 原子核外电子层数不同

3. 在一定温度和压强下,20mL XY 气体与 10mL Y_2 气体化合成 10mL Z 气体,则 Z 的分子式为(　　)

A. X_2Y_4　　　　B. XY_2　　　　C. X_2Y_6　　　　D. X_3Y

4. 冰晶石可由 $Al(OH)_3$、$NaCl$、CaF_2 及 H_2SO_4 等原料生产。有关化学用语表示错误的是(　　)

A. 中子数为 13 的铝原子:$^{26}_{13}Al$

B. 冰晶石的化学式:Na_3AlF_5

C. 氯离子的结构示意图:(+17) 2 8 8

D. CaF_2 的电子式:$[:\ddot{F}:]^-Ca^{2+}[:\ddot{F}:]^-$

5. 下列化学用语表示正确的是(　　)

A. 次氯酸的电子式:$H:\ddot{C}l:\ddot{O}:$

B. S^{2-} 的离子结构示意图可以表示为 (+16) 2 8 8

C. 空间充填模型 可以表示甲烷分子,也可以表示四氯化碳分子

D. 乙烯的结构简式可表示为:CH_2CH_2

6. 15gA 和 10.5gB 完全反应,生成 7.2g C、1.8g D 和 0.3mol E,则 E 的摩尔质量为(　　)

A. $100g \cdot mol^{-1}$　　　　　　　　B. $27.5g \cdot mol^{-1}$

C. $55g \cdot mol^{-1}$　　　　　　　　D. $16.5g \cdot mol^{-1}$

7. 下列说法正确的是(N_A 为阿伏加德罗常数)(　　)

A. 28g 氮气含有的原子数为 N_A

B. 4g 金属钙变成钙离子时失去的电子数为 $0.1N_A$

C. 1mol O_2 分子的质量等于 1mol 氧原子的质量

D. 24g O_2 分子和 24g O_3 分子所含的氧原子数目相等

8. 下列叙述正确的是(　　)

A. 物质的量相同的气体单质具有相同的原子数

B. 镁原子的质量就是镁的相对原子质量

C. 水的相对分子质量等于 $18g \cdot mol^{-1}$

D. 1mol 铁原子的质量约为 56g

9. 下列叙述正确的是(　　)

A. 一定温度、压强下,气体体积由其分子的大小决定

B. 一定温度、压强下,气体体积由气体的物质的量的多少决定

C. 气体摩尔体积指的是 1mol 任何气体所占的体积为 22.4L

D. 不同的气体,若体积相等,则它们所含的分子数一定相等

10. 将8g铁片放入200mL $CuSO_4$ 溶液中,Cu^{2+} 全部被置换后,取出附有铜的铁片洗涤、干燥、称重,其质量变为8.2g,则原溶液中 $CuSO_4$ 的物质的量浓度是(　　)

  A. $0.125 mol·L^{-1}$ B. $0.175 mol·L^{-1}$

  C. $0.25 mol·L^{-1}$ D. $0.5 mol·L^{-1}$

11. 我国成功发射了"神舟"载人飞船,标志着我国在航天领域又有重大突破。发射"神舟"号的火箭用的是"长征"Ⅱ(F)型火箭,该火箭的燃料是偏二甲基肼[$(CH_3)_2N-NH_2$],氧化剂是四氧化二氮,发生的反应可写作:$(CH_3)_2N-NH_2 + 2N_2O_4 \xrightarrow{燃烧} 3N_2\uparrow + 2CO_2\uparrow + 4H_2O\uparrow$。下列有关说法不正确的是(　　)

  A. 偏二甲基肼中元素质量比为 C:H:N = 1:4:1

  B. 参加反应的物质中只含 C、H、N、O 四种元素

  C. 该反应中 N 元素的化合价发生改变

  D. 在宇宙仓中(失重条件下)比地球上难做过滤实验

二、填空题

1. 石灰氮 $CaCN_2$ 是离子化合物,其中 $(CN_2)^{2-}$ 离子内部均满足各原子8电子稳定结构,写出 $(CN_2)^{2-}$ 的电子式:_____。

2. 铁与铝可形成 Fe_3Al、Fe_2Al_5、Fe_2Al_7 及 $FeAl_3$ 等一系列金属互化物(铁和铝仍保持原来独立的化学性质)。回答下列问题:

(1) 相同物质的量的下列金属互化物与足量稀盐酸反应,产生氢气的量最多的是_____(填字母)。

  a. Fe_3Al b. Fe_2Al_5 c. Fe_2Al_7 d. $FeAl_3$

(2) 39g Fe_3Al 与一定量 1mol/L 的盐酸恰好完全反应,生成氯化亚铁和氯化铝,同时生成氢气。

  ① Fe_3Al 和盐酸反应的化学方程式为_____。

  ② 消耗盐酸的体积为_____,产生标准状况下氢气的体积为_____。

3. (1) 相同物质的量的 SO_2 和 SO_3,所含分子的数目之比为_____,所含原子的数目之比为_____,所含氧原子的物质的量之比为_____,它们的质量之比为_____。

(2) 相同质量的 SO_2 和 SO_3,所含分子的数目之比为_____,所含原子的数目之比为_____,所含氧原子的物质的量之比为_____。

4. 交警常用装有重铬酸钾($K_2Cr_2O_7$)的仪器检测司机是否酒后驾车,因为酒中的乙醇分子能使橙红色的重铬酸钾变为绿色的硫酸铬。重铬酸钾中的铬元素的化合价为_____。

5. 6g某饱和一元醇跟足量的金属钠反应,让生成的氢气通过5g灼热的氧化铜,氧化铜固体的质量变成4.36g。这时氢气的利用率是80%。该一元醇的分子式为_____。

【参考答案】

一、1.A 2.A 3.A 4.B 5.B 6.C 7.D 8.D 9.B 10.A 11.A

二、1. $[:N::C::N:]^{2-}$

2. (1) c

 (2) ① $2Fe_3Al + 18HCl = 6FeCl_2 + 2AlCl_3 + 9H_2\uparrow$

②1.8L 20.16L

3. (1) 1∶1 3∶4 2∶3 4∶5

(2) 5∶4 15∶16 5∶6

4. +6

5. C_2H_6O

【难题解析】

一、10. 设原溶液中硫酸铜的物质的量为 x mol,则:

Fe + CuSO₄ ══ FeSO₄ + Cu Δm

　　1mol　　　　　　　　　64g－56g

　　$x$mol　　　　　　　　8.2g－8g

$\dfrac{1\text{mol}}{x\text{mol}} = \dfrac{8\text{g}}{0.2\text{g}}$,解得 $x = 0.025$,则原溶液中 $CuSO_4$ 的物质的量浓度为 $\dfrac{0.025\text{mol}}{0.2\text{L}} = 0.125\text{mol} \cdot \text{L}^{-1}$。

二、2. (1) 相同物质的量的金属互化物与足量稀盐酸反应,有:$1\text{mol}Fe_3Al \sim 4.5\text{mol}H_2$,$1\text{mol}Fe_2Al_5 \sim 9.5\text{mol}H_2$,$1\text{mol}Fe_2Al_7 \sim 12.5\text{mol}H_2$,$1\text{mol}FeAl_3 \sim 5.5\text{mol}H_2$,可知 Fe_2Al_7 生成的 H_2 最多。

(2) ①Fe_3Al 和盐酸反应生成氯化亚铁、氯化铝和氢气,

则化学方程式为 $2Fe_3Al + 18HCl == 6FeCl_2 + 2AlCl_3 + 9H_2\uparrow$;

②39g Fe_3Al 的物质的量为 $\dfrac{39\text{g}}{195\text{g/mol}} = 0.2\text{mol}$,

则 Fe 为 0.6mol,Al 为 0.2mol,生成 $0.6\text{mol}FeCl_2$、$0.2\text{mol}AlCl_3$,

根据氯原子守恒可知,消耗 HCl 的物质的量为 $(0.6\text{mol} \times 2 + 0.2\text{mol} \times 3) = 1.8\text{mol}$,

消耗 1mol/L 的盐酸的体积为 $\dfrac{1.8\text{mol}}{1\text{mol/L}} = 1.8\text{L}$,同时生成氢气,

根据氢原子守恒可知,生成 H_2 的物质的量为 0.9mol,

在标准状况下的体积为 $0.9\text{mol} \times 22.4\text{L/mol} = 20.16\text{L}$。

5. 解:设与 CuO 反应的氢气的物质的量为 x

CuO + H₂ $\xrightarrow{\Delta}$ Cu + H₂O　　Δm

80g　1mol　　64g　　　　80g－64g = 16g

　　　x　　　　　　　　5g－4.36g = 0.64g

$x = \dfrac{1\text{mol} \times 0.64\text{g}}{16\text{g}} = 0.04\text{mol}$

而这种一元醇反应后生成的氢气的物质的量为 $0.04\text{mol} \div 80\% = 0.05\text{mol}$。

饱和一元醇的通式为 $C_nH_{2n+1}OH$,该一元醇的摩尔质量为 $M(A)$。

$2C_nH_{2n+1}OH + 2Na \longrightarrow H_2\uparrow + 2C_nH_{2n+1}ONa$

$2\text{mol} \times M(A)$　　　　　　　1mol

　6.0g　　　　　　　　　　　　0.05mol

$M(A) = \dfrac{1\text{mol} \times 6.0\text{g}}{2\text{mol} \times 0.05\text{mol}} = 60\text{g/mol}$

该一元醇的相对分子质量是 60。根据这个一元醇的通式,有下列等式:$12n + 2n + 1 + 16 +$

$1=60n=3$,则饱和一元醇的分子式是 C_2H_6O。

第三节 化学反应与分类

一、化学反应的4种基本类型

根据反应物和生成物的种类和数目可分为化合、分解、置换和复分解4种反应类型。

（一）化合反应

由两种或两种以上的物质生成另一种物质的反应称为化合反应。

例如：$N_2 + 3H_2 \xrightleftharpoons[催化剂]{高温、高压} 2NH_3$

$2FeCl_2 + Cl_2 = 2FeCl_3$

$CaO + SiO_2 \xrightarrow{高温} CaSiO_3$

常见的化合反应有以下3种情况：

单质$_1$ + 单质$_2$ —→ 化合物

单质 + 化合物$_1$ —→ 化合物$_2$

化合物$_1$ + 化合物$_2$ —→ 化合物$_3$

（二）分解反应

由一种物质生成两种或两种以上其他物质的反应。

例如：$2KMnO_4 \xrightarrow{\triangle} K_2MnO_4 + MnO_2 + O_2\uparrow$

$H_2CO_3 \xrightarrow{\triangle} H_2O + CO_2\uparrow$

$Cu(OH)_2 \xrightarrow{\triangle} CuO + H_2O$

常见的分解反应有难溶碱的分解、含氧酸与含氧酸盐的分解、某些氧化物的分解等。

（三）置换反应

由一种单质跟一种化合物生成另一种单质和另一种化合物的反应。

例如：$2Na + 2H_2O = 2NaOH + H_2\uparrow$

$Zn + CuSO_4 = Cu + ZnSO_4$

$Fe + H_2SO_4(稀) = FeSO_4 + H_2\uparrow$

$O_2 + 2H_2S = 2H_2O + 2S\downarrow$

$H_2 + CuO \xrightarrow{\triangle} Cu + H_2O$

常见的置换反应有金属跟水的反应、金属跟非氧化性酸的反应、金属间的置换、非金属跟无氧酸及其盐、非金属跟氧化物的反应，金属跟酸或盐的置换反应由金属活动顺序来判断。

K　Ca　Na　Mg　Al　Zn　Fe　Sn　Pb　(H)　Cu　Hg　Ag　Pt　Au

金属活动性由强逐渐减弱 →

在金属活动顺序表中，金属的位置越靠前，金属原子越容易失去电子，其活动性越强。排在前面的金属，能把排在后面的金属从它的盐溶液里置换出来；排在氢前面的金属能置换出酸里的氢，排在氢后面的金属不能置换出酸里的氢。

（四）复分解反应

由两种化合物互相交换成分，生成另外两种化合物的反应。

例如：$NaCl + AgNO_3 == NaNO_3 + AgCl\downarrow$

$(NH_4)_2CO_3 + H_2SO_4 == (NH_4)_2SO_4 + CO_2\uparrow + H_2O$

$CuSO_4 + 2NaOH == Na_2SO_4 + Cu(OH)_2\downarrow$

$Ba(OH)_2 + 2HCl == BaCl_2 + 2H_2O$

常见的复分解反应有盐跟酸、盐跟碱、盐跟盐之间的反应以及中和反应。复分解反应发生的条件是：①有沉淀析出；②有气体放出；③有水生成（有难电离的物质生成）。

二、氧化还原反应

（一）概念

凡有元素化合价升降的化学反应称为氧化还原反应。物质失去电子（所含元素化合价升高）的反应是氧化反应；物质得到电子（所含元素化合价降低）的反应是还原反应。失去电子的物质（所含元素化合价升高的物质）是还原剂；得到电子的物质（所含元素化合价降低的物质）是氧化剂。氧化剂得到电子被还原，还原剂失去电子被氧化。氧化和还原必然同时发生。

（二）表示法

1. 双线桥表示法

用带箭头的横线表示同一种元素的原子或离子得失电子的结果（双线桥）。箭头由反应物指向生成物，横线上注明得失电子的数目。

$$\text{还原剂} + \text{氧化剂} \longrightarrow \text{氧化产物} + \text{还原产物}$$
（失去 ne ／ 得到 ne）

$$Zn + H_2SO_4 == ZnSO_4 + H_2\uparrow$$
（失去 $2e$ ／ 得到 $2e$）

2. 单线桥表示法

用带箭头的横线表示电子得失的情况（单线桥）。箭头由还原剂指向氧化剂，横线上注明电子转移的数目。

$$\text{还原剂} + \text{氧化剂} \longrightarrow \text{氧化产物} + \text{还原产物}$$
（ne）

$$2Na + Cl_2 == 2NaCl$$
（$2e$）

（三）氧化还原反应方程式的配平

1. 原则

氧化还原反应中的氧化剂得电子总数与还原剂失电子总数相等。

2. 配平步骤

以铜跟稀硝酸反应生成硝酸铜、一氧化氮和水为例。

(1) 先写出反应物和生成物的化学式,并列出发生氧化和还原反应元素的正负化合价。

$$\overset{0}{Cu} + H\overset{+5}{N}O_3 \longrightarrow \overset{+2}{Cu}(NO_3)_2 + \overset{+2}{N}O + H_2O$$

(2) 列出元素的化合价的变化。

$$\overset{0}{Cu} + H\overset{+5}{N}O_3 \longrightarrow \overset{+2}{Cu}(NO_3)_2 + \overset{+2}{N}O + H_2O$$

（化合价升高 2；化合价降低 3）

(3) 使化合价的升高和降低的总数相等。

$$3\overset{0}{Cu} + 2H\overset{+5}{N}O_3 \longrightarrow 3\overset{+2}{Cu}(NO_3)_2 + 2\overset{+2}{N}O + H_2O$$

（化合价升高 2×3；化合价降低 3×2）

(4) 用观察法配平其他物质的系数。按照金属原子（离子）、非金属原子（原子团）、水的顺序逐一配平。

在上述反应里,有 6 个 NO_3^- 没有参与氧化还原反应,所以 HNO_3 的系数应是 $2+6=8$；H_2O 的系数应是 4,因为有 2 个 NO_3^- 还原成 NO,其中 4 个氧原子跟 HNO_3 中氢离子结合成水。配平后,把单线改成等号。

$$3Cu + 8HNO_3(稀) = 3Cu(NO_3)_2 + 2NO\uparrow + 4H_2O$$

三、吸热反应和放热反应

（一）概念

化学上把放出热量的化学反应称为放热反应,把吸收热量的化学反应称为吸热反应。化学反应过程中放出或吸收的热都称为反应热。

（二）热化学方程式

表明化学反应所放出或吸收热量的化学方程式称为热化学方程式。

例如：$C(固) + O_2(气) = CO_2(气) + 393.5kJ$

或写为 $C(固) + O_2(气) = CO_2(气)$；$\Delta H = -393.5kJ/mol$

$C(固) + H_2O(气) = CO(气) + H_2(气) - 131.3kJ$

或写为 $C(固) + H_2O(气) = CO(气) + H_2(气)$；$\Delta H = 131.3kJ/mol$

说明：热化学方程式的书写规则：①生成物分子式后用"＋"号表示放热,"－"号表示吸热,或 ΔH 为正值表示吸热,ΔH 为负值表示放热；②要注明各物质的聚集状态,固、液、气可分别用符号 s、l、g 表示；③热化学方程式中的系数,只表示反应物和生成物的计量系数而不代表分子数,因此,它可以是整数,也可以是分数。

中和热是指酸碱发生中和反应生成 1mol 液态 H_2O 时产生的热量。中和热均为 57.3kJ/mol。

四、离子反应

（一）概念

有电解质电离的离子参加的反应称为离子反应。

（二）离子方程式

用实际参加反应的离子的符号来表示离子反应的式子称为离子方程式。

说明：离子方程式与一般化学方程式不同。离子方程式不仅表示一定物质间的某个反应，而且表示所有同一类型的离子反应。

书写离子方程式的步骤：以硝酸钡溶液跟硫酸钠溶液反应为例。

（1）写出反应的化学方程式

$$Ba(NO_3)_2 + Na_2SO_4 = BaSO_4\downarrow + 2NaNO_3$$

（2）把易溶于水、易电离的物质写成离子形式，把难溶的物质或难电离的物质（如水）以及气体等仍用化学式表示。

$$Ba^{2+} + 2NO_3^- + 2Na^+ + SO_4^{2-} = BaSO_4\downarrow + 2Na^+ + 2NO_3^-$$

（3）删去方程式两边不参加反应的离子。

$$Ba^{2+} + SO_4^{2-} = BaSO_4\downarrow$$

（4）检查离子方程式两边各元素的原子个数和电荷数是否相等。

（三）离子反应发生的条件

（1）生成难溶的物质，如 $BaSO_4$、$CaCO_3$、$AgCl$ 等。

（2）生成难电离的物质，如 CH_3COOH、H_2O 等。

（3）生成挥发性的物质，如 CO_2、H_2、H_2S 等。

凡具备上述条件之一，这类离子反应就能发生。还有一类离子反应，其特征是反应物之间发生氧化还原反应。如：

$$2Al + 6H^+ = 2Al^{3+} + 3H_2\uparrow$$

$$10Fe^{2+} + 2MnO_4^- + 16H^+ = 10Fe^{3+} + 2Mn^{2+} + 8H_2O$$

五、可逆反应和不可逆反应

（一）概念

在同一条件下，既能向正反应方向进行，同时又能向逆反应方向进行的反应，称为可逆反应。反应物几乎全部变成生成物的反应，称为不可逆反应。

（二）表示法

可逆反应通常用"$\rightleftharpoons$"符号连接反应物和生成物的化学式，把必要的条件写在可逆符号的上面或下面。化学方程式从左到右的方向为正反应方向，从右到左的方向为逆反应方向。例如：

$$2SO_2 + O_2 \underset{\triangle}{\overset{催化剂}{\rightleftharpoons}} 2SO_3$$

不可逆反应通常用"="符号连接反应物和生成物的化学式。

六、有关化学方程式的计算

化学反应必须遵循质量守恒定律，因此，对任何一个化学方程式来说，反应物和生成物之间、反应物彼此之间、生成物彼此之间都有一定的量的关系，而且所有这些量都是按化学方程式中的系数以正比例的关系相互联系的。

例如

$$N_2 + 3H_2 \underset{催化剂}{\overset{高温、高压}{\rightleftharpoons}} 2NH_3$$

系数比	1	3	2
物质的量之比	1	3	2
体积比	1	3	2
质量比	28	3×2	2×17

计算时,对于已知两种反应物的量,要根据它们之间的质量比及物质的量之比来判断是否适量,如果有一种反应物过量,则应根据量少的反应物来进行计算。对于多步反应(或连续反应),可以根据几个化学方程式找出有关物质的关系式进行计算,从而使计算简化。如果是离子反应,可根据离子方程式进行计算。

化学方程式中所表明的各物质都是指纯物质,因此,利用化学方程式计算出的数量关系是理论计算量。而在实际生产中原料和产品往往是不纯的物质,且生产中又难免有损耗,造成实际耗用原料量大于理论耗用原料量,实际产量小于理论产量。这方面的换算关系如下:

$$纯度 = \frac{纯物质的质量}{不纯物质的质量} \times 100\%$$

$$原料利用率 = \frac{原料理论用量}{原料实际用量} \times 100\%$$

$$产率 = \frac{实际产量}{理论产量} \times 100\%$$

【例题选解】

例1 下列说法中正确的是( )

A. H^+ 的氧化性比 Cu^{2+} 强
B. H_2O 既可作氧化剂,又可作还原剂
C. Na 既有氧化性又有还原性
D. I^- 的还原性比 Br^- 弱

【解析】

需要记住:金属阳离子的氧化能力大小的顺序与金属活动顺序表相反,而非金属阴离子还原能力大小顺序如下:$S^{2-} > I^- > Br^- > Cl^- > OH^-$ 及其他含氧酸根,还需要知道,非金属阴离子还原能力一般比金属原子的还原能力弱。

A 错。按金属活动顺序表,H 排在 Cu 的前面,说明 H 的还原能力强于 Cu,故 H^+ 的氧化能力应弱于 Cu^{2+}。

B 对。在 H_2O 这种化合物里,氧为 −2 价,有失去电子的可能,可以作还原剂。如:

$$2F_2 + 2H_2O = 4HF + O_2 \uparrow$$

氢为 +1 价,有得到电子的可能,可以作为氧化剂。如:

$$2Na + 2H_2O = 2NaOH + H_2 \uparrow$$

C 错。金属钠属于活泼金属可以失去电子成为 Na^+,表现为还原性,不能得到电子。因此,Na 不具有氧化性。

D 错。非金属阴离子的还原能力按 $S^{2-} > I^- > Br^- > Cl^- > OH^-$ 顺序递减,所以 I^- 的还原性强于 Br^-。

【答案】 B

例2 能正确表示下列反应的离子方程式是( )

A. 在硫酸铜溶液中加入氢氧化钡溶液:$Ba^{2+} + SO_4^{2-} = BaSO_4 \downarrow$

B. 硫化亚铁溶于稀硝酸:$3FeS + NO_3^- + 10H^+ = 3Fe^{3+} + NO \uparrow + 3H_2S \uparrow + 2H_2O$

C. 石灰石跟盐酸反应：$CO_3^{2-} + 2H^+ =\!=\!= CO_2\uparrow + H_2O$

D. 碳酸氢镁溶液中加入氢氧化钠溶液：$Mg^{2+} + 2HCO_3^- + 4OH^- =\!=\!= Mg(OH)_2\downarrow + 2CO_3^{2-} + 2H_2O$

【解析】

A 错。应是：$Cu^{2+} + SO_4^{2-} + Ba^{2+} + 2OH^- =\!=\!= BaSO_4\downarrow + Cu(OH)_2\downarrow$

B 错。因为 H_2S 是强还原剂，易被氧化为单质硫。应是：$FeS + 4H^+ + NO_3^- =\!=\!= Fe^{3+} + NO\uparrow + S\downarrow + 2H_2O$

C 错。因为在离子方程式的书写中，气体、难电离物、难溶物在反应前后出现均应写成化学式形式，可溶强电解质均应写成离子形式。石灰石为不溶物应写化学式。应是：$CaCO_3 + 2H^+ =\!=\!= Ca^{2+} + CO_2\uparrow + H_2O$

【答案】 D

例3 下列反应中，所通入的气体既是氧化剂又是还原剂的是（ ）

A. 将 SO_2 通入氢硫酸中　　　　B. 将 NO_2 通入水中

C. 将 Cl_2 通入溴化钾溶液中　　 D. 将 NH_3 通入稀硝酸溶液中

【解析】 (1)解此题首先要写出发生反应的化学方程式，然后再根据反应过程中是否有化合价的变化及化合价的升降，来判断参加反应的气体是否既是氧化剂又是还原剂。

(2)具体分析本题的 4 个选项。

A 错。氢硫酸就是 H_2S 气体的水溶液。通入 SO_2 后发生反应的化学方程式为

$$2H_2S + \overset{+4}{S}O_2 =\!=\!= 2H_2O + 3\overset{0}{S}\downarrow$$
（化合价降低）

此反应中，SO_2 中 S 元素的化合价降低，所以 SO_2 是氧化剂。

B 对。将 NO_2 通入水中，发生反应的化学方程式为

$$3\overset{+4}{N}O_2 + H_2O =\!=\!= 2H\overset{+5}{N}O_3 + \overset{+2}{N}O\uparrow$$
（化合价升高／化合价降低）

从反应式可知，NO_2 中 N 元素的化合价在反应过程中既有升高，又有降低，所以在此反应中，NO_2 既是氧化剂又是还原剂。即 B 为本题的正确选项。

C 错。将 Cl_2 通入 KBr 溶液，发生反应的化学方程式为

$$2K\overset{-1}{Br} + \overset{0}{Cl}_2 =\!=\!= 2KCl + Br_2$$
（化合价降低）

此反应中 Cl 元素的化合价降低，所以 Cl_2 是氧化剂。

D 错。将 NH_3 通入 HNO_3 溶液中，发生反应的化学方程式为 $NH_3 + HNO_3 =\!=\!= NH_4NO_3$。此反应中无化合价变化，所以不是氧化还原反应。

【答案】 B

例4 往 2L 含有 Na_2CO_3 和 Na_2SO_4 的水溶液中加入过量的 $BaCl_2$ 溶液，生成 66.3g 白色沉淀，再加入过量稀 HNO_3，此白色沉淀减少到 46.6g，计算原溶液中 Na_2CO_3 和 Na_2SO_4 的物质的

量浓度。

【解析】 （1）根据公式 $c=\dfrac{n}{V}$，已知 $V=2L$，所以只要设法求出溶质的物质的量 n，即可求出 c。

（2）反应生成的 66.3g 沉淀是 $BaCO_3$ 和 $BaSO_4$ 的混合物，加酸后，$BaCO_3$ 溶解，$BaSO_4$ 不溶，其反应方程式为

$$BaCO_3 + 2HNO_3 = Ba(NO_3)_2 + H_2O + CO_2\uparrow$$

所以，加 HNO_3 后剩余的 46.6g 沉淀是 $BaSO_4$。

最后，根据 $BaCO_3$ 的质量求 Na_2CO_3 的物质的量，根据 $BaSO_4$ 的质量求 Na_2SO_4 的物质的量即可。

解：设溶液中含有 x mol Na_2CO_3，y mol Na_2SO_4，则

$$BaCl_2 + Na_2CO_3 = BaCO_3\downarrow + 2NaCl$$

$$\begin{array}{cc} 1\,mol & 197g \\ x\,mol & (66.3g-46.6g) \end{array}$$

$$\dfrac{1\,mol}{x\,mol} = \dfrac{197g}{66.3g - 46.6g} \quad x = 0.1$$

Na_2CO_3 的物质的量浓度为 $\dfrac{0.1\,mol}{2L} = 0.05\,mol/L$。

$$BaCl_2 + Na_2SO_4 = BaSO_4\downarrow + 2NaCl$$

$$\begin{array}{cc} 1\,mol & 233g \\ y\,mol & 46.6g \end{array}$$

$$\dfrac{1\,mol}{y\,mol} = \dfrac{233g}{46.6g} \quad y = 0.2$$

Na_2SO_4 的物质的量浓度为 $\dfrac{0.2\,mol}{2L} = 0.1\,mol/L$。

答：Na_2CO_3、Na_2SO_4 的物质的量浓度分别为 $0.05\,mol/L$ 和 $0.1\,mol/L$。

例5 表面被氧化的镁条 3.2g，跟 50g 稀硫酸恰好完全反应，生成 0.2g 氢气。计算：(1)有多少克镁被氧化？(2)稀硫酸溶液的质量分数是多少？

【解析】 镁条可与稀硫酸作用放出 H_2，其氧化物 MgO 虽可与稀硫酸反应，但不能放出 H_2，可根据放出 H_2 的量计算出参加反应的镁的质量，从而进一步计算出被氧化的镁的质量；根据镁条和氧化镁消耗硫酸的质量可计算出稀硫酸的质量分数。

解：(1)设 x 克 Mg 与 y 克 H_2SO_4 反应生成 0.2g H_2。

$$Mg + H_2SO_4 = MgSO_4 + H_2\uparrow$$

$$\begin{array}{ccc} 24g & 98g & 2g \\ x\,g & y\,g & 0.2g \end{array}$$

$$\dfrac{24g}{x\,g} = \dfrac{2g}{0.2g} \quad x = 2.4$$

$$\dfrac{98g}{y\,g} = \dfrac{2g}{0.2g} \quad y = 9.8$$

氧化镁的质量 $= 3.2 - 2.4 = 0.8(g)$

设被氧化的镁的质量为 x' g。

则 $\dfrac{Mg}{MgO} = \dfrac{24}{40} = \dfrac{x'}{0.8}$

$x' = 0.48(g)$

(2) 设 0.8g MgO 与 y'g H_2SO_4 反应。

$MgO + H_2SO_4 \xlongequal{\quad} MgSO_4 + H_2O$

40g　　98g

0.8g　　y' g

$\dfrac{40g}{0.8g} = \dfrac{98g}{y' g}$　$y' = 1.96$

稀硫酸的质量分数为

$\dfrac{9.8 + 1.96}{50} \times 100\% = 23.52\%$

答：(1) 有 0.48g 镁被氧化；(2) 稀硫酸的质量分数为 23.52%。

习题 1-3

一、选择题

1. 对于下列基本反应类型的判断，不正确的是（　　）

   A. $CO_2 + H_2O \xlongequal{\quad} H_2CO_3$　化合反应

   B. $Cu(OH)_2 \xlongequal{\Delta} CuO + H_2O$　分解反应

   C. $Fe_2O_3 + 3CO \xlongequal{高温} 2Fe + 3CO_2$　置换反应

   D. $NaCl + AgNO_3 \xlongequal{\quad} AgCl\downarrow + NaNO_3$　复分解反应

2. 以下表示的是碳及其化合物的转化关系，其中涉及的基本反应类型依次是（　　）

   $C \xrightarrow[高温]{CuO} CO_2 \xrightarrow{H_2O} H_2CO_3 \xrightarrow{Ca(OH)_2} CaCO_3 \xrightarrow{高温} CO_2$

   A. 化合反应、置换反应、分解反应、复分解反应

   B. 置换反应、复分解反应、化合反应、分解反应

   C. 置换反应、化合反应、复分解反应、复分解反应

   D. 置换反应、化合反应、复分解反应、分解反应

3. 我国古代四大发明之一的黑火药是由硫黄粉、硝酸钾和木炭粉按一定比例混合而成的，爆炸的反应为 $S + 2KNO_3 + 3C \xlongequal{点燃} K_2S + N_2\uparrow + 3CO_2\uparrow$，下列说法中正确的是（　　）

   A. 该反应中，还原剂为 KNO_3

   B. 该反应中，S 和 C 被氧化

   C. 该反应中，K_2S 为氧化产物

   D. 该反应中，若生成 1mol N_2，则转移电子的物质的量为 12mol

4. $KMnO_4$ 是常用的消毒剂和氧化剂。已知相关化学反应如下：

   ① 向含 KOH 的 K_2MnO_4 溶液中通入 Cl_2 制备 $KMnO_4$：$2K_2MnO_4 + Cl_2 \xlongequal{\quad} 2KMnO_4 + 2KCl$；

   ② 实验室制 Cl_2：$2KMnO_4 + 16HCl \xlongequal{\quad} 2KCl + 2MnCl_2 + 5Cl_2\uparrow + 8H_2O$；

   ③ 测定废水中 Mn^{2+}：$2MnO_4^- + 3Mn^{2+} + 2H_2O \xlongequal{\quad} 5MnO_2\downarrow + 4H^+$。

下列有关说法错误的是(　　)

A. MnO_4^- 的氧化性一定比 Cl_2 的氧化性强

B. 物质氧化性与酸碱性有关,pH 越低,氧化性越强

C. ③中生成 2mol 还原产物时转移 6mol 电子

D. 若转移电子数相等,则①中 $KMnO_4$ 与②中 $KMnO_4$ 的质量之比为 5∶1

5. 现有 24mL 浓度为 $0.05mol \cdot L^{-1}$ 的 Na_2SO_3 溶液恰好与 20mL 浓度为 $0.02mol \cdot L^{-1}$ 的 $K_2Cr_2O_7$ 溶液完全反应。已知 Na_2SO_3 可被 $K_2Cr_2O_7$ 氧化为 Na_2SO_4,则元素 Cr 在还原产物中的化合价为(　　)

A. +2　　　　B. +3　　　　C. +4　　　　D. +5

6. 在下列给定条件的溶液中,一定能大量共存的离子组是(　　)

A. 无色溶液:K^+、Cl^-、Mg^{2+}、SO_4^{2-}、$Cr_2O_7^{2-}$

B. 常温下,$\dfrac{K_w}{c(OH^-)}=0.1mol \cdot L^{-1}$ 的溶液:Na^+、K^+、Fe^{3+}、NO_3^-

C. Na_2CO_3 溶液:K^+、Fe^{3+}、SO_4^{2-}、NO_3^-

D. 能使 pH 试纸呈红色的溶液:Na^+、NH_4^+、I^-、NO_3^-

7. 下列指定反应的离子方程式正确的是(　　)

A. 石灰水中加入过量小苏打溶液:$HCO_3^- + Ca^{2+} + OH^- = CaCO_3 \downarrow + H_2O$

B. 将铜丝插入足量浓硝酸中:$3Cu + 8H^+ + 2NO_3^- = 3Cu^{2+} + 2NO \uparrow + 4H_2O$

C. 醋酸溶液与水垢中的 $CaCO_3$ 反应:$CaCO_3 + 2H^+ = Ca^{2+} + H_2O + CO_2 \uparrow$

D. 用双氧水从酸化的海带灰浸出液中提取碘:$2I^- + H_2O_2 = I_2 + 2OH^-$

8. 下列相关方程式不正确的是(　　)

A. 碳酸钠溶液呈碱性:$CO_3^{2-} + H_2O \rightleftharpoons HCO_3^- + OH^-$

B. $0.1mol \cdot L^{-1}$ 氨水的 pH 为 11:$NH_3 \cdot H_2O \rightleftharpoons NH_4^+ + OH^-$

C. "84 消毒液"和"洁厕灵"(主要成分为盐酸)混合使用会产生有毒气体:$ClO_3^- + 5Cl^- + 6H^+ \rightleftharpoons 3Cl_2 \uparrow + 3H_2O$

D. $N_2(g) + 3H_2(g) \rightleftharpoons 2NH_3(g)$,$\Delta H = -92kJ \cdot mol^{-1}$,一定条件下,0.1mol N_2 和 0.3mol H_2 充分反应放出热量小于 9.2kJ

9. 已知热化学方程式:$SO_2(g) + \dfrac{1}{2}O_2(g) \rightleftharpoons SO_3(g)$ $\Delta H = -98.32kJ \cdot mol^{-1}$。在此条件下,向某容器中充入 2mol SO_2 和 1mol O_2 充分反应后,最终放出的热量为(　　)

A. 196.64kJ　　　　　　　　B. $196.64kJ \cdot mol^{-1}$

C. <196.64kJ　　　　　　　D. >196.64kJ

10. 用 1L $1.0mol \cdot L^{-1}$ NaOH 溶液吸收 0.8mol CO_2,所得溶液中的 CO_3^{2-} 和 HCO_3^- 的浓度之比约是(　　)

A. 1∶3　　　　B. 1∶2　　　　C. 2∶3　　　　D. 3∶2

11. Fe 与硝酸反应随温度和硝酸的浓度不同而产物不同。已知 0.2mol HNO_3 做氧化剂时,恰好把 0.4mol Fe 氧化为 Fe^{2+},则 HNO_3 将被还原成(　　)

A. NH_4^+　　　　B. N_2O　　　　C. NO　　　　D. NO_2

二、填空题

1. 从碳酸钙、稀盐酸、铁、氧气四种物质中选出一种或几种为反应物，按下述反应类型，各写一个化学方程式。

(1) 分解反应：_____。

(2) 化合反应：_____。

(3) 置换反应：_____。

(4) 复分解反应：_____。

2. 某届奥运会期间，由于工作人员将"84消毒液"与双氧水两种消毒剂混用，导致游泳池藻类快速生长，池水变绿。一种原因可能是 NaClO 与 H_2O_2 反应产生 O_2 促进藻类快速生长。该反应说明氧化性：NaClO _____ H_2O_2（填">"或"<"）；当有 0.1mol O_2 生成时，转移电子的物质的量为_____ mol。

3. 高铁酸(H_2FeO_4)是一种多功能、高效无毒的新型绿色水处理剂，投入水中会迅速发生反应。

(1) Na_2FeO_4 中 Fe 的化合价为_____。

(2) 已知：常温下高铁酸钠为紫黑色固体，将 Na_2FeO_4 投入水中，有气体生成，同时有红褐色沉淀产生，则 Na_2FeO_4 与水反应的化学方程式为_____。

4. 有一瓶溶液只含 Cl^-、CO_3^{2-}、SO_4^{2-}、Na^+、K^+、Mg^{2+} 六种离子中的某几种。经实验：

① 原溶液加入过量的 NaOH 溶液，产生白色沉淀；

② 原溶液中加 $BaCl_2$ 溶液不产生沉淀；

③ 原溶液中加 $AgNO_3$ 溶液产生白色沉淀，再加稀硝酸白色沉淀不溶解。

回答下列问题：

(1) 试分析原溶液中一定含有的离子是_____，一定不含有的离子是_____，可能含有的离子是_____。

(2) 请写出实验①、③有关反应的离子方程式：

① _____；

③ _____。

5. 写出下列反应的热化学方程式：

(1) $N_2(g)$ 与 $H_2(g)$ 反应生成 1mol $NH_3(g)$，放出 46.1kJ 热量_____。

(2) 甲硅烷(SiH_4)是一种无色气体，遇到空气能发生爆炸性自燃，生成 SiO_2 和水蒸气。已知室温下 1g 甲硅烷自燃放出热量 44.6kJ，其热化学方程式是_____。

6. 将 KOH 和 $Ca(OH)_2$ 混合物 1.86g 全部溶于一定量水中形成稀溶液，再缓缓通入足量的 CO_2 气体。当生成沉淀的质量刚好最大时，消耗 CO_2 的体积为 224mL（标准状况，忽略 CO_2 溶于水的情况，以下情况相同）。

(1) 生成沉淀的质量刚好最大时，反应的离子方程式为：_____。

(2) 原混合物中 $Ca(OH)_2$ 的质量为_____ g。

(3) 沉淀恰好溶解时，消耗 CO_2 的体积为_____ mL。

【参考答案】

一、1. C 2. D 3. D 4. A 5. B 6. B 7. A 8. C 9. C 10. A 11. B

二、1. (1) $CaCO_3 \xrightarrow{煅烧} CaO + CO_2\uparrow$

(2) $3Fe + 2O_2 \xrightarrow{\text{点燃}} Fe_3O_4$

(3) $Fe + 2HCl == FeCl_2 + H_2\uparrow$

(4) $CaCO_3 + 2HCl == CaCl_2 + H_2O + CO_2\uparrow$

2. >　0.2

3. (1) +6　(2) $4Na_2FeO_4 + 10H_2O == 4Fe(OH)_3 + 3O_2\uparrow + 8NaOH$

4. (1) Mg^{2+}、Cl^-　　CO_3^{2-}、SO_4^{2-}　　K^+、Na^+

(2) ①$Mg^{2+} + 2OH^- == Mg(OH)_2\downarrow$　③$Ag^+ + Cl^- == AgCl\downarrow$

5. (1) $\frac{1}{2}N_2(g) + \frac{3}{2}H_2(g) \rightleftharpoons NH_3(g)$ $\Delta H = -46.1 kJ·mol^{-1}$

(2) $SiH_4(g) + 2O_2(g) == SiO_2(s) + 2H_2O(g)$　　$\Delta H = -1427.2 kJ·mol^{-1}$

6. (1) $CO_2 + Ca^{2+} + 2OH^- = CaCO_3\downarrow + H_2O$　(2) 0.74　(3) 896

【难题解析】

一、4. 解析:$2K_2MnO_4 + Cl_2 == 2KMnO_4 + 2KCl$ 反应中,Cl_2 是氧化剂,$KMnO_4$ 是氧化产物,则氧化性:$Cl_2 > KMnO_4$,A 项错误;由题中反应可知,在酸性条件下,$KMnO_4$ 具有强氧化性,所以物质氧化性与酸碱性有关,pH 越低,氧化性越强,B 项正确;③中 MnO_4^- 被还原生成还原产物为 MnO_2,则生成 2mol 还原产物时转移 6mol 电子,C 项正确;①中 1mol $KMnO_4$ 转移 1mol 电子,②中 1mol $KMnO_4$ 转移 5mol 电子,所以若转移电子数相等,则①中 $KMnO_4$ 与②中 $KMnO_4$ 的质量之比为 5∶1,D 项正确。

5. 解析:题目中指出被还原的元素是 Cr,则得电子的物质必是 $K_2Cr_2O_7$,失电子的物质一定是 Na_2SO_3,其中 S 元素的化合价从 +4→+6;而 Cr 元素的化合价将从 +6→+n(设化合价为 +n)。根据氧化还原反应中得失电子守恒规律,有 $0.05 mol·L^{-1} × 0.024L × (6-4) = 0.02 mol·L^{-1} × 0.020L × 2 × (6-n)$,解得 n = 3。

8. 解析:A 项,碳酸钠溶液因为 CO_3^{2-} 水解而呈碱性:$CO_3^{2-} + H_2O \rightleftharpoons HCO_3^- + OH^-$,正确;B 项,$0.1 mol·L^{-1}$ 氨水因 $NH_3·H_2O$ 部分电离使 pH 为 11:$NH_3·H_2O \rightleftharpoons NH_4^+ + OH^-$,正确;C 项,"84 消毒液"(主要成分是次氯酸钠)和"洁厕灵"(主要成分为盐酸)混合使用会产生有毒气体 Cl_2:$ClO^- + Cl^- + 2H^+ == Cl_2\uparrow + H_2O$,错误;D 项,由于该反应是可逆反应,反应物不能完全转化,则一定条件下,$0.1 mol N_2$ 和 $0.3 mol H_2$ 充分反应放出热量小于 9.2kJ,正确。

10. 解析:氢氧化钠的物质的量 = $1.0 mol/L × 1L = 1 mol$,当 $n(NaOH):n(CO_2) \geq 2$,二者反应生成碳酸钠,当 $n(NaOH):n(CO_2) \leq 1$ 时,二者反应生成碳酸氢钠,但 $1 < n(NaOH):n(CO_2) < 2$ 时,二者反应生成碳酸钠和碳酸氢钠的混合物。氢氧化钠和二氧化碳的物质的量之比为 1mol∶0.8mol = 5∶4,则二者反应生成碳酸钠和碳酸氢钠。

设碳酸钠的物质的量是 x,碳酸氢钠的物质的量是 y,

根据碳原子守恒得 $x + y = 0.8$①

根据钠原子守恒得 $2x + y = 1$②

根据①②得 $x = 0.2, y = 0.6$,

所以 CO_3^{2-} 和 HCO_3^- 的浓度之比 = 0.2mol∶0.6mol = 1∶3,A 项正确。

11. 解析:$0.2 mol HNO_3$ 做氧化剂时,氮元素的化合价会降低,$0.4 mol Fe$ 氧化为 Fe^{2+},化合价

升高,铁原子失去电子,氮原子得到电子,根据得失电子守恒来计算 HNO_3 的还原产物中 N 元素的价态。

设硝酸被还原得到的产物中,N 元素的价态是 x,

则根据反应中得失电子守恒:$0.4mol \times (2-0) = 0.2mol \times (5-x)$,

解得 $x = 1$,

所以硝酸被还原得到的产物中,N 元素的价态是 +1 价,应该是 N_2O。

二、2. 解析:"84 消毒液"与过氧化氢消毒剂混用,导致消毒能力降低甚至消失,池水变绿,是因为反应生成的氧气促进藻类的疯长,该反应的化学反应方程式为 $NaClO + H_2O_2 = NaCl + O_2\uparrow + H_2O$,说明氧化性 $NaClO > H_2O_2$;当有 $0.1mol\ O_2$ 生成时,转移电子的物质的量为 $0.2mol$。

3. 解析:(2)生成物中气体为氧气,红褐色沉淀为氢氧化铁,则 Na_2FeO_4 与水反应的化学方程式为 $4Na_2FeO_4 + 10H_2O = 4Fe(OH)_3 + 3O_2\uparrow + 8NaOH$。

4. 解析:(1)题目所给的 6 种离子中,只有 Mg^{2+} 遇 NaOH 可以生成白色沉淀,则原溶液中一定含有 Mg^{2+};向原溶液中加入 $BaCl_2$ 溶液不产生沉淀,则原溶液中一定没有 CO_3^{2-}、SO_4^{2-};原溶液中加 $AgNO_3$ 溶液产生白色沉淀,再加稀硝酸白色沉淀不溶解,说明原溶液中一定含有 Cl^-,则可能含有的离子是 K^+、Na^+,故答案为 Mg^{2+}、Cl^-;CO_3^{2-}、SO_4^{2-};K^+、Na^+;

(2)①是生成氢氧化镁沉淀,其离子方程式是:$Mg^{2+} + 2OH^- = Mg(OH)_2\downarrow$;③是生成氯化银沉淀,其离子方程式是:$Ag^+ + Cl^- = AgCl\downarrow$。

6. 解析:KOH 和 $Ca(OH)_2$ 混合物溶于水中形成稀溶液,通入足量的 CO_2 气体所发生的离子反应有:①$2OH^- + CO_2 = CO_3^{2-} + H_2O$,②$CO_3^{2-} + Ca^{2+} = CaCO_3\downarrow$,③$CaCO_3 + CO_2 + H_2O = Ca(HCO_3)_2$。

根据以上反应,可把反应分为四个阶段:

① 二氧化碳会先和氢氧化钙反应生成碳酸钙沉淀,方程式为 $CO_2 + Ca(OH)_2 = CaCO_3\downarrow + H_2O$,

② 二氧化碳会继续和氢氧化钾反应,方程式为 $2KOH + CO_2 = K_2CO_3 + H_2O$,

③ 二氧化碳会继续和碳酸钾反应,方程式为 $K_2CO_3 + CO_2 + H_2O = 2KHCO_3$,

④ 二氧化碳会继续和碳酸钙反应,生成碳酸氢钙,方程式为 $CaCO_3 + CO_2 + H_2O = Ca(HCO_3)_2$,

据消耗 CO_2 的体积为 224mL,结合化学方程式计算。

解:(1)二氧化碳会先和氢氧化钙反应生成碳酸钙沉淀,当将氢氧化钙恰好完全反应时即得沉淀的最大量,方程式为 $CO_2 + Ca(OH)_2 = CaCO_3\downarrow + H_2O$,

故答案为:$CO_2 + Ca^{2+} + 2OH^- = CaCO_3\downarrow + H_2O$。

(2)根据反应方程式为 $CO_2 + Ca(OH)_2 = CaCO_3\downarrow + H_2O$,

设氢氧化钙的物质的量为 x,那么 x 应该等于二氧化碳的量,即 $\frac{0.224L}{22.4L/mol} = 0.01mol$,

所以氢氧化钙的质量为 $0.01mol \times 74g/mol = 0.74g$,

故答案为:0.74。

(3)1.86gKOH 和 $Ca(OH)_2$ 混合物中,$n(KOH) = \frac{1.86g - 0.74g}{56g/mol} = 0.02mol$,

沉淀恰好溶解时,所发生的反应有:

① $CO_2 + Ca(OH)_2 = CaCO_3\downarrow + H_2O$
  0.01mol 0.01mol
② $2KOH + CO_2 = K_2CO_3 + H_2O$
  0.02mol 0.01mol
③ $K_2CO_3 + CO_2 + H_2O = 2KHCO_3$,
  0.01mol 0.01mol
④ $CaCO_3 + CO_2 + H_2O = Ca(HCO_3)_2$
  0.01mol 0.01mol

沉淀恰好溶解时,消耗 CO_2 的物质的量为 0.01mol + 0.01mol + 0.01mol + 0.01mol = 0.04mol,
体积为 0.04mol × 22.4L/mol = 0.896L,即 896mL,
故答案为:896。

第四节　化学反应速率

一、定义

化学反应速率是指各种化学反应进行的快慢程度。

二、化学反应速率的表示方法

化学反应速率用单位时间(如每秒、每分或每小时等)内反应物或生成物的物质的量浓度(摩尔/升)的变化来表示,通常用单位时间内反应物浓度的减小或生成物浓度的增大来表示。浓度的单位一般为摩尔/升,反应速率的单位就是摩尔/(升·分)或摩尔/(升·秒)等。

例如,假设在合成氨反应中:

$$N_2 + 3H_2 \rightleftharpoons 2NH_3$$

开始时浓度(摩尔/升)　　　 2　　2　　　　0
2 分钟后的浓度(摩尔/升)　1.6　0.8　　　0.8

则用 N_2 的浓度减量表示反应速率为

$$v_{N_2} = \frac{2-1.6}{2} = 0.2[\text{mol}/(\text{L}\cdot\text{min})]$$

用 H_2 的浓度减量表示反应速率为

$$v_{H_2} = \frac{2-0.8}{2} = 0.6[\text{mol}/(\text{L}\cdot\text{min})]$$

用 NH_3 的浓度增量表示反应速率为

$$v_{NH_3} = \frac{0.8}{2} = 0.4[\text{mol}/(\text{L}\cdot\text{min})]$$

说明:①对同一个化学反应的反应速率,若用不同物质的浓度变化来表示,则其数值可能是不同的。但速率比应等于化学方程式中各物质的系数比。如上例中:0.2∶0.6∶0.4 = 1∶3∶2。
②反应速率都取正值。③用上述方法所求的速率是平均速率。

三、影响反应速率的条件

参加反应物质的性质是决定化学反应速率的主要因素。不同的化学反应,速率不同。对于同一个化学反应来说,它的反应速率还要受到许多外界条件的影响,如浓度、压强、温度和催化剂等。

1. 浓度对化学反应速率的影响

当其他条件不变时,增加反应物的浓度,可以增大反应的速率。

说明:这里反应物的浓度只包括气态反应物和溶液中的反应物的浓度,而不包括固体反应物或纯液态反应物。

2. 压强对化学反应速率的影响

对于气体反应来说,当温度一定时,增大压强,可以增大反应的速率;减小压强,可以使反应速率减小。

说明:压强的改变对固体、液体或溶液的体积影响很小,可以认为压强与它们的反应速率无关。

3. 温度对化学反应速率的影响

温度升高,化学反应速率一般要加快。

说明:经实验测定,温度每升高10℃,反应速率通常增大到原来的2~4倍。

4. 催化剂对化学反应速率的影响

催化剂能改变化学反应速率,而本身的质量和化学性质在化学反应前后都没有改变。

说明:①使用适当的催化剂,能提高或降低化学反应速率;②催化剂是同等程度地改变正、逆反应速率。

【例题选解】

例1 加快化学反应速率可以采取的方法是(　　)

A. 减小压强　　　　　　　　　　B. 减小反应物浓度

C. 降低温度　　　　　　　　　　D. 升高温度

【解析】 升高温度、增大压强、增加反应物的浓度都可以加快反应速率。减小反应物的浓度,可以使化学平衡向逆反应方向移动,但不能增大反应速率。

【答案】 D

例2 在2L密闭容器中加入4mol A(g)和6mol B(g),发生反应:$4A(g)+6B(g) \rightleftharpoons 4C(g)+5D(g)$,若5s后剩下的A的物质的量是2.5mol,则用B表示的反应速率是(　　)

A. $0.45 mol \cdot L^{-1} \cdot s^{-1}$　　　　　　B. $0.15 mol \cdot L^{-1} \cdot s^{-1}$

C. $0.225 mol \cdot L^{-1} \cdot s^{-1}$　　　　　D. $0.9 mol \cdot L^{-1} \cdot s^{-1}$

【解析】 5s内A减少的物质的量为4mol−2.5mol=1.5mol,故A的浓度变化量为$\frac{1.5 mol}{2L}=0.75 mol \cdot L^{-1}$,所以$v(A)=\frac{0.75 mol \cdot L^{-1}}{5s}=0.15 mol \cdot L^{-1} \cdot s^{-1}$;对于同一反应,用不同物质表示的化学反应速率之比等于化学方程式中对应物质的化学计量数之比,所以$v(B)=\frac{6}{4} \times 0.15 mol \cdot L^{-1} \cdot s^{-1}=0.225 mol \cdot L^{-1} \cdot s^{-1}$。

【答案】 C

习题 1-4

一、选择题

1. 对于在一个密闭容器中进行的反应 C(s) + H₂O(g) ⇌ CO(g) + H₂(g)。下列条件的改变对反应速率几乎没有影响的是(　　)
   A. 增加 C 的量
   B. 减少 CO 的量
   C. 升高反应体系的温度
   D. 保持压强不变，充入 He 以增大体积

2. 反应 N₂(g) + O₂(g) ⇌ 2NO(g) 在密闭容器中进行，下列条件能加快反应速率的是(　　)
   A. 增大体积，压强减小
   B. 体积不变，充入 N₂ 使压强增大
   C. 体积不变，充入氖气使压强增大
   D. 使总压强不变，充入氖气

3. 在 2L 的密闭容器中，发生反应 3A(g) + B(g) ⇌ 2C(g)，若最初加入的 A 和 B 的物质的量都是 4mol，测得 10s 内 A 的平均速率 $v(A) = 0.12 \text{mol} \cdot L^{-1} \cdot s^{-1}$，则反应进行到 10s 时容器中 B 的物质的量是(　　)
   A. 1.6mol
   B. 2.8mol
   C. 3.2mol
   D. 3.6mol

4. 把 0.6mol X 气体和 0.4mol Y 气体混合于 2L 容器中，发生反应：3X(g) + Y(g) ⇌ nZ(g) + 2W(g)，5min 末生成 0.2mol W，若测得以 Z 浓度变化来表示的平均速率为 $0.01 \text{mol} \cdot L^{-1} \cdot \min^{-1}$，则上述反应中 Z 气体的化学计量数 n 的值是(　　)
   A. 1
   B. 2
   C. 3
   D. 4

5. 在某恒容密闭容器中投入 X、Y、W、Q 四种物质，经一段时间后测得各物质的物质的量如下表所列：

	X	Y	W	Q
10min	1.0mol	3.0mol	1.0mol	2.0mol
20min	0.5mol	1.5mol	2.0mol	1.0mol

上述容器中发生反应的化学方程式可能是(　　)
A. X + 2Y ⇌ 2W + 2Q
B. 3X + Y + 2W ⇌ 2Q
C. X + 3Y + 2Q ⇌ 2W
D. X + 2Y + 3Q ⇌ 2W

6. 在 4 种不同条件下测得反应 2SO₂ + O₂ ⇌ 2SO₃ 的反应速率如下表所列：

编号	(1)	(2)	(3)	(4)
反应速率 $\text{mol} \cdot L^{-1} \cdot \min^{-1}$	$v(SO_2)$	$v(O_2)$	$v(SO_3)$	$v(O_2)$
	0.4	0.25	0.5	0.3

其中反应速率最大的是(　　)
A. (1)
B. (2)
C. (3)
D. (4)

7. 甲、乙两个容器内都进行 A→B 的反应,甲容器每分钟减少 4mol A,乙容器内每分钟减少 2mol A,则甲容器内的反应速率比乙容器内的反应速率( )

A. 快　　　　　　　　　　B. 慢

C. 相等　　　　　　　　　D. 无法判断

8. 在反应 $N_2 + 3H_2 \rightleftharpoons 2NH_3$ 中,经过一段时间后,NH_3 的浓度增加了 $0.6mol \cdot L^{-1}$,在此段时间内用 H_2 表示的平均反应速率为 $0.45mol \cdot L^{-1} \cdot s^{-1}$,则此段时间是( )

A. 1s　　　　　　　　　　B. 2s

C. 44s　　　　　　　　　D. 1.33s

二、填空题

1. 分析下列实例,根据已有知识和经验填写下表:

实例	影响速率的因素
(1) 夏天食物易变质	
(2) 硫在氧气中比在空气中燃烧快	
(3) 粉末状的碳酸钙比块状的碳酸钙与盐酸反应快	
(4) 氯酸钾与二氧化锰混合共热可快速产生氧气	
(5) 工业合成氨通常要在高压下进行	
(6) 镁与盐酸的反应比铝快得多	

2. 根据反应 $4FeS_2 + 11O_2 \xrightarrow{\text{高温}} 2Fe_2O_3 + 8SO_2$,请回答下列问题:

(1) 常选用哪些物质表示该反应的反应速率:_____。

(2) 当生成 SO_2 的速率为 $0.64mol \cdot L^{-1} \cdot s^{-1}$ 时,则消耗氧气的速率为_____。

(3) 开始时加入一定量反应物,若反应 4s 后 O_2 的浓度为 $2.8mol \cdot L^{-1}$,此时间段内 SO_2 的反应速率为 $0.4mol \cdot L^{-1} \cdot s^{-1}$,则开始时氧气的浓度为_____。

3. 为了提高煤的利用率,人们先把煤转化为 CO 和 H_2,再将它们转化为甲醇。某实验人员在一定温度下的密闭容器中,充入一定量的 H_2 和 CO,发生反应:$2H_2(g) + CO(g) \xrightarrow{\text{催化剂}} CH_3OH(g)$,测定的部分实验数据如下:

t/s	0	500	1000
$c(H_2)/(mol \cdot L^{-1})$	5.00	3.52	2.48
$c(CO)/(mol \cdot L^{-1})$	2.50		

(1) 在 500s 内用 H_2 表示的化学反应速率是_____。

(2) 在 1000s 内用 CO 表示的化学反应速率是_____,1000s 时 CO 的转化率是_____。

(3) 在 500s 内增加的甲醇的浓度是_____。

【参考答案】

一、1. A　2. B　3. C　4. A　5. C　6. D　7. D　8. B

二、1. (1)温度(2)浓度(3)接触面积(4)催化剂(5)压强(6)金属本身性质

2. (1)SO_2、O_2 (2)$0.88mol \cdot L^{-1} \cdot s^{-1}$ (3)$5.0mol \cdot L^{-1}$

3. (1)$2.96 \times 10^{-3} mol \cdot L^{-1} \cdot s^{-1}$

(2)$1.26 \times 10^{-3} \text{mol} \cdot \text{L}^{-1} \cdot \text{s}^{-1}$　　50.4%

(3)$0.74 \text{mol} \cdot \text{L}^{-1}$

【难题解析】

一、6. 由反应速率之比等于相应物质的化学计量数之比可得：$\frac{1}{2}v(\text{SO}_2) = v(\text{O}_2) = \frac{1}{2}v(\text{SO}_3)$，将所得数据作如下换算：(1)$\frac{1}{2}v(\text{SO}_2) = 0.2 \text{mol} \cdot \text{L}^{-1} \cdot \text{min}^{-1}$；(2)$v(\text{O}_2) = 0.25 \text{mol} \cdot \text{L}^{-1} \cdot \text{min}^{-1}$；(3)$\frac{1}{2}v(\text{SO}_3) = 0.25 \text{mol} \cdot \text{L}^{-1} \cdot \text{min}^{-1}$；(4)$v(\text{O}_2) = 0.3 \text{mol} \cdot \text{L}^{-1} \cdot \text{min}^{-1}$。单位相同，数值大者反应速率大。

7. 由化学反应速率的表达式：$v(A) = \frac{\Delta cA}{\Delta t} = \frac{\Delta nA}{V \cdot \Delta t}$，由于甲、乙两容器的容积大小未知，仅知道单位时间内 A 的物质的量的变化值，故不能比较两容器内反应速率的大小。

8. 已知用 H_2 表示的平均反应速率为 $0.45 \text{mol} \cdot \text{L}^{-1} \cdot \text{s}^{-1}$，则用 NH_3 表示的平均反应速率为 $v(\text{NH}_3) = \frac{2}{3}v(\text{H}_2) = \frac{2}{3} \times 0.45 \text{mol} \cdot \text{L}^{-1} \cdot \text{s}^{-1} = 0.3 \text{mol} \cdot \text{L}^{-1} \cdot \text{s}^{-1}$，所以 $\Delta t = \frac{0.6 \text{mol} \cdot \text{L}^{-1}}{0.3 \text{mol} \cdot \text{L}^{-1} \cdot \text{s}^{-1}} = 2\text{s}$。

二、2.（1）一般不用固体和纯液体表示反应速率，所以可用 O_2、SO_2 表示该反应的反应速率。

（2）用不同物质表示的反应速率和化学方程式中各物质化学计量数成正比，所以消耗氧气的速率为 $0.64 \text{mol} \cdot \text{L}^{-1} \cdot \text{s}^{-1} \times \frac{11}{8} = 0.88 \text{mol} \cdot \text{L}^{-1} \cdot \text{s}^{-1}$。

（3）此时间段内 SO_2 的反应速率为 $0.4 \text{mol} \cdot \text{L}^{-1} \cdot \text{s}^{-1}$，则用氧气表示的反应速率为 $0.4 \text{mol} \cdot \text{L}^{-1} \cdot \text{s}^{-1} \times \frac{11}{8} = 0.55 \text{mol} \cdot \text{L}^{-1} \cdot \text{s}^{-1}$，所以氧气的浓度变化为 $0.55 \text{mol} \cdot \text{L}^{-1} \cdot \text{s}^{-1} \times 4\text{s} = 2.2 \text{mol} \cdot \text{L}^{-1}$，则反应开始时氧气的浓度为 $2.8 \text{mol} \cdot \text{L}^{-1} + 2.2 \text{mol} \cdot \text{L}^{-1} = 5.0 \text{mol} \cdot \text{L}^{-1}$。

3.（1）在500s 内，$v(\text{H}_2) = \frac{5.00 \text{mol} \cdot \text{L}^{-1} - 3.52 \text{mol} \cdot \text{L}^{-1}}{500\text{s}} = 2.96 \times 10^{-3} \text{mol} \cdot \text{L}^{-1} \cdot \text{s}^{-1}$。

（2）在1000s 内，$\Delta c(\text{H}_2) = 5.00 \text{mol} \cdot \text{L}^{-1} - 2.48 \text{mol} \cdot \text{L}^{-1} = 2.52 \text{mol} \cdot \text{L}^{-1}$，则 $\Delta c(\text{CO}) = \frac{1}{2}\Delta c(\text{H}_2) = 1.26 \text{mol} \cdot \text{L}^{-1}$，用 CO 表示此段时间内的平均速率为 $v(\text{CO}) = \frac{1.26 \text{mol} \cdot \text{L}^{-1}}{1000\text{s}} = 1.26 \times 10^{-3} \text{mol} \cdot \text{L}^{-1} \cdot \text{s}^{-1}$，CO 的转化率为 $\frac{1.26 \text{mol} \cdot \text{L}^{-1}}{2.50 \text{mol} \cdot \text{L}^{-1}} \times 100\% = 50.4\%$。

（3）在500s 内，$\Delta c(\text{H}_2) = 1.48 \text{mol} \cdot \text{L}^{-1}$，则增加的甲醇的浓度为 $0.74 \text{mol} \cdot \text{L}^{-1}$。

第五节　溶液

一种物质(或几种物质)的微粒分散到另一种物质里形成的混合物称为分散系。其中分散成微粒的物质称为分散质，微粒分布在其中的物质称为分散剂。溶液是一种分散系，胶体也是一种分散系。

一种或一种以上的物质以分子或离子形式分散到另一种物质里，形成均一的、稳定的混合物，称为溶液。

一、溶液的组成

溶剂——用来溶解其他物质的物质。

溶质——被溶剂所溶解的物质。

溶液——由溶剂的分子、溶质的分子(或离子)和它们相互作用的生成物(水合离子或水合分子)等物质组成。

用水作溶剂的溶液,称为水溶液,用酒精作溶剂的溶液称为酒精溶液。通常不指明溶剂的溶液,一般指的是水溶液。

二、溶解和结晶

(一) 溶解

溶质分散到溶剂里形成溶液的过程称为溶解。溶质的溶解过程一般包括物理过程和化学过程,并可伴有吸热或放热。

(二) 结晶

溶质从溶液中析出的过程称为结晶。

许多物质从水溶液里析出,形成晶体时,晶体里常结合一定数目的水分子,这样的水分子称为结晶水,含有结晶水的物质称为结晶水合物,如 $CuSO_4 \cdot 5H_2O$(胆矾)、$KAl(SO_4)_2 \cdot 12H_2O$(明矾)等。

(三) 溶解平衡

溶解和结晶是两个相反的过程,在单位时间里,溶质分子(或离子)扩散到溶液里的数目和回到溶质固体表面的数目相等时,即溶解的速度等于结晶的速度,这种状况称为溶解平衡。

(四) 风化

在室温时和干燥的空气里,结晶水合物失去一部分或全部结晶水的现象称为风化。例如,无色碳酸钠晶体易发生风化失去结晶水而成为白色粉末。

(五) 潮解

有些晶体能吸收空气里的水蒸气,在晶体表面逐渐形成溶液,这种现象称为潮解。例如,氯化镁晶体、氢氧化钠晶体易潮解,表面变潮湿。

三、溶解度

(一) 饱和溶液和不饱和溶液

一定温度下,在一定量的溶剂里,不能再溶解某种溶质的溶液,称为这种溶质的饱和溶液;还能继续溶解某种溶质的溶液,称为这种溶质的不饱和溶液。

饱和溶液和不饱和溶液在条件改变时,可以互相转变。

(二) 溶解度

(1) 固体溶解度:在一定温度下,某物质在100g溶剂里达到饱和状态时所溶解的克数,称为这种物质在这种溶剂里的溶解度。

(2) 气体溶解度:某气体(压强为101325Pa)在一定温度时溶解在1体积的水里达到饱和状态时的气体体积数。

说明:溶解度的大小不仅与溶质和溶剂有关,而且还跟外界条件有关。一般来说,绝大多数固体物质的溶解度随着温度的升高而增大。NaCl 的溶解度随温度的变化不明显,$Ca(OH)_2$ 的溶解度随温度的升高反而减小。气体的溶解度随温度升高显著减小。

压强对气体溶解度有影响。增大压强,气体溶解度增大;减小压强,气体溶解度减小。

四、溶液的浓度

一定量的溶液里所含溶质的量称为溶液的浓度。

(一)质量分数

用溶质的质量与全部溶液的质量之比来表示的溶液的浓度。

$$质量分数 = \frac{溶质的质量}{溶质质量 + 溶剂质量} \times 100\%$$

(二)体积比浓度

当用两种液体配制溶液时,通常用液体的体积比来表示溶液的浓度。如 1∶4 的硫酸溶液,是指 1 体积硫酸(一般是指浓度为 98%,密度为 1.84g/cm³ 的硫酸)跟 4 体积水配成的溶液。

(三)物质的量浓度

以单位体积溶液里含溶质的物质的量来表示的溶液的浓度。通常以摩尔/升(mol/L)为单位。

$$物质的量浓度(摩尔/升) = \frac{溶质的物质的量(摩尔)}{溶液的体积(升)}$$

(四)有关浓度的计算

1. 各种浓度的换算

$$物质的量浓度(摩尔/升) = \frac{1000(毫升/升) \times 溶液密度(克/毫升) \times 质量分数}{溶质的摩尔质量(克/摩尔)}$$

2. 溶液的稀释或混合

溶液稀释或混合前后,溶质的量不变,即稀释前溶质的量 = 稀释后溶质的量,混合前溶质的量 = 混合后溶质的量。

(1)物质的量浓度的稀释或混合(用 c 代表物质的量浓度,V 代表溶液的体积)。

稀释　　$c_{浓} V_{浓} = c_{稀} V_{稀}$

混合　　$c_1 V_1 + c_2 V_2 = c_{混} V_{混}$

(2)质量分数的稀释或混合(用 m 代表溶液质量,w 代表质量分数)。

稀释　　$m_{浓} w_{浓} = m_{稀} w_{稀}$

混合　　$m_1 w_1 + m_2 w_2 = (m_1 + m_2) w_3$

【例题选解】

例 1　用 98% 的 H_2SO_4(密度为 1.84g/mL)配成 1∶5 的硫酸溶液(密度为 1.19g/mL),则稀硫酸的质量分数和物质的量浓度分别是多少?

【解析】　1∶5 的体积比是一种溶液的浓度表示方法。"1"为取 1 体积的浓度为 98%、密度为 1.84 的浓硫酸,"5"为取 5 体积水。二者混合即为 1∶5 的硫酸溶液。

假设 1 体积为 1 升

溶质的质量 = 1000mL × 1.84g/mL × 98% = 1803.2g

溶液的质量 = 1000mL × 1.84g/mL + 5000g = 6840g

质量分数 $= \dfrac{1803.2\text{g}}{6840\text{g}} \times 100\% = 26.36\%$

溶质的物质的量 $= \dfrac{1803.2\text{g}}{98\text{g/mol}} = 18.4\text{mol}$

溶液的体积 $= \dfrac{6840\text{g}}{1.19\text{g/mL}} = 5747.9\text{mL} = 5.75\text{L}$

溶液的物质的量浓度 $= \dfrac{18.4\text{mol}}{5.75\text{L}} = 3.2\text{mol/L}$

答：稀硫酸的质量分数为26.36%，物质的量浓度为3.2mol/L。

例2 如何用0.5mol/L和0.1mol/L的苛性钠溶液配制0.2mol/L的苛性钠溶液500mL（假设溶液混合时体积不改变）？

【解析】 根据溶液混合前后溶质的量（物质的量）相等的原则，利用公式 $c_1V_1 + c_2V_2 = c_\text{混}V_\text{混}$ 进行计算。设需0.5mol/L溶液 V_1 mL，则需要0.1mol/L溶液 $V_2 = 500 - V_1$ mL。

则 $0.5 \times V_1 + 0.1 \times (500 - V_1) = 0.2 \times 500$

$V_1 = 125(\text{mL})$ $V_2 = 500 - V_1 = 375(\text{mL})$

答：需0.5mol/L溶液125mL及0.1mol/L溶液375mL，可配成0.2mol/L苛性钠溶液500mL。

例3 某结晶水合物的化学式为 $\text{R} \cdot n\text{H}_2\text{O}$，其相对分子质量为 M。25℃时，a g该晶体能够溶于 b g水中，形成 V mL饱和溶液。下列关系中不正确的是（ ）

A. 该溶液中溶质的质量分数为 $w = \dfrac{100a(M-18n)}{a+b}\%$

B. 该溶液的物质的量浓度为 $c = \dfrac{1000a}{MV}\text{mol} \cdot \text{L}^{-1}$

C. 该溶液中溶剂与溶质的质量比为 $m(\text{水}):m(\text{溶质}) = \left(\dfrac{18na}{M} + b\right):\left(a - \dfrac{18na}{M}\right)$

D. 该溶液的密度为 $\rho = \dfrac{a+b}{V}\text{g} \cdot \text{cm}^{-3}$

【答案】 A

【解析】 A项，结晶水合物的化学式为 $\text{R} \cdot n\text{H}_2\text{O}$，$a$g该晶体中含有R的质量为 $a\text{g} \times \dfrac{M-n \times 18}{M}$，所以饱和溶液中溶质的质量分数 $w = \dfrac{a(M-18n)}{M(a+b)} \times 100\%$，错误；B项，溶质的物质的量浓度 $c(\text{R}) = \dfrac{n(\text{R})}{V(\text{溶液})} = \dfrac{1000a}{MV}\text{mol} \cdot \text{L}^{-1}$，正确；C项，$m(\text{溶质}) = n(\text{R}) \cdot M(\text{R}) = \dfrac{a \times (M-18n)}{M} = a - \dfrac{18na}{M}$，$m(\text{水}) = a + b - m(\text{溶质}) = b + \dfrac{18na}{M}$，故 $m(\text{水}):m(\text{溶质}) = \left(\dfrac{18na}{M} + b\right):\left(a - \dfrac{18na}{M}\right)$，正确；D项，$\rho = \dfrac{m}{V} = \dfrac{(a+b)\text{g}}{V\text{mL}} = \dfrac{a+b}{V}\text{g} \cdot \text{cm}^{-3}$，正确。

习题 1-5

一、选择题

1. 下列关于物质的量浓度表述正确的是（ ）

A. $0.3\text{mol} \cdot \text{L}^{-1}$ 的 Na_2SO_4 溶液中含有的 Na^+ 和 SO_4^{2-} 的总物质的量为0.9mol

B. 将286g $Na_2CO_3 \cdot 10H_2O$ 溶于1L水中,所得溶液的物质的量浓度为 $1mol \cdot L^{-1}$

C. 在 K_2SO_4 和NaCl的中性混合水溶液中,如果 Na^+ 和 SO_4^{2-} 的物质的量相等,则 K^+ 和 Cl^- 的物质的量浓度一定相同

D. 10℃时,$0.35mol \cdot L^{-1}$ 的KCl饱和溶液100mL蒸发掉5g水,冷却到10℃时,其体积小于100mL,它的物质的量浓度仍为 $0.35mol \cdot L^{-1}$

2. 下列叙述错误的是( )

A. 10mL质量分数为98%的 H_2SO_4,用10mL水稀释后,H_2SO_4 的质量分数大于49%

B. 配制 $0.1mol \cdot L^{-1}$ 的 Na_2CO_3 溶液480mL,需用500mL容量瓶

C. 在标准状况下,将22.4L氨气溶于1L水中,得到 $1mol \cdot L^{-1}$ 的氨水

D. 向2等份等浓度不饱和的烧碱溶液中分别加入一定量的 Na_2O_2 和 Na_2O,使溶液均恰好饱和,则加入的 Na_2O_2 与 Na_2O 的物质的量之比等于1:1(保持温度不变)

3. 科学家研发了环境友好、完全型的"绿色"引爆炸药,其一种可表示为 Na_2R,它保存在水中可以失去活性,爆炸后不会产生危害性残留物。已知10mL某 Na_2R 溶液含 Na^+ 的数目为 N,该 Na_2R 溶液的物质的量浓度为( )

A. $N \times 10^{-2} mol \cdot L^{-1}$

B. $\dfrac{N}{1.204 \times 10^{22}} mol \cdot L^{-1}$

C. $\dfrac{N}{6.02 \times 10^{21}} mol \cdot L^{-1}$

D. $\dfrac{N}{6.02 \times 10^{25}} mol \cdot L^{-1}$

4. 把200mL NH_4HCO_3 和 Na_2CO_3 的混合溶液分成两等份,取一份加入含 a mol NaOH的溶液恰好反应完全;取另一份加入含 b mol HCl的盐酸恰好反应完全。该混合溶液中 $c(Na^+)$ 为( )

A. $(10b - 5a) mol \cdot L^{-1}$

B. $(2b - a) mol \cdot L^{-1}$

C. $\left(\dfrac{b}{10} - \dfrac{a}{20}\right) mol \cdot L^{-1}$

D. $\left(5b - \dfrac{5a}{2}\right) mol \cdot L^{-1}$

5. 实验中需用 $2.0 mol \cdot L^{-1}$ 的 Na_2CO_3 溶液950mL,配制时应选用容量瓶的规格和称取 Na_2CO_3 固体的质量分别为( )

A. 100mL;21.2g

B. 500mL;100.7g

C. 1000mL;201.4g

D. 1000mL;212.0g

二、填空题

1. 实验室需要 $0.1 mol \cdot L^{-1}$ NaOH溶液450mL和 $0.5 mol \cdot L^{-1}$ 硫酸溶液500mL。根据这两种溶液的配制情况回答下列问题:

（1）如图所示的仪器中配制溶液肯定不需要的是_____（填字母），配制上述溶液还需用到的玻璃仪器是_____（填仪器名称）。

（2）在配制NaOH溶液时:

① 根据计算用托盘天平称取 NaOH 的质量为_____g；

② 若 NaOH 溶液在转移至容量瓶时，洒落了少许，则所得溶液浓度_____（填">""<"或"="）0.1mol·L^{-1}；

③ 若 NaOH 固体溶解后立即移入容量瓶→洗烧杯→洗涤液移入容量瓶→定容，则所得溶液浓度_____（填">""<"或"="）0.1mol·L^{-1}。

(3) 在配制硫酸溶液时：

① 所需质量分数为 98%、密度为 1.84g·cm^{-3} 的浓硫酸的体积为_____mL（计算结果保留一位小数）；

② 如果实验室有 15mL、20mL、50mL 量筒，应选用_____mL 量筒最好；

③ 配制过程中需先在烧杯中将浓硫酸进行稀释，稀释时操作方法是_____。

2. 已知某"84 消毒液"瓶体部分标签如下图所示，该"84 消毒液"通常稀释 100 倍（体积之比）后使用。请回答下列问题：

"84 消毒液"
[有效成分] NaClO
[规格] 1000mL
[质量分数] 25%
[密度] 1.19g·cm^{-3}

(1) 该"84 消毒液"的物质的量浓度约为_____mol·L^{-1}。

(2) 某同学取 100mL 该"84 消毒液"，稀释后用于消毒，稀释后的溶液中 $c(Na^+)$ = _____mol·L^{-1}。

(3) 该同学参阅该"84 消毒液"的配方，欲用 NaClO 固体配制 480mL NaClO 质量分数为 25% 的消毒液。下列说法正确的是_____（填字母）。

A. 如图所示的仪器中，有三种是不需要的，还需要一种玻璃仪器

a   b   c   d   e

B. 容量瓶用蒸馏水洗净后，应烘干后才能用于溶液配制

C. 配制过程中，未用蒸馏水洗涤烧杯和玻璃棒可能导致结果偏低

D. 需要称量 NaClO 固体的质量为 143.0g

(4) "84 消毒液"与稀硫酸混合使用可增强消毒能力。某消毒小组人员用 98%（密度为 1.84g·cm^{-3}）的浓硫酸配制 2000mL 2.3mol·L^{-1} 的稀硫酸，用于增强"84 消毒液"的消毒能力。

① 所配制的稀硫酸中，H$^+$ 的物质的量浓度为_____mol·L^{-1}。

② 需用浓硫酸的体积为_____mL。

【参考答案】

一、1. D   2. C   3. B   4. A   5. D

二、1. (1) AC   烧杯、玻璃棒   (2) ① 2.0   ② <   ③ >

(3)①13.6 ②15 ③将浓硫酸沿器壁缓缓倒入水中,并用玻璃棒不断搅拌

2. (1)4.0 (2)0.04 (3)C (4)①4.6 ②250

【难题解析】

一、1. 解析:不知道溶液体积,无法计算离子的总物质的量,故 A 错误;将 286g $Na_2CO_3 \cdot 10H_2O$ 溶于 1L 水中,所得溶液的体积不是 1L,故 B 错误;K_2SO_4 和 NaCl 的中性混合水溶液中,$c(H^+)=c(OH^-)$,则 $c(K^+)+c(Na^+)=c(Cl^-)+2c(SO_4^{2-})$,若 Na^+ 和 SO_4^{2-} 物质的量相等,则 K^+ 的浓度必定大于 Cl^- 的浓度,故 C 错误;同一物质在同一温度下的溶解度一定,饱和溶液的物质的量浓度恒定,故 D 正确。

4. 解析:选 A。NH_4HCO_3 和 a mol NaOH 恰好完全反应,则 NH_4HCO_3 的物质的量为 $0.5a$ mol,取另一份加入含 b mol HCl 的盐酸恰好反应完全,由 NH_4HCO_3 反应掉的盐酸为 $0.5a$ mol,则由 Na_2CO_3 反应掉的盐酸为 b mol $-0.5a$ mol,Na_2CO_3 的物质的量为 $(b$ mol $-0.5a$ mol$)\times 0.5$,则 $c(Na^+)=(b$ mol $-0.5a$ mol$)\div 0.1$L $=(10b-5a)$ mol $\cdot$ L^{-1}。

二、1. 解析:(1) 配制溶液需要 5 种玻璃仪器:量筒、烧杯、玻璃棒、胶头滴管、容量瓶。

(2)①因无 450mL 的容量瓶,配制 NaOH 溶液要用 500mL 的容量瓶,$m(NaOH)=c\cdot V\cdot M=0.1$ mol $\cdot$ L$^{-1}\times 0.5$L $\times 40$g $\cdot$ mol$^{-1}=2.0$g;③NaOH 溶于水放出大量热,应把它冷却至室温后再移入容量瓶中,否则定容后,溶液冷却至室温时,体积减小,浓度偏高。

(3)① $c(浓)\cdot V(浓)=c(稀)\cdot V(稀)$,即 $\dfrac{1000\times 1.84\times 98\%}{98}$ mol $\cdot$ L$^{-1}\times V(浓)=0.5$ mol $\cdot$ L$^{-1}\times 0.5$L,得 $V(浓)\approx 0.0136$L $=13.6$mL;②选用 15mL 量筒最好,误差小;③注意 3 点:酸入水、沿器壁、棒搅拌。

2. 解析:(1) 由 $c=\dfrac{1000\rho w}{M}$ 得,$c(NaClO)\approx 4.0$ mol $\cdot$ L^{-1}。

(2) 稀释前后溶液中 NaClO 的物质的量不变,体积稀释 100 倍,稀释后 $c(NaClO)=0.04$ mol $\cdot$ L^{-1},$c(Na^+)=c(NaClO)=0.04$ mol $\cdot$ L^{-1}。

(3) 需用托盘天平称量 NaClO 固体,图示的 a、b 不需要,但还需玻璃棒和胶头滴管,A 错误;配制过程中需要加入水,所以经洗涤干净的容量瓶不必烘干后再使用,B 错误;未洗涤的烧杯和玻璃棒将导致配制的溶液中溶质的物质的量减小,结果偏低,C 正确;应选取 500mL 的容量瓶进行配制,然后取出 480mL 即可,所以需要 NaClO 的质量:0.5L $\times 4.0$ mol $\cdot$ L$^{-1}\times 74.5$g $\cdot$ mol$^{-1}=149.0$g,D 错误。

(4) ① 根据 H_2SO_4 的组成可知,溶液中 $c(H^+)=2c(H_2SO_4)=4.6$ mol $\cdot$ L^{-1}。

② 2000mL 2.3mol $\cdot$ L^{-1} 的稀硫酸中溶质的物质的量为 2L $\times 2.3$ mol $\cdot$ L$^{-1}=4.6$mol,设需要 98%(密度为 1.84g $\cdot$ cm^{-3})的浓硫酸的体积为 VmL,则 $\dfrac{V\text{mL}\times 1.84\text{g}\cdot\text{cm}^{-3}\times 98\%}{98\text{g}\cdot\text{mol}^{-1}}=4.6$mol,解得 $V=250$。

典型例题

例题 1 下列各物质的分类、名称(或俗名)、化学式都正确的是(　　)

A. 碱性氧化物　氢氧化钙　$Ca(OH)_2$

B. 酸性氧化物　二氧化碳　CO_2
C. 酸　硫酸　H_2S
D. 盐　烧碱　Na_2CO_3

【分析】 氢氧化钙属于碱不属于碱性氧化物,A 错误;二氧化碳是与碱反应生成盐和水的氧化物,属于酸性氧化物,B 正确;硫酸的化学式是 H_2SO_4,C 错误;烧碱是氢氧化钠且属于碱,Na_2CO_3 的俗名是纯碱,属于盐,D 错误。

【答案】 B

例题 2 某非金属 R 最高化合价含氧酸的组成为 H_nRO_{n+2},该酸的相对分子质量为 M,则 R 的相对原子质量为_____,该酸中 R 的化合价是_____,在 R 的气态氢化物中 R 的化合价是_____,该气态氢化物的化学式为_____。

【分析】 要理解化学式、相对分子质量、相对原子质量、化合价等化学用语的意义,掌握一个元素最高正价和最低负价绝对值的和为 8 的关系。

已知 M 是相对分子质量,化学式为 H_nRO_{n+2},则

$M = n \times 1 + R + 16 \times (n+2) = n + R + 16n + 32$ 所以 $R = M - 17n - 32$

根据任何化合物中,正负化合价代数和为零的规律,设 R 的化合价为 x,由 H_nRO_{n+2} 得

$1 \times n + x = 2 \times (n+2)$ 所以 $x = n + 4$

根据 R 的最高氧化物中 R 的化合价绝对值和 R 的气态氢化物中化合价的绝对值之和为 8 的规律(气态氢化物中 R 为负价),则 R 在气态氢化物中的化合价为

$-[8 - (n+4)] = -(8-n-4) = -(4-n)$

该气态氢化物的化学式为 $H_{4-n}R$。

【答案】 $M - 17n - 32$; $n + 4$; $-(4-n)$; $H_{4-n}R$

例题 3 CO 与 CO_2 的混合气体密度是同温同压下 CH_4 气体的 2 倍,则 CO 与 CO_2 气体的物质的量之比为(　　)

A. 3∶1　　　　B. 1∶1　　　　C. 1∶3　　　　D. 1∶2

【分析】 在相同条件下,两种气体的密度之比等于其相对分子质量之比,则

$$\frac{\rho_{混}}{\rho_{CH_4}} = \frac{\overline{M}}{M_{CH_4}} = 2 \quad \overline{M} = 16 \times 2 = 32$$

设有 x mol CO,y mol CO_2,则

$$\frac{28x}{x+y} + \frac{44y}{x+y} = 32 \quad x : y = 3 : 1$$

【答案】 A

例题 4 下列离子方程式中正确的是(　　)

A. 向 $FeCl_2$ 溶液中通入 Cl_2:$Fe^{2+} + Cl_2 = Fe^{3+} + 2Cl^-$
B. 向 $Ba(OH)_2$ 溶液中加入硫酸完全中和:$OH^- + H^+ = H_2O$
C. 石灰石与盐酸反应:$CaCO_3 + 2H^+ = Ca^{2+} + H_2O + CO_2\uparrow$
D. 氨水和醋酸反应:$NH_3 \cdot H_2O + H^+ = NH_4^+ + H_2O$

【分析】 判断离子方程式是否书写正确,要从以下几个方面进行检查:①化学式是否正确;②方程式中原子个数是否守恒;③等号两边离子的正负电荷数的代数和是否相等。据此分析本题的 4 个选项:A 中由于等号两边所带的电荷总数不相等,所以 A 不正确。应改为:$2Fe^{2+} +$

$Cl_2 === 2Fe^{3+} + 2Cl^-$。

B 不正确,$Ba(OH)_2$ 与 H_2SO_4 反应后除了生成难电离的 H_2O 之外,还有难溶的物质 $BaSO_4$ 生成。正确写法是:$Ba^{2+} + 2OH^- + 2H^+ + SO_4^{2-} === BaSO_4\downarrow + 2H_2O$。

C 中由于 $CaCO_3$ 是难溶性的物质,所以应写成化学式的形式,因此 C 正确。

D 中由于醋酸是一种弱电解质,在离子方程式中必须写它的化学式。因此正确的写法是:$NH_3 \cdot H_2O + CH_3COOH === NH_4^+ + CH_3COO^- + H_2O$。

【答案】 C

例题 5 在反应 $A_2 + 2AB_2 = 4AB$ 中,1g A_2 与足量的 AB_2 反应生成 5g AB,则 A_2 与 AB_2 的相对分子质量之比为(　　)

A. 3∶4　　　　B. 4∶3　　　　C. 1∶2　　　　D. 2∶1

【分析】 根据质量守恒定律计算参加反应 AB_2 的质量,再利用物质的质量之比等于化学反应方程式中相应物质相对分子质量与系数的乘积之比,据此解答。

解:根据质量守恒定律可知,参加反应 AB_2 的质量为:$5g - 1g = 4g$,

设 A_2 与 AB_2 的相对分子质量分别是 x 和 y,则:

$A_2 + 2AB_2 = 4AB$

x　　$2y$

$1g$　$4g$

所以,$x:2y = 1g:4g$,即 $x:y = 1:2$,故选 C。

【答案】 C

例题 6 某溶液中可能存在 Br^-、CO_3^{2-}、SO_3^{2-}、Al^{3+}、I^-、Mg^{2+}、Na^+ 七种离子中的某几种。现取该溶液进行实验,得到如下现象:①向溶液中滴加足量氯水后,溶液变橙色,且有无色气泡冒出;②向所得橙色溶液中加入足量 $BaCl_2$ 溶液,无沉淀生成;③向所得溶液中继续滴加淀粉溶液,溶液不变蓝色。已知:$5Cl_2 + I_2 + 6H_2O === 10HCl + 2HIO_3$。据此可以判断,该溶液肯定不存在的离子组是(　　)

A. Al^{3+}、Mg^{2+}、SO_3^{2-}

B. Mg^{2+}、CO_3^{2-}、I^-

C. Al^{3+}、SO_3^{2-}、I^-

D. Al^{3+}、Br^-、SO_3^{2-}

【分析】 根据①可判断溶液中有 Br^- 和 CO_3^{2-},结合离子共存原则可知,溶液中不存在 Al^{3+}、Mg^{2+};根据②可判断溶液中无 SO_3^{2-};由已知信息可知,在①中氯水可能把 I^- 氧化成 IO_3^-,致使③中溶液不变蓝色,根据③的现象不能确定是否含有 I^-。综上所述,Al^{3+}、Mg^{2+}、SO_3^{2-} 一定不存在。

【答案】 A

例题 7 已知反应:(1) $2FeCl_3 + 2KI === 2FeCl_2 + 2KCl + I_2$;(2) $2FeCl_2 + Cl_2 === 2FeCl_3$,判断下列物质的氧化能力由强到弱的顺序正确的是(　　)

A. $Fe^{3+} > Cl_2 > I_2$　　B. $Cl_2 > Fe^{3+} > I_2$　　C. $I_2 > Cl_2 > Fe^{3+}$　　D. $Cl_2 > I_2 > Fe^{3+}$

【分析】 判断氧化性的强弱可根据化学方程式来进行,在同一个化学反应中,氧化剂表现其氧化性,还原剂表现其还原性。因此,为了便于分析,首先用单线桥表示以上两个反应中电子的转移方向和数目,判断出还原剂和氧化剂。

(1) $2\overset{+3}{Fe}Cl_3 + 2K\overset{-1}{I} \xrightleftharpoons[]{2e} 2\overset{+2}{Fe}Cl_2 + 2KCl + \overset{0}{I_2}$,碘元素化合价升高失去电子,KI 是还原剂,铁元素化合价降低得到电子,$FeCl_3$ 是氧化剂。

(2) $2\overset{+2}{Fe}Cl_2 + \overset{0}{Cl_2} \xrightleftharpoons[]{2e} 2\overset{+3}{Fe}\overset{-1}{Cl_3}$ 中,铁元素化合价升高,$FeCl_2$ 为还原剂,氯元素化合价降低,Cl_2 为氧化剂。

根据题目要求只需比较 Fe^{3+}、Cl_2、I_2 的氧化性就可以了。由反应(1)可知,Fe^{3+} 能够得到 I^- 中的电子,使 I^- 生成 I_2,因此 Fe^{3+} 的得电子能力强于 I_2,即 Fe^{3+} 的氧化性强于 I_2。再由反应(2)可知,Cl_2 能得到 Fe^{2+} 中的电子使之变成 Fe^{3+},因此 Cl_2 的氧化性强于 Fe^{3+}。综上所述,Fe^{3+}、Cl_2、I_2 的氧化性强弱顺序依次为 $Cl_2 > Fe^{3+} > I_2$。

【答案】 B

例题 8 在以下的氧化还原反应中

$$3Cl_2 + 6KOH \xrightleftharpoons[]{\triangle} 5KCl + KClO_3 + 3H_2O$$

若有 2mol 还原剂被氧化,则有_____ mol 氧化剂被还原。

【分析】 从反应方程式

$$3Cl_2 + 6KOH \xrightleftharpoons[]{\triangle} 5KCl + KClO_3 + 3H_2O$$

(化合价降低,氧化剂;化合价升高,还原剂)

可得结论:①Cl_2 既是氧化剂,又是还原剂。②KCl 的系数是 5,$KClO_3$ 的系数为 1,且 KCl 和 $KClO_3$ 中均含 1 个 Cl 原子。由此可知,氧化剂与还原剂的物质的量之比为5∶1。然后,根据反应中氧化剂与还原剂的物质的量之比进行简单计算:

氧化剂——还原剂
5mol　　　1mol
x　　　　2mol

$\dfrac{5\text{mol}}{x} = \dfrac{1\text{mol}}{2\text{mol}}$　　$x = 10\text{mol}$

【答案】 10

强化训练

一、选择题

1. 广东有众多国家级非物质文化遗产,如广东剪纸、粤绣、潮汕工夫茶艺和香云纱染整技艺等。下列说法不正确的是(　　)

　A. 广东剪纸的裁剪过程不涉及化学变化

　B. 冲泡工夫茶时茶香四溢,体现了分子是运动的

　C. 制作粤绣所用的植物纤维布含有天然高分子化合物

D. 染整技艺中去除丝胶所用的纯碱水溶液属于纯净物

2. 反应 $8NH_3 + 3Cl_2 =\!=\!= 6NH_4Cl + N_2$ 可用于氯气管道的检漏。下列表示相关微粒的化学用语正确的是(　　)

A. 中子数为9的氮原子：$^{9}_{7}N$

B. N_2分子的电子式：N⋮⋮N

C. Cl_2分子的结构式：Cl—Cl

D. Cl^-的结构示意图：(+17) 2 8 7

3. 实验室储存氢氧化钠溶液的试剂瓶不能用玻璃塞，因为玻璃的主要成分二氧化硅可以与氢氧化钠反应生成硅酸钠，硅酸钠的化学式为Na_2SiO_3，其中硅元素的化合价为(　　)

A. +3　　　　　B. +4　　　　　C. +6　　　　　D. +5

4. 下列各组物质的分类正确的是(　　)

① 混合物：水玻璃、水银、福尔马林、聚乙烯

② 电解质：明矾、冰醋酸、石膏、纯碱

③ CO_2、NO_2、P_2O_5均为酸性氧化物，Na_2O、Na_2O_2为碱性氧化物

④ 同位素：$^1H^+$、$^2H_2$、^3H

⑤ 同素异形体：C_{60}、C_{80}、金刚石、石墨

⑥ 同系物：CH_2O_2、$C_2H_4O_2$、$C_3H_6O_2$

⑦ 在熔化状态下能导电的化合物为离子化合物

A. ②⑤⑦　　　B. ①③⑤⑥　　　C. ②④⑤⑥⑦　　　D. ①②④⑤

5. 用N_A表示阿伏加德罗常数的值，下列关于$0.2mol \cdot L^{-1} K_2SO_4$溶液的说法正确的是(　　)

A. 1L溶液中K^+浓度是$0.4mol \cdot L^{-1}$

B. 500mL溶液中含有$0.1N_A$个K^+

C. 1L溶液中所含K^+、SO_4^{2-}总数为$0.3N_A$

D. 2L溶液中SO_4^{2-}浓度是$0.4mol \cdot L^{-1}$

6. 某温度下，物质X_2SO_4的饱和溶液密度为$\rho g \cdot mL^{-1}$，$c(X^+) = c \ mol \cdot L^{-1}$，溶质的质量分数为$a\%$，溶质的摩尔质量为$M \ g \cdot mol^{-1}$，溶解度为$Sg$，下列表达式正确的是(　　)

A. $c = \dfrac{2000\rho a}{M}$

B. $a\% = \dfrac{c}{2000\rho}$

C. $M = \dfrac{1000\rho a\%}{c}$

D. $S = \dfrac{100cM}{2000\rho - cM}$

7. 宋代著名法医学家宋慈的《洗冤集录》中有"银针验毒"的记载，"银针验毒"的原理是$4Ag + 2H_2S + O_2 =\!=\!= 2X + 2H_2O$，下列说法错误的是(　　)

A. 反应中Ag和H_2S均是还原剂

B. 银针验毒时，空气中氧气得电子

C. X的化学式为Ag_2S

D. 当有$1mol \ H_2S$参加反应时，转移$2mol \ e^-$

8. 酸性 KMnO₄ 溶液和 CuS 混合时,发生的反应为:$MnO_4^- + CuS + H^+ \longrightarrow Cu^{2+} + SO_2\uparrow + Mn^{2+} + H_2O$(未配平),下列有关该反应的说法中正确的是(　　)

A. 被氧化的元素是 Cu 和 S

B. Mn^{2+} 的还原性强于 CuS 的还原性

C. 氧化剂与还原剂的物质的量之比为 6∶5

D. 若生成 2.24L(标准状况下)SO_2,转移电子的物质的量是 0.8 mol

9. 在给定的 4 种溶液中加入以下各种离子,能在原溶液中大量共存的是(　　)

A. 常温下 pH < 7 的溶液:Cu^{2+}、Na^+、Mg^{2+}、NO_3^-

B. 滴加酚酞溶液显红色的溶液:Fe^{3+}、NH_4^+、Cl^-、NO_3^-

C. 所含溶质为 NaOH 的溶液:K^+、SO_4^{2-}、NO_3^-、H^+

D. 碱性溶液:K^+、HCO_3^-、Br^-、Ba^{2+}

10. 工业上用盐酸酸化的 $FeCl_3$ 溶液腐蚀铜制线路板,分别取腐蚀后的滤液并向其中加入下列指定物质,反应后的溶液中主要存在的一组离子正确的是(　　)

A. 加入过量 CuO:Fe^{3+}、H^+、Cu^{2+}、Cl^-

B. 加入过量 NaOH 溶液:Na^+、Fe^{2+}、OH^-、Cl^-

C. 通入过量 Cl_2:Fe^{3+}、H^+、Cu^{2+}、Cl^-

D. 通入过量 SO_2:Fe^{3+}、H^+、Cu^{2+}、SO_4^{2-}、Cl^-

11. 下列离子方程式书写正确的是(　　)

A. 金属 Na 投入 $MgCl_2$ 溶液中:$2Na + Mg^{2+} = 2Na^+ + Mg$

B. 碳酸钙与稀硝酸反应:$CaCO_3 + 2H^+ = Ca^{2+} + H_2O + CO_2\uparrow$

C. $Al_2(SO_4)_3$ 溶液和过量的 NaOH 溶液反应:$Al^{3+} + 3OH^- = Al(OH)_3\downarrow$

D. 过量的 Fe 和稀硝酸反应:$Fe + 4H^+ + NO_3^- = Fe^{3+} + NO\uparrow + 2H_2O$

12. 奥运五连环中填入了 5 种物质,相连环物质间能发生反应,不相连环物质间不能发生反应。你认为"五连环"中物质间发生的反应,没有涉及的基本反应类型和属于氧化还原反应的个数有(　　)

A. 复分解反应、1 个
B. 分解反应、2 个
C. 化合反应、3 个
D. 置换反应、2 个

13. 分类法是一种行之有效、简单易行的科学方法。某同学用如表所列的形式对所学知识进行分类,其中甲与乙、丙、丁是包含关系。

	甲	乙、丙、丁
①	常见干燥剂	浓硫酸、石灰石、碱石灰
②	常见合金	不锈钢、青铜、生铁
③	腐蚀品	浓硫酸、烧碱、硝酸
④	碱性氧化物	过氧化钠、氧化镁、氧化铁
⑤	弱电解质	醋酸、一水合氨、水

其中正确的组合是(　　)

A. ①② B. ③④⑤ C. ②③⑤ D. ①④⑤

14. 北宋沈括《梦溪笔谈》中记载:"信州铅山有苦泉,流以为涧。挹其水熬之则成胆矾,烹胆矾则成铜。熬胆矾铁釜,久之亦化为铜。"下列有关叙述错误的是(　　)

　　A. 胆矾的化学式为 $CuSO_4$

　　B. 胆矾可作为湿法冶铜的原料

　　C. "熬之则成胆矾"是浓缩结晶过程

　　D. "熬胆矾铁釜,久之亦化为铜"是发生了置换反应

15. 中国文化古籍对于研究我国化学发展史有重要价值。下列有关我国传统文化古籍中语句解读不正确的是(　　)

　　A. "水银乃至阴之毒物,因火煅丹砂而出,加以盐、矾炼而为轻粉,加以硫黄升而为银朱",其中涉及化合反应 $Hg + S =\!=\!= HgS$

　　B. "野外之鬼磷,其火色青,其状如炬,或聚或散,俗称鬼火,实乃诸血之磷光也",鬼火是指人或动物死亡后形成的含磷物质的燃烧,是氧化还原反应

　　C. 炒铅丹法:"用铅一斤,土硫黄十两,消石一两。熔铅成汁,下醋点之……"文中所言"消石"即硝石,属于碱

　　D. "欲去杂还纯,再入水煎炼。倾入盆中,经宿成白雪",其中包含的提纯方法是重结晶,是物理变化

16. 同温同压下,质量忽略不计的两个气球 A 和 B,分别充入 X 气体和 Y 气体,且充入后两气球的体积相同。若相同条件下,A 气球放在 CO 气体中静止不动,B 气球放在 O_2 中上浮。下列叙述或表示正确的是(　　)

　　A. 相对分子质量:$M(X) > M(Y)$

　　B. X 气体一定是 N_2

　　C. 标准状况下,X 气体的密度为 $\dfrac{1.25\text{g}}{\text{L}}$

　　D. 气球质量:$m(X) > m(Y)$

17. 下列化学用语的表述正确的是(　　)

　　A. 中子数为 8 的碳原子:$^{8}_{6}C$

　　B. 甲基的电子式:$\overset{H}{\underset{H}{\cdot\, C\, \cdot}}H$

　　C. 乙烷的结构简式:C_2H_6

　　D. 氯元素的原子结构示意图:⊕17)2)8)7)

18. 洁厕灵和"84 消毒液"混合使用时发生反应:$NaClO + 2HCl =\!=\!= NaCl + Cl_2\uparrow + H_2O$,生成有毒的氯气。下列说法正确的是(　　)

　　A. "84 消毒液"的有效成分是 HCl

　　B. 氯气既是氧化产物又是还原产物,氯化钠是还原产物

　　C. HCl 只表现还原性

　　D. 若有 0.1 mol HCl 被氧化,生成的氯气在标准状况下的体积约为 2.24 L

19. 关于反应 $8NH_3 + 6NO_2 =\!=\!= 7N_2 + 12H_2O$,下列说法正确的是(　　)

　　A. NH_3 中 H 元素被氧化

B. NO_2 在反应过程中失去电子

C. 还原剂与氧化剂的物质的量之比为 3∶4

D. 氧化产物与还原产物的质量之比为 4∶3

20. 下列各组中的离子,能在溶液中大量共存的是(   )

A. H^+、Cl^-、Ca^{2+}、CO_3^{2-} 　　　　B. Na^+、Mg^{2+}、SO_4^{2-}、OH^-

C. K^+、Na^+、OH^-、Cl^- 　　　　　　D. Cu^{2+}、Ba^{2+}、Cl^-、SO_4^{2-}

21. 下列关于 $2C_4H_{10}(g) + 13O_2(g) = 8CO_2(g) + 10H_2O(l)$　$\Delta H = -5800kJ \cdot mol^{-1}$ 的叙述错误的是(   )

A. 该反应的反应热 $\Delta H = -5800kJ \cdot mol^{-1}$,是放热反应

B. 该反应的 ΔH 与各物质的状态有关,与化学计量数也有关

C. 该热化学方程式表示在 25℃、101kPa 下,2mol C_4H_{10} 气体完全燃烧生成 CO_2 气体和液态水时放出 5800kJ 热量

D. 该反应表明 2mol 丁烷燃烧时一定会放出 5800kJ 的热量

22. 在 100mL 的混合液中,硝酸和硫酸的物质的量浓度分别是 $0.3mol \cdot L^{-1}$、$0.15mol \cdot L^{-1}$,向该混合液中加入 2.56g 铜粉,加热,待充分反应后,所得溶液中铜离子的物质的量浓度是(   )

A. $0.15mol \cdot L^{-1}$ 　　　　　　　　　　B. $0.225mol \cdot L^{-1}$

C. $0.30mol \cdot L^{-1}$ 　　　　　　　　　　D. $0.45mol \cdot L^{-1}$

二、填空题

1. 实验室可用 $KMnO_4$ 和浓盐酸反应制取氯气:$KMnO_4 + HCl(浓) \longrightarrow KCl + MnCl_2 + Cl_2\uparrow + H_2O$(未配平)。

(1) 配平化学方程式,并用单线桥标出电子转移的方向和数目_____。

(2) 在该反应中,如有 1mol Cl_2 生成,被氧化的 HCl 的物质的量是_____,转移电子的数目是_____(设 N_A 为阿伏加德罗常数的值)。

(3) 某温度下,将 Cl_2 通入 NaOH 溶液中,反应得到含有 ClO^- 与 ClO_3^- 物质的量之比为 1∶1 的混合液,反应的化学方程式是_____。

(4) 报纸报道了多起卫生间清洗时,因混合使用"洁厕灵"(主要成分是盐酸)与"84 消毒液"(主要成分是 NaClO)发生氯气中毒的事件。试根据你的化学知识分析,原因是_____(用离子方程式表示)。

2. 要准确掌握化学基本概念和研究方法。按要求回答下列问题:

(1) 下列是某同学对有关物质进行分类的列表:

	碱	酸	盐	碱性氧化物	酸性氧化物
第一组	Na_2CO_3	H_2SO_4	$NaHCO_3$	CaO	CO_2
第二组	NaOH	HCl	NaCl	Na_2O	CO

每组分类均有错误,其错误的物质分别是第一组_____、第二组_____(填化学式)。

(2) 一个密闭容器中放入 M、N、Q、P 四种物质,在一定条件下发生化学反应,一段时间后,测得有关数据如下表。

物质	M	N	Q	P
反应前质量/g	50	1	3	12
反应后质量/g	x	26	3	30

① 该变化的基本反应类型是_____反应；

② 物质 Q 在反应中可能起的作用是_____。

3. 铜器久置于空气中会和空气中的水蒸气、CO_2、O_2 作用产生"绿锈"，该"绿锈"俗称"铜绿"，又称"孔雀石"[化学式为 $Cu_2(OH)_2CO_3$]，"铜绿"能跟酸反应生成铜盐、CO_2 和 H_2O。某同学利用下述系列反应实现了"铜→铜绿→……→铜"的转化。

$$铜 \xrightarrow{①} 铜绿 \xrightarrow{②} A \xrightarrow{③} Cu(OH)_2 \xrightarrow{④} B \xrightarrow{⑤}_{H_2} Cu$$

(1) 从 3 种不同分类标准回答，"铜绿"属于哪类物质：_____。

(2) 写出"铜绿"与盐酸反应的化学方程式：_____。

(3) 写出④⑤的化学方程式：

④ _____；

⑤ _____。

(4) 上述转化过程中属于化合反应的是_____，属于复分解反应的是_____，属于分解反应的是_____。

4. (1) 8.4g N_2 与 9.6g 某单质 R_x 所含原子个数相同，且分子数之比为 3:2，则 R 的相对原子质量是_____，x 值为_____。

(2) 4.5g 水与_____g 硫酸所含的分子数相等，它们所含氧原子数之比是_____，其中氢原子数之比是_____。

5. (1) 0.2mol 氯化氢中含原子数为_____N_A，质量为_____g，标准状况下所占的体积为_____L，若溶于水配成 500ml 溶液，所得溶液中溶质的物质的量浓度为_____mol/L。

(2) 在一定温度和压强下，1 体积 $X_2(g)$ 和 3 体积 $Y_2(g)$ 化合生成 2 体积 $Z(g)$，则 Z 气体的化学式是_____。

(3) A、B 两种气体组成的混合气体 8.6g，在标准状况下体积为 8.96L。已知 A 与 B 的物质的量之比为 3:1，相对分子质量之比为 14:1，由此可推断 A 可能是_____或_____或_____，B 可能是_____。

6. 按要求填空：

(1) 0.4mol OH^- 的质量为_____，其中含有_____个电子。

(2) 质量比为 16:7:6 的 3 种气体 SO_2、CO、NO，氧原子个数比为_____；

(3) 已知 8gA 能与 32gB 恰好完全反应，生成 22gC 和一定量 D，现将 16gA 与 70gB 的混合物充分反应后，生成 2mol D 和一定量 C，则 D 的摩尔质量为_____。

(4) 同温同压下，等质量的 SO_2 与 CO_2 相比较，密度之比为_____。

7. 根据所述新情景，写出下列要求的离子方程式。

某实验室模拟以工业用菱铁矿（$FeCO_3$）含碱式碳酸铜[$Cu_2(OH)_2CO_3$]为原料制取纯净的 $FeCO_3$ 和氯化铜晶体（$CuCl_2 \cdot 2H_2O$）的生产流程如图：

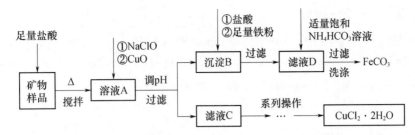

(1) 盐酸溶解矿物样品时可能发生的离子方程式为：_____、_____。

(2) 写出向溶液 A 中加入 NaClO 的离子方程式：_____。

(3) 处理滤液 D 时，除产生沉淀外，还产生无色气体，写出该反应的离子方程式：_____。

8. 生活中处处有化学，请你用所学的化学知识解释。

(1) 目前，市面上有一种底部有两层（一层存放水，另一层存放镁和铁的混合物）的新型"即热饭盒"。使用时打开隔离层，即发生以下反应：$Mg + 2H_2O \mathop{=\!=\!=}\limits^{} X + H_2\uparrow$，X 的化学式是_____，推断的依据是_____。

(2) 在盒装月饼里，通常要放一小袋脱氧保鲜剂。将小袋敞口放置一段时间后，会看到盛放的灰黑色粉末变成红棕色。小纸袋中的物质可能是_____（填序号）。

A. 氮气　　　　B. 生石灰　　　　C. 铁粉　　　　D. 氢氧化钠

(3) 碳酸钙可用作补钙剂，人服用后可与胃液中的盐酸发生反应，该反应的化学方程式为_____。

【强化训练参考答案】

一、选择题

1. D　2. C　3. B　4. A　5. A　6. D　7. A　8. C　9. A　10. C　11. B　12. B　13. C　14. A　15. C　16. C　17. D　18. D　19. D　20. C　21. D　22. B

二、填空题

1.

(1) $2KMnO_4 + 16HCl(浓) =\!=\!= 2KCl + 2MnCl_2 + 5Cl_2\uparrow + 8H_2O$　（标注：10e⁻ 转移）

(2) 2mol　$2N_A$

(3) $4Cl_2 + 8NaOH =\!=\!= 6NaCl + NaClO_3 + NaClO + 4H_2O$

(4) $Cl^- + ClO^- + 2H^+ =\!=\!= Cl_2\uparrow + H_2O$

2. (1) Na_2CO_3　CO　(2) ①分解　②催化作用

3. (1) 盐、铜盐、碱式盐（或碳酸盐）（答案合理即可）

(2) $Cu_2(OH)_2CO_3 + 4HCl =\!=\!= 2CuCl_2 + 3H_2O + CO_2\uparrow$

(3) $Cu(OH)_2 \xrightarrow{\Delta} CuO + H_2O$　$CuO + H_2 \xrightarrow{\Delta} Cu + H_2O$

(4) ①　②③　④

4. (1) 16　3　(2) 24.5　1∶4　1∶1

5. (1)0.4　7.3　4.48　0.4　(2)XY_3　(3)CO　C_2H_4　N_2　H_2

6. (1)6.8g　$4N_A$　(2)10∶5∶4　(3)18g/mol　(4)16∶11

7. (1) $FeCO_3 + 2H^+ \rlap{=}{=} Fe^{2+} + CO_2\uparrow + H_2O$　$Cu_2(OH)_2CO_3 + 4H^+ \rlap{=}{=} 2Cu^{2+} + CO_2\uparrow + 3H_2O$

(2) $2Fe^{2+} + ClO^- + 2H^+ \rlap{=}{=} 2Fe^{3+} + Cl^- + H_2O$

(3) $Fe^{2+} + 2HCO_3^- \rlap{=}{=} FeCO_3\downarrow + CO_2\uparrow + H_2O$

8. (1) $Mg(OH)_2$；质量守恒定律

(2) C

(3) $CaCO_3 + 2HCl \rlap{=}{=} CaCl_2 + H_2O + CO_2\uparrow$

【难题解析】

一、选择题

4. 水玻璃是 Na_2SiO_3 的水溶液，福尔马林是 HCHO 的水溶液，聚乙烯属于有机高分子化合物，水玻璃、福尔马林、聚乙烯都属于混合物，水银是 Hg 单质，水银属于单质，①错误；明矾的化学式为 $KAl(SO_4)_2 \cdot 12H_2O$，属于复盐，冰醋酸为 CH_3COOH，石膏的化学式为 $CaSO_4 \cdot 2H_2O$，属于盐，纯碱的化学式为 Na_2CO_3，属于盐，明矾、冰醋酸、石膏、纯碱都属于电解质，②正确；CO_2、P_2O_5 是能与碱反应生成对应盐和水的氧化物，CO_2、P_2O_5 属于酸性氧化物，Na_2O 是能与酸反应生成对应盐和水的氧化物，Na_2O 属于碱性氧化物，NO_2 与碱的反应为 $2NO_2 + 2OH^- \rlap{=}{=} NO_3^- + NO_2^- + H_2O$，该反应生成了硝酸盐和亚硝酸盐，$NO_2$ 不属于酸性氧化物，Na_2O_2 与酸的反应为 $2Na_2O_2 + 4H^+ \rlap{=}{=} 4Na^+ + 2H_2O + O_2\uparrow$，该反应除了生成盐和水外，还生成了 O_2，Na_2O_2 不属于碱性氧化物，③错误；同位素是质子数相同、中子数不同的同一元素的不同核素的互称，^1H、^2H、^3H 不互为同位素，④错误；C_{60}、C_{80}、金刚石、石墨都是由碳元素形成的不同的单质，互为同素异形体，⑤正确；CH_2O_2 常见的结构为：HCOOH，$C_2H_4O_2$ 常见的同分异构体有 CH_3COOH、HCOOCH$_3$，$C_3H_6O_2$ 常见的同分异构体有 CH_3CH_2COOH、HCOOCH$_2CH_3$、CH_3COOCH_3，故 CH_2O_2、$C_2H_4O_2$、$C_3H_6O_2$ 的结构不一定相似，CH_2O_2、$C_2H_4O_2$、$C_3H_6O_2$ 不一定互为同系物，⑥错误；在熔化状态下能导电的化合物中存在阴、阳离子，为离子化合物，⑦正确。②⑤⑦正确，答案选 A。

6. X_2SO_4 的浓度为 $\dfrac{1000\rho a\%}{M}$ mol·L^{-1}，则 X^+ 浓度为 $\dfrac{2000\rho a\%}{M}$ mol·L^{-1}，故 A 错误；根据 A 选项分析，溶质的质量分数 $a\% = \dfrac{Mc}{2000\rho}$，B 错误；根据 A 选项分析，$M = \dfrac{2000\rho a\%}{c}$，C 错误；根据 B 选项分析，$a\% = \dfrac{Mc}{2000\rho}$，$a\% = \dfrac{S}{100+S}$，得出 $S = \dfrac{100cM}{2000\rho - cM}$，故 D 正确。

8. 反应中，铜元素的化合价没变，硫元素的化合价由 -2 升到 +4，只有硫元素被氧化，A 项错误；还原剂的还原性大于还原产物的还原性，则还原性 $CuS > Mn^{2+}$，B 项错误；氧化剂为 $KMnO_4$，还原剂为 CuS，设 $KMnO_4$ 为 x mol，CuS 为 y mol，根据电子守恒：$x \times (7-2) = y \times [4-(-2)]$，$x\colon y = 6\colon 5$，所以氧化剂与还原剂的物质的量之比为 6∶5，C 正确；二氧化硫物质的量为 0.1mol，由方程式可知消耗 $KMnO_4$ 的量为 $0.1 \times \dfrac{6}{5} = 0.12$mol，反应中锰元素化合价由 +7 降低为 +2，故转移电子为 0.12mol $\times (7-2) = 0.6$mol，D 项错误。

13. 石灰石不能用作干燥剂，故①错误；不锈钢、青铜、生铁都是合金，故②正确；浓硫酸、烧碱和硝酸都具有很强的腐蚀性，故③正确；过氧化钠不属于碱性氧化物，故④错误；醋酸、一水合氨、水都存在电离平衡,故⑤正确。

15. A项,"加以硫黄升而为银朱",指水银和硫黄反应生成HgS,即Hg + S ══ HgS,是化合反应,正确;B项,人或动物死亡后,其身体中含有的磷在某些细菌的作用下,产生的磷的氢化物能在空气中自燃,发出蓝绿色的火光,俗称鬼火,燃烧是氧化还原反应,正确;C项,硝石的主要成分是KNO_3,属于盐,不正确;D项,根据"再入水""煎炼""成白雪",可知该操作为重结晶,正确。

16. A气球放在CO气体中静止不动,说明X气体的密度与CO的密度接近,相对分子质量接近,为28。B气球放在O_2中气球上浮,说明Y气体的密度比氧气的密度小,则Y气体的相对分子质量小于氧气的相对分子质量。则:

A. Y气体的相对分子质量小于氧气的相对分子质量,但不能确定与X的相对分子质量的关系,故A错误;

B. A的相对分子质量为28,可能为C_2H_4或是氮气,故B错误;

C. A气球放在CO中气球静止不动,说明X气体的密度与CO的密度接近,相对分子质量接近为28,标准状况下,X气体的密度为(28/22.4)g/L = 1.25g/L,故C正确;

D. 相同条件下,等体积的两种气体物质的量相等,但其摩尔质量相对大小未知,所以无法确定两气球质量相对大小,故D错误。

19. 氨气中氢元素化合价在反应前后未发生变化,A错误;在反应过程中NO_2中氮元素化合价降低,得到电子,B错误;NH_3中氮元素化合价升高,被氧化,是还原剂,NO_2中氮元素化合价降低,被还原,是氧化剂,所以还原剂与氧化剂的物质的量之比为4∶3,C错误;氧化产物由还原剂得到,还原产物由氧化剂得到,还原剂与氧化剂的物质的量之比为4∶3,所以氧化产物与还原产物的物质的量之比为4∶3,D正确。

22. 溶液中的氢离子既包括硝酸电离的又包括硫酸电离的,所以$n(H^+) = 0.3mol/L \times 0.1L + 0.15mol/L \times 0.1L \times 2 = 0.06mol$,$n(NO_3^-) = 0.3mol/L \times 0.1L = 0.03mol$,2.56g铜的物质的量为$\frac{2.56g}{64g \cdot mol^{-1}} = 0.04mol$。硝酸和铜反应的离子方程式如下:

$$3Cu + 8H^+ + 2NO_3^- ══ 3Cu^{2+} + 2NO\uparrow + 4H_2O$$

  3   8   2   3

0.04mol 0.06mol 0.03mol

所以H^+的物质的量不足,根据H^+的物质的量计算,由离子方程式可知0.06mol H^+全部反应,所生成的Cu^{2+}的物质的量为0.06mol × 3 ÷ 8 = 0.0225mol,所以溶液中$c(Cu^{2+}) = 0.0225mol ÷ 0.1L = 0.225mol/L$。

二、填空题

1. (1)反应中氯元素化合价从-1价升高到0价,锰元素化合价从+7价降低到+2价,单线桥由失电子一方指向得电子一方,并在单线桥上标出电子转移数,因为HCl在反应时只有部分被氧化,转移电子总数要根据锰元素来计算。

(2)根据反应方程式$2KMnO_4 + 16HCl(浓) ══ 2KCl + 2MnCl_2 + 5Cl_2\uparrow + 8H_2O$,每生成1mol Cl_2,被氧化的HCl的物质的量是2mol;转移的电子数为$2N_A$。

(3)产物中ClO^-与ClO_3^-物质的量之比为1∶1,设$NaClO_3$和NaClO的化学计量数都是1,还原产物为氯化钠,根据得失电子守恒和原子守恒,可得发生反应的化学方程式为$4Cl_2$ +

$8NaOH = 6NaCl + NaClO_3 + NaClO + 4H_2O$。

（4）次氯酸钠与盐酸发生氧化还原反应生成氯气，可写出离子方程式为 $Cl^- + ClO^- + 2H^+ = Cl_2\uparrow + H_2O$。

4．（1）分子数之比为 3∶2，所以 N_2 与 R_x 相对分子质量之比 $\frac{8.4}{3}:\frac{9.6}{2}=7:12$，

而 N_2 相对分子质量为 28，所以 R_x 相对分子质量 $=28\times\frac{12}{7}=48$，

又因为两者所含原子个数相同，即 $3\times2=2x$，得 $x=3$，

所以 R 的相对原子质量 $=\frac{48}{3}=16$；

故答案为：16；3。

（2）4.5g 水的物质的量为 4.5g/(18g/mol)＝0.25mol，水分子与硫酸数目相等，二者物质的量相等，故硫酸的质量为 0.25mol×98g/mol＝24.5g；含有氧原子数目之比为 1∶4，含有 H 原子数目之比为 2∶2＝1∶1，

故答案为：24.5；1∶4；1∶1。

5．（1）0.2mol 氯化氢中含原子数：0.2mol×2×N_A＝0.4N_A；

质量为：0.2mol×36.5g/mol＝7.3g；

标况下体积为：0.2mol×22.4L/mol＝4.48L；

若溶于水配成 500ml 溶液，所得溶液中溶质的物质的量浓度为：0.2mol/0.5L＝0.4mol/L；

故答案为：0.4；7.3；4.48；0.4。

（2）一定温度和压强下，1 体积 X_2 气体与 3 体积 Y_2 气体化合生成 2 体积 Z，

由气体的体积之比等于物质的量之比，等于化学计量数之比，

则 $X_2+3Y_2=2Z$，由原子守恒可知，Z 为 XY_3，故答案为：XY_3。

（3）混合物气体的总物质的量为 $\frac{8.96L}{22.4L/mol}=0.4mol$，又因为 A 与 B 的物质的量之比为 3∶1，所以 A 的物质的量为 0.3mol，B 的物质的量为 0.1mol，

设 B 的相对分子量为 x，则 A 为 $14x$，混合气体的总质量为 8.6g，

$0.3\times14x+0.1\times x=8.6$，得 $x=2$，

所以 B 为 H_2，A 的相对分子质量为 28，A 可能为 CO 或 N_2 或 C_2H_4，

故答案为：CO；N_2 或 C_2H_4；H_2。

6．（1）0.4mol OH^- 的质量为：0.4mol×17g/mol＝6.8g，

其中含有电子：0.4mol×10×N_A＝4N_A，

故答案为：6.8g；4N_A。

（2）质量比为 16∶7∶6 的 SO_2、CO、NO 的物质的量之比为 $\frac{16g}{64g/mol}:\frac{7g}{28g/mol}:\frac{6g}{30g/mol}=$ 5∶5∶4，则含有氧原子数目之比为 (5×2)∶(5×1)∶(4×1)＝10∶5∶4，故答案为：10∶5∶4。

（3）8gA 能与 32gB 恰好完全反应，生成 22gC 和一定量 D，

根据质量守恒 D 的质量为 8g＋32g－22g＝18g，

故 A、B、C、D 按质量比 8g∶32g∶22g∶18g＝4∶16∶11∶9 进行反应，

16gA 完全反应需要 B 的质量为 $16g \times \dfrac{16}{4} = 64g < 70g$,故 B 过量,

则生成的 D 的质量为 $16g \times \dfrac{9}{4} = 36g$,故 D 的摩尔质量为 $\dfrac{36g}{2mol} = 18g/mol$,

故答案为:18g/mol。

(4) 同温同压下,气体密度之比等于摩尔质量之比,所以同温同压下,等质量的 SO_2 与 CO_2 相比较,密度之比为:64∶44 = 16∶11。

故答案为:16∶11。

7.(1)注意矿物中所含物质不能拆分。

(2)发生 NaClO 氧化二价铁的反应,自身被还原为氯离子。

(3)由题意推断,无色气体为二氧化碳,沉淀为 $FeCO_3$。

第二章 物质结构和元素周期律

考试范围与要求

了解原子结构;掌握原子序数、核电荷数、质子数、中子数、核外电子数以及相互关系;了解短周期元素在周期表中的位置;了解主族元素性质的递变规律;理解化学键的定义;理解离子键和共价键。

第一节 原子结构

一、原子核

(一)原子的构成

原子是由居于原子中心的带正电荷的原子核和核外带负电荷的电子构成的。由于原子核所带电量与核外电子所带电量相等而电性相反,因此,原子作为一个整体不显电性。

原子核是由质子和中子构成的。质子带一个单位的正电荷,中子不带电。因此,核电荷数由质子数决定。质子和中子的相对质量约等于1,而电子的质量很小,仅约为质子质量的1/1836,所以,原子的质量主要集中在原子核上。

在一个原子里,质子、中子、电子3种基本微粒有如下的数量关系:

核电荷数(Z) = 核内质子数 = 核外电子数 = 原子序数

质量数(A) = 质子数(Z) + 中子数(N)

离子所带电荷数 = 质子数 - 核外电子总数

原子的质量数近似等于原子的相对原子质量。

归纳起来,如以$^A_Z X$代表一个质量数为A,质子数为Z的原子,那么,构成原子的粒子间的关系可以表示如下:

$$原子(^A_Z X)\begin{cases} 原子核 \begin{cases} 质子 & Z \text{ 个} \\ 中子 & (A-Z) \text{ 个} \end{cases} \\ 核外电子 & Z \text{ 个} \end{cases}$$

例如:$^{35}_{17}Cl$表示质量数为35,质子数为17,中子数为18,核外电子数为17的氯原子。

(二)同位素

质子数相同,中子数不同的同一元素的不同原子互称为同位素。

许多元素都有同位素。例如:^1_1H、^2_1H、^3_1H(氕、氘、氚)是氢的3种同位素;$^{35}_{17}Cl$、$^{37}_{17}Cl$是氯的两种同位素。同一元素的各种同位素虽然质量数不同,但它们的化学性质几乎完全相同。在天然存在的某种元素里,不论是游离态还是化合态,各种同位素所占的原子质量分数一般是不变的。

元素实际上是各种稳定同位素的混合物。

（三）元素的相对原子质量

我们平常所说的某种元素的相对原子质量,是按各种天然同位素原子所占的质量分数计算出来的平均值。若以 A_1 和 $a_1\%$ 分别代表某元素同位素 1 的质量数和质量分数, A_2 和 $a_2\%$ 分别代表同位素 2 的质量数和质量分数, $\overline{M}$ 代表该元素的近似相对原子质量,则

$$\overline{M} = A_1 \times a_1\% + A_2 \times a_2\%$$

二、原子核外电子的排布

（一）原子核外电子运动的特征

核外电子的运动与宏观世界物体的运动不同,它没有确定的轨道,我们不能测定或计算出它在某时刻所在的位置,也不能描画它的运动轨道。我们只能指出它在原子核外空间某处出现机会的多少。

（二）电子云

电子在核外空间一定范围内出现,好像带负电荷的云雾笼罩在原子核周围,人们形象地称它为电子云。图 2-1 就是氢原子的电子云示意图。

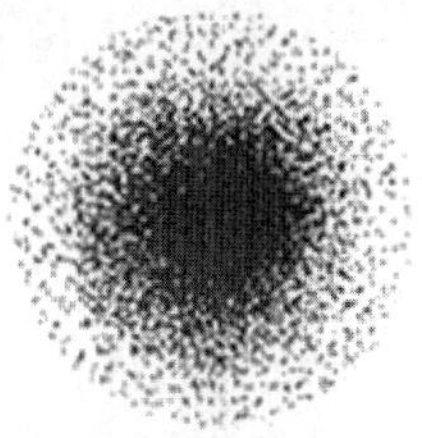

图 2-1 氢原子的电子云示意图

（三）原子核外电子的排布

1. 电子层:根据电子的能量差异和通常运动区域离核远近不同,将核外电子分成不同的能级组。把能量最低、离核最近的叫第一层,能量稍高、离核稍远的叫第二层,由里往外依次类推,叫第三、四、五、六、七层。通常用下列符号表示:

电子层符号　K　L　M　N　O　P　Q
电子层数　　1　2　3　4　5　6　7

2. 核外电子分层排布规律

核外电子的分层运动,又叫核外电子的分层排布,其规律是:

(1)各电子层最多容纳的电子数目是 $2n^2$。即 K 层($n=1$)为 $2 \times 1^2 = 2$ 个;L 层($n=2$)为 $2 \times 2^2 = 8$ 个;M 层($n=3$)为 $2 \times 3^2 = 18$ 个。

(2)最外层电子数目不超过 8 个(K 层为最外层时不超过 2 个)。

(3)次外层电子数目不超过 18 个,倒数第三层电子数目不超过 32 个。

(4)核外电子总是先排布在能量最低的电子层里,然后由里往外,依次排布在能量逐步升高的电子层里,即排满了 K 层才排 L 层、排满了 L 层才排 M 层。

以上几点互相联系,不能孤立地理解。

3. 原子结构示意图

知道了原子的核电荷数和电子层排布以后,就可以画出原子结构示意图。如钠原子、氯原子、二价镁离子结构示意图如图 2-2 所示。

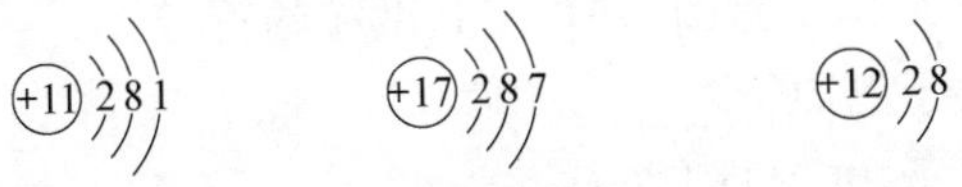

(+11) 2 8 1　　(+17) 2 8 7　　(+12) 2 8

Na原子结构示意图　Cl原子结构示意图　Mg^{2+}离子结构示意图

图 2-2 某些原子、离子结构示意图

【例题选解】

例1 元素 A、B，其中 A 的原子序数为 n，A^{2+} 比 B^{2-} 少 8 个电子，则 B 的原子序数是（　　）

A. $n+8$　　　　B. $n+4$　　　　C. $n+10$　　　　D. $n+6$

【解析】 元素的原子序数＝原子的核外电子数。因此 A^{2+} 的核外电子数为 $n-2$，B^{2-} 的核外电子数为 $n-2+8=n+6$，则 B 的核外电子数为 $n+6-2=n+4$。

【答案】 B

例2 某金属元素 M，其原子的质量数为 71，已知 M 离子含有 40 个中子和 28 个电子，由这种离子形成的化合物，其化学式正确的是（　　）

A. MO_2　　　　B. MBr_2　　　　C. $M(OH)_3$　　　　D. $K_2M_2O_7$

【解析】 质量数＝质子数＋中子数。中子数为 40，则 M 原子的质子数＝核外电子数＝ $71-40=31$。已知 M 离子中含 28 个电子，即 M 在形成化合物过程中失去 3 个电子，显 +3 价。根据计算，以上化学式中满足各元素化合价的代数和为零的只有 $M(OH)_3$。

【答案】 C

例3 元素 A 的原子在 M 电子层上有 2 个价电子，元素 B 的原子在 L 电子层上有 6 个电子，在 A 和 B 形成的稳定化合物中 A 的相对原子质量为 24，则此化合物的相对分子质量为（　　）

A. 60　　　　B. 88　　　　C. 72　　　　D. 40

【解析】 根据原子核外电子排布的规律：K 层最多排 2 个电子，L 层为次外层时最多排 8 个电子，因此 A 的原子结构可表示为：(+12) 2 8 2，是第 12 号元素：金属元素镁，相对原子质量为 24，化合价为 +2 价。B 的原子结构可表示为：(+8) 2 6，是第 8 号元素：非金属元素氧，相对原子质量 16，化合价为 -2 价。因此 A、B 形成稳定化合物的化学式为 AB。计算其相对分子质量：$24+16=40$。

【答案】 D

习题 2 – 1

一、填空题

1. 决定元素种类的微粒是 ___①___；同种元素的不同种原子互称 ___②___。

2. 稀有气体元素原子的最外层都有 ___①___ 个电子（氦除外），通常认为这种最外层有 ___②___ 个电子的结构是一种 ___③___ 结构。

3. 金属元素的原子的最外层电子数目一般少于 ___①___ 个；非金属元素的原子的最外层电子数目一般多于 ___②___ 个。

4. 画出下列 4 种微粒的结构示意图，并写出其微粒的符号。

（1）原子核内有 18 个质子的原子 _____。

（2）原子核外有 18 个电子的二价阳离子 _____。

（3）核外有 10 个电子的 -1 价阴离子 _____。

（4）M 层为最外层，且 M 层只比 L 层少一个电子的原子 _____。

二、选择题

1. 下列各组化学符号能表示同位素的一组是(   )
   A. SO_2,SO_3 B. S_4,S_8 C. H_2S,D_2S D. $^{32}_{16}S$,$^{35}_{16}S$

2. 铜有两种天然同位素：$^{63}_{29}Cu$、$^{65}_{29}Cu$,铜的相对原子质量为63.5,则$^{65}_{29}Cu$的质量分数约为(   )
   A. 50%   B. 75%   C. 25%   D. 66.7%

3. 某二价金属阳离子核外有28个电子,其质量数为65,则核内中子数为(   )
   A. 28   B. 39   C. 35   D. 37

4. 下列各组指定原子序数的元素,既能形成AB_2又能形成AB_3型酸性氧化物的是(   )
   A. 8和16   B. 11和6   C. 16和11   D. 12和9

5. 与Na^+离子具有相同质子数和电子数的微粒是(   )
   A. NH_4^+ B. Ne C. H_3O^+ D. F^-

6. 与Ne的核外电子排布相同的离子跟与Ar的核外电子排布相同的离子所形成的化合物是(   )
   A. NaF B. $MgCl_2$ C. KCl D. K_2S

【参考答案】

一、1. ①质子；②同位素

2. ①8；②8；③稳定

3. ①4；②4

4. (1) (+18) 2 8 8、Ar；(2) (+20) 2 8 8、Ca^{2+}；(3) (+9) 2 8、F^-；(4) (+17) 2 8 7、Cl

二、1. D 2. C 3. C 4. A 5. AC 6. B

第二节　元素周期律

一、元素周期律

元素的性质随着元素原子序数的递增而呈周期性的变化,这个规律叫作元素周期律。

(一) 原子序数

按核电荷数由小到大的顺序给元素编号,这种序号叫作该元素的原子序数。

$$原子序数 = 核电荷数$$

(二) 元素周期律

1. 核外电子排布的周期性

随着原子序数的递增,元素原子的最外层电子排布呈周期性变化。即每隔一定数目的元素,它的最外层电子数重复出现从1到8的排布。

2. 原子半径的周期性变化

随着原子序数的递增,元素的原子半径发生周期性变化。对主族元素来说,同一族里,由上到下,半径逐渐增大；同一周期里,从左到右,原子半径逐渐减小。但在各周期的最后一族,稀有气体的原子半径看起来比前一族的相应元素原子半径大,这是由于测定的根据不同造成的。

3. 元素主要化合价的周期性变化

各周期元素的最高正价从+1(碱金属元素)逐渐递变到+7(卤族元素),最后到零(稀有气体元素);从周期中部(碳族元素)开始出现负价,负价从-4逐渐递变到-1(卤族元素)。

元素主要化合价和原子半径的周期性变化是元素原子核外电子排布的周期性变化的必然结果。这就是元素周期律的实质。

二、元素周期表

根据元素周期律,把现在已知的112种元素中电子层数相同的各种元素,按原子序数递增的顺序从左到右排成横行,再把不同横行中最外电子层电子数相同的元素按电子层数递增的顺序由上而下排成纵行。这样得到一个表,叫作元素周期表。元素周期表是元素周期律的具体表现形式,它反映了元素之间相互联系的规律。

(一) 元素周期表的结构

1. 周期

具有相同的电子层数而又按照原子序数递增的顺序排列的一系列元素称为一个周期。周期序数=该周期元素原子的电子层数。周期的划分:

$$
周期\begin{cases}短周期\begin{cases}第一周期:2种元素\\第二、三周期:各有8种元素\end{cases}\\长周期\begin{cases}第四、五周期:各有18种元素\\第六、七周期:各有32种元素\end{cases}\end{cases}
$$

2. 族

周期表中每一纵行称为一族(Ⅷ族除外)。主族的序数=原子的最外层电子数。族的划分:

$$
族\begin{cases}主族:由短周期元素和长周期元素共同构成的族,共7个主族,用ⅠA、ⅡA、ⅢA…表示\\副族:完全由长周期元素构成的族,共7个副族,用ⅠB、ⅡB、ⅢB…表示\\Ⅷ族:在周期表中占三个纵行\\0族:由稀有气体元素构成\end{cases}
$$

(二) 元素的性质和原子结构的关系

1. 元素的金属性和非金属性

金属元素容易失去电子变成阳离子,非金属元素容易得到电子变成阴离子。因此,常用金属性表示在化学反应中原子失去电子的能力,用非金属性表示在化学反应中原子得到电子的能力。

2. 同一周期各主族元素性质递变规律

在同一周期中,各元素的原子核外电子层数虽然相同,但从左到右,核电荷数依次增多,原子半径逐渐减小,失电子能力逐渐减弱,得电子能力逐渐增强。这可以从元素的单质跟水或酸起反应置换氢的难易,元素最高价氧化物的水化物(间接或直接生成)——氢氧化物的碱性强弱等来判断元素金属性的强弱。从元素最高价氧化物对应的水化物——含氧酸的酸性强弱,或从跟氢气生成气态氢化物的难易程度,来判断元素非金属性的强弱。

递变规律为:

(1) 从左到右金属性逐渐减弱,非金属性逐渐增强。

(2) 从左到右最高价氧化物对应的水化物的碱性逐渐减弱,酸性逐渐增强。

(3) 从左到右气态氢化物的稳定性逐渐增强。

3. 同一主族各元素性质递变规律

在同一主族的元素中,由于从上到下电子层数增多,原子半径增大,原子核对最外层电子的引力逐渐减弱,原子失电子能力逐渐增强,得电子能力逐渐减弱。可以得到如下结论:

(1) 从上到下金属性逐渐增强,非金属性逐渐减弱。同族元素具有相同的化合价。

(2) 从上到下最高价氧化物对应的水化物组成相似,性质相似,碱性逐渐增强,酸性逐渐减弱。

(3) 从上到下气态氢化物分子式相似,性质相似,稳定性逐渐减弱。

4. 原子结构和化合价的关系

(1) 价电子:元素原子参与形成化学键的电子,叫价电子。主族元素原子的最外层电子为价电子。副族元素的化合价与它们的原子的次外层或倒数第三层的部分电子有关,这部分电子也叫价电子。

(2) 化合价:主族元素的最高正化合价数等于它所在族的序数。

$$最高正化合价数 = 族的序数 = 价电子数$$

非金属元素的最高正化合价和它的负化合价绝对值的和等于8,即非金属元素的负化合价,等于原子最外层达到8个电子稳定结构所需得到的电子数。

副族和第Ⅷ族元素的化合价比较复杂。一般来说,它们失去电子的最大数目与其族的序数相当。

5. 元素的性质、结构及位置的关系

根据元素在周期表中的位置,可以推断该元素的原子的结构、电子层数和最外层电子数及其主要性质(如元素金属性或非金属性以及强弱情况、化合价、最高价氧化物对应的水化物的酸碱性、气态氢化物的稳定性以及它们的水溶液的酸碱性等)。

【例题选解】

例 1 某元素 R 的最高价氧化物可表示为 R_2O_5,其气态氢化物中 R 占 82.35%,R 的原子核内有 7 个中子。试判断 R 是什么元素,指出它在元素周期表中的位置。

【解析】 由分子式 R_2O_5 可知 R 的最高正化合价为 +5 价,等于其所在的主族序数。那 R 为第 ⅤA 族的非金属元素。根据非金属元素的最高正化合价和其负化合价的绝对值的和等于 8,可求出 R 的负化合价为 -3 价。因此,其气态氢化物的化学式为 RH_3。

设 R 的相对原子质量为 M,依题意,有

$$\frac{M}{M + 1 \times 3} \times 100\% = 82.35\%$$

解得 $M = 14$。

已知 R 原子核内有 7 个中子,由以上条件可求知质子数为 7,其原子结构示意图为 ,即 R 是第二周期第 ⅤA 族的氮元素。

例 2 判断下列递变规律叙述是否正确。

（1）O、S、Na、K 原子半径依次增大。

（2）Na、Mg、Al、Si 还原性依次增强。

（3）HF、HCl、H_2S、PH_3 稳定性依次增强。

（4）Al(OH)$_3$、Mg(OH)$_2$、NaOH 碱性依次减弱。

（5）H_4SiO_4、H_3PO_4、H_2SO_4、$HClO_4$ 的酸性依次增强。

【解析】 （1）对。原子半径大小的比较有如下规律：同主族元素从上到下，原子半径逐渐增大，因为 O 和 S 同属于第ⅥA 族元素，K 和 Na 同属于第ⅠA 族元素，所以 $r_S > r_O$，$r_K > r_{Na}$。同周期元素从左到右原子半径逐渐减小（稀有气体元素除外），Na 和 S 属于同周期元素，所以 $r_{Na} > r_S$。

（2）错。Na、Mg、Al、Si 为同周期元素，同周期元素从左到右，元素的金属性逐渐减弱，即失电子的能力逐渐减弱，还原性依次减弱。

（3）错。气态氢化物的稳定性取决于非金属性的强弱，非金属性越强，气态氢化物越稳定。同主族元素从上到下，非金属性依次减弱，非金属性 F > Cl；同周期元素，从左到右非金属性依次增强，非金属性 P < S < Cl。因此，HF、HCl、H_2S、PH_3 的稳定性应该是依次减弱。

（4）错。金属性越强，最高价氧化物对应的水化物的碱性也就越强。同周期从左到右，金属性依次减弱。因为 Na、Mg、Al 属于同周期，金属性 Na > Mg > Al，所以碱性 NaOH > Mg(OH)$_2$ > Al(OH)$_3$。

（5）对。非金属性越强，最高价氧化物对应的水化物酸性越强。同周期元素从左到右，非金属性依次增强，因为非金属性 Si < P < S < Cl，所以酸性 H_4SiO_4 < H_3PO_4 < H_2SO_4 < $HClO_4$。

习题 2-2

一、填空题

1. 元素的性质随着元素 ___①___ 递增而呈 ___②___ 的变化。这个规律叫作 ___③___ 。

2. 元素性质周期性变化是 _____ 呈现周期性变化的必然结果。

3. 元素周期表有 ___①___ 个横行，也就是 ___②___ 个周期。我们把含有元素较少的第一、二、三周期叫 ___③___ ；把含有元素较多的第四、五、六周期叫 ___④___ ；把第七周期叫 ___⑤___ 。

4. 在周期表中，同一周期的元素，在原子结构上的共同点是 ___①___ ，同一主族元素的原子结构共同点是 ___②___ 。

5. 同一周期元素从左到右金属性 ___①___ ，非金属性 ___②___ ，这是因为 ___③___ ，同主族元素从上到下金属性 ___④___ ，非金属性 ___⑤___ ，这是因为 ___⑥___ 。

6. 请绘出具有下列核电荷数的元素的原子结构示意图，注明元素的名称和符号。

　　　+8　　　　+19　　　+16　　　+11　　　+15
　　　①　　　　②　　　　③　　　　④　　　　⑤

其中金属性最强的元素是 ___⑥___ ，非金属性最强的元素是 ___⑦___ ，生成的气态氢化物最稳定的元素是 ___⑧___ 。

7. 主族元素 R 的最高价氧化物化学式为 RO_3，则它位于元素周期表的第 ___①___ 族，它的气态氢化物化学式为 ___②___ 。

8. X 元素原子的 M 层比 K 层少一个电子，Y 元素原子的 L 层比 M 层多 2 个电子，它们形成稳定化合物的化学式是_____。

二、选择题

1. 下列各组中的元素,按金属性逐渐增强的顺序排列的是( )
   A. Na、K、Li　　　B. Li、Na、K　　　C. Na、Mg、Al　　　D. Al、K、Ca

2. 通常情况下,下列单质的还原性最强的是( )
   A. Li　　　B. Mg　　　C. Al　　　D. Na

3. 下列离子化合物中,阴、阳离子的电子层结构相同的是( )
   A. NaCl　　　B. MgO　　　C. LiCl　　　D. Na_2S

4. 有 A、B 两种元素,A 元素原子的最外层有 6 个电子,B 元素原子的最外层有 3 个电子,它们所形成的化合物的化学式可能是( )
   A. B_2A_3　　　B. B_3A_2　　　C. A_4B_5　　　D. B_4A_5

5. 下列性质的递变性正确的是( )
   A. C、F、Mg 的原子半径依次增大
   B. HCl、HBr、HI 的还原性依次减弱
   C. LiOH、NaOH、KOH 的碱性依次增强
   D. H_2SiO_3、H_3PO_4、H_2SO_4 的酸性依次减弱
   E. Cl_2、Br_2、I_2 的氧化性依次增强

6. A、B 两元素同周期,B 与 C 元素同主族。它们的原子核外电子数之和为 42,则按 A、B、C 的顺序依次是( )
   A. Na、K、Mg　　　B. Cl、S、F　　　C. Mg、Na、K　　　D. S、Cl、F

【参考答案】

一、1. ①原子序数;②周期性;③元素周期律

2. 元素原子核外电子排布

3. ①7;②7;③短周期;④长周期;⑤不完全周期

4. ①电子层数相同;②最外层电子数相同

5. ①减弱;②增强;③核电荷数增加,原子半径减小,得电子能力增强,失电子能力减弱;④增强;⑤减弱;⑥原子半径增大,失电子能力增强,得电子能力减弱

6. ①(+8) 2 6、氧、O;②(+19) 2 8 8 1、钾、K;③(+16) 2 8 6、硫、S;④(+11) 2 8 1、钠、Na;⑤(+15) 2 8 5、磷、P;⑥K;⑦O;⑧O

7. ①ⅥA;②H_2R

8. Na_2S

二、1. B　2. D　3. B　4. A　5. C　6. CD

【难题解析】

一、7. 考查对元素周期表的熟悉程度。

从化学式 RO_3 可知元素 R 的最高价为 +6,因此 R 位于ⅥA,它的气态氢化物化学式为 H_2R。

二、4. 考查原子最外层电子的得失及排布规律。

根据最外层 8 电子稳定结构,A 元素原子最外层有 6 个电子,说明 A 元素原子最多可以失

去 6 个电子,最多可以获得 2 个电子,A 元素的最高价态为 +6,最低价态为 -2;B 元素原子最外层有 3 个电子,说明 B 元素原子最多可以失去 3 个电子,最多可以获得 5 个电子,B 元素的最高价态为 +3,最低价态为 -5;由以上可推断出 A 元素和 B 元素所形成的化合物的化学式可能为 A_5B_6 或 B_2A_3。因此选 A。

第三节　化学键和分子结构

一、化学键

(一) 定义

相邻的两个或多个原子之间强烈的相互作用,叫作化学键。

(二) 化学键的主要类型

$$化学键\begin{cases}离子键\\共价键\begin{cases}非极性键\\极性键\\配位键\end{cases}\end{cases}$$

1. 离子键

(1) 定义:由阴阳离子间通过静电作用所形成的化学键叫作离子键。活泼金属与活泼非金属化合时,一般形成离子键。离子化合物中都有离子键。

(2) 离子键形成的过程,用电子式表示为

$$Na\times + \cdot \ddot{\underset{\cdot\cdot}{Cl}}: \longrightarrow Na^+[\underset{\cdot\cdot}{\overset{\cdot\cdot}{\times}}\ddot{Cl}:]^-$$

$$:\ddot{Br}\cdot + \times Mg\times + \cdot \ddot{Br}: \longrightarrow [:\ddot{Br}\underset{\cdot}{\times}]^- Mg^{2+}[\underset{\times}{\overset{\cdot\cdot}{\cdot}}\ddot{Br}:]^-$$

(3) 离子的半径:阳离子的半径比相应原子的原子半径小,阴离子半径比相应原子的原子半径大,电子层结构相同(层数和各层电子数都相同)的离子,核电荷数越大,半径越小。

2. 共价键

(1) 定义:原子间通过共用电子对所形成的化学键,叫作共价键。除稀有气体外的非金属单质、共价化合物、复杂离子(如 NH_4^+、OH^-、SO_4^{2-} 等)都含有共价键。

(2) 共价键形成的过程,用电子式表示为

$$H\cdot + \cdot H \longrightarrow H:H$$

$$H\times + \cdot \ddot{\underset{\cdot\cdot}{Cl}}: \longrightarrow H\overset{\cdot\cdot}{\underset{\cdot\cdot}{\times}}\ddot{Cl}:$$

(3) 表示共价键性质的物理量。

①键能:在 101325Pa 和 298K 时,将 1mol 理想气体分子 AB 拆开为中性原子 A 和 B 时,所需要的能量(单位为千焦/摩(kJ/mol))。键能越大,化学键越牢固,含有该键的分子就越稳定。

②键长:在分子中,两个成键的原子的核间距离叫作键长。一般来说,两个原子之间所形成的键越短,键就越强、越牢固。

③键角:在分子中键和键之间的夹角叫作键角。

(4) 配位键:是一类特殊的共价键。共用电子对是由一个原子单方面提供而跟另一个原子

共用的共价键。

二、非极性分子和极性分子

（一）非极性键和极性键

（1）非极性键：由同种元素原子形成的共价键，共用电子对不偏向任何一个原子，成键的原子都不显电性，这样的共价键叫作非极性共价键，简称非极性键。

（2）极性键：由不同种元素的原子形成的共价键，共用电子对偏向吸引电子能力强的原子一方，因而吸引电子能力较强的原子就带部分负电荷，吸引电子能力较弱的原子就带部分正电荷，这样的共价键叫作极性共价键，简称极性键。

（二）非极性分子和极性分子

（1）非极性分子：从整个分子看，分子里电荷分布是对称的，正负电荷的"重心"重合，这样的分子叫作非极性分子。

说明：①以非极性键结合而成的双原子分子是非极性分子，如 H_2、O_2、Cl_2 等。②以极性键结合的多原子分子，如果分子的正负电荷"重心"重合，整个分子就不显极性，这样的分子也是非极性分子，如 CH_4、CO_2 等。

（2）极性分子：整个分子的电荷分布不对称，正负电荷"重心"不重合，这样的分子叫作极性分子。

说明：①以极性键结合的双原子分子是极性分子，如 HCl、CO 等。

②以极性键结合的多原子分子，如果分子的电荷分布不对称，这种分子是极性分子，如 H_2O、NH_3、$CHCl_3$ 等。

$$分子\begin{cases}由极性键构成\begin{cases}双原子分子——极性分子（如 HCl、CO）\\多原子分子\begin{cases}各键方向不对称——极性分子（如 H_2O、NH_3 等）\\各键方向完全对称——非极性分子（如 CO_2、CH_4 等）\end{cases}\end{cases}\\由非极性键构成——非极性分子（如 O_2、N_2、H_2 等）\end{cases}$$

【例题选解】

例1 下列各组物质中，化学键类型相同的是（   ）

A. HI 和 NaI 　　　　　　　　　　B. H_2S 和 CO_2

C. Cl_2 和 CCl_4 　　　　　　　　　　D. F_2 和 NaBr

【解析】 H—I 为极性共价键，Na^+ 和 I^- 通过静电作用形成离子键，因此二者键型不同。

对于 B：H_2S 和 CO_2 的分子形成过程可用下列电子式表示：

$$H\times + \cdot\overset{\cdot\cdot}{\underset{\cdot\cdot}{S}}\cdot + \times H \longrightarrow H\overset{\cdot\cdot}{\underset{\cdot\cdot}{\times S\times}}H$$

$$:\overset{\cdot\cdot}{\underset{\cdot\cdot}{O}}: + \overset{\times}{\underset{\times}{C}} + :\overset{\cdot\cdot}{\underset{\cdot\cdot}{O}}: \longrightarrow \overset{\cdot\cdot}{\underset{\cdot\cdot}{O}}:\overset{\times}{\underset{\times}{C}}\times:\overset{\cdot\cdot}{\underset{\cdot\cdot}{O}}$$

即它们的键型相同，都是极性共价键。

对于 C：Cl—Cl 是非极性共价键，C—Cl 是极性共价键，所以它们的键型不相同。

对于 D：F—F 是非极性共价键，Na 与 Br 之间是离子键，所以它们的键型也不相同。

【答案】 B

例2 下列各组物质中，都是由极性键构成为极性分子的一组是（   ）

A. H_2S 和 CCl_4 B. CO_2 和 HCl
C. CH_4 和 Br_2 D. NH_3 和 H_2O

【解析】 从整个分子看,分子里电荷分布是对称的,则这样的分子为非极性分子。若整个分子的电荷分布不对称,则这样的分子为极性分子。也就是说分子的极性与原子间形成的化学键及分子空间构型都有关系。CCl_4 中的 C—Cl 键,CH_4 中的 C—H 键均为极性键,但它们的分子空间构型均为正四面体型,是完全对称的,所以 CCl_4 和 CH_4 均为极性键非极性分子。CO_2 中的 C—O 键也为极性键,其分子空间构型为直线型,故其分子中正、负电荷的分布是对称的,分子极性抵消,也为极性键非极性分子。D 中的 NH_3 中 N—H 键为极性键,而分子构型为三角锥形,3 个 N—H 键为不对称排列;H_2O 中 H—O 键也为极性键,分子构型为折线型,为不对称排列。所以它们均符合题意。

【答案】 D

习题 2 – 3

1. 如图为元素周期表短周期的一部分,下列有关 A、B、C、D 四种元素的叙述中不正确的是（   ）

A	B	C		
		D		

A. A、C 两元素形成的化合物都为共价化合物

B. AD_2 的电子式为 $\ddot{S}::C::\ddot{S}$

C. B、C 形成的化合物 BC 中所含化学键为非极性共价键

D. B_2 的结构式为 N≡N

2. 下列物质中既有离子键又有共价键的是（   ）

A. MgO B. $NH_3 \cdot H_2O$
C. $CaCl_2$ D. $(NH_4)_2SO_4$

3. 在下列变化过程中,既有离子键被破坏又有共价键被破坏的是（   ）

A. 将 SO_2 通入水中

B. 烧碱溶于水

C. 将 HCl 通入水中

D. 硫酸氢钠溶于水

4. 短周期元素 X、Y、Z 的原子序数之和为 22,且 Y^{2-} 与 Z^{3+} 核外电子排布相同。下列化合物中同时存在极性共价键和非极性共价键的是（   ）

A. X_2Y_2 B. X_2Y
C. Z_2Y_3 D. X_3ZY_3

5. 下列说法正确的是(　　)
A. 氢氧化钠是离子化合物,该物质中只存在离子键
B. 干冰在升华的过程中,只需要克服分子间作用力
C. ^{12}C 与 ^{13}C 由于核外电子排布不同,所以属于同位素
D. 在 N_2、CO_2 和 SiO_2 三种物质中,都存在共价键,它们都是由分子构成的物质

6. 下列说法不正确的是(　　)
A. NaClO 是含有两种类型化学键的离子化合物
B. CO_2 通入水的过程中,有共价键的形成和断裂,但不涉及离子键的变化
C. 金刚石和足球烯都只由碳元素构成,且含有的化学键类型也相同
D. 常温常压下,H_2O 与 CH_4 的不同状态可以说明 H_2O 的热稳定性更好

二、填空题

1. 现有下列 10 种物质:①O_2;②H_2;③NH_4NO_3;④Na_2O_2;⑤$Ba(OH)_2$;⑥CH_4;⑦CO_2;⑧NaF;⑨NH_3;⑩I_2。
其中既含离子键又含非极性键的是_____(填序号,下同);既含离子键又含极性键的是_____;只含共价键的是_____;只含离子键的是_____。

2. 现有 a～g 七种短周期元素,它们在元素周期表中的位置如图所示,请据此回答下列问题:

元素的原子间最容易形成离子键的是_____(填字母,下同),容易形成共价键的是_____。
A. c 和 f   B. b 和 g
C. d 和 g   D. b 和 e

【参考答案】
一、1. C　2. D　3. D　4. A　5. B　6. D
二、1. ④　③⑤　①②⑥⑦⑨⑩　⑧
2. B　C

【难题解析】
一、4. 由 Y^{2-} 与 Z^{3+} 核外电子排布相同可知,在周期表中 Y 位于 Z 的上一周期,所以 Y 为 O、Z 为 Al,则 X 为 H。H_2O_2 中既有非极性共价键,也有极性共价键,A 项正确;H_2O 中只有极性共价键,B 项错误;Al_2O_3 中只有离子键,C 项错误;$Al(OH)_3$ 中没有非极性共价键,而是极性共价键,D 项错误。

5. 氢氧化钠是离子化合物,该物质中既存在离子键,又存在共价键,A 错误;干冰在升华的过程中,只需要克服分子间作用力,B 正确;^{12}C 与 ^{13}C 的质子数相同,核外电子排布相同,但中子数不同,二者属于同位素,C 错误;在 N_2、CO_2 和 SiO_2 三种物质中,都存在共价键,N_2 和 CO_2 是由分子构成的物质,而 SiO_2 是由原子构成的物质,D 错误。

6. NaClO 是由 Na⁺ 和 ClO⁻ 组成的,即 NaClO 属于离子化合物,含有离子键,ClO⁻ 存在共价键,故 A 说法正确;CO₂ 溶于水形成 H₂CO₃,H₂CO₃ 电离,CO₂、H₂O、H₂CO₃ 属于共价化合物,有共价键的形成和断裂,没有离子键的变化,故 B 正确;金刚石和足球烯都是碳元素组成的单质,都是由共价键组成,故 C 正确;热稳定性与物质状态无关,故 D 错误。

典型例题

例题 1 设某元素的原子核内的质子数为 m,中子数为 n,则下列说法正确的是( )
A. 不能由此确定该元素的相对原子质量
B. 这种元素的相对原子质量为 $m+n$
C. 若碳原子质量为 W g,此原子的质量为 $(m+n)W$ g
D. 核内中子的总质量小于质子的总质量

【分析】 $m+n$ 是这种元素原子的质量数。碳原子的质量为 W g。则此元素原子的质量为 $\dfrac{m+n}{12} \times W$ g,因 m 和 n 为不确定值,中子总质量与质子总质量也无法确定。故应选 A。

【答案】 A

例题 2 下列有关说法正确的是( )
A. $^{222}_{86}\text{Ra}$ 的原子核内中子数与核外电子数之差为 55
B. $^{235}_{92}\text{U}$ 和 $^{238}_{92}\text{U}$ 是同位素,核反应属于化学变化
C. $^{40}\text{Ca}^{2+}$ 与 $^{18}\text{O}_2^{2-}$ 具有相同的电子数
D. ^{34}S 原子核内的中子数为 16

【分析】 $^{222}_{86}\text{Ra}$ 的原子核内中子数和核外电子数分别为 136、86,两者之差为 50,A 项错误。核反应既不是物理变化也不是化学变化,B 项错误。$^{40}\text{Ca}^{2+}$ 和 $^{18}\text{O}_2^{2-}$ 的电子数都是 18,C 项正确。S 为 16 号元素,质量数为 34,则中子数为 34 − 16 = 18,D 项错误。

【答案】 C

例题 3 下列关于 Mg、Mg²⁺ 两种粒子的判断中,正确的是( )
①核电荷数相同;②核外电子数相等;③电子层结构完全相同;
④质量几乎相等;⑤质子数相等;⑥Mg²⁺ 比 Mg 稳定
A. ①④⑤   B. ①③⑤⑥   C. ①④⑤⑥   D. ②③④

【分析】
① 镁原子失去 2 个电子后形成镁离子,所以核电荷数相同,故正确;
② 镁原子失去 2 个电子后形成镁离子,所以核外电子数不相等,故错误;
③ 镁原子失去 2 个电子后形成镁离子,它们电子层结构不相同,故错误;
④ 镁原子失去 2 个电子后形成镁离子,电子的质量很小,所以质量几乎相等,故正确;
⑤ 镁原子失去 2 个电子后形成镁离子,所以质子数相等,故正确;
⑥ 镁原子失去 2 个电子后形成镁离子,镁离子最外层电子数为 8,所以 Mg²⁺ 比 Mg 稳定,故正确。

故选 C。

【答案】 C

例题 4 有 4 种元素 A、B、C、D,其质子数分别是 x、y、z、m,已知 B、C、D 为同周期元素,其中 B 原子的 M 电子层比 L 电子层电子数少 1 个,D 的 +1 价阳离子的电子层结构与 Ne 原子相同;又知 $x+y+z+m=49$,且 A 原子的质子数与中子数相等,A 原子的质量数与 C 原子的质子数相等,则 A、B、C、D 各为何元素?

【分析】 此题从电子层结构推断元素。Ne 原子在第二周期,D 的 +1 价阳离子的电子层结构与 Ne 相同,可推知 D 为 Na 元素;B 原子的 M 层比 L 层少 1 个,可推知 B 的原子序数为 17,该元素为 Cl;设 A 的质子数为 x,则 C 的质子数为 $2x$,即 $11+17+x+2x=49$,解得 $x=7$,则 A 为 N 元素,C 为 Si 元素。

【答案】 A 为 N;B 为 Cl;C 为 Si;D 为 Na

强化训练

一、选择题

1. 2019 年是"国际化学元素周期表年"。下列对元素周期表的认识正确的是( )
  A. 周期表中共有 18 个族
  B. 第一、二、三周期为短周期
  C. 第三周期主族元素原子半径从左到右依次增大
  D. 第二周期主族元素从左到右,最高正化合价从 +1 递增到 +7

2. 如表所列是元素周期表的一部分,有关说法正确的是( )

族 周期	ⅠA	ⅡA	ⅢA	ⅣA	ⅤA	ⅥA	ⅦA
二				c		d	
三	a	b				e	f

  A. e 的简单氢化物比 d 的简单氢化物稳定
  B. a、b、e 三种元素的原子半径:e > b > a
  C. 六种元素中,e 元素单质的化学性质最活泼
  D. c、e、f 的最高价氧化物对应的水化物的酸性依次增强

3. 中科院电子学研究所的研究人员已经掌握了锶原子光钟研究的一系列关键技术,为显著提高卫星导航系统的定位精度奠定了基础。锶(元素符号 Sr)的原子序数为 38,下列说法中不正确的是( )
  A. ^{84}Sr、^{86}Sr、^{87}Sr、^{88}Sr 互为同位素
  B. 由 Sr 的原子序数可知,其在周期表中的位置是第五周期第ⅡA族
  C. 根据元素周期律可知,$Sr(OH)_2$ 的碱性强于 $Ca(OH)_2$,弱于 $Ba(OH)_2$
  D. 根据元素周期律可知,Sr 的还原性强于 Mg,因此可以从 $MgCl_2$ 溶液中置换出 Mg

4. 金属钛有"生物金属"之称。下列有关 $^{48}_{22}Ti$ 和 $^{50}_{22}Ti$ 的说法正确的是( )
  A. $^{48}_{22}Ti$ 和 $^{50}_{22}Ti$ 原子中均含有 22 个中子
  B. $^{48}_{22}Ti$ 和 $^{50}_{22}Ti$ 在周期表中位置相同,都在第 4 纵行
  C. $^{48}_{22}Ti$ 和 $^{50}_{22}Ti$ 的物理性质相同

D. $^{48}_{22}Ti$ 和 $^{50}_{22}Ti$ 为同一核素

5. 下列关于元素周期表的叙述正确的是(   )

A. 周期表中有 18 个纵行,共 18 个族

B. 目前使用的元素周期表中,最长的周期含有 32 种元素

C. 短周期元素是指 1～20 号元素

D. 原子的最外层电子数都等于该元素所在的族序数

6. 我国"嫦娥五号"探测器带回 1.731kg 的月球土壤,经分析发现其构成与地球土壤类似,土壤中含有的短周期元素 W、X、Y、Z 原子序数依次增大,最外层电子数之和为 15。X、Y、Z 为同周期相邻元素,且均不与 W 同族,下列结论正确的是(   )

A. 原子半径大小顺序为 W > X > Y > Z

B. 化合物 XW 中的化学键为离子键

C. Y 单质的导电性能弱于 Z 单质

D. Z 的氧化物的水化物的酸性强于碳酸

7. 下列叙述正确的是(   )

A. 同周期元素中,第ⅠA 族元素的原子半径最小

B. 第ⅥA 族元素的原子,其半径越大,越容易得到电子

C. 室温时,0 族元素的单质都是气态

D. 所有主族元素的原子,形成单原子离子时的化合价和它的族序数相等

8. 下列说法中正确的是(   )

A. 非金属元素呈现的最高化合价不超过该元素原子的最外层电子数

B. 非金属元素呈现的最低化合价,其绝对值等于该元素原子的最外层电子数

C. 最外层有 2 个电子的原子是金属元素原子

D. 最外层有 5 个电子的原子是非金属元素原子

9. 下列物质中都是既有离子键又有共价键的一组是(   )

A. $NaOH$、H_2O、NH_4Cl

B. KOH、Na_2O_2、$(NH_4)_2S$

C. MgO、$CaBr_2$、$NaCl$

D. Na_2SO_4、HCl、$MgCl_2$

10. W、X、Y、Z 四种短周期元素在元素周期表中的相对位置如图所示,W 的气态氢化物可与其最高价含氧酸反应生成离子化合物,由此可知(   )

W	X	
	Y	Z

A. X、Y、Z 中最简单氢化物稳定性最弱的是 Y

B. Z 元素氧化物对应水化物的酸性一定强于 Y

C. X 元素形成的单核阴离子还原性强于 Y

D. Z 元素单质在化学反应中只表现氧化性

11. a、b、c、d 为短周期元素,a 的原子中只有 1 个电子,b^{2-} 和 c^+ 的电子层结构相同,d 与 b 同族。下列叙述错误的是(   )

A. a 与其他三种元素形成的二元化合物中其化合价均为 +1 价

B. b 与其他三种元素均可形成至少两种二元化合物

C. c 的原子半径是这些元素中最大的

D. d 与 a 形成的化合物的水溶液呈弱酸性

12. 依据元素周期表及元素周期律,下列推测正确的是(　　)

A. H_3BO_3 的酸性比 H_2CO_3 的酸性强

B. $Mg(OH)_2$ 的碱性比 $Be(OH)_2$ 的碱性强

C. HCl、HBr、HI 的热稳定性依次增强

D. 若 M^+ 和 R^{2-} 的核外电子层结构相同,则原子序数:R > M

13. 已知短周期元素 X、Y、Z、M、Q 和 R 在周期表中的相对位置如下所示,其中 Y 的最高化合价为 +3,下列说法不正确的是(　　)

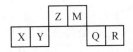

A. 还原性:$ZQ_2 < ZR_4$

B. X 能从 ZO_2 中置换出 Z

C. Y 能与 Fe_2O_3 反应得到 Fe

D. M 最高价氧化物的水化物能与其最低价氢化物反应

14. W、X、Y、Z 为原子序数依次增大的短周期主族元素,Z 的最外层电子数是 W 和 X 的最外层电子数之和,也是 Y 的最外层电子数的 2 倍。W 和 X 的单质常温下均为气体。下列叙述正确的是(　　)

A. 原子半径:Z > Y > X > W

B. W 与 X 只能形成一种化合物

C. Y 的氧化物为碱性氧化物,不与强碱反应

D. W、X 和 Z 可形成既含有离子键又含有共价键的化合物

15. W、X、Y、Z 均为短周期元素且原子序数依次增大,元素 X 和 Z 同族。盐 YZW 与浓盐酸反应,有黄绿色气体产生,此气体同冷烧碱溶液作用,可得到含 YZW 的溶液。下列说法正确的是(　　)

A. 原子半径大小为 W < X < Y < Z

B. X 的氢化物水溶液酸性强于 Z 的

C. Y_2W_2 与 ZW_2 均含有非极性共价键

D. 标准状况下 W 的单质状态与 X 的相同

16. 下列事实不能用元素周期律解释的是(　　)

A. 碱性:KOH > NaOH

B. 相对原子质量:Ar > K

C. 酸性:$HClO_4 > H_2SO_4$

D. 元素的金属性:Mg > Al

17. 下图中,a、b、c、d、e 为元素周期表中前四周期的元素,下列有关叙述正确的是(　　)

A. 元素 b 位于第ⅥA 族,有 +6 价、-2 价两种常见化合价

B. 5 种元素中,元素 e 的性质最稳定

C. 元素 c 和 d 的最高价氧化物对应水化物的酸性:c>d

D. 元素 c 与 e 的气态氢化物的稳定性:c>e

18. 下列叙述中正确的是(　　)

A. 两个非金属原子间不可能形成离子键

B. 非金属元素间不可能形成离子化合物

C. 共价化合物中可能有离子键

D. 在化合物 $CaCl_2$ 中,两个氯离子之间也存在化学键

19. 元素 X、Y、Z 原子序数之和为 36,X、Y 在同一周期,X^+ 与 Z^{2-} 具有相同的核外电子层结构。下列推测不正确的是(　　)

A. 同周期元素中 X 的金属性最强

B. 原子半径 X>Y,离子半径 X^+>Z^{2-}

C. 同族元素中 Z 的氢化物稳定性最强

D. 同周期元素中 Y 的最高价含氧酸的酸性最强

20. 如图所示为元素周期表的一部分,其中 X、Y、Z、W 为 4 种短周期元素。Z 元素原子核外 K 层与 M 层上的电子数相等。下列说法中正确的是(　　)

		X	Y
Z	W		

A. Y 元素的最高价氧化物对应水化物的化学式为 H_3YO_4

B. Y 的最简单气态氢化物的水溶液显弱碱性

C. 原子半径由小到大的顺序为 X<Z<Y<W

D. X、Z 两种元素的氧化物中所含化学键的类型相同

21. X、Y、Z、W、R 是 5 种短周期元素,其原子序数依次增大。X 是周期表中原子半径最小的元素,Y 原子最外层电子数是次外层电子数的 3 倍,Z、W、R 处于同一周期,R 与 Y 处于同一主族,Z、W 原子的核外电子数之和与 Y、R 原子的核外电子数之和相等。下列说法正确的是(　　)

A. 元素 Y、Z、W 具有相同电子层结构的离子,其半径依次增大

B. 元素 X 不能与元素 Y 形成化合物 X_2Y_2

C. 元素 Y、R 分别与元素 X 形成的化合物的热稳定性:X_mY>X_mR

D. 元素 W、R 的最高价氧化物对应水化物都是强酸

22. 下表是元素周期表的一部分。X、Y、Z、W 均为短周期元素,Z 元素原子最外层电子数与电子总数之比为 3∶8。下列说法错误的是(　　)

X	Y		
		Z	W

A. 气态氢化物的稳定性：Z＜W

B. 原子半径由大到小的顺序为 Z＞W＞X＞Y

C. X 元素只能形成一种单质

D. Y 元素可形成多种氧化物

23. 2019 年是元素周期表发表 150 周年，期间科学家为完善周期表做出了不懈努力。2017 年，中国公布 113 号、115 号、117 号和 118 号 4 种元素的中文名称。其中 118 号元素的原子符号为 $^{294}_{118}Og$，中文名称为"鿫"。下列说法不正确的是（　　）

A. 质子数为 118　　　　　　　　　B. 中子数为 176

C. 核外电子数为 118　　　　　　　D. 质量数为 412

24. 下列说法正确的是（　　）

A. HCl、HBr、HI 的热稳定性依次增强

B. N_2 和 Cl_2 两种分子中，每个原子的最外层都具有 8 电子稳定结构

C. 在 O_2、CO_2 和金刚石中，都存在共价键，它们均由分子构成

D. KOH 和 $MgCl_2$ 都是离子化合物，均存在共价键和离子键

二、填空题

1. $^{235}_{92}U$ 是重要的核工业原料，在自然界的丰度很低，$^{235}_{92}U$ 的浓缩一直为国际社会关注。回答下列有关问题：

（1）$^{235}_{92}U$ 表示的含义是_____。

（2）$^{234}_{92}U$、$^{235}_{92}U$、$^{238}_{92}U$ 互为同位素，下列对同位素的理解不正确的是_____（填序号，下同）。

A. 元素符号相同

B. 物理性质相同

C. 化学性质基本相同

D. 在周期表中位置相同

（3）下列有关 $^{235}_{92}U$ 说法不正确的是_____。

A. $^{235}_{92}U$ 原子核内中子数与质子数之差为 51

B. $^{235}_{92}U$ 与 $^{238}_{92}U$ 的质子数、电子数都相等

C. $^{235}_{92}U$ 与 $^{238}_{92}U$ 是两种质子数相同、中子数不同的原子

D. $^{235}_{92}U$ 与 $^{238}_{92}U$ 是同种原子

2. 锂的材料在社会生活中广泛应用，如亚氨基锂（Li_2NH）是一种储氢容量高、安全性好的固体储氢材料，$LiCoO_2$ 用作便携式电源的正极材料，碳酸锂（Li_2CO_3）广泛应用于陶瓷和医药等领域。根据下列要求回答相关问题：

（1）$^{6}_{3}Li$ 和 $^{7}_{3}Li$ 用作核反应堆最佳载热体，$^{7}_{3}LiH$ 和 $^{7}_{3}LiD$ 用作高温堆减速剂。下列说法中正确的是_____（填序号，下同）。

A. $^{6}_{3}Li$ 和 $^{7}_{3}Li$ 互为同位素

B. $^{6}_{3}Li$ 和 $^{7}_{3}Li$ 属于同种核素

C. $^{7}_{3}LiH$ 和 $^{7}_{3}LiD$ 的化学性质不同

D. $^7_3$LiH 和 $^7_3$LiD 是同种物质

(2) 下列说法不正确的是_____。

A. 碱性：$Be(OH)_2 < LiOH < NaOH < KOH$

B. 半径：$K > Na > Li > Li^+$

C. 氧化性：$Li^+ < Na^+ < K^+ < Rb^+ < Cs^+$

D. 金属性：$Cs > Rb > K > Na > Li > Be$

3. 短周期主族元素 A、B、C、D、E 的原子序数依次增大。常温下，A、C 组成的化合物是常见液体，B 原子最外层电子数等于次外层电子数，D 与 C 同主族。回答下列问题：

(1) A 的单质的电子式为_____；B 在元素周期表中的位置为第_____周期第_____族。

(2) B、C 中，原子半径较大的是_____（填元素符号）；D、E 的简单氢化物中，稳定性较强的是_____（填化学式）。

(3) A、C 组成的原子个数比为 1∶1 的化合物常用于制备 C 的单质，反应的化学方程式为_____。

4. 对于元素周期表中下列位置的①～⑩十种元素，请用元素符号或化学式回答有关问题：

周期	族							
	ⅠA	ⅡA	ⅢA	ⅣA	ⅤA	ⅥA	ⅦA	0
一	①							②
二				③	④	⑤	⑥	
三	⑦	⑧					⑨	⑩

(1) 能形成共价键的元素有_____。

(2) 只需形成一个共价单键就能达到稳定结构的元素有_____。

(3) 溶于水呈碱性的气态氢化物是_____。

(4) ⑩号元素最高价氧化物对应水化物中只含有_____（填"共价键"或"离子键"）。

(5) ①⑤⑦号元素形成的化合物的化学式为_____，含有的化学键为_____。

(6) 某种元素的气态氢化物为 H_2B，其最高价氧化物含 B 的质量分数为 40%，则该元素的气态氢化物的化学式为_____。

5. A～H 八种短周期主族元素在周期表中的相对位置如下图所示。已知 B 元素形成的单质焰色试验火焰为黄色，E 的最高价氧化物对应的水化物能与 E 的最简单氢化物反应生成离子化合物。

(1) D 元素在周期表中的位置为_____。

(2) B、E、F 的简单离子半径由大到小的顺序为_____（写离子符号）。

(3) 上述元素所形成的气态单质中能用于饮用水消毒的是_____（写化学式）。

(4) B 的最高价氧化物对应水化物的碱性_____（填">"或"<"）C 的最高价氧化物对应水化物的碱性。

（5）C元素的单质可以在D和F组成的一种气态化合物中燃烧,写出该反应的化学方程式:_____。

6. 下表列出了9种元素在元素周期表中的位置。

周期	IA 1	ⅡA 2	ⅢA 13	ⅣA 14	ⅤA 15	ⅥA 16	ⅦA 17	0 18
1								
2	①			②	③	④	⑤	
3	⑥			⑦			⑧	
4								⑨

请回答下列问题:

（1）考古工作者利用元素②的一种核素测定一些文物的年代,这种核素的符号是_____。

（2）画出元素⑧形成的简单离子的结构示意图:_____。

（3）写出元素④和⑥的单质在加热条件下反应,所得产物的电子式:_____。

（4）⑥元素的最高价氧化物对应的水化物含有的化学键是_____。

（5）②③④⑤四种元素的简单气态氢化物中,稳定性最强的是_____（填化学式）;写出元素⑥的单质与水反应的离子方程式:_____;写出一个能证明元素⑧比元素⑨非金属性强的反应事实的离子方程式:_____。

7. 七种短周期主族元素①~⑦,其原子序数依次增大,②元素是地壳中含量最多的元素,⑤与酸碱都可以反应,④⑦两元素组成的化合物是我们日常生活必需的调味品,②和⑥元素的原子序数之和是①和④两元素原子序数之和的两倍。请用化学用语回答下列问题:

（1）③、⑤、⑥的简单离子半径由大到小的顺序为_____（填化学符号）。

（2）⑥和⑦的最高价氧化物对应的水化物的酸性强弱为_____>_____（填化学式）。

（3）写出二氧化硅与含上述某种元素的酸反应的化学方程式:_____。

【强化训练参考答案】

一、选择题

1. B 2. D 3. D 4. B 5. B 6. B 7. C 8. A 9. B 10. A 11. A 12. B 13. A 14. D 15. D 16. B 17. D 18. A 19. B 20. B 21. C 22. C 23. D 24. B

二、填空题

1. （1）质子数为92、质量数为235的铀原子
 （2）B （3）D

2. （1）AD （2）C

3. （1）H··H 二 ⅡA （2）Be HCl （3）$2H_2O_2 \xrightarrow{MnO_2} 2H_2O + O_2\uparrow$

4. （1）H、C、N、O、F、S、Cl （2）H、F、Cl （3）NH_3 （4）共价键
 （5）NaOH 离子键、共价键 （6）H_2S

5. （1）第二周期第ⅣA族
 （2）$r(N^{3-}) > r(O^{2-}) > r(Na^+)$（或 $N^{3-} > O^{2-} > Na^+$）

(3) Cl_2 或 O_3　(4) >

(5) $2Mg + CO_2 \xrightarrow{\text{点燃}} 2MgO + C$

6. (1) $^{14}_{6}C$　(2) (+17) 2 8 8

(3) $Na^+[\overset{..}{\underset{..}{:}}\overset{..}{O}\overset{..}{\underset{..}{:}}\overset{..}{O}\overset{..}{\underset{..}{:}}]^{2-}Na^+$

(4) 离子键和极性键

(5) HF　$2Na + 2H_2O = 2Na^+ + 2OH^- + H_2\uparrow$　$Cl_2 + 2Br^- = Br_2 + 2Cl^-$

7. (1) $S^{2-} > F^- > Al^{3+}$　(2) $HClO_4$　H_2SO_4　(3) $SiO_2 + 4HF = SiF_4\uparrow + 2H_2O$

【难题解析】

一、选择题

6. 分析可得,W、X、Y、Z 原子依次为 O、Mg、Al、Si,氧原子半径小于硫原子半径,而 Mg、Al、Si 的原子半径依次减小且均比同周期的硫原子半径大,因此原子半径:Mg > Al > Si > O,A 项错误;Mg 元素的金属性较强而 O 元素的非金属性很强,二者之间形成的化学键是离子键,B 项正确;铝是导体而 Si 是半导体,故前者导电性强于后者,C 项错误;硅酸的酸性弱于碳酸,D 项错误。

10. 根据 4 种元素的相对位置以及 W 的气态氢化物可与其最高价含氧酸反应生成离子化合物可推知,W 为 N,则 X、Y、Z 分别为 O、S、Cl。简单氢化物稳定性最弱的为 H_2S,A 项正确;Z 元素(Cl)氧化物对应水化物很多,其酸性不一定强于 Y 元素氧化物对应水化物,如 HClO 为弱酸,酸性比 H_2SO_3 和 H_2SO_4 弱,B 项错误;O^{2-} 与 S^{2-} 相比,S^{2-} 半径更大,更易失电子,还原性更强,C 项错误;Cl_2 与水的反应中,Cl_2 既是氧化剂又是还原剂,D 项错误。

13. 由 Y 的位置及化合价可推出其是 Al,进一步可推出 X 是 Mg、Z 是 C、M 是 N、Q 是 S、R 是 Cl。CS_2 有较强的还原性,而 CCl_4 还原性很弱,A 项错误;Mg 能与 CO_2 发生置换反应,生成 C 和 MgO,B 项正确;Al 能与 Fe_2O_3 发生铝热反应,生成单质 Fe,C 项正确;HNO_3 能与 NH_3 发生化合反应,D 项正确。

14. 原子半径:Al > S > N > H,A 项错误;H 和 N 可形成 NH_3 和 N_2H_4 等化合物,B 项错误;Al_2O_3 是典型的两性氧化物,与强酸和强碱均能反应生成盐和水,C 项错误;H、N、S 三种元素形成的 $(NH_4)_2S$ 为离子化合物,既含离子键又含共价键,D 项正确。

19. X^+ 与 Z^{2-} 具有相同的核外电子层结构,符合的元素是 K、S 或 Na、O,又因为 X、Y 在同一周期且 X、Y、Z 原子序数之和为 36,故 X、Y、Z 分别是 Na、Cl、O;同周期(第三周期)中 X(Na) 的金属性最强,A 项正确。同周期元素从左向右原子半径逐渐减小,所以原子半径 X(Na) > Y(Cl);电子层结构相同的离子,离子半径随核电荷数的增加而减小,所以离子半径 $X^+(Na^+) < Z^{2-}(O^{2-})$,B 项错误。同族元素(第ⅥA族)中 Z(O) 的氢化物稳定性最强,C 项正确。同周期(第三周期)中 Y(Cl) 的非金属性最强,则最高价含氧酸($HClO_4$)的酸性最强,D 项正确。

20. 由题中信息可推知,Z、W、X、Y 分别是 Mg、Al、C、N。N 的最高价氧化物对应水化物的化学式为 HNO_3,A 项错误。N 的最简单气态氢化物是 NH_3,其水溶液为氨水,显弱碱性,B 项正确。根据元素周期律可知,原子半径:Mg > Al > C > N,C 项错误。MgO 中含有离子键,而 CO、CO_2 中含有共价键,D 项错误。

21. X 是周期表中原子半径最小的元素,即 H 元素,Y 原子最外层电子数是次外层电子数的3倍,则为 O 元素,R、Y 处于同一主族,则 R 为 S 元素;Z、W 原子的核外电子数之和与 Y、R 原子的核外电子数之和相等,结合 Z、W、R 处于同一周期,且原子序数 Z、W、R 依次增大,推出 Z 为 Na 元素,W 为 Al 元素。离子半径依次减小,A 项错误;X 可与 Y 形成 H_2O_2,B 项错误;元素 W 的最高价氧化物对应水化物是两性物质,D 项错误。

二、填空题

5. A~H 为 8 种短周期主族元素,B 元素形成的单质焰色试验火焰为黄色,则 B 为 Na 元素;E 的最高价氧化物对应的水化物能与 E 的最简单氢化物反应生成离子化合物,则 E 为 N 元素,结合元素在周期表的位置可知,A 为 Li 元素,C 为 Mg 元素,D 为 C(碳)元素,F 为 O 元素,G 为 S 元素,H 为 Cl 元素。

(1) D 为 C(碳)元素,在周期表中的位置为第二周期第ⅣA族。

(2) B 为 Na 元素、E 为 N 元素、F 为 O 元素,B、E、F 三种元素的简单离子分别为:Na^+、N^{3-}、O^{2-},电子层结构相同的微粒,核电荷数越大,离子半径越小,所以离子半径由大到小的顺序为 $r(N^{3-}) > r(O^{2-}) > r(Na^+)$(或 $N^{3-} > O^{2-} > Na^+$)。

(3) 上述元素所形成的气态单质中能用于饮用水消毒的是 Cl_2 或 O_3。

(4) B(Na)的金属性强于 C(Mg),则最高价氧化物对应水化物的碱性 B > C。

(5) Mg 与二氧化碳反应生成 MgO 和 C,化学方程式为 $2Mg + CO_2 \xrightarrow{\text{点燃}} 2MgO + C$。

7. ②元素是地壳中含量最多的元素,所以②是 O;⑤与酸碱都可以反应,则⑤为 Al;由④⑦两元素组成的化合物是我们日常生活必需的调味品可知④为 Na,⑦为 Cl;由②和⑥元素的原子序数之和是①和④两元素原子序数之的两倍可知⑥为 S,①为 H;由 7 种短周期主族元素①~⑦原子序数依次增大可推知③为 F。

(1) ③、⑤、⑥的简单离子半径由大到小的顺序为 $S^{2-} > F^- > Al^{3+}$。

(2) ⑥和⑦的最高价氧化物对应的水化物的酸性强弱为 $HClO_4 > H_2SO_4$。

(3) 二氧化硅能与 HF 发生反应,其反应的化学方程式为 $SiO_2 + 4HF = SiF_4\uparrow + 2H_2O$。

第三章 电解质溶液

考试范围与要求

掌握电解质的概念;理解电解质在水溶液中的电离;掌握水的电离、离子积常数(K_w);能进行 pH 的简单计算;掌握常见离子的检验方法。

理解原电池的工作原理;了解金属发生电化学腐蚀的原因、危害及防护措施。

第一节 电解质溶液

一、电解质与电离平衡

(一) 电解质和非电解质

凡是在水溶液里或熔化状态下能够导电的化合物叫作电解质,在上述情况下都不能导电的化合物叫作非电解质。酸、碱、盐都是电解质,大多数的有机化合物(有机酸、有机碱和有机盐除外)属于非电解质。单质既不是电解质也不是非电解质,它不属于化合物。CO_2 溶于水能导电,其原因是生成了 H_2CO_3,所以 CO_2 不是电解质。

(二) 电解质导电的原因

1. 电离

电解质溶于水或受热熔化时,离解成自由移动的离子的过程,叫作电离。

2. 电解质导电的原因

当把电解质溶于水中时,在水分子的作用下,电解质内部的离子键或极性键被破坏,产生了能够自由移动的水合阳离子和水合阴离子,这些能自由移动的水合阳离子和水合阴离子,在外电场的作用下,各按一定的方向移动,并在电极上发生电子的得失而形成电流。固体电解质在熔化状态下的导电同样是由于产生了能自由移动的阴阳离子。

(三) 强电解质和弱电解质

在水溶液里全部电离为离子的电解质叫作强电解质,如强酸、强碱和大部分盐类。在水溶液里只有部分电离为离子的电解质叫作弱电解质,如弱酸、弱碱、水等。强电解质和弱电解质的比较见表 3-1。

表 3-1 强电解质和弱电解质的比较

电解质	化学键	电离程度	有否电离平衡	电解质在溶液中的存在形式	举例
强电解质	离子键或某些具有极性键的共价化合物	完全电离,不可逆过程	无电离平衡	水合离子	H_2SO_4、NaOH、NaCl
弱电解质	具有极性键的共价化合物	部分电离,可逆过程	有电离平衡	分子、水合离子	CH_3COOH、$NH_3 \cdot H_2O$

(四) 弱电解质的电离平衡

在一定条件(如温度、浓度)下,当弱电解质分子电离成离子的速度与离子重新结合成分子的速度相等时,电离过程就达到了平衡状态,叫作电离平衡。例如,醋酸的电离:

$$CH_3COOH \rightleftharpoons H^+ + CH_3COO^-$$

达到平衡时,溶液中离子浓度不再发生变化。电离平衡是动态平衡。勒沙特列原理适用于电离平衡。

(五) 电离度

1. 定义

当弱电解质在溶液里达到电离平衡时,溶液中已经电离的电解质分子数与原来总分子数(包括已电离的和未电离的)的比值,叫作电离度。常用符号 α 来表示:

$$\alpha = \frac{已电离的电解质分子数}{溶液中原有电解质的分子总数} \times 100\%$$

也可以表示为

$$\alpha = \frac{已电离的电解质的物质的量}{溶液中原有电解质的物质的量} \times 100\% = \frac{已电离的电解质物质的量浓度}{溶液中原有电解质的物质的量浓度} \times 100\%$$

2. 电离度与电解质的关系

一般来说,在相同条件下,电解质越弱,电离度越小。电离度的大小,可以表示弱电解质的相对强弱。例如,25℃时,0.1mol/L CH_3COOH 电离度 $\alpha = 1.34\%$,0.1mol/L HCN 电离度 $\alpha = 0.01\%$,说明 CH_3COOH 比 HCN 电解质相对较强。

3. 电离度与浓度、温度的关系

(1) 同一弱电解质在温度一定时,溶液越稀,电离度越大。因为溶液浓度越小,离子间的距离越大,离子互相碰撞而结合成分子的机会越少。

(2) 同一弱电解质在浓度一定时,温度升高,电离度增大。因为电解质电离时一般需要吸收热量。

二、水的电离和溶液的 pH 值

(一) 水的电离

水是一种极弱的电解质,电离方程式为

$$H_2O \rightleftharpoons H^+ + OH^-$$

(二) 水的离子积常数

在水中,H^+ 和 OH^- 离子浓度的乘积,在一定温度下总是一个常数,这个常数叫作水的离子积常数,简称为水的离子积,用 K_w 表示。25℃时,纯水中 $[H^+] = [OH^-] = 1 \times 10^{-7}$ mol/L,即 $K_w = [H^+][OH^-] = 1 \times 10^{-14}$。

(三) 溶液的酸碱性和 pH 值

实验表明:在一定温度下,无论是纯水还是酸、碱、盐的稀溶液,都存在 H^+ 和 OH^-,且常温时,$[H^+][OH^-] = 1 \times 10^{-14}$。$[H^+]$ 和 $[OH^-]$ 浓度的大小决定溶液的酸碱性。

常温时:中性溶液 $[H^+] = [OH^-] = 1 \times 10^{-7}$ mol/L

酸性溶液　$[H^+] > [OH^-]$　$[H^+] > 1 \times 10^{-7}$ mol/L

碱性溶液　$[H^+] < [OH^-]$　$[H^+] < 1 \times 10^{-7}$ mol/L

无论是酸性溶液还是碱性溶液,都有水的微量电离。在酸性溶液中,水电离的$[H^+]$近似等于该溶液中的$[OH^-]$;在碱性溶液中,水电离的$[OH^-]$近似等于该溶液中的$[H^+]$。

$[H^+]$越大,溶液酸性越强,$[OH^-]$越大,溶液碱性越强。我们经常要用到一些H^+浓度很小的溶液,为了使用方便,化学上常采用H^+物质的量浓度的负对数来表示溶液酸碱性的强弱,叫作溶液的pH:

$$pH = -\lg[H^+]$$

pH与溶液酸碱性的关系为:

中性溶液　　pH = 7

酸性溶液　　pH < 7　　pH越小,溶液酸性越强

碱性溶液　　pH > 7　　pH越大,溶液碱性越强

说明:①pH适用于$[H^+]$或$[OH^-]$ < 1mol/L的溶液;②pH增大(或减少)1个单位,$[H^+]$便减小(或增大)10倍。

(四) 常用酸碱指示剂的变色范围

测定溶液pH的方法很多,通常可用酸碱指示剂、pH计或pH试纸。酸碱指示剂一般是弱有机酸或弱有机碱。指示剂发生颜色变化的pH范围叫作指示剂的变色范围,如表3-2所列。

表3-2　常见酸碱指示剂的变色范围

指示剂	变色的pH范围		
甲基橙	<3.1 红色	3.1~4.4 橙色	>4.4 黄色
石蕊	<5.0 红色	5.0~8.0 紫色	>8.0 蓝色
酚酞	<8.2 无色	8.2~10 浅红色	>10 红色

(五) pH的测定方法

(1) pH试纸:把一小片pH试纸放在洁净干燥的表面皿(或玻璃片)上,用玻璃棒蘸取待测液点在试纸中部,待变色后与标准比色片对比,读出相应pH值(取整数)。

(2) pH计:使用pH计能直接测定较为精确的溶液的pH值。

三、盐类的水解

(一) 概念

在溶液中盐的离子跟水所电离出来的H^+或OH^-生成弱电解质的反应,叫作盐类的水解。

(二) 盐类水解类型及规律

1. 强碱和弱酸所生成盐的水解

醋酸钠可以看作是由强碱(NaOH)和弱酸(CH_3COOH)中和所生成的盐,这种盐水解后使溶液显碱性。

$$CH_3COONa \rightleftharpoons CH_3COO^- + Na^+$$
$$+$$
$$H_2O \rightleftharpoons H^+ + OH^-$$
$$\Updownarrow$$
$$CH_3COOH$$

离子方程式为 $CH_3COO^- + H_2O \rightleftharpoons CH_3COOH + OH^-$

2. 强酸和弱碱所生成盐的水解

氯化铵可以看作是由强酸(HCl)和弱碱($NH_3 \cdot H_2O$)中和所生成的盐,这种盐水解后使溶液显酸性。

$$NH_4Cl \rightleftharpoons NH_4^+ + Cl^-$$
$$+$$
$$H_2O \rightleftharpoons OH^- + H^+$$
$$\Updownarrow$$
$$NH_3 \cdot H_2O$$

离子方程式为 $NH_4^+ + H_2O \rightleftharpoons NH_3 \cdot H_2O + H^+$

由上述讨论可知,盐类水解的根本原因在于组成盐的离子能跟水电离出来的 H^+ 或 OH^- 结合形成弱电解质。

强酸强碱所生成的盐不水解,溶液呈中性,如 NaCl 等。

弱酸弱碱所生成盐的水解比较复杂,这里不作讨论。

(三) 影响水解的因素

水解程度的大小,主要由盐的本性决定,也受温度、浓度和酸度的影响。

1. 温度的影响

盐的水解是中和反应的逆反应:

$$酸 + 碱 \underset{水解}{\overset{中和}{\rightleftharpoons}} 盐 + 水 + 热$$

中和反应是放热反应,所以水解是吸热反应,因此升高温度能促进盐类的水解。

2. 酸度的影响

增大或减小 H^+ 或 OH^- 的浓度时,可以抑制或促进水解反应的进行。下列水解反应,加酸可以抑制水解,加碱可以促进水解:

$$FeCl_3 + 3H_2O \underset{H^+}{\overset{OH^-}{\rightleftharpoons}} Fe(OH)_3 + 3HCl$$

3. 浓度的影响

盐溶液浓度越小,越有利于水解的进行。

【例题选解】

例1 下列物质中,属于电解质并能导电的是(   )。

A. 金属铜　　　　　　　　　　　　　B. 氯化钠晶体

C. 纯醋酸　　　　　　　　　　　　　D. 熔化的氯化钙

【解析】 判断某物质是否为电解质,首先要正确理解电解质的定义,有三点必须注意:①电解质是化合物;②在水溶液里或熔化时能电离出自由离子;③在水溶液中或熔化状态下能导电。金属铜虽能导电,但是单质,因而不是电解质;氯化钠晶体和纯醋酸是电解质,但只有在水溶液中或熔化时才能导电,故不合题意。只有熔化的氯化钙是电解质并能导电。

【答案】 D

例2 等物质的量浓度、等体积的 KOH 溶液和 CH_3COOH 溶液混合后,混合溶液中有关离子浓度一定存在的关系是(   )。

A. $[K^+] > [CH_3COO^-] > [OH^-] > [H^+]$

B. $[K^+] > [CH_3COO^-] > [H^+] > [OH^-]$

C. $[K^+] > [OH^-] > [CH_3COO^-] > [H^+]$

D. $[K^+] > [OH^-] > [H^+] > [CH_3COO^-]$

【解析】 按题意醋酸与氢氧化钾的物质的量相等,其反应产物 CH_3COOK 属于强电解质,在水溶液中全部电离为 K^+ 和 CH_3COO^-,CH_3COO^- 部分水解,溶液显碱性,$[OH^-] > [H^+]$,由于水解,CH_3COO^- 浓度不可能与 K^+ 相等,即 $[K^+] > [CH_3COO^-]$,OH^- 是由 CH_3COO^- 部分水解产生的,其浓度也不可能大于 CH_3COO^-。

【答案】 A

习题 3-1

一、选择题

1. 下列关于强、弱电解质的叙述中,错误的是(　　)

   A. 强电解质在溶液中完全电离,不存在电离平衡

   B. 在溶液里导电能力强的电解质是强电解质,导电能力弱的电解质是弱电解质

   C. 同一弱电解质的溶液,当温度、浓度不同时,其导电能力也不同

   D. 强电解质既包括强酸、强碱,也包括难溶于水的大多数盐

2. 在含有酚酞的 $0.1 mol \cdot L^{-1}$ 氨水中加入少量的 NH_4Cl 晶体,则溶液颜色(　　)

   A. 变蓝　　　　　　　　　　　　B. 变深

   C. 变浅　　　　　　　　　　　　D. 不变

3. 将纯水加热至较高温度,下列叙述中正确的是(　　)

   A. 水的离子积变大,pH 变小,呈酸性

   B. 水的离子积不变,pH 不变,呈中性

   C. 水的离子积变小,pH 变大,呈碱性

   D. 水的离子积变大,pH 变小,呈中性

4. T℃时,水的离子积等于 1.0×10^{-12},若该温度下某溶液中的 $c(H^+) = 1 \times 10^{-7} mol/L$,则该溶液(　　)

   A. 呈碱性　　　　　　　　　　　B. 呈酸性

   C. 呈中性　　　　　　　　　　　D. $c(H^+) = c(OH^-)$

5. 在 CH_3COONa 溶液中,加入下列物质使水解平衡向左移动,并且 pH 变大的是(　　)

   A. 加入适量 CH_3COOH

   B. 加入少量 NaCl 固体

   C. 加入少量 NaOH 固体

   D. 加水稀释

6. 向 3 份 $1.0 mol/L$ Na_2CO_3 溶液中分别加入少量 NH_4Cl、Na_2S、$FeCl_3$ 固体(忽略溶液体积变化),则 CO_3^{2-} 浓度的变化依次为(　　)

   A. 减小、增大、减小

   B. 增大、减小、减小

   C. 减小、增大、增大

D. 增大、减小、增大

二、填空题

1. 现有①硫酸铜晶体、②碳酸钙固体、③纯磷酸、④硫化氢、⑤三氧化硫、⑥金属镁、⑦石墨、⑧固态苛性钾、⑨氨水、⑩熟石灰固体,其中:

(1) 属于强电解质的是_____(填序号,下同)。

(2) 属于弱电解质的是_____。

(3) 属于非电解质的是_____。

(4) 既不是电解质,又不是非电解质的是_____。

(5) 常温下能导电的是_____。

2. 25℃时,50mL 0.10mol·L^{-1}醋酸中存在下述平衡:$CH_3COOH \rightleftharpoons CH_3COO^- + H^+$,若分别作如下改变,对上述平衡有何影响?

(1) 加入少量纯醋酸,平衡将_____,溶液中 $c(H^+)$将_____(填"增大""减小"或"不变")。

(2) 加入一定量蒸馏水,平衡将_____,溶液中 $c(H^+)$将_____(填"增大""减小"或"不变")。

(3) 加入少量 0.10mol·L^{-1}盐酸,平衡将_____,溶液中 $c(H^+)$将_____(填"增大""减小"或"不变")。

(4) 加入 20mL 0.10mol·L^{-1} NaCl 溶液,平衡将_____,溶液中 $c(H^+)$将_____(填"增大""减小"或"不变")。

3. 某温度下,纯水中 $c(H^+) = 2.0 \times 10^{-7}$ mol/L,则此纯水中 $c(OH^-)$为_____mol/L,该温度时的 $K_w = $_____。如温度不变,滴入稀盐酸使 $c(H^+) = 5.0 \times 10^{-6}$ mol/L,则 $c(OH^-)$为_____mol/L。

4. 要精确测定溶液的 pH,需用 pH 计。pH 计主要通过测定溶液中 H$^+$的浓度来测定溶液的 pH。已知 T℃时,水的离子积常数 $K_w = 1 \times 10^{-12}$。

(1) 已知水中存在以下平衡:$H_2O + H_2O \rightleftharpoons H_3O^+ + OH^-$,$\Delta H > 0$,现欲使平衡向左移动,且所得溶液呈酸性,选择的方法是_____(填字母)。

A. 向水中加入 NaHSO$_4$

B. 向水中加入 NaCl

C. 加热水至 T℃

D. 在水中加入 KOH

(2) 现欲测定 T℃沸水的 pH 及酸碱性,若用 pH 试纸测定,则溶液呈_____(填"酸""碱"或"中")性;若用 pH 计测定,则 pH _____(填">""="或"<")7。

5. 常温下,0.1mol/L 的下列 5 种溶液,其 pH 由大到小的排列顺序是_____(用序号表示)。

①CH$_3$COOH 溶液;②NaClO 溶液;③NH$_4$Cl 溶液;④NaCl 溶液;⑤CH$_3$COONa 溶液。

6. 常温下,现有下列 4 种溶液:

① 0.1mol/L NH$_4$Cl 溶液

② 0.1mol/L CH$_3$COONH$_4$溶液

③ 0.1mol/L NH$_4$HSO$_4$溶液

④0.1mol/L 氨水与 0.1mol/L NH_4Cl 溶液混合液

请根据要求填写下列空白。

(1) ①呈_____(填"酸""碱"或"中")性,其原因是_____(用离子方程式表示)。

(2) 比较②、③中 $c(NH_4^+)$ 的大小关系是②_____③(填">""<"或"=")。

(3) 在④中,_____(填离子符号,下空同)的浓度为 0.1mol/L;$NH_3 \cdot H_2O$ 和_____的物质的量浓度之和为 0.2mol/L。

(4) 常温下,测得②的 pH=7,则说明 CH_3COO^- 的水解程度_____NH_4^+ 的水解程度(填">""<"或"=",下空同),CH_3COO^- 与 NH_4^+ 浓度的大小关系是:$c(CH_3COO^-)$_____$c(NH_4^+)$。

【参考答案】

一、1. B 2. C 3. D 4. A 5. C 6. A

二、1. (1)①②⑧⑩ (2)③④ (3)⑤ (4)⑥⑦⑨ (5)⑥⑦⑨

2. (1) 向电离方向移动　增大

(2) 向电离方向移动　减小

(3) 向离子结合成分子的方向移动　增大

(4) 向电离方向移动　减小

3. 2.0×10^{-7}　4.0×10^{-14}　8.0×10^{-9}

4. (1)A (2) 中　<

5. ②>⑤>④>③>①

6. (1)酸　$NH_4^+ + H_2O \rightleftharpoons NH_3 \cdot H_2O + H^+$　(2)<　(3)Cl^-　NH_4^+　(4)=　=

【难题解析】

一、5. 在 CH_3COONa 溶液中,存在 $CH_3COO^- + H_2O \rightleftharpoons CH_3COOH + OH^-$。A 项,加入适量 CH_3COOH,上述平衡左移,但 $c(OH^-)$ 减小,pH 变小,错误;B 项,加入少量 NaCl 固体,平衡不移动,错误;C 项,加入少量 NaOH 固体,即增大了 $c(OH^-)$,平衡左移,pH 变大,正确;D 项,加水稀释,平衡右移,pH 变小,错误。

6. NH_4^+、Fe^{3+} 水解使溶液呈酸性,对 CO_3^{2-} 的水解有促进作用;S^{2-} 水解使溶液显碱性,对 CO_3^{2-} 的水解有抑制作用,故在 Na_2CO_3 溶液中加入 NH_4Cl、$FeCl_3$ 固体时,CO_3^{2-} 的浓度减小,加入 Na_2S 固体时,CO_3^{2-} 的浓度增大。

二、3. 纯水中水电离出的 $c(H^+)$ 与 $c(OH^-)$ 总是相等。$c(H^+) = 2.0 \times 10^{-7}$ mol/L,则 $c(OH^-) = 2.0 \times 10^{-7}$ mol/L,该温度时的 $K_w = c(H^+) \cdot c(OH^-) = (2.0 \times 10^{-7})^2 = 4.0 \times 10^{-14}$。温度不变,滴入稀盐酸使 $c(H^+) = 5.0 \times 10^{-6}$ mol/L,则 $c(OH^-) = \dfrac{K_w}{c(H^+)} = \dfrac{4.0 \times 10^{-14}}{5.0 \times 10^{-6}}$ mol/L = 8.0×10^{-9} mol/L。

4. (1) 向水中加入 $NaHSO_4$,$c(H^+)$ 增大,平衡向左移动,A 项正确;向水中加入 NaCl,对水的电离平衡无影响,平衡不移动,B 项错误;加热,平衡向右移动,仍呈中性,C 项错误;在水中加入 KOH,$c(OH^-)$ 增大,平衡向左移动,但溶液呈碱性,D 项错误。

(2) T℃时水的 pH=6,但溶液仍呈中性。

5. 先按酸性、中性、碱性分类,再按电离和水解规律排序。NH_4Cl 溶液和 CH_3COOH 溶液呈酸性,浓度相等时,CH₃COOH 溶液的酸性强于 NH₄Cl 溶液的酸性,即 pH:①<③。NaCl 溶液呈中性。CH₃COONa 溶液和 NaClO 溶液呈碱性,因酸性:CH₃COOH > HClO,则 ClO⁻ 的水解程度大于 CH₃COO⁻ 的水解程度,即 pH:⑤<②。综合分析可知,pH 由大到小的顺序为②>⑤>④>③>①。

6.(1)NH₄Cl 溶液中存在 NH₄⁺ 的水解平衡:$NH_4^+ + H_2O \rightleftharpoons NH_3 \cdot H_2O + H^+$,所以溶液呈酸性。

(2)②、③中均存在 $NH_4^+ + H_2O \rightleftharpoons NH_3 \cdot H_2O + H^+$,而②中阴离子存在 $CH_3COO^- + H_2O \rightleftharpoons CH_3COOH + OH^-$,$NH_4^+$ 与 CH_3COO^- 相互促进水解,而③中 NH₄HSO₄ 电离出的 H⁺ 抑制了 NH_4^+ 的水解,所以 $c(NH_4^+)$ 的大小关系为②<③。

(3)在④中 $c(Cl^-) = 0.1 mol/L$,根据原子守恒知 $c(NH_3 \cdot H_2O) + c(NH_4^+) = 0.1 mol/L + 0.1 mol/L = 0.2 mol/L$。

(4)由于 CH_3COO^- 水解生成 OH^-,NH_4^+ 水解生成 H^+,而溶液的 pH = 7,说明 CH_3COO^- 与 NH_4^+ 的水解程度相同,溶液中两者浓度也相同。

第二节 原电池及金属的腐蚀和防护

一、原电池

把化学能转变为电能的装置叫作原电池。干电池、蓄电池是应用原电池原理制作而成的,它们都是利用氧化还原反应获得电流的装置。

(一)原电池的原理和装置

一般说来,两种活泼性不同的物质作为电极浸入一种电解质溶液中并用导线连接即成原电池。如图 3-1 所示的装置就是铜锌原电池。

在图 3-1 中,用导线连接的铜片和锌片,一同浸入稀硫酸中。因为锌比铜活泼,锌易失电子而被氧化成 Zn^{2+} 进入溶液,电子沿着导线流向铜极,溶液中的 H^+ 离子从铜板获得电子,被还原成氢原子,氢原子结合成 H_2 而放出。电子的定向流动便形成电流。发生的化学反应是:

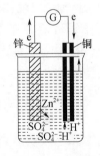

图 3-1 原电池示意图

锌片上 $Zn - 2e \rightleftharpoons Zn^{2+}$(氧化反应)

铜片上 $2H^+ + 2e \rightleftharpoons H_2 \uparrow$(还原反应)

总反应式为

$Zn + 2H^+ \rightleftharpoons Zn^{2+} + H_2 \uparrow$

在原电池中,较活泼的金属(电子流出)的一极叫负极;较不活泼的金属(电子流入)的一极叫正极。负极发生氧化反应,正极发生还原反应。

(二)构成原电池的条件

(1)用两种活泼性不同的物质(通常是金属,也可以是非金属)作电极。

(2)两个电极同时浸入电解质溶液中。

(3)两个电极用导线连接。

（三）原电池原理的应用

1. 比较金属活动性强弱

在原电池中，一般活动性较强的金属作负极，而活动性相对较弱的金属（或导电的非金属）作正极。

2. 加快化学反应速率

由于原电池的形成，导致化学反应速率加快。如锌与稀硫酸反应制氢气时，可向溶液中滴加少量 $CuSO_4$ 溶液，由于 Cu – Zn 原电池的形成，加快了反应的速率。

3. 用于金属的防护

将需要保护的金属制品作原电池的正极而起到保护作用。如在铁质的桥梁或船上，将锌块与铁质相连，使锌成为原电池的负极。

4. 设计制作原电池

设计原电池要满足原电池的3个条件：

（1）必须是能自发进行的氧化还原反应。

（2）找出正、负极材料。负极是失电子物质，正极为比负极活动性差的金属或惰性物质（如石墨等）。

（3）选择合适的电解质溶液。

5. 常见化学电池种类

在化学电池中，根据能否用充电方式恢复电池存储电能的特性，可能分为一次电池（也称原电池）和二电池（又名蓄电池，俗称可充电电池，可以多次重复使用）两大类。一次电池又可分为普通锌锰（中性锌锰）、碱性锌锰、锌汞、锌空、镁锰和锌银六个系列；二次电池主要有镍镉电池、镍氢电池、锂离子电池、碱锰充电电池类型是干电池（包括碱性电池、镍镉电池、镍氢电池和锂离子电池等）。

二、金属的腐蚀和防护

金属腐蚀是指金属或合金跟周围接触到的气体或液体进行化学反应而腐蚀损耗的过程，金属的腐蚀可分为两类。

（一）化学腐蚀

金属跟接触到的物质直接发生化学反应而引起的腐蚀叫作化学腐蚀。例如，化工厂里的氯气跟铁或其他金属直接反应而发生的腐蚀。

$$2Fe + 3Cl_2 \xrightarrow{\text{高温}} 2FeCl_3$$

这类腐蚀的化学反应比较简单，仅仅是铁等金属跟氧化剂之间的氧化还原反应。

（二）电化腐蚀

不纯的金属（或合金），接触到电解质溶液后所发生的原电池反应，比较活泼的金属原子失去电子而被氧化引起的腐蚀，叫作电化腐蚀。例如，钢铁在潮湿的空气里所发生的腐蚀。由于反应条件不同可分为析氢腐蚀和吸氧腐蚀，在酸性较强的环境中，因正极有氢气（$2H^+ + 2e == H_2\uparrow$）产生，叫作析氢腐蚀。如果在酸性较弱或中性条件下，正极反应是空气中的氧气获得电子而被还原（$2H_2O + O_2 + 4e == 4OH^-$），这种腐蚀叫作吸氧腐蚀。

从本质上看，电化腐蚀和化学腐蚀都是铁等金属原子失去电子而被氧化的过程，但是，电化腐蚀过程中有电流产生,化学腐蚀过程中却没有。在一般情况下,这两种腐蚀往往同时发生,只是电化腐蚀比化学腐蚀要普遍得多。

(三) 金属的防护

(1) 改变金属的内部组织结构。例如,把铬、镍等加入普通钢里制成不锈钢,可以增强钢铁抵抗腐蚀的能力。

(2) 在金属表面覆盖保护层。例如,在钢铁表面涂油、油漆;覆盖搪瓷、塑料;镀上一层不易腐蚀的金属等。

(3) 电化学保护法。利用原电池原理进行金属的防护。例如,在船体的水线以下部分,装上一定量的锌块,发生电化学腐蚀时,被腐蚀的是比较活泼的金属锌,而钢铁得到了保护。

习题 3-2

一、选择题

1. 某化学兴趣小组利用反应 $Zn + 2FeCl_3 = ZnCl_2 + 2FeCl_2$,设计了如图所示的原电池装置,下列说法正确的是( )

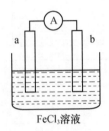

FeCl₃溶液

A. Zn 为负极,发生还原反应

B. b 电极反应式为 $2Fe^{3+} + 2e^- = 2Fe^{2+}$

C. 电子流动方向是 a 电极→FeCl₃溶液→b 电极

D. 电池的正极材料可以选用石墨、铂电极,也可以用铜电极

2. 对于原电池的电极名称,叙述错误的是( )

A. 发生氧化反应的一极为负极

B. 正极为电子流入的一极

C. 比较不活泼的金属为负极

D. 电流流出的一极为正极

3. 某原电池装置如图所示。下列有关叙述中正确的是( )

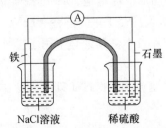

盐桥中装有含琼胶的 KCl 饱和溶液

A. 电池工作中,盐桥中的 Cl^- 向负极移动
B. 负极反应式:$2H^+ + 2e^- =\!=\!= H_2 \uparrow$
C. 工作一段时间后,两烧杯中溶液 pH 均不变
D. Fe 作正极,发生氧化反应

4. M、N、P、E 四种金属:①$M + N^{2+} =\!=\!= N + M^{2+}$;②M、P 用导线连接放入硫酸氢钠溶液中,M 表面有大量气泡;③N、E 用导线连接放入 E 的硫酸盐溶液中,电极反应为 $E^{2+} + 2e^- =\!=\!= E$,$N - 2e^- =\!=\!= N^{2+}$。4 种金属的还原性由强到弱的顺序是(　　)
A. P、M、N、E
B. E、N、M、P
C. P、N、M、E
D. E、P、M、N

5. 在如图所示装置中,观察到电流表指针发生偏转,M 棒变粗,N 棒变细,由此判断下表中所列 M、N、P 物质,其中可以成立的是(　　)

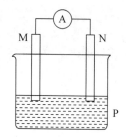

选项	M	N	P
A	锌	铜	稀硫酸溶液
B	铜	铁	稀盐酸
C	银	锌	硝酸银溶液
D	锌	铁	硝酸铁溶液

6. Mg - AgCl 电池是一种能被海水激活的一次性贮备电池,电池方程式为 $2AgCl + Mg =\!=\!= Mg^{2+} + 2Ag + 2Cl^-$。有关该电池的说法正确的是(　　)
A. 可用于海上照明供电
B. 负极反应为 $AgCl + e^- =\!=\!= Ag + Cl^-$
C. Mg 为电池的正极
D. AgCl 为正极,发生了氧化反应

7. 下列有关金属腐蚀和防护的说法,正确的是(　　)
A. 金属发生的化学腐蚀比电化学腐蚀要普遍得多
B. 因为合金在潮湿的空气中易形成原电池,所以合金耐腐蚀性都比较差
C. 钢铁发生吸氧腐蚀时,负极反应为 $Fe - 3e^- =\!=\!= Fe^{3+}$
D. 在海轮外壳连接锌块保护外壳不受腐蚀是采用了牺牲阳极的阴极保护法

二、填空题

1. 利用反应 $Cu + 2Ag^+ =\!=\!= 2Ag + Cu^{2+}$ 设计了如下图所示的原电池。
回答下列问题:
(1) 该原电池的负极材料是_____,发生_____(填"氧化"或"还原")反应。
(2) X 是_____,Y 是_____。

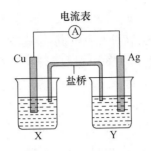

(3) 正极上出现的现象是＿＿＿＿＿＿＿＿＿＿＿＿＿＿＿＿。
(4) 在外电路中,电子从＿＿＿＿(填写电极材料,下同)极流向＿＿＿＿极。
2. 某研究性学习小组根据反应 $2KMnO_4 + 10FeSO_4 + 8H_2SO_4 =\!=\!= 2MnSO_4 + 5Fe_2(SO_4)_3 + K_2SO_4 + 8H_2O$ 设计如下原电池,其中甲、乙两烧杯中各物质的物质的量浓度均为 $1mol·L^{-1}$,溶液的体积均为 $200mL$,盐桥中装有饱和 K_2SO_4 溶液。

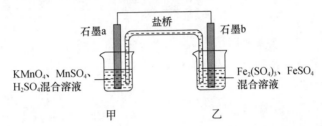

回答下列问题:
(1) 此原电池的正极是石墨＿＿＿＿(填"a"或"b"),发生＿＿＿＿反应。
(2) 电池工作时,盐桥中的 SO_4^{2-} 移向＿＿＿＿(填"甲"或"乙")烧杯。
(3) 写出两烧杯中的电极反应式:
甲＿＿＿＿＿＿＿＿＿＿＿＿＿＿＿＿＿＿＿＿＿＿＿＿＿＿＿＿＿＿,
乙＿＿＿＿＿＿＿＿＿＿＿＿＿＿＿＿＿＿＿＿＿＿＿＿＿＿＿＿＿＿。
(4) 若不考虑溶液的体积变化,$MnSO_4$ 浓度变为 $1.5mol·L^{-1}$,则反应中转移的电子为＿＿＿＿ mol。

【参考答案】
一、1. D 2. C 3. A 4. A 5. C 6. A 7. D
二、1. (1) 铜 氧化
(2) $CuSO_4$ 溶液[$CuCl_2$、$Cu(NO_3)_2$ 等可溶性铜盐溶液也可] $AgNO_3$ 溶液
(3) 银棒上有银白色物质析出 (4) Cu Ag
2. (1) a 还原 (2) 乙 (3) $MnO_4^- + 5e^- + 8H^+ =\!=\!= Mn^{2+} + 4H_2O$ $5Fe^{2+} - 5e^- =\!=\!= 5Fe^{3+}$
(4) 0.5

【难题解析】
一、3. 根据原电池工作原理,阳离子向正极移动,阴离子向负极移动,盐桥的作用是构成闭合回路和平衡两烧杯中的电荷,所以 Cl^- 向负极移动,故 A 正确;铁作负极:$Fe - 2e^- =\!=\!= Fe^{2+}$,正极反应式为 $2H^+ + 2e^- =\!=\!= H_2\uparrow$,故 B 错误;左烧杯中 pH 基本不变,右烧杯中消耗 H^+,$c(H^+)$ 减小,pH 增大,故 C 错误;总电极反应式为 $Fe + 2H^+ =\!=\!= Fe^{2+} + H_2\uparrow$,铁作负极,发生氧化反应,故 D 错误。

二、1. 在反应 $Cu + 2Ag^+ =\!=\!= 2Ag + Cu^{2+}$ 中,Cu 作还原剂,即为原电池的负极材料,失去电子,发生氧化反应;Ag^+ 作氧化剂,在原电池的正极得电子,故银棒上有银白色物质析出。左右两个烧杯中的电解质溶液依据其中的电极材料选择,在双液原电池中,电极材料中的金属元素一般与电解质溶液中的相同,故 X 是 $CuSO_4$ 溶液或其他可溶性铜盐溶液,Y 是 $AgNO_3$ 溶液。

2. (1)根据题目提供的总反应方程式可知,$KMnO_4$ 作氧化剂,发生还原反应,故石墨 a 是正极。(2)电池工作时,SO_4^{2-} 向负极移动,即向乙烧杯移动。(3)甲烧杯中的电极反应式为 $MnO_4^- + 5e^- + 8H^+ =\!=\!= Mn^{2+} + 4H_2O$;乙烧杯中的电极反应式为 $5Fe^{2+} - 5e^- =\!=\!= 5Fe^{3+}$。(4)溶液中的 $MnSO_4$ 浓度由 $1mol \cdot L^{-1}$ 变为 $1.5mol \cdot L^{-1}$,由于溶液的体积未变,则反应过程中生成的 $MnSO_4$ 的物质的量为 $0.5mol \cdot L^{-1} \times 0.2L = 0.1mol$,转移的电子为 $0.1mol \times 5 = 0.5mol$。

典型例题

例题 1 中和 10mL 氨水需要用 0.2mol/L 的盐酸 4mL,若在 10mL 此氨水中加入 0.2mol/L 的盐酸 5mL,反应后溶液中各种离子浓度的相对大小是( )

A. $[H^+] > [NH_4^+] > [Cl^-] > [OH^-]$ B. $[Cl^-] > [NH_4^+] > [H^+] > [OH^-]$

C. $[NH_4^+] > [H^+] > [OH^-] > [Cl^-]$ D. $[Cl^-] > [NH_4^+] > [OH^-] > [H^+]$

【分析】 本题属于过量计算、综合比较推理题,不用计算出反应结果。在等量代换中巧妙推出结论。设氨水的浓度为$[NH_3]$:$NH_3 \cdot H_2O + HCl =\!=\!= NH_4Cl + H_2O$

$[NH_3] \times 10mL = 0.2mol/L \times 4mL$(完全中和),则 $[NH_3] \times 10mL < 0.2mol/L \times 5mL$,HCl 过量,故反应后溶液中过量的 HCl 发生电离:$HCl =\!=\!= H^+ + Cl^-$

因此溶液中$[H^+] > [OH^-]$。而反应后溶液中的$[Cl^-] > [NH_4^+]$,故反应后各种离子浓度的相对大小是:$[Cl^-] > [NH_4^+] > [H^+] > [OH^-]$

【答案】 B

例题 2 对于具有相同 H^+ 物质的量浓度,同体积的盐酸和醋酸,下列的几种说法,正确的是( )

A. 盐酸物质的量浓度大于醋酸物质的量浓度

B. 用水稀释一倍,$[H^+]$仍然相等

C. 用碱中和,所用同一种碱溶液的体积相同

D. 与足量的锌充分反应,醋酸产生的 H_2 多

【分析】 本题主要考查强弱电解质的电离,弱电解质的电离平衡移动。

因为盐酸完全电离,醋酸是弱酸少部分电离,其$[H^+]$相同,醋酸的浓度必大于盐酸的浓度(新规定浓度特指物质的量浓度),所以醋酸物质的量必大于盐酸物质的量,和碱中和时,消耗碱的物质的量大,所以 A、C 选项是错误的。弱电解质的电离度随溶液的稀释而增大,部分补偿了因稀释后溶液体积增大所引起的 H^+ 浓度减少,故稀释一倍,$[H^+]$的减少不到一半,而盐酸稀释一倍,$[H^+]$减少一半,所以 B 选项是错误的。醋酸的物质的量比盐酸大,在和 Zn 反应过程中,由于电离平衡的移动,H^+不断地被电离出,可被置换的 H^+ 总量多,产生的 H_2 量也就多。故 D 选项正确。

【答案】 D

例题 3 现有 4 份浓度均为 0.1mol/L 的下列溶液,其中 pH 最大的是( )

A. Na_2CO_3　　　　B. NH_4Cl　　　　C. $NaHSO_4$　　　　D. Na_2SO_4

【分析】 A 选项中,碳酸钠在水溶液中发生水解:$Na_2CO_3 + H_2O \rightleftharpoons NaHCO_3 + NaOH$,因此溶液显碱性。

B 选项中,氯化铵也能水解:$NH_4Cl + H_2O \rightleftharpoons NH_3 \cdot H_2O + HCl$,因此溶液显酸性。

C 选项中,硫酸氢钠是强电解质,在水中电离出 H^+,是酸性溶液。

D 选项中,硫酸钠是强酸强碱盐,水溶液显中性。

【答案】 A

例题 4 中和一定量的某醋酸溶液时,消耗氢氧化钠 m g。如果先向该醋酸溶液中加入少量的醋酸钠,然后再用氢氧化钠中和,此时可消耗氢氧化钠 n g。则 m 与 n 的关系为( )

A. $m > n$　　　　B. $m < n$　　　　C. $m = n$　　　　D. 无法确定

【分析】 因为中和反应是酸和碱的反应生成盐和水的过程,其实质为 $H^+ + OH^- \rightleftharpoons H_2O$。当往醋酸溶液中加入醋酸钠,并不会影响原来醋酸所能够电离出来的 H^+ 的总物质的量,因此不会影响中和反应消耗碱的量。

【答案】 C

例题 5 纯锌和稀硫酸反应较慢,为了使反应速率显著加快,最好的方法是( )

A. 再加入少许锌粒　　　　　　　　　　B. 再加入少许稀硫酸

C. 加入少许硫酸铜溶液　　　　　　　　D. 加入少许硫酸镁溶液

【分析】 电化学反应比纯化学反应速率要快得多。

若加入少许硫酸铜溶液,首先发生了如下的化学反应:$Zn + CuSO_4 = Cu + ZnSO_4$

反应中置换出的铜附着在锌粒上,浸泡在硫酸溶液中,则锌与稀硫酸的纯化学反应,转化成无数个 Cu-Zn 原电池同时工作,加快了化学反应速率。

【答案】 C

强化训练

一、选择题

1. 常温下,将 1mL pH = 2 的一元酸 HA 溶液加水稀释至 100mL,其 pH 与溶液体积(V)的关系如图所示,下列说法正确的是( )

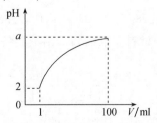

A. 加热 HA 溶液时,溶液酸性增强

B. 若 $1mol \cdot L^{-1}$ HA 溶液与 $1mol \cdot L^{-1}$ NaOH 溶液等体积混合,所得溶液中 $c(Na^+) > c(A^-)$,则 $2 < a < 4$

C. 某浓度的 NaA 溶液的 pH = d,则其中由水电离出的 $c(OH^-) = 10^{14-d}$ mol·L^{-1}

D. HA 溶液与 NaOH 溶液恰好完全反应时,$c(Na^+) > c(A^-) > c(OH^-) > c(H^+)$

2. 下列能说明 0.1 mol·L^{-1} 的 NaHA 溶液一定呈酸性的是(　　)

A. 某温度下,测得溶液的 pH < 7

B. 溶液中 $c(Na^+) = c(A^{2-})$

C. 溶液中存在 Na^+、HA^-、A^{2-}、H_2A 多种微粒

D. NaHA 溶液可与等体积等物质的量浓度的 NaOH 溶液恰好反应

3. pH = 3 的两种一元酸 HX 和 HY 溶液,分别取 50 mL,加入足量的镁粉,充分反应后,收集到 H_2 的体积分别为 $V(HX)$ 和 $V(HY)$,若 $V(HX) > V(HY)$,则下列说法正确的是(　　)

A. HX 可能是强酸

B. HX 的酸性强于 HY 的酸性

C. HY 一定是强酸

D. 反应开始时二者生成 H_2 的速率相等

4. 欲在金属表面镀银,应把镀件挂在电镀池的阴极。下列各组中,选用的阳极金属和电镀液均正确的是(　　)

A. Ag 和 AgCl 溶液
B. Ag 和 $AgNO_3$ 溶液
C. Fe 和 $AgNO_3$ 溶液
D. Pt 和 Ag_2SO_4 溶液

5. 如图甲为锌铜原电池装置,乙为电解熔融氯化钠装置。下列说法中正确的是(　　)

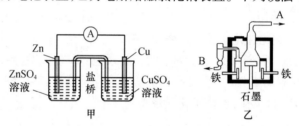

A. 甲装置中锌为负极,发生还原反应,铜为正极,发生氧化反应

B. 甲装置盐桥的作用是使反应过程中 $ZnSO_4$ 溶液和 $CuSO_4$ 溶液保持电中性

C. 乙装置中铁上的电极反应式为 $2Na - 2e^- = 2Na^+$

D. 乙装置中 B 是氯气出口,A 是钠出口

6. 用惰性电极电解 $CuSO_4$ 溶液。若阳极上产生气体的物质的量为 0.01 mol,阴极无气体放出,则阴极上析出 Cu 的质量为(　　)

A. 0.64 g
B. 1.28 g
C. 2.56 g
D. 5.12 g

7. LiOH 是制备锂离子电池的材料。电解 LiCl 溶液制备 LiOH 的装置如图所示。下列说法正确的是(　　)

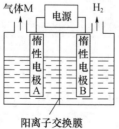

A. 电极 A 连接电源的负极

B. B 极区电解液为 LiCl 溶液

C. 电极每产生 22.4L 气体 M,电路中转移 2mol e^-

D. 电池总反应为:$2LiCl + 2H_2O \xrightarrow{电解} H_2\uparrow + Cl_2\uparrow + 2LiOH$

8. 下列有关电化学过程的说法正确的是(　　)

A. 用惰性电极电解饱和食盐水,阴极逸出的气体可使湿润的淀粉-KI 试纸变蓝

B. 在镀件上电镀铜时,镀件应连接电源的负极

C. 用惰性电极电解 $MgCl_2$ 溶液的离子反应为 $2Cl^- + 2H_2O \xrightarrow{通电} Cl_2\uparrow + H_2\uparrow + 2OH^-$

D. 电解精炼铜时,若电路中通过 $2mol\ e^-$,阳极质量减少 64g

9. 将两个铂电极插入 500mL $CuSO_4$ 溶液中进行电解,通电一定时间后,某一电极增重 0.064g(设电解时该电极无氢气析出,且不考虑水解和溶液体积变化),此时溶液中氢离子浓度约为(　　)

A. $4\times10^{-3}mol\cdot L^{-1}$　　　　　　　　B. $2\times10^{-3}mol\cdot L^{-1}$

C. $1\times10^{-3}mol\cdot L^{-1}$　　　　　　　　D. $1\times10^{-7}mol\cdot L^{-1}$

10. 两个惰性电极插入 500mL $AgNO_3$ 溶液中,通电电解。当电解液的 pH 从 6.0 变为 3.0 时(设电解过程中阴极没有 H_2 放出,且电解液在电解前后体积变化可以忽略不计),电极上析出银的质量最大为(　　)

A. 27mg　　　　　　B. 54mg　　　　　　C. 106mg　　　　　　D. 216mg

11. 用惰性电极电解 100mL $4\ mol\cdot L^{-1}\ Cu(NO_3)_2$ 溶液,一定时间后在阳极收集到标准状况下气体 1.12L。停止电解,向电解后的溶液中加入足量的铁粉,充分作用后溶液中 Fe^{2+} 浓度为(设溶液的体积不变)(　　)

A. $0.75mol\cdot L^{-1}$　　　　　　　　B. $3mol\cdot L^{-1}$

C. $4mol\cdot L^{-1}$　　　　　　　　D. $3.75mol\cdot L^{-1}$

二、填空题

1. (1) 25℃时,浓度为 $0.1mol\cdot L^{-1}$ 的 6 种溶液:①HCl;②CH_3COOH;③$Ba(OH)_2$;④Na_2CO_3;⑤KCl;⑥NH_4Cl。溶液 pH 由小到大的顺序为_____(填编号)。

(2) 25℃时,pH=3 的醋酸和 pH=11 的氢氧化钠溶液等体积混合后,溶液呈_____(填"酸性""中性"或"碱性"),请写出溶液中离子浓度间的一个等式:_____。

(3) 25℃时,将 $m\ mol\cdot L^{-1}$ 的醋酸和 $n\ mol\cdot L^{-1}$ 的氢氧化钠溶液等体积混合后,溶液的 pH=7,则溶液中 $c(CH_3COO^-) + c(CH_3COOH) =$_____,$m$ 与 n 的大小关系是 m _____ n(填">""="或"<")。

2. 根据下列化合物:①NaCl、②NaOH、③HCl、④NH_4Cl、⑤CH_3COONa、⑥CH_3COOH、⑦$NH_3\cdot H_2O$,回答下列问题。

(1) NH_4Cl 溶液显_____性,用离子方程式表示原因_____,其溶液中各离子浓度大小顺序为_____。

(2) 常温下,pH=11 的 CH_3COONa 溶液中,水电离出来的 $c(OH^-) =$_____,在 pH=3 的 CH_3COOH 溶液中,水电离出来的 $c(H^+) =$_____。

(3) 已知纯水中存在如下平衡:$H_2O + H_2O \rightleftharpoons H_3O^+ + OH^-$,$\Delta H > 0$,现欲使平衡向右移

动,且所得溶液显酸性,可选择的方法是＿＿＿＿(填字母序号)。

　　A. 向水中加入 $NaHSO_4$ 固体

　　B. 向水中加 Na_2CO_3 固体

　　C. 加热至100℃[其中 $c(H^+)=1\times10^{-6} mol \cdot L^{-1}$]

　　D. 向水中加入 $(NH_4)_2SO_4$ 固体

(4) 若将等pH、等体积的②NaOH 和⑦$NH_3 \cdot H_2O$ 分别加水稀释 m 倍、n 倍,稀释后两种溶液的pH仍相等,则 m ＿＿＿＿(填"<"">"或"=")n。

(5) 若①~⑦中7种溶液的物质的量浓度相同,则这7种溶液按pH由大到小的顺序为＿＿＿＿。

3. 某研究小组对铁生锈进行研究。

(1) 甲同学设计了A、B、C一组实验(如图),探究铁生锈的条件。经过较长时间后,甲同学观察到的现象是A中铁钉生锈,B中铁钉不生锈,C中铁钉不生锈。

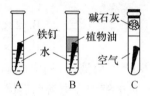

① 通过上述实验现象分析,可得出铁生锈的外部条件是＿＿＿＿＿＿＿＿。

② 由于与金属接触的介质不同,金属腐蚀分成不同类型,本实验中铁生锈属于＿＿＿＿,正极电极反应式为＿＿＿＿＿＿＿＿＿＿。

③ 实验B所用的水要经过＿＿＿＿处理;植物油的作用是＿＿＿＿。

④ 实验C中碱石灰的作用是＿＿＿＿。

(2) 乙同学为了达到同样目的,设计了实验D(如图),发现一段时间后,试管中的液面升高,其原因是＿＿＿＿＿＿＿＿＿＿＿＿,该实验＿＿＿＿(填"能"或"不能")说明水对铁钉生锈产生影响。

(3) 丙同学为了防止铁钉生锈,想在铁钉表面镀上一层金属,该金属最好是＿＿＿＿(填字母)。

　　A. 锡　　　　　　B. 铜　　　　　　C. 锌

4. 如图中电极a、b分别为Ag电极和Pt电极,电极c、d都是石墨电极。通电一段时间后,在c、d两极上共收集到336mL(标准状况)气体。

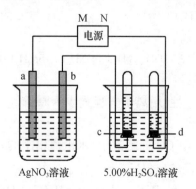

(1) 直流电源中,M 为_____极。

(2) Pt 电极上生成的物质是_____,其质量为_____g。

(3) 电源输出的电子,其物质的量与电极 b、c、d 分别生成物质的物质的量之比为 2 : _____ : _____ : _____。

(4) $AgNO_3$ 溶液的浓度_____(填"增大""减小"或"不变",下同),$AgNO_3$ 溶液的 pH _____,H_2SO_4 溶液的浓度_____,H_2SO_4 溶液的 pH _____。

(5) 若 H_2SO_4 溶液的质量分数由 5.00% 变为 5.02%,则原有 5.00% 的 H_2SO_4 溶液为_____g。

【参考答案】

一、1. B 2. B 3. D 4. B 5. B 6. B 7. D 8. B 9. A 10. B 11. D

二、1.(1) ①②⑥⑤④③

(2) 酸性 $c(Na^+) + c(H^+) = c(CH_3COO^-) + c(OH^-)$

(3) $\frac{m}{2}$ mol·L^{-1} >

2.(1) 酸 $NH_4^+ + H_2O \rightleftharpoons NH_3·H_2O + H^+$ $c(Cl^-) > c(NH_4^+) > c(H^+) > c(OH^-)$

(2) 1×10^{-3} mol·L^{-1} 1×10^{-11} mol·L^{-1}

(3) D

(4) <

(5) ②>⑦>⑤>①>④>⑥>③

3.(1) ① 有水(或电解质溶液)和氧气(或空气)

② 吸氧腐蚀 $O_2 + 4e^- + 2H_2O == 4OH^-$

③ 煮沸(或除去氧气) 隔绝空气(或防止氧气与铁接触)

④ 吸收水蒸气(或干燥、保持试管内干燥环境)

(2) 铁发生吸氧腐蚀吸收了 O_2,使试管内气体压强减小 不能

(3) C

4.(1) 正 (2) Ag 2.16 (3) 2 $\frac{1}{2}$ 1 (4) 不变 不变 增大 减小 (5) 45.18

【难题解析】

一、2. 没有指明温度是25℃,所以 pH<7 的溶液不一定呈酸性,A 项错误;溶液中 $c(Na^+) = c(A^{2-})$,说明 HA^- 完全电离,NaHA 为强酸的酸式盐,溶液一定呈酸性,B 项正确;溶液中存在 Na^+、HA^-、A^{2-}、H_2A 多种微粒,说明 NaHA 为弱酸的酸式盐,HA^- 的电离与水解程度大小不确定,溶液的酸碱性不确定,C 项错误;不论 NaHA 是强酸酸式盐还是弱酸酸式盐,与等体积等物质的量浓度的 NaOH 溶液都恰好反应,所以无法确定 NaHA 溶液的酸碱性,D 项错误。

9. 选 A。根据 $2CuSO_4 + 2H_2O \xrightarrow{电解} 2Cu + 2H_2SO_4 + O_2\uparrow$,得 $n(H^+) = 2n(H_2SO_4)$

$= 2n(Cu) = \frac{2 \times 0.064g}{64g·mol^{-1}} = 0.002$ mol,$c(H^+) = \frac{0.002mol}{0.5L} = 4 \times 10^{-3}$ mol·L^{-1}。

10. 首先结合离子放电顺序,弄清楚两极的反应。阳极:$4OH^- - 4e^- == O_2\uparrow + 2H_2O$;阴极:$4Ag^+ + 4e^- == 4Ag$,电解的总反应式为 $4AgNO_3 + 2H_2O \xrightarrow{电解} 4Ag + O_2\uparrow + 4HNO_3$。由电解的总反应式可知,电解过程中生成的 $n(Ag) = n(HNO_3) = n(H^+) = (10^{-3}$ mol·$L^{-1} - 10^{-6}$ mol·$L^{-1}) \times$

$0.5L \approx 5 \times 10^{-4}$ mol，$m(Ag) = 5 \times 10^{-4}$ mol $\times 108$ g·mol^{-1} $= 0.054$ g $= 54$ mg。

11. 本题涉及的反应过程可分为两个阶段，第一个阶段是电解 Cu(NO$_3$)$_2$ 溶液，第二个阶段是混合溶液与足量的铁粉反应，注意硝酸与足量铁粉反应是生成硝酸亚铁。电解后溶液中硝酸和硝酸铜分别为 0.2 mol、0.3 mol，前者与足量的铁粉反应生成硝酸亚铁 0.075 mol，后者与足量的铁粉反应生成 0.3 mol 硝酸亚铁。

二、3. (1) ①对比 A 和 B 可知铁生锈需要有氧气(或空气)，对比 A 和 C 可知铁生锈需要有水(或电解质溶液)；②水为中性环境，铁发生吸氧腐蚀，正极为氧气得电子生成氢氧根离子的反应，电极反应式为 $O_2 + 4e^- + 2H_2O = 4OH^-$；③为保证变量唯一，实验 B 中的水需要煮沸除去氧气；植物油可以隔绝空气，防止氧气与铁接触；④碱石灰可以吸收水蒸气，保证试管内的干燥环境。

(2) 铁生锈会消耗氧气，这样会使试管内压强低于大气压，所以液面上升的原因是铁钉生锈消耗了试管内的氧气，使试管内压强低于大气压；该实验不能证明水对铁钉生锈产生影响。

(3) 铁钉表面镀的金属应比铁活泼，这样发生电化学腐蚀时，铁作正极才能被保护，故选 C。

4. 由于是串联电路，电路中的电流是相等的，两个电解池中所消耗的电量相等。电解稀硫酸，实际上是电解其中的水。因此，该电解池反应为 $2H_2O \xrightarrow{\text{通电}} 2H_2\uparrow + O_2\uparrow$，$V(H_2):V(O_2) = 2:1$，据此可确定 d 极为阴极，则电源的 N 极为负极，M 极为正极。在 336 mL 气体中，$V(H_2) = \frac{2}{3} \times 336$ mL $= 224$ mL，其物质的量为 0.01 mol，$V(O_2) = \frac{1}{3} \times 336$ mL $= 112$ mL，其物质的量为 0.005 mol。说明电路上有 0.02 mol e^- 通过，因此在 b 极(Pt、阴极)产生 0.02 mol Ag，质量为 0.02 mol $\times 108$ g/mol $= 2.16$ g。则 $n(e^-):n(Ag):n(O_2):n(H_2) = 0.02$ mol $: 0.02$ mol $: 0.005$ mol $: 0.01$ mol $= 2:2:\frac{1}{2}:1$。由 Ag 电极(阳极)、Pt 电极(阴极)和 AgNO$_3$ 溶液组成的电镀池，在通电一定时间后，在 Pt 电极上放电所消耗的溶液中 Ag$^+$ 的物质的量等于 Ag 电极被氧化给溶液中补充的 Ag$^+$ 的物质的量，因此 $c(AgNO_3)$ 不变，溶液的 pH 也不变。电解 H$_2$SO$_4$ 溶液，实质是电解水，因此 $c(H_2SO_4)$ 增大，由于 $c(H^+)$ 增大，故溶液的 pH 减小。设原 5.00% 的 H$_2$SO$_4$ 溶液的质量为 x，电解时消耗水 0.01 mol $\times 18$ g/mol $= 0.18$ g，则 $5.00\% \times x = 5.02\% \times (x - 0.18$ g$)$，解得：$x = 45.18$ g。

第四章 常见元素及其重要化合物

考试范围与要求

掌握常见金属、非金属元素单质及其重要化合物的主要性质和应用。

了解化学与生活、材料、能源、环境、生命、信息技术等的关系;理解"绿色化学"的重要性;了解环境污染的化学因素、危害及防治。了解化学知识和技术在军事上的简单应用。

第一节 氢和水

一、氢

(一) 氢元素在周期表中的位置及其原子结构特点

氢元素位于元素周期表中的第ⅠA族,氢原子核外只有1个电子。氢与其他非金属元素以共价键形成化合物,表现出+1价。

(二) 氢气的分子结构

氢气分子是由2个氢原子以非极性共价键形成的非极性分子。

(三) 氢气的性质

1. 物理性质

氢气是无色、无味、难溶于水、密度最小的气体。

2. 化学性质

(1) 可燃性 纯净的氢气在氧气或空气中能完全燃烧生成水,在氯气中完全燃烧生成氯化氢(点燃之前一定要检验氢气的纯度)。

$$2H_2 + O_2 \xrightarrow{\text{点燃}} 2H_2O \qquad H_2 + Cl_2 \xrightarrow{\text{点燃}} 2HCl$$

(2) 还原性 氢气能夺取许多金属氧化物中的氧而把金属还原出来。

$$WO_3 + 3H_2 \xrightarrow{\Delta} W + 3H_2O$$

3. 氢气的制法

制取氢气
- 实验室:锌和稀硫酸(或锌和稀盐酸) $Zn + H_2SO_4(稀) == ZnSO_4 + H_2\uparrow$
- 工业:
  - 电解水 $2H_2O \xrightarrow{\text{直流电}} 2H_2\uparrow + O_2\uparrow$
  - 水煤气 $C + H_2O \xrightarrow{\text{高温}} CO + H_2$
  - $CO + H_2O \xrightarrow{\text{高温}} CO_2 + H_2$
  - 甲烷分解 $CH_4 \xrightarrow{1100℃} C + 2H_2$

4. 氢气的用途

氢气是密度最小的气体,在同温同压下,它的质量相当于空气的 $\frac{1}{14}$。探空气球就是填充氢气。节日气球中填充氢气,容易遇火遇热爆炸燃烧,应填充氦气。

氢气在氧气中燃烧能放出大量热,火焰温度可达 3000℃。工业上利用氢氧焰来焊接、切割金属,熔融各种石英制品。氢气也是一种新型燃料,液态氢被用作火箭或导弹的高能燃料。

二、水

(一) 水的组成和结构

H_2O 中氢氧原子个数比为 2∶1,质量比为 1∶8,电子式 H×Ö×H,结构式 （折线型）,键角为 104.5°,是极性分子。

(二) 水的性质

1. 物理性质

水是无色无味的液体,4℃时密度最大($\rho=1g/cm^3$),沸点 100℃,熔点 0℃。

2. 化学性质

(1) 很稳定,加热到 1000℃ 以上才见有少量分解。

(2) 水是弱电解质:$2H_2O \rightleftharpoons H_3O^+ + OH^-$（或 $H_2O \rightleftharpoons H^+ + OH^-$）

(3) 水与金属、非金属的反应:$3Fe + 4H_2O \xrightarrow{高温} Fe_3O_4 + 4H_2$,水作氧化剂;$2F_2 + 2H_2O = 4HF + O_2$,水作还原剂;$Cl_2 + H_2O \rightleftharpoons HCl + HClO$,水既不是氧化剂,也不是还原剂。

(4) 水化反应:$CaO + H_2O = Ca(OH)_2$; $SO_3 + H_2O = H_2SO_4$;

$NH_3 + H_2O \rightleftharpoons NH_3 \cdot H_2O$; $CH \equiv CH + H_2O \xrightarrow{催化剂} CH_3CHO$

(5) 水解反应:$Na_2CO_3 + H_2O \rightleftharpoons NaHCO_3 + NaOH$

$C_2H_5Cl + H_2O \xrightarrow[\triangle]{NaOH} C_2H_5OH + HCl$

(6) 水合反应:$CuSO_4 + 5H_2O = CuSO_4 \cdot 5H_2O$

(三) 水的纯化

天然水 $\xrightarrow[\text{等净化剂}]{\text{加明矾}}$ 沉淀 $\longrightarrow$ 过滤 $\xrightarrow[\text{杀菌}]{\text{消毒}(Cl_2)}$ 净水 $\xrightarrow[\text{或反渗透}]{\text{离子交换}}$ 纯净水

(四) 过氧化氢(H_2O_2)

过氧化氢 H—O—O—H 中有极性键和非极性键,不稳定,易分解:$2H_2O_2 \xrightarrow{MnO_2} 2H_2O + O_2 \uparrow$;既具氧化性又具还原性:$H_2O_2 + H_2S = S \downarrow + 2H_2O$, $5H_2O_2 + 2KMnO_4 + 6HCl = 2MnCl_2 + 2KCl + 8H_2O + 5O_2 \uparrow$。

【例题选解】

例 1 下列说法不正确的是( )。

A. 氢的原子核内一般没有中子

B. 氢原子的核外只有一个电子

C. 氢原子失去一个电子后,只剩一个质子

D. 氢的原子核有一个质子和一个中子

【解析】 相对原子质量为1的氢原子的结构很特殊,它的原子核内只有一个质子,没有中子。没有中子的原子,氢是唯一的。当氢原子失去核外的一个电子后,氢的原子核就是质子了。

【答案】 D

例2 实验室快速制取氢气,最好的方法应该用(　　)。

A. 纯锌与稀硫酸　　　　　　　　B. 粗锌(含锡等)与稀硫酸

C. 粗锌与稀硝酸　　　　　　　　D. 粗锌与浓硫酸

【解析】 锌与非氧化性酸溶液反应放出氢气,与氧化性酸反应不放出氢气,C中稀硝酸,D中浓硫酸与锌作用得不到氢气;A、B两者都能得到氢气,但B反应速度较快,因为锌—锡形成原电池,加快了氢气的生成速度。

【答案】 B

习题 4 – 1

选择题

1. 下列关于氢气的说法正确的是(　　)

A. 氢气与氧气混合即发生爆炸

B. 液态氢中含有的氢离子,能使石蕊试剂变色

C. 可用铜与稀硫酸反应制取氢气

D. 氢气能在氯气中燃烧

2. 点燃氢气前必须检验氢气的纯度,是因为(　　)

A. 氢气有可燃性

B. 氢气有还原性

C. 氢气比空气轻

D. 氢气中混有空气时,点燃会发生爆炸

3. 以下3种金属分别和同一种浓度的稀硫酸反应时,产生氢气的速度从快到慢的顺序是(　　)

A. Fe > Mg > Zn　　　　　　　　B. Mg > Fe > Zn

C. Mg > Zn > Fe　　　　　　　　D. Zn > Mg > Fe

4. 电解水时在水中加入少量硫酸或氢氧化钠是为了(　　)

A. 得到更多氢气　　　　　　　　B. 得到更多氧气

C. 增强水的导电性　　　　　　　D. 防止发生爆炸

5. 有关氢气和氧化铜加热生成水和单质铜的反应,下列说法正确的是(　　)

A. H_2 充当氧化剂　　　　　　　B. CuO 充当还原剂

C. H_2O 是还原产物　　　　　　D. Cu 为还原产物

6. 常温下,下列各组溶液分别与铝粉反应,都能放出氢气的是(　　)

A. 浓硫酸和稀硝酸　　　　　　　B. 浓硝酸和稀硫酸

C. 浓盐酸和苛性钠溶液　　　　　D. 苛性碱和浓硫酸

7. 在氢气还原氧化铜时,进行如下实验:①加热;②停止加热;③通入氢气;④停止通入氢气。下列操作顺序正确的是(　　)

A. ③①②④　　B. ③①④②　　C. ①③②④　　D. ①③④②

8. 下列实验室制取氢气的操作,不正确的是(　　)

A. 长颈漏斗底部应插入液面以下

B. 用排水法收集氢气时把装满水的集气瓶倒立在水槽中备用

C. 应均匀加热氢气的发生装置

D. 点燃氢气前必须要先验纯

【参考答案】

1. D　2. D　3. C　4. C　5. D　6. C　7. A　8. C

第二节　卤　素

一、卤素在周期表中的位置及其原子结构特点

卤素位于元素周期表中的第ⅦA族,包括元素氟(F)、氯(Cl)、溴(Br)、碘(I)、砹(At)。砹为放射性元素。卤素原子最外层价电子数为7,易得到1个电子成-1价阴离子,在自然界中均以化合态存在。最高价为+7价(F无正价)。

二、卤素单质的化学性质

(一) 均与金属直接化合生成无氧酸盐

$$X_2 + 2Na \xrightarrow{\text{点燃}} 2NaX$$

(二) 均与氢气直接化合生成气态氢化物

反应活性 $F_2 > Cl_2 > Br_2 > I_2$。气态氢化物的稳定性 $HF > HCl > HBr > HI$。气态氢化物溶于水生成的氢卤酸的酸性 $HF < HCl < HBr < HI$。

$$X_2 + H_2 = 2HX(\text{反应条件不一样})$$

(三) 均与水反应,且反应活性 $F_2 > Cl_2 > Br_2 > I_2$

$$2F_2 + 2H_2O = 4HF + O_2(\text{爆炸})$$

$$X_2 + H_2O = HXO + HX(X = Cl、Br、I)$$

(四) 卤素间的置换反应

卤素的活泼性为 $F_2 > Cl_2 > Br_2 > I_2$。

$$2NaBr + Cl_2 = 2NaCl + Br_2$$

$$2KI + Br_2 = 2KBr + I_2$$

三、氯气

(一) 物理性质

氯气为黄绿色气体,有刺激性气味,易液化,能溶于水。

(二) 化学性质

1. 强氧化性

氯气能氧化几乎所有的金属、氢以及许多处于低价态的化合物。

$$3Cl_2 + 2Fe \xrightarrow{\text{点燃}} 2FeCl_3$$

$$H_2 + Cl_2 \xrightarrow{\text{点燃}} 2HCl$$

$$2FeCl_2 + Cl_2 = 2FeCl_3$$

2. 与水反应

$$Cl_2 + H_2O \rightleftharpoons HClO + HCl$$

HClO 是一种强氧化剂,自来水厂用来杀菌消毒。HClO 还能使有色物质氧化褪色,用作漂白剂。

3. 与碱反应

$$2Cl_2 + 2Ca(OH)_2 = \underset{\text{漂白粉}}{Ca(ClO)_2 + CaCl_2} + 2H_2O$$

漂白粉的成分是 $CaCl_2$ 和 $Ca(ClO)_2$,漂白时,有效成分 $Ca(ClO)_2$ 跟稀盐酸或空气里的 CO_2 和水蒸气反应可以生成 HClO,HClO 起漂白作用。

(三) 氯气的实验室制法

$$4HCl(\text{浓}) + MnO_2 \xrightarrow{\triangle} MnCl_2 + 2H_2O + Cl_2\uparrow$$

四、氯化氢和盐酸

(一) 氯化氢

氯化氢为无色、有刺激性气味的气体,极易溶于水,0℃时,1 体积水能溶解约 500 体积氯化氢。液态时不导电,干燥的氯化氢不显酸性。实验室里可用食盐与浓硫酸反应来制取氯化氢:

$$NaCl + H_2SO_4(\text{浓}) \xrightarrow{\triangle} NaHSO_4 + HCl$$

(二) 盐酸

氯化氢气体溶于水即成盐酸。盐酸为强酸,在水溶液中电离出 H^+ 和 Cl^-,导电性强,能使蓝色石蕊试纸变红,具有酸的通性。

盐酸可用于金属表面除锈,制取葡萄糖、药剂、氯化物、染料等。

五、卤素的几种化合物

(一) 氟化钙

氟化钙又叫萤石,是制取 HF 的主要原料:

$$CaF_2 + H_2SO_4(\text{浓}) \xrightarrow[\text{铅皿}]{\triangle} CaSO_4 + 2HF\uparrow$$

(二) 卤化银(AgX)

卤化银不溶于硝酸(AgF 除外)。碘化银可用于人工降雨。溴化银和碘化银都有感光性,在光照下起分解反应,可用于制感光材料。

$$2AgBr \xrightarrow{\text{光照}} 2Ag + Br_2\uparrow$$

六、卤族元素的性质及递变规律

元素		氟(F)	氯(Cl)	溴(Br)	碘(I)
原子与离子半径		由小到大 →			
单质的物理性质	色态	浅黄绿色气体	黄绿色气体	暗红色液体,易挥发	黑紫色固体,易升华
	密度	逐渐增大 →			
	熔沸点	逐渐升高 →			
单质的氧化性		由强到弱 →			
离子的还原性		$F^-<Cl^-<Br^-<I^-$			
氢化物与含氧酸	稳定性	HF 很稳定,有腐蚀性,水溶液为弱酸	HCl 稳定,水溶液为强酸	HBr 不稳定,易被氧化,水溶液为强酸	HI 很不稳定,易被氧化,水溶液为强酸
	水溶液酸性	由弱到强 →			
	含氧酸	—	$HClO_4$,$HClO_3$,HClO	$HBrO_4$,$HBrO_3$	HIO_4,HIO_3
	含氧酸的强弱	$HClO_4>HBrO_4>HIO_4$			
AgX 的稳定性		AgF(白色易溶)>AgCl(白色难溶)>AgBr(浅黄色难溶)>AgI(黄色难溶)			

【例题选解】

例1 有 A、B、C、D、E 五瓶气体,分别是 Cl_2、HCl、HBr、CO_2、H_2 中的一种。通过观察可以看到 A 瓶中气体为黄绿色,其余四瓶气体为无色。将 B 和 C 瓶瓶盖打开后,可看到空气中有白雾生成。A 瓶和 C 瓶气体混合后,无明显现象。A 和 D 瓶气体混合后见光,发生爆炸。(提示:HBr 在空气中易形成白雾)根据上述实验判断,各瓶中的气体是:A:_____,B:_____,C:_____,D:_____,E:_____。

【解析】 因为 A 瓶中气体为黄绿色,可以判断出 A 瓶中的气体为氯气。

由已知 B 和 C 瓶打开后有白雾,初步判断,这两瓶中分别盛有 HCl 和 HBr 中的一种,又知 A 和 C 混合后无明显反应,可以判断,C 瓶为 HCl,B 瓶为 HBr。

由"A 和 D 瓶气体混合后见光发生爆炸",可以判断 D 瓶为 H_2,进而推断出 E 瓶是 CO_2。

【答案】 A:Cl_2,B:HBr,C:HCl,D:H_2,E:CO_2

例2 下列对于 I^- 性质的叙述中,正确的是( )

A. 能发生升华现象
B. 能使淀粉溶液变蓝
C. 易发生还原反应
D. 具有较强的还原性

【解析】 I^- 和 I_2 的性质截然不同,升华现象是 I_2 的性质;使淀粉变蓝是 I_2 的特性,常用于鉴别 I_2 和淀粉;而 I^- 只能失去电子,发生氧化反应,不能发生还原反应(得到电子)。I^- 具有较强的还原性,故 D 选项正确。

【答案】 D

习题 4-2

一、选择题

1. 用 X 代表 F、Cl、Br、I 四种卤族元素，下列属于它们共性反应的是（ ）
   A. $X_2 + H_2O = HX + HXO$
   B. $X_2 + H_2 = 2HX$
   C. $2Fe + 3X_2 = 2FeX_3$
   D. $X_2 + 2NaOH = NaX + NaXO + H_2O$

2. 在氯水中存在多种分子和离子，可通过实验的方法加以确定，下列说法中错误的是（ ）
   A. 加入少量含有 NaOH 的酚酞试液，红色褪去，说明有 H^+ 存在
   B. 加入有色布条后，有色布条褪色，说明有 HClO 分子存在
   C. 氯水呈浅黄色，且有刺激性气味，说明有 Cl_2 分子存在
   D. 加入硝酸酸化的 $AgNO_3$ 溶液产生白色沉淀，说明有 Cl^- 存在

3. 氯水的漂白作用是通过（ ）
   A. 分解作用   B. 中和作用   C. 氧化作用   D. 吸附作用

4. 下列物质可由金属与盐酸反应直接制得的是（ ）
   A. $FeCl_3$ B. $AgCl$ C. $CuCl_2$ D. $FeCl_2$

5. 欲除去 Cl_2 中的少量 HCl 气体，可选用（ ）
   A. 饱和氯水
   B. NaOH 溶液
   C. $Ca(OH)_2$ 溶液
   D. $AgNO_3$ 溶液

6. 欲除去氯化氢气体中的水蒸气，可选用（ ）
   A. 碱石灰   B. 浓硫酸   C. 过氧化钠   D. 氢氧化钠

7. 下列物质中具有漂白作用的是（ ）
   A. 干燥氯气   B. 液氯   C. 新制氯水   D. 新制溴水

8. 有关卤素的叙述正确的是（ ）
   A. 卤素是非金属，不能与其他非金属化合
   B. 卤素与钠反应，得到离子化合物
   C. 卤素的氢化物溶于水都是强酸
   D. 卤化银既不溶于水，也不溶于酸

9. 加热时，发生升华现象的是（ ）
   A. Br_2（液）   B. I_2 C. NH_4Cl D. N_2O_4

10. 把氯气通入下列溶液中，再加氯化钡与盐酸的混合物，有白色沉淀生成的是（ ）
    A. NaI   B. Na_2SO_4 C. KBr   D. Na_2CO_3

11. 将 a、b、c、d 四个集气瓶中装有 Cl_2、H_2、HCl、HBr 中的某一种气体，若将 d 和 a 两瓶气体混合在强光照射后颜色变浅，若将 b 和 a 两瓶气体混合后瓶壁上出现暗红色小液滴，则气体 a 是（ ）
    A. H_2 B. HCl   C. HBr   D. Cl_2

12. 下列叙述不正确的是（ ）
    A. 氢氟酸一般储存于塑料瓶中
    B. 用浓硫酸与萤石在铅皿中反应制取氟化氢
    C. 氟化氢无毒
    D. 氟化氢在空气中不会形成白雾

13. 下列比较完全正确的是( )

A. 离子半径 $I^- > Br^- > Cl^- > F^-$

B. 离子氧化性 $I^- > Br^- > Cl^- > F^-$

C. 单质稳定性 $Cl_2 > F_2 > I_2 > Br_2$

D. AgX 在水中的溶解性 $AgCl < AgBr < AgI < AgF$

14. 下列物质属于混合物的是( )

A. $Ca(ClO)_2$ B. 液氯   C. 氯化氢   D. 次氯酸溶液

15. 下列物质中含有 Cl^- 的是( )

A. 液态 HCl   B. 盐酸   C. 液态 Cl_2 D. $HClO_3$

16. 下列物质中不会因见光而分解的是( )

A. $NaHCO_3$ B. HNO_3 C. AgI D. $HClO$

二、填空题

1. 按要求各写出一个化学方程式：

氯元素在反应中：

（1）被氧化_____；

（2）被还原_____；

（3）既被氧化又被还原_____；

（4）既没被氧化又没被还原_____；

（5）由反应物→产物变化过程中,有 1 个氯原子化合价改变 5 价,另有 5 个氯原子改变 1 价_____。

2. 检验 Cl^-、Br^-、I^- 常用的试剂是 ①____，检验氯分子常用的试剂是 ②____，做碘的升华实验,在试管壁上留下的碘可用 ③____洗涤,用于盛放高锰酸钾溶液后的棕色痕迹为 MnO_2,可用 ④____洗去。

3. 人工降雨弹头中装入 ①____ 粉末,其作用是 ②____；照相时溴化银使底片感光,化学方程式为 ③____。

4. 在卤化氢 HF、HCl、HBr、HI 四种气体中,稳定性最大的是 ①____,还原性最强的是 ②____,水溶液酸性最强的是 ③____,H—X 键能最大的是 ④____。

【参考答案】

一、1. B 2. A 3. C 4. D 5. A 6. B 7. C 8. B 9. B 10. B 11. D 12. C 13. A 14. D 15. B 16. A

二、1.（1）$MnO_2 + 4HCl(浓) \xrightarrow{\Delta} MnCl_2 + Cl_2 \uparrow + 2H_2O$

（2）$2Fe + 3Cl_2 \xrightarrow{点燃} 2FeCl_3$

（3）$Cl_2 + H_2O == HCl + HClO$

（4）$AgNO_3 + HCl == AgCl \downarrow + HNO_3$

（5）$6KOH + 3Cl_2 == 5KCl + KClO_3 + 3H_2O$

2. ①$AgNO_3$ 溶液；②湿淀粉碘化钾试纸；③酒精；④浓盐酸

3. ①AgI；②AgI 使水蒸气迅速凝结而降落；③$2AgBr \xrightarrow{光照} 2Ag + Br_2 \uparrow$

4. ①HF；②HI；③HI；④HF

第三节 氧和硫

一、氧族元素在周期表中的位置及其原子结构特点

氧族元素位于元素周期表中的第ⅥA族,包括元素氧(O)、硫(S)、硒(Se)、碲(Te)、钋(Po)。钋为放射性元素。氧族元素的原子最外层价电子数为6,通常易结合2个电子显-2价,也可失去部分或全部最外层电子形成正价化合物。

二、氧气

(一)物理性质

氧气为无色、无味的气体,比空气略重,微溶于水,难液化。

(二)化学性质

1. 与金属的反应 $3Fe + 2O_2 \xrightarrow{点燃} Fe_3O_4$

2. 与非金属的反应 $S + O_2 \xrightarrow{点燃} SO_2$

3. 与化合物的反应 $2CO + O_2 \xrightarrow{点燃} 2CO_2$

(三)氧气的实验室制法

$$2KClO_3 \xrightarrow[\triangle]{MnO_2} 2KCl + 3O_2 \uparrow$$

工业上用分离液态空气的方法来制取氧气。在-196℃时,氮气先汽化,剩余就是蓝色液态氧气,氧气在-183℃时汽化。氧气是人类和其他生物维持生命的必需物质,也是工业生产、人类生活的必要气体。

三、硫及其化合物

(一)硫

1. 物理性质

硫为淡黄色晶体,俗称硫磺,密度大约是水的两倍,不溶于水,微溶于酒精,易溶于二硫化碳,熔点为112.8℃。

2. 化学性质

硫常温下化学性质不活泼,加热则容易与金属、氢气及其他非金属反应。

(1)与金属的反应 $Hg + S = HgS$

(2)与非金属反应 $H_2 + S(气) \xrightarrow{\triangle} H_2S$ $C + 2S(蒸气) \xrightarrow{高温} CS_2$

(二)硫化氢

1. 物理性质

硫化氢为无色有臭鸡蛋气味的气体,比空气略重,稍溶于水,有剧毒,是一种大气污染物。

2. 化学性质

(1)强还原性:

$$2H_2S + 3O_2(充足) \xrightarrow{点燃} 2H_2O + 2SO_2$$

$$2H_2S + O_2(不充足) \xrightarrow{点燃} 2H_2O + 2S \downarrow$$

$$2H_2S + SO_2 =\!=\!= 2H_2O + 3S\downarrow$$
$$H_2S + X_2(Cl_2、Br_2、I_2) =\!=\!= 2HX + S\downarrow$$

(2) 水溶液为氢硫酸,呈弱酸性,是一个二元弱酸。

(3) 与许多金属离子生成难溶于水的有色沉淀:
$$Pb^{2+} + H_2S =\!=\!= PbS(黑色)\downarrow + 2H^+$$

(4) 不稳定性 $H_2S \xrightarrow{300℃以上} H_2 + S$

3. 实验室制法
$$FeS + 2HCl(稀) =\!=\!= FeCl_2 + H_2S\uparrow$$
$$FeS + H_2SO_4(稀) =\!=\!= FeSO_4 + H_2S\uparrow$$

(三) 二氧化硫

1. 物理性质

二氧化硫又称亚硫酐,为无色、有刺激性气味的有毒气体,易溶于水。

2. 化学性质

(1) 还原性 $SO_2 + Cl_2 + 2H_2O =\!=\!= H_2SO_4 + 2HCl$

(2) 氧化性 $SO_2 + 2H_2S =\!=\!= 3S + 2H_2O$

(3) 溶于水生成亚硫酸,亚硫酸很不稳定,容易分解为水和二氧化硫。
$$H_2O + SO_2 =\!=\!= H_2SO_3$$

(4) 具有漂白性,本身能与有色物结合而使其褪去颜色,如能使品红试液褪色等。

3. 实验室制法
$$Na_2SO_3 + H_2SO_4(浓) =\!=\!= Na_2SO_4 + SO_2\uparrow + H_2O$$

SO_2 是空气污染的主要物质之一。人吸入 SO_2 会发生呼吸系统疾病。酸雨的主要污染物也是 SO_2。人类生产、生活使用大量煤炭,而煤炭中的硫化物燃烧后产生 SO_2,造成空气污染。

(四) 三氧化硫

1. 物理性质

三氧化硫又叫硫酐,为无色易挥发的晶体,熔点为 16.8℃。

2. 化学性质

(1) 溶于水生成硫酸 $SO_3 + H_2O =\!=\!= H_2SO_4$

(2) 是一个酸性氧化物 $SO_3 + 2NaOH =\!=\!= Na_2SO_4 + H_2O$

(五) 硫酸

1. 物理性质

硫酸为无色油状液体,沸点高,不易挥发,能与水以任意比例混合,并放出大量热。

2. 化学性质

(1) 是强酸,具有酸的一切通性。

(2) 浓硫酸有三大特性:

①强氧化性。
$$C + 2H_2SO_4(浓) \xrightarrow{\triangle} CO_2\uparrow + 2H_2O + 2SO_2\uparrow$$
$$2H_2SO_4(浓) + Cu \xrightarrow{\triangle} CuSO_4 + 2H_2O + SO_2\uparrow$$

②吸水性。用作非碱性及非还原性气体的干燥剂。

③脱水性。用作有机反应的脱水剂：

$$C_2H_5OH \xrightarrow[170℃]{浓硫酸} C_2H_4\uparrow + H_2O$$

3. 制法

工业接触法制硫酸主要经过 3 个阶段：

(1) 二氧化硫的制取及净化(煅烧黄铁矿)：

$$4FeS_2 + 11O_2 \xrightarrow{高温} 2Fe_2O_3 + 8SO_2$$

(2) 二氧化硫的催化氧化制取三氧化硫：

$$2SO_2 + O_2 \underset{400\sim500℃}{\overset{催化剂}{\rightleftharpoons}} 2SO_3$$

(3) 三氧化硫的吸收及硫酸的生成：

$$SO_3 + H_2O == H_2SO_4$$

实际生产中用 98.3% 的硫酸来吸收三氧化硫，这样吸收率高，且不易形成酸雾。

H_2SO_4 是重要的工业原料之一。可用于制磷酸钙和硫酸铵等化学肥料、制取硫酸盐和挥发性酸、精炼石油、制炸药和农药等。

【例题选解】

例1 有一瓶无色气体，可能含有 $HCl、H_2S、CO_2、HBr、SO_2$ 中的一种或几种，将其通入氯水中，得到无色透明的溶液，把溶液分成两份，向一份中加入盐酸酸化的 $BaCl_2$ 溶液，出现白色沉淀；向另一份中加入用硝酸酸化的硝酸银溶液，也有白色沉淀。以下结论正确的是(　　)。

①原气体中肯定有 SO_2；②原气体中可能有 SO_2；③原气体中肯定没有 $H_2S、HBr$；④不能肯定原气体中是否有 HCl；⑤原气体中肯定没有 CO_2；⑥原气体中肯定没有 HCl。

【解析】 将气体通入氯水后如果有 H_2S 则会产生硫沉淀，有 HBr 则会出现 Br_2 的棕色溶液。由无色透明溶液知道混合气体中不含 H_2S 和 HBr，答案③正确。加入盐酸酸化后的 $BaCl_2$ 溶液有白色沉淀说明肯定含有 SO_2，$2H_2O + Cl_2 + SO_2 == 2HCl + H_2SO_4$，$BaCl_2 + H_2SO_4 ==$ $BaSO_4\downarrow + 2HCl$，故①正确；因为通入的是氯水中，原气体中是否含有 HCl 就不能肯定了。因为 $BaCO_3、Ag_2CO_3$ 在酸溶液中得不到沉淀，当含量少时也不一定产生气体，所以说 CO_2 是否存在也不能肯定。故答案为①③④。

【答案】 ①③④

例2 一种蓝色溶液里可以发生下列反应：

(1) 如果加入 NaOH 溶液，可以产生蓝色沉淀，沉淀受热变成黑色粉末；

(2) 如果加入 $BaCl_2$ 溶液，产生不溶于酸的沉淀；

(3) 如果加入洁净的铁钉，铁钉表面上会出现红色物质。

通过上述反应，判断该蓝色溶液中一定存在的物质。

【解析】 由反应(1)可以判断溶液中有 Cu^{2+} 存在。Cu^{2+} 与 OH^- 反应生成 $Cu(OH)_2$ 沉淀，沉淀受热分解生成黑色的 CuO 粉末。由反应(2)可以判断溶液中有 SO_4^{2-} 存在。SO_4^{2-} 与 Ba^{2+} 反应生成不溶于酸的 $BaSO_4$ 沉淀。反应(3)则进一步说明有 Cu^{2+} 存在。铁钉与 Cu^{2+} 发生置换反应，生成红色的铜附着在铁钉表面。

【答案】 该蓝色溶液中一定存在硫酸铜。

习题 4-3

一、选择题

1. 下列各组气体中,能用浓硫酸干燥的是(　　)
   A. H_2S、HCl、CO_2　　B. H_2、CO_2、HCl　　C. CO_2、SO_2、NH_3　　D. O_2、H_2S、CO_2

2. 关于 H_2S 气体的叙述不正确的是(　　)
   A. 有剧毒　　　　　　B. 有臭鸡蛋味　　　　C. 可排入大气　　　　D. 是大气污染物

3. 下列哪个是黄铁矿的主要成分?(　　)
   A. FeS_2　　　　　　B. $CuFeS_2$　　　　　C. $CaSO_4 \cdot 2H_2O$　　D. $Na_2SO_4 \cdot 10H_2O$

4. 硫的非金属性不如氧强,但下列叙述中不能说明这一事实的是(　　)
   A. $S + O_2 \xrightarrow{\text{点燃}} SO_2$,$O_2$ 是氧化剂,S 是还原剂
   B. 硫是淡黄色固体,氧气是无色气体
   C. $H_2S \xrightarrow{300℃} H_2 + S$,$2H_2O \xrightarrow{1000℃} 2H_2\uparrow + O_2\uparrow$
   D. 氢硫酸放置在空气中易变浑浊

5. 关于硫的叙述不正确的是(　　)
   A. 俗称硫磺　　　　　B. 不溶于水　　　　　C. 密度比水小　　　　D. 易溶于 CS_2

6. 接触法制 H_2SO_4 的工业生产中,硫铁矿煅烧前要粉碎,其目的是(　　)
   A. 易除去尘粒　　　　B. 减少杂质　　　　　C. 升高炉温　　　　　D. 充分燃烧

7. 为了检验 SO_2 中是否含有少量的 CO_2 气体杂质,下列操作正确的是(　　)
   A. 先通入水中,再通入澄清石灰水中
   B. 通入品红溶液
   C. 先通入酸性 $KMnO_4$ 溶液,再通入澄清石灰水
   D. 通入澄清石灰水

8. 接触法制 H_2SO_4 时,不用水而用浓硫酸吸收 SO_3 的原因是(　　)
   A. SO_3 在水中的溶解度小　　　　　　B. 用水吸收 SO_3 易形成不易吸收的酸雾
   C. 放出的热使水蒸发　　　　　　　　　D. 用水吸收生成的硫酸浓度低

9. 工业上以硫铁矿为原料制硫酸所产生的尾气中含有 SO_2,为便于监控,实施环境保护,下列适合测定硫酸尾气中 SO_2 含量的试剂是(　　)
   A. 品红溶液　　　　B. 氨水、酚酞试液　　C. 碘水、淀粉溶液　　D. 以上都可以

10. 下列对浓硫酸的叙述正确的是(　　)
    A. 常温下浓硫酸和铁、铝不反应,故可用铁或铝制容器存放浓硫酸
    B. 浓硫酸和铜片加热反应既表现出强酸性,又表现出强氧化性
    C. 浓硫酸具有强氧化性、脱水性和吸水性,可以使蔗糖炭化
    D. 可用浓硫酸干燥新制的氨气

11. 等物质的量浓度的下列溶液中,pH 最小的是(　　)
    A. $NaHCO_3$　　　　B. $Al_2(SO_4)_3$　　　C. $NaAlO_2$　　　　　D. $NaHSO_4$

12. 要使溶液中的 Ba^{2+}、Al^{3+}、Cu^{2+}、Mg^{2+}、Ag^+ 等离子逐一形成沉淀析出,选择试剂及加入

顺序正确的是(　　)

  A. $H_2SO_4 \to HCl \to H_2S \to NaOH \to CO_2$

  B. $HCl \to H_2SO_4 \to H_2S \to NaOH \to CO_2$

  C. $NaCl \to Na_2SO_4 \to Na_2S \to NaOH \to CH_3COOH$

  D. $Na_2S \to Na_2SO_3 \to NaCl \to NaOH \to HCl$

二、填空题

1. 硫的蒸气有橙色的、无色的和棕色的3种,它们都是硫的单质,但每种分子中所含S原子的数目不同,对这3种颜色的硫蒸气进行测定的结果是:标准状况时,橙色蒸气的密度为11.43g/L;无色蒸气与H_2的相对密度为64;棕色蒸气的质量是相同状况时同体积空气质量的6.62倍。(1)橙色硫蒸气的相对分子质量是___①___,化学式为___②___;(2)无色硫蒸气的相对分子质量是___①___,化学式为___②___;(3)棕色硫蒸气的相对分子质量是___①___,化学式为___②___。

2. 某稀酸B与盐A反应,生成无色有刺激性气味的气体C,C可与NaOH反应生成A,C可氧化成D,D溶于水生成B,则A→D的化学式为:A___①___,B___②___,C___③___,D___④___。C与NaOH反应的化学方程式为:___⑤___。

3. 硫酸具有以下A~F的性质:A. 酸性;B. 高沸点难挥发;C. 吸水性;D. 脱水性;E. 强氧化性;F. 溶于水放出大量热。

  (1)浓硫酸与铜共热发生反应的化学方程式为_____;实验中往往有大量白色固体析出,可见浓硫酸在该实验中表现出_____性质。(请用A、B、C、D、E、F填空,下同)

  (2)实验证明铜不能在低温下与O_2反应,也不能与稀H_2SO_4共热发生反应,但工业上却是将废铜屑倒入热的稀H_2SO_4中并通入空气来制备$CuSO_4$溶液,铜屑在此状态下被溶解的化学方程式为_____;硫酸在该反应中表现出_____性质。

  (3)在过氧化氢跟稀硫酸的混合溶液中加入铜片,常温下就生成蓝色$CuSO_4$溶液。写出有关反应的化学方程式:_____;与(2)中的反应条件比较不同的原因是_____。

4. 盛放氢硫酸的试剂瓶,敞口久置空气中,会出现___①___,这是因为___②___,化学方程式为___③___,该反应说明___④___的非金属性比___⑤___强。

5. 接触法制硫酸的3个主要阶段是___①___、___②___、___③___。以上各阶段分别发生反应的化学方程式为___④___、___⑤___、___⑥___。燃烧硫铁矿的设备是___⑦___。使二氧化硫氧化的设备是___⑧___。生成的三氧化硫用水或稀硫酸作吸收剂时容易形成___⑨___,因此工业上用___⑩___来吸收三氧化硫,此设备称为___⑪___。接触法制硫酸的尾气中含有少量的___⑫___等物质,___⑬___是大气污染的主要有害物质之一。

【参考答案】

一、1. B　2. C　3. A　4. B　5. C　6. D　7. C　8. B　9. C　10. C　11. D　12. B

二、1. (1) ①256;②S_8　(2) ①128;②S_4　(3) ①192;②S_6

2. ①Na_2SO_3;②H_2SO_4;③SO_2;④SO_3;⑤$SO_2 + 2NaOH = Na_2SO_3 + H_2O$

3. (1)$2H_2SO_4(浓) + Cu \xrightarrow{加热} CuSO_4 + SO_2\uparrow + 2H_2O$;ACE

  (2)$2Cu + O_2 + 2H_2SO_4 \xrightarrow{加热} 2CuSO_4 + 2H_2O$;A

  (3)$Cu + H_2O_2 + H_2SO_4 = CuSO_4 + 2H_2O$;过氧化氢的氧化性比氧气强

4. ①浅黄色沉淀;②空气中的氧气把H_2S氧化成单质S;③$2H_2S + O_2 = 2S + 2H_2O$;

④氧;⑤硫

【难题解析】

一、12. 考查分步沉淀和离子性质。

将溶液中 Ba^{2+}、Al^{3+}、Cu^{2+}、Mg^{2+} 和 Ag^+ 逐一沉淀析出,不仅要注意选取合适的沉淀剂,还要注意加入次序。本题选 B。选取的沉淀剂及加入次序为 $HCl \to H_2SO_4 \to H_2S \to NaOH \to CO_2$,本题的难点在于最后两步,当加入 NaOH 时,$Mg^{2+}$ 和 Al^{3+} 都可以被沉淀出来,当加入过量 NaOH 时,生成的 $Al(OH)_3$ 沉淀又被溶解,形成 AlO_2^-,当通入 CO_2 时 AlO_2^- 会再次被沉淀出来,形成 $Al(OH)_3$。涉及的离子反应式如下:$Al^{3+} + 3OH^- =\!\!=\!\!= Al(OH)_3 \downarrow$,$Al(OH)_3 + OH^- =\!\!=\!\!= AlO_2^- + 2H_2O$,$AlO_2^- + CO_2 + 2H_2O =\!\!=\!\!= Al(OH)_3 \downarrow + HCO_3^-$。

第四节 氮和磷

一、氮族元素在周期表中的位置及其原子结构特点

氮族元素位于元素周期表中的第ⅤA族,包括元素有氮(N)、磷(P)、砷(As)、锑(Sb)、铋(Bi)。氮族元素的原子最外层价电子数为5,在化合物中有多种化合价,最低价为 -3 价,最高价为 $+5$ 价。

二、氮及其重要化合物

(一) 氮气

1. 物理性质

氮气为无色、无味气体,难溶于水,比空气稍轻。

2. 化学性质

常温下氮气很稳定,在高温条件下表现出一定的活泼性。

(1) 与氢气的反应 $N_2 + 3H_2 \xrightleftharpoons[催化剂]{高温、高压} 2NH_3$

(2) 与氧气的反应 $N_2 + O_2 \xrightarrow{放电} 2NO$

(3) 与某些金属的反应 $3Mg + N_2 \xrightarrow{点燃} Mg_3N_2$

(二) 氨

1. 物理性质

氨为无色、有刺激性气味的气体,比空气轻,极易溶于水。

2. 化学性质

(1) 水溶液显弱碱性

$NH_3 + H_2O \rightleftharpoons NH_3 \cdot H_2O \rightleftharpoons NH_4^+ + OH^-$

(2) 与酸反应生成铵盐 $2NH_3 + H_2SO_4 =\!\!=\!\!= (NH_4)_2SO_4$

(3) 与氧气的反应 $4NH_3 + 5O_2 \xrightleftharpoons[\triangle]{催化剂} 4NO + 6H_2O$

3. 实验室制法

$2NH_4Cl(固) + Ca(OH)_2(固) \xrightarrow{\triangle} CaCl_2 + 2NH_3 \uparrow + 2H_2O$

（三）铵盐

1. 物理性质

多数为无色晶体,易溶于水。

2. 化学性质

（1）受热分解 $NH_4HCO_3 \xrightarrow{\triangle} NH_3\uparrow + CO_2\uparrow + H_2O$

$(NH_4)_2SO_4 \xrightarrow{\triangle} 2NH_3\uparrow + H_2SO_4$

$2NH_4NO_3 \xrightarrow{\triangle} 2N_2\uparrow + 4H_2O + O_2\uparrow$

（2）与碱反应放出氨气

$(NH_4)_2SO_4 + 2NaOH \xrightarrow{\triangle} Na_2SO_4 + 2NH_3\uparrow + 2H_2O$

（四）硝酸

1. 物理性质

硝酸为无色、有刺激性气味的液体,易挥发,有腐蚀性。

2. 化学性质

（1）强酸,具有酸的一切通性。

（2）强氧化性

$C + 4HNO_3(浓) \xrightarrow{\triangle} CO_2\uparrow + 2H_2O + 4NO_2\uparrow$

$Cu + 4HNO_3(浓) = Cu(NO_3)_2 + 2NO_2\uparrow + 2H_2O$

$3Cu + 8HNO_3(稀) = 3Cu(NO_3)_2 + 2NO\uparrow + 4H_2O$

（3）不稳定性 $4HNO_3 \xrightarrow[或光照]{\triangle} 2H_2O + 4NO_2\uparrow + O_2\uparrow$

3. 制法

（1）实验室里常用硝酸钠与浓硫酸一起微热（不能强热）来制取硝酸：

$NaNO_3 + H_2SO_4(浓) \xrightarrow{微热} NaHSO_4 + HNO_3\uparrow$（冷凝即得浓硝酸）

（2）工业制法即氨的催化氧化法,分为三个步骤：

①氨的催化氧化 $4NH_3 + 5O_2 \xrightarrow[\triangle]{催化剂} 4NO + 6H_2O$

②NO 被空气中的氧气氧化 $2NO + O_2 = 2NO_2$

③NO_2 的吸收及硝酸的生成 $3NO_2 + H_2O = 2HNO_3 + NO$

（五）硝酸盐

1. 物理性质

多数为无色晶体,极易溶于水。

2. 化学性质

（1）与不挥发性强酸反应生成硝酸蒸气。

（2）受热分解而放出氧气。

按金属活动顺序,K~Na 的硝酸盐加热生成亚硝酸盐及氧气：

$2KNO_3 \xrightarrow{\triangle} 2KNO_2 + O_2\uparrow$

Mg~Cu 的硝酸盐加热生成金属氧化物、二氧化氮及氧气：

$$2Cu(NO_3)_2 \xrightarrow{\triangle} 2CuO + 4NO_2\uparrow + O_2\uparrow$$

Hg 和 Ag 的硝酸盐加热生成金属单质、二氧化氮及氧气:

$$Hg(NO_3)_2 \xrightarrow[\text{长时间}]{\triangle} Hg + 2NO_2\uparrow + O_2\uparrow$$

三、磷及其重要化合物

(一) 磷

1. 物理性质

磷有多种同素异形体,其中白磷与红磷是最重要的两种。白磷为蜡状固体,有剧毒,不溶于水,易溶于二硫化碳。红磷为红棕色粉末状固体,没有毒,不溶于水也不溶于二硫化碳。

2. 化学性质

(1) 与氧气的反应　　$4P + 5O_2 \xrightarrow{\text{点燃}} 2P_2O_5$

(2) 与卤素的反应　　$2P + 3Cl_2(\text{不充足}) \xrightarrow{\text{点燃}} 2PCl_3$

$$2P + 5Cl_2(\text{过量}) \xrightarrow{\text{点燃}} 2PCl_5$$

(二) 五氧化二磷

五氧化二磷(P_2O_5)又称磷酐,白色粉末状固体,是一种酸性干燥剂。

(三) 磷酸及其磷酸盐

1. 磷酸

P_2O_5 与水发生剧烈反应生成偏磷酸或磷酸

$P_2O_5 + H_2O(\text{冷}) == 2HPO_3$(偏磷酸,剧毒)

$P_2O_5 + 3H_2O(\text{热}) == 2H_3PO_4$(磷酸,无毒)

磷酸为无色透明的晶体,与水能以任何比例混溶。常用的磷酸为无色黏稠的浓溶液,含 83%~98% 的纯磷酸。磷酸为中等强度的三元酸,无氧化性,比硝酸稳定。工业上常用硫酸与磷酸钙反应来制取磷酸。

$$Ca_3(PO_4)_2 + 3H_2SO_4 \xrightarrow{\triangle} 2H_3PO_4 + 3CaSO_4\downarrow$$

2. 磷酸盐

磷酸盐有正盐,如 Na_3PO_4、$(NH_4)_3PO_4$ 等,除了 Na^+、K^+、NH_4^+ 盐外,其他都不溶于水,但溶于酸;磷酸一氢盐,如 Na_2HPO_4、$CaHPO_4$ 等,除了 Na^+、K^+、NH_4^+ 盐外,其他均不溶于水,溶解度比相应的正盐略大;磷酸二氢盐,如 NaH_2PO_4、$NH_4H_2PO_4$ 等,磷酸二氢盐都易溶于水。

【例题选解】

例 1　某化学小组模拟工业生产制取 HNO_3,设计了下图所示装置,其中 a 为一个可持续鼓入空气的橡皮球。

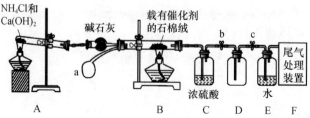

(1) 写出装置 A 中主要反应的化学方程式_____。

(2) 写出装置 B 中发生反应的化学方程式_____。

(3) 装置 C 中浓硫酸的主要作用是_____。

【解析】 (1) 装置 A 用于制取 NH_3，化学方程式为 $2NH_4Cl + Ca(OH)_2 \xrightarrow{\Delta} CaCl_2 + 2H_2O + 2NH_3\uparrow$。

(2) 装置 B 中发生氨气的催化氧化反应，其化学方程式为 $4NH_3 + 5O_2 \xrightarrow[\Delta]{催化剂} 4NO + 6H_2O$。

(3) 装置 C 中盛放的是浓硫酸，其主要作用是吸收未反应的 NH_3。

【答案】 (1) $2NH_4Cl + Ca(OH)_2 \xrightarrow{\Delta} CaCl_2 + 2H_2O + 2NH_3\uparrow$

(2) $4NH_3 + 5O_2 \xrightarrow[\Delta]{催化剂} 4NO + 6H_2O$

(3) 吸收多余的 NH_3

例 2 某化学学习小组采用下图所示装置，对浓硝酸与木炭的反应进行探究。

请回答下列问题：

(1) 检查装置气密性后，将燃烧匙中的木炭在酒精灯上加热至红热状态，伸入三口烧瓶中，并塞紧瓶塞，滴加浓硝酸，可观察到三口烧瓶中气体的颜色为_____，产生该气体的化学方程式是_____。

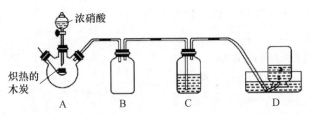

(2) 装置 C 中盛有足量 $Ba(OH)_2$ 溶液，炽热的木炭与浓硝酸反应后可观察到 C 中出现白色沉淀，该白色沉淀为_____（填化学式）。

(3) 装置 B 的作用是_____。

(4) 装置 D 中收集到了无色气体，部分同学认为是 NO，还有部分同学认为是 O_2。

① 下列对该气体的检验方法合适的是_____。

A. 敞口观察装置 D 中集气瓶内气体的颜色变化

B. 将湿润的蓝色石蕊试纸伸入集气瓶内，观察蓝色石蕊试纸是否变红

C. 将带火星的木条伸入集气瓶中，观察木条是否复燃

② 如果 D 中收集的无色气体是氧气，写出产生氧气的化学反应方程式_____。

【解析】 (1) 装置 A 中发生的是浓硝酸与木炭的反应，生成 NO_2、CO_2、H_2O，由于 NO_2 为红棕色气体，故三颈瓶中气体的颜色为红棕色。

(2) 将 NO_2、CO_2 通入 $Ba(OH)_2$ 溶液中分别生成 $Ba(NO_3)_2$ 和 $BaCO_3$，由于 $Ba(OH)_2$ 溶液足量，故溶液为碱性环境，$BaCO_3$ 不溶解，以沉淀形式析出。$Ba(OH)_2$ 溶液不能用 $Ca(OH)_2$ 溶液代替，因为 $Ca(OH)_2$ 微溶于水，溶液中 $Ca(OH)_2$ 含量太少，浓度太低，不足以完全吸收生成的酸性气体，导致溶液呈酸性，从而不能生成 $CaCO_3$ 沉淀。

【答案】 (1) 红棕色 $C + 4HNO_3(浓) \xrightarrow{\Delta} CO_2\uparrow + 4NO_2\uparrow + 2H_2O$

(2) $BaCO_3$ (3) 防倒吸 (4) ①AC ②$4HNO_3 \stackrel{\triangle}{=\!=\!=} 4NO_2\uparrow + O_2\uparrow + 2H_2O$

习题 4-4

一、选择题

1. 合理施肥、养护管理是城市绿化建设的一个重要方面。在下列氮肥中,含氮量最高的是( )

   A. $CO(NH_2)_2$ B. NH_4NO_3 C. NH_4HCO_3 D. $(NH_4)_2SO_4$

2. 10L 0.1mol/L H_3PO_4 与 10L 0.1mol/L 氨水完全反应,生成盐的化学式是( )

   A. $(NH_4)_3PO_4$ B. $(NH_4)_2HPO_4$ C. $NH_4H_2PO_4$ D. 无法判断

3. 下列各种铵盐与过量 NaOH 共热,产生的 NH_3 最多的是( )

   A. 66g $(NH_4)_2SO_4$ B. 120g NH_4Cl

   C. 66g $(NH_4)_2HPO_4$ D. 120g NH_4NO_3

4. 根据陈述的知识,类推得出的结论正确的是( )

   A. CO_2 与 SiO_2 化学式相似,则 CO_2 与 SiO_2 的物理性质也相似

   B. 稀硝酸能将木炭氧化成二氧化碳,同理稀硫酸也能将木炭氧化成二氧化碳

   C. 磷在足量氧气中燃烧生成一种相应氧化物,则碳在足量氧气中燃烧也生成一种氧化物

   D. $NaHCO_3$、$(NH_4)_2CO_3$ 固体受热后均能生成气体,则 Na_2CO_3 固体受热后也能生成气体

5. 关于磷的下列叙述中,不正确的是( )

   A. 红磷没有毒性而白磷有剧毒

   B. 白磷在空气中加热到 260℃ 可转变为红磷

   C. 红磷可用于制造安全火柴

   D. 少量的白磷应保存在水中

6. 有关磷酸与偏磷酸的叙述,正确的是( )

   A. 两者分子中磷的价态不同   B. 两者的酸酐都是五氧化二磷

   C. 两者都可能形成两种酸式盐   D. 两者都有剧毒

7. 用磷矿石 $Ca_3(PO_4)_2$ 加工成过磷酸钙的主要目的是( )

   A. 增加磷的百分含量

   B. 使它转化为较易溶于水的物质,以利于植物吸收

   C. 施用时肥分不易流失且有利于改良土壤

   D. 使它性质稳定,便于贮存、运输

8. 下列关于 NH_3 的叙述错误的是( )

   A. NH_3 极易溶于水

   B. 能使湿润的蓝色石蕊试纸变红

   C. 实验室常用铵盐和碱石灰共热制备 NH_3

   D. 常温时,NH_3 和一端蘸有 HCl 溶液的玻璃棒接触后冒"白烟"

9. 已知反应:①$3Cl_2 + 8NH_3 =\!=\!= N_2 + 6NH_4Cl$;②$3H_2 + N_2 \rightleftharpoons 2NH_3$,判断下列物质的还原能力由大到小的顺序正确的是( )

   A. $H_2 > NH_4Cl > NH_3$ B. $NH_3 > NH_4Cl > H_2$

C. $NH_4Cl > NH_3 > H_2$ D. $H_2 > NH_3 > NH_4Cl$

10. 实验室收集下列气体时,一定要用排水法收集的是(   )

A. NO   B. Cl_2 C. NO_2 D. NH_3

二、填空题

1. 将红热的铂丝插入盛有浓氨水的锥形瓶内液面的上方,并不断向氨水中通入空气,这时观察到铂丝上的现象是 ① ,反应的化学方程式为 ② 。此时瓶内的气体逐渐变 ③ 并有 ④ 生成。此过程中发生的反应有 ⑤ 、 ⑥ 、 ⑦ 。

2. $(NH_4)_2S$ 中含有 ① 键、 ② 键和 ③ 键,属于 ④ 晶体。将少量 $(NH_4)_2S$ 晶体溶于水配成溶液分装于两支试管中。向一支试管中滴入 NaOH 溶液共热,产生无色气体,该气体使湿润的红色石蕊试纸变蓝,上述反应的离子方程式为 ⑤ 和 ⑥ ;向另一支试管中滴入稀 HCl,产生无色气体,将该气体通入盛有 SO_2 的集气瓶中,现象是 ⑦ 。上述反应的离子方程式为 ⑧ 和 ⑨ 。

3. 白磷应保存在 ① 中,易溶于 ② ;红磷是白磷的 ③ ,不溶于水也不溶于 ④ 。

4. 磷酸为中等强度的 ① 元酸,无氧化性。工业上常用 ② 与 ③ 反应来制磷酸。反应的方程式为 ④ 。磷酸盐可分为 ⑤ 盐、 ⑥ 盐和 ⑦ 盐,其中的 ⑧ 和 ⑨ 盐除 Na^+、K^+、NH_4^+ 盐外,其他都不溶于水,但溶于酸,磷酸二氢盐易溶于水。

5. 硝酸盐多数为无色晶体,极易溶于水,但加热易分解,分别写出 $NaNO_3$、$Cu(NO_3)_2$、$AgNO_3$ 三种盐加热分解的化学方程式:

(1) _____ ; (2) _____ ; (3) _____ 。

【参考答案】

一、1. A 2. C 3. B 4. C 5. B 6. B 7. B 8. B 9. D 10. A

二、1. ①铂丝继续红热;②$4NH_3 + 5O_2 \xrightarrow[加热]{催化剂} 4NO + 6H_2O$;③红棕色;④白烟;⑤$2NO + O_2 =\!=\!= 2NO_2$;⑥$3NO_2 + H_2O =\!=\!= 2HNO_3 + NO$;⑦$NH_3 + HNO_3 =\!=\!= NH_4NO_3$

2. ①离子;②共价;③配位;④离子;⑤$NH_4^+ + OH^- =\!=\!= NH_3\uparrow + H_2O$;⑥$NH_3 + H_2O \rightleftharpoons NH_4^+ + OH^-$;⑦有黄色固体的瓶壁上析出;⑧$S^{2-} + 2H^+ =\!=\!= H_2S\uparrow$;⑨$2H_2S + SO_2 =\!=\!= 3S\downarrow + 2H_2O$

3. ①水;②CS_2;③同素异形体;④CS_2

4. ①三;②硫酸;③$Ca_3(PO_4)_2$;④$Ca_3(PO_4)_2 + 3H_2SO_4 \xrightarrow{\triangle} 2H_3PO_4 + 3CaSO_4\downarrow$;⑤正;⑥磷酸一氢;⑦磷酸二氢;⑧磷酸一氢;⑨正

5. (1) $2NaNO_3 \xrightarrow{\triangle} 2NaNO_2 + O_2\uparrow$

(2) $2Cu(NO_3)_2 \xrightarrow{\triangle} 2CuO + 4NO_2\uparrow + O_2\uparrow$

(3) $2AgNO_3 \xrightarrow{\triangle} 2Ag + 2NO_2\uparrow + O_2\uparrow$

第五节 碳和硅

一、碳族元素在周期表中的位置及其原子结构特点

碳族元素位于元素周期表中的第ⅣA族,包括元素碳(C)、硅(Si)、锗(Ge)、锡(Sn)、

铅(Pb)。碳族元素的原子最外层价电子数为4。化合价最低为 -4 价,最高为 $+4$ 价,还有不太稳定的 $+2$ 价(铅 $+2$ 价较稳定)。

二、碳及其化合物

(一)碳

1. 物理性质

碳有多种同素异形体,如金刚石和石墨,它们的某些物理性质差异较大。

2. 化学性质

常温下碳很稳定,高温下表现出一定的活泼性。

(1) 与氧气及非金属反应　$C + O_2(充足) \xrightarrow{点燃} CO_2$

$$2C + O_2(不充足) \xrightarrow{点燃} 2CO$$

$$C + 2S(蒸气) \xrightarrow{高温} CS_2$$

(2) 还原性　$2CuO + C \xrightarrow{高温} 2Cu + CO_2 \uparrow$

(二)一氧化碳

1. 物理性质

一氧化碳为无色、无味气体,密度比空气略轻,难溶于水,有毒。

2. 化学性质

(1) 可燃性　$2CO + O_2 \xrightarrow{点燃} 2CO_2$

(2) 还原性　$Fe_2O_3 + 3CO \xrightarrow{高温} 2Fe + 3CO_2$

3. 实验室制法

$$HCOOH \xrightarrow[\triangle]{浓硫酸} CO \uparrow + H_2O$$

(三)二氧化碳

1. 物理性质

二氧化碳为无色气体,密度比空气重,溶于水。

2. 化学性质

(1) CO_2 为碳酸的酸酐,能使澄清的石灰水变浑浊:

$$CO_2 + Ca(OH)_2 = CaCO_3 \downarrow + H_2O$$

(2) 不可燃,可用于灭火。

(3) 没有还原性,高温下氧化性也不明显:

$$CO_2 + 2Mg \xrightarrow{点燃} 2MgO + C$$

3. 实验室制法

$$CaCO_3 + 2HCl(稀) = CaCl_2 + CO_2 \uparrow + H_2O$$

(四)碳酸盐

碳酸盐有正盐及酸式盐两种。

1. 物理性质

钠、钾、铵的正盐及酸式盐都易溶于水,钙、镁、钡等的酸式盐可溶于水,其余的难溶于水。

2. 化学性质

(1) 受热分解　钾、钠的正盐难分解,其他所有的酸式盐及正盐受热都分解,且酸式盐比正盐更易分解:

$$2NaHCO_3 \xrightarrow{\Delta} Na_2CO_3 + H_2O + CO_2\uparrow$$

$$MgCO_3 \xrightarrow{\Delta} MgO + CO_2\uparrow$$

(2) 所有盐遇酸都分解放出 CO_2:

$$Ca(HCO_3)_2 + 2HCl = CaCl_2 + 2H_2O + 2CO_2\uparrow$$

$$Na_2CO_3 + 2HCl = 2NaCl + H_2O + CO_2\uparrow$$

(3) 正盐及酸式盐的相互转变:

$$CaCO_3 \underset{\Delta 或 OH^-}{\overset{CO_2 + H_2O}{\rightleftharpoons}} Ca(HCO_3)_2$$

Na_2CO_3 和 $NaHCO_3$ 是重要的钠盐,钠盐一般都溶于水,这是钠盐所共有的性质。

碳酸钠俗名纯碱或苏打,是白色晶体,碳酸钠通常含结晶水,化学式为 $Na_2CO_3 \cdot 10H_2O$。在空气里 $Na_2CO_3 \cdot 10H_2O$ 很容易失去结晶水,表面失去光泽而逐渐发暗,并渐渐破裂成粉末。失水以后的 Na_2CO_3 叫作无水 Na_2CO_3。

碳酸氢钠俗名小苏打,是一种细小的白色晶体。碳酸钠在水中溶解度大于碳酸氢钠在水中的溶解度。

Na_2CO_3 是一种重要的化工产品,有很多用途。Na_2CO_3 被广泛地用于制造玻璃、制皂、造纸、纺织等工业,也可用于制造其他钠的化合物。日常生活中也常用来制洗涤剂。

$NaHCO_3$ 是烤制糕点所用的发酵粉的主要成分之一。在医疗上,它是治疗胃酸过多的一种药。

三、硅及其他合物

(一) 硅

1. 物理性质

晶体硅是灰色或黑色、质硬、有光泽的固体。硅是良好的半导体材料。硅元素占地壳总质量的1/4,仅次于氧。

2. 化学性质

硅的化学性质不活泼,这是由其原子结构决定的。硅原子最外层有4个电子,要得到4个电子或失去4个电子达到8个电子的稳定结构都是很困难的。在常温下,除 F_2、HF 和强碱溶液外,其他物质都不跟硅起反应。在加热条件下,能燃烧生成 SiO_2。

$$Si + O_2 \xrightarrow{\Delta} SiO_2$$

(二) 二氧化硅

1. 物理性质

纯净的二氧化硅(SiO_2)是原子晶体,硬度大,熔点及沸点高,难溶于水。

2. 化学性质

(1) SiO_2 为酸性氧化物,但不与水反应生成酸:

$$SiO_2 + 2NaOH = Na_2SiO_3 + H_2O$$

(2) 与氢氟酸反应　$SiO_2 + 4HF = SiF_4 + 2H_2O$

（三）硅酸

H_2SiO_3 叫硅酸，通常又叫偏硅酸（原硅酸为 H_4SiO_4），白色粉末，不溶于水，酸性比碳酸弱。硅酸通常由可溶性硅酸盐与酸反应来制取：

$$Na_2SiO_3 + H_2O + CO_2 == Na_2CO_3 + H_2SiO_3 \downarrow$$

（四）硅酸盐

硅酸钠（Na_2SiO_3）是一种重要的硅酸盐，溶于水，水溶液俗称水玻璃。水玻璃常用于建筑上的黏合剂及耐火材料。

（五）硅酸盐工业

用含硅的物质为原料，经过加热制成硅酸盐产品的工业叫硅酸盐工业。如生产水泥、玻璃、陶瓷等产品的工业。

【例题选解】

例1 下列有关说法正确的是（　　）

A. CO_2 与水反应生成碳酸，是酸性氧化物；SiO_2 不能与水反应生成硅酸（H_2SiO_3），不是酸性氧化物

B. NaOH 溶液不能用带磨口玻璃塞的玻璃瓶盛放

C. 除去二氧化硅中少量的碳酸钙杂质应选用水

D. 粗硅制备时，发生的反应为 $C + SiO_2 == Si + CO_2 \uparrow$

【解析】 酸性氧化物是能与碱反应生成盐和水的氧化物，而不是能与水反应生成酸的氧化物，A 错误；玻璃的成分中含二氧化硅，碱性试剂都不能用带磨口玻璃塞的玻璃瓶盛放，B 正确；二氧化硅和碳酸钙都不溶于水，不能用水除去二氧化硅中少量的碳酸钙杂质，C 错误；粗硅制备时的反应原理是 $2C + SiO_2 \xrightarrow{\text{高温}} Si + 2CO \uparrow$，需在高温条件下反应，且产物中生成的是 CO，而不是 CO_2，D 错误。

【答案】 B

例2 A、B、C、D、E 代表单质或化合物，它们之间的相互转化关系如下图所示。A 为地壳中含量仅次于氧的非金属元素的单质，其晶体结构与金刚石相似。

```
            碳            氧化钙
  A+E ──────→  B  ──────→  C
            高温          加热
                 │
                 │ 氢氧化钠
                 │ 加热
                 ↓
              D+H₂O
```

请填空：

（1）组成 A 单质的元素的最高化合价为_____。

（2）B 的化学式为_____，B 和碳反应生成 A 和 E 的化学方程式为_____。

（3）C 的化学式为_____，D 的化学式为_____。

【解析】 由本题题眼"A 为地壳中含量仅次于氧的非金属元素的单质，其晶体结构与金刚石相似"，推知 A 为硅；根据框图 B + 碳 ⟶ Si + E，B 既能与氧化钙反应又能与氢氧化钠反应，推知 B 为二氧化硅，进一步推知 C 为硅酸钙，D 为硅酸钠，E 为一氧化碳。

【答案】 （1）+4　（2）SiO_2　$SiO_2 + 2C \xrightarrow{\text{高温}} Si + 2CO \uparrow$　（3）$CaSiO_3$　Na_2SiO_3

习题 4–5

一、选择题

1. 碳的化合物多是共价化合物的原因是(　　)
   A. 碳属于非金属　　　　　　　　B. 碳最外层有 4 个电子
   C. 碳是还原剂　　　　　　　　　D. 碳有同素异形体

2. 在自然界中,不呈游离态存在的元素是(　　)
   A. 硅　　　　　B. 碳　　　　　C. 硫　　　　　D. 铜

3. 金刚石和石墨互为(　　)
   A. 同位素　　　　　　　　　　　B. 同素异形体
   C. 同一种原子　　　　　　　　　D. 同分异构体

4. 材料与化学密切相关,表中对应关系错误的是(　　)

选项	材料	主要化学成分
A	刚玉、金刚石	三氧化二铝
B	大理石、石灰石	碳酸钙
C	普通水泥、普通玻璃	硅酸盐
D	沙子、石英	二氧化硅

5. 陶瓷是火与土的结晶,是中华文明的象征之一,其形成、性质与化学有着密切的关系。下列说法错误的是(　　)
   A. "雨过天晴云破处"所描述的瓷器青色,来自氧化铁
   B. 闻名世界的秦兵马俑是陶制品,由黏土经高温烧结而成
   C. 陶瓷是应用较早的人造材料,主要化学成分是硅酸盐
   D. 陶瓷化学性质稳定,具有耐酸碱侵蚀、抗氧化等优点

6. 下列各组物质中属于同种物质的是(　　)
   A. 干冰和冰　　B. 石英和水晶　　C. 玻璃和水玻璃　　D. O_2 和 O_3

7. 二氧化碳是(　　)
   A. 由非极性键形成的非极性分子　　B. 由极性键形成的非极性分子
   C. 由极性键形成的极性分子　　　　D. 原子晶体

8. 二氧化碳气体中含有少量氯化氢,除去氯化氢最好的试剂是(　　)
   A. 碳酸氢钠饱和溶液　　　　　　B. 饱和石灰水
   C. 氨水　　　　　　　　　　　　D. 烧碱溶液

9. 下列氢化物的稳定性从强到弱顺序排列的是(　　)
   A. BH_3、CH_4、NH_3、H_2O　　　　B. H_2O、NH_3、CH_4、BH_3
   C. SiH_4、GeH_4、CH_4、BH_3　　　D. CH_4、GeH_4、BH_3、SiH_4

10. 下列对实验现象的预测错误的是(　　)
    A. 向 $Ca(OH)_2$ 溶液中通入 CO_2,溶液变浑浊,继续通 CO_2 至过量,浑浊消失,再加入过量 NaOH 溶液,溶液又变浑浊

B. 向 $Fe(OH)_3$ 胶体中滴加盐酸至过量,开始有沉淀出现,后来沉淀又溶解

C. 向 $Ca(ClO)_2$ 溶液中通入 CO_2,溶液变浑浊,再加入品红溶液,红色褪去

D. 向 Na_2SiO_3 溶液中通入 CO_2,溶液变浑浊,继续通 CO_2 至过量,浑浊消失

11. 下列酸中酸性最弱的是(　　)

A. H_4SiO_4　　　B. H_3PO_4　　　C. H_2CO_3　　　D. $HClO_4$

12. 下列情况下,两种物质不进行反应的是(　　)

A. 二氧化硅与浓硫酸混合　　　　B. 二氧化硅与氢氟酸

C. 二氧化硅与纯碱混合高温加热　D. 二氧化硅与碳在高温下混合

13. 普通玻璃的主要成分是(　　)

A. Na_2CO_3、$CaCO_3$、$CaSiO_3$　　　B. $CaSiO_3$、SiO_2、$CaCO_3$

C. Na_2SiO_3、SiO_2、$CaSiO_3$　　　D. Na_2CO_3、Na_2SiO_3、SiO_2

14. 下列变化中,与粉刷墙壁的灰浆凝固有关的是(　　)

A. $CaO + H_2O == Ca(OH)_2$　　　　　B. $Ca(OH)_2 + CO_2 == CaCO_3 \downarrow + H_2O$

C. $CaCO_3 + CO_2 + H_2O == Ca(HCO_3)_2$　　D. $Ca(HCO_3)_2 \xrightarrow{\triangle} CaCO_3 \downarrow + CO_2 \uparrow + H_2O$

15. 若将含少量盐酸的氯化钙溶液中和至中性,在不用指示剂的条件下,最好选用的下列物质是(　　)

A. 烧碱溶液　　　B. 氨水　　　C. 大理石粉末　　　D. 纯碱粉末

16. 下列关于一氧化碳的用途有哪些是源于一氧化碳的还原性?(　　)

①作燃料;②跟氢气合成甲醇;③和水蒸气反应制 H_2;④与灼热的 Fe_3O_4 反应。

A. 只有①②　　　　　　　　　　　　B. 只有①②③

C. 只有①②④　　　　　　　　　　　D. 只有①③④

17. 把二氧化碳和一氧化碳的混合气体 V mL,缓缓地通过足量的过氧化钠固体,体积减少了 1/5,则混合气体中 CO_2 与 CO 的体积之比是(　　)

A. 1∶4　　　B. 1∶2　　　C. 2∶3　　　D. 3∶2

二、填空题

1. 如图是进行 Mg 与 SiO_2 反应的实验装置,据此回答:

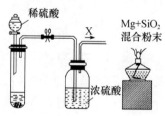

(1) 在工业中利用镁制取硅:＿＿＿＿＿＿＿＿＿＿＿＿＿＿(写化学方程式)。

(2) 由于氧气的存在对该实验有较大影响,实验中应通入气体 X 作为保护气,试管中的固体药品可选用＿＿＿＿(填序号)。

a. Na_2SO_3　　　　　b. 锌粒　　　　　c. 纯碱

(3) 实验开始时,必须先通入 X 气体,再加热反应物,其理由是＿＿＿＿＿＿＿;当反应开始后,移走酒精灯反应能继续进行,其原因是＿＿＿＿＿＿＿＿＿。

2. (1) Na_2CO_3 固体中混有少量 $NaHCO_3$,除去的方法是 ① ,化学方程式是 ② 。

(2) $NaHCO_3$ 溶液中混有少量 Na_2CO_3,除去的方法是 ① ,化学方程式是 ② 。

(3) $NaOH$ 溶液中混有少量的 Na_2CO_3,除去杂质所需加的试剂是 ① ,离子方程式是 ② 。

3. 120℃时,将2L H_2O、1L CO、1L O_2、2L CO_2 组成的混合气体依次通过:装有过量 Cu 粉,过量 Na_2O_2,过量炽热炭粉3个反应管(每个反应管充分反应后再进入下一个反应管),最后得到的气体是 ① ,体积是 ② 。

4. 将盛放 Na_2SiO_3 溶液的容器敞口放置在空气中,溶液中会有 ① 生成,反应方程式为 ② 。通过这个反应说明硅酸的酸性比碳酸 ③ 。

【参考答案】

一、1. B 2. A 3. B 4. A 5. A 6. B 7. B 8. A 9. B 10. D 11. A 12. A 13. C 14. B 15. C 16. D 17. C

二、1. (1) $2Mg + SiO_2 \xrightarrow{\text{高温}} 2MgO + Si$;

(2) b;(3) 让氢气排尽装置内的空气,避免空气中的成分对实验的影响 该反应为放热反应,可利用自身放出的热量维持反应进行。

2. (1) ①加热;② $2NaHCO_3 \xrightarrow{\triangle} Na_2CO_3 + H_2O + CO_2\uparrow$

(2) ①通入少量 CO_2;② $Na_2CO_3 + H_2O + CO_2 === 2NaHCO_3$

(3) ①$Ca(OH)_2$ 溶液;② $Ca^{2+} + CO_3^{2-} === CaCO_3\downarrow$

3. ①CO;②5L

解法:$2Cu + O_2 \xrightarrow{\triangle} 2CuO$,消耗 O_2 1L。

$2Na_2O_2 + 2H_2O === 4NaOH + O_2\uparrow$
    2L   1L

$2Na_2O_2 + 2CO_2 === 2Na_2CO_3 + O_2$
    2L   1L

过量的铜粉消耗 O_2 1L,Na_2O_2 消耗 H_2O(气)、CO_2(气)各2L,又生成 O_2 2L。气体再通过过量炽热炭粉,反应如下:

$2C + O_2 \xrightarrow{\triangle} 2CO$
        2L   4L

所以最后气体为 CO,体积为 4+1=5(L)

4. ①H_2SiO_3 白色沉淀生成;② $Na_2SiO_3 + H_2O + CO_2 === Na_2CO_3 + H_2SiO_3\downarrow$;③弱

【难题解析】

一、12. 考查 SiO_2 的化学性质。

SiO_2 属于酸性氧化物,具有酸性氧化物的通性,能和强碱($NaOH$ 等)、碱性氧化物(CaO 等)、强碱弱酸盐(Na_2CO_3 等)发生反应;也能和 HF 反应(刻蚀玻璃);由于 SiO_2 中的 Si 处于最高价态(+4),因此具有氧化性,还能和还原剂(如 C、Al 等)在高温下发生氧化还原反应;但 SiO_2 和酸不反应。本题选 A。

第六节 碱金属

一、碱金属元素在周期表中位置及其原子结构特点

碱金属元素位于元素周期表中的第ⅠA族,包括元素锂(Li)、钠(Na)、钾(K)、铷(Rb)、铯(Cs)、钫(Fr)。碱金属元素原子最外层价电子数为1,容易失去1个电子形成+1价的阳离子。

二、钠及其化合物

(一)钠

1. 物理性质

钠呈银白色,有金属光泽,质软,密度比水轻,熔点低(97.8℃),通常保存在煤油中。

2. 化学性质

(1) 与氧气的反应　$2Na + O_2 \xrightarrow{点燃} Na_2O_2$

(2) 与非金属的反应　$2Na + S =\!=\!= Na_2S$

(3) 与水的反应　$2Na + 2H_2O =\!=\!= 2NaOH + H_2\uparrow$

(二)氧化钠及过氧化钠

1. 物理性质

氧化钠为白色固体,过氧化钠为淡黄色固体。

2. 化学性质

氧化钠为碱性氧化物,具有碱性氧化物的通性,过氧化钠为强氧化剂,具有漂白性。

$$2Na_2O_2 + 2H_2O =\!=\!= 4NaOH + O_2\uparrow$$

$$2Na_2O_2 + 2CO_2 =\!=\!= 2Na_2CO_3 + O_2$$

利用Na_2O_2和CO_2的反应,在潜水艇中制作氧气。

(三)氢氧化钠

1. 物理性质

氢氧化钠俗称烧碱、火碱、苛性钠。易潮解的白色固体,易溶于水并放出大量的热,有很强的腐蚀性。实验室中盛装烧碱的试剂瓶不能用玻璃塞,而是用橡胶塞。固体NaOH有强吸水性,易潮解,可用作干燥剂(能干燥中性气体和碱性气体,将NaOH固体与CaO固体混合,制得的碱石灰是一种常用的干燥剂)。

2. 化学性质

强碱,有碱的通性,能和酸、酸性氧化物以及盐反应。

【例题选解】

例1　试写出下列各步变化的化学方程式:

$NaCl \xrightarrow{(1)} Na \xrightarrow{(2)} Na_2O_2 \xrightarrow{(3)} NaOH \xrightarrow{(4)} Na_2CO_3 \xrightarrow{(5)} NaHCO_3 \xrightarrow{(6)} CaCO_3$

【答案】　(1) $2NaCl(熔融) \xrightarrow{直流电} 2Na + Cl_2\uparrow$

(2) $2Na + O_2 \xrightarrow{点燃} Na_2O_2$

(3) $2Na_2O_2 + 2H_2O = 4NaOH + O_2\uparrow$

(4) $2NaOH(过量) + CO_2 = Na_2CO_3 + H_2O$

(5) $Na_2CO_3 + H_2O + CO_2 = 2NaHCO_3$

(6) $Ca(OH)_2 + NaHCO_3 = CaCO_3\downarrow + NaOH + H_2O$

例2 A、B、C、D 四种短周期元素的原子序数依次增大。A、D 同族，B、C 同周期。A、B 组成的化合物甲为气态，其中 A、B 原子个数之比为 4∶1。由 A、C 组成的两种化合物乙和丙都是液态，乙中 A、C 原子个数比为 1∶1，丙中为 2∶1；由 D、C 组成的两种化合物丁和戊都是固态，丁中 D、C 原子数之比为 1∶1，戊中为 2∶1。写出甲、乙、丙、丁、戊的化学式。写出 B 元素最高价氧化物跟丁反应的化学方程式。

【解析】 因为 A、B、C、D 都是短周期元素，A、B 组成的化合物甲为气态，并且 A、B 原子个数之比为 4∶1，即 BA_4，常见的就是 CH_4，即 A 为氢元素，B 为碳元素；A、C 组成的化合物乙和丙都是液态，并且乙中 A、C 原子个数比为 1∶1，丙中为 2∶1，与氢形成两种液态化合物的短周期元素为氧，一种为 H_2O_2，另一种为 H_2O；由 D、C 组成的两种化合物丁和戊都是固态，并且丁中 D∶C 为 1∶1，戊中 D∶C 为 2∶1，即氧分别显负一价和负二价，搜索学过的固体化合物，自然想到 D 为 Na，丁为 Na_2O_2，戊为 Na_2O。

【答案】 甲、乙、丙、丁、戊的化学式分别为 CH_4、H_2O_2、H_2O、Na_2O_2、Na_2O；B 元素最高价氧化物为 CO_2，它与丁反应的化学方程式为

$$2CO_2 + 2Na_2O_2 = 2Na_2CO_3 + O_2$$

例3 X、Y、Z 三种元素的离子结构都和 Ar 具有相同的电子排布，H_2 在 X 单质中燃烧，产生苍白色火焰；Y 元素的气态氢化物是 H_2Y，其最高价氧化物中 Y 的质量分数为 40%；Z 元素的离子具有紫色的焰色反应。由此可知，Y 的元素符号是_____；Y 与 Z 化合时，形成的化学键类型是_____（选填离子键或共价键）；X 元素最高价氧化物的水化物的化学式是_____。

【解析】 (1) X、Y、Z 三种元素的离子与 Ar 原子具有相同的电子层结构，就是说这三种离子核外的电子层数、电子数都与 Ar 原子相同，即为 2 8 8。所以，X、Y、Z 一定是第三周期中的非金属元素或第四周期中的金属元素。

(2) H_2 在 X 单质中燃烧产生苍白色火焰，由此可知 X 单质是 Cl_2，也就是 X 元素是第三周期、第ⅦA 族的 Cl 元素。

(3) Y 元素的气态氢化物为 H_2Y，其最高价氧化物的分子式是 YO_3。根据氧化物中 Y 的质量分数为 40% 计算如下：

$$\frac{y}{y+16\times 3}=0.4 \qquad y=32$$

即 Y 元素的相对原子质量是 32，所以 Y 为硫元素，其元素符号是 S。

(4) Z 的焰色反应是紫色，可知 Z 是 K 元素。

Y 与 Z 形成化合物时，即 S 元素与 K 元素形成化合物时的化学键是离子键。X 元素的最高价氧化物的水化物的分子式为 $HClO_4$。因 Cl 为ⅦA 族元素，所以最高化合价是 +7 价。

【答案】 S；离子键；$HClO_4$

习题 4-6

一、选择题

1. 下列物质必须隔绝空气和水蒸气密封保存的是( )
   A. Na   B. $NaHCO_3$ C. 红磷   D. $NaCl$

2. 在呼吸面具和潜水艇里,过滤空气的最佳物质应该是( )
   A. $NaOH$ B. Na_2CO_3 C. Na_2O_2 D. $NaHCO_3$

3. 下列叙述中正确的是( )
   A. Na_2O 与 Na_2O_2 都能与水反应生成碱,所以它们都是碱性氧化物
   B. Na_2O 可以继续被氧化成 Na_2O_2,所以 Na_2O_2 比 Na_2O 稳定
   C. Na_2O 与 Na_2O_2 均具有强氧化性
   D. Na_2O 与 Na_2O_2 都能与 CO_2 反应生成盐和氧气

4. 下列氢氧化物碱性最强的是( )
   A. KOH B. $NaOH$ C. $LiOH$ D. $CsOH$

5. 向 0.1mol/L $NaOH$ 溶液中通入过量 CO_2 后,溶液中存在的主要离子是( )
   A. Na^+、CO_3^{2-} B. Na^+、HCO_3^- C. HCO_3^-、CO_3^{2-} D. Na^+、OH^-

6. 金属钠长期置于空气中,最后变成( )
   A. Na_2CO_3 B. $NaOH$ C. Na_2O_2 D. Na_2O

7. 在 1L 0.1mol/L 的 $AlCl_3$ 溶液中,投入过量金属钠,最后溶液中的阴离子主要有( )
   A. Cl^- B. Cl^-、OH^- C. Cl^-、OH^-、AlO_2^- D. OH^-、AlO_2^-

8. 下列物质能与水反应,在反应中水既不是氧化剂又不是还原剂的是( )
   A. 钾   B. 氟气   C. 过氧化钠   D. 水电解成 H_2 和 O_2

9. 下列各组微粒半径之比,其中大于 1 的是( )
   A. $\dfrac{r_{K^+}}{r_K}$ B. $\dfrac{r_{Na^+}}{r_{Na}}$ C. $\dfrac{r_K}{r_{Na}}$ D. $\dfrac{r_{Na}}{r_K}$

10. 关于金属钠的性质描述正确的有( )
    ①在空气里燃烧,火焰为淡蓝色;②在空气里燃烧,生成白色氧化钠或白色过氧化钠;③很软,可用刀切割;④保存在棕色瓶中;⑤保存在煤油中;⑥是电的良导体,可作电缆芯;⑦钠和钾的合金可作原子反应堆的导热剂。
    A. ①③④⑥   B. ③⑤⑦
    C. ④⑥⑦   D. ①②⑥⑦

11. 将等物质的量的 Na、Na_2O、Na_2O_2 和 NaOH 分别投入等质量的足量水中,所得溶液中溶质的质量分数最小的是( )
    A. $NaOH$ B. Na_2O_2 C. Na_2O D. Na

12. 鉴别 Na_2SO_4、K_2SO_4 的方法是( )
    A. 用 $BaCl_2$ 溶液   B. 用 $AgNO_3$ 溶液
    C. 加入氨水   D. 在火焰上灼烧

13. 苏打的分子式是(　　)
A. $Na_2CO_3 \cdot 10H_2O$
B. $Na_2SO_4 \cdot 10H_2O$
C. Na_2CO_3
D. $Na_2S_2O_3 \cdot 5H_2O$

14. 下列物质,在自然界中自然存在的有(　　)
A. 芒硝
B. 烧碱
C. 过氧化钠
D. 钠

二、填空题

1. 切一小片金属钠放在表面皿上,露置在空气中,则银白色光亮的金属钠表面很快　①　,这是因为生成了　②　,化学方程式为　③　;以后又渐渐变成白色固体,这是因为生成了　④　,化学方程式为　⑤　;在潮湿空气中,白色固体又渐渐变成溶液,这是因为　⑥　;再经过较长时间,液体物质又变成白色粉末,这是因为生成了　⑦　,化学方程式为　⑧　;往最后得到的白色粉末中滴加几滴盐酸,有气体产生,此气体是　⑨　,化学方程式为　⑩　。

2. 在饱和的 Na_2CO_3 溶液中通入足量的 CO_2,会有晶体析出,此晶体是　①　,析出晶体的原因是　②　。在饱和食盐水中先通入足量的氨气,再通入足量的 CO_2,会有　③　晶体析出;若在饱和食盐水中通入足量的 CO_2,往往没有晶体析出,原因是　④　。

3. 0.1mol/L 的 $KHCO_3$ 溶液的 pH = 8,同浓度的 $NaAlO_2$ 溶液的 pH = 11,将两种溶液等体积混合后,可能发生的现象是　①　,其主要原因是　②　。

4. 已知:A 为含金属离子的淡黄色固体化合物,E、X 为空气中常见气体,A、B、C、D 含有相同的金属离子,其转化关系如下图(部分产物已略去)。

$$A \xrightarrow{H_2O} \begin{matrix} E \\ B \end{matrix} \xrightarrow{X} C \xrightarrow{X} D$$

请回答下列问题:
(1) 这种金属离子的结构示意图为_____。
(2) X 的电子式为_____。
(3) B 中所含化学键的类型是_____。
(4) ① C 也可转化为 B,写出该转化的化学方程式:_____。
② B 与 D 反应的离子方程式为_____。

【参考答案】

一、1. A 2. C 3. B 4. D 5. B 6. A 7. C 8. C 9. C 10. B 11. A 12. D 13. C 14. A

二、1. ①失去光泽;②Na_2O;③$4Na + O_2 = 2Na_2O$;④$NaOH$;⑤$Na_2O + H_2O = 2NaOH$;⑥发生潮解;⑦Na_2CO_3;⑧$2NaOH + CO_2 = Na_2CO_3 + H_2O$;⑨$CO_2$;⑩$Na_2CO_3 + 2HCl = 2NaCl + CO_2\uparrow + H_2O$

2. ①$NaHCO_3$;②$NaHCO_3$ 的溶解度小于 Na_2CO_3;③$NaHCO_3$[溶液中先通入氨气,再通二氧化碳,$NH_3 + CO_2 + H_2O = NH_4HCO_3$,$NH_4HCO_3 + NaCl = NaHCO_3$(结晶)$+ NH_4Cl$];④碳酸的酸性比盐酸弱,$CO_2$ 与 $NaCl$ 不反应。

3. ①有白色沉淀生成;②$NaAlO_2$ 的碱性强于 $KHCO_3$ 的碱性,两者发生反应,离子方程式为 $HCO_3^- + AlO_2^- + H_2O = Al(OH)_3\downarrow + CO_3^{2-}$

4. (1) +11) 2) 8

(2) :Ö::C::Ö:

(3) 极性共价键、离子键

(4) ① $Ca(OH)_2 + Na_2CO_3 == CaCO_3 \downarrow + 2NaOH$ 或 $Ba(OH)_2 + Na_2CO_3 == BaCO_3 \downarrow + 2NaOH$（合理即可）

② $OH^- + HCO_3^- == CO_3^{2-} + H_2O$

第七节 镁和铝

一、镁和铝在周期表中的位置及其原子结构特点

镁和铝都是第三周期的元素，镁属于第ⅡA族，铝属于第ⅢA族。镁和铝的原子最外层价电子数分别为2和3。两者都是较活泼的金属元素，反应中容易失去外层电子而变成阳离子。

二、镁和铝

（一）物理性质

镁和铝都是密度较小、熔点较低、硬度较小的银白色金属。铝的导电性及延展性较好。

（二）化学性质

1. 与氧气反应

镁和铝在空气中能燃烧并放出耀眼的白光：

$$2Mg + O_2 \xrightarrow{\text{点燃}} 2MgO \qquad 4Al + 3O_2 \xrightarrow{\text{点燃}} 2Al_2O_3$$

2. 与酸的反应

镁和铝能与稀硫酸、稀盐酸反应放出氢气：

$$2Al + 6HCl == 2AlCl_3 + 3H_2 \uparrow$$

$$Mg + H_2SO_4(稀) == MgSO_4 + H_2 \uparrow$$

铝对于冷的浓硫酸、浓硝酸表现出钝态。

3. 与碱的反应

镁不能与碱反应，但铝能与强碱溶液反应：

$$2Al + 2NaOH + 2H_2O == 2NaAlO_2 + 3H_2 \uparrow$$

注：偏铝酸钠在水溶液中实际上是以 $Na[Al(OH)_4]$（四羟基合铝酸钠）形式存在的。人们为了方便，习惯上简写为 $NaAlO_2$。

4. 跟某些氧化物起反应

铝热反应：将铝粉（Al）和氧化铁（Fe_2O_3）按物质的量之比为 2∶1 混合均匀，形成铝热剂。当加热温度超过 1250℃ 时，铝粉剧烈氧化并燃烧，放出大量的热，使反应温度迅速上升到 3000℃，熔化生成的铁，可用于焊接铁轨。反应方程式为 $2Al + Fe_2O_3 \xrightarrow{\text{高温}} 2Fe + Al_2O_3$。

镁在 CO_2 中点燃，生成氧化镁和 C。

$$2Mg + CO_2 \xrightarrow{\text{点燃}} 2MgO + C$$

三、镁和铝的重要化合物

(一) 氧化镁和氧化铝

1. 物理性质

氧化镁和氧化铝都是白色固体,熔点都很高,常用作耐火材料。

2. 化学性质

氧化镁为碱性氧化物,具有碱性氧化物的通性,与水缓慢反应生成 $Mg(OH)_2$:

$$MgO + H_2O = Mg(OH)_2$$

氧化铝为两性氧化物,不与水反应。新制备的氧化铝既能与酸反应又能与碱反应:

$$Al_2O_3 + 6HCl = 2AlCl_3 + 3H_2O$$

$$Al_2O_3 + 2NaOH = 2NaAlO_2 + H_2O$$

(二) 氢氧化铝

1. 物理性质

氢氧化铝为白色胶状物质,难溶于水。

2. 化学性质

氢氧化铝为两性物质,与酸及碱都能反应:

$$Al(OH)_3 + 3HCl = AlCl_3 + 3H_2O$$

$$Al(OH)_3 + NaOH = NaAlO_2 + 2H_2O$$

3. 制法

实验室里常用铝盐与氨水反应来制取 $Al(OH)_3$:

$$Al_2(SO_4)_3 + 6NH_3 \cdot H_2O = 2Al(OH)_3 \downarrow + 3(NH_4)_2SO_4$$

(三) 氯化镁及硫酸铝钾

氯化镁($MgCl_2$)是重要的镁盐,它是一种无色、苦味、易溶于水的晶体,在空气中易潮解,是制取镁的重要原料。

硫酸铝钾 $[KAl(SO_4)_2]$ 是一种重要的铝盐,它是一种复盐,水溶液中电离出两种金属离子和一种酸根离子:

$$KAl(SO_4)_2 = K^+ + Al^{3+} + 2SO_4^{2-}$$

十二水合硫酸铝钾 $[KAl(SO_4)_2 \cdot 12H_2O]$ 俗名明矾。它是一种无色晶体,常用作净水剂。

四、硬水及其软化

含有较多 Ca^{2+} 及 Mg^{2+} 的水叫硬水,不含或含少量 Ca^{2+} 和 Mg^{2+} 的水叫软水。含碳酸氢钙或碳酸氢镁的硬水叫暂时硬水,暂时硬水可以通过煮沸的方法使其软化。含有钙和镁的硫酸盐或氯化物的硬水为永久硬水。水的硬度一般为暂时硬度和永久硬度的总和。硬水软化的方法通常有药剂软化法及离子交换法。离子交换法通常是用磺化煤(NaR)作为离子交换剂来交换 Ca^{2+} 及 Mg^{2+},使通过离子交换柱的水不含 Ca^{2+} 及 Mg^{2+}:

$$2NaR + Ca^{2+} = CaR_2 + 2Na^+$$

$$2NaR + Mg^{2+} = MgR_2 + 2Na^+$$

五、镁、铝及其化合物间的相互关系

(一)镁及其化合物间的相互关系

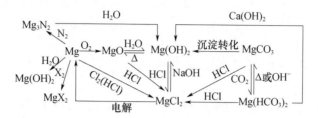

(二)铝及其化合物间的相互关系

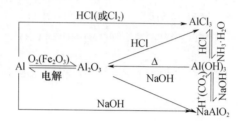

【例题选解】

例1 相同质量的镁条分别在下列气体中充分燃烧,所得固体物质质量最大的是(　　)

A. O_2　　　　B. N_2　　　　C. CO_2　　　　D. 空气

【解析】 镁是一种化学性质活泼的金属,可以在 O_2、N_2 和 CO_2 中燃烧,镁在上述气体中燃烧的化学方程式是:

$$2Mg + O_2 \xrightarrow{\text{点燃}} 2MgO \quad 3Mg + N_2 \xrightarrow{\text{点燃}} Mg_3N_2 \quad 2Mg + CO_2 \xrightarrow{\text{点燃}} 2MgO + C$$

相同质量的镁条的物质的量必然相同,为了分析方便,假设 Mg 的物质的量为 1mol,当其在氧气中燃烧时,生成 1mol MgO,质量增至 40g;1mol Mg 在氮气中燃烧时,生成 $\frac{1}{3}$ mol 的 Mg_3N_2,质量增至 33.3g;1mol Mg 在 CO_2 中燃烧时,生成 1mol MgO 和 0.5mol C,质量增至 46g;空气的主要成分是 O_2 和 N_2,燃烧后固体产物质量 m 值应小于 40g,大于 33.3g。由此可见,相同质量镁条在 O_2、N_2、CO_2 和空气中充分燃烧生成固体物质的质量由大到小的顺序是:$CO_2 > O_2 > $ 空气 $ > N_2$。

【答案】 C

例2 有一块合金,由三种成分组成,其中一种可用来制照明弹。将此合金进行如下处理:

①将合金放入热的氢氧化钠溶液中,合金部分溶解并产生气体。过滤,得到溶液 A,不溶物 B。

②向 A 中加入适量盐酸,有白色沉淀生成,继续加入盐酸,白色沉淀减少但不完全消失,过滤得到溶液 C,不溶物 D。

③向 C 中加入过量氨水,有白色沉淀 E 生成,E 不溶于氨水,但能溶于烧碱溶液。

④B 可溶于盐酸,生成溶液 F,并放出无色气体,向 F 中加入氨水,生成白色沉淀 G,G 不溶于氨水,也不溶于烧碱溶液。

根据以上事实,判断此合金的三种成分是什么? A、B、C、D、E、F、G各是什么物质?

【解析】 合金三种成分中,一种可用来制照明弹,可推知含Mg。合金放入热的NaOH溶液中,部分溶解并产生气体,则可推知可能含Al、Si,这两者在浓氢氧化钠溶液中都能放出H_2。

$$2Al + 2NaOH + 2H_2O = 2NaAlO_2 + 3H_2\uparrow$$
$$Si + 2NaOH + H_2O = Na_2SiO_3 + 2H_2\uparrow$$

综合①、②、③、④各种现象,结合所学金属知识知此合金的成分为Al、Mg、Si;A为$NaAlO_2$、Na_2SiO_3溶液,B为金属Mg。在A中加入盐酸,产生的白色沉淀为$Al(OH)_3$和H_2SiO_3;继续加盐酸,$Al(OH)_3$溶解为Al^{3+}的溶液C,H_2SiO_3为不溶物D,溶液C中加入氨水就生成白色沉淀E[$Al(OH)_3$],E能溶于烧碱溶液;B与盐酸反应生成氢气和无色溶液$MgCl_2$(F),在F中加入氨水生成不溶于氨水、也不溶于烧碱溶液的$Mg(OH)_2$(G)。

【答案】 A、B、C、D、E、F、G分别为$NaAlO_2$、Na_2SiO_3;Mg;$AlCl_3$;H_2SiO_3;$Al(OH)_3$;$MgCl_2$;$Mg(OH)_2$。

例3 $KAl(SO_4)_2 \cdot 12H_2O$(明矾)是一种复盐,在造纸等方面应用广泛。实验室中,采用废易拉罐(主要成分为Al,含有少量的Fe、Mg杂质)制备明矾的过程如下图所示。回答下列问题:

(1) 为尽量少引入杂质,试剂①应选用_____(填字母)。

　　a. HCl溶液　　　　b. H_2SO_4溶液　　　　c. 氨水　　　　d. NaOH溶液

(2) 易拉罐溶解过程中主要反应的化学方程式为_____。

(3) 沉淀B的化学式为_____;将少量明矾溶于水,溶液呈弱酸性,其原因是_____。

【解析】 (1) 易拉罐(主要成分为Al,含有少量的Fe、Mg杂质)成分均为活泼金属,可以与酸反应,只有Al可以与强碱溶液反应生成AlO_2^-进入溶液,所以d项的NaOH溶液合适。

(2) Al与NaOH溶液反应的化学方程式为$2Al + 2NaOH + 2H_2O = 2NaAlO_2 + 3H_2\uparrow$。

(3) 滤液A的主要成分是$NaAlO_2$,向其水溶液中加入NH_4HCO_3溶液,由于AlO_2^-与NH_4^+水解相互促进彻底而生成$Al(OH)_3$沉淀。明矾溶于水,因Al^{3+}水解而呈酸性:$Al^{3+} + 3H_2O \rightleftharpoons Al(OH)_3 + 3H^+$。

【答案】 (1) d

(2) $2Al + 2NaOH + 2H_2O = 2NaAlO_2 + 3H_2\uparrow$

(3) $Al(OH)_3$　Al^{3+}水解,使溶液中H^+浓度增大

习题 4 – 7

一、选择题

1. 下列物质在常温下能用铝制容器保存的是( )

　　A. 盐酸　　　　B. 浓硝酸　　　　C. 火碱　　　　D. 稀硫酸

2. 下列各种微粒,既能和H^+反应,又能和OH^-反应的是( )

　　A. Al^{3+}　　　　B. AlO_2^-　　　　C. Al_2O_3　　　　D. Fe_2O_3

3. 下列有关金属镁的说法错误的是(　　)

　A. 金属镁长时间暴露在空气中,在其表面可形成白色的氧化镁膜

　B. 单质镁点燃后可以在氮气中剧烈燃烧

　C. 金属镁着火后不能用二氧化碳灭火器灭火

　D. 室温时单质镁可以和 NaOH 溶液反应放出 H_2

4. 用含少量镁粉的铝粉制取纯净的 $Al(OH)_3$,下述操作步骤中最恰当的组合是(　　)

①加足量盐酸溶解;②加足量烧碱溶液溶解;③过滤;

④通入过量 CO_2 生成 $Al(OH)_3$ 沉淀;⑤加入盐酸生成 $Al(OH)_3$ 沉淀。

　A. ①②⑤③　　　B. ②③④③　　　C. ②③⑤③　　　D. ①③⑤③

5. 一块镁铝合金溶于盐酸后,加入过量 NaOH 溶液,此时溶液中存在(　　)

　A. $MgCl_2$　　　B. $NaAlO_2$　　　C. $AlCl_3$　　　D. $Mg(OH)_2$

6. 下列有关金属铝的说法错误的是(　　)

　A. 金属铝可与稀盐酸反应放出 H_2,可与 NaOH 反应放出 O_2

　B. 纯铝一般可由电解 Al_2O_3 得到

　C. 铝热反应可用于焊接铁轨

　D. 标准状况下,1mol Al 与足量稀盐酸反应,可获得约 33.6L 氢气

7. 下列微粒中离子半径最小的是(　　)

　A. Na^+　　　B. Mg^{2+}　　　C. Al^{3+}　　　D. F^-

8. 下列微粒中离子氧化性最强的是(　　)

　A. Cu^{2+}　　　B. Mg^{2+}　　　C. Al^{3+}　　　D. Na^+

9. 铝可与硝酸钠发生反应:$Al + NaNO_3 + H_2O \longrightarrow Al(OH)_3 + N_2\uparrow + NaAlO_2$,有关叙述正确的是(　　)

　A. 该反应的氧化剂是水

　B. 若反应过程中转移 $5mol\ e^-$,则生成标准状况下 N_2 的体积为 11.2L

　C. 该反应的氧化产物是 N_2

　D. 当消耗 1mol Al 时,生成标准状况下 N_2 的体积为 22.4L

10. 常温下,将 Na、Mg、Al 各 46g,分别投入到 1L 1mol/L 的盐酸中,完全反应后产生 H_2 最多的是(　　)

　A. Na　　　B. Mg　　　C. Al　　　D. 一样多

11. 点燃镁条,不能在下列气体中继续燃烧的是(　　)

　A. O_2　　　B. N_2　　　C. CO_2　　　D. CH_4

12. 既能与盐酸反应,又能与氢氧化钠溶液反应产生氢气的单质是(　　)

　A. 镁　　　B. 铝　　　C. 硅　　　D. 铜

13. 下列离子中加入强酸或强碱溶液均能使离子减少的是(　　)

　A. Al^{3+}　　　B. AlO_2^-　　　C. NH_4^+　　　D. HPO_4^{2-}

14. 铝条不像镁条那样在空气中容易燃烧,原因是(　　)

　A. 铝的金属性没有镁强　　　　　　　B. 铝不能与氧气反应

　C. 铝燃烧不放出热量　　　　　　　　D. 铝表面有一层致密的氧化物保护膜

15. 能使粗盐潮解的物质是( )
A. NaCl　　　　B. Na₂SO₄　　　　C. MgCl₂　　　　D. KCl

16. 要从 NaAlO₂ 溶液中得到固体 Al(OH)₃，最好选用下列的措施是( )
A. 通入足量 CO₂　B. 加入盐酸　　C. 加足量水　　D. 加热

17. 下列各组物质能相互反应得到 Al(OH)₃ 的是( )
A. Al 与 NaOH 溶液共热　　　　　B. Al(NO₃)₃ 与过量 NaOH 溶液
C. Al₂O₃ 与水共热　　　　　　　D. Al₂(SO₄)₃ 与过量氨水

二、填空题

1.（1）选择填空：将铝的用途与性质搭配起来（每个选项只选用一次）。
A. 质轻　　B. 延展性好　　C. 易传热　　D. 易导电　　E. 氧化时放热
① 太阳能热水器：_____；② 飞机：_____；
③ 焊接铁轨：_____；④ 电缆：_____；
⑤ 铝箔：_____。

（2）佛山是有色金属之乡，其中铝合金材料的产量约占全国的一半。铝合金材料属于_____（填"纯净物"、"混合物"或"单质"）。

2. Na、Mg、Al 三种元素单质的还原性由强到弱的顺序是 ① ，其最高价氧化物的化学式分别为 ② ，其中属于两性氧化物的是 ③ ；其最高价氧化物对应水化物的分子式分别为 ④ ，其碱性由强到弱的顺序是 ⑤ ，其中属于两性氢氧化物的是 ⑥ 。

3. 镁和铝都是比较活泼的金属，在常温下，都能与氧气起反应，生成一层 ① ，它能够阻止金属的 ② ，所以镁和铝都有 ③ 的性能。

4. 工业上以 ① 作为制取镁的原料，采用 ② 的方法制取镁，反应的化学方程式为 ③ 。自然界存在的铝的矿物主要有 ④ ，又称 ⑤ 。它可用来提取纯 ⑥ ，工业上以 ⑦ 为原料，采用 ⑧ 的方法制取铝。

5. 取两份铝片，第一份与足量盐酸反应，第二份与足量烧碱溶液反应，同温同压下放出相同体积的气体，则两份铝片的质量之比为_____。

6. 通常把 ① 和 ② 的混合物叫铝热剂，它们在较高的温度下发生剧烈反应，放出 ③ ，发出 ④ ，这个反应叫作 ⑤ 。此反应原理可以用在焊接钢轨上。

【参考答案】
一、1. B　2. C　3. D　4. B　5. B　6. A　7. C　8. A　9. B　10. A　11. D　12. B　13. D　14. D　15. C　16. A　17. D

二、1.（1）①C；②A；③E；④D；⑤B；（2）混合物

2. ①Na＞Mg＞Al；②Na₂O、MgO、Al₂O₃；③Al₂O₃；④NaOH、Mg(OH)₂、Al(OH)₃；⑤NaOH＞Mg(OH)₂＞Al(OH)₃；⑥Al(OH)₃

3. ①金属氧化物保护膜；②进一步氧化；③抗腐蚀

4. ①MgCl₂；②电解溶融的 MgCl₂；③MgCl₂ $\xrightarrow{通电}$ Mg + Cl₂↑；④铝土矿；⑤矾土；⑥铝；⑦氧化铝；⑧电解溶融的氧化铝和冰晶石的混合物

5. 1:1

6. ①Al；②Fe₂O₃；③大量的热；④耀眼的白光；⑤铝热反应

第八节 铁

一、铁在周期表中的位置及其原子结构特点

铁位于第四周期第Ⅷ族,是重要的过渡金属元素。化学反应中易失去 2 个或 3 个电子,常见化合价为 +2 价及 +3 价。

二、铁

(一)物理性质

纯净的铁为银白色,熔点较高(1535℃),质地也较柔软,抗蚀力强。普通的铁都含一定量的碳,因此质地较硬,抗蚀力也减弱。铁具有延展性、导热性及导电性。

(二)化学性质

1. 与非金属反应

$$3Fe + 2O_2 \xrightarrow{\text{点燃}} Fe_3O_4$$

$$2Fe + 3Cl_2 \xrightarrow{\triangle} 2FeCl_3$$

2. 与水反应

$$3Fe + 4H_2O(\text{气}) \xrightarrow{\text{高温}} Fe_3O_4 + 4H_2$$

3. 与酸反应

$$Fe + 2HCl = FeCl_2 + H_2\uparrow$$

常温下,铁对浓硝酸、浓硫酸表现出钝态。加热时,反应剧烈,但无氢气放出。

4. 与某些金属盐的置换反应

$$Fe + CuSO_4 = FeSO_4 + Cu$$

三、铁的化合物

(一)氧化物

铁有三种氧化物:氧化亚铁(FeO,黑色粉末)、氧化铁(Fe_2O_3,红棕色粉末)、四氧化三铁(Fe_3O_4,有磁性的黑色晶体)。三者均不溶于水,也不跟水反应。

氧化亚铁及氧化铁都能与酸发生反应:

$$FeO + 2HCl = FeCl_2 + H_2O$$

$$Fe_2O_3 + 6HCl = 2FeCl_3 + 3H_2O$$

(二)氢氧化物

铁有两种氢氧化物:氢氧化铁[$Fe(OH)_3$,红褐色]和氢氧化亚铁[$Fe(OH)_2$,白色]。两者均是不溶于水的弱碱。

氢氧化亚铁在空气中易被氧化生成氢氧化铁:

$$4Fe(OH)_2 + O_2 + 2H_2O = 4Fe(OH)_3$$

氢氧化铁受热易失去水生成氧化铁:

$$2Fe(OH)_3 \xrightarrow{\triangle} Fe_2O_3 + 3H_2O$$

(三) 铁化合物与亚铁化合物的相互转变

铁化合物遇较强的还原剂会还原成亚铁化合物,而亚铁化合物遇较强的氧化剂会氧化成铁化合物:

$$2FeCl_3 + Fe = 3FeCl_2$$

$$2FeCl_2 + Cl_2 = 2FeCl_3$$

四、炼铁和炼钢

(一) 炼铁

在高温条件下用还原剂把铁从铁矿石中还原出来的过程叫炼铁。主要设备为高炉,主要原料有铁矿石(Fe_2O_3、Fe_3O_4 及 $FeCO_3$)、焦炭、石灰石及空气。炼铁过程中的主要化学反应为:

1. 还原剂的生成

$$C + O_2 \xrightarrow{高温} CO_2 + 热(供热)$$

$$CO_2 + C \xrightarrow{高温} 2CO - 热(还原剂生成)$$

2. 铁矿石被还原

$$Fe_2O_3 + 3CO \xrightarrow{高温} 2Fe + 3CO_2$$

3. 炉渣的生成(除脉石 SiO_2)

$$CaCO_3 \xrightarrow{高温} CaO + CO_2\uparrow$$

$$CaO + SiO_2 \xrightarrow{高温} CaSiO_3(炉渣)$$

(二) 炼钢

在高温下用氧化剂把生铁里过多的碳和其他杂质氧化成气体或钢渣除去的过程叫炼钢。主要设备有平炉、转炉、电炉三种,主要原料有生铁、空气、CaO、脱氧剂(硅铁、锰铁或铝)。广泛使用的是氧气顶吹转炉炼钢法。其主要原理分为下列两个过程。

1. 氧化、除杂质

$$2Fe + O_2 \xrightarrow{高温} 2FeO$$

$$FeO + C \xrightarrow{高温} Fe + CO\uparrow(除碳)$$

$$2FeO + Si \xrightarrow{高温} 2Fe + SiO_2(炉渣,除硅)$$

2. 脱氧 用锰铁、硅铁或铝还原氧化亚铁

$$3FeO + 2Al \xrightarrow{高温} 3Fe + Al_2O_3$$

$$FeO + Mn \xrightarrow{高温} Fe + MnO$$

【例题选解】

例 1 把 Fe、Cu 放入含 $FeCl_3$、$FeCl_2$、$CuCl_2$ 溶液的容器中,根据下列不同情况回答:

(1) 充分反应后有铁剩余,则容器中肯定有什么物质,肯定没有什么物质?

(2) 充分反应后,溶液中还有一定量 $CuCl_2$,则容器中不可能存在的物质是什么?

(3) 充分反应后,容器里除了 $CuCl_2$ 外,还有 Cu 存在,则容器中不可能存在的物质是什么?

【解析】（1）充分反应后有铁剩余，则容器中肯定有 Cu、$FeCl_2$，不可能有 $FeCl_3$ 和 $CuCl_2$，因为会发生如下反应：

$$2FeCl_3 + Fe = 3FeCl_2$$
$$CuCl_2 + Fe = FeCl_2 + Cu$$

（2）充分反应后，溶液还有一定量的 $CuCl_2$，则容器中肯定没有 Fe，因为铁会发生如下反应：

$$CuCl_2 + Fe = FeCl_2 + Cu$$

（3）充分反应后，容器里除了 $CuCl_2$ 外，还有 Cu 存在，则容器中不可能存在 $FeCl_3$ 和 Fe，否则会发生如下反应：

$$CuCl_2 + Fe = FeCl_2 + Cu$$
$$2FeCl_3 + Cu = 2FeCl_2 + CuCl_2$$

【答案】（1）肯定有 Cu、$FeCl_2$，肯定没有 $FeCl_3$、$CuCl_2$。
（2）不可能存在 Fe。
（3）不可能存在 $FeCl_3$ 和 Fe。

例2 根据下图判断 A、B、C、D、E、F 各是什么物质？并写出反应的化学方程式。

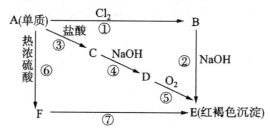

【解析】 从 B→E、F→E，并且 E 为红褐色沉淀，则知 E 为 $Fe(OH)_3$，从而知 A 为 Fe，B 为 $FeCl_3$，C 为 $FeCl_2$，D 为 $Fe(OH)_2$，F 为 $Fe_2(SO_4)_3$。化学方程式为：

① $2Fe + 3Cl_2 \xrightarrow{点燃} 2FeCl_3$

② $FeCl_3 + 3NaOH = Fe(OH)_3\downarrow + 3NaCl$
　　　　　　　　　　（红褐色）

③ $Fe + 2HCl = FeCl_2 + H_2\uparrow$

④ $FeCl_2 + 2NaOH = Fe(OH)_2\downarrow + 2NaCl$

⑤ $4Fe(OH)_2 + O_2 + 2H_2O = 4Fe(OH)_3$

⑥ $2Fe + 6H_2SO_4(浓) \xrightarrow{\triangle} Fe_2(SO_4)_3 + 3SO_2\uparrow + 6H_2O$

⑦ $Fe_2(SO_4)_3 + 6KOH = 2Fe(OH)_3\downarrow + 3K_2SO_4$

【答案】 A：Fe　B：$FeCl_3$　C：$FeCl_2$　D：$Fe(OH)_2$　E：$Fe(OH)_3$　F：$Fe_2(SO_4)_3$
化学方程式见解析。

习题 4-8

一、选择题

1. 下列关于铁的描述中不正确的是（　　）

A. 铁位于周期表中第四周期第Ⅷ族

B. 铁在化学反应中可失去 2 个或 3 个电子,显 +2 价和 +3 价

C. 铁与盐酸反应,生成氯化铁和氢气

D. 纯铁是银白色金属

2. 铁在氧气中燃烧,生成物是( )

　　A. FeO　　　　　B. Fe_2O_3　　　　　C. Fe_3O_4　　　　　D. $Fe(OH)_3$

3. 能使铁溶解,又不生成沉淀和气体的是( )

　　A. 稀硫酸　　　B. $Fe_2(SO_4)_3$ 溶液　　C. $CuSO_4$ 溶液　　D. 浓硝酸

4. 把铁片加到 1L 1mol/L 的氯化铁溶液中,当反应后溶液中 Fe^{3+} 和 Fe^{2+} 物质的量浓度相等时,铁片减少的质量为( )

　　A. 2.8g　　　　B. 5.6g　　　　　C. 1.4g　　　　　D. 11.2g

5. 若用 CO 在高温下还原 a 克 Fe_2O_3,得到 b 克铁,氧的相对原子质量是 16,则铁的相对原子质量是( )

　　A. $\dfrac{48b}{a-2b}$　　B. $\dfrac{48b}{a-b}$　　C. $\dfrac{a-b}{24b}$　　D. $\dfrac{24b}{a-b}$

6. 下列化合物,不能由单质直接化合制得的是( )

　　A. CuS　　　　B. FeS　　　　　C. Fe_3O_4　　　　D. $CuCl_2$

7. 下列离子中,既有氧化性又有还原性的是( )

　　A. Fe^{2+}　　　B. Fe^{3+}　　　C. MnO_4^-　　　D. Cl^-

8. 在炼钢过程中,尽可能除掉的杂质是( )

　　A. C、Si　　　　B. S、P　　　　C. Si、Mn　　　　D. C、Mn

9. 高炉炼铁中的还原剂是( )

①焦炭;②一氧化碳;③二氧化碳;④石灰石;⑤空气。

　　A. ①②　　　　B. ①③　　　　C. ②③　　　　D. ①④

10. 炼铁时加入石灰石的作用是( )

　　A. 降低铁的熔点　　　　　　　　B. 作还原剂

　　C. 作氧化剂　　　　　　　　　　D. 除去矿石中的脉石

11. 下列有关氢氧化物制备的化学方程式中正确的是( )

　　A. $Fe_2O_3 + 3H_2O =\!=\!= 2Fe(OH)_3 \downarrow$

　　B. $Fe^{3+} + 3NH_3 \cdot H_2O =\!=\!= Fe(OH)_3 \downarrow + 3NH_4^+$

　　C. $Fe^{2+} + Cu(OH)_2 =\!=\!= Fe(OH)_2 \downarrow + Cu^{2+}$

　　D. $FeS + 2NaOH =\!=\!= Fe(OH)_2 \downarrow + Na_2S$

12. 往含有 $FeSO_4$、$Fe_2(SO_4)_3$、$CuSO_4$ 的混合溶液中通入 H_2S 气体后,有沉淀生成,该沉淀是( )

　　A. FeS 和 CuS　　B. Fe_2S_3 和 CuS　　C. CuS　　　D. CuS 和 S

13. 制印制电路时常用 $FeCl_3$ 溶液作为"腐蚀液",发生的反应为 $2FeCl_3 + Cu =\!=\!= 2FeCl_2 + CuCl_2$。向盛有 $FeCl_3$ 溶液的烧杯中同时加入铁粉和铜粉,反应结束后,烧杯中不可能出现的是( )

　　A. 有铜无铁　　B. 有铁无铜　　C. 铁、铜都有　　D. 铁、铜都无

14. 某溶液中加入过量的氨水或过量的 NaOH 溶液均有沉淀生成,若加入铁粉和铜粉,溶

液的质量都增加,则溶液中可能含有的离子是( )

A. Al^{3+}　　　　B. Fe^{2+}　　　　C. Fe^{3+}　　　　D. Mg^{2+}

15. 在下列各组物质中,滴入 KSCN 溶液显红色的是( )

A. 铁与稀盐酸　　　　　　　　B. 过量铁与稀硫酸

C. 氯水与氯化亚铁溶液　　　　D. 铁粉与氯化铜溶液

二、填空题

1. 铁位于元素周期表中第___①___周期,第___②___族。原子序数为___③___,原子结构示意图为___④___;Fe^{2+}的原子结构示意图为___⑤___;Fe^{3+}的原子结构示意图为___⑥___。

2. 下列物质之间有如下反应关系:

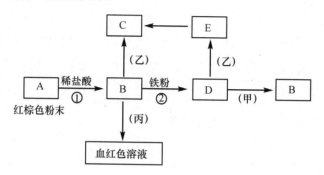

已知由 E 转化成 C 的现象是:灰白色沉淀迅速变为灰绿色,最后变为红褐色。

回答:(1) 写出下列物质的化学式:

A_____;B_____;D_____;甲_____;乙_____;丙_____

(2) 写出 E→C 反应的化学方程式:_____。

3. 铁的氧化物有 3 种,其中 Fe 为 +2 价的是___①___,为 +3 价的是___②___,具有 +2、+3 价态的是___③___。

4. 将铁丝在酒精灯火焰上加热到发红,立即伸到盛有氯气的集气瓶中,实验现象是___①___,往集气瓶中加适量蒸馏水,可得到___②___色溶液,上述反应的化学方程式为___③___。将所得溶液分成 5 份,第一份溶液中滴加 NaOH 溶液,实验现象是___④___,反应的离子方程式为___⑤___;第二份溶液中通入 H_2S 气体,实验现象为___⑥___,反应的离子方程式为___⑦___;第三份溶液中滴入 KSCN 试液,实验现象是___⑧___,反应的离子方程式为___⑨___;第四份溶液中加足量铁粉,实验现象为___⑩___,反应的离子方程式为___⑪___;取第五份溶液适量滴入 KI 溶液中,实验现象是___⑫___,反应的离子方程式为___⑬___。

5. 一般含碳量在___①___的铁的合金叫作生铁,生铁里除含碳外,还含有___②___以及少量的___③___等。所以它是一种___④___物。而含碳量一般在___⑤___的铁的合金叫作钢。按化学成分分类,钢可以分为___⑥___钢和___⑦___钢两大类,在合金钢中,钼钢能___⑧___,镍铬钢是一种___⑨___。

6. 炼铁的主要反应原理,是利用___①___反应,在高温下用___②___剂从铁矿石里把铁___③___。主要反应的化学方程式为___④___。高炉炼铁的原料是___⑤___。炼铁过程中所需要的 CO,是通过两个反应得到的:___⑥___和___⑦___;铁矿石里的脉石(SiO_2)是通过如下反应除去的___⑧___和___⑨___。

【参考答案】

一、1. C 2. C 3. B 4. D 5. D 6. A 7. A 8. A 9. A 10. D 11. B 12. D 13. B 14. C 15. C

二、1. ①四;②Ⅷ;③26;④+26 2 8 14 2;⑤+26 2 8 14;⑥+26 2 8 13

2. (1) Fe_2O_3;$FeCl_3$;$FeCl_2$;Cl_2;$NaOH$;$KSCN$
(2) $4Fe(OH)_2 + O_2 + 2H_2O = 4Fe(OH)_3$

3. ①FeO;②Fe_2O_3;③Fe_3O_4

4. ①生成棕色的烟;②黄;③$2Fe + 3Cl_2 \xrightarrow{\triangle} 2FeCl_3$;④产生红褐色沉淀;⑤$Fe^{3+} + 3OH^- == Fe(OH)_3\downarrow$;⑥溶液中有淡黄色沉淀;⑦$2Fe^{3+} + H_2S == 2Fe^{2+} + S\downarrow + 2H^+$;⑧溶液变为血红色;⑨$Fe^{3+} + 3SCN^- \rightleftharpoons Fe(SCN)_3$;⑩溶液由黄色变为浅绿;⑪$2Fe^{3+} + Fe == 3Fe^{2+}$;⑫KI溶液由无色变棕色;⑬$2Fe^{3+} + 2I^- == 2Fe^{2+} + I_2$

5. ①2%~4.3%;②Si、Mn;③S、P;④混合;⑤0.03%~2%;⑥碳素;⑦合金;⑧抗高温;⑨不锈钢

6. ①氧化还原;②还原;③还原;④$Fe_2O_3 + 3CO \xrightarrow{\text{高温}} 2Fe + 3CO_2$;⑤铁矿石、焦炭、石灰石、空气;⑥$C + O_2 \xrightarrow{\text{点燃}} CO_2$;⑦$CO_2 + C \xrightarrow{\text{高温}} 2CO$;⑧$CaCO_3 \xrightarrow{\text{高温}} CaO + CO_2\uparrow$;⑨$CaO + SiO_2 \xrightarrow{\text{高温}} CaSiO_3$

典型例题

例题1 下列装置适用于实验室制氨气并验证氨气的某化学性质,其中能达到实验目的的是( )

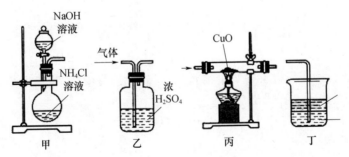

A. 用装置甲制取氨气　　　　　　　　B. 用装置乙除去氨气中的水蒸气
C. 用装置丙检验氨气　　　　　　　　D. 用装置丁吸收尾气

【分析】 实验室采用装置甲制取氨气时,分液漏斗中盛装浓氨水,圆底烧瓶中盛放氢氧化钠固体或生石灰,图示药品使用不正确,不能用来制取氨气,A错误;氨气与浓硫酸反应生成硫酸铵,不能用浓硫酸干燥氨气,B错误;丙装置中发生反应:$2NH_3 + 3CuO \xrightarrow{\triangle} N_2 + 3Cu + 3H_2O$,可以验证氨气具有还原性,C正确;氨气与水直接接触,不能起防倒吸的作用,D错误。

【答案】 C

例题 2 实验室制取的 CO_2 中常混有少许的水蒸气、HCl、H_2S 等杂质,把此混合气体按以下各组中排列的顺序通过 3 种试剂,其中能得到纯净、干燥的 CO_2 的最佳方法是( )

A. 硫酸铜溶液、碳酸氢钠饱和溶液、浓硫酸
B. 硫酸铜溶液、浓硫酸、碳酸氢钠饱和溶液
C. 浓硫酸、硫酸铜溶液、碳酸钠饱和溶液
D. 碳酸钠饱和溶液、浓硫酸、硫酸铜溶液

【分析】 净化混合气体的原则是先除杂,后干燥。其原因是除杂往往是用一定物质的水溶液洗气。若先干燥,后除杂,则除杂时又带出水蒸气,而达不到干燥气体的目的。

本题推理如下:

杂质	使用试剂	通入顺序
H_2O	用浓硫酸干燥	③
HCl	用饱和碳酸氢钠溶液洗气	②
H_2S	用硫酸铜溶液洗气	①

【答案】 A

例题 3 某小组为了探究铜与稀硝酸反应产生的气体是否为 NO,设计了如下实验。实验装置如图所示(已知 NO、NO_2 能与 NaOH 溶液反应):

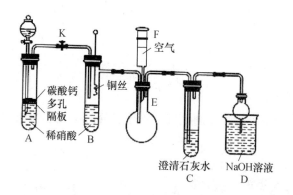

(1) 设计装置 A 的目的是_____,为达此目的应进行的操作是_____。

(2) 在(1)中进行操作后将装置 B 中铜丝插入稀硝酸,并微热,观察到装置 B 中的现象是_____;B 中反应的离子方程式是_____。

(3) 将注射器 F 中的空气推入 E 中,E 中的气体变为红棕色,该实验的目的是_____。

(4) D 装置的作用是_____。

【分析】 (1) 因烧瓶中有空气,生成的 NO 能与氧气反应生成二氧化氮,故需利用装置 A 反应生成的 CO_2 将装置内的空气赶尽,以排除对气体产物观察的干扰;为达到此目的,应进行的操作是打开分液漏斗上口的活塞(或使分液漏斗活塞上的凹槽对准瓶口上的小孔),打开 K,当装置 C 中产生白色浑浊时,关闭 K。

【答案】 (1) 利用生成的 CO_2 将装置内的空气赶尽,排除对气体产物观察的干扰;打开分液漏斗上口的活塞(或使分液漏斗活塞上的凹槽对准瓶口上的小孔),打开 K,当装置 C 中产生白色浑浊时,关闭 K。

(2) 铜丝上产生气泡,稀硝酸液面上气体仍无色,溶液变为蓝色;
$$3Cu + 8H^+ + 2NO_3^- = 3Cu^{2+} + 2NO\uparrow + 4H_2O$$
(3) 验证 E 中的无色气体为 NO
(4) 吸收尾气,防止污染空气

例题 4 现有某物质 A 的浓溶液,做以下实验:
①取少量该溶液与浓硫酸反应,生成溶液 B 和气体 C。
②取少量该溶液与浓氢氧化钾溶液共热,生成溶液 D 与气体 E。
③C 与 E 混合后通入水中可得溶液 A。
④溶液 B 与浓氢氧化钾溶液反应,生成气体 E 和溶液 F。
⑤溶液 D 中加适量盐酸中和其中过量的碱后,再加浓溴水,也可得到 F。
由以上实验确定 A、B、C、D、E、F 各为什么物质。

【分析】 这种由实验现象推断未知物的试题,要抓住明显特征反应为突破口,然后逐渐深入,推出各未知物。

在本题中,由实验②可知,A 能与碱反应生成气体,可确定 E 为 NH_3,所以 A 为铵盐。

由实验①确定,与浓硫酸反应生成气体的铵盐应为碳酸盐、亚硫酸或氢硫酸盐。还可确定 B 为 $(NH_4)_2SO_4$。

由实验③可确定,A 不是氢硫酸盐。因为浓硫酸可将浓的氢硫酸盐氧化,得不到 H_2S 气体。

由实验④可确定,$(NH_4)_2SO_4$(B)与浓氢氧化钾溶液反应,生成的 F 为 K_2SO_4 溶液。

由实验⑤可确定,A 不是碳酸盐。因为碳酸盐依次与 KOH、Br_2 作用不会得到 K_2SO_4(F)。于是可确定 A 为亚硫酸盐。A 的化学式为 $(NH_4)_2SO_3$ 或 NH_4HSO_3。

【答案】 A、B、C、D、E、F 分别为 $(NH_4)_2SO_3$(或 NH_4HSO_3)、$(NH_4)_2SO_4$、SO_2、K_2SO_3、NH_3、K_2SO_4。

例题 5 甲、乙、丙、丁、戊是中学常见的无机物,其中甲、乙均为单质,它们的转化关系如图所示(某些条件和部分产物已略去)。下列说法不正确的是(　　)

甲、乙 → 丙 →(丁) 戊

A. 若甲既能与盐酸反应又能与 NaOH 溶液反应,则丙可能属于两性氧化物
B. 若甲为短周期中原子半径最大的主族元素的单质,且戊为碱,则丙只能为 Na_2O_2
C. 若丙、丁混合产生白烟,且丙为 18 电子分子,丁为 10 电子分子,则乙的水溶液可能具有漂白作用
D. 若甲、丙、戊含有同一种元素,则 3 种物质中,该元素的化合价由低到高的顺序可能为 甲<丙<戊

【分析】 本题考查无机综合推断,熟练掌握元素化合物之间的转化关系是解答这类问题的关键,试题难度一般。

A. 若甲为单质,既能与盐酸反应又能与 NaOH 溶液反应,则甲为 Al,乙为 O_2,二者反应生成的丙为氧化铝,氧化铝属于两性氧化物,故 A 正确;
B. 若甲为短周期中原子半径最大的主族元素的单质,则甲为 Na,乙为 O_2,二者反应生成的

丙可能为 Na_2O_2 或 Na_2O,故 B 错误;

C. 若丙、丁混合产生白烟,且丙为 18 电子分子,丁为 10 电子分子,则丙为 HCl,丁为 NH_3,若乙为 Cl_2,其水溶液中含有 HClO,具有漂白作用,故 C 正确;

D. 若甲、丙、戊含有同一种元素,当甲为 S,乙为 O_2,丙为 SO_2,丁为 HClO 等具有强氧化性的物质,戊为硫酸时,含 S 元素的化合价由低到高的顺序为甲＜丙＜戊,故 D 正确。

【答案】 B

例题 6 可将 K^+,Mg^{2+},Fe^{3+},Al^{3+} 区分开来的试剂是(　　)

A. HCl　　　　　B. $AgNO_3$　　　　　C. NaOH　　　　　D. Na_2SO_4

【分析】 此题主要考查金属阳离子与各种阴离子能否反应,有何现象。正确解答此题的前提是熟知各个反应及反应现象。

A、B、D 选项中试剂的阴离子均不与 4 种金属阳离子反应,亦无反应现象,故不能将其分开。

C 中 OH^- 可以发生如下反应:

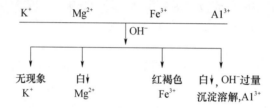

涉及的离子方程式如下:

$$Mg^{2+} + 2OH^- === Mg(OH)_2 \downarrow (白)$$
$$Fe^{3+} + 3OH^- === Fe(OH)_3 \downarrow (红褐色)$$
$$Al^{3+} + 3OH^- === Al(OH)_3 \downarrow (白)$$
$$Al(OH)_3 + OH^- === AlO_2^- + 2H_2O (白色沉淀消失)$$

【答案】 C

例题 7 向碳酸钠的浓溶液中逐滴加入稀盐酸,直到不再生成 CO_2 气体为止,在此过程中,溶液中的 HCO_3^- 离子浓度变化的趋势是(　　)

A. 逐渐减小

B. 逐渐增大

C. 先逐渐增大,而后逐渐减小

D. 先逐渐减小,而后逐渐增大

【分析】 本题是离子反应的典型试题。宏观分析,微观思考。

Na_2CO_3 在溶液中电离:$Na_2CO_3 === 2Na^+ + CO_3^{2-}$

在逐滴加入盐酸时,溶液中的离子反应式为 $H^+ + CO_3^{2-} === HCO_3^-$

故此时 HCO_3^- 离子的浓度从小到大。当 CO_3^{2-} 离子全部转化成 HCO_3^- 离子以后,再滴加盐酸时的离子反应式为 $H^+ + HCO_3^- === H_2O + CO_2 \uparrow$

故此时 HCO_3^- 离子的浓度减小。

【答案】 C

例题 8 有 4 种白色固体，分别为硝酸钠、硫酸钠、亚硫酸钠、硝酸铵。如何区分它们？写出检验步骤、现象，有关的化学方程式。

【分析】 4 种白色固体均易溶于水，所以只能把它们分别配成溶液，然后根据各自不同的特性反应加以鉴别。有的化合物是其中的阳离子与某种试剂具有特性反应，有的化合物是其阴离子与某种试剂具有特性反应。鉴别物质要具体问题具体分析，本题要鉴别的 4 种物质的阳离子是 3 种钠盐和 1 种铵盐，所以可以首先区分钠离子和铵根离子，从而把硝酸铵与其他 3 种区别开。剩余的 3 种试剂的阴离子分别为硝酸根离子、亚硫酸根离子、硫酸根离子，区分 3 种阴离子可以用钡离子，钡离子与亚硫酸根离子生成溶于强酸的白色沉淀，钡离子与硫酸根离子生成不溶于强酸的白色沉淀。

通过以上分析，可以使用的试剂为 NaOH 溶液、$BaCl_2$ 溶液（或 $Ba(NO_3)_2$ 溶液）、稀盐酸。

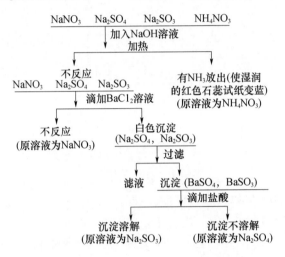

有关化学方程式：

$$NH_4NO_3 + NaOH \xrightarrow{\triangle} NH_3\uparrow + NaNO_3 + H_2O$$

$$BaCl_2 + Na_2SO_3 =\!=\!= BaSO_3\downarrow + 2NaCl$$

$$BaCl_2 + Na_2SO_4 =\!=\!= BaSO_4\downarrow + 2NaCl$$

$$BaSO_3 + 2HCl =\!=\!= BaCl_2 + SO_2\uparrow + H_2O$$

此外，还可以用其他方法解本题，如可先滴加 $BaCl_2$ 或 $Ba(NO_3)_2$ 溶液，把 $NaNO_3$、NH_4NO_3 与 Na_2SO_3、Na_2SO_4 区分开来，再用 NaOH 区分 $NaNO_3$ 和 NH_4NO_3，用稀盐酸区分 Na_2SO_3 和 Na_2SO_4。所以一道题的解法并不一定是唯一的。

【答案】 见解析

例题 9 将铜片分别放入下列物质的水溶液中，过一段时间后取出，溶液质量减小，但不产生气体的是（　　）

A. $AgNO_3$　　　　B. HNO_3　　　　C. $ZnSO_4$　　　　D. HCl

【分析】 本题涉及的化学方程式有：

$$Cu + 2AgNO_3 =\!=\!= Cu(NO_3)_2 + 2Ag$$

$$\begin{cases} Cu + 4HNO_3(浓) =\!=\!= Cu(NO_3)_2 + 2NO_2\uparrow + 2H_2O \\ 3Cu + 8HNO_3(稀) =\!=\!= 3Cu(NO_3)_2 + 2NO\uparrow + 4H_2O \end{cases}$$

只有 A、B 会发生反应,而 B 中无论是稀硝酸还是浓硝酸都有气体生成。

由化学方程式可得关系式:

$$Cu \text{————} 2Ag$$
$$63.5g \qquad 2 \times 108g$$

即有 63.5g Cu 参加反应可生成 216g Ag,所以溶液质量减少,且无气体生成。

【答案】 A

例题 10 A→J 有如图所示的转化关系(反应条件、部分反应物和产物已忽略):其中 A、D 为银白色金属单质;B 为淡黄色粉末,C 为红棕色粉末,E 为黑色晶体;H 久置于空气中,由白色固体变为灰绿色,最终变成红褐色 I;B 和 I 在一定条件下反应生成 J,J 的化学式为 Na_2FeO_4,它能够杀菌消毒,是一种优良的净水剂。

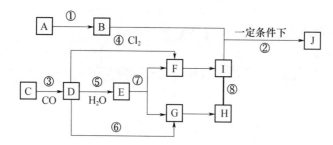

(1) 物质 C 的化学式_____;物质 B 的电子式为_____。

(2) 写出反应⑤的化学反应方程式:_____。

(3) 写出反应⑦的离子方程式:_____。

【分析】 H 久置于空气中,由白色固体变为灰绿色,最终变成红褐色 I,则 H 为 $Fe(OH)_2$,I 为 $Fe(OH)_3$,C 为红棕色粉末,则 C 为 Fe_2O_3,D 为 Fe,F 为 $FeCl_3$,E 为黑色晶体,则 E 为 Fe_3O_4,反应⑦为 Fe_3O_4 与盐酸反应,则 G 为 $FeCl_2$,银白色金属单质 A 转化得到 B 为淡黄色粉末,则 A 为 Na,B 为 Na_2O_2。

(1) 物质 C 的化学式为 Fe_2O_3,物质 B 为 Na_2O_2,电子式为 $Na^+[:\overset{..}{\underset{..}{O}}:\overset{..}{\underset{..}{O}}:]^{2-}Na^+$,

故答案为:Fe_2O_3;$Na^+[:\overset{..}{\underset{..}{O}}:\overset{..}{\underset{..}{O}}:]^{2-}Na^+$。

(2) 反应⑤为铁在高温下与水蒸气的反应,反应的化学反应方程式:$3Fe + 4H_2O \xrightarrow{\text{高温}} Fe_3O_4 + 4H_2$,

故答案为:$3Fe + 4H_2O \xrightarrow{\text{高温}} Fe_3O_4 + 4H_2$。

(3) 反应⑦为 Fe_3O_4 与盐酸反应,反应的离子方程式为:$Fe_3O_4 + 8H^+ = Fe^{2+} + 2Fe^{3+} + 4H_2O$,

故答案为:$Fe_3O_4 + 8H^+ = Fe^{2+} + 2Fe^{3+} + 4H_2O$。

【答案】 (1) Fe_2O_3;$Na^+[:\overset{..}{\underset{..}{O}}:\overset{..}{\underset{..}{O}}:]^{2-}Na^+$;

(2) $3Fe + 4H_2O \xrightarrow{\text{高温}} Fe_3O_4 + 4H_2$;

(3) $Fe_3O_4 + 8H^+ = Fe^{2+} + 2Fe^{3+} + 4H_2O$。

强化训练

一、选择题

1. 氯化氢的喷泉实验体现了氯化氢的哪一种性质_____。
   A. 还原性　　　　B. 比空气轻　　　　C. 很易液化　　　　D. 极易溶于水

2. 下列灭火剂能用于扑灭金属钠着火的是_____。
   A. 干冰灭火剂　　B. 干沙　　　　　　C. 水　　　　　　　D. 泡沫灭火剂

3. 下列物质：①$NaHCO_3$；②$(NH_4)_2SO_4$；③Al_2O_3；④$(NH_4)_2CO_3$；⑤$Mg(OH)_2$中,既可以和盐酸反应,也可以和$Ba(OH)_2$溶液反应的是_____。
   A. ①③④　　　　B. ①②③④　　　　C. ②③④　　　　　D. ①②③④⑤

4. 将0.3mol 镁、铝、铁分别放入100mL 1mol/L 的盐酸中,同温同压下产生的气体体积比是_____。
   A. 1∶2∶3　　　B. 6∶3∶2　　　　 C. 3∶1∶1　　　　 D. 1∶1∶1

5. 下列说法正确的是_____。
   A. SiO_2溶于水且显酸性
   B. CO_2通入水玻璃可得硅酸
   C. SiO_2是酸性氧化物,它不溶于任何酸
   D. SiO_2晶体中存在单个SiO_2分子

6. 下列离子方程式正确的是_____。
   A. 铁与稀硫酸反应：$Fe + 2H^+ =\!=\!= Fe^{3+} + H_2\uparrow$
   B. 钠跟冷水反应：$Na + 2H_2O =\!=\!= Na^+ + 2OH^- + H_2\uparrow$
   C. 氢氧化铝与足量盐酸反应：$Al(OH)_3 + 3H^+ =\!=\!= Al^{3+} + 3H_2O$
   D. 铜片与稀硝酸反应：$Cu + NO_3^- + 4H^+ =\!=\!= Cu^{2+} + NO\uparrow + 2H_2O$

7. 在 pH=1 的无色溶液中能大量共存的离子组是_____。
   A. NH_4^+、Mg^{2+}、SO_4^{2-}、Cl^-
   B. Ba^{2+}、K^+、HCO_3^-、NO_3^-
   C. Al^{3+}、Cu^{2+}、SO_4^{2-}、AlO_2^-
   D. Na^+、Fe^{2+}、Cl^-、NO_3^-

8. 下列有关 Cl、N、S 等非金属元素化合物的说法正确的是_____。
   A. 漂白粉的成分为次氯酸钙
   B. 实验室可用浓硫酸干燥氨气
   C. 实验室可用 NaOH 溶液处理NO_2和 HCl 废气
   D. $Al_2(SO_4)_3$可除去碱性废水及酸性废水中的悬浮颗粒

9. 某混合气体中可能含有 Cl_2、O_2、SO_2、NO、NO_2 中的两种或多种气体。现将此无色透明的混合气体通过品红溶液后,品红溶液褪色,把剩余气体排入空气中,很快变为红棕色。对于原混合气体成分的判断中正确的是_____。
   A. 肯定有 SO_2 和 NO
   B. 肯定没有 Cl_2、O_2 和 NO
   C. 可能有 Cl_2 和 O_2
   D. 肯定只有 NO

10. 在一定温度下,把Na_2O 和 Na_2O_2 的固体分别溶于等质量的水中,都恰好形成此温度下饱和溶液,则加入Na_2O 和 Na_2O_2 的物质的量的大小为_____。

A. $n(Na_2O) > n(Na_2O_2)$ B. $n(Na_2O) < n(Na_2O_2)$
C. $n(Na_2O) = n(Na_2O_2)$ D. 无法确定

11. 在 pH = 12 的无色溶液中能够大量共存的一组离子是(　　)
  A. Mg^{2+}、K^+、Cl^-、H^+
  B. Al^{3+}、Na^+、Fe^{2-}、OH^-
  C. Na^+、NH_4^+、CO_3^{2-}、Ba^{2+}
  D. K^+、Na^+、OH^-、SO_4^{2-}

12. 等量的镁铝合金粉末分别与下列 4 种过量的溶液充分反应,放出氢气最多的是_____。
  A. 2mol/L H_2SO_4 溶液
  B. 18mol/L H_2SO_4 溶液
  C. 6mol/L KOH 溶液
  D. 3mol/L HNO_3 溶液

13. 制造太阳能电池需要高纯度的硅,工业上制高纯硅常用以下反应实现
  ①$Si(s) + 3HCl(g) == SiHCl_3(g) + H_2(g)$　　②$SiHCl_3 + H_2 == Si + 3HCl$
  对上述两个反应的下列叙述中,错误的是_____。
  A. 两个反应都是置换反应
  B. 反应②说明 H 元素的非金属性强于 Si
  C. 反应①说明,Si 也能溶解在盐酸中并置换出 H_2
  D. 两个反应都是氧化还原反应

14. 为了依次除去混在 CO_2 中的 SO_2 和 O_2,下列试剂的使用顺序正确的是_____。
  ①饱和 Na_2CO_3 溶液;②饱和 $NaHCO_3$ 溶液;③浓 H_2SO_4;④灼热铜网;⑤生石灰。
  A. ①③④ B. ②③④ C. ②④⑤ D. ③④⑤

15. 小华想通过一步化学反应完成下列转换,你认为她做不到的是_____。
  A. $CO_2 \rightarrow H_2CO_3$
  B. $SiO_2 \rightarrow Na_2SiO_3$
  C. $Na_2O_2 \rightarrow Na_2CO_3$
  D. $SiO_2 \rightarrow H_2SiO_3$

16. 已知氧化性:$F_2 > Cl_2 > Br_2 > I_2$,请你推测它们与 H_2 反应最剧烈的是_____。
  A. F_2 B. Cl_2 C. Br_2 D. I_2

17. ClO_2 是一种广谱型的消毒剂,根据世界环保组织的要求 ClO_2 将逐渐取代 Cl_2 成为生产自来水的消毒剂。工业上 ClO_2 常用 $NaClO_3$ 和 Na_2SO_3 溶液混合并加 H_2SO_4,酸化后反应制得,在以上反应中 $NaClO_3$ 和 Na_2SO_3 的物质的量之比为_____。
  A. 1∶1 B. 2∶1 C. 1∶2 D. 2∶3

18. 有一种碘的氧化物可以称之为碘酸碘,其中碘显 +3 价和 +5 价,则这种化合物的化学式为_____。
  A. I_2O_4 B. I_3O_5 C. I_4O_7 D. I_4O_9

19. 下面有关氯气的描述中错误的是_____。
  A. 气体颜色呈黄绿色
  B. 氯气对人体无毒
  C. Cl_2 分子中,Cl 原子之间以非极性共价键相结合
  D. 可用于自来水消毒

20. 在实验室制备氨气的操作中,收集氨气所采用的方法是_____。
  A. 向下排气集气法
  B. 排水集气法
  C. 向上排气集气法
  D. 直接通入集气瓶

21. 下列关于金属钠的说法中正确的是_____。

A. 钠的还原性很强,在空气中易变质,最后变为过氧化钠

B. 钠与酒精不发生反应

C. 钠与水反应时,会发生剧烈爆炸

D. 钠与硫酸铜溶液反应会置换出红色的铜

22. 证明某溶液只含有 Fe^{2+} 而不含 Fe^{3+} 的实验方法是_____。

A. 先滴加氯水,再滴加 KSCN 溶液后显红色

B. 先滴加 KSCN 溶液,不显红色,再滴加氯水后显红色

C. 滴加 NaOH 溶液,先产生白色沉淀,后变灰绿,最后显红褐色

D. 只需滴加 KSCN 溶液

23. 下列物质在一定条件下均能产生氧气,其中最适宜用于呼吸面具中供氧的是_____。

A. HNO_3 B. H_2O_2 C. $KClO_3$ D. Na_2O_2

24. 烧瓶中放入铜片和稀硝酸,用酒精灯加热来制取较纯净的一氧化氮,反应开始后发现烧瓶中充满棕红色气体,这时的操作应是_____。

A. 立即接收集容器,用向上排空气法收集

B. 待烧瓶中红棕色气体消失后,用向上排空气法收集

C. 待烧瓶中红棕色气体消失后,用排水法收集

D. 立即用排水法收集

二、填空题

1. 只用一种试剂就可以区别 Na_2SO_4、$MgCl_2$、$FeCl_2$、$FeCl_3$、$Al_2(SO_4)_3$、$(NH_4)_2SO_4$ 六种水溶液,这种试剂是_____。

2. A、B、C、D 为 4 种单质,常温时,A、B 是气体,C、D 是固体,E、F、G、H、I 为 5 种化合物,F 不溶于水,E 为气体且极易溶于水成为无色溶液,G 溶于水得棕黄色溶液。这 9 种物质间反应的转化关系如下图所示。

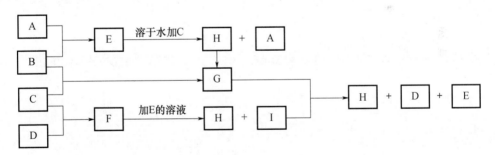

(1) 写出 4 种单质的化学式:A _____,B _____,C _____,D _____。

(2) 写出 E + F === H + I 的离子方程式:_____。

(3) 写出 G + I === H + D + E 的化学方程式:_____。

3. 向 100mL 0.25mol/L 的 $AlCl_3$ 溶液中加入金属钠完全反应,恰好生成只含 NaCl 和 $NaAlO_2$ 的澄清溶液,则加入金属钠的质量是_____。

4. 用一种试剂就能鉴别 NaCl、$MgCl_2$、$AlCl_3$、NH_4Cl、$FeCl_2$ 和 $FeCl_3$,这种试剂是_____。

5. 已知 A、B、C 是 3 种常见的单质,其中 A 为固体,B、C 为气体;D 的饱和溶液滴入沸水中继续煮沸,溶液呈红褐色;B 和 C 反应的产物极易溶于水得无色溶液 E。它们之间转化关系如

右图所示。

(1) 写出 D 和 E 分别与 A 反应的离子方程式：

D + A：＿＿＿＿＿＿；E + A：＿＿＿＿＿＿；

(2) 写出在 F 中加入 NaOH 并在空气中放置所发生的反应的化学方程式：＿＿＿＿＿＿。

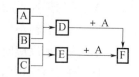

6. 实验室里通常用 MnO_2 与浓盐酸反应制取氯气，其反应的化学方程式为

$$MnO_2 + 4HCl(浓) \xrightarrow{加热} MnCl_2 + Cl_2\uparrow + 2H_2O$$

(1) 在该反应中，氧化剂是＿＿＿＿，还原剂是＿＿＿＿；

(2) 如有 1mol Cl_2 生成，被氧化的 HCl 的物质的量是＿＿＿＿ mol，转移电子的物质的量是＿＿＿＿ mol；

(3) 某温度下，将 Cl_2 通入 NaOH 溶液中，反应得到含有 ClO^- 与 ClO_3^- 物质的量之比为 1∶1 的混合液，反应的化学方程式是＿＿＿＿＿＿；

(4) 报纸报道了多起卫生间清洗时，因混合使用"洁厕灵"(主要成分是盐酸)与"84 消毒液"(主要成分是 NaClO)发生氯气中毒的事件。试根据你的化学知识分析，原因是(用离子方程式表示)＿＿＿＿＿＿。

7. 在下列化学中常见物质的转化关系图中，反应条件及部分反应物和产物未全部注明，已知 A、D 为金属单质，其他为化合物。试推断：

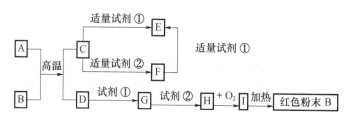

(1) 写出物质的化学式：A：＿＿＿＿；C：＿＿＿＿；I：＿＿＿＿；

(2) 写出下列反应的方程式：C→F＿＿＿＿＿＿；H→I＿＿＿＿＿＿。

8. A、B、C、D、E、F 六种物质的转化关系如下图所示(反应条件和部分产物未标出)。

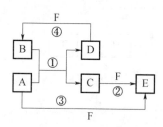

(1) 若 A 为短周期金属单质，D 为短周期非金属单质，且 A 元素的原子序数是 D 的 2 倍，D 元素的原子最外层电子数是 A 的 2 倍，F 的浓溶液与 A、D 反应都有红棕色气体生成，则 A 的原子结构示意图为＿＿＿＿＿＿，反应④的化学方程式为＿＿＿＿＿＿。

(2) 若 A 是常见的变价金属的单质，D、F 是气态单质，且反应①在水溶液中进行。反应②也在水溶液中进行，其离子方程式是＿＿＿＿＿＿；已知光照条件下 D 与 F 反应生成 B，写出该反应的化学方程式：＿＿＿＿＿＿。

(3)若 A、D、F 都是短周期非金属元素单质,且 A、D 所含元素同主族,A、F 所含元素同周期,则反应①的化学方程式为_____。

9. 有 A、B、C、D 四种短周期元素。A 元素的离子焰色反应呈黄色;B 元素正二价离子结构和 Ne 具有相同的电子层结构;5.8g B 的氢氧化物恰好能与 100mL 物质的量浓度为 2mol/L 的盐酸完全中和。H_2 在 C 单质中燃烧产生苍白色火焰。D 原子的最外层电子数是次外层电子数的 3 倍。元素 C 的最高价氧化物形成的酸的化学式为_____;元素 A 与 D 形成的两种化合物的化学式分别为_____和_____。

10. 室温下,单质 A、B、C 分别为固体、黄绿色气体、无色气体,在合适的反应条件下,它们可以按下面框图进行反应,又知 E 溶液显酸性,D 溶液中滴加 KSCN 溶液显红色。请回答:
(1) B 是_____,C 是_____,E 是_____,F 是_____(请填化学式)。
(2) 反应③的化学方程式为_____。
(3) 反应④的离子方程式为_____。

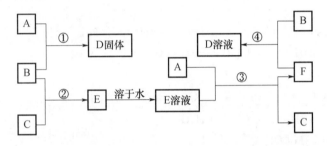

11. 已知 A、B、C 中均含有同一种元素,且 A、B、C、D 的转化关系如右图所示:

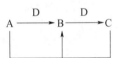

(1) D 为金属单质,且以上反应均为氧化还原反应,请写出检验 B 中阳离子的一种方法:_____。
(2) 若 A、B、C 为含金属元素的无机化合物,D 为强电解质,则 B 的化学式为_____,D 可能为(写出不同类物质名称)_____或_____,A 到 B 反应的离子方程式为_____或_____。

12. A、B、C、D 四种可溶化合物(所含离子各不相同),分别由阳离子 Na^+、Mg^{2+}、Al^{3+}、Ba^{2+} 和阴离子 OH^-、Cl^-、SO_4^{2-}、CO_3^{2-} 两两组合而成。为了确定这四种化合物的成分,某同学进行了如下实验操作:
①将四种化合物各取适量配成溶液,分别装入四支试管。
②取 A 溶液分别滴入另外 3 种溶液中,记录实验现象如下:
B 溶液产生白色沉淀,且沉淀不溶解;
C 溶液产生白色沉淀,且沉淀不溶解;
D 溶液产生白色沉淀,且沉淀部分溶解。
③向 B 溶液中滴入 D 溶液,无明显实验现象。
请回答下列问题:
写出它们的化学式:A _____;B _____;C _____;D _____。

【强化训练参考答案】

一、选择题

1. D 2. B 3. A 4. D 5. B 6. C 7. A 8. C 9. A 10. C 11. D 12. A 13. C 14. B 15. D 16. A 17. B 18. D 19. B 20. A 21. C 22. B 23. D 24. D

二、填空题

1. NaOH

2. (1) H_2, Cl_2, Fe, S

   (2) $FeS + 2H^+ = Fe^{2+} + H_2S\uparrow$

   (3) $2FeCl_3 + H_2S = 2FeCl_2 + S\downarrow + 2HCl$

3. 2.3g

4. NaOH

5. (1) $2Fe^{3+} + Fe(s) = 3Fe^{2+}$; $Fe(s) + 2H^+ = Fe^{2+} + H_2\uparrow$

   (2) $4FeCl_2 + 8NaOH + O_2 + 2H_2O = 4Fe(OH)_3\downarrow + 8NaCl$

6. (1) MnO_2, HCl(浓); (2) 2, 2;

   (3) $4Cl_2 + 8NaOH = 6NaCl + NaClO_3 + NaClO + 4H_2O$

   (4) $Cl^- + ClO^- + 2H^+ = Cl_2\uparrow + H_2O$

7. (1) Al; Al_2O_3; $Fe(OH)_3$;

   (2) $Al_2O_3 + 2NaOH = 2NaAlO_2 + H_2O$; $4Fe(OH)_2 + O_2 + 2H_2O = 4Fe(OH)_3$

8.

   (1) ; $C + 4HNO_3(浓) = CO_2\uparrow + 4NO_2\uparrow + 2H_2O$

   (2) $2Fe^{2+} + Cl_2 = 2Fe^{3+} + 2Cl^-$; $H_2 + Cl_2 = 2HCl$

   (3) $2C + SiO_2 = Si + 2CO\uparrow$

9. $HClO_4$; Na_2O; Na_2O_2

10. (1) Cl_2; H_2; HCl; $FeCl_2$

    (2) $Fe + 2HCl = FeCl_2 + H_2\uparrow$

    (3) $Cl_2 + 2Fe^{2+} = 2Fe^{3+} + 2Cl^-$

11. (1) 取少量待测液滴加少量硫氰化钾溶液,溶液呈红色;或取少量待测液滴加适量氢氧化钠溶液,产生红褐色沉淀。

    (2) $Al(OH)_3$,氢氧化钠、盐酸,$Al^{3+} + 3OH^- = Al(OH)_3\downarrow$;

    $AlO_2^- + H_2O + H^+ = Al(OH)_3\downarrow$

12. $Ba(OH)_2$; $MgCl_2$; Na_2CO_3; $Al_2(SO_4)_3$

第五章　有机化合物

考试范围与要求

理解有机化合物的概念；掌握同系物、同分异构体的概念；理解常见有机物的组成、主要性质及重要应用。

第一节　概述

一、有机化合物的概念

有机化合物简称有机物，指的是含碳元素的化合物。研究有机物的化学，叫作有机化学。组成有机物的元素，除主要的碳以外，通常还有氢、氧、氮、硫、卤素等。但像 CO、CO_2、碳酸盐等少数物质，虽然含有碳元素，由于它们的组成和性质跟无机物很相近，通常习惯于把它们放在无机化学中学习。

二、有机化合物的特点

(1) 溶解性：大多数有机物难溶于水，易溶于汽油、酒精、苯等有机溶剂。
(2) 热稳定性：绝大多数有机物受热容易分解，而且容易燃烧。
(3) 导电性：绝大多数有机物是非电解质，不易导电。
(4) 熔、沸点：大多数有机物的熔、沸点低。
(5) 化学反应：有机化学反应比较复杂，反应速率一般比较慢，还常伴有副反应发生。

三、有机物的分类

根据组成元素的不同，有机物可分为烃（由碳和氢两种元素组成的化合物）和烃的衍生物（除碳以外，还可含有氧、氮、卤素等元素），还可以进一步根据结构和官能团的不同而进行更细的分类。

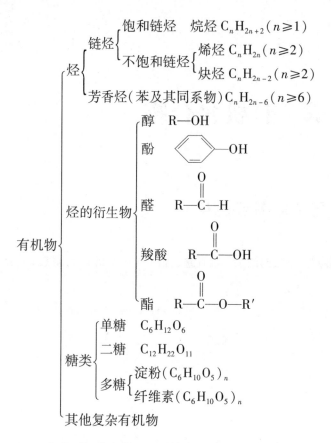

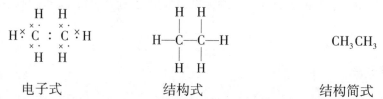

四、有机化学中的一些基本概念和术语

1. 有机物分子的电子式、结构式和结构简式。以乙烷为例：

电子式　　　　　　　结构式　　　　　　　结构简式

2. 烃基　烃分子中失去 1 个或几个氢原子后所剩余的部分。常用"R—"表示。例如：$CH_3—$,甲基；$CH_2=CH—$,乙烯基。

3. 饱和烃　碳碳原子间仅以单键相互结合的烃。

4. 不饱和烃　分子中含有碳碳双键或三键的烃。

5. 芳香烃　分子中含有苯环的烃。

6. 同系物　结构相似,在分子组成上相差一个或若干个 CH_2 原子团的物质。

7. 同分异构现象和同分异构体　化合物具有相同的分子式,但具有不同结构的现象,叫作同分异构现象。具有同分异构现象的化合物互称为同分异构体。如 CH_3OCH_3 和 C_2H_5OH。

8. 官能团　决定化合物的化学特性的原子或原子团。如羟基(—OH)、醛基(—CHO)、羧基(—COOH)等都是官能团。

9. 烷烃的系统命名法

（1）选定分子里最长的碳链作主链,并按主链上碳原子的数目称为"某烷"。

（2）把主链里离支链较近的一端作为起点，用1,2,3,…数字给主链的各个碳原子依次编号定位以确定支链的位置。

$$\overset{1}{CH_3}-\overset{2}{\underset{\underset{CH_3}{|}}{CH}}-\overset{3}{CH_2}-\overset{4}{CH_3} \qquad \overset{1}{CH_3}-\overset{2}{\underset{\underset{CH_3}{|}}{\overset{\overset{CH_3}{|}}{C}}}-\overset{3}{CH_3}$$

（3）把支链作为取代基。把取代烃基的名称写在烷烃名称的前面，在取代烃基的前面用阿拉伯数字注明它在烷烃直链上的所在位置，中间用"-"隔开。例如：

$$\overset{1}{CH_3}-\overset{2}{\underset{\underset{CH_3}{|}}{CH}}-\overset{3}{CH_2}-\overset{4}{CH_3} \qquad 2-甲基丁烷$$

（4）如果有相同的取代烃基，可以合并起来用二、三等数字表示，但表示相同取代烃基的阿拉伯数字要用","隔开；如果几个取代烃基不同，就把简单的写在前面，复杂的写在后面。例如：

$$\overset{1}{CH_3}-\overset{2}{\underset{\underset{CH_3}{|}}{CH}}-\overset{3}{\underset{\underset{CH_3}{|}}{CH}}-\overset{4}{CH_2}-\overset{5}{CH_3} \qquad \overset{7}{CH_3}-\overset{6}{CH_2}-\overset{5}{CH_2}-\overset{4}{\underset{\underset{\underset{CH_3}{|}}{CH_2}}{CH}}-\overset{3}{CH_2}-\overset{2}{\underset{\underset{CH_3}{|}}{\overset{\overset{CH_3}{|}}{CH}}}-\overset{1}{CH_3}$$

　　2,3-二甲基戊烷　　　　　　　　2-甲基-4-乙基庚烷

习题 5-1

一、选择题

1. 对于烃 $CH_3-\underset{\underset{CH_3-CH_2-CH_2}{|}}{\overset{\overset{CH_3-CH_2\ CH_2-CH_3}{|}}{C}}-CH_3$ 的命名正确的是（　　）

   A. 4-甲基-4,5-二乙基己烷
   B. 3-甲基-2,3-二乙基己烷
   C. 4,5-二甲基-4-乙基庚烷
   D. 3,4-二甲基-4-乙基庚烷

2. 自然界中数量和种类均占绝对优势的是（　　）
   A. 共价化合物　　　　　　　B. 离子化合物
   C. 金属单质　　　　　　　　D. 氧化物

3. 分子中含有3个—CH_3 的庚烷其可能的结构有（　　）
   A. 2种　　　　B. 3种　　　　C. 4种　　　　D. 5种

4. 下列有机物名称中，不正确的是（　　）
   A. 2-甲基丁烷　　　　　　　B. 2,2-二甲基戊烷
   C. 3,4-二甲基戊烷　　　　　D. 2-甲基-4-乙基庚烷

5. 下列说法中错误的是(　　)

A. 分子组成相同、结构不相同的有机物是同分异构体

B. 相对分子质量相同的有机物是同分异构体

C. 每个碳原子的化合价都已"饱和",碳原子之间只以单键相结合的链烃一定是烷烃

D. 分子式相同、结构相同的有机物一定是同一物质

6. 下列有机物中互为同分异构体的是(　　)

①$CH_2=CHCH_3$；②$H_2C\overset{CH_2}{\underset{}{\diagdown\diagup}}CH_2$；③$CH_3CH_2CH_3$；

④$HC\equiv CH$；⑤$H_2C\overset{CHCH_3}{\underset{}{\diagdown\diagup}}CH_2$；⑥$CH_3CH_2CH_3$。

A. ①和③　　　　B. ①和②　　　　C. ①和④　　　　D. ⑤和⑥

二、填空题

1. $3,3,6-$三甲基$-4-$丙基辛烷的结构简式为_____。

2. 燃烧$2.2g$某气态烃,生成$0.15mol$二氧化碳和$3.6g$水。在标准状况下,该气态烃对氢气的相对密度是22。则该气态烃的分子式为_____。

3. 正丁烷的一氯代物有___①___种同分异构体；二氯代物有___②___种同分异构体；一氯代物与二氯代物___③___(填是或否)同分异构体、___④___(填是或否)同系物。

【参考答案】

一、1. D　2. A　3. B　4. C　5. B　6. B

二、1.

$CH_3-CH_2-\underset{\underset{CH_3CH_2CH_2}{|}}{\overset{\overset{CH_3}{|}}{C}}-CH-CH_2-\overset{\overset{CH_3}{|}}{CH}-CH_2-CH_3$

2. C_3H_8

3. ①2；②6；③否；④否

【难题解析】

一、1. 大部分有机物是非电解质。而羧酸等属于电解质。

2. 有机化合物是以碳—碳链接为基础的,而且可以有许多链接方式,形成了大量的共价化合物。

3. 本题不要误解为含有3个甲基,而是在一个分子中只有3个"—CH_3",即$2-$甲基庚烷、$3-$甲基庚烷、$4-$甲基庚烷。

4. C中戊烷含5个碳,应命名为$2,3-$二甲基戊烷。

二、2. 该烃的相对分子质量为$22\times2=44$

含CO_2　$n=\dfrac{44}{2.2}\times0.15=3$　则含有3个C；

含H_2O　$n=\dfrac{44}{2.2}\times\dfrac{3.6}{18}=4$　则含有8个H。

该烃分子式为C_3H_8。

第二节 烃

一、烷烃

碳原子跟碳原子以单键结合成链状的烃叫作饱和链烃，或称烷烃。烷烃的分子式可以用通式 $C_nH_{2n+2}(n \geq 1)$ 表示。

（一）甲烷

1. 甲烷分子的组成及结构

甲烷分子中含有 1 个碳原子和 4 个氢原子。分子的空间结构呈正四面体形。CH_4 的结构用电子式、结构式可分别表示如下：

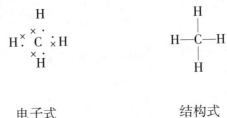

电子式　　　　　　　　结构式

2. 甲烷的物理性质

甲烷是无色、无味的气体。它的密度（在标准状况下）是 0.717g/L，极难溶解于水。甲烷是天然气的主要成分。

3. 甲烷的化学性质

（1）取代反应　有机物分子里的某些原子或原子团被其他原子或原子团所代替的反应叫作取代反应。

$$CH_4 + Cl_2 \xrightarrow{光} CH_3Cl + HCl \quad CH_3Cl + Cl_2 \xrightarrow{光} CH_2Cl_2 + HCl$$
　　　　　　　　　一氯甲烷　　　　　　　　　　　　　二氯甲烷

$$CH_2Cl_2 + Cl_2 \xrightarrow{光} CHCl_3 + HCl \quad CHCl_3 + Cl_2 \xrightarrow{光} CCl_4 + HCl$$
　　　　　　　　　三氯甲烷　　　　　　　　　　　　　四氯化碳

通常情况下，Cl_2 跟 CH_4 反应的产物是上述 4 种氯代甲烷的混合物。

（2）氧化反应　纯净的甲烷在空气里安静地燃烧并放出大量热，生成 CO_2 和水：

$$CH_4 + 2O_2 \xrightarrow{点燃} CO_2 + 2H_2O$$

必须注意，如果点燃甲烷跟氧气或空气的混合物，可能发生爆炸。

（3）加热分解　在隔绝空气的条件下加热到 1000℃ 以上，甲烷就分解生成炭黑和氢气。

$$CH_4 \xrightarrow{高温} C + 2H_2$$

4. 甲烷的制法　实验室用无水醋酸钠和碱石灰混合加热的方法制备甲烷。

$$CH_3COONa + NaOH \xrightarrow[CaO]{\Delta} Na_2CO_3 + CH_4 \uparrow$$

（二）甲烷的同系物

甲烷的同系物有乙烷、丙烷、丁烷等。随着碳原子数的增加，常温的状态是由气态、液态到固态。熔点、沸点逐渐升高。它们的化学性质与甲烷相似。

二、烯烃

链烃分子里含有一个碳碳双键的不饱和烃叫作烯烃。它的通式是 $C_nH_{2n}(n \geqslant 2)$。乙烯是分子组成最简单的烯烃。

（一）乙烯

1. 乙烯分子的组成及结构

乙烯分子中含有 2 个碳原子和 4 个氢原子，都处于同一平面上。

乙烯分子的电子式及结构式分别表示如下：

$$\underset{\text{电子式}}{H\!:\!\overset{H}{\underset{}{C}}\!:\!:\!\overset{H}{\underset{}{C}}\!:\!H} \qquad \underset{\text{结构式}}{H-\overset{H}{\underset{}{C}}\!=\!\overset{H}{\underset{}{C}}\!-\!H}$$

2. 乙烯的物理性质

乙烯是没有颜色的气体，稍有气味，密度是 1.25g/L，比空气略轻，难溶于水。

3. 乙烯的化学性质

（1）加成反应　有机物分子里不饱和的碳原子跟其他原子或原子团直接结合生成别的物质的反应叫作加成反应。

$$CH_2\!=\!CH_2 + Br_2 \longrightarrow \underset{\underset{Br}{|}}{CH_2}\!-\!\underset{\underset{Br}{|}}{CH_2} \quad 1,2\text{-}二溴乙烷$$

$$CH_2\!=\!CH_2 + H_2 \xrightarrow[\triangle]{\text{催化剂}} CH_3\!-\!CH_3$$

$$CH_2\!=\!CH_2 + HCl \longrightarrow CH_3\!-\!CH_2Cl$$

（2）氧化反应　乙烯在空气中燃烧，生成 CO_2 和水。

$$CH_2\!=\!CH_2 + 3O_2 \xrightarrow{\text{点燃}} 2CO_2 + 2H_2O$$

乙烯可被氧化剂高锰酸钾（$KMnO_4$）氧化，使高锰酸钾溶液褪色。用这种方法可以区别烯烃和烷烃。

（3）加聚反应　相对分子质量小的化合物（单体）分子互相结合成为相对分子质量很大的化合物（高分子化合物）分子的反应，叫作加聚反应。

$$n\,CH_2\!=\!CH_2 \xrightarrow{\text{催化剂}} \underset{\text{聚乙烯}}{\!-\!\!\left[CH_2\!-\!CH_2\right]\!\!-_n}$$

4. 乙烯的制法　实验室里把酒精和浓硫酸混合加热：

$$CH_3\!-\!CH_2\!-\!OH \xrightarrow[170\,^{\circ}\!C]{\text{浓硫酸}} CH_2\!=\!CH_2\uparrow + H_2O$$

（二）乙烯的同系物

乙烯同系物的物理性质随碳原子数的增加而递变，化学性质也跟乙烯类似，如易于加成反应等。

（三）二烯烃

分子里含有两个双键的烯烃叫二烯烃，如 1,3-丁二烯（$CH_2\!=\!CH\!-\!CH\!=\!CH_2$，1,3 分别表示双键的位置)。

1,3-丁二烯具有烯烃的一般通性,但在发生加成反应时会有1,2-加成产物和1,4-加成产物。

$$CH_2=CH-CH=CH_2 \xrightarrow{Br_2} \begin{cases} Br-CH_2-CH=CH-CH_2-Br \\ \quad 1,4-\text{加成产物} \\ CH_2=CH-CH-CH_2 \\ \qquad\quad\; |\quad\; | \\ \qquad\quad Br\;\; Br \\ \quad 1,2-\text{加成产物} \end{cases}$$

三、炔烃

链烃分子里含有一个碳碳三键的不饱和烃叫作炔烃。通式为 $C_nH_{2n-2}(n \geq 2)$。

(一) 乙炔

1. 乙炔分子的组成及结构

乙炔的分子式是 C_2H_2。在乙炔分子里的碳原子间有三个共用电子对,通常称为三键,可用下式表示:

$$H{:}C{:}{:}{:}C{:}H \qquad H-C\equiv C-H$$
$$\text{电子式} \qquad\qquad \text{结构式}$$

2. 乙炔的物理性质

乙炔俗名电石气,纯的乙炔是没有颜色、没有臭味的气体,密度为 1.16g/L,比空气稍轻,微溶于水,易溶于有机溶剂。

3. 乙炔的化学性质

(1) 加成反应

$$CH\equiv CH+Br_2 \longrightarrow \underset{\underset{Br\;\;Br}{|\quad\;|}}{CH=CH} \quad 1,2-\text{二溴乙烯}$$

$$\underset{\underset{Br\;\;Br}{|\quad\;|}}{CH=CH}+Br_2 \longrightarrow CHBr_2CHBr_2 \quad 1,1,2,2-\text{四溴乙烷}$$

$$CH\equiv CH+H_2 \xrightarrow[\triangle]{\text{催化剂}} CH_2=CH_2 \qquad CH_2=CH_2+H_2 \xrightarrow[\triangle]{\text{催化剂}} CH_3-CH_3$$

$$CH\equiv CH+HCl \xrightarrow[\triangle]{\text{催化剂}} CH_2=CHCl \quad \text{氯乙烯}$$

(2) 氧化反应　乙炔与氧气点燃后,放出大量热,生成 CO_2 和水,用作气割或气焊。

$$2C_2H_2+5O_2 \xrightarrow{\text{点燃}} 4CO_2+2H_2O$$

乙炔易被氧化剂所氧化,能使高锰酸钾溶液的紫色褪去。

4. 乙炔的实验室制法　由电石(碳化钙)跟水反应制得:

$$CaC_2+2H_2O \longrightarrow C_2H_2\uparrow+Ca(OH)_2$$

(二) 乙炔的同系物

乙炔同系物的物理性质一般也是随着分子里碳原子数的增多而递变的,化学性质与乙炔相似。

四、芳香烃

分子里含有一个或多个苯环的化合物属于芳香族化合物。分子内含有苯环的烃,称为芳香烃。苯和苯的同系物的通式为 $C_nH_{2n-6}(n \geq 6)$。

(一) 苯

1. 苯的组成及分子结构

苯的分子式为 C_6H_6。苯分子具有平面的正六边形结构。常用 ⬡ 或 ⌬ 来表示。

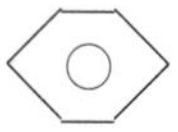

2. 苯的物理性质

苯是没有颜色,带有特殊气味的液体,比水轻,不溶于水。沸点为 80.1℃,熔点 5.5℃。

3. 苯的化学性质

(1) 取代反应

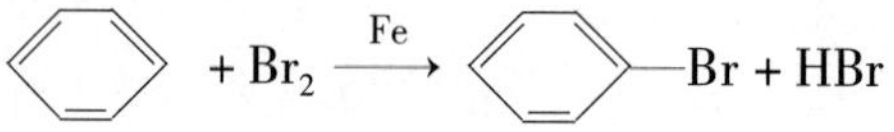

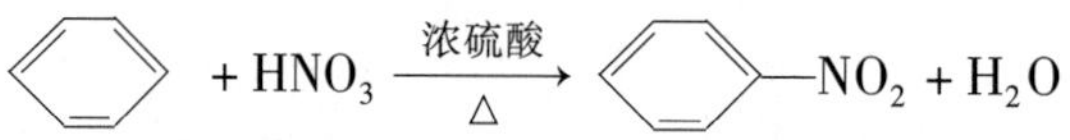

$$C_6H_6 + Br_2 \xrightarrow{Fe} C_6H_5-Br + HBr$$

$$C_6H_6 + HNO_3 \xrightarrow[\triangle]{浓硫酸} C_6H_5-NO_2 + H_2O$$

(硝化反应)   硝基苯

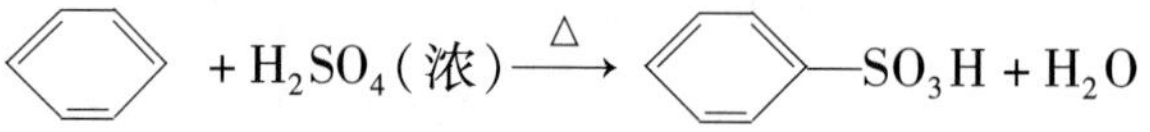

$$C_6H_6 + H_2SO_4(浓) \xrightarrow{\triangle} C_6H_5-SO_3H + H_2O$$

(磺化反应)   苯磺酸

(2) 加成反应

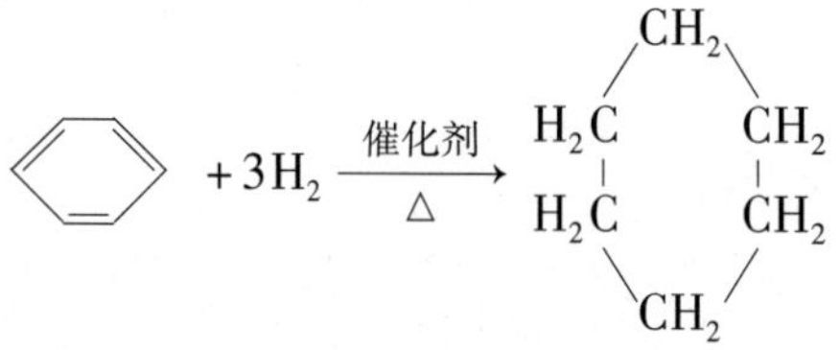

$$C_6H_6 + 3H_2 \xrightarrow[\triangle]{催化剂} C_6H_{12}$$

(3) 氧化反应　苯不能被高锰酸钾氧化,但可以在空气中燃烧,生成二氧化碳和水。

(二) 苯的同系物

甲苯 C_7H_8、二甲苯 C_8H_{10} 等化合物的分子里都含有一个苯环结构。它们都属于苯的同系物。通式为 $C_nH_{2n-6}(n \geq 6)$。二甲苯由于甲基—CH_3 取代位置的不同有 3 种异构体。

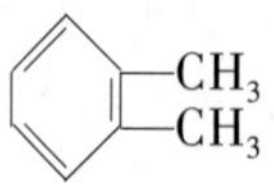

邻二甲苯 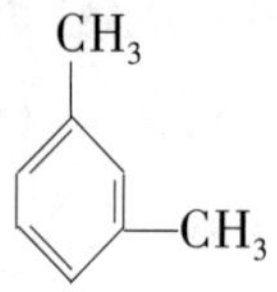　　　　间二甲苯 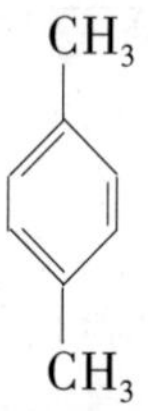　　　　对二甲苯

苯的同系物在性质上跟苯有许多相似之处,能起取代反应、硝化反应等。

习题 5-2

一、选择题

1. 烃是指( )的有机物。
   A. 含有碳、氢元素　　　　　　　　B. 含有碳元素
   C. 仅含碳、氢元素　　　　　　　　D. 燃烧生成二氧化碳和水

2. 下列关于烷烃与烯烃相比较的各种说法中,不正确的是( )
   A. 所含元素的种类相同,通式不同
   B. 均为链烃,烯烃中含碳碳双键,烷烃中不含碳碳双键
   C. 烯烃分子中的碳原子数≥2,烷烃分子中的碳原子数≥1
   D. 碳原子数相同的烯烃和烷烃互为同分异构体

3. 下列物质中属于纯净物的是( )
   A. 石油　　　　B. 煤焦油　　　　C. 氯仿　　　　D. 煤

4. 下列有关甲烷的说法中,不正确的是( )
   A. 通常情况下,甲烷很稳定,与强酸、强碱、强氧化剂都不反应
   B. 光照条件下,甲烷能与溴水发生取代反应,CH_3Br、CH_2Br_2、$CHBr_3$、CBr_4 均只有一种空间结构
   C. 将等物质的量的甲烷和氯气混合后,在漫射光的照射下充分反应,生成物中物质的量最大的是 HCl
   D. 甲烷燃烧放出大量的热,是一种很好的气体燃料

5. 能使酸性 $KMnO_4$ 溶液褪色的物质是( )
   A. 辛烷　　　　B. 乙烯　　　　C. 异丁烷　　　　D. 苯

6. 分子式为 C_4H_6 的烃有多种结构,下列叙述中能说明其结构是 $CH_3—C\equiv C—CH_3$ 的事实是( )
   A. 所有碳原子在同一直线上
   B. 能使酸性高锰酸钾溶液褪色
   C. 与 Br_2 加成可以得到 2 种产物
   D. 1mol 该烃最多能与 2mol Br_2 发生加成反应

7. C_9H_{12} 属于苯的同系物的异构体数目为( )
   A. 7　　　　B. 8　　　　C. 9　　　　D. 10

8. 要区别己烯、苯、甲苯 3 种物质,最适宜的试剂是( )
   A. 酸性 $KMnO_4$ 溶液　　　　　　B. 溴水
   C. 溴水和酸性 $KMnO_4$ 溶液
   D. 氢溴酸和酸性 $KMnO_4$ 溶液

9. 右图是立方烷(Cubane)的球棍模型(黑球代表 C 原子,白球代表 H 原子),分子式为 C_8H_8。下列有关说法错误的是( )
   A. 其一氯代物只有一种同分异构体
   B. 其二氯代物有三种同分异构体

C. 它是一种极性分子

D. 它与苯乙烯(C_6H_5—CH=CH_2)互为同分异构体

10. 下列各种物质完全燃烧,生成 CO_2 和 H_2O 的物质的量之比等于 2∶1 的是(　　)

A. 甲烷　　　　B. 乙炔　　　　C. 乙烯　　　　D. 乙烷

二、填空题

1. 甲烷与氯气可以发生　①　反应;乙烯与氯气可以发生　②　反应;苯与浓硝酸、浓硫酸混合,在 60℃ 条件下,可以发生　③　反应,在该反应中浓硫酸是　④　。

2. 含有两个碳碳双键的碳氢化合物称为二烯烃,1,3-丁二烯是最典型的二烯烃。1,3-丁二烯与 HCl 按物质的量 1∶1 加成时有两种产物:

$$CH_2=CH-CH=CH_2 \xrightarrow{HCl} \begin{array}{l} \xrightarrow{1,4-\text{加成}} CH_3CH=CHCH_2Cl \\ \xrightarrow{1,2-\text{加成}} CH_3CHCl-CH=CH_2 \end{array}$$

(1) 上述 1,2-加成产物的名称是　　　　　　　　　　;

(2) 在光和热的作用下,两分子的 1,3-丁二烯可以发生自身的 1,2-加成及 1,4-加成反应,生成环状二烯烃。如在 100℃ 以上主要生成含一个六元环的二烯烃,其结构简式(或键线式)是　　　　　　　　　　。

3. 将 20mL 乙烷和 10mL 丙烷混合后,通入装有 500mL 氧气的容器中,使其完全燃烧。反应后的混合气体经浓硫酸干燥后所剩气体体积是　①　mL,再经过 NaOH 溶液,剩余气体的体积是　②　mL(气体体积同条件下测定)。

4. 分子式为 C_4H_6 的某烃 0.125mol 可以和 40g 溴加成,经测定溴原子分布在不同的碳原子上,则此烃的结构简式为　　　　。

【参考答案】

一、1. C　2. D　3. C　4. B　5. B　6. A　7. B　8. C　9. C　10. B

二、1. ①取代;②加成;③取代(硝化);④催化剂

2. (1) 3-氯-1-丁烯

(2) ⌬

3. ①450;②380

4. $CH_2=CH-CH=CH_2$

【难题解析】

一、1. 含有氧的有机物燃烧也只生成二氧化碳和水,只有 C 答案正确。

6. H—C≡C—H 中所有原子在同一直线上,则所有碳原子在同一直线上,说明两个甲基取代乙炔中两个氢原子,因此其结构是 $CH_3-C≡C-CH_3$,故 A 符合题意;碳碳双键和碳碳三键均能使酸性高锰酸钾溶液褪色,该分子可能含有两个碳碳双键,如 $H_2C=CHCH=CH_2$,故 B 不符合题意;$H_2C=CHCH=CH_2$ 与 Br_2 加成也可以得到 2 种产物,因此不能说明其结构是 $CH_3-C≡C-CH_3$,故 C 不符合题意;1mol $H_2C=CH-CH=CH_2$ 最多也能与 2mol Br_2 发生加成反应,因此不能说明其结构是 $CH_3-C≡C-CH_3$,故 D 不符合题意。

7. 含 3 个甲基的异构体有 3 个;含有一个甲基一个乙基的异构体有 3 个,含有丙基和异丙

基的异构体各 1 个,共有 8 个异构体。

8. 溴水和烯烃反应褪色,$KMnO_4$ 酸性溶液可与烯烃、甲苯反应褪色。所以答案为 C。

9. 从图中可以看出,立方烷是完全对称结构,属于非极性分子。

10. 烃燃烧每个碳可以生成 1 个 CO_2,每 2 个 H 生成一个 H_2O,所以 B 符合题目要求。

二、3. $C_2H_6 + \dfrac{7}{2}O_2 \longrightarrow 2CO_2 + 3H_2O$

    20 70   40 60

$C_3H_8 + 5O_2 \longrightarrow 3CO_2 + 4H_2O$

10 50   30 40

总体积为 530mL 反应共消耗体积为 $20+70+10+50=150(mL)$,生成 CO_2 为 70mL,经浓 H_2SO_4 干燥后剩余体积为 $530-150+70=450(mL)$,经 NaOH 溶液后,有 $40+30=70(mL)CO_2$ 被吸收,最后剩余 380mL O_2。

4. 根据题意,0.125mol 烃与 40g Br_2 反应,则 1mol 烃与 320g Br_2 反应,Br_2 相对分子质量为 160,则有 2mol Br_2 参加了加成反应。

第三节 烃的衍生物

一、醇

醇是分子中含有跟链烃基结合着的羟基的化合物。醇分子里只含有一个羟基叫作一元醇。由烷烃所衍生的一元醇,叫作饱和一元醇,它们的通式是 $C_nH_{2n+1}OH$,分子里含有两个或两个以上羟基的醇,分别叫作二元醇和多元醇。

(一) 乙醇

1. 乙醇的物理性质

乙醇俗称酒精,它是没有颜色、透明而且具有特殊香味的液体,密度比水小,易挥发,能溶解多种无机物和有机物,能跟水以任意比例互溶。

2. 乙醇的化学性质

(1) 跟金属反应

$$2CH_3CH_2OH + 2Na \longrightarrow 2CH_3CH_2ONa + H_2\uparrow$$
$$\text{乙醇钠}$$

(2) 跟氢卤酸反应 $C_2H_5OH + HBr \xrightarrow{\triangle} C_2H_5Br + H_2O$
                        溴乙烷

(3) 氧化反应 $C_2H_5OH + 3O_2 \xrightarrow[\triangle]{\text{点燃}} 2CO_2 + 3H_2O$

$$2CH_3CH_2OH + O_2 \xrightarrow[\triangle]{\text{催化剂}} 2CH_3CHO + 2H_2O$$
$$\text{乙醛}$$

(4) 消去反应 有机化合物在适当的条件下,从一个分子中脱去一个小分子(如水、卤化氢等分子),而生成不饱和(双键或三键)化合物的反应,叫作消去反应:

$$CH_3CH_2OH \xrightarrow[170℃]{\text{浓硫酸}} CH_2{=\!=}CH_2\uparrow + H_2O$$

乙醇在一定的条件下脱水生成乙醚：

$$2CH_3CH_2OH \xrightarrow[140℃]{浓硫酸} CH_3CH_2OCH_2CH_3 + H_2O$$
$$乙醚$$

两个烃基通过一个氧原子连接起来的化合物叫作醚。通式为 R—O—R′。

（二）醇类

除乙醇外，还有一些在结构和性质上跟乙醇很相似的物质，如甲醇（CH_3OH）、丙醇（$CH_3CH_2CH_2OH$）等。乙二醇 $\begin{pmatrix} CH_2—OH \\ | \\ CH_2—OH \end{pmatrix}$、丙三醇 $\begin{pmatrix} CH_2—OH \\ | \\ CH—OH \\ | \\ CH_2—OH \end{pmatrix}$（俗称甘油）为重要的二元醇和多元醇。

二、酚

羟基跟苯环直接相连的化合物叫作酚。苯分子里只有一个氢原子被羟基取代所得的生成物是最简单的酚，叫苯酚（俗称石炭酸），简称酚。

（一）苯酚的物理性质

纯净的苯酚是无色的晶体，具有特殊气味。常温时，在水中溶解度不大，当温度高于70℃时，能跟水以任意比例互溶。苯酚易溶于乙醇、乙醚等有机溶剂。苯酚有毒。

（二）苯酚的化学性质

1. 跟碱的反应——苯酚的酸性

$$\text{C}_6\text{H}_5\text{—OH} + NaOH \longrightarrow \text{C}_6\text{H}_5\text{—ONa} + H_2O$$

2. 苯环上的取代反应

$$\text{C}_6\text{H}_5\text{OH} + 3Br_2 \longrightarrow \text{Br}_3\text{C}_6\text{H}_2\text{OH} \downarrow + 3HBr$$

三溴苯酚（白色沉淀）

该反应常用于苯酚的定性检验和定量测定。

3. 显色反应

酚类跟 $FeCl_3$ 溶液作用显色。用于检验酚类物质的存在：

$$6C_6H_5OH + Fe^{3+} \longrightarrow [Fe(C_6H_5O)_6]^{3-}（紫色）+ 6H^+$$

三、醛

分子里含有跟烃基结合着的醛基（—CHO）的化合物叫作醛。通式为 $R-\overset{\overset{\displaystyle O}{\|}}{C}-H$。

（一）乙醛

1. 乙醛的物理性质

乙醛是一种无色、具有刺激气味的液体，密度比水小，沸点为20.8℃，易挥发，能跟水、乙醇、乙醚、氯仿等互溶。

2. 乙醛的化学性质

（1）加成反应

$$CH_3-\overset{\overset{O}{\|}}{C}-H + H_2 \xrightarrow[\triangle]{催化剂} CH_3CH_2OH$$

（2）氧化反应

$$CH_3CHO + 2[Ag(NH_3)_2]^+ + 2OH^- \xrightarrow{水浴} CH_3COO^- + NH_4^+ + 2Ag\downarrow + 3NH_3 + H_2O$$

上述反应叫银镜反应，常用来检验醛基的存在。

$$CH_3CHO + 2Cu(OH)_2 \xrightarrow{\triangle} CH_3COOH + Cu_2O\downarrow（砖红色）+ 2H_2O$$

由于乙醛与新制的 $Cu(OH)_2$ 反应，可生成红色的氧化亚铜沉淀，所以也是检验醛基存在的一种方法。醛也可在催化剂作用下直接与 O_2 作用生成酸：

$$2CH_3CHO + O_2 \xrightarrow{催化剂} 2CH_3COOH（乙酸）$$

3. 乙醛的工业制法

乙炔水化法　　$CH\equiv CH + H_2O \xrightarrow{催化剂} CH_3CHO$

乙烯氧化法　　$2CH_2=CH_2 + O_2 \xrightarrow[加热、加压]{催化剂} 2CH_3CHO$

（二）醛类

除乙醛外，还有一些在分子结构上和化学性质上都跟乙醛相似的物质，如甲醛（HCHO）、丙醛（CH_3CH_2CHO）等，它们都能被还原为醇，被氧化为酸，都能起银镜反应等。

单体间相互反应而成高分子化合物，同时还生成小分子（如水、氨等分子）的反应叫缩聚反应。如苯酚与甲醛在催化剂作用下生成酚醛树脂：

$$nC_6H_5OH + nHCHO \xrightarrow{催化剂} \text{{\Large[}}C_6H_3OHCH_2\text{{\Large]}}_n + nH_2O$$

四、羧酸

分子里烃基跟羧基（—COOH）直接相连的有机化合物叫作羧酸。一元羧酸的通式为R—COOH。

（一）乙酸

1. 乙酸的物理性质

乙酸是一种有强烈刺激性气味的无色液体，易溶于水和乙醇。无水乙酸又称冰醋酸。

2. 乙酸的化学性质

（1）酸性　　乙酸是一种弱酸，但比碳酸的酸性强，具有酸的通性：

$$CH_3COOH \rightleftharpoons CH_3COO^- + H^+$$

（2）酯化反应　　酸跟醇起作用，生成酯和水的反应叫作酯化反应：

$$CH_3COOH + C_2H_5OH \underset{\triangle}{\overset{浓硫酸}{\rightleftharpoons}} CH_3COOC_2H_5 + H_2O$$

乙酸乙酯

3. 乙酸的制法

（1）乙烯氧化法

$$2CH_2\!=\!CH_2 + O_2 \xrightarrow[\text{加热、加压}]{\text{催化剂}} 2CH_3CHO$$

$$2CH_3CHO + O_2 \xrightarrow{\text{催化剂}} 2CH_3COOH$$

（2）烷烃直接氧化法

$$2CH_3CH_2CH_2CH_3 + 5O_2 \xrightarrow[\text{加温、加压}]{\text{催化剂}} 4CH_3COOH + 2H_2O$$

（二）羧酸

除乙酸外，还有一些在分子结构和化学性质上都跟乙酸相似的物质，如甲酸（HCOOH）、丙酸（CH_3CH_2COOH）等。它们都具有酸性，能发生酯化反应等。甲酸结构中既含有一个羧基又含有一个醛基，所以甲酸除具有酸的性质外，还具有醛的性质。

五、酯

酸跟醇起反应，生成水和一类叫作酯的化合物。酯可以简单表示为：
$$R\!-\!\overset{\overset{\displaystyle O}{\|}}{C}\!-\!O\!-\!R'$$

（一）酯的物理性质

酯一般密度比水小，难溶于水，易溶于乙醇和乙醚等有机溶剂。低级酯是有芳香气味的液体。

（二）酯的水解

酯的水解反应是酯化反应的逆反应。当有碱存在时，水解程度更大：

$$CH_3COOC_2H_5 + H_2O \xrightleftharpoons{\text{无机酸或碱}} CH_3COOH + C_2H_5OH$$

$$RCOOH + NaOH \longrightarrow RCOONa + H_2O$$

六、油脂

油脂是由多种高级脂肪酸如硬脂酸、软脂酸或油酸等跟甘油生成的甘油酯。一般说来，呈固态的油脂叫作脂肪，呈液态的油脂叫作油。它们的结构可以表示为

$$\begin{array}{c} R_1\!-\!\overset{\overset{\displaystyle O}{\|}}{C}\!-\!O\!-\!CH_2 \\ R_2\!-\!\overset{\overset{\displaystyle O}{\|}}{C}\!-\!O\!-\!CH \\ R_3\!-\!\overset{\overset{\displaystyle O}{\|}}{C}\!-\!O\!-\!CH_2 \end{array}$$

（一）油脂的物理性质

油脂的密度比水小，不溶于水，易溶于汽油、乙醚、苯等多种有机溶剂。

(二) 油脂的化学性质

1. 油脂的氢化(硬化)

$$\begin{array}{l}C_{17}H_{33}COO-CH_2\\C_{17}H_{33}COO-CH\\C_{17}H_{33}COO-CH_2\end{array} + 3H_2 \xrightarrow[\text{加热、加压}]{\text{催化剂}} \begin{array}{l}C_{17}H_{35}COO-CH_2\\C_{17}H_{35}COO-CH\\C_{17}H_{35}COO-CH_2\end{array}$$

油酸甘油酯(油)　　　　　　　硬脂酸甘油酯(脂肪)

2. 油脂的水解

$$\begin{array}{l}C_{17}H_{35}COO-CH_2\\C_{17}H_{35}COO-CH\\C_{17}H_{35}COO-CH_2\end{array} + 3H_2O \xrightarrow[\Delta]{H_2SO_4} 3C_{17}H_{35}COOH + \begin{array}{l}CH_2-OH\\CH-OH\\CH_2-OH\end{array}$$

硬脂酸甘油酯　　　　　　　　　　硬脂酸　　　甘油

如果油脂的水解反应,是在有碱存在的条件下进行的,则生成高级脂肪酸钠,这个反应也叫皂化反应：

$$\text{硬脂酸甘油酯} + NaOH \xrightarrow{\Delta} \text{硬脂酸钠} + \text{甘油}$$

七、部分烃的衍生物的结构和特性反应(见表 5-1 和表 5-2)

表 5-1　各类烃的衍生物代表物的结构和性质

类别		醇	酚	醛	羧酸	酯	油脂
代表物	名称	乙醇	苯酚	乙醛	乙酸	乙酸乙酯	
	结构式	H H H-C-C-OH H H	⬡-OH	O ‖ CH₃-C-H	O ‖ CH₃-C-OH	O ‖ CH₃-C-OC₂H₅	R₁-COO-CH₂ R₂-COO-CH R₃-COO-CH₂
	主要化学性质	(1) 与 Na 反应; (2) 与 HX 反应; (3) 脱水成烯,成醚; (4) 氧化成醛; (5) 与酸成酯	(1) 与 NaOH 反应; (2) 与溴水反应; (3) 与 FeCl₃ 反应	(1) 还原成醇; (2) 氧化成酸	(1) 酸的通性; (2) 酯化反应	发生水解生成酸和醇	(1) 水解(皂化); (2) 氢化或硬化

表 5-2　部分有机物与 Cu(OH)₂ 的作用

物质 试剂	乙醇	甲酸	乙酸	乙醛	甘油
新制 Cu(OH)₂ 悬浊液	无明显变化	溶解	溶解	无明显变化	溶解,呈绛蓝色
(将以上混合物)加热	黑色沉淀	砖红色沉淀	无明显变化	砖红色沉淀	—

习题 5-3

一、选择题

1. 下列官能团的名称与符号对应不正确的是（　　）
   A. 卤素原子（—X）　　　　　　　　B. 羟基（—OH）
   C. 羧基（—COOH）　　　　　　　　D. 硝基（—NO$_3$）

2. 下列变化中,属于加成反应的是（　　）
   A. 油——甘油　B. 油——脂肪　C. 醇——卤代烷　D. 苯——硝基苯

3. 白酒、食醋、蔗糖、淀粉等均为家庭厨房中常用的物质,利用这些物质能完成下列实验中的（　　）
   ①检验自来水中是否含氯离子　　　　②鉴别食盐和小苏打
   ③检验蛋壳能否溶于酸　　　　　　　④检验白酒中是否含甲醇
   A. ①②　　　　B. ②③　　　　C. ①④　　　　D. ③④

4. 做过银镜反应的试管,若将内壁的银洗去,应选用（　　）
   A. 浓氨水　　　B. 盐酸　　　C. 硝酸　　　D. 烧碱溶液

5. 下列溶液中通入过量 CO_2 气体后,溶液变浑浊的是（　　）
   A. 石灰水　　　B. 乙酸钠溶液　　　C. 苯酚钠溶液　　　D. 烧碱溶液

6. 既可以用来鉴别乙烷和乙烯,又可以用来除去乙烷中混有的少量乙烯的操作方法是（　　）
   A. 混合气通过盛有水的洗气瓶
   B. 混合气通过装有过量溴水的洗气瓶
   C. 混合气体与过量 H_2 混合
   D. 混合气与足量溴蒸气混合

7. 下列物质中,能发生银镜反应的是（　　）
   A. 甲醇　　　B. 乙酸甲酯　　　C. 丙酮　　　D. 甲酸

8. 交警对驾驶员是否酒后驾车的一种测定原理是:橙色的酸性 $K_2Cr_2O_7$ 遇呼出的乙醇蒸气迅速生成蓝绿色的 Cr^{3+}。下列关于乙醇的性质中,与此测定原理有关的是（　　）
   ①乙醇沸点低;②乙醇密度比水小;③乙醇有还原性;④乙醇与水以任意比互溶;⑤乙醇可燃烧;⑥乙醇是烃的含氧化合物。
   A. ②⑤　　　B. ①③　　　C. ②④⑥　　　D. ①③⑥

9. 下列物质中,既能与 Na 反应又能与 Na_2CO_3 反应放出气体的是（　　）
   A. 乙苯　　　B. 乙酸　　　C. 苯酚　　　D. 乙醇

10. 一定量的饱和一元醇与足量的钠反应,可得到 22.4 L H_2（标准状况下）。等量的该醇完全燃烧生成 264g CO_2,该醇是（　　）
    A. 1-丙醇　　　B. 乙醇　　　C. 1-丁醇　　　D. 1-戊醇

二、填空题

1. 等物质的量浓度的 HCl、C_6H_5OH、H_2CO_3、CH_3COOH、C_6H_5ONa、C_2H_5OH,pH 值由大到小的顺序是_____。

2. 分子式为 C_7H_8O 的含苯环结构的有机物有_____种,其中不属于酚类的是(写结构简式)_____。

3. 丙酸在水溶液中电离的方程式为_____。如果向丙酸溶液中加入丙酸钠固体,电离平衡向_____移动,溶液 pH _____。

4. 证明工业酒精中含有少量水所用的试剂为_____,除去这些水分常用的试剂为_____。

5. 饱和一元醇30g和足量钠反应,生成0.5g氢气,此醇的结构简式为_____。

6. 某有机物 A,由 C、H、O 三种元素组成,在一定条件下,由 A 可以逐步衍生出有机物 B、C、D、E 及 F 等,衍生关系如下:

$$B \xleftarrow[\Delta]{HBr} A \xrightleftharpoons[\text{还原}]{\text{氧化}} D \xrightarrow{\text{氧化}} E$$

$$C \xleftarrow[170℃]{\text{浓硫酸}} A \xrightarrow{H^+ \ \Delta} F$$

已知 D 的蒸气密度是 H_2 的 22 倍,并可发生银镜反应。

(1) A、B、C、D、E、F 的结构简式分别为_____、_____、_____、_____、_____、_____。

(2) 写出实现 A ⟶ B、A ⟶ C、A + E ⟶ F 反应的化学方程式_____、_____、_____。

7. 某实验小组用下列装置进行乙醇催化氧化的实验:

(1) 实验过程中铜网出现红色和黑色交替的现象,请写出相应的化学方程式。_____;_____;在不断鼓入空气的情况下,熄灭酒精灯,反应仍能继续进行,说明该乙醇的氧化反应是_____反应。

(2) 甲和乙两个水浴的作用不相同。甲的作用是_____;乙的作用是_____。

(3) 反应进行一段时间后,干燥试管 a 中能收集到不同的物质,它们是_____;集气瓶中收集到的气体的主要成分是_____。

(4) 若试管 a 中收集到的液体用紫色石蕊试纸检验,试纸显红色,说明液体中还含有_____;要除去该物质,可先在混合液中加入_____(填写字母)。

  a. 氯化钠溶液   b. 苯   c. 碳酸氢钠溶液   d. 四氯化碳

8. 油脂包括_____和_____,是由_____和_____反应生成的_____。液态的油脂可以通过_____反应转化为固态的油脂。

9. 某有机物6g,在空气中充分燃烧,产生8.8g CO_2 和3.6g H_2O。

(1) 该有机物的最简式是_____;

(2) 若该有机物蒸气对 H_2(标准状况)的相对密度为15,则有机物名称是_____,结构简式为_____;

(3) 若该有机物可使石蕊试剂变红,则其名称是_____,结构简式为_____;

(4) 若该有机物可水解,生成另外两种有机物,且其中一种可逐步氧化成另一种,则其名称是_____,结构简式是_____。

【参考答案】

一、1. D 2. B 3. B 4. C 5. C 6. B 7. D 8. B 9. B 10. A

二、1. $C_6H_5ONa > C_2H_5OH > C_6H_5OH > H_2CO_3 > CH_3COOH > HCl$

2. 5;苯甲醇(结构简式含 CH_2OH) 苯甲醚(结构简式含 OCH_3)

3. $CH_3CH_2COOH \rightleftharpoons CH_3CH_2COO^- + H^+$;逆反应方向;增大

4. 无水 $CuSO_4$;新制生石灰

5. $CH_3CH_2CH_2OH$ 或 $CH_3-CH(OH)-CH_3$

6. (1) A:CH_3CH_2OH B:CH_3CH_2Br C:$CH_2=CH_2$ D:CH_3CHO E:CH_3COOH F:$CH_3COOC_2H_5$

(2) A $\longrightarrow$ B $CH_3CH_2OH + HBr \longrightarrow CH_3CH_2-Br + H_2O$

$CH_3CH_2OH \xrightarrow[170℃]{浓硫酸} CH_2=CH_2\uparrow + H_2O$

A + E $\longrightarrow$ F   A $\longrightarrow$ C

$CH_3CH_2OH + CH_3COOH \xrightarrow[\triangle]{浓硫酸} CH_3COOC_2H_5 + H_2O$

7. (1) $2Cu + O_2 \xrightarrow{加热} 2CuO$;$CH_3CH_2OH + CuO \xrightarrow{加热} CH_3CHO + Cu + H_2O$;放热

(2) 加热;冷却 (3) 乙醛、乙醇、水;氮气 (4) 乙酸;c

8. 脂肪;油;高级脂肪酸;甘油;酯;氢化(硬化)

9. (1) CH_2O (2) 甲醛;HCHO (3) 乙酸;CH_3COOH (4) 甲酸甲酯;$CH_3O-\overset{\overset{O}{\|}}{C}H$

【难题解析】

一、1. 硝基为 $-NO_2$

2. 液态的油脂称为油。油之所以为液态,是因为其含有较多的不饱和键。利用加氢的方法使不饱和键饱和,可以提高其熔点,即常温下变为固态的脂肪。

3. 检验自来水中的 Cl^- 可用硝酸银。白酒中的甲醇检验要用化学仪器。

4. 银只能与强氧化性的硝酸反应,生成硝酸银。

6. 溴水可以用来鉴别乙烷和乙烯,也可以通过溴水洗气瓶除去乙烷中少量的乙烯(溴乙烷为液态,微溶于水)。

7. 甲酸含有醛基结构,具有还原性,能发生银镜反应。

8. 其实列出的几项都是乙醇的特点,但与测定有关的只有①(沸点低,有挥发性)和③(被 $K_2Cr_2O_7$ 氧化)。

10. 2mol 一元醇与钠反应生成1mol H_2,则该醇含碳数为 $\dfrac{264}{2\times 44}=3$,A 答案正确。

二、5. 1mol 一元醇与钠反应,能生成1g H_2,则1mol 该醇的相对分子质量为60,由此可以推出该醇为丙醇或异丙醇。

6. 本题的突破口是 A $\xrightarrow[170℃]{浓硫酸}$ C(乙醇脱水生成乙烯)和 D 能发生银镜反应(D 为醛),再由 D 的相对分子质量为44 去验证。

7. 本题的主线是乙醇的催化氧化,氧化铜为黑色,铜为红色。

9. C∶H = $\dfrac{8.8}{44}:\dfrac{3.6\times 2}{18}$ = 1∶2

6g 该有机物含碳为 $\dfrac{8.8}{44}=0.2(\text{mol})$

则最简式的式量为30(含 1mol 碳)最简式为 CH_2O,按最简式推算,含 2 个碳的分子式为 $C_2H_4O_2$,其结构简式为 CH_3COOH 或 $HCOOCH_3$。

第四节 糖类和蛋白质

一、糖类

糖类是由碳、氢、氧3种元素组成的,分子式大都可用 $C_n(H_2O)_m$ 表示(n 和 m 可以相同,也可以不相同)。糖类分为单糖、低聚糖和多糖。

(一) 单糖
单糖是不能水解生成更简单的糖。

1. 葡萄糖

(1) 葡萄糖的组成 葡萄糖是一种多羟基醛,分子式为 $C_6H_{12}O_6$,结构简式为
$$CH_2OH—CHOH—CHOH—CHOH—CHOH—CHO$$

(2) 葡萄糖的物理性质 葡萄糖为白色晶体、溶于水。

(3) 葡萄糖的化学性质 葡萄糖具有的醛基,既能被氧化剂氧化成羧基,又能被还原剂还原成醇羟基。葡萄糖具有醇羟基,能跟酸起酯化反应。

葡萄糖能发生银镜反应:

$CH_2OH—(CHOH)_4—CHO + 2[Ag(NH_3)_2]^+ + 2OH^- \xrightarrow{水浴} CH_2OH—(CHOH)_4—COO^- + NH_4^+ +2Ag\downarrow + H_2O + 3NH_3$

葡萄糖也能跟新制 $Cu(OH)_2$ 反应产生砖红色 Cu_2O 沉淀:

$CH_2OH—(CHOH)_4—CHO + 2Cu(OH)_2 \xrightarrow{水浴} CH_2OH—(CHOH)_4—COOH + Cu_2O\downarrow + 2H_2O$

(4) 葡萄糖的工业制法

$$(C_6H_{10}O_5)_n + nH_2O \xrightarrow[\Delta]{催化剂} nC_6H_{12}O_6$$

淀粉　　　　　　　　　葡萄糖

2. 果糖

果糖（$C_6H_{12}O_6$）是葡萄糖的同分异构体，结构简式为

$$CH_2OH-CHOH-CHOH-CHOH-CO-CH_2OH$$

果糖比蔗糖甜，不易结晶，通常是黏稠的液体，易溶于水。纯净的果糖是白色晶体。

（二）二糖

糖类水解后能生成几个分子单糖的叫作低聚糖。根据水解后生成的单糖分子是二个、三个等，低聚糖又分为二糖、三糖等。二糖中最重要的是蔗糖。

1. 蔗糖

蔗糖的分子式是 $C_{12}H_{22}O_{11}$。蔗糖是无色晶体，溶于水。蔗糖分子结构中不含有醛基，不显还原性，不能发生银镜反应，是一种非还原糖。但是，在硫酸等的催化下，蔗糖水解生成一分子葡萄糖和一分子果糖。

$$C_{12}H_{22}O_{11} + H_2O \xrightarrow{催化剂} C_6H_{12}O_6 + C_6H_{12}O_6$$
　　　　蔗糖　　　　　　　　　　　　葡萄糖　　　果糖

因此蔗糖水解后能发生银镜反应。

2. 麦芽糖

麦芽糖（$C_{12}H_{22}O_{11}$）也是应用较广的一种二糖，它是蔗糖的同分异构体。麦芽糖是一种还原糖，能发生银镜反应。在硫酸等催化下，麦芽糖水解生成两分子葡萄糖。

$$C_{12}H_{22}O_{11} + H_2O \xrightarrow{催化剂} 2C_6H_{12}O_6$$
　　　　麦芽糖　　　　　　　　　　　　葡萄糖

（三）多糖

多糖是由很多个单糖分子按照一定的方式，通过在分子间脱去水分子，结合而成的。多糖在性质上跟单糖、低聚糖不同，一般不溶于水，没有甜味，没有还原性。淀粉和纤维素的通式是 $(C_6H_{10}O_5)_n$，但 n 值不同，它们的结构也不相同。

1. 淀粉

淀粉分子中约含有几百个到几千个葡萄糖单元，它的相对分子质量从几万到几十万。这类相对分子质量很大的化合物通常叫高分子化合物。

淀粉是一种白色粉末状的物质，它不溶于冷水，在热水中部分溶解，形成胶状淀粉糊。

淀粉用酸作催化剂发生水解反应，经几步水解，最终生成葡萄糖。葡萄糖能发生银镜反应。

$$(C_6H_{10}O_5)_n + nH_2O \xrightarrow{催化剂} nC_6H_{12}O_6$$
　　　　淀粉　　　　　　　　　　　　葡萄糖

淀粉跟碘作用呈现蓝色，常用碘的溶液检验淀粉的存在与否。

2. 纤维素

纤维素是白色、无臭、无味的物质，不溶于水，也不溶于一般的有机溶剂。它的相对分子质量约为几十万。

跟淀粉一样，纤维素可以发生水解，但较淀粉困难。水解的最终产物是葡萄糖。

$$(C_6H_{10}O_5)_n + nH_2O \xrightarrow{催化剂} nC_6H_{12}O_6$$
　　　　纤维素　　　　　　　　　　　　葡萄糖

二、蛋白质

蛋白质是由氨基酸组成的结构复杂的高分子化合物。氨基酸是一种含氮有机物,它的分子里含有羧基(—COOH)和氨基(—NH$_2$)。例如:

甘氨酸(氨基乙酸)   CH$_2$—COOH
                                       |
                                       NH$_2$

丙氨酸(α-氨基丙酸)   CH$_3$—CH—COOH
                                                 |
                                                NH$_2$

上述氨基酸都是α-氨基酸,即羧酸分子里的α氢原子(离羧基最近的碳原子上的氢原子为α氢原子,离羧基次近的碳原子上的氢原子依次为β氢原子等)被氨基取代的生成物。

氨基酸的分子里既有酸性基(羧基),又有碱性基(氨基),氨基酸是两性分子。氨基酸分子间能互相结合而形成高分子化合物。由氨基酸相互结合形成的相对分子质量在10000以上的化合物,称为蛋白质。

$$H-\underset{H}{N}-CH_2-\underset{O}{C}-OH + H-\underset{H}{N}-CH_2-\underset{O}{C}-OH + \cdots \longrightarrow$$

$$H_2N-CH_2-\underset{O}{C}-\underset{H}{N}-CH_2-\underset{O}{C}-\cdots + nH_2O$$

在热、酸、碱、重金属盐、紫外线等作用下,蛋白质会凝结起来,而且不再溶解,同时也失去了它们生理上的作用。蛋白质的这种变化叫作变性。

蛋白质可以跟许多试剂发生颜色反应,例如,有些蛋白质跟浓硝酸作用时呈黄色。

在蛋白质溶液中加入 Na$_2$SO$_4$、(NH$_4$)$_2$SO$_4$ 等盐类物质,可使蛋白质从溶液中析出,这个过程叫盐析。

将蛋白质中少量的盐类物质通过隔离膜扩散到膜外溶剂中去的过程叫渗析。

蛋白质在灼烧时有烧焦羽毛的特殊气味。

蛋白质在酸、碱或酶的作用下可发生水解,最终生成多种氨基酸。

习题 5–4

一、选择题

1. 下列各对物质互为同分异构体的是( )
   A. 1-丁烯、1,3-丁二烯   B. 蔗糖、麦芽糖   C. 蛋白质、氨基酸   D. 淀粉、纤维素

2. 在一定条件下,既能发生氧化反应,又能发生还原反应的是( )
   A. 葡萄糖   B. 乙二醇   C. 乙二酸   D. 乙酸乙酯

3. 下列物质中既能与盐酸反应,又能与烧碱溶液反应的有机化合物是( )
   A. 甘氨酸   B. 乙酸   C. 淀粉   D. 苯酚

4. 下列关于淀粉和纤维素的叙述正确的是( )
   A. 两者都属于糖类,所以都有甜味

B. 两者化学式相同,所以属于同分异构体

C. 两者具有相同的通式,所以化学性质相同

D. 两者都含有碳元素、氢元素和氧元素

5. 糖类、脂肪和蛋白质是维持人体生命活动所必需的三大营养物质。以下叙述正确的是（ ）

A. 植物油不能使溴的四氯化碳溶液褪色

B. 淀粉水解的最终产物是葡萄糖

C. 葡萄糖能发生氧化反应和水解反应

D. 蛋白质溶液遇硫酸铜后产生的沉淀能重新溶于水

二、填空题

1. 葡萄糖的结构简式为_____,它属于_____糖,从结构上来看,它是一种_____。所以它既像_____类有机物一样可发生_____反应,又像_____类有机物一样可以发生_____反应。

2. 在蛋白质溶液中加入饱和食盐水,可使蛋白质从溶液中析出,这种作用叫作_____。在蛋白质溶液中加入 $HgCl_2$ 溶液,蛋白质会_____,这种变化叫作_____。蛋白质遇浓硝酸变_____色。

【参考答案】

一、1. B 2. A 3. A 4. D 5. B

二、1. $CH_2(OH)-CH(OH)-CH(OH)-CH(OH)-CH(OH)-CHO$;单;多羟基醛;醇;酯化;醛;氧化还原

2. 盐析;凝结;变性;黄

【难题解析】

一、1. 1-丁烯含1个双键,1,3-二丁烯含有2个双键,二者不能成为同分异构体;蛋白质的水解产物是氨基酸,淀粉和纤维素为高分子化合物,没有固定的分子组成。只有蔗糖和麦芽糖的分子式相同而结构不同,互为同分异构体。

2. 葡萄糖属于醛糖,既可以被氧化为酸又可以被还原为醇。

3. 氨基酸含有—NH_2 和—COOH,既可以和酸反应（—NH_2）又可以和碱反应（—COOH）。

4. 植物油含有不饱和键,可以和溴的 CCl_4 溶液反应。葡萄糖不能发生水解反应。蛋白质遇 $CuSO_4$ 后发生变性反应,沉淀后不能重新溶于水。

典型例题

例题1 有机物 $CH_3-CH(CH_3)-C(CH_3)(C_2H_5)-CH_2-CH_2(C_2H_5)$ 按系统命名法命名为_____。

【分析】 按系统命名法命名烷烃时,首先应选择最长的碳链为主链。对于较复杂的物质,为了清楚地表现出它的结构,将主链上所有的碳原子写成直链形式,将其他的原子或原子团分别连在主链相应的碳原子上,并写在直链的上方或下方。然后从距离支链较近的一端给主链编

号：

$$\overset{1}{CH_3}-\overset{2}{\underset{\underset{}{|}}{CH}}-\overset{3}{\underset{\underset{C_2H_5}{|}}{\overset{\overset{CH_3}{|}}{C}}}-\overset{4}{CH_2}-\overset{5}{CH_2}-\overset{6}{CH_2}-\overset{7}{CH_3}$$
（位置 2 上为 CH_3，位置 3 上为 CH_3 和 C_2H_5）

最后再根据"先标注取代基后说主链；先说简单的取代基，后说复杂的取代基"的原则命名。

【答案】 2,3－二甲基－3－乙基庚烷

【说明】 ①选主链时应注意像—C_2H_5这种缩写形式，它本身就包括着两个碳原子。②若主链的选择同时有几种可能，应选择含有支链较多的最长碳链为主链。③在名称中有两种数字的表示方式，如"2"与"二"，其中阿拉伯数字表示取代基的位置，而大写的"二"则表示取代基的个数。

例题 2 等物质的量的下列物质完全燃烧，消耗氧气最多的是（ ）

A. CH_4　　　　　B. C_2H_4　　　　　C. C_3H_4　　　　　D. C_6H_6

【分析】 求算烃完全燃烧时的耗氧量时，如果熟悉烃完全燃烧时的方程式通式，就可以简化运算。因为等物质的量的烃完全燃烧时耗氧量就是 $x+y/4$。对于 A 选项 $x+y/4=2$；对于 B 选项 $x+y/4=3$；对于 C 选项 $x+y/4=4$；对于 D 选项 $x+y/4=7.5$，所以我们很快就得出结论。

【答案】 D

【说明】 如果选项中有含氧衍生物，例 C_2H_6O，只要将其分子式作一简单变形就可以简化运算。因为燃烧时有机物中的氧最终存在于生成的水或二氧化碳中，假定在水中，那只需将有机物中的氧原子和它生成水时需结合的氢原子一起从原含氧衍生物分子中去掉，就可将含氧衍生物的耗氧量转变成烃的耗氧量问题。例如 C_2H_6O 首先把它看成 $C_2H_4(H_2O)$，这时候它的耗氧量就是 C_2H_4 的耗氧量，根据 $x+y/4$ 可得 1mol 的 C_2H_6O 的耗氧量 3mol。

例题 3 既可以鉴别甲烷与乙烯，又可以除去甲烷中乙烯的物质是（ ）

A. 溴水　　　　　　　　　　　　B. 酸性高锰酸钾溶液

C. 氢气　　　　　　　　　　　　D. 氢氧化钠溶液

【分析】 B 选项是错误的，酸性高锰酸钾溶液可以用于鉴别甲烷和乙烯，但不能用于除杂，因为将乙烯通入酸性高锰酸钾溶液时，乙烯就会被氧化生成一种新的气体杂质二氧化碳，所以不能获得纯净的甲烷气体。至于 C 和 D，更是不能鉴别，也不能除杂。

【答案】 A

例题 4 用化学方法鉴别下列 5 种液体（只要求写出鉴别的先后顺序和使用的化学试剂，不要求写出具体的操作方法）：

(1)苯；(2)乙醇；(3)己烯；(4)乙醛；(5)苯酚溶液。

【分析】 本题要求对 5 种物质一一加以鉴别，这种情况下一般是先比较这几种物质性质上的不同，找出在此范围内具有独特反应的物质，先进行鉴别。如本题中的乙醛（能发生银镜反应或与新制氢氧化铜反应）和苯酚溶液（能与 $FeCl_3$ 溶液或饱和溴水反应）；排除了乙醛和苯酚溶液后，在剩下的物质中再比较，找出这个更小范围内具有特性的物质，如己烯（使溴水褪色），乙醇（与金属钠反应，有气体放出）这样逐一比较和排除，最后剩下一种物质，鉴别就完成了。

【答案】

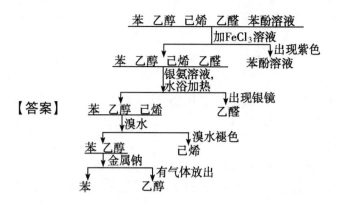

例题 5 某有机物由 C、H、O 三种元素组成,该有机物分子内氢原子个数是碳原子和氧原子个数之和,该有机物分子中的每个碳原子上都有能与氢发生加成反应的官能团,1mol 该物质可与 2mol 氢气完全反应,该物质能够发生银镜反应,并能使酸性 $KMnO_4$ 溶液褪色,试回答:

(1)此有机物结构简式为_____。

(2)写出下列反应的化学方程式:

①1mol 此有机物与 2mol H_2 的加成反应;

②该有机物的银镜反应。

【解答】 因为 1mol 物质能够与 2mol 氢气反应,知该物质有两个不饱和键,又因为此物质能发生银镜反应,就知道该物质有一个双键和一个醛基,所以 CH_2=CHCHO 符合题给的条件。

CH_2=CHCHO + 2H_2 $\xrightarrow{催化剂}$ $CH_3CH_2CH_2OH$

CH_2=CHCHO + 2Ag(NH_3)$_2$OH $\xrightarrow{\triangle}$ CH_2=CHCOONH_4 + 2Ag↓ + 3NH_3↑ + H_2O

例题 6 4 种同类有机物 A、B、C、D,它们的分子式都是 $C_4H_{10}O$,已知 A 可氧化为 E,B 可氧化成 F,C 除燃烧外不被氧化,A 和 C 分别脱水后得到同一种不饱和烃,E 和 F 都发生银镜反应,则 A、B、C、D、E、F 的结构简式为_____。

【分析】 由分子式 $C_4H_{10}O$ 知 A、B、C、D 可能为醇或醚。又因为 A、B 都能被氧化,产物又能发生银镜反应,知此类物质为醇。因为 C 除燃烧外不被氧化,知 C 为 $CH_3-\underset{\underset{CH_3}{|}}{\overset{\overset{CH_3}{|}}{C}}-OH$,C

脱水生成 $CH_3-\underset{\underset{}{}}{\overset{\overset{CH_3}{|}}{C}}=CH_2$,而 A 脱水也得异丁烯,所以 A 为 $CH_3-\overset{\overset{CH_3}{|}}{CH}-CH_2OH$,E 为

$CH_3-\overset{\overset{CH_3}{|}}{CH}-CHO$,B 氧化成 F,F 能发生银镜反应,所以 B 为 $CH_3CH_2CH_2CH_2OH$,F 为 $CH_3CH_2CH_2CHO$。

【答案】 A: $CH_3-\overset{\overset{CH_3}{|}}{CH}-CH_2OH$　B: $CH_3CH_2CH_2CH_2OH$　C: $CH_3-\underset{\underset{CH_3}{|}}{\overset{\overset{CH_3}{|}}{C}}-OH$

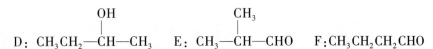

D：CH₃CH₂—CH(OH)—CH₃   E：CH₃—CH(CH₃)—CHO   F：CH₃CH₂CH₂CHO

例题 7 某链烃 A 分子中碳和氢元素的质量比为 6∶1，A 的蒸气对氢气的相对密度为 21，则 A 的结构简式为_____。

【分析】 要写出 A 的结构简式，必须知道 A 的分子式。所以这是一道求化合物分子式的题目。

(1) 求元素的物质的量之比即原子个数比——求最简式

$$n(C):n(H)=\frac{6}{12}:\frac{1}{1}=1:2$$

此有机物分子中碳原子与氢原子的个数比为 1∶2，即 CH_2（习惯叫作最简式）。

(2) 求有机物的相对分子质量 M

$$M=21\times 2=42$$

(3) 求分子式

用相对分子质量与最简式的式量相除：即 $\frac{42}{14}=3$，所以分子式为 C_3H_6。

(4) 求结构简式

题目告知此有机物是链烃，所以只能是烯烃——丙烯，其结构简式为 CH_3—CH=CH_2。

【答案】 CH_3—CH=CH_2

强化训练

一、选择题

1. 下列物质既能与金属钠反应放出气体，又能与纯碱作用放出气体的是_____。
   A. 乙醇（CH_3CH_2OH）   B. H_2O
   C. 乙酸（CH_3COOH）   D. 葡萄糖（$C_6H_{12}O_6$）

2. 下列物质既能使酸性高锰酸钾溶液褪色，又能使溴水褪色，还能和氢氧化钠反应的是_____。
   A. 乙酸   B. 乙酸甲酯   C. 油酸甘油酯   D. 苯甲酸

3. 某一溴代烷水解后的产物在红热铜丝催化下，最多可被空气氧化生成 4 种不同的醛，该一溴代烷的分子式可能是_____。
   A. C_4H_9Br B. $C_5H_{11}Br$ C. $C_6H_{13}Br$ D. $C_7H_{15}Br$

4. 下列各对物质中，互为同系物的是_____。
   A. 正戊烷和新戊烷   B. 乙醇和乙酸
   C. 甲醇和乙醇   D. 邻甲基苯酚和甲苯

5. 只用水就能鉴别的一组物质是_____。
   A. 苯、乙酸、四氯化碳   B. 乙醇、乙醛、乙酸
   C. 乙醛、乙二醇、硝基苯   D. 苯酚、乙醇、甘油

6. 下列有机物：①$CH_2OH(CHOH)_4CHO$；②CH_3CH_2OH；③CH_2=$CHCH_2OH$；④CH_2=$CHCOOCH_3$；⑤CH_2=$CHCOOH$，其中既能发生加成反应、酯化反应，又能发生氧化反应的

是_____。

　　A. ③⑤　　　　　　B. ①③⑤　　　　　C. ②④　　　　　　D. ①③④

7. 下列关于蛋白质的叙述中错误的是_____。

　　A. 蛋白质溶液中加入饱和的硫酸铵溶液,蛋白质析出,将其放入水中又溶解

　　B. 蛋白质能透过滤纸,但不能透过半透膜

　　C. 重金属盐使蛋白质分子变性,所以吞"钡餐"(主要成分是硫酸钡)会中毒

　　D. 浓硝酸溅到皮肤上显黄色

8. 下列各组中的两种有机物,无论以何种比例混合,只要混合物总质量不变,完全燃烧时生成水的质量也不变,符合这一条件的组合是_____。

　　A. CH_2O 和 $C_2H_4O_2$　　　　　　B. C_8H_{10} 和 C_4H_{10}

　　C. C_2H_4 和 C_2H_4O　　　　　　D. C_8H_8 和 $C_4H_{10}O$

9. 通过实验来验证纤维素水解后生成葡萄糖,其实验包括下列一些操作过程,这些操作的正确排列顺序是_____。

①取一团棉花或几小片滤纸;②小火微热,变成亮棕色溶液;③加入几滴90%的浓硫酸,用玻璃棒把棉花或滤纸团搅成糊状;④稍冷,滴入几滴硫酸铜溶液,并加入过量的氢氧化钠溶液使溶液中和至出现氢氧化铜沉淀;⑤加热煮沸。

　　A. ①②③④⑤　　B. ①②④③⑤　　C. ①③②⑤④　　D. ①③②④⑤

10. 酯类物质广泛存在于香蕉、梨等水果中。某实验小组先从梨中分离出一种酯,然后将分离出的酯水解,得到乙酸和另一种化学式为 $C_6H_{14}O$ 的物质。对于此过程,以下分析中错误的是_____。

　　A. $C_6H_{14}O$ 分子含有羟基

　　B. $C_6H_{14}O$ 可与金属钠发生反应

　　C. 实验小组分离出的酯可表示为 $CH_3COOC_6H_{13}$

　　D. 不需要催化剂,这种酯在水中加热即可大量分解

11. 乙酸与甲醇发生酯化反应后生成的酯,其结构简式为_____。

　　A. $CH_3COOCH_2CH_3$　B. $HCOOCH_2CH_3$　C. CH_3COOCH_3　　D. $HCOOCH_3$

12. 我们日常生活中使用的化纤地毯、三合板、油漆等化工产品,在夏天时会释放出少量某种污染空气的气体,该气体是_____。

　　A. 二氧化硫　　　　B. 甲醛　　　　　　C. 甲烷　　　　　　D. 乙醇

13. 只用一种试剂就可以鉴别乙酸溶液、葡萄糖溶液、淀粉溶液,这种试剂是_____。

　A. NaOH 溶液　　　B. $Cu(OH)_2$ 悬浊液　　C. 碘水　　　　　D. Na_2CO_3 溶液

14. 某有机物的氧化产物甲和还原产物乙都能与金属钠反应放出 H_2,甲、乙反应可生成丙,甲、丙都能发生银镜反应,此有机物是_____。

　　A. 甲醛　　　　　　B. 乙醛　　　　　　C. 甲酸　　　　　　D. 乙酸

15. 过量的某饱和一元醇 10g 与乙酸反应生成 11.2g 乙酸某酯,反应后可以回收该醇 1.8g,饱和一元醇的相对分子质量约为_____。

　　A. 98　　　　　　　B. 116　　　　　　　C. 188　　　　　　　D. 196

16. 下列关于苯酚的描述错误的是_____。

　　A. 无色晶体,具有特殊气味　　　　　　B. 能使紫色石蕊试液变红

　　C. 暴露在空气中呈粉红色　　　　　　　D. 有毒

17. 某学生做实验后,采用下列方法清洗所有仪器:①用稀 HNO₃ 清洗做过银镜反应的试管;②用酒精清洗做过碘升华的烧杯;③用盐酸清洗长期盛放 FeCl₃ 溶液的试剂瓶;④用盐酸溶液清洗盛过苯酚的试管。你认为他的操作_____。

A. ②不对　　B. ③不对　　C. ④不对　　D. 全部正确

18. 下列关于官能团的判断中说法错误的是_____。

A. 醇的官能团是羟基(—OH)　　B. 羧酸的官能团是羟基(—OH)
C. 酚的官能团是羟基(—OH)　　D. 烯烃的官能团是双键

19. 四氯化碳按官能团分类应该属于_____。

A. 烷烃　　B. 卤代烃　　C. 烯烃　　D. 羧酸

20. 下列物质中,水解的最终产物中不含葡萄糖的是_____。

A. 蔗糖　　B. 淀粉　　C. 蛋白质　　D. 纤维素

21. 下列各组有机化合物互为同分异构体的是_____。

A. 甲醇和乙醇　　B. 甲醇和甲醚　　C. 乙醇和乙酸　　D. 甲醚和乙醇

二、填空题

1. 在葡萄糖、蔗糖和麦芽糖中,不能发生银镜反应的是_____。

2. 油脂在酸或碱的存在下,能够发生水解生成_____和相应的高级脂肪酸。

3. A、B、C 三种物质化学式都是 C_7H_8O,若滴入 FeCl₃ 溶液,只有 C 呈紫色;若投入金属钠,只有 B 没有变化。据此推断:

(1) 写出 A、B、C 的结构简式:A _____,B _____,C _____;

(2) C 的另外两种同分异构体的结构简式是①_____　②_____。

4. 分别写出最简单的芳香羧酸和芳香醛:_____,_____。

5. 除去溴苯中混有的溴应采取的方法是_____。

6. 现有苯、甲苯、乙烯、乙醇、溴乙烷和苯酚等几种有机物,其中,常温下能与 NaOH 溶液反应的有_____;常温下能与溴水反应的有_____;能与金属钠反应放出氢气的有_____;能与 FeCl₃ 溶液反应呈紫色的是_____。

7. 丙烯酸的结构简式是:$CH_2=CHCOOH$。试写出它与下列物质反应的方程式。

(1) 氢氧化钠溶液_____;

(2) 溴水_____;

(3) 乙醇_____;

(4) 氢气_____。

8. 在常温常压下,下列 4 种烃 CH_4、C_2H_6、C_3H_8、C_4H_{10} 各 1mol,分别在足量的氧气中燃烧,消耗氧气最多的是_____。

9. 瓦斯中,甲烷与氧气的质量比为 1∶4 时,极易发生闪爆,这时甲烷和氧气的体积比是_____。

【强化训练参考答案】

一、选择题

1. C　2. C　3. B　4. C　5. A　6. B　7. C　8. A　9. D　10. D　11. C　12. B

13. B　14. A　15. B　16. B　17. C　18. B　19. B　20. C　21. D

二、填空题

1. 蔗糖

2. 甘油

3.

  A   B   C

4. 苯甲酸；苯甲醛

5. 方法一：加入 KI 溶液，振荡。方法二：用汽油或 CCl_4 萃取出溴。

6. 苯酚；乙烯和苯酚；乙醇和苯酚；苯酚。

7. （1） CH_2=CHCOOH + NaOH ⟶ CH_2=CHCOONa + H_2O

（2） CH_2=CHCOOH + Br_2 ⟶ CHBr—CHBrCOOH

（3） CH_2=CHCOOH + CH_3CH_2OH ⟶ CH_2=CHCOOCH$_2CH_3$ + H_2O

（4） CH_2=CHCOOH + H_2 ⟶ CH_3-CH_2COOH

8. C_4H_{10}

9. 1∶2

【难题解析】

一、1. 与纯碱反应放出气体，说明酸性比 H_2CO_3 强，答案 C。

2. 能使 $KMnO_4$ 和溴水褪色，应该有不饱和键，C 正确。

3. 这里考虑到 Br 在 4 个不同结构中，水解后生成 4 种醇。$CH_3CH_2CH_2CH_2CH_2Br$；$CH_3CH(CH_3)CH_2CH_2Br$；$CH_3C(CH_3)_2CH_2Br$；$CH_3CH_2CH(CH_3)CH_2Br$。注意尾部始终为—CH_2Br（水解生成伯醇，伯醇氧化为醛）。

4. A 为同分异构体。同系物是指在结构上相差 1～n 个—CH_2 的同一类物质。B 和 D 都不是同类物质。

5. 本题应考虑的是水溶性和不相溶的物质分层问题。CCl_4 密度比水大，而苯浮在水面上，乙酸溶于水。

6. 加成反应发生在烯、炔、醛、酮上；酯化反应是醇和酸的反应；氧化反应则是烯、炔、醛等的反应。B 答案正确。

7. 可溶性钡盐有毒，$BaSO_4$ 是沉淀，没有毒性。

8. 本题涉及最简式问题，只要最简式相同，生成的水和 CO_2 的量与混合物成分比例无关。

9. 棉花和纸片主要成分是纤维素。浓 H_2SO_4 具有酸性、脱水性和氧化性，在本题中浓 H_2SO_4 起到消解和溶解纤维素作用。加入 $CuSO_4$ 的目的是指示 NaOH 中和硫酸至弱碱性。

10. 酯水解需要在酸性催化下进行。酯是由酸和醇脱水生成的,水解产物中肯定有醇。

12. 本题是在考生活常识。甲醛是防腐、塑形、合成黏合剂的主要成分,在日常化工产品中经常出现。

13. 用一种试剂鉴别几种物质,需要这种试剂与各物质有不同的反应现象。B 可以在酸中溶解,也可以和葡萄糖反应生成砖红色沉淀。

14. 甲酸既具有酸性,又具有还原性。甲醛氧化为甲酸(甲),也能还原为甲醇(乙),甲乙反应生成甲酸甲酯(丙)。

15. 乙酸相对分子质量为60

$R-OH + CH_3COOH \rightleftharpoons CH_3COOR + H_2O$

M $60+M-18=42+M$

$10-1.8=8.2$ 11.2

$M \approx 116$

16. 苯酚具有非常弱的酸性,接近中性,不能使紫色石蕊试液变红。

17. 苯酚能溶在 NaOH 溶液中,所以④不对。

20. 蛋白质水解的最终产物是氨基酸。

二、1. 蔗糖属于非还原性糖,不能发生银镜反应。

9. $1 : \dfrac{16 \times 4}{32} = 1 : 2$

第六章 化学实验

考试范围与要求

了解常用仪器的主要用途和使用方法;掌握化学实验的基本操作;了解实验室一般事故的预防和处理方法;掌握常见气体的实验室制备方法;能对化学物质进行检验、分离和提纯;能根据实验要求进行分析并得出合理结论。

第一节 常用仪器及用途

一、常用仪器(图6-1)

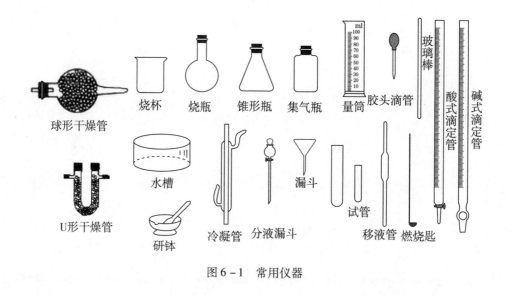

图6-1 常用仪器

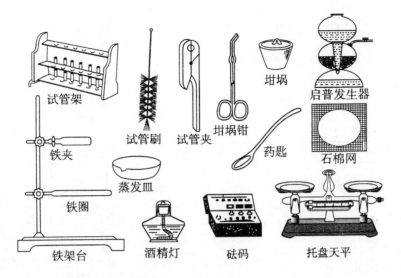

图 6-1 常用仪器(续)

二、常用仪器的使用(表 6-1)

表 6-1 常用仪器的使用

类别	仪器名称		主要用途	使用注意事项
反应器和容器	试管		(1) 用作少量试剂的反应器,在常温或在火焰上直接加热; (2) 收集少量气体; (3) 装置小型的气体发生器	(1) 盛试液一般不超过试管容积的1/3; (2) 管口不应对人,以防液体溅出伤人; (3) 加热盛有固体的试管,管口略下倾斜,以免药品潮湿水、结晶水及产生的水蒸气在管口冷凝倒流,引起试管炸裂
	烧杯		(1) 用作配制、浓缩、稀释溶液或作反应器,可以加热; (2) 可用作水浴等	加热时垫石棉网
	烧瓶	平底	用作反应容器	(1) 加热时垫石棉网; (2) 平底烧瓶不如圆底烧瓶耐压,后者即使加热蒸发,瓶内剩少量液体时,也不致爆炸
		圆底	用于反应、回流、加热或蒸馏	
	锥形瓶		(1) 用于滴定实验; (2) 蒸馏液接收器; (3) 装置气体发生器	(1) 便于液体旋转运动; (2) 加热时垫石棉网
	坩埚		用于灼烧固体物质(瓷坩埚可耐1400℃高温)	(1) 可放在泥三角上直接灼烧到高温; (2) 灼热的坩埚用坩埚钳夹取,避免骤冷
	启普发生器		适用于不易松散并不溶于水的块状固体与液体反应	控制导气管活塞,可使反应随时发生或停止,不能加热,也不能用于强烈的放热反应和剧烈放出气体的反应
	集气瓶		(1) 收集或储存少量气体,瓶口边缘磨砂; (2) 进行物质和气体之间的反应	(1) 不能加热; (2) 如做铁跟氧气反应等实验,瓶内要放些水或铺一层细砂
	滴瓶、细口瓶、广口瓶		分装各种试剂,棕色瓶用于需避光保存的试剂,广口瓶盛放固体,细口瓶盛放液体	不能加热,不能作反应器

(续)

类别	仪器名称	主要用途	使用注意事项
加热仪器	酒精灯	用于加热 1—焰心;2—内焰;3—外焰。	(1) 酒精量以灯容量的 $\frac{1}{4} \sim \frac{2}{3}$ 为宜; (2) 加热时要使用温度高的外焰; (3) 切不可用燃着的酒精灯直接点燃另一盏酒精灯
计量仪器	量筒	粗略量取液体的体积	不能加热,不能作反应容器
	容量瓶	配制准确浓度的溶液	(1) 不能加热,不能作反应容器; (2) 配制溶液时,溶液的温度在室温
	滴定管	分酸式和碱式,主要用于滴定实验,量取准确体积的液体	酸式滴定管只能盛酸性或氧化性溶液,碱式滴定管只能盛碱性溶液
	温度计	用于测量温度	(1) 其水银球部玻璃易碰碎,故不能用作玻璃棒进行搅拌; (2) 不能测量超过它测量范围的温度
	托盘天平（附砝码）	用于精确度不高的称量	(1) 使用前调零; (2) 两边盘中各放质量相同的称量纸,左盘放被称物质,右盘放砝码
蒸发结晶仪器	蒸发皿	用于溶液的蒸发、浓缩或结晶	可放在铁圈或三角架上直接加热
	冷凝管	用于将热蒸气冷凝为液体	倾斜装架,下口进冷水,上口出水
	接液管	用于接蒸馏所导出的液体	接在冷凝管尾部
	表面皿	用于蒸发或作烧杯的盖子	不能直接加热
其他仪器	药匙	用于取少量固体药品	保持干净,取不同药品时必须用滤纸擦净
	燃烧匙	用以盛放可燃固体物质,使之在集满助燃气体的集气瓶中燃烧	一般铜或铁制,遇跟铜或铁反应的物质时,应用石棉绒包住燃烧匙底部或在匙底铺一层砂
	玻璃棒	用于搅拌、过滤或转移液体	保持干净
	研钵	用于研碎晶体	不能砸,只允许压碎或研磨,每研一种物质后,要擦拭干净
	球形干燥管	用于干燥气体或除去气体中杂质;用于防倒吸	气体从大口进入,从小口出来,小口前面要放棉花团,防止干燥剂颗粒随气体排出
	U形干燥管	用于干燥气体或除去气体中杂质	只能放固体,不能放液体

习题 6-1

一、选择题

1. 下列保存试剂的方法错误的是( )
   A. 用带橡皮塞的试剂瓶保存浓溴水
   B. 白磷保存在水中
   C. 浓硝酸保存在密闭的棕色玻璃瓶中
   D. 用密封的塑料瓶保存氢氟酸

2. 下列仪器常用于物质分离的是( )
   ①量筒;②普通漏斗;③滴定管;④容量瓶;⑤分液漏斗;⑥蒸馏烧瓶。
   A. ①③⑤　　　B. ②④⑥　　　C. ②⑤⑥　　　D. ③⑤⑥

3. 下列说法正确的是(　　)
A. 滴定管"0"刻度在滴定管的上端
B. 先将 pH 试纸用蒸馏水润湿后,再测定溶液的 pH
C. 测定中和热时,为了减少热量损失,不要搅拌溶液
D. 配制稀硫酸时,先在量筒中加一定体积的水,再边搅拌边慢慢加入浓硫酸

4. 在下列操作中,仪器(或物品)之间不应该接触的是(　　)
①用胶头滴管向试管内滴液时,滴管与试管内壁
②向容量瓶注入溶液时,玻璃棒与容量瓶内壁
③向试管内倾倒溶液时,试剂瓶口与试管口
④检验试管内是否有氨气产生时,湿润的石蕊试纸与试管口
A. ①②③④　　　B. ①④　　　C. ①②④　　　D. ①③④

5. 配制 0.10mol/L 的 NaCl 溶液,下列操作会导致所配的溶液浓度偏高的是(　　)
A. 称量时,左盘高,右盘低　　　　B. 原容量瓶洗净后未干燥
C. 定容时俯视读取刻度　　　　　 D. 定容时液面超过了刻度线

6. 实验室用 $KClO_3$ 和 MnO_2 制取氧气后,要回收混合物中的 MnO_2,可用的方法是(　　)
A. 蒸发　　　B. 溶解过滤　　　C. 蒸馏　　　D. 重结晶

7. 如图是用于干燥、收集并吸收多余气体的装置,下列方案正确的是(　　)

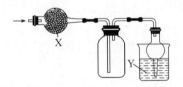

选项	X	收集气体	Y
A	碱石灰	氯化氢	水
B	碱石灰	氨气	水
C	氯化钙	二氧化硫	氢氧化钠
D	氯化钙	一氧化氮	氢氧化钠

二、填空题

1. 下列仪器中不能加热的是_____;能直接放在火焰上加热的是_____;要放在石棉网上加热的是_____。
①坩埚;②烧杯;③烧瓶;④蒸发皿;⑤锥形瓶;⑥量筒;⑦试管;⑧容量瓶;⑨集气瓶;⑩水槽。

2. 某 10% NaOH 溶液,加热蒸发掉 100g 水后得到 80mL 20% 的溶液,则该 20% NaOH 溶液的物质的量浓度为_____。

3. 用于分离或提纯物质的方法有:①分馏;②盐析;③重结晶;④加热分解;⑤过滤;⑥升华;⑦蒸馏;⑧电解;⑨渗析。
把适合下列各组的方法序号填在横线上:
(1) 除去乙醇中微量的食盐_____。
(2) 分离石油中各组分_____。

(3) 除去 Fe(OH)$_3$ 胶体中的杂质离子_____。

(4) 除去 CaO 中少量的 CaCO$_3$ _____。

(5) 除去固体碘中少量的 NaI _____。

(6) 除去 Ca(OH)$_2$ 溶液中少量悬浮的 CaCO$_3$ 微粒_____。

4. 在实验室里电器类起火,应使用_____灭火;少量酒精起火,应使用_____灭火;油类起火,应使用_____灭火。

【参考答案】

一、1. A 2. C 3. A 4. B 5. C 6. B 7. C

二、1. ⑥⑧⑨⑩;①④⑦;②③⑤

2. 6.25mol/L

3. (1) ⑦ (2) ① (3) ⑨ (4) ④ (5) ⑥ (6) ⑤

4. 1211 灭火器;湿抹布;泡沫灭火器

【难题解析】

1. 橡胶中含有不饱和键,溴水能和橡胶发生反应。一般用玻璃塞。

2. 设 20% NaOH 溶液质量为 x,则

$$10\% \times (100 + x) = 20\% x$$

$$x = 100(\text{g})$$

20% NaOH 的密度 $D = \dfrac{100\text{g}}{80\text{mL}} = 1.25(\text{g/mL})$

物质的量浓度 $c = \dfrac{20\% \times 1.25\text{g/mL} \times 1000}{40\text{g/mol}} = 6.25(\text{mol/L})$

第二节 化学实验基本操作

一、试剂的取用

(一) 固体试剂的取用

对于块状固体,要把试管略微倾斜用镊子将块状试剂放在试管口,再把试管慢慢直立,让块状物顺着试管壁缓缓滑进试管底部;对于粉末状试剂,为了防止粉末试剂沾在试管壁上,可将试管横放,用药匙或纸槽将试剂送到接近试管底部时,再将试管直立,如图 6-2 所示。

(二) 液体试剂的取用

取少量液体试剂时,可用胶头滴管吸取,注意不要使液体流进胶头里,滴液时,滴管尖端不可触及器壁也不要伸进容器内。取较多液体药品时,可直接从试剂瓶里倾倒,操作时,标签向着手心,瓶口对靠容器口或用玻璃棒引流,以免试剂流到瓶的外壁,如图 6-3 所示。

图 6-2 用药匙加入固体试剂

图 6-3 液体的倾倒

(三) 浓酸、浓碱的使用

浓酸、浓碱腐蚀性强，使用时要防止沾到皮肤或衣物上。稀释浓硫酸时，要把浓硫酸慢慢倒入水里，边倒边搅拌。切不可把水倒入浓硫酸里。稀释时应在烧杯中进行，不能在量筒或容量瓶中进行。

二、常用化学试剂的存放

必须根据化学试剂的性质采取妥善的保存措施，以防变质、燃烧、爆炸等意外事故。表 6-2 列出几种常用试剂的性能及保存方法。

表 6-2　常用试剂的性能及保存方法

类别	试剂名称	性能及特点	保存方法
易氧化、易燃试剂	白磷(黄磷)	易燃，空气中自燃	浸于水中，存放阴凉处
	钾、钠	易氧化，遇水剧烈反应	浸于煤油中
	有机溶剂(酒精、苯、汽油等)	易燃、具挥发性	密封，置于阴凉处，远离火种
挥发性、腐蚀性试剂	溴	易挥发液体、有毒	浸于水中防止挥发，石蜡密封
	碘	易升华、蒸气有毒	密封、蜡封、置于阴凉处
	浓盐酸	易挥发、有腐蚀性	密封、置于阴凉处
	浓硝酸	易挥发、见光分解、强腐蚀性	装于棕色瓶中，放在阴凉处
	浓硫酸	强腐蚀性，强吸水、脱水性	装于玻璃瓶中，密封保存
挥发性、腐蚀性试剂	氢氟酸	强烈腐蚀玻璃	装在塑料瓶中
	氢氧化钠	易潮解，吸收空气中的 CO_2 而变质，腐蚀玻璃	装于塑料瓶中、密封，溶液盛放在带橡皮塞的瓶中
易分解试剂	浓氨水	易挥发	密封，置于阴凉处
	高锰酸钾	见光、遇热分解，有强氧化性	装于棕色瓶中，避光、热、有机物
	硝酸银	见光分解	装于棕色瓶中，置于阴凉处

三、加热（见表 6-1 中酒精灯、试管的使用）

加热液体时，可以用试管、烧瓶、烧杯、锥形瓶、蒸发皿等。加热固体时，可以用干燥的试管、坩埚等。

用试管进行加热时，必须使用试管夹。夹持试管的方法是：把试管夹从试管底部往上套，夹在试管的中上部，用手拿住试管夹的长柄，注意不要把拇指按在夹子的短柄上。

加热烧瓶或烧杯里的物质时，要放在铁架台的铁圈上（烧瓶要用铁夹夹住颈部），垫上石棉网，使容器受热均匀，不致破裂。加热坩埚时，可以放在石棉网上，也可以放在有泥三角的三脚架上。加热蒸发皿时，放在用铁架台固定的大小合适的铁圈上。

四、溶解和过滤

(一) 固体物质的溶解

颗粒大的固体物质应先在研钵中研细，再加入溶剂，振荡、搅拌或加热使其溶解。

(二) 气体物质的溶解

对于溶解度小的气体，一般将导气管插入水底。但对于易溶于水的气体（HCl、NH_3 等），导气管口只能靠近水面上,防止水沿导气管进入反应容器中。最好将导气管连接一个漏斗,使漏斗边缘刚接触水面,以增加吸收率,如图6-4所示。

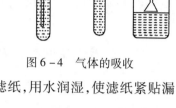

图6-4 气体的吸收

(三) 过滤

过滤是分离液体和固体物质常用的方法。

(1) 滤纸的折叠。将一张圆形滤纸叠成四等份,然后打开成圆锥形放入漏斗中,滤纸边沿应稍低于漏斗边沿,用手压住滤纸,用水润湿,使滤纸紧贴漏斗内壁,中间不要有气泡。

(2) 把装好滤纸的漏斗放在固定好的漏斗架或铁圈上,漏斗颈下端紧贴烧杯内壁,以使滤液沿烧杯壁流下,避免滤液溅出。

(3) 倾倒液体时,要使液体沿着玻璃棒流入漏斗,玻璃棒下端要接触三层滤纸一边,液面要低于滤纸上沿(图6-5)。用少量水洗涤沉淀。

图6-5 过滤

五、蒸发和结晶

(一) 蒸发

蒸发是用加热的方法减少溶液里的溶剂,使溶液浓缩或使溶质从溶液里析出的操作。蒸发使用的仪器主要是蒸发皿,注入蒸发皿里的溶液不得超过蒸发皿容积的2/3,加热蒸发时,可用玻璃棒搅拌以促使水分放出。溶解度较大的溶质,必须蒸发到溶液表面出现晶体膜时才可停止蒸发。溶解度较小的溶质或在高温时溶解度较大而在室温时溶解度较小的溶质,则不必蒸发到液面出现晶体膜就可冷却,如图6-6所示。

图6-6 蒸发

(二) 结晶

结晶是晶体从溶液中析出的过程。当溶液蒸发到一定程度(或饱和)时,把溶液冷却,一般就会有晶体析出。如果要得到纯度较高的晶体,可把初次析出的晶体用溶剂溶解,再经过蒸发、冷却等操作,让物质重新结晶。这个过程叫重结晶。

六、蒸馏和升华

蒸馏是利用液态物质的沸点差别,将液态混合物加以分离和提纯的一种方法。进行蒸馏操作应注意:①温度计的水银球上缘应与蒸馏烧瓶支管的下缘对齐;②按不同组分的沸点控制蒸馏温度;③冷凝水应从冷凝管的下口进入,从上口流出;④蒸馏前,蒸馏烧瓶中应加入几片碎瓷片,以防液体暴沸,如图6-7所示。停止蒸馏时,先停止加热,再关上冷凝水。

升华是指固态物质不经过液态而直接转变成气态的现象。利用升华可以除去不挥发性杂质或分离不同挥发度的固体混合物。升华的气态物质在较低温度下又直接变为固态物质的过程叫凝华。

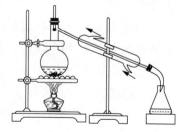

图6-7 蒸馏

七、萃取和分液

(一) 萃取

利用溶质在互不相溶的溶剂里溶解度的不同,用一种溶剂把溶质从它与另一溶剂所组成的溶液里提取出来的方法,叫作萃取。萃取常在分液漏斗中进行,将待萃取溶液加入分液漏斗中,再加入萃取剂、振荡、静置、分层后,打开活塞,使下层液体慢慢流出。上层液体要从分液漏斗上口倒出。

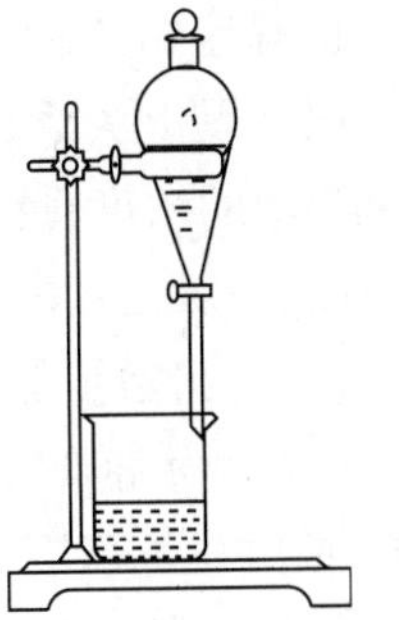

(二) 分液

分液是把两种不相溶的液体分开的操作,常与萃取结合进行,如图6-8所示。

八、溶液的配制

(一) 质量分数溶液的配制

1. 计算

计算出配制一定量的溶液所需溶质和溶剂的量。

2. 称量

用托盘天平称出所需固体溶质的量,放入烧杯中,再用量筒量出所需蒸馏水的体积,注入烧杯中。

3. 溶解

用玻璃棒搅拌促其溶解,如有明显的放热现象,待溶液温度冷却到常温才能转移到细口瓶中。如为浓溶液稀释,要根据浓溶液的密度算出所需浓溶液的体积,再用量筒量取浓溶液和蒸馏水。

图6-8 萃取与分液

(二) 物质的量浓度溶液的配制

1. 计算

根据要求算出所需溶质的量。

2. 称量

固态物质用分析天平准确称取;液态物质用移液管移取。

3. 配制

烧杯中装入适量蒸馏水,将溶质放入溶解,如有热现象,待到室温后,再转入容量瓶中,用少量蒸馏水洗涤烧杯2~3次,洗液全部注入容量瓶里。

4. 定容

向容量瓶里加入蒸馏水至离刻度2~3cm处,改用胶头滴管加蒸馏水至凹液面最低处与刻度线相切。

图6-9 溶液从烧杯转移入容量瓶

5. 混匀

盖好瓶塞,将容量瓶倒转数次,使溶液混匀,如图6-9所示(注:对吸潮、吸CO_2及易挥发性试剂,不宜准确配制)。

九、酸碱中和滴定

(一) 中和滴定原理

酸碱中和反应的实质是$H^+ + OH^- \Longrightarrow H_2O$。酸($H_xR$)跟碱$M(OH)_y$,发生中和反应,有如下关系式:

$$y H_x R \sim x M(OH)_y \qquad \frac{y}{c_{酸} V_{酸}} = \frac{x}{c_{碱} V_{碱}}$$

即 $y c_{碱}(\text{mol/L}) \cdot V_{碱}(\text{L}) = x c_{酸}(\text{mol/L}) \cdot V_{酸}(\text{L})$

也就是说,碱所能提供的 OH⁻ 的物质的量等于酸所能提供的 H⁺ 的物质的量。

根据以上关系,可以通过滴定操作,用已知浓度的酸溶液测定某种碱溶液的浓度,反之,也可以用已知浓度的碱溶液测定某种酸溶液的浓度,一般是用酸碱指示剂来指示反应是否恰好完全进行。

（二）实验步骤

（1）滴定前的准备工作　取干净滴定管,用欲盛的溶液润洗 2 ~ 3 次,最后注入该溶液并调液面至零点。

（2）滴定　用滴定管取待测溶液 V mL,放入洁净的锥形瓶中,加入几滴指示剂,混匀。再用另一支盛有标准液的滴定管进行中和滴定至指示剂发生颜色突变。使用酸式滴定管时,用左手拇指、食指及中指控制活塞。使用碱式滴定管时,用左手拇指和食指捏住橡皮管中的玻璃球所在稍上部位,向右方挤橡皮管,使管与球之间形成一条缝隙,溶液便可流出。边滴边按同一方向摇锥形瓶,使溶液均匀旋转,观察指示剂变化情况,滴定到终点时,记下滴定管液面所在刻度(见图 6 - 10)。

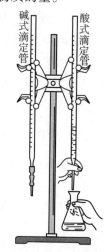

图 6 - 10　中和滴定装置及操作

重复以上滴定操作 3 次,取 3 次平均值,根据关系式,便可求出未知碱或酸的浓度。

（3）强碱滴定强酸时,可选用酚酞指示剂,反之,可选用甲基橙指示剂。

习题 6 - 2

一、选择题

1. 下列实验操作错误的是(　　)

A. 用酒精清洗做过碘升华的烧杯

B. 蒸馏时,应将温度计的水银球插入液面以下

C. 称量 NaCl 固体时,将 NaCl 固体放在托盘天平左盘的称量纸上

D. 用 50mL 的量筒量取 5.2mL 盐酸

2. 下列实验操作能达到测量要求的是(　　)

A. 用托盘天平称量 25.20g 氯化钠

B. 用 10mL 量筒量取 7.50mL 稀硫酸

C. 用 25mL 滴定管量取 14.80mL 溶液

D. 用广泛 pH 试纸测得溶液的 pH 值为 4.2

3. 在生成和纯化乙酸乙酯的实验过程中,下列操作未涉及的是(　　)

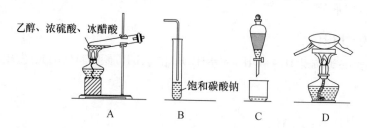

4. 以下仪器:①中和滴定实验用的锥形瓶;②中和滴定实验用的滴定管;③容量瓶;④配制

一定物质的量浓度的 NaOH 溶液用于称量的烧杯;⑤测定硫酸铜晶体中结晶水含量用的坩埚。用蒸馏水洗净后可立即使用而不会对实验结果造成误差的是(　　)

A. ①和②　　　　B. ①和③　　　　C. ①③④　　　　D. ①③⑤

5. 关于实验室制备乙烯的实验,下列说法正确的是(　　)

A. 反应物是乙醇和过量的 3mol/L 硫酸混合液

B. 温度计插入反应溶液液面下,以便控制温度在 140℃

C. 反应器(烧瓶)中应加入少许碎瓷片

D. 反应完毕先灭火再从水中取出导管

6. 实验是化学研究的基础,下图装置或操作正确的是(　　)

A. 装置①量取 15.00mL 的 NaOH 溶液

B. 用装置②制备 Cl_2

C. 用装置③陶瓷坩埚高温煅烧 $CaCO_3$ 固体

D. 关闭活塞 a,从 b 处加水,以检查装置④的气密性

7. 在实验室中,对下列事故或药品的处理正确的是(　　)

A. 少量浓硫酸沾在皮肤上,立即用氢氧化钠溶液冲洗

B. 少量金属钠着火燃烧时,用水浇灭

C. 实验室发生触电事故时,应先立即切断电源,再进行施救

D. 含硫酸的废液倒入水槽,用水冲入下水道

二、填空题

1. 要熔化固体硝酸钾,应放在_____里加热,还需用的仪器有_____、_____、_____。若要移动加热后的器皿,应用_____。

2. 取液后的滴管,应保持橡胶乳头在_____,不要_____放在实验台面上,以免_____滴管和腐蚀_____。用完的胶头滴管应立即用_____洗净,以备下次使用。

3. 如何用化学方法洗涤除去玻璃器皿上的残留物,在横线上填写试剂名称:

(1) 做 CuO 还原实验留在试管内的铜_____。

(2) 做醛的还原实验留下的银镜_____。

(3) 做硫实验留下的硫_____。

(4) 装过油脂留下的油脂_____。

(5) 装石灰水试剂瓶留下的白色附着物_____。

(6) $KMnO_4$ 制 O_2 后试管内的残留物_____。

4. 基本的化学实验技能是学习化学和进行探究活动的基础和保证。如图所示是分离混合物时常用的仪器,回答下列问题:

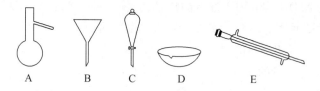

(1) 写出仪器 A、C、E 的名称_____、_____、_____。

(2) 分离以下混合物应该主要选用什么仪器？（填字母符号）

食用油和酒精：_____，汽油和水：_____。

5. 为了准确测定某一较浓的硫酸的浓度，首先加水稀释，然后取其一定量稀溶液来标定，请按操作过程填写：

（1）用_____量取 10.00mL 未知浓度的硫酸，注入_____中加蒸馏水稀释至 100mL。

（2）用_____量取此稀硫酸 20.00mL，注入_____中，加入 2 滴酚酞作指示剂。

（3）将 0.1000mol/L 的 NaOH 溶液注入_____中，调整使滴定管尖端充满液体，记下液面的起始刻度为 0.40，然后开始滴定。当溶液由_____色变为_____色时，即达到滴定终点。

（4）由于操作不慎，滴入了过量的 NaOH 溶液，使溶液变成深红色，此时滴定管刻度为 26.60，然后再用 0.0400 mol/L H_2SO_4 反滴过量的 NaOH。当滴定终点时，消耗硫酸的量为 1.00mL，则原硫酸的物质的量浓度为_____。

6. 熟悉和使用化学实验中常见仪器及用品，是化学学习的基本要求。试回答以下问题。

（1）在仪器：a. 分液漏斗；b. 试剂瓶；c. 集气瓶；d. 滴定管；e. 容量瓶；f. 量筒；g. 托盘天平中，标有"0"刻度的是_____（填字母）。

（2）蒸发皿的使用：把滤液倒入蒸发皿中，再把蒸发皿放到铁架台的铁圈上。用酒精灯加热，同时用玻璃棒不断搅拌，以防止_____。当蒸发皿里的液体较少时，则应_____，利用余热，使剩余溶剂挥发。

【参考答案】

一、1. D 2. C 3. D 4. B 5. C 6. D 7. C

二、1. 坩埚；泥三角、三角架、酒精灯；坩埚钳

2. 滴管的上方；直接；弄脏；台面；蒸馏水

3.（1）稀硝酸　（2）稀硝酸　（3）CS_2　（4）热 NaOH 溶液　（5）稀盐酸　（6）浓盐酸

4.（1）蒸馏烧瓶；分液漏斗；直形冷凝管　（2）AE；C

5.（1）移液管；100mL 容量瓶　（2）移液管；锥形瓶　（3）碱式滴定管；无，浅红　（4）0.6350mol/L

6.（1）dg　（2）液体飞溅；停止加热

【难题解析】

一、1. 用量器量取液体时，应选用适当大小的量器。本题中应选用 10mL 量筒。

2. 托盘天平的精度为 0.1g；量筒的精度为 0.1mL；pH 试纸测量值为个位数；滴定管的精度为 0.01mL。

4. 滴定管盛装溶液时，要用该溶液淋洗 2～3 次，称量用的烧杯和坩埚也应保持干燥。

5. 实验室制备乙烯用的是浓 H_2SO_4，在 175℃反应，烧瓶内加入少许碎瓷片（防止暴沸），反应完毕要先取出导管再灭火（防止在负压下把水倒吸进来）。

6. A项,取氢氧化钠,不能使用酸式滴定管,错误;B项,氯气收集应使用向上排气法,左边导气管应长一点,错误;C项,陶瓷坩埚不能加热分解碳酸钙,因为生成的氧化钙会和里面的硅酸盐发生反应,破坏坩埚,错误;D项,正确。

第三节　气体的实验室制备、收集和检验

制备气体的装置可分为气体发生装置与气体收集装置两个主要部分。

一、气体发生装置

应根据反应物的状态(固态、液态)及反应条件(加热还是不加热)来选择气体发生装置,常见的有3种类型的装置(表6-3)。

表6-3　气体的制取和收集

反应物状态和反应条件	气体发生装置	排水集气法	排气集气法	
			向上排气集气法	向下排气集气法
		气体收集装置		
		制取的气体		
固固加热		O_2 CH_4	O_2	NH_3
固液常温		H_2 C_2H_2	CO_2 H_2S SO_2	H_2
固液或液液加热		C_2H_4	Cl_2 HCl	

使用气体发生装置应注意以下几点：

①"固、固加热"的试管口要略向下倾斜，以防止产生的水滴倒流炸裂试管。

②导出气体的管口，不要插得太深，应刚露出橡胶塞，更不能插入反应物中。

③"固、液常温"的长颈漏斗应插入液面下，形成"液封"，否则生成的气体会从漏斗中逸出。

④凡是利用块状固体跟液体起反应，反应不需要加热且生成的气体难溶于水的实验，都可以用启普发生器，如制取 H_2、CO_2、H_2S 等。

启普发生器的工作原理是：使用时打开导气管活塞3，球形漏斗1里的酸液流下，跟容器2里的块状固体接触，发生反应（图6-11）Ⅰ，产生的气体从导气管导出；不用时关闭导气管活塞，容器2内压强增大，把酸液压回球形漏斗，酸与块状固体脱离接触，反应即停止（图6-11）Ⅱ。

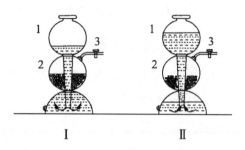

图6-11　启普发生器
1—球形漏斗；2—反应容器；3—导气管活塞。

⑤加热制取气体，并用排水集气法收集生成的气体，当反应完毕时，一定要先将导气管撤出水槽，后停止加热，若先撤灯，试管冷却后形成水倒流。

二、气体的收集装置

气体的收集常见有3种方法：①排水集气法，适用于收集难溶于水的气体；②向上排空气集气法，适用于收集比空气重（相对分子质量大于29）而常温不与空气反应的气体；③向下排空气集气法，适用于收集比空气轻的气体（表6-3）。

三、常见气体的实验室制备原理及检验方法（表6-4）

表6-4　常见气体的实验室制备原理及检验方法

气体	颜色、气味	制备反应的化学方程式	检验方法
H_2	无色、无味	$Zn + H_2SO_4(稀) = ZnSO_4 + H_2\uparrow$	点燃有爆鸣声（不纯）
O_2	无色、无味	$2KClO_3 \xrightarrow[\Delta]{MnO_2} 2KCl + 3O_2\uparrow$	使带火星的木条复燃
Cl_2	黄绿色、有刺激味	$4HCl(浓) + MnO_2 \xrightarrow{\Delta} MnCl_2 + Cl_2\uparrow + 2H_2O$	使KI-淀粉试纸变蓝
HCl	无色、有刺激味	$NaCl + H_2SO_4(浓) \xrightarrow{\Delta} NaHSO_4 + HCl\uparrow$	(1)使湿润的蓝色石蕊试纸变红；(2)使沾有浓氨水的玻璃棒生烟
H_2S	无色、臭鸡蛋味	$FeS + H_2SO_4(稀) = FeSO_4 + H_2S\uparrow$	使湿润的醋酸铅试纸变黑
SO_2	无色、有刺激味	$Na_2SO_3 + H_2SO_4(浓) = Na_2SO_4 + H_2O + SO_2\uparrow$	可使品红溶液褪色
NH_3	无色、有刺激味	$2NH_4Cl + Ca(OH)_2 \xrightarrow{\Delta} CaCl_2 + 2NH_3\uparrow + 2H_2O$	(1)使红色石蕊试纸变蓝；(2)使沾有浓盐酸的玻璃棒生烟
CO_2	无色、无味	$CaCO_3 + 2HCl = CaCl_2 + CO_2\uparrow + H_2O$	(1)使点燃的木条熄灭；(2)使澄清的石灰水变浑浊
CO	无色、无味	$HCOOH \xrightarrow[\Delta]{浓硫酸} CO\uparrow + H_2O$	点燃，燃烧后的气体使澄清石灰水变浑浊

(续)

气体	颜色、气味	制备反应的化学方程式	检验方法
NO	无色	$3Cu + 8HNO_3(稀) \xrightarrow{\Delta} 3Cu(NO_3)_2 + 2NO\uparrow + 4H_2O$	与空气接触变为红棕色
NO_2	红棕色、刺激味	$Cu + 4HNO_3(浓) = Cu(NO_3)_2 + 2NO_2\uparrow + 2H_2O$	使紫色石蕊试液变红色,不久后褪色
CH_4	无色、无味	$CH_3COONa + NaOH \xrightarrow[\Delta]{CaO} Na_2CO_3 + CH_4\uparrow$	点燃,蓝色火焰
C_2H_4	无色带甜味	$C_2H_5OH \xrightarrow[170℃]{浓硫酸} C_2H_4\uparrow + H_2O$	点燃;使 $KMnO_4$ 溶液或溴水褪色
C_2H_2	无色、无味	$CaC_2 + 2H_2O \longrightarrow C_2H_2\uparrow + Ca(OH)_2$	点燃;使 $KMnO_4$ 溶液或溴水褪色

四、气体的干燥与净化

用气体发生装置制备的气体常含有一定的水蒸气等杂质,除去气体里混入的杂质称为气体的净化。

常用来干燥气体的干燥剂很多,应根据干燥剂和被干燥气体的性质选用不同干燥剂,避免被干燥的气体与干燥剂发生反应。表 6-5 为常用的气体干燥剂的适用情况。

表 6-5 常用气体干燥剂

干燥剂	适于干燥的气体	不适于干燥的气体
浓硫酸	H_2、O_2、CO、CO_2、SO_2、HCl、CH_4、Cl_2 等	NH_3、HBr、H_2S 等
碱石灰	H_2、O_2、CO、NH_3 等	Cl_2、CO_2、SO_2、H_2S、HCl 等
五氧化二磷	H_2、O_2、CO、CO_2、CH_4、SO_2、H_2S 等	NH_3 等
无水氯化钙	H_2、O_2、Cl_2、HCl、SO_2、CO、CO_2、CH_4 等	NH_3 等

气体净化时,常用溶液吸收杂质使它与被提纯的气体分开,不能选择能与被提纯气体反应的吸收剂。一般易溶于水的杂质用水吸收;酸性物质用碱性溶液吸收;碱性物质用酸性溶液吸收;用与杂质易生成沉淀的溶液吸收;不容易吸收的杂质可设法使它转化为易被吸收的物质而吸收。

用固体物质作干燥剂时可用干燥管。球形干燥管应从粗口处进气,细口处出气。用液体物质或溶液作干燥剂时,可用洗气瓶或其他简易的装置(图 6-12),长导管为进气管,管口应插进液面下,短导管为出气导管,管口不能插入液面下。

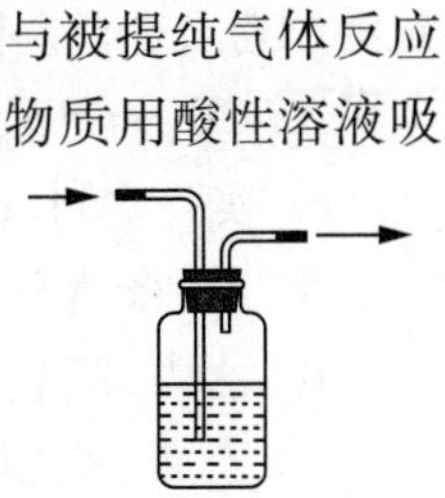

图 6-12 洗气瓶

如气体同时需要干燥和净化时,一般先净化后干燥。因为气体净化过程大多要用溶液吸收,净化后的气体中必然含有水蒸气。

习题 6-3

一、选择题

1. 能用排水集气法收集而不能用排空气集气法收集的气体是( )
   A. H_2　　　　　B. CH_4　　　　　C. Cl_2　　　　　D. NO

2. 实验室用 H_2 还原 WO_3 制备金属 W 的装置如图所示（Zn 粒中往往含有硫等杂质，焦性没食子酸溶液用于吸收少量氧气）。下列说法正确的是( )

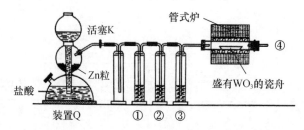

   A. ①、②、③中依次盛装 $KMnO_4$ 溶液、浓 H_2SO_4、焦性没食子酸溶液
   B. 管式炉加热前，用试管在④处收集气体并点燃，通过声音判断气体纯度
   C. 结束反应时，先关闭活塞 K，再停止加热
   D. 装置 Q（启普发生器）也可用于二氧化锰与浓盐酸反应制备氯气

3. 实验室制取下列气体时，其中采用的制气装置和集气装置都相同的是( )
   A. O_2，NH_3，H_2　　B. CO_2，H_2S，NO_2　　C. CO_2，C_2H_2，H_2　　D. Cl_2，HCl，C_2H_4

4. 下列除去杂质的方法错误的是( )
   A. H_2 中含有少量 H_2S，通过 NaOH 溶液除去
   B. CH_4 中含有少量 CO_2，通过 $Ca(OH)_2$ 溶液除去
   C. CO_2 中含有少量 SO_2，通过饱和 $NaHCO_3$ 除去
   D. Cl_2 中含有少量 HCl，通过 NaOH 溶液除去

5. 某无色混合气体可能由 CH_4、NH_3、H_2、CO、CO_2 和 HCl 中的某几种气体组成。在恒温恒压的条件下，将此混合气体通过浓硫酸时，总体积基本不变；通过过量的澄清石灰水，未见变浑浊，但混合气体的总体积减小；把剩余气体导出后，在 O_2 中能够点燃，燃烧产物不能使白色无水硫酸铜粉末变色。则原混合气体的成分一定含有的是( )
   A. CH_4 和 NH_3　　B. HCl、H_2 和 CO　　C. HCl 和 CO　　D. HCl、CO 和 CO_2

6. 实验室制取下列气体，方法正确的是( )
   A. 氨：将消石灰和氯化铵加热，并用向下排空气法收集
   B. 乙炔：将电石和水在启普发生器中反应，并用向上排空气法收集
   C. 乙烯：将乙醇加热至 170℃，并用排水集气法收集
   D. 硫化氢：将硫化亚铁与稀盐酸反应，并用向下排空气法收集

7. 如右图所示进行实验：常温常压下，在试管中装入 20mL 的 NO 气体，水槽中盛含有石蕊的水，然后再缓慢地通入 18mL 的 O_2（同温同压下）。①~⑦是实验的最终现象，正确的叙述是( )

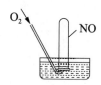

①试管中充满了溶液；②试管内气体是红棕色；③试管中气体呈无色；

④试管内的溶液呈无色；⑤试管内溶液呈红色；⑥把试管提出水面后，看到试管口有红棕色气体；⑦模仿⑥的操作，但在试管口的气体呈无色。

  A. ①⑤   B. ③④⑦   C. ②⑤⑥   D. ③⑤⑦

8. 实验室制备"引火铁"（反应活性很高的铁粉）的装置如图所示。下列说法错误的是（ ）

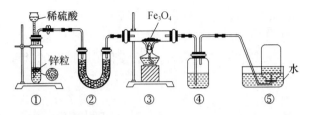

A. 稀硫酸中加入少量 $CuSO_4$ 可加快反应速率

B. ②和④的主要作用均为吸收水蒸气

C. 实验过程中，③中固体颜色发生明显变化

D. 点燃酒精灯前，应先在⑤处收集气体并验纯

二、填空题

1. 在 H_2、O_2、NH_3、Cl_2、HCl、H_2S、SO_2、CO_2、NO、NO_2、CH_4、C_2H_4、C_2H_2 等气体中：

（1）在实验室中可用启普发生器制取的气体是_____。

（2）可用排水集气法收集的气体是_____。

（3）不宜用排空气集气法收集的气体有_____。

（4）可以用向上排空气集气法收集的气体有_____。

（5）实验室制取上述气体时，制气装置：①可与制 O_2 装置相同的气体有_____；②可与制 Cl_2 装置相同的有_____；③可与制 CO_2 装置相同的有_____。

（6）通常用硫酸和另一种物质反应来制取的有_____。

（7）极易溶于水，可做"喷泉"实验的气体有_____。

（8）有刺激性气味的气体是_____。

（9）有颜色的气体是_____。

（10）在空气中可以燃烧的有_____。

（11）可用碱石灰干燥的气体是___①___；不能用浓硫酸干燥的气体是___②___。

（12）常温下，两两相遇，反应后可生成固体物质，它们分别是___①___与___②___；___③___与___④___。

2. 某混合气体含有 H_2S、SO_2、CO_2、H_2、CO 中的 3 种。现进行以下实验。

供选用的试剂有：(A)浓硫酸；(B)氧化铁；(C)澄清石灰水；(D)硝酸钡溶液；(E)无水硫酸铜；(F)醋酸铅溶液；(G)氧化铜；(H)烧碱溶液；(I)胆矾。

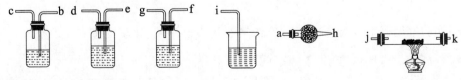

供选用的仪器见上图。

从上图中选出 5 种仪器并装入试剂，装配成一套完整的装置，让混合气体自左至右依次通

过。观察到下列现象：①无色溶液有黑色沉淀；②无色溶液出现白色沉淀；③无色溶液中有气泡冒出；④黑色粉末变成红色；⑤白色粉末变蓝色，回答下列问题：

（1）该混合气体中含_____。

（2）自左到右各仪器导管连接的顺序依次是_____。

（3）按图中顺序，所选仪器应盛装药品的序号为_____。

（4）写出生成黑色沉淀和白色沉淀这两个反应的离子方程式：_____

3. 在下图中，A 是简易的氢气发生器，B 是大小适宜的圆底烧瓶，C 是装有干燥剂的 U 形管，a 是旋转活塞，D 是装有还原铁粉的反应管，E 是装有酚酞试液的试管。

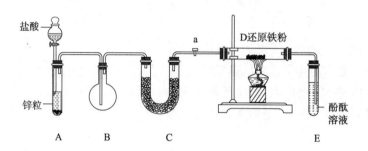

实验前先检查实验装置的气密性。实验开始时，先关闭活塞 a，并取下烧瓶 B；向 A 中加入一定量浓度适当的盐酸，产生氢气。经必要的"操作"[见问题（2）]后，在导管的出口处点燃氢气，然后如图所示套上烧瓶 B，塞紧瓶塞，氢气在烧瓶中继续燃烧。用酒精灯加热反应管 D 中的还原铁粉，待 B 中氢气的火焰熄灭后，打开活塞 a，气体通过反应管 D 进入试管 E 中，使酚酞试液呈红色。请回答下列问题：

（1）实验前如何检查装置的气密性？_____。

（2）点燃氢气前必须进行_____操作，进行该操作的方法是_____。

（3）写出 B、D 中分别发生的化学反应方程式，B 中：_____ D 中：_____。

（4）C 中所盛干燥剂的名称是_____；该干燥剂的作用是_____。

4. 某学习小组根据氨气还原氧化铜的反应，设计实验测定铜元素相对原子质量 Mr(Cu)（近似值）。甲同学模拟合成氨工业制备氨气，反应前先称量反应物氧化铜的质量 $m(CuO)$，反应完全后测定生成物水的质量 $m(H_2O)$，由此计算 Mr(Cu)。装置图如下：

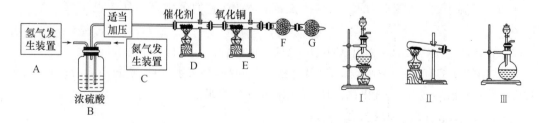

已知：实验室用亚硝酸盐、铵盐的混合浓溶液共热制备 N_2，化学反应方程式为 $NaNO_2 + NH_4Cl \xrightarrow{\triangle} N_2\uparrow + NaCl + 2H_2O$。请回答下列问题：

（1）C 装置应选用_____（填"Ⅰ""Ⅱ"或"Ⅲ"）。制备氢气时，若在硫酸溶液中加入少量的硫酸铜固体，反应速率将_____（填"增大""减小"或"不变"）

（2）装置 B 的作用是：①干燥氢气和氮气；②使气体混合均匀；③_____。

（3）干燥管 F 中盛放的干燥剂为_____（填字母代号）。

A. 碱石灰　　　　　　　　　　B. 无水 $CuSO_4$

C. 五氧化二磷　　　　　　　　D. 无水 $CaCl_2$

【参考答案】

一、1. D　2. B　3. B　4. D　5. C　6. A　7. D　8. D

二、1.（1）H_2、H_2S、CO_2　（2）H_2、O_2、NO、CH_4、C_2H_4、C_2H_2　（3）NO、C_2H_4　（4）O_2、Cl_2、HCl、H_2S、SO_2、CO_2、NO_2　（5）①NH_3、CH_4；②HCl、NO；③H_2S、SO_2、NO_2、CO_2　（6）H_2、HCl、H_2S、SO_2、C_2H_4　（7）NH_3、HCl　（8）NH_3、Cl_2、HCl、H_2S、SO_2、NO_2　（9）Cl_2、NO_2　（10）H_2、H_2S、CH_4、C_2H_4、C_2H_2　（11）①H_2、O_2、NH_3、NO、CH_4、C_2H_4、C_2H_2；②NH_3、H_2S　（12）①NH_3；②HCl；③SO_2；④H_2S

2.（1）H_2S、CO_2、H_2　（2）bc，ed，fg，jk，ah　（3）F、C、A、G、E

（4）$Pb^{2+} + H_2S \xrightarrow{\quad} PbS\downarrow$（黑）$+ 2H^+$，$Ca^{2+} + 2OH^- + CO_2 \xrightarrow{\quad} CaCO_3\downarrow$（白）$+ H_2O$

3.（1）在 A 中放入少量水，使水面刚浸没漏斗颈下端，打开旋塞 a，在烧瓶 B 底部稍加热，若在 A 中漏斗颈内水面上升，且 E 中导管口有气泡逸出，表示气密性好，不漏气

（2）检验 H_2 纯度，用排水法或向下排气法收集一小试管氢气，移近火焰，没有尖锐爆鸣声，表示氢气纯净

（3）B：$2H_2 + O_2 \xrightarrow{\text{点燃}} 2H_2O$；D：$N_2 + 3H_2 \xrightleftharpoons[]{Fe} 2NH_3$

（4）碱石灰（CaO 或固体 NaOH 等）；吸收气体中少量的水蒸气和盐酸酸雾

4.（1）Ⅰ；增大；（2）观察和控制气体的流速；（3）A

【难题解析】

一、1. NO 在空气中易与 O_2 反应生成 NO_2。

2. CO_3^{2-}、HCO_3^- 都能与稀 HCl 反应。Ba^{2+} 与 SO_4^{2-} 产生 $BaSO_4$ 沉淀，Ag^+ 与 Cl^- 也能产生 AgCl 沉淀。CO_3^{2-} 与 Ba^{2+} 或 Ca^{2+} 都能生成白色沉淀。只有 C 是正确的。

3. NO_2 可以采取与 CO_2、H_2S 相同的制气装置和集气装置。

4. Cl_2 和 HCl 都能与 NaOH 反应。

5. 通过浓 H_2SO_4 时，总体积基本不变，说明没有 NH_3。通过澄清石灰水不浑浊，说明没有 CO_2，总体积减小，说明有 HCl。燃烧产物不能使白色无水 $CuSO_4$ 粉末变色，说明没有 H_2。

6. 乙炔相对分子质量为 26，与空气平均相对分子质量（29）相接近，不能用排空气法收集。制乙烯是乙醇与浓 H_2SO_4 混合后加热到 170℃。H_2S 比空气重，不能用向下排空气法。

7. NO 与 O_2 反应生成 NO_2，NO_2 与水反应生成 NO 和 HNO_3，最终 NO 会全部转化为 HNO_3。剩余气体为 O_2。石蕊在酸性溶液中显红色。

8. 只有 CH_4 能用排水集气法收集，反应物在制取装置中要保持干燥和加热。

二、2. CO 也能和 CuO 反应，但不能生成水，即不能使无水 $CuSO_4$ 变蓝色。

4.（1）实验室用亚硝酸盐、铵盐的混合浓溶液共热制备 N_2，从化学反应方程式可知，属于液体和液体混合加热制备气体的反应，则应选用Ⅰ。Zn 先与 $CuSO_4$ 反应置换出 Cu，Cu、Zn 构成

Cu—Zn 原电池,加快了反应速率。

(2) 装置 B 有浓硫酸,具有吸水性,可干燥混合气体,还可以使氢气和氮气混合均匀,还可观察和控制气体的流速。

(3) 干燥管 F 装置用于测定生成物水的质量,但不能吸收氨气,应该为碱石灰,无水硫酸铜只能检验水的存在;五氧化二磷和无水 $CaCl_2$ 均能吸收氨气,不能选。答案选 A。

第四节 物质的检验、分离与提纯

物质的检验包括鉴定、鉴别和推断。鉴定是根据一种物质的特性,用化学方法检验它是不是这种物质。鉴别是根据几种物质的不同特性区别它们各是什么物质。推断是根据已知实验步骤和现象,通过推理判断来确定被检验物质是什么物质。解题时,要将鉴定的步骤、发生的现象和推断的结论写出。

一、气体的检验

常见气体的特性及其检验方法列于表 6-4 中。

二、离子的检验

离子的检验可选用特效试剂(只与一种离子反应产生特殊现象),或用通用试剂(可与多种离子反应产生不同现象)来进行,并根据反应后产生的颜色、沉淀物或气体的特性来鉴别、鉴定和判断某种离子的存在。

常见阴、阳离子的检验方法列于表 6-6 中。

三、有机物的检验

有机物与无机物离子检验的不同点在于一般是确定官能团,因此,熟悉官能团的特性是正确进行有机物检验的前提。

几种有机物的检验方法列于表 6-7 中(甲烷、乙烯和乙炔的检验见表 6-4)。

表 6-6 阳、阴离子的检验

离子	所用试剂	实验步骤	现象	离子方程式
H^+	紫色石蕊试剂或蓝色石蕊试纸	滴入几滴紫色石蕊试剂或将试液滴在蓝色石蕊试纸上	溶液变红或试纸变红	
K^+	焰色反应	用铂丝(或镍、铬丝)蘸试液在酒精灯无色火焰上灼烧	透过蓝色钴玻璃火焰呈紫色	
Na^+	焰色反应	用铂丝(或镍、铬丝)蘸试液在酒精灯无色火焰上灼烧	火焰呈黄色	
NH_4^+	浓碱液,红色石蕊试纸	试液加浓氢氧化钠溶液,加热,用湿润的红色石蕊试纸接触产生的气体	气体有氨臭味,红色石蕊试纸变蓝	$NH_4^+ + OH^- \xrightarrow{\Delta} NH_3\uparrow + H_2O$

（续）

离子	所用试剂	实验步骤	现象	离子方程式
Cu^{2+}	氢氧化钠溶液	试液加氢氧化钠溶液	有蓝色絮状沉淀生成，加热，沉淀变成黑色	$Cu^{2+} + 2OH^- = Cu(OH)_2\downarrow$ $Cu(OH)_2 \xrightarrow{\Delta} CuO + H_2O$
Fe^{3+}	1. 硫氰化钾溶液 2. 氢氧化钠溶液	1. 试液加硫氰化钾溶液 2. 试液加氢氧化钠溶液	1. 溶液呈血红色 2. 生成红褐色沉淀	$Fe^{3+} + 3SCN^- = Fe(SCN)_3$ $Fe^{3+} + 3OH^- = Fe(OH)_3\downarrow$
Al^{3+}	氢氧化钠溶液	向试液中逐滴加入氢氧化钠溶液	有白色沉淀生成，然后又逐渐消失	$Al^{3+} + 3OH^- = Al(OH)_3\downarrow$ $Al(OH)_3 + OH^- = AlO_2^- + 2H_2O$
OH^-	1. 酚酞 2. 石蕊	1. 向试液中滴入酚酞试剂 2. 向试液中滴入石蕊试剂或将试液滴在红色石蕊试纸上	1. 溶液呈红色 2. 溶液变蓝或试纸变蓝色	
1. Cl^- 2. Br^- 3. I^-	硝酸银溶液、硝酸	试液用稀硝酸酸化后，再滴入硝酸银溶液	1. 白色沉淀 2. 浅黄色沉淀 3. 黄色沉淀 都不溶于稀硝酸	$Ag^+ + Cl^- = AgCl\downarrow$ $Ag^+ + Br^- = AgBr\downarrow$ $Ag^+ + I^- = AgI\downarrow$
NO_3^-	浓硫酸、铜	待溶液浓缩后，加铜片和浓硫酸	溶液变成蓝色并有红棕色气体产生	$4H^+ + 2NO_3^- + Cu = Cu^{2+} + 2H_2O + 2NO_2\uparrow$
CO_3^{2-}	1. 稀盐酸 2. 澄清石灰水	试液加盐酸，将产生的气体通入澄清石灰水中，可以先用 $CaCl_2$ 溶液检测是否是 HCO_3^-	有无色气体生成，该气体使澄清石灰水变浑浊	$2H^+ + CO_3^{2-} = H_2O + CO_2\uparrow$ $Ca(OH)_2 + CO_2 = CaCO_3\downarrow + H_2O$
SO_4^{2-}	1. $BaCl_2$ 溶液 2. 盐酸	试液用盐酸酸化后，再滴入 $BaCl_2$ 溶液	生成白色沉淀，不溶于盐酸（或稀硝酸）	$Ba^{2+} + SO_4^{2-} = BaSO_4\downarrow$
SO_3^{2-}	稀盐酸	试液中加入稀盐酸	有刺激性气味气体产生	$2H^+ + SO_3^{2-} = H_2O + SO_2\uparrow$
S^{2-}	1. 稀盐酸 2. 硝酸铅溶液	1. 试液中加入稀盐酸 2. 试液中加入硝酸铅溶液	1. 放出臭鸡蛋气味的气体 2. 生成黑色沉淀	$S^{2-} + 2H^+ = H_2S\uparrow$ $S^{2-} + Pb^{2+} = PbS\downarrow$

表 6-7 几种有机物的检验

名称	试剂	实验步骤	现象	离子方程式
乙醇	金属钠	将少量金属钠投入乙醇中	有气体（H_2）产生	$2C_2H_5OH + 2Na \longrightarrow 2C_2H_5ONa + H_2\uparrow$
乙醛	1. 银氨溶液 2. 新制的氢氧化铜悬浊液	1. 向银氨溶液中滴加几滴乙醛，水浴加热 2. 向新制 $Cu(OH)_2$ 中加少量乙醛，加热煮沸	1. 有银镜生成 2. 有红色沉淀生成	1. $CH_3CHO + 2Ag(NH_3)_2^+ + 2OH^- \xrightarrow{\Delta} CH_3COO^- + NH_4^+ + 3NH_3\uparrow + H_2O + 2Ag\downarrow$ 2. $CH_3CHO + 2Cu(OH)_2 \xrightarrow{\Delta} CH_3COOH + Cu_2O\downarrow + 2H_2O$
苯酚	1. $FeCl_3$ 溶液 2. 溴水	1. 向苯酚溶液中滴加几滴 $FeCl_3$ 溶液 2. 向苯酚溶液中滴加溴水	1. 溶液变成紫色 2. 有白色沉淀生成	1. 略 2. C₆H₅OH + 3Br₂ → 2,4,6-三溴苯酚↓ + 3HBr

(续)

名称	试剂	实验步骤	现象	离子方程式
葡萄糖	1. 银氨溶液 2. 新制氢氧化铜	1. 向银氨溶液中加入等量10%葡萄糖溶液，水浴加热 2. 向新制Cu(OH)₂中加入等量10%葡萄糖，加热	1. 有银镜生成 2. 有红色沉淀产生	1. $CH_2OH—(CHOH)_4—CHO + 2Ag(NH_3)_2^+ + 2OH^- \xrightarrow{\Delta} CH_2OH—(CHOH)_4—COO^- + NH_4^+ + 2Ag\downarrow + H_2O + 3NH_3$ 2. $CH_2OH—(CHOH)_4—CHO + 2Cu(OH)_2 \xrightarrow{\Delta} Cu_2O\downarrow + CH_2OH—(CHOH)_4—COOH + 2H_2O$
淀粉	碘水	向淀粉溶液中加少量碘水，振荡	变蓝色。加热蓝色会褪去，冷却后蓝色复现	略
蛋白质	浓HNO_3	向蛋白质溶液中加几滴浓HNO_3，微热	蛋白质凝固，受热呈黄色	略

习题 6-4

一、选择题

1. 实验室制取CO_2中常混有少许的水蒸气、HCl、H_2S等杂质，把此混合气体按以下各组中排列的顺序通过3种试剂，其中能得到纯净、干燥的CO_2的最佳方法是（　　）

　　A. 硫酸铜溶液、碳酸氢钠饱和溶液、浓硫酸
　　B. 硫酸铜溶液、浓硫酸、碳酸氢钠饱和溶液
　　C. 浓硫酸、硫酸铜溶液、碳酸氢钠饱和溶液
　　D. 碳酸氢钠饱和溶液、硫酸铜溶液、浓硫酸

2. 检验下列各物质在存放过程中是否发生氧化而变质，选用的试剂（在括号中的物质）正确的是（　　）

　　A. KI溶液（$NH_3 \cdot H_2O$）　　　　　　　　B. C_6H_5OH溶液（$FeCl_3$溶液）
　　C. Na_2SO_3溶液（酸性$BaCl_2$溶液）　　　D. $FeSO_4$溶液（KSCN溶液）

3. 在允许加热的条件下，可用一种试剂就可以鉴别的物质组有（　　）

　　A. NH_4Cl、Na_2SO_4、NH_4HCO_3、$AlCl_3$　　　B. C_2H_6、C_2H_2、C_2H_4、$C_6H_5—CH_3$
　　C. HCOOH、CH_3CHO、CH_3COOCH_3、C_2H_5OH　　D. CH_3COOH、CCl_4、CH_3COOCH_3

4. 下列物质中能使淀粉溶液变蓝的是（　　）

　　A. 通入NO_2的KI溶液　　　　　　　　B. 通入Cl_2的KI溶液
　　C. KBr和KI的混合溶液　　　　　　　　D. Br_2水用苯萃取后的溶液

5. 只用一种试剂就可区分硝酸铵溶液、氯化钠溶液、硫酸钠溶液、硫酸铵溶液，该试剂是（　　）

　　A. NaOH　　　　B. $Ba(OH)_2$　　　　C. $AgNO_3$　　　　D. HCl

6. 在允许加热的条件下，只用一种试剂就可以鉴别$(NH_4)_2SO_4$、KCl、$MgCl_2$、$Al_2(SO_4)_3$和$Fe_2(SO_4)_3$溶液，这种试剂是（　　）

　　A. NaOH　　　　B. $NH_3 \cdot H_2O$　　　　C. $AgNO_3$　　　　D. $BaCl_2$

7. 现有$MgCl_2$、$AlCl_3$、$CuCl_2$、$FeCl_3$、NH_4Cl五种溶液，只用一种试剂把它们区分开，该试剂

是(　　)

A. 氨水　　　　　B. NaOH 溶液　　　　C. $AgNO_3$ 溶液　　　　D. $BaCl_2$ 溶液

8. 区别 SO_2、H_2S、CO_2 三种气体的试剂是(　　)

A. 品红溶液　　　B. 澄清石灰水　　　　C. 硫酸铜溶液　　　　D. 溴水

9. 在实验室中有下列 4 组试剂，某同学欲分离含有 KCl、$FeCl_3$ 和 $BaSO_4$ 的混合物，应选用的试剂组合是(　　)

A. 水、硝酸银溶液、稀硝酸　　　　　　B. 水、氢氧化钾溶液、硫酸

C. 水、氢氧化钠溶液、稀盐酸　　　　　D. 水、氢氧化钾溶液、盐酸

10. 为了除去粗盐中的 Ca^{2+}、Mg^{2+}、SO_4^{2-} 及泥沙，可将粗盐溶于水，然后进行下列 5 项操作：①过滤；②加过量 NaOH 溶液；③加适量盐酸；④加过量 Na_2CO_3 溶液；⑤加过量 $BaCl_2$ 溶液。正确的操作顺序是(　　)

A. ①④②⑤③　　B. ④①②⑤③　　C. ②⑤④①③　　D. ④⑤②①③

11. 可以区别苯酚、乙醇、氢氧化钠、硝酸银、硫氰化钾 5 种溶液的一种试剂是(　　)

A. 溴水　　　　　B. 新制 $Cu(OH)_2$　　C. $FeCl_3$ 溶液　　　D. 金属钠

12. 除去食盐水中含有的少量 Ca^{2+}、SO_4^{2-}，而又不引入新的杂质离子，应依次加入(　　)

A. 氯化钡溶液、碳酸钠溶液　　　　　　B. 碳酸钠溶液、氯化钡溶液

C. 硝酸钡溶液、碳酸钠溶液、盐酸　　　D. 氯化钡溶液、碳酸钠溶液、盐酸

13. 对下列未知盐的稀溶液所含离子的检验中，做出的判断一定正确的是(　　)

A. 当加入氯化钡溶液时不产生沉淀，重新加入硝酸银溶液时，有不溶于稀硝酸的白色沉淀生成，可判定含有 Cl^-

B. 加入硝酸钡溶液有白色沉淀生成，再加稀盐酸酸化沉淀不消失，可判定含有 SO_4^{2-}

C. 加入 NaOH 溶液，有白色沉淀产生，可判定含有 Mg^{2+}

D. 加入盐酸后有无色气体逸出，此气体能使澄清石灰水变浑浊，可判定含有 CO_3^{2-}

14. 下列除去杂质的方法错误的是(　　)

A. H_2 中含有少量 H_2S，通过 NaOH 溶液除去

B. CH_4 中含有少量 CO_2，通过 $Ca(OH)_2$ 溶液除去

C. CO_2 中含有少量 SO_2，通过饱和 $NaHCO_3$ 除去

D. Cl_2 中含有少量 HCl，通过 NaOH 溶液除去

15. 为除去杂质硫酸铁和硫酸铜，以提纯硫酸亚铁溶液，可加入(　　)

A. 锌粉　　　　　B. 镁粉　　　　　　　C. 铁粉　　　　　　　D. 铝粉

16. 下列除去杂质的方法能达到目的的是(　　)

①除去乙醇中的少量水，加入无水硫酸铜；②用渗析法除去蔗糖浓溶液中的食盐；③通过灼热的氧化铜除去氮气中含有的 H_2，得到纯净 N_2；④用加热方法除去纯碱中混有的小苏打；⑤用酒精将碘从碘水中萃取出来，然后分液；⑥通过品红溶液可除去 CO_2 中的 SO_2

A. ①②④　　　　B. 都正确　　　　　　C. ③⑤⑥　　　　　　D. 仅④

二、填空题

1. 为证明 CO_2 的组成中含有碳元素，可用金属_____与 CO_2 反应，现象是_____，反应的化学方程式是_____。

2. 下列各组物质鉴别时都只限定使用一种试剂，试将每一组物质鉴别时所选用的一种试

剂名称填写在空白处：

(1) $Ba(NO_3)_2$、KCl、$Al_2(SO_4)_3$ 和 CH_3COOH 四瓶无色溶液,所用试剂是_____;

(2) $NaOH$、K_2CO_3、$Ba(NO_3)_2$、氨水和 KCl 五种无色溶液,所用试剂是_____;

(3) K_2SO_4、NH_4Cl、KCl 和 $(NH_4)_2SO_4$ 四种无色溶液,所用试剂是_____;

(4) CuO、MnO_2、Fe、FeS 和炭粉五种黑色粉末,所用试剂是_____;

(5) KCl、NH_4Cl、$ZnCl_2$、$FeCl_2$、$MgCl_2$ 和 $AgNO_3$ 六种无色溶液,所用试剂是_____;

(6) C_6H_5OH、KI 淀粉溶液、$AgNO_3$、KOH 和 NH_4SCN 五种无色溶液,所用试剂是_____;

(7) $C_6H_5—CH_3$、CCl_4、KI、$CH_2=CHCOOH$、C_6H_5OH 五种无色液体,所用试剂是_____;

(8) 葡萄糖、甲酸、乙酸、乙醛四种无色溶液,所用试剂是_____;

(9) KOH、HNO_3、$BaCl_2$ 和 KNO_3 四种无色溶液,所用试剂是_____;

(10) KNO_3、KOH、$Ba(NO_3)_2$、Na_2S 和氨水五种无色溶液,所用试剂是_____。

3. 欲除去下列物质中的杂质,将试剂或操作方法填在横线上：

(1) CO 中混有 CO_2 _____;(2) CO_2 中混有 CO _____;(3) CO_2 中混有 HCl _____;
(4) N_2 中混有 O_2 _____;(5) CO_2 中混有 H_2S _____;(6) Cl_2 中混有 HCl _____;
(7) MnO_2 中混有 C _____;(8) $NaOH$ 中混有 Na_2CO_3 _____;(9) $NaCl$ 中混有 Na_2CO_3 _____;
(10) KCl 中混有 KBr _____;(11) $FeCl_2$ 中混有 $FeCl_3$ _____;(12) $FeCl_3$ 中混有 $FeCl_2$ _____;
(13) 苯中混有苯酚_____;(14) 乙酸乙酯中混有乙酸_____。

【参考答案】

一、1. A 2. C、D 3. A、D 4. A、B 5. B 6. A 7. B 8. D 9. D 10. C 11. C 12. D 13. A 14. D 15. C 16. D

二、1. Mg,Mg 条在 CO_2 中燃烧,生成白色的 MgO 粉末,并游离出黑色的碳颗粒,$2Mg+CO_2 \xrightarrow{点燃} 2MgO+C$

2. (1) Na_2CO_3 或 K_2CO_3 (2) $Al_2(SO_4)_3$ (3) $Ba(OH)_2$ (4) 浓盐酸 (5) $NaOH$ (6) $FeCl_3$ (7) 溴水 (8) 新制的 $Cu(OH)_2$ (9) $(NH_4)_2CO_3$ (10) $CuSO_4$

3. (1) 石灰水 (2) 通过灼热的 CuO(不能用点燃方法) (3) $NaHCO_3$ 饱和溶液 (4) 通过灼热的铜丝 (5) $CuSO_4$ 溶液 (6) 饱和食盐水 (7) 灼烧 (8) $Ba(OH)_2$ (9) 加 HCl (10) 通入 Cl_2 (11) Fe 粉、过滤 (12) 通入 Cl_2 (13) $NaOH$ 溶液分液 (14) 饱和 Na_2CO_3 溶液

【难题解析】

一、1. 硫酸铜溶液放在前面吸收 H_2S,即使有没除尽的 H_2S,在通过 $NaHCO_3$ 饱和液时也能被中和掉。

2. $BaSO_3$ 沉淀溶于酸,如果有 $BaSO_4$ 沉淀,则不溶于酸,说明 Na_2SO_3 被氧化了。Fe^{2+} 与 SCN^- 反应无现象,但 Fe^{3+} 与 SCN^- 反应生成血红色溶液。

3. A 中 NH_4Cl 和 $AlCl_3$ 水解显酸性,分别取固体加热,NH_4Cl 和 NH_4HCO_3 有气体产生。D 中 CH_3COOH 溶于水,CCl_4 不溶于水(在水下层),CH_3COOCH_3 不溶于水(在水上层)。

4. 单质 I_2 遇淀粉变蓝。KI 能被 NO_2 和 Cl_2 氧化成 I_2。

5. NH_4NO_3 和 $(NH_4)_2SO_4$ 溶液与碱反应,都生成 NH_3;而 Na_2SO_4 和 $(NH_4)_2SO_4$ 与 Ba^{2+} 反

应,都生成 $BaSO_4$ 沉淀。

6. $(NH_4)_2SO_4$ 与 NaOH 反应,有 NH_3 放出;$MgCl_2$ 和 $Al_2(SO_4)_3$ 与 NaOH 反应,有白色沉淀产生,加过量 NaOH,$Al_2(SO_4)_3$ 产生的沉淀消失;$Fe_2(SO_4)_3$ 与 NaOH 反应,有棕褐色 $Fe(OH)_3$ 沉淀产生。

7. 加 NaOH,有 $Mg(OH)_2$ 沉淀、$Al(OH)_3$ 沉淀(溶在过量 NaOH 中)、$Cu(OH)_2$ 蓝色沉淀、$Fe(OH)_2$ 白色沉淀,而 Fe^{2+} 为绿色;NH_4Cl 与 NaOH 反应有 NH_3 放出。

8. 溴水与 SO_2 和 H_2S 都反应且褪色,但 H_2S 与溴水反应有 S 析出。

9. 选用试剂最好不要带入其他离子,所以 D 合适。

10. 最后用盐酸中和过滤,加 Na_2CO_3 要晚于加 $BaCl_2$,以除去多余的 Ba^{2+},至于 NaOH 和 $BaCl_2$ 先后都可以。综上所述,只有 C 符合要求。

11. $FeCl_3$ 遇苯酚显色(不同的酚反应颜色不同),和 NaOH 反应生成棕褐色沉淀,和 $AgNO_3$ 反应有白色沉淀,和 KSCN 反应生成血红色溶液。

12. 解题思路同第 10 题。

13. 本题中"重新加入 $AgNO_3$ 溶液",应理解为"重新取未知盐溶液加入 $AgNO_3$ 溶液"。Ag_2SO_4 微溶于水,加盐酸生成 AgCl 沉淀,容易造成错觉。Mg^{2+}、Al^{3+} 等都能和 NaOH 反应。CO_3^{2-}、HCO_3^- 都能和 HCl 反应生成 CO_2。

14. Cl_2 和 HCl 都与 NaOH 发生反应。

15. 铁粉能使 Fe^{3+} 还原为 Fe^{2+},也能将 Cu^{2+} 置换为单质铜。

16. 硫酸铜微溶于乙醇。不能用渗析法将蔗糖和食盐分开。灼热的氧化铜与 H_2 反应得到 H_2O 蒸气。酒精和水互溶,不能进行萃取。SO_2 与品红结合不牢固,容易分开。只有④符合题意。

二、2. (1)可溶性碳酸盐与 $Ba(NO_3)_2$ 反应有白色沉淀生成,与 $Al_2(SO_4)_3$ 反应有白色沉淀和气体生成,与 CH_3COOH 反应有气体生成。

(2)硫酸铝与 NaOH 反应先生成白色沉淀,加过量 NaOH 沉淀溶解;与 K_2CO_3 反应生成白色沉淀和气体;与 $Ba(NO_3)_2$ 反应生成白色沉淀,与氨水反应有白色沉淀生成,加 NaOH(题目中的试剂)沉淀消失。

(3)$Ba(OH)_2$ 与 K_2SO_4 和 $(NH_4)_2SO_4$ 反应都有白色沉淀生成,后者还有 NH_3 产生;与 NH_4Cl 反应有 NH_3 产生。

(4)浓 HCl 与 CuO 反应生成蓝色溶液;与 MnO_2 反应(加热)有 Cl_2 生成;与 Fe 反应有绿色溶液和气体生成;与 FeS 反应有臭味气体生成。

(5)NaOH 与 NH_4Cl 反应有 NH_3 生成;与 $ZnCl_2$ 反应有白色沉淀生成,该沉淀溶于过量 NaOH;与 $FeCl_2$ 反应先生成白色沉淀,后沉淀变为红褐色;与 $MgCl_2$ 反应生成白色沉淀,该沉淀不溶于 NaOH;与 $AgNO_3$ 反应,先生成白色 AgOH,后生成棕褐色 Ag_2O。

(6)$FeCl_3$ 与苯酚反应显色;与 KI 淀粉溶液反应,有蓝色生成(Fe^{3+} 氧化 I^- 为 I_2,I_2 遇淀粉变蓝);与 $AgNO_3$ 反应有白色沉淀生成;与 KOH 反应有 $Fe(OH)_3$ 褐色沉淀生成;与 NH_4SCN 反应生成血红色溶液。

(7)C_6H_5—CH_3 和 CCl_4 不溶于溴水,C_6H_5—CH_3 在溴水上层,CCl_4 在溴水下层;溴水与苯酚反应显色;溴水与 KI 反应,溴水褪色且有 I_2 沉淀;溴水与 CH_2=CHCOOH 反应,溴水褪色。

(8)新制 Cu(OH)$_2$ 与葡萄糖先生成深蓝色溶液,加热有砖红色沉淀生成;与甲酸先生成蓝色溶液,加热有砖红色沉淀生成;与乙酸生成蓝色溶液;与乙醛加热、有砖红色沉淀生成。

(9)(NH$_4$)$_2$CO$_3$ 与 KOH 反应,有 NH$_3$ 放出;与 HNO$_3$ 反应有 CO$_2$ 放出;与 BaCl$_2$ 反应有白色沉淀生成。

(10)CuSO$_4$ 与 KOH 反应有 Cu(OH)$_2$ 蓝色沉淀;与 Ba(NO$_3$)$_2$ 反应有白色沉淀生成;与 Na$_2$S 反应有黑色沉淀生成。

典型例题

例题 1 下列试剂中,应盛放在无色磨口玻璃塞的细口瓶中的是_____;应盛放在棕色带磨口的细口瓶中的是_____;应盛放在橡胶塞的细口瓶的是_____。

A. 金属钠　　　　B. 浓硝酸　　　　C. 浓盐酸　　　　D. 氢氧化钠溶液

【分析】 A 选项是错误的。实验室的试剂瓶有细口、广口之分。广口瓶一般盛放固体试剂,瓶口大比较方便固体试剂的取用。细口瓶一般用来盛放液体试剂,瓶口小比较方便液体试剂的倾倒。

【答案】 C;B;D

例题 2 实验室里需用 480mL 0.1mol/L 的硫酸铜溶液,现选取 500mL 容量瓶进行配制,以下操作正确的是(　　)

A. 称取 7.68g 硫酸铜,加入 500mL 水　　B. 称取 12.0g 胆矾配成 500mL 溶液
C. 称取 8.0g 硫酸铜,加入 500mL 水　　D. 称取 12.5g 胆矾配成 500mL 溶液

【分析】 由于容量瓶容量为 500mL,且容量瓶只有一个刻度(标线),因此只能用该仪器配制 500mL 的溶液;配制溶液时,所得的体积应该是溶液的体积,而不是加入水的体积。要配制 500mL 0.1mol/L 的 CuSO$_4$ 溶液需 CuSO$_4$ 0.05mol,CuSO$_4$ 质量为 8g;胆矾:0.05mol×250g/mol = 12.5g。所需溶液为 500mL,而不是加水的体积为 500mL,故 A、B、C 都不对。

【答案】 D

例题 3 某无色溶液可能由 Na$_2$CO$_3$、MgCl$_2$、NaHCO$_3$、BaCl$_2$ 中的一种或几种混合而成。该溶液加入 NaOH 溶液出现白色沉淀;若加入稀硫酸也出现白色沉淀,并放出气体。据此分析,下述判断正确的是(　　)

①肯定有 BaCl$_2$;②肯定有 MgCl$_2$;③肯定有 NaHCO$_3$;④肯定有 NaHCO$_3$ 或 Na$_2$CO$_3$;⑤肯定没有 MgCl$_2$。

A. ①②③　　　　B. ①③　　　　C. ②④　　　　D. ①③⑤

【分析】 该选项中②不正确。因为向溶液中加 NaOH 溶液时,若溶液中含 Mg^{2+},因生成 Mg(OH)$_2$,产生白色沉淀。同时若溶液中含 HCO$_3^-$,也会与 OH$^-$ 反应生成 CO$_3^{2-}$,若同时溶液中有 Ba^{2+},则由于生成 BaCO$_3$,也产生白色沉淀。因此从第一步操作中不能得出必含 MgCl$_2$ 的结论,操作二中因加入稀硫酸产生白色沉淀,因此必含 BaCl$_2$ 不含 Na$_2$CO$_3$(因二者不能共存)。此时放出气体必是因 HCO$_3^-$ 存在的原因。

【答案】 B

例题 4 下图是实验室制取干燥、纯净氯气的装置图,指出该装置中的错误,并加以改正。

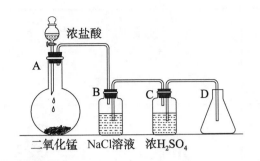

【答案】 A装置缺铁架台、铁夹、铁圈、石棉网和酒精灯;B、C两洗气瓶导入管与导出管连接颠倒,导入管应在液面之下,导出管应在液面之上;D瓶中的导气管应插到瓶的下部,同时瓶口应加双孔胶塞再连接一个导出管,将尾气导入另一个盛有NaOH溶液的锥形瓶或烧杯中使尾气充分吸收,避免空气被污染。

例题5 下列两种不同图示分别代表了干燥管的不同应用。请回答有关问题:

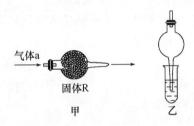

(1)图甲所示装置可作为气体干燥装置,下列组合中气体a和固体R都正确的是_____。

选项	A	B	C	D
气体a	NH_3	SO_2	C_2H_4	Cl_2
固体R	碱石灰	浓硫酸	高锰酸钾	碱石灰

(2)图甲所示装置还可以作为特殊情况下的气体发生装置。例如:在常温下可用此装置来制备空气中的某种单质气体,此时气体a为_____,固体R为_____。

(3)若按图乙来安装,可用NaOH浓溶液吸收Cl_2制"84消毒液",此时干燥管的作用是_____。

【分析】 (1)甲作为干燥装置,要求固体R必须能吸水,且不能与气体a发生反应。B中的浓硫酸是液体干燥剂;C中的高锰酸钾不仅不易吸水,还能与乙烯反应;D中的碱石灰虽然能吸水,但也能与Cl_2反应。(2)甲作为制气装置,要求反应原理是在常温下某气体与固体反应产生空气中的某种单质气体,中学阶段熟悉的反应是二氧化碳与过氧化钠反应产生氧气。

【答案】 (1)A (2)CO_2 Na_2O_2 (3)防止倒吸

强化训练

一、选择题

1. 对于易燃、易爆、有毒的化学物质,往往会在其包装上贴以下危险警告标签。下面所列物质中,贴错了标签的是_____。

	A	B	C	D
物质的化学式	浓 HNO_3	CCl_4	KCN	$KClO_3$
危险警告标签	腐蚀性	易燃的	有毒的	爆炸性

2. 下列实验叙述不正确的是_____。

A. 从试剂瓶中取出并切下使用的钠块后,剩余的钠不能放回原试剂瓶

B. 过滤时,将烧杯尖嘴靠在玻璃棒上,将玻璃棒下端靠在三层滤纸上

C. 蒸馏时,冷凝水应从冷凝管下端口进,上端口出

D. 实验室制取乙酸乙酯时,导气管出口端不能插入到饱和 Na_2CO_3 溶液液面以下

3. 下列保存试剂的方法中,正确的是_____。

A. 白磷保存在酒精中

B. 金属钠保存在煤油中

C. 用密封的玻璃瓶保存氢氟酸

D. 用密封的透明玻璃瓶保存浓硝酸

4. 下列实验操作或装置中正确的是(　　)

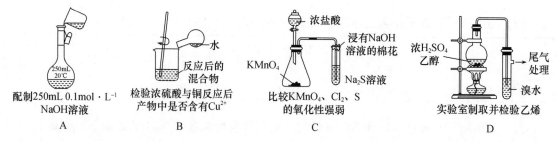

5. 某同学欲从苯与溴反应后的混合物中分离出溴苯和无水 $FeBr_3$。下列设计能达到相应实验目的的是(　　)

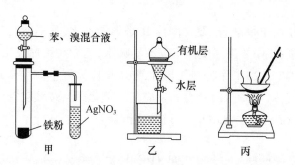

A. 装置甲中 $AgNO_3$ 溶液中产生淡黄色沉淀证明苯与溴发生取代反应

B. 反应后向反应混合物中加入蒸馏水,用乙装置分离有机层和水层,可观察到图中所示的现象

C. 用装置丙将分液后的水层蒸干,再灼烧制得无水 $FeBr_3$

D. 将经水洗、碱洗、水洗后的粗溴苯蒸馏后可以得到纯溴苯

6. 现有 3 组溶液：①含有水分的植物油中除去水分；②回收碘的 CCl_4 溶液中的 CCl_4；③用食用酒精浸泡中草药提取其中的有效成分。分离以上各混合液的正确方法依次是_____。

   A. 分液、萃取、蒸馏 B. 萃取、蒸馏、分液
   C. 分液、蒸馏、萃取 D. 蒸馏、萃取、分液

7. 要使含有盐酸的氯化钡溶液中和至中性，在不用指示剂的条件下，最好加入的物质是_____。

   A. 氨水   B. 纯碱   C. 碳酸钡   D. 氢氧化钡

8. 将氯化钠、三氯化铝、氯化亚铁、氯化铁 4 种溶液，通过一步实验就能加以区别，这种试剂是_____。

   A. KSCN   B. $BaCl_2$ C. NaOH   D. HCl

9. 实验室用质量分数为 98%、密度为 $1.84 g/cm^3$ 的浓硫酸配制 100g 10% 的 H_2SO_4 溶液。配制过程中需要用到的仪器有_____。
   ①托盘天平；②10mL 量筒；③100mL 量筒；④烧杯；⑤玻璃棒；⑥100mL 容量瓶；⑦胶头滴管。

   A. ②③④⑤⑦   B. ②④⑤⑥⑦   C. ①④⑤⑥⑦   D. ②③④⑤⑥⑦

10. 一定量的质量分数为 14% 的 KOH 溶液，若蒸发掉 100g 水后，其质量分数为 28%，体积为 125mL，且蒸发过程中无晶体析出，则浓缩后的 KOH 溶液的物质的量浓度为_____。

    A. 2.2mol/L   B. 4mol/L   C. 5mol/L   D. 6.25mol/L

11. 下列实验操作不需要加热装置的是_____。

    A. 重结晶   B. 酸碱中和滴定   C. 实验室制备氧气   D. 常压蒸馏

12. 区别二氧化硫和二氧化碳气体的最佳方法是_____。

    A. 通入澄清石灰水   B. 用湿润的蓝色石蕊试纸
    C. 用品红溶液   D. 根据有无毒性

13. 某研究小组利用下图装置（夹持装置已略去）探究 SO_2 和 $Fe(NO_3)_3$ 溶液的反应原理。其中 Na_2SO_3 放在三颈烧瓶中，下列说法不正确的是（　　）

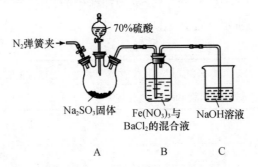

A. 装置 B 中若产生白色沉淀，说明 Fe^{3+} 能将 SO_2 氧化成 SO_4^{2-}
B. 实验室中配制 70% 的硫酸需要的玻璃仪器有量筒、烧杯、玻璃棒
C. 三颈烧瓶中通入 N_2 的操作应在滴加浓硫酸之前，目的是排尽装置内的空气
D. 装置 C 可能发生倒吸，同时还不能完全吸收反应产生的尾气

14. 以下实验装置一般不用于分离物质的是_____。

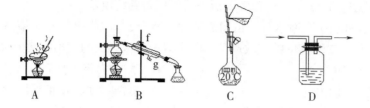

15. 下列实验方法合理的是_____。

A. 可用水鉴别己烷、四氯化碳、乙醇 3 种无色液体

B. 油脂皂化后可用渗析的方法使高级脂肪酸钠和甘油充分分离

C. 可用澄清石灰水鉴别 Na_2CO_3 溶液和 $NaHCO_3$ 溶液

D. 为准确测定盐酸与 NaOH 溶液反应的中和热,所用酸和碱的物质的量相等

16. 利用下列装置(夹持装置已略去)进行实验,能达到实验目的的是(　　)

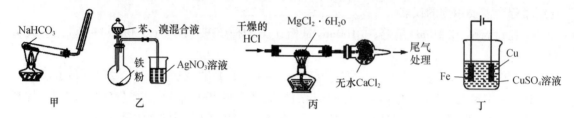

A. 用甲装置制备并收集 CO_2

B. 用乙装置制备溴苯并验证有 HBr 产生

C. 用丙装置制备无水 $MgCl_2$

D. 用丁装置在铁上镀铜

二、填空题

1. 已知某白色粉末只有 K_2SO_4、NH_4HCO_3、KCl、NH_4Cl、$CuSO_4$ 五种物质中的两种,为检验该白色粉末的成分,请完成下列实验:

实验一:取适量该白色粉末于烧杯中,加蒸馏水溶解,得到无色透明溶液 A。将溶液 A 分成两份,分别装于两支试管中,向其中一支试管里滴加稀硝酸,有无色气泡产生。由此判断,该白色粉末中肯定含有_____,肯定不含有_____。

实验二:

待检验物质	实验操作	预期现象和结论
K_2SO_4	向盛有溶液 A 的另一支试管中滴加_____溶液	_____

实验三:

实验前提	实验操作	预期现象和结论
若白色粉末中不含 K_2SO_4	取少量原固体混合物于试管中,用酒精灯充分加热	如果试管底部有固体残留,则混合物中含有_____;如果试管底部无固体残留,则混合物中含有_____

2. 用装置甲、乙、丙和乳胶管组成一套装置(气密性已检查),可用于制取并收集 NH_3 或 HCl 气体。可供选择的液体试剂(固体试剂任选)有:浓硫酸、浓盐酸、浓氨水,丙中试剂为紫色

石蕊溶液。

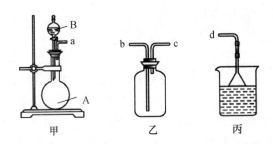

（1）若制取某气体的过程中，丙中的石蕊溶液变红，且烧瓶中的试剂A与分液漏斗中的试剂B均为无色液体，则试剂A为_____，制取该气体利用了B的性质有_____、_____。

（2）通过丙中紫色石蕊溶液变红或变蓝，说明乙中气体已集满。若石蕊溶液变蓝，则烧瓶甲中应加入的固体试剂A为_____；若在乙中收集NH_3，气体流经装置的顺序是a→_____→_____→d(填接口字母)。

3. 有5瓶失去标签的溶液，它们分别是①$Ba(NO_3)_2$；②KCl；③$NaOH$；④$CuSO_4$；⑤Na_2SO_4，如果不用其他任何试剂，用最简单的方法将它们一一鉴别开来，最合理的鉴别顺序是_____（只填序号）。

4. 下图中，A、B、C是气体发生装置，D、E、F是气体收集装置。试回答：

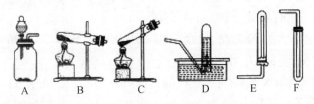

（1）甲同学要制取NH_3，应将_____和_____（填装置的字母代号，下同）两装置相连。制取NH_3的化学方程式为_____；

（2）乙同学用H_2O_2与MnO_2混合制O_2，应将_____和_____两装置相连，其化学方程式为_____；

（3）丙同学用Fe粉与稀H_2SO_4混合制H_2，应将_____和_____两装置相连，其化学方程式为_____；

（4）在E和F装置中，收集气体的玻璃导管一定要伸到距集气管底部约0.5cm的位置，是_____。

5. 为检验浓硫酸与木炭在加热条件下反应产生SO_2和CO_2气体，设计了如下图所示实验装置，a、b、c为止水夹，B是用于储气的气囊，D中放有用I_2和淀粉的蓝色溶液浸湿的脱脂棉。

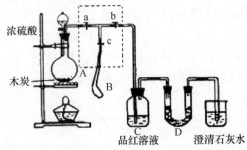

请回答下列问题：

（1）该实验涉及的化学反应方程式有：

①_____；

②_____。

（2）因该实验过程中会有气体产生，故在实验开始前一定要进行_____检查。

（3）此实验成败的关键在于控制反应产生气体的速率不能过快，由此设计了虚框部分的装置，以下①②③是具体操作步骤，则正确的操作顺序是_____（用操作编号填写）。

①向 A 装置中加入浓硫酸，加热，使 A 中产生的气体进入气囊 B，当气囊中充入一定量气体时，停止加热；

②待装置 A 冷却，且气囊 B 的体积不再变化后，关闭止水夹 a，打开止水夹 b，慢慢挤压气囊，使气囊 B 中气体慢慢进入装置 C 中，待达到实验目的后，关闭止水夹 b；

③打开止水夹 a 和 c，关闭止水夹 b。

（4）实验时，装置 C 中的现象为_____。

（5）当 D 中产生_____（A. 进气口一端脱脂棉蓝色变浅，出气口一端脱脂棉蓝色不变；B. 脱脂棉上蓝色均变浅；C. 脱脂棉上蓝色褪去）现象时，可以说明使 E 中澄清石灰水变浑的是 CO_2，而不是 SO_2；装置 D 的作用为_____。

6. 绿矾是含有一定量结晶水的硫酸亚铁，在工农业生产中具有重要的用途。某化学兴趣小组对绿矾的一些性质进行探究。回答下列问题：

（1）在试管中加入少量绿矾样品，加水溶解，滴加 KSCN 溶液，溶液颜色无明显变化。再向试管中通入空气，溶液逐渐变红。由此可知：_____、_____。

（2）为测定绿矾中结晶水含量，将石英玻璃管（带两端开关 K_1 和 K_2）（设为装置 A）称重，记为 m_1 g。将样品装入石英玻璃管中，再次将装置 A 称重，记为 m_2 g。按如图连接好装置进行实验。

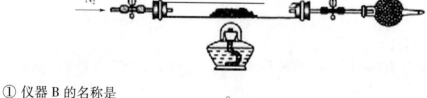

① 仪器 B 的名称是_____。

② 将下列实验操作步骤正确排序：_____（填标号）；重复上述操作步骤，直至 A 恒重，记为 m_3 g。

　a. 点燃酒精灯，加热　b. 熄灭酒精灯　c. 关闭 K_1 和 K_2

　d. 打开 K_1 和 K_2，缓缓通入 N_2　e. 称量 A　f. 冷却到室温

③ 根据实验记录，计算绿矾化学式中结晶水数目 $x = $ _____（列式表示）。若实验时按 a、d 次序操作，则使 x _____（填"偏大""偏小"或"无影响"）。

7. （1）如右图所示，将氯气依次通过盛有干燥有色布条的广口瓶 A 和盛有湿润有色布条的广口瓶 B，可观察到褪色现象的是_____。（以广口瓶代号 A 或 B 填空）

（2）为防止氯气尾气污染空气，可用_____溶液吸收多余的氯气。

8. 已知 A、B、C、D 分别是 AlCl₃、BaCl₂、FeSO₄、NaOH 四种化合物中的一种,它们的水溶液之间的一些反应现象如下:

(1) A + B→白色沉淀,加入稀硝酸,沉淀不溶解。

(2) B + D→白色沉淀,在空气中放置,白色沉淀逐渐转化为红褐色。

(3) C + D→白色沉淀,继续加入 D 溶液,白色沉淀逐渐消失。

试推断 A 是_____;B 是_____;C 是_____;D 是_____。C + D→白色沉淀后,溶解于 D 溶液中的化学反应方程式为_____。

9. 有 A 和 B 两种无色透明溶液,进行下列操作:

(1) 分别向盛有这两种透明液体的试管里滴加 $AgNO_3$ 溶液,A 和 B 溶液均很快出现白色沉淀。

(2) 分别向盛有这两种透明液体的试管里滴加 Na_2SO_4 溶液,A 溶液很快出现白色沉淀,B 溶液无明显变化。

(3) 分别向盛有这两种透明液体的试管里通入适量 HCl 气体,B 溶液很快有气体产生,将产生的气体通入澄清的石灰水中,石灰水马上变浑浊。

(4) 取少许 A 溶液进行焰色反应,火焰呈黄绿色。

(5) 取少许 B 溶液进行焰色反应,火焰呈黄色。

根据以上实验,可以确定 A 溶液是_____;B 溶液是_____。

【强化训练参考答案】

一、选择题

1. B 2. A 3. B 4. C 5. D 6. C 7. C 8. C 9. A 10. B 11. B 12. C 13. A 14. C 15. A 16. C

二、填空题

1. 实验一:NH_4HCO_3;$CuSO_4$

实验二:$BaCl_2$;若出现白色沉淀,则含有 K_2SO_4

实验三:NH_4HCO_3 和 KCl;NH_4HCO_3 和 NH_4Cl

2. (1) 浓盐酸;吸水性;溶于水放出大量热

(2) NaOH(或 CaO 或碱石灰);c;b

3. ④③①⑤② 或 ④①③⑤②

4. (1) B;E;$2NH_4Cl + Ca(OH)_2 \xrightarrow{\text{加热}} 2NH_3\uparrow + 2H_2O + CaCl_2$

(2) C;D;$MnO_2 + H_2O_2 \xrightarrow{\text{加热}} Mn(OH)_2 + O_2\uparrow$

(3) A;D;$Fe + H_2SO_4 == FeSO_4 + H_2\uparrow$

(4) 使收集的气体更加纯净

5. (1) $C + 2H_2SO_4(浓) == CO_2\uparrow + 2SO_2\uparrow + 2H_2O$;

$CO_2 + Ca(OH)_2 == CaCO_3\downarrow + H_2O$

(2) 气密性

(3) ③①②

(4) 品红溶液褪色

(5) A;除去 SO_2 并检验 SO_2 已被除净

6. (1) 样品中没有 Fe(Ⅲ);Fe(Ⅱ)易被氧气氧化为 Fe(Ⅲ)

(2) ①干燥管;②dabfce;③$\dfrac{76(m_2-m_3)}{9(m_3-m_1)}$;偏小

7. (1) B (2) 稀 NaOH

8. $BaCl_2$;$FeSO_4$;$AlCl_3$;NaOH;$AlCl_3+4NaOH=\!=\!=NaAlO_2+3NaCl+2H_2O$

9. $BaCl_2$;Na_2CO_3

【难题解析】

一、1. CCl_4 不能燃烧。

3. 白磷保存在水中;氢氟酸保存在塑料瓶中,不能放在玻璃瓶中(与 SiO_2 反应);浓 HNO_3 见光易分解,应存放在棕色瓶中,不能密封。

5. 由于溴易挥发,溴溶于 $AgNO_3$ 溶液也能产生淡黄色沉淀,A 项错误;溴苯的密度比水大,在下层,B 项错误;加热 $FeBr_3$ 溶液,促进 Fe^{3+} 的水解,蒸干、灼烧得到的是 Fe_2O_3,C 项错误;粗溴苯经水洗、碱洗和水洗后得到的是苯和溴苯的混合液,通过蒸馏可以得到纯的溴苯,D 项正确。

6. 两种互不相溶的液体用分液漏斗分离。挥发性溶剂与不挥发溶质分离用蒸馏方法。萃取是利用溶质在两个互不相溶的溶剂中溶解度不同进行浓缩提取的过程。

7. 加 $BaCO_3$ 至无沉淀溶解为止。

8. 加 NaOH,$Al(OH)_3$ 溶于过量 NaOH 中;$Fe(OH)_2$ 为白色沉淀,慢慢氧化为棕褐色的 $Fe(OH)_3$。

9. 用液体溶质配制溶液或稀释溶液,一般计算出溶质的体积用量器量取。

10. 溶液质量少了 100g,浓度增加了一倍。计算物质的量浓度需要密度和摩尔质量。

$c=\dfrac{28\%\times\dfrac{100}{125}\times1000}{56}=4(\text{mol/L})$

13. 装置 A 中 70% 的硫酸与亚硫酸钠反应放出二氧化硫,二氧化硫的水溶液显酸性,在酸性条件下,NO_3^- 能够氧化二氧化硫生成 SO_4^{2-},从而在装置 B 中产生硫酸钡白色沉淀,不能说明 Fe^{3+} 能将 SO_2 氧化成 SO_4^{2-},A 项不正确。实验室中配制 70% 的硫酸,需要用量筒量取适当体积的浓硫酸,然后慢慢倒入一定量水中,边倒边搅拌,需要的玻璃仪器有量筒、烧杯、玻璃棒,B 项正确。二氧化硫能够被氧化,为了排除空气中氧气的干扰,在滴加浓硫酸之前,三颈烧瓶中需要通入 N_2 以排尽装置内的空气,C 项正确。导气管直接插入溶液中可能会使压强变化较大,发生倒吸,反应生成的气体中可能会有 NO,不能被氢氧化钠溶液吸收,D 项正确。

14. C 为容量瓶,用做配制准确浓度的溶液。

16. $NaHCO_3$ 受热分解能生成 CO_2,但 CO_2 应用向上排空气法收集,A 项错误;苯的溴代反应为放热反应,能促进液溴的挥发,验证有 HBr 产生时,导出的气体在通入 $AgNO_3$ 溶液前需经 CCl_4 洗涤,除去 HBr 中混有的溴蒸气,B 项错误;$MgCl_2\cdot6H_2O$ 在 HCl 气氛下加热,能防止水解而制得无水 $MgCl_2$,HCl 不能直接排放到空气中,需进行尾气处理,C 项正确;在铁上镀铜时,镀层金属 Cu 作阳极,待镀制品作阴极,D 项错误。

二、1. $CuSO_4$ 溶液为蓝色，NH_4HCO_3 与稀 HNO_3 反应有 CO_2 放出。NH_4HCO_3 和 NH_4Cl 直接加热，都生成了气体，底部无残留，而与 KCl 加热无反应。

2. （1）丙中的石蕊溶液变红，说明制取的是氯化氢，可将浓硫酸和浓盐酸混合，浓硫酸因溶解于水放热和吸水作用使氯化氢挥发出来。

（2）若石蕊溶液变蓝说明制取的是氨气，可用浓氨水和固体 NaOH（或 CaO 或碱石灰等）作用。氨气的密度小于空气的密度，故在收集时应 c 口进气，b 口出气。

3. $CuSO_4$ 溶液为蓝色。将 $CuSO_4$ 滴入另外 4 种溶液中，NaOH 中有蓝色沉淀，$Ba(NO_3)_2$ 中有白色沉淀。将 $Ba(NO_3)_2$ 滴入剩余两种溶液中，Na_2SO_4 有白色沉淀。

6. （1）样品溶于水后滴加 KSCN 溶液，溶液颜色无明显变化，说明溶液中无 Fe^{3+}，通入空气，溶液逐渐变红，说明溶液中生成了 Fe^{3+}，即硫酸亚铁易被氧气氧化成硫酸铁。

（2）①仪器 B 的名称是球形干燥管。②实验前需排除装置中的空气，防止空气中的氧气氧化 Fe^{2+}，所以加热前需先通入 N_2 排尽装置中的空气，然后加热，实验完成后熄灭酒精灯，继续通入氮气片刻后关闭 K_1 和 K_2，防止水蒸气进入 A，使装置冷却至室温后称重，所以顺序为 dabfce。③根据实验记录，样品的质量为 (m_2-m_1)g，加热后，剩余的硫酸亚铁的质量为 (m_3-m_1)g，根据加热前后的硫酸亚铁的物质的量相等，可得出 $\dfrac{m_2-m_1}{152-18x}=\dfrac{m_3-m_1}{152}$，则可解得 $x=\dfrac{76(m_2-m_3)}{9(m_3-m_1)g}$；若实验时按 a、d 次序操作，加热过程中部分 Fe^{2+} 被氧气氧化为 Fe^{3+}，则 m_3 偏大，x 偏小。

第三部分

历 史

第一单元　主要内容

第一章　中国古代史

考试范围与要求

　　了解中华文明的起源；了解夏、商、西周时期的政治统治；了解春秋战国时期的诸侯争霸、变法运动；了解战国时期儒家、道家和法家的主要代表人物及思想主张；了解秦的统一和秦加强中央集权与统一的措施；了解西汉的建立与文景之治；了解汉武帝巩固统一多民族国家的措施；了解北魏孝文帝改革；了解唐朝"贞观之治""开元盛世"；了解隋唐科举制度的创立；了解宋初加强中央集权的措施；了解印刷术、火药、指南针的广泛应用；了解明清加强中央集权的措施；了解郑和下西洋和倭寇之患，认识明朝海上交通和沿海形势；了解"康乾盛世"，认识清朝前中期统一多民族国家的巩固。

第一节　中华文明的起源与早期国家

一、中国早期人类

　　考古发现，人类最早制造的工具是石器。原始社会因石器制作技术的不同而被区分为旧石器时代和新石器时代。

　　旧石器时代是指以打制方法制作石器的时代。当时的人类主要从事渔猎和采集，在险恶的自然环境下过着群居生活。旧石器时代的人类化石和遗址，在我国已发现300多处。时间较早的有距今约170万年的元谋人（发现于云南元谋县），距今100万年至65万年的蓝田人（发现于陕西蓝田县），以及距今70万年至20万年的北京人（发现于北京周口店龙骨山）。他们都已经学会用火。

　　在北京周口店龙骨山北京人遗址山顶上的洞穴里，又发现了距今约3万年的山顶洞人。山顶洞人使用打制石器，已掌握了很高的钻孔技术，有爱美观念。他们的体质已与现代人基本相同，属于旧石器时代晚期人类化石的代表。

二、新石器文化

距今约 1 万年前,人类普遍进入新石器时代。新石器时代产生了原始的农业,还出现了陶器,人们的生活渐渐稳定。氏族公社是这一时期普遍存在的社会组织形式。

目前,中国已经发现的新石器时代文化遗存有 1 万多处,且分布广泛,奠定了多元一体的发展基础。

距今约 7000 至 5000 年前,黄河中上游地区新石器文化的主体是仰韶文化,其典型代表是陕西西安临潼姜寨遗址和西安半坡遗址。那里的居民以粟为主要栽培作物,制作的彩绘陶器十分精美。大致同一时期,黄河下游出现了大汶口文化,长江下游有河姆渡文化。河姆渡文化的居民种植水稻,并且掌握了养蚕缫丝技术。大汶口文化晚期出土的黑陶,表面乌黑光亮,工艺水平很高。当时这里的社会已经出现了贫富差别。一座大墓中出土随葬品 100 多件,包括精美的玉器和象牙器。同一墓地的穷人墓葬,却仅随葬几件陶器。

距今 5000 年左右,我国的新石器时代进入晚期。那时候,社会经济比以前有了很大发展。农业和畜牧业水平提高,生产工具更加进步。社会经济的发展,促进了社会结构的变动。贫富分化加剧,氏族内部出现了权贵阶层。有些特殊的手工业新品,比如玉器和精美的陶器,就是为满足社会上层的需要而制造出来的。

新石器时代晚期,氏族间的联系趋于紧密,形成较大的部落甚至部落联盟。很多地方出现了由夯土城墙包围的古城,表明各种集团之间的冲突日益激烈。部落、氏族首领通过战争扩大财富和权力,战俘和一些贫苦的氏族成员则沦为奴隶。阶级分化逐渐明显,国家开始萌芽。

三、远古的传说

古史相传,中国历史从三皇五帝开始。三皇时代较早,名称众说不一,神话色彩浓重。五帝的事迹较为具体。三皇、五帝,仅是远古部落首领或部落联盟首领,不是真正的"帝"或"王",但是后人以为他们很杰出或伟大,而追尊他们为帝王。

传说居于五帝之首的黄帝,是华夏民族的始祖。相传生于姬水,故以姬姓,居轩辕之丘,故号轩辕氏。黄帝道德情操高尚,被拥为西北方游牧部族的首领。他联合炎帝,打败由蚩尤率领的九黎族的入侵,代神农而成为部落联盟的首领,成为"黄帝"。传说打败蚩尤后又与炎帝族在阪泉发生三次大战,黄帝统率以熊、罴、貔、貅、虎等野兽为图腾的氏族参加战斗,打败了炎帝部落,进入黄河流域。从此,黄帝部落定居中原,并很快发展起来,后又与炎帝结成炎黄部落联盟。历史上尧、舜和夏、商、周的君主都是黄帝的后裔,而在中原地区生活的人都称为"轩辕后裔""炎黄子孙"。

五帝中最后两位尧、舜,可能是中原地区的联盟首领。相传该时期,部族联盟实行各部族首领推选贤者担任联盟首领的制度。尧、舜先后被推举为联盟首领。当尧年老时,根据推举和他对舜的考察,决定由舜继承其位,于是召集部族联盟会,民主选举,主动让舜继位。舜年老时,又用同样的方式把位置让给治水有功的禹。这种制度被称为"禅让"。考古学证明,大约相当于五帝后期的龙山文化时代,中国大地上邦国林立,史称"万邦"时代。有些邦国都城规模较大,如陶寺遗址中有宫殿建筑、天文建筑以及各种礼器,阶级阶层分化也比较明显。有专家认为其具备了国家的初始形态。

四、夏、商、西周的统治

（一）夏朝的建立与灭亡

约公元前2070年,禹建立了夏朝。禹的儿子启继位后,通过武力迫使臣属服从自己的权威,用王位世袭制取代了禅让制,使"公天下"变为"家天下"。

夏朝是我国第一个奴隶制王朝。夏朝建立了职官、军队、刑法、监狱等一套国家机器。它的统治中心在今河南西部和山西南部,沿黄河向东至今河南、河北、山东交界处。相传夏初建都阳城,后来又以斟鄩为国都。

夏朝第二代王太康奢侈享乐,失去人心,东夷有穷氏首领后羿乘机夺取政权。后来,太康之孙少康复国,史称"少康中兴"。夏朝最后一个王夏桀暴虐无道,狂妄自大。他把自己比作太阳,说:"天之有日,犹吾之有民。日有亡哉？日亡吾亦亡矣。"人民恨透了他,诅咒说:"时日曷丧,予及汝偕亡。"百姓不断反抗夏朝的统治。约公元前1600年,黄河下游的商部族,在首领汤的率领下,发兵讨桀,大败夏兵,把桀放逐到南方。夏朝灭亡。

（二）商朝的兴衰

约公元前1600年,汤灭夏后建立商朝,以亳为都城。商朝前期屡次迁都。约公元前1300年,商王盘庚把都城迁到殷。商朝统治局面从此稳定下来,因此商朝又称"殷"。考古学家在河南安阳一带发现殷墟遗址,在遗址出土的大批龟甲、兽骨上刻有文字。这些文字被称为甲骨文,主要是商人刻写的占卜记录。甲骨文是一种成熟的文字,经历了很长时间的发展演变。

商朝是当时世界上的大国,势力最大的时候,东到大海,西达陕西西部,东北到辽宁,南至长江流域。其周围还有一些属国。商王太戊去世后,商王朝进入一个中衰时期,突出表现为王位继承上的连续动荡。商王武丁继位后修政行德,国力强盛,发动对周边方国（主要是土方、鬼方、羌方等）的战争。

商朝实行奴隶制度,十分残酷,实行"人祭"和"人殉"。人祭是指奴隶主贵族祭祀神灵和祖先时,杀掉奴隶作为贡品；人殉是指奴隶主死后下葬时,杀死或活埋奴隶作为殉葬品。从甲骨卜可知,商王武丁以后各代所用人祭祀,在13000人以上。

商朝晚期,纣王的荒淫无道,激化了社会矛盾。他修建了许多宫廷苑囿,终日饮酒作乐,生活腐朽,还作炮烙之刑残害臣民,引起公愤。公元前1046年,渭水流域的周族首领周武王联合诸侯部落在朝歌的南郊牧野击败商朝军队。商朝灭亡。

（三）西周的兴衰

商朝灭亡后,周武王建立周朝,定都于镐（今陕西西安西）,史称"西周"。周武王去世后,其子成王年幼,由武王之弟周公旦摄政。周公平定了商朝残余势力的叛乱,营建东都洛邑（今河南洛阳）作为东方统治中心,并且进一步完善了各项国家制度。

西周实行分封制。周王把土地和人民分别授予王族功臣和古代帝王的后代,让他们建立诸侯国,拱卫王室。分封制规定,诸侯必须服从周天子的命令,诸侯有为周天子镇守疆土、随从作战、缴纳贡赋和朝觐述职的义务。同时,诸侯在自己的封疆内,又对卿大夫实行再分封。卿大夫再将土地和人民分赐给士。卿大夫和士也要向上一级承担作战等义务。这样层层分封下去,形成了贵族统治阶层内部的森严等级,即"天子—诸侯—卿大夫—士"金字塔形的等级结构,加强了周天子对地方的政治统治。

西周在经济上实行井田制。周朝的土地名义上都属于周王,其中大部分通过分封被赐给诸侯等各级贵族，受封者可以世代占有，但不能转让买卖，并要向周王缴纳一定的贡赋。开垦土地通常有整齐的划界，形同"井"字，故称"井田"，其中包括公田和私田。农民集体耕种公田，将收获物缴纳给贵族，然后才能耕种自己的私田。井田制是奴隶主贵族赖以生存的经济基础。

公元前841年，周厉王贪财好利，把山林川泽之利收归王室所有，不准平民利用谋生，还令人监视百姓，使得"国人莫敢言，道路以目"。国人在高压政策下，举行暴动，周厉王出逃。朝政由周定公、召穆公共同执掌，史称"周召共和"或"共和行政"。公元前771年，西北的游牧民族犬戎乘西周王室内乱，攻破镐京，杀死周幽王，西周灭亡。

第二节　春秋战国的政治社会变革

一、诸侯争霸

周幽王死后，晋文侯扶持周幽王之子宜臼成为平王。周平王无力驱逐犬戎，加上镐京发生过地震，损毁严重，不宜再做都城，公元前770年，在晋文侯和郑武公的拥戴下东迁洛邑。东迁后的周朝，史称"东周"。

东周分为春秋、战国两个阶段。自公元前770年至公元前476年为春秋时期，公元前475年至公元前221年为战国时期。

春秋时期，一些大的诸侯国扩张势力，力图号召和控制中小诸侯国，确立霸主地位。齐国、晋国、楚国、吴国与越国等先后建立了霸权，史书将这一时期建立霸权的诸侯国国君统称为"春秋五霸"。

春秋后期到战国前期，一些诸侯国的卿大夫取代了国君掌握了实权。公元前403年，晋国的韩、赵、魏三家大夫将晋国瓜分，齐国大夫田氏也取代了原来的姜姓国君。经过长期纷争，许多中小诸侯国消失了，形成了齐、楚、燕、韩、赵、魏、秦七个大国，史称"战国七雄"。周朝传统的政治秩序完全被破坏，各国国君纷纷称王，周王室也在公元前256年被秦国吞并。战争所遵循的原则也逐渐由"义"转变为"利"，国与国之间的兼并战争预示着秦汉大一统时期的到来。

二、变法运动

春秋时期，由于铁器的使用和牛耕的推广，大量荒地被开垦出来，出现许多井田制下公田以外的私田。私田主人控制私田产品，不缴纳给国君。为增加收入，不少国家相继改变剥削方式，按照农民的耕地多少来征收实物赋税，不再区分公田、私田。土地国有的井田制逐渐为土地私有制所取代。

到战国时期，以等级分封制为基础的社会秩序已经解体，兼并战争日益剧烈，为富国强兵，各国努力提高统治效率。在这样的背景下，变法运动成为战国时期的一股潮流。比较重要的有魏国的李悝变法、楚国的吴起变法和秦国的商鞅变法。其中，秦国的商鞅变法效果最为显著。

商鞅变法的措施分两次推行。公元前356年，秦孝公任用商鞅为左庶长，商鞅由此开始了第一次变法。这次变法的主要内容有：在百姓中实行什伍连坐，互相纠察告发；强制将大家庭拆散为个体小家庭；重农抑商，奖励耕织；奖励军功，按功授爵，贵族无军功不再受爵，改革户籍制度,严明法度;"燔诗书而明法令"。几年以后,商鞅又进行了第二次变法。这次变法的主要内容包括:统一秦国的度量衡;废分封,行县制,县的官员由君主任免;完全废除井田制,铲除田界,推动土地私有制发展。

后来商鞅被杀,但变法措施已经深入人心。商鞅变法顺应历史潮流,集列国变法之长,是战国时期持续时间最长、涉及面最广、改革最为彻底的一次变法。变法使秦国迅速实现了富国强兵,为日后秦统一中国打下了坚实基础。

三、百家争鸣

春秋战国时期是社会大变革时期。在社会剧烈动荡的背景下,当时出现众多的学说和学派,形成"百家争鸣"的局面。其中主要有儒、道、墨、法等家。

(一)儒家

儒家学派的创始人是孔子。孔子是我国历史上影响最大的思想家和教育家。"仁"是孔子思想体系的核心。他对"仁"有许多解释,如说"仁者,爱人""己所不欲,勿施于人",主张以爱人之心调解社会人际关系。

孔子是伟大的教育家。他主张"有教无类",打破了贵族垄断文化教育的局面,使一般人的子弟也有受教育的机会。他主张"学而优则仕",通过教育途径,选拔治国的优秀人才。他的教育思想极为丰富,如因材施教、启发式教学、德才兼备的人才思想等,都是中华民族优秀的文化遗产。他的主要思想和言论记载在由其弟子及其再传弟子整理的《论语》当中。

孔子对保存古代文化典籍也有重要贡献。相传他晚年编订和整理了《诗经》《尚书》《礼记》《易经》《春秋》五部书,这就是后来的儒家"五经"。

战国时期儒家的代表是孟子和荀子。孟子发展了孔子的学说,政治上主张施行仁政,并提出"民贵君轻"的思想。在古代社会,孟子被统治者尊为"亚圣",地位仅次于孔子,对我国传统文化影响至深。

荀子是战国时期儒家的另一代表。他主张"制天命而用之",即掌握自然的变化规律而利用它,造福人类。他不同意孟子的性善论,认为人的物质欲望使人天生性恶,只有通过社会环境、道德教育,才能使人从善。

(二)道家

道家学派的创始人是老子。老子是春秋后期人,曾做过周朝的史官。相传老子留下《道德经》书。他认为世界万物的本原为"道",道是没有形状、没有声音、混沌恍惚的超时空的永久存在。老子学说比较深奥,含有朴素的辩证法思想。老子认为世界万物和人类社会总在不停地运动着,"有无相生,难易相成,长短相较,高下相倾",有无、难易、高低、贵贱、刚柔,是相互依存而且不断相互变化的,"祸兮,福之所倚;福兮,祸之所伏"。老子在政治上主张"无为",反对采用严刑峻法。他对暴虐的统治者提出警告:"民不畏死,奈何以死惧之?"老子的政治思想,对后代的政治有很大影响。他的学说后来被道教徒尊崇,老子因此也被奉为道教的教主。

庄子继承老子的道家学说,成为战国时期道家的代表人物。他发展了老子的唯心主义哲学,认为世界就是"我"的主观产物。庄子鄙视富贵利禄,痛恨"窃钩者诛,窃国者为诸侯"的不公平社会现象。但他提出的解决办法是消极的,认为应该取消"人为",回到原始状态。

(三) 其他学派

墨家是战国时期的"显学",创始人是墨翟,即墨子,战国初期人。他的思想代表了平民的利益。墨子主张"兼爱""非攻"和"尚贤"。"兼爱"就是爱一切人,不分"王公大人"和"万民"的阶级差别,都要同等地爱。"非攻"是反对一切战争,在当时主要是反对不义战争,反映了小生产者渴望安定生活的愿望。"尚贤"是主张任人唯贤,反对王公贵族的任人唯亲。《墨子》一书,记载了许多关于生产技术和科学的知识,反映了当时人对科学的认识水平。

战国时期法家的集大成者是韩非子。韩非子本为韩国贵族,曾上书韩王,主张变法,未被采用。后来入秦,得到秦王赏识。韩非子认为历史是向前发展的,当代必然胜过古代。人们应该按照现实需要进行政治改革,不必遵循古代的传统。韩非子主张建立君主专制的中央集权的封建国家,国家大权集中在君主一人手中。这种主张符合当时社会发展的潮流。他主张治国要"以法为本",法治的对象是广大臣民,除国君以外,不论贵贱,一律要受法的约束,"刑过不避大臣,赏善不遗匹夫""法不阿贵"。这在战国的大变革时期,是有积极意义的。

此外,比较重要的还有名家和兵家,它们分别以逻辑学和军事学为主要讨论对象。

百家争鸣是春秋战国时期社会经济发展、阶级关系变化在思想领域内的反映,是中国历史上第一次波澜壮阔的思想解放运动。它不仅为新兴的地主阶级登上历史舞台奠定了思想理论基础,而且成为后世中华思想文化的源头活水,影响十分深远。

第三节 秦汉时期统一多民族国家的建立和巩固

一、秦朝的统一和专制主义中央集权制度的巩固

(一) 秦的统一

公元前230年至公元前221年,秦国采取远交近攻策略,分化瓦解,各个击破,相继灭掉东方六国,建立起第一个统一王朝——秦朝,定都咸阳。随后,秦朝又征服了南方越族地区,加强了对云、贵一带西南夷的控制。在北方,秦朝击退了游牧民族匈奴的进攻。公元前214年,秦朝在原有北方诸侯国旧长城的基础上,修筑了西起临洮、东至辽东的万里长城。秦朝的疆域,东临大海,西到陇西,南濒南海,北抵长城一带。在这个范围之内,生活着各族人民2000多万人。

秦的统一,具有划时代的伟大历史意义。它结束了春秋战国以来封建诸侯割据称雄的战乱局面,符合历史发展的要求,为我国统一多民族国家的建立与发展奠定了基础;同时,为社会经济的恢复与发展,为各族人民的安定生活和相互交往,提供了有利条件,符合各族人民的共同愿望。

(二) 专制主义中央集权制度的建立

为了巩固统一和专制统治,建立与维持封建统治秩序,秦朝颁布了一系列旨在加强中央集权的政策措施。

1. 政治方面

(1) 确立至高无上的皇权。秦王嬴政统一六国后的第一道重要诏令即是"议帝号"。他自以为"德兼三皇,功过五帝",因此自称"始皇帝"。他规定:皇帝拥有至高无上的权力,凡行政、军事、经济等一切大权,均由皇帝总揽。皇帝制度为此后历代封建王朝沿用。

(2) 建立从中央到地方的官制和行政机构。在中央,设置丞相、御史大夫和太尉,即"三

公"。丞相帮助皇帝处理全国的政事;御史大夫执掌群臣奏章,下达皇帝诏令,兼理国家监察事务;太尉负责管理军事。太尉有名无实,由秦始皇兼任。三公以下设诸卿,分掌政要。在地方,废除分封制,推行郡县制。县以下设乡、里等基层行政组织。这些机构负责管理百姓,收取税赋,征发兵役。中央和郡县长官,直接由皇帝任免,因此皇帝能够有效地控制中央朝廷和地方权力。

（3）颁布通行全国的秦律。秦始皇参照六国律令,修订、补充商鞅以来的律令,制定颁布了内容繁复缜密的秦律。秦律竭力维护封建制度,如严禁侵犯封建国有土地和地主私有土地,农民每年必须为官府服劳役,不得逃避或延误。秦律条目繁杂,缺乏系统,连民众穿鞋之类的琐事,也有法律规定。秦律集中体现了地主阶级的意志,对后世封建律令的制定很有影响。

2. 经济方面

（1）实行土地私有制,按亩纳税,按丁服役。秦朝建立以前,秦国规定男子15岁载名户籍,开始承担徭役。秦始皇时,让百姓自己申报土地,载于户籍,户籍上包含年龄、土地等项目,国家依据户籍内容征发赋税与徭役。这成为封建国家统治人民的根本制度。

（2）统一度量衡。秦始皇以秦国度量衡器推行全国,改变战国以来度量衡的混乱局面,便利了经济交往和发展。

（3）统一货币。秦始皇以秦国的圆形方孔半两钱作为统一的货币,通行全国。货币的统一,有利于商品经济的发展和国家的统一。

（4）统一车轨、驰道和邮驿。为了控制广阔的国土,秦始皇下令修建由都城咸阳通达全国各地的驰道,东达燕、齐,南抵吴、楚。秦始皇多次沿驰道巡游郡县,在很多地方刻石记功,以示威强。秦始皇规定全国大车两轮之距为六尺,史称"车同轨"。这对交通运输业的发展有促进作用。

3. 文化方面

（1）书同文。秦始皇下令把小篆作为标准字体,通令全国使用。后来,社会上又流行一种更加简易的字体——隶书。文字的统一,有利于统一多民族国家的形成和文化的发展,对后世有深远的影响。

（2）焚书坑儒,加强思想控制。公元前213年,秦始皇采纳李斯的建议,下令焚烧《秦纪》以外的列国史记。另外,除医药、卜筮、种树之书外,其他不属于博士官所藏的《诗》《书》等,限期交出烧毁。私自谈论《诗》《书》的处死,以古非今的灭族。禁止私学,欲学法令的以吏为师。次年查出犯禁的方士、儒生四百六十多人,全部坑杀于咸阳。历史上把这两件事叫作"焚书坑儒"。"焚书坑儒"极大地摧残了中国文化。

（3）以法为教,以吏为师。秦始皇实行愚民政策,实行"以法为教"的教育制度,要求人们学习知识的内容只限于朝廷的法令,即秦律。与此相符,禁止私学,规定"若欲有学法令,以吏为师",即整个社会取消从事教育的专职人员,人们要学习,只能向"吏师"学习。吏师除以博士官充任外,大多由各级官吏充任。

（三）秦的暴政与灭亡

完成统一后的秦始皇,穷奢极欲,大兴土木,建造宫殿、陵墓。他花费巨额钱财求仙访药,以求长生不老。秦始皇兴师动众出外巡游、封禅,征发繁重,百姓不堪重负,生活在水深火热之中。秦朝刑法严苛,人民摇手触禁,"赭衣塞路,囹圄成市,天下愁怨",社会阶级矛盾严重激化。

公元前210年，秦始皇在巡行途中死去，秦二世继位。他残忍昏庸，实行严刑峻法，加重民众负担，致使阶级矛盾和统治阶层内部矛盾尖锐化，民众再也无法忍受下去，最终一场大规模的农民起义爆发了。

公元前209年，陈胜、吴广等900人被征发去渔阳戍守长城。他们走到大泽乡时，遇上大雨，道路泥泞，被迫停止前行，不能按期到达，按秦律"失期皆斩"。于是这些戍卒铤而走险，在陈胜、吴广的领导下，发动了中国历史上第一次农民大起义，陈胜自立为王，号为"张楚"。陈胜、吴广起义历时六个月，兵败被杀。

陈胜、吴广虽然被杀，但是"反秦"的呼声仍很高涨，有更多群体加入到反秦的队伍之中。被秦灭掉的东方六国对秦的积怨很深，六国反秦势力在潜滋暗长。这样，秦末农民起义演变成六国贵族的复国运动，其中影响较大的有项羽和刘邦。公元前207年，刘邦的军队攻破咸阳，秦朝灭亡。

二、西汉的统治

（一）西汉的建立与休养生息

秦亡，项羽自称西楚霸王，封刘邦为汉王。公元前206年至公元前202年，刘邦和项羽进行了4年的争霸战争，史称"楚汉之争"。

公元前202年，刘邦打败项羽，建立汉朝，定都长安（今陕西西安），史称"西汉"，刘邦即汉高祖。秦亡之后，中国再一次出现了大一统王朝。

经过秦朝暴政和秦末战乱，汉初社会凋敝，民不聊生。统治者采取休养生息的政策。汉高祖让大批士兵回乡务农，授予田宅，一段时期内免除徭役；诏谕战乱中流亡者各归本土，重操旧业。他又将田租减轻到十五税一，下令将自卖为奴婢的人释放为平民。这些政策增加了农业劳动力，调动了农民的生产积极性。

汉文帝、景帝在位期间，继续推行休养生息政策。他们多次减免田赋徭役，同时开放山林川泽，鼓励农民进行副业生产，活跃商业市场。工商地主"以末致财，用本守之"，地位大为提高。文帝和景帝还改革法律，文帝用笞刑取代某些伤残肢体的肉刑，景帝又取消笞刑，各级官吏断狱从轻，上下狱事减省。文帝、景帝提倡节俭，制约奢靡，减少财政支出。西汉的社会秩序逐渐恢复稳定，在汉初的40年时间里，经济不断发展，出现了封建社会第一次"治世"景象，史称"文景之治"。

汉初统治者注重借鉴秦亡教训，面对民生凋敝、社会残破的实际问题，推行轻徭薄赋、与民休息、重视农业发展的政策，结束了西汉立国初年的贫弱状况，实现了国家财富的迅速积累，为历代统治者尊崇。

（二）汉武帝与西汉的强盛

公元前141年，汉武帝即位，在西汉前期经济恢复、发展的基础上，采取了一系列巩固统一的重要举措。

政治方面，改革官制，加强皇权。汉武帝重视官吏的作用与考核，确立以察举制为代表的新的官员选拔制度，加强皇帝对地方官僚的控制；颁布"推恩令"，规定诸侯王死后，嫡长子继承王位，其他子弟分割王国部分土地成为列侯，列侯归郡统辖，结果王国越分越小，中央集权得到加强；把全国分为13个监察区域，是为十三州部，每州部设部刺史一人，考察吏治，奖惩官员断治冤狱，加强对地方官吏的监察。

经济方面,国家加强对经济的干预。改革币制,将铸币权收归中央;实行盐铁官营,由政府垄断盐、铁这两种重要物资的生产和销售;推行均输平准,国家插手并经营商业贸易,以增加收入,平抑物价;抑制工商业者,向他们征收财产税,逃税者没收全部财产;等等。

思想方面,罢黜百家,尊崇儒术。汉武帝采纳董仲舒的建议,尊崇儒家学说,起用儒生做官,建立以儒家学说为主要标准的人才选拔和教育制度,将其他学派、学说排除在外,儒学成为我国封建社会的主流意识形态。

在对内加强集权的同时,汉武帝对外也采取积极进取的政策,在稳固边疆的基础上积极开拓疆域。汉初,匈奴势力强大,多次袭击汉朝边境。汉武帝任用卫青、霍去病为将,经过三次较大规模的战争,控制了阴山以南和河西走廊的大片区域。西汉在河西走廊设立武威、张掖、酒泉、敦煌四郡。为配合对匈奴的战争,汉武帝派遣张骞两次出使西域,开辟了中西交通道路,大大促进了西域与中原的政治、经济、文化联系。中国的丝织品沿着这条道路传向中亚、西亚、欧洲和北非,这就是著名的"丝绸之路"。古代的"丝绸之路"从长安出发,经河西走廊、今新疆地区,运到西亚,再转运欧洲。

丝绸之路的贯通不仅拓展了两汉时期中国西北边疆版图,也奠定了中国古代时期的版图。汉武帝的边疆政策对我国统一多民族国家的发展和疆域的巩固,无疑起到了巨大的推动作用。除了张骞"凿空"之外,北平强胡、南定劲越亦有重大意义,第一次将北方草原游牧文化区、黄河流域旱田农业文化区、长江流域及其以南的水田农业文化区比较稳定地统一在一个完整的疆域内,为中华民族的多元一体格局的形成,奠定了坚实的基础。

公元前60年,西汉在乌垒城设置西域都护府,作为管理西域的军政机构。西汉对东南沿海和西南少数民族地区的治理,也比以前更加有效。统一多民族封建国家得到巩固加强。

(三)王莽改制

西汉后期,皇帝重用外戚和宦官,导致政局混乱,国家权力削弱。王莽是汉元帝皇后之侄,是贵族集团中较有见识的人物,但野心很大。他以外戚身份辅政后,一度深得各方面的拥护。王莽利用这种有利条件,于公元9年夺取政权,自立为帝,改国号为新,西汉灭亡。

王莽即位后,为解决西汉遗留下来的各种社会矛盾,进行了以土地和奴婢问题为中心的社会政治改革。改革涉及土地、奴婢、货币、民族以及官制等方面。对匈奴等周边各族发动的不义战争和混乱的货币改革,导致物价暴涨,米价高达一石五千甚至一万钱。王莽的改革,大多不切实际,引起严重的社会动荡,很快失败。沉重的赋役,战争的破坏,残酷的刑罚,导致农民无以为生。绿林、赤眉等农民起义终于爆发。王莽政权最终被起义军推翻。

三、东汉的兴亡

(一)东汉的建立与光武中兴

在农民起义的浪潮中,汉宗室刘秀趁机起兵,发展壮大了自己的势力。25年,刘秀称帝,沿用汉的国号。不久,定都洛阳,史称"东汉"。刘秀即汉光武帝,年号"建武"。东汉初年,经济凋敝,社会动荡。光武帝刘秀采取安抚的统治方法治理天下。政治上,对不善治国的武将,给予优厚待遇,但不给实权;重用节操高尚、熟悉典章而又有治国才能的文臣;加强监察制度,集军权于中央,进一步加强中央专制集权。经济上,多次颁布释放奴婢和禁止残害奴婢的诏令,大量沦为奴婢的人成为劳动力,西汉以来就存在的奴婢问题得到缓和;恢复西汉三十税一的田租制度;鼓励流民返乡垦荒种地;裁减合并地方官衙,复员军队,让大批劳动力回乡从事农业生产。经过光武帝多年努力，社会经济在稳定的政局下重新发展起来，史称"光武中兴"。

（二）东汉弊政与黄巾起义

东汉中期以后，皇帝即位时大多年龄较小，外戚和宦官轮流控制朝政。外戚和宦官长期争斗，各谋私利，东汉后期政权腐朽黑暗。

东汉后期，统治越来越腐朽。汉桓帝大造宫室，广选宫女，挥霍无度。汉灵帝大兴土木，令天下每亩田地增税10钱，后宫之费每日数百万钱。他还公开卖官鬻爵，高低官品各有价码，如三公1000万钱，卿500万钱。地方官属肥缺，定价更高，州郡长官卖到2000万钱。有钱的纳钱即可上任，穷酸的先到任后纳钱，但价钱要提高一倍。统治者搜刮无度，民不聊生，人民被迫铤而走险。184年，太平道首领张角以"苍天已死，黄天当立，岁在甲子，天下大吉"作号召，利用道教组织全国几十万人同时起义。起义民众头裹黄巾，称为"黄巾军"。黄巾军焚烧官府，捕杀官吏，攻打豪强地主田庄，队伍一度发展到100多万人。东汉政府急忙调集军队进行镇压。起义军虽然相继被官兵各个击破，但黄巾起义动摇了东汉王朝的统治基础。地方长官趁机拥兵自重，军阀割据局面出现，东汉政权名存实亡。

第四节 三国两晋南北朝时期的政权更迭与民族交融

一、三国与西晋

东汉末年军阀拥兵割据，经过二三十年的混战，只剩曹操、刘备、孙权三大集团。曹操的势力范围最初在河南。他控制了东汉最后一个皇帝汉献帝，取得"挟天子以令诸侯"的政治优势。200年，曹操在官渡之战中击败实力强大的袁绍，基本统一北方。208年，曹操大举东征，在赤壁之战中败于人数居于劣势的孙权、刘备联军，狼狈撤回。战后刘备进占四川，孙权巩固在东南地区的统治。曹操死后，其子曹丕于220年称帝，定都洛阳，国号魏，东汉灭亡。刘备、孙权也相继称帝。刘备仍用汉的国号，定都成都，史称蜀汉，简称蜀。孙权定都建业，国号吴。这样，就形成了三国鼎立的格局。

魏、蜀、吴三国鼎立期间，战争不断。魏国国力较强，在三国鼎立局面中略占上风。蜀、吴两国则加强了对南方少数民族地区的治理。263年，曹魏权臣司马昭发兵灭蜀。266年，司马昭之子司马炎代魏称帝，国号晋，史称西晋。司马炎即晋武帝。280年，西晋灭吴，完成统一。

自东汉以来，西、北边陲的一些少数民族不断向内地迁徙。到西晋，内迁的少数民族主要有匈奴、鲜卑、羯、氐、羌，史书上称为"五胡"。晋武帝死后，继位者惠帝昏庸弱智，宗室诸王展开对中央权力的争夺，由宫廷政变演化为内战。内迁少数民族卷入其中，并且逐渐主导了局势，成为推翻西晋政权的主要力量。316年，西晋被内迁的匈奴贵族刘渊建立的汉国所灭。自此，中国历史又进入一个比较长的分裂时期，起初是东晋十六国的割据，后来演变为南北朝的对峙。

二、东晋与南朝

西晋灭亡第二年，317年，琅琊王司马睿在南北士族的拥戴下，以建康（今江苏南京）为都城，在相对安宁的江南建立晋朝，史称"东晋"。

自三国、西晋以来，一些声名显赫的士大夫家族世代把持官位，享受政治、经济等方面的特权,形成一个特殊的社会阶层,称为士族。

东晋后期,几家执政的高门士族均已衰败,政局混乱。420年,出身低级士族的武将刘裕夺取皇位,改国号宋。此后170年间,南方先后经历了宋、齐、梁、陈四个王朝,合称"南朝"。四个王朝均定都建康,加上先前在此定都的吴和东晋,又统称"六朝"。

东晋北边的疆域,大致到淮水为止。东晋南朝之交,一度将势力范围扩展到黄河南岸附近,但随后在军事上渐处下风,又退回到淮水一线。到陈朝,只能保有长江以南,上游又丢掉了四川和荆襄,在南北对峙中处于明显劣势,覆亡大局已定。

三、十六国与北朝

东晋统治南方的时候,我国北方先后出现了一批割据政权。这些政权最主要的有15个,其中大部分是匈奴、鲜卑、羯、氐、羌5个少数民族建立的,加上西南地区的成汉,合称"十六国"(见下表)。

十六国统治者族属表

匈奴			羯	鲜卑				氐		羌	賨	汉		
前赵	北凉	夏	后赵	前燕	后燕	南燕	西秦	前秦	后凉	后秦	成汉	前凉	北燕	西凉

4世纪下半叶,十六国中由氐族建立的前秦统一北方。前秦皇帝苻坚于383年大举发兵进攻东晋,企图统一全国。两军战于淝水,前秦的兵力虽居压倒性优势,但却没有斗志。东晋以少胜多,获得大捷,史称淝水之战。由于内部各民族尚未充分交融,前秦战败后,被前秦征服的其他少数民族纷纷乘乱自树旗帜。强大的前秦政权很快崩溃,北方再度陷入混乱,曾经稍显缓和的民族矛盾又加剧了。

4世纪末,鲜卑拓跋部建立的北魏强大起来,于439年统一北方,先后与南朝宋、齐、梁政权形成对峙。建立北魏的拓跋部,十六国时活动于代北地区,位置偏居边陲,社会发展相对滞后。因此,在北魏前期,民族矛盾一直比较明显。汉族和其他少数民族频繁掀起反抗斗争,北魏政局很长时间都不很稳定。

北魏中期,孝文帝拓跋宏在位时,推行了一系列改革。其中一个重要方面,就是大力学习汉族先进文化,消除民族隔阂,推动民族融合。

北魏建国后定都于代北的平城(今山西大同)。494年,孝文帝将都城从平城迁到洛阳,迁到洛阳的鲜卑贵族一律将籍贯改为洛阳,死后不得归葬平城;以汉族服饰取代鲜卑服饰,朝中禁鲜卑语,统一说汉语;改鲜卑姓为汉姓,其中皇族拓跋氏改姓元;仿照魏晋以来汉族社会的士族阶层,将新改姓的部分鲜卑贵族定为一等高门,并鼓励他们与汉族高门士族通婚。这些措施顺应了北方民族交往交流交融的历史趋势,大大缓解了民族矛盾,促进了北魏的经济发展和社会繁荣,为结束长期分裂局面、重新走向国家统一奠定了基础。

第五节 隋唐统一多民族国家的发展

一、隋朝的建立与灭亡

581年,北周外戚杨坚代周称帝,改国号隋,改元开皇,定都长安,是为隋文帝。他励精图治,进行了一系列改革,国力日强。

589年,隋文帝完成了统一。

隋统一后,大力强化对南方的统治和南北联系,将北方的管理制度推行到南方,统一南北货币制度和度量衡制度;加强中央集权,提高行政效率。这一系列措施促进了社会经济的迅速恢复和发展,人口增加,垦田面积不断扩大。隋朝成为疆域辽阔、国力强盛的王朝。后世赞誉隋文帝的统治为"开皇之治"。隋文帝死后,杨广即位,是为隋炀帝。

为了加强南北交通,巩固隋王朝统治,隋炀帝还以洛阳为中心开凿大运河,北到涿郡(今北京),南至余杭(今杭州),全长2700多千米,贯穿今天的北京、天津、河北、山东、河南等省市,连接了海河、黄河、淮河、长江、钱塘江五大水系,成为南北交通的大动脉,是世界历史上最伟大的工程之一。大运河贯通南北,为巩固国家统一、促进南北经济文化交流发挥了重要作用。

隋炀帝自恃强盛,大兴土木,穷奢极欲,又三次大举征伐高丽。生产遭到严重破坏,民不聊生。"黄河之北,则千里无烟;江淮之间,则鞠为茂草。"人民忍无可忍,终于纷纷揭竿而起。

起义首先爆发在山东地区,随即迅速蔓延到全国。614年,隋炀帝发动第三次进攻高丽的战争时,农民起义进入高潮,起义队伍已达130多支。

在起义军的沉重打击下,隋朝的统治面临瓦解。618年,隋炀帝被部将杀死,隋朝灭亡。

二、唐朝的开国与盛世

(一)唐朝的建立与"贞观之治"

隋末大乱,群雄并起,太原留守李渊见隋朝颓势已无法挽回,趁机起兵反隋。618年,李渊得知隋炀帝被杀后,自己称帝,国号唐,定都长安。李渊即唐高祖。随后,唐军逐渐消灭各支起义军和割据势力,统一全国。

公元626年,唐太宗李世民即位,次年改年号为贞观(627—649年)。唐太宗吸取隋朝速亡的教训,反复强调老百姓的重要性。唐太宗曾言,人君好比是舟,百姓好比是水,水能载舟,亦能覆舟!他要求对百姓的赋役应有限度,反对用重法来维护统治秩序。当时北方一些地方发生自然灾害,唐太宗下令迅速开仓赈济,使人民有基本的生活保障。唐太宗比较重视选拔人才和吏治,能做到不拘出身、地域、民族,人尽其才,兼收并用。他反对君主独断专行,强调"兼听则明,偏信则暗",虚心听取臣下的不同意见。大臣魏徵敢于直言,前后进谏200多次,死后,唐太宗痛惜不已,直呼失去一面可以知得失的"镜子"。当时的很多大臣都以直言进谏著称,形成了古代少有的开明政治风气。贞观年间,国家出现政治稳定、人民安居乐业、经济迅速发展的大好局面,史称"贞观之治"。

(二)女皇武则天

唐太宗的儿子高宗李治即位后,皇后武则天协助他处理政务,逐渐掌权。高宗死后,中宗李显即位,武则天以皇太后身份临朝称制。690年,武则天废唐称帝,改国号为周,成为中国历史上唯一的女皇帝。

武则天统治时期,打击敌对的官僚贵族;大力发展科举制,创立殿试制度,不拘一格选拔人才;宽容纳谏、重视农业,继续推行贞观以来减轻人民负担的政策和措施;对外加强边防力量,改善了与西北各民族的关系,维护东西方之间丝绸之路的畅通;对内派兵镇压叛乱,巩固了国家统一。在武则天当权期间,社会经济持续发展,国力不断上升。人称她的统治"政启开元,治宏贞观"。

(三)"开元盛世"

705年,武则天病重,亲李派势力拥立中宗李显复位,武周政权结束。712年,唐高宗之孙李隆基即位,是为唐玄宗。

唐玄宗很有革新魄力,先后在姚崇、宋璟、张九龄等辅佐下,实行了一系列改革:整顿吏治,裁减冗员,加强考核措施;注意节俭,减轻赋役,动用政府的力量组织抵御自然灾害,为经济发展创造条件;限制佛教,裁汰僧尼,禁建新佛寺;大兴文治,发展科举,设集贤院,广聚学者。

这一时期,唐朝在各方面都达到了极高的水平,国力空前强盛,社会经济空前繁荣,人口也大幅度增长,天宝年间唐朝人口达到8000万人。商业十分发达,国内交通四通八达,城市更为繁华,对外贸易不断增长,波斯、大食商人纷至沓来,长安、洛阳、广州等大都市商贾云集,各种肤色、不同语言的商人身穿不同的服装来来往往,十分热闹。正如杜甫在《忆昔》里所言:"忆昔开元全盛日,小邑犹藏万家室。稻米流脂粟米白,公私仓廪俱丰实"。唐朝进入全盛时期,史称"开元盛世"。

三、安史之乱与唐朝衰亡

(一)安史之乱

开元后期,由于安定繁荣的日子已久,唐玄宗逐渐丧失了以前那种励精图治的精神。改元天宝后,他纵情享乐,消极怠政。加上当时土地兼并剧烈,贫富悬殊严重,政治、经济、社会渐呈衰败之象。唐玄宗宠信的将领安禄山,一人兼任今天河北、山西、辽宁三个地区的节度使,担负东北地区防御重任,逐渐形成庞大的地方势力。

755年,安禄山借口朝廷出现奸臣,和部将史思明一起在范阳(今北京)发动叛乱,史称"安史之乱"。安史叛军从河北南下,先占东都洛阳,又攻下潼关,半年多就攻入长安。唐玄宗仓皇逃往成都,唐肃宗即位,任用大将郭子仪、李光弼率兵平反,并在北方少数民族军队的援助下,反击叛军,直到763年,唐朝才最终平定了这场叛之乱。

安史之乱是唐朝统治阶级内部的斗争,持续8年之久的战乱,虽最终平定,但给社会带来严重的影响,给北方人民带来一场浩劫,是唐朝由盛而衰的转折点。

(二)藩镇割据

安史之乱期间和以后,唐朝陆续在内地增设许多节度使。节度使管辖地区,大者十余州,小者三四州。他们的辖区,史称藩镇。这些藩镇势力极大,在政治上拥有自主权,节度使自行任免官吏,管辖州县;节度使死后,将职位传给儿子或部将,不经朝廷的任命。在经济上,他们拥有财权,掌握着本地的税收。在军事上,藩镇拥有强悍的武装,各自独霸一方。这些节度使名义上属于唐朝,实际上完全等于独立王国,除了藩镇与唐中央的对抗,各藩镇内部将校之间、将校与骄兵之间也互相残杀,使唐后期的政局动荡不安。

藩镇割据给人民带来了深重的灾难,战争不断,人民横遭兵祸,生产受到破坏,人民生活在"暴刑苛赋"之中。但藩镇之间,互相牵制,没有形成过于强大的地方势力,唐朝的统治因而又延续一个半世纪。

(三)唐朝的灭亡

唐朝晚期政治腐败,宦官专权,藩镇割据态势严重,土地占有高度集中,兼并日益严重,赋税日益苛重,民不聊生,终于爆发了大规模的农民起义。874年,王仙芝和黄巢先后在山东、河南交界地区发动农民起义。王仙芝死后,他所领导的余部部分由尚让率领北上,与黄巢会兵,共10万余人,推黄巢为王,称"冲天太保均平大将军",并设官分职,建立临时政权机构,标志农民战争进入一个新阶段。879年,黄巢下广州,以"义军百万都统"的名义发布文告,宣称即将北上攻打长安,次年攻占长安。唐朝皇帝逃往成都,黄巢在长安称帝,国号大齐,年号"金统"。但黄巢建立起农民政权后,满足于已取得的胜利果实,没有乘胜追击歼灭残敌,巩固胜利成果,给敌人以喘息和重新组织力量进行反扑的机会。原为农民起义军将领的朱温叛变投敌,与其他藩镇联合镇压了黄巢起义。因镇压黄巢军有功,被唐僖宗赐名"全忠",他逐渐控制朝政,陆续兼并了北方的大小割据势力。907年节度使朱全忠篡位,国号梁,唐朝灭亡。

四、五代十国

唐朝灭亡后50多年间,中国处于分裂割据时期,它是唐末藩镇割据的继续和发展。五代是指在中原一带相继出现的后梁、后唐、后晋、后汉、后周五个短命王朝,除了后唐定都洛阳之外,其余都定都开封。

在中原五代更替的同时,南方各地先后出现了不少割据政权,主要有吴、南唐、吴越、闽、南汉、前蜀、后蜀、楚、南平9个割据政权,连同沙陀贵族在山西建立的北汉,史称"十国"。

五代十国后期,统一的趋势重新显现。10世纪中叶,周世宗柴荣即位,顺应历史发展潮流,恢复生产,发展经济,改革朝政,整顿吏治,整顿军队,加强中央军权,虽然他在位仅仅六年,但他厉行改革,使后周在政治、经济、军事等方面成绩斐然,实力迅速增强,为北宋结束分裂割据局面,统一全国奠定了基础。

五、隋唐时期的制度变化与创新

隋唐之前的三国两晋南北朝时期,中国选官制度主要为九品中正制。九品中正制,又称九品官人法,该制度上承两汉察举制,下启隋唐之科举,在中国古代政治制度中占有十分重要的地位。九品,是划分人才优劣的九个等级。中正,是品评官。中央委任中正官为各地人才评定登记,共分九等,由各州郡分别推选大中正一人,所推举大中正必为在中央任职官员且德名俱高者。大中正再产生小中正。这些中正官,大多出身士族。中央有关部门依据中正对士人评定的品第,选任官吏时授予相应的官职。此项制度使得当时的官吏选拔有了一定客观标准,此标准其实依然是采取地方群众舆论和公共意见,保留了汉代乡举里选的传统,又将评议权收归中央,缓解了中央政府与世家大族的紧张关系,在一定时间内加强了中央集权。随着士族的没落,九品中正制无法继续。

隋文帝称帝后,正式废除了九品中正制,分科选官办法逐渐实行,特别是隋炀帝"置明(经)、进(士)二科",以试策取士,标志着科举制度的正式产生。从此,科举制取代九品中正制,成为封建社会选拔官员的主要方式;唐代的科举主要是常举,设有秀才、明经、进士、明法、明书、明算、一史、三史、道举和童子等科目,武则天扩大科举取士的人数,首创了武举和殿试;唐玄宗任用高官主持考试,提高了科举考试的地位。由此可见,隋代以科举取代九品中正制,但到唐代才逐步完善形成。

科举制度使官员选拔变得更加公平和公开,对门阀士族把持政权起到了限制作用,也为出身社会中下层的读书人打开了方便之门,使他们通过相对公平的考试参与政权,扩大封建统治的阶级基础,提高了官员的文化素质,加强中央集权。

第六节 宋辽夏金元时期的政治、经济与文化

一、北宋的建立与加强中央集权的措施

（一）北宋的建立

五代时期,王朝在军事上主要凭借禁军立国,因而政权更迭频繁。960年正月,后周禁军统帅殿前都点检赵匡胤在位于开封东北的陈桥驿发动兵变,黄袍加身,建立北宋,定都东京,赵匡胤为宋太祖。北宋的建立结束了五代十国分裂割据的混乱局面,在王朝内部形成了长期稳定的统治。

（二）北宋加强中央集权的措施

赵匡胤建立北宋政权之后,宋初的统治者虽未能恢复汉朝、唐朝的广阔疆域,但在10余年内相继平叛南方割据的政权,努力整顿内政,吸收五代时期造成国家分裂的藩镇割据的教训,采取了一系列加强中央集权的针对性政策和措施。

1. 政治上

削弱以宰相为首的中书门下省的权力,将其权力一分为三。在宰相之下增设参知政事为副相,享有行政权;宋太祖时设立枢密院,分割宰相的掌兵权力。宋太宗时设立审刑院,负责审理大理寺裁断的案件,再交中书施行,剥夺了中书门下的复审权。宋真宗时逐步设立三司使,管理盐铁、度支和户部等财政权。这样,中央大权由皇帝总揽。

加强对地方的控制。首先,由中央选派文官担任各州郡的知州知县等长官,管辖节度使驻地以外的其他州郡,大大削弱了节度使的权力。其次,设置通判职位,限制知州的权力,负责监督中央向地方派出的官员,规定文书必须经过知州和通判共同签署才能生效。这样的安排使得节度使成为虚职,大大加强了中央对地方的控制。

2. 经济上

过去,节度使把持地方财政,掌握大量耕地、劳力,大量财物不上缴中央,而是留在使、州内,为改变这种状况,设置各路转运使和转运司,规定除留下必需经费外,其余财物一律经由转运使运送至中央。此外,下令废除晚唐以来实行的藩镇贸易经营特权,相关税收全部归公。

3. 军事上

从地方所统军队中选拔精锐兵员补充到中央禁军里,地方所统军队只留下老弱者充当劳力工役。中央派出一半禁军驻扎地方,实行"更戍法",定期调动轮换将领和士兵,避免形成过于紧密的隶属关系。并将握兵、调兵和统兵权力分开,分属三衙、枢密院和临时派遣的将领,避免其中一者独大或拥兵自重。

抑制武将势力,重用文官。宋太祖即位不久,为了巩固皇权,利用举行宴会的场合"杯酒释兵权"。之后更是有意识地降低武将地位,剥夺石守信等名将权力,任用资历浅的平庸将领,募兵多招地方流亡无赖之人,使得军队形象和社会地位日益下降。同时,大力抬高文官地位,倡导文治天下,通过扩大科举规模招揽文官,强化士大夫监察权力。

（三）庆历新政与王安石变法

1. 庆历新政

宋朝加强中央集权的措施,解决了晚唐后形成的藩镇割据问题,但对于地方的影响很大,无异于釜底抽薪。宋太宗之后,国家逐渐形成了积贫积弱的局面。到了宋真宗晚期,这种局面积

重难返,加上真宗晚年昏聩,闹出"天书封祀"的政治闹剧。宋仁宗即位后,改革的呼声高涨,部分士大夫针对这种日益严重的政治危机,发起了一次政治改革,并在一开始得到宋仁宗支持,史称"庆历新政"。

仁宗时期名臣范仲淹是这场改革的主倡者。范仲淹,江苏人,出身贫寒,27岁中进士,胸怀大志,以"先天下之忧而忧,后天下之乐而乐"为己任。1043年,范仲淹团结了韩琦、富弼、欧阳修、滕宗亮等一批改革派,提出十条改革主张:

第一,严明官吏的升降,提拔政绩好的官员;

第二,提高官僚进入门槛,防止亲贵特权垄断官位;

第三,严格科举取士,更加注重实学和策论;

第四,加强考察官吏,依据政绩决定官吏升迁;

第五,按等级给予官员一定数量的公田,使官员能够养活自己;

第六,重视农业生产,加强农桑立法;

第七,降低徭役赋税,减轻百姓负担;

第八,整治军备,加强练兵;

第九,严肃对待和慎重发布朝廷号令,不得朝令夕改;

第十,落实朝廷的惠政和信义,取信于民。

新政的主张虽然条理分明,但由于其中涉及几项整顿吏治的要求,遭到了反对派的强烈反击和阻挠,因而并没有得到很好的执行。由于范仲淹等人开诚布公地宣扬朋党有理,自命君子而责他小人,给改革派树立了过于庞大的对立面,最终,庆历新政以失败而告终。范仲淹于庆历四年自请外巡,改革派的其他人物也纷纷被贬出朝。

庆历新政的失败,使得宋朝积贫积弱的状况一直延续,冗官、冗兵、冗费给中央造成了沉重的财政负担,加上社会矛盾的激化,政治危机四伏,改革的呼声长时期不绝于朝野。宋神宗在位时,起用王安石推行变法。

2. 王安石变法

王安石,江西人,早年经历和范仲淹相近,对于地方民生疾苦和社会弊病有较多了解,仁宗在位晚期,王安石曾上万言书呼吁改革,论述全面而深刻,后被神宗启用。王安石变法以富国强兵、从根本上改变积贫积弱的局面为目的,主要采取了以下措施:

均输法。政府拨巨款从事商业经营,按照"徙贵就贱,用近易远"的原则采办中央所需物资。在东南六路设置货运时,先了解六路的物资生产,以及都城开封的需求状况,之后按照"徙贵就贱,用近易远"的原则,即把便宜的那些地方物资运到比较贵的地方去卖,这样一方面保证了买卖公平和政府的物资需求,同时又增加了政府的财政收入。

青苗法。政府通过向农民提供贷款,在调控经济的同时开辟财源。并且鼓励农民开垦荒田、兴修水利,废除百姓轮流当差的办法,改为政府雇佣,向富人征收免役钱。主要在青黄不接的时候,农民可以向政府贷款,收获之后,再向政府还本付息。

农田水利法。变法中,非常重视和农业相关的水利工程的修建,号召民间集资兴修水利,如果民间集资还有短缺,可以向政府贷款。

军事上,实行保甲法,逐步恢复"兵农合一",用民兵逐渐取代募兵。保甲法规定了乡村居民每十户(后改成五户)组成一保,各家根据壮丁人数出保丁,选取有才干的人任保长等职务,负责督促农闲时的军事训练。推行将兵法,改善将领与兵员的关系,严格军事训练,提升军队战斗力。实行保马法,养马于民,减少原来由官员养马因管理问题造成的巨大浪费和支出。设立军器监,专门监督兵器的制造。

教育上,编纂和颁布实行《三经新义》,改革科举制,整顿学校。

王安石变法推行时间长,覆盖面广,具体改革措施十分精细,在经济方面取得了显著成效,很大程度上扭转了国家财政困难的局面,达到了"富国"的目的。但是一方面,未能从根本上扭转军政腐败的状况,"强兵"目的未能达到;另一方面,由于改革涉及北宋官僚大地主集团的利益,王安石本人主政期间年过半百,急于令改革取得立竿见影的效果,对于许多根本性弊端采取回避态度,宋神宗死后,担任宰相的司马光就将变法全部废除,改革宣告失败。

二、北宋与辽、西夏的关系

(一) 北宋与辽的关系

辽是契丹族建立的政权,雄踞北方草原地区。宋太宗在位时,亲征北汉获胜,企图一举攻辽收复燕云十六州,结果"高梁河之战"大败于辽军。雍熙年间,宋太宗再次北伐失利,在对辽关系中,北宋一直处于劣势。1004年,宋辽双方议和,在澶州定下盟约,约定宋辽皇帝以"兄弟"相称,北宋每年送给辽一笔财物做"岁币",各守本国疆界,取消战争敌对行为。自此,宋辽之间出现长达百年的和平局面,为双方社会经济文化的发展带来了积极影响。

(二) 北宋与西夏的关系

西夏是以党项族为主体建立的民族政权。党项的前身是羌族,原来定居在川西北和青海东部,后向西发展,控制河西走廊地区,将兴城(今宁夏银川)作为统治中心。宋朝建立后,原本夏和宋保持友好关系,但由于夏内部因权力继承问题发生内讧,不断进攻宋朝疆土。元昊于1038年称帝建国西夏,宋夏间爆发战争,宋朝节节败退。但西夏毕竟国力有限,无力支持长时间战争,双方议和,约定结束战争状态,每年宋"岁赐"西夏一批财物,互通贸易。在这之后的西夏统治者对宋朝均奉行和平政策。

三、金与南宋的对峙

1127年,北宋被金所灭,宋钦宗、宋徽宗两位皇帝被金朝俘虏,史称"靖康之变"。宋高宗赵构重建宋朝,定都临安(今浙江杭州),称为南宋。南宋建立后,金不断对其发动军事战争,宋军在与金军的斗争之中,素质得到明显提高,尤其是岳飞的"岳家军",战绩彪炳。但是,宋高宗听信秦桧谗言,主动向金求和,经过顺昌之战、郾城之战和柘皋大捷,南宋和金于1141年订立"绍兴和议"。和议规定,南宋向金称臣,每年缴纳一定数量的财物作为供赋,以换取和平。岳飞也被南宋朝廷逮捕杀害。此后,双方又订立了"隆兴和议""嘉定和议",维持了较长时间的和平稳定,和平局面终于在1234年被打破,蒙古军队联合南宋攻陷蔡州,金国灭亡。

四、宋代理学的兴起

两宋时期,由于民族矛盾和边疆危机不断,统治者需要调整儒学的统治思想,发展新理论维护统治需要,而且,由于中华传统文化儒、释、道三家观点在这一时期出现日趋融合的"三教合一"趋势,儒家学说发展更趋理性化,为新儒学体系的诞生奠定了基础。此外,宋代注重提拔和任用文官的制度,也有利于为新理论发展创造良好的环境。在这种历史背景下,宋代兴起了"程朱理学"。朱熹和程颐、程颢是"程朱理学"的代表人物。程颐、程颢被称为"二程",他们认为：天理是万物之本原，万物只有一个天理，主张先有理而后有物。这是理学的核心思想。他们还认为天理和伦理道德有直接联系，认为"人伦者，天理也""父子君臣，天下之定理"。朱熹是"程朱理学"的集大成者，他特别强调天理就是作为人的道德规范的三纲五常，并指出，人性与伦理道德和天理应当一致，应当具有仁、义、礼、智、信等美德，不应被后天的欲望所蒙蔽。因此，朱熹强调"存天理，灭人欲"。

程朱理学力图复兴儒学，深入挖掘经书思想内涵，强调学术研究服务于现实问题的解决，提出的这一套思想和理念适应了统治阶级的政治需要，因而受到宋代统治者的推崇，成为了南宋的官方哲学。朱熹本人在思想领域成就很高，他编纂的《四书章句集注》囊括对《论语》《孟子》《大学》《中庸》中部分章节的注释，是后人口中"四书"的来源，这部著作还成为了当时科举考试的应试教科书。朱熹本人的学术思想，后来还远传至日本、朝鲜乃至欧洲，在海外形成了"朱子学派"。

五、元朝的建立与统治

1206年，一支由草原蒙古首领铁木真带领的部族统一了漠北草原，建立蒙古汗国，结束了草原长期部落之间相互征战的混乱局面，铁木真就是"成吉思汗"。1271年，成吉思汗的孙子忽必烈即位，改国号为元，定都大都，忽必烈为元世祖。为了加强和巩固元朝的统治，保证中央对地方的有力控制，元朝在国内建立起了规模庞大的驿站系统，用于传递信息，以大都为中心，修筑了四通八达的驿道。

1276年，元朝攻克了南宋都城临安，三年后在崖山海域击败南宋余部，完成了领土统一。

元朝完成统一大业在中国历史上具有重要意义。首先，彻底结束了自晚唐以来国家四分五裂的政治局面，奠定了此后元、明、清长达六百多年国家长期统一的基础。促进了我国统一的多民族国家巩固和发展，汉族与边疆各少数民族的交往更加频繁，相互迁徙、杂居，促进了民族间的融合，契丹、女真等少数民族和汉族融合，开始形成新的民族——回族。

蒙古政权在1264年设立掌管全国佛教事务，并统辖管理吐蕃地区的总制院，后改为宣政院，其中，西藏属于其管辖范围，西藏正式成为中央政府的一个行政机构。元朝时期，还设立了澎湖巡检司，加强对台湾的管辖。

元朝实行了四等人制。四等人的顺序是根据不同的民族被元朝征服的顺序排定的，分别将各族人民分成蒙古、色目、汉人和南人四等。法律上，不同人等要承担不同的责任，区别对待。蒙古人是自家骨肉，是统治者依赖的主要力量；色目人，是对来自中亚、西亚等地区的人的统称，取义"各色名目"，他们作为元朝统治者的助手，可以参与国家统治；汉人是一个狭义概念，主要指淮河以北金国统治地区加上蒙古较早征服的地区的汉族人，南人则指最后被征服的南宋统治地区的居民。

在政治上，汉人和南人上升进入高层的通道受到种种限制，十分狭窄，也不得参与军政，在教育、法律等方面，汉人和南人均受到歧视性的对待。元朝的民族政策是不平等的。但是在大环境下各民族的融合交流，民族间的杂居共处现象加强了周边民族和内地的经济、政治和文化往来，提升了文化认同和国家凝聚力，这是元朝对中华民族历史做出的重要贡献之一。

六、宋辽夏金元时期的文字、艺术与科技

（一）文字的发展

两宋时期，辽、夏、金都模仿汉字字形创造本民族的文字，包括契丹大字、小字、女真文字、西夏

文,这些少数民族文字用于文学创作、科举答题,在出土的佛经、法律、字典、经史著作中可以看到。

成吉思汗令人创造了畏兀儿体蒙古语,被应用于编修蒙古历史,用这种蒙古语编纂的《蒙古秘史》汉语译本流传至今。忽必烈建立元朝后,委派藏传佛教高僧八思巴改写了藏文字母,创造出一套拼音符号用来拼写蒙古语,这是汉语拼音的最早尝试。

(二) 文学艺术的发展和成就

宋朝的文学在唐诗的基础上又有新的发展。欧阳修等人倡导"古文运动",提出"文以载道",使古文完全压倒骈文。欧阳修、曾巩、王安石、苏洵、苏轼、苏辙与韩愈、柳宗元并称"唐宋八大家"。宋朝的词可分为两派。豪放派以辛弃疾和陆游为代表,他们的诗词多写实,基调慷慨激昂,表现英雄气概和壮志未酬的豪迈情怀;婉约派以李清照和柳永为代表,他们的诗词重在抒发细腻的情感,极具美感和文学造诣。

元朝的文学主要成就是曲。曲包括散曲和杂剧,比起诗词更加散文化和世俗化。元曲通俗易懂,尤其杂剧的艺术形式可以表现一个完整的故事情节,标志着中国古代戏曲艺术的成熟。元曲的代表作有关汉卿的《窦娥冤》、王实甫的《西厢记》等。宋元时期,城市中流行说书表演,话本是最早的白话小说雏形。

宋代书法和绘画领域的成就在中国历史上也十分引人瞩目,书画名家辈出。宋徽宗在书法和绘画上具有很高造诣,创立了瘦金体。苏轼、黄庭坚、米芾、蔡襄并称"宋四家"。他们和唐朝书法家相比,更加追求个性,不拘一格。宋朝大画家张择端的《清明上河图》,极为细致地描绘了北宋时期都城东京汴河两岸繁荣的城市景象,是我国美术史上的珍贵宝藏。元朝前期书画以赵孟頫最为著名,后期画家有黄公望、王蒙、倪瓒和吴镇,合称"元画四家"。

(三) 科技成就

中国古代四大发明中有三个成熟于宋朝,分别是印刷术、火药和指南针。北宋工匠毕昇发明了活字印刷术,大大促进了印刷出版业的发展;在这一时期,火药被广泛应用于军事并大规模生产制造,由燃烧型火器逐渐转变为爆炸型火器以及管型射击火器;制造指南针,广泛应用于航海。这三大发明,为人类文明的进步做出了重要的贡献,深刻影响了世界文明进程。

宋代的沈括被英国著名学者李约瑟称为"中国科学技术史上最卓越的人物"。沈括,浙江钱塘人,北宋政治家、科学家,出身于官宦之家,幼年随父游历各地。32岁中进士。沈括平生读书研究和观察自然十分用心,将之记录在自己的著作《梦溪笔谈》中,这是我国科技史上一部重要著作,具有里程碑的意义。元代的郭守敬在天文学上有重要成就,他主持全国的天文测量,所编撰的新历法《授时历》居于世界领先水平。

元朝司农司编写的《农桑辑要》,反映了我国这一时期农业栽培技术的发展,保存大量的农学研究资料。元朝农学家王祯编撰的《农书》,全面系统地研究了农学,记录了农业技术和丰富的农具类型。

第七节 明清时期统一多民族国家的巩固和发展

一、明朝的建立与统治

(一) 明朝的建立与君主专制的强化

元末由于社会大动乱爆发了白莲教起义,后又爆发红巾军起义,一时间,群雄割据,逐鹿中原。公元1368年,出身贫苦的朱元璋在群雄中脱颖而出,平定暴乱,重建一统国家,于应天府称帝,定国号大明,朱元璋就是明太祖。

明太祖死后,其孙建文帝继位。不久,建文帝的叔叔燕王朱棣起兵夺取了政权,将首都迁到北京。朱棣就是明成祖。

明朝建立之初,为了加强和巩固君权,采取一系列措施。

1. 改革国家机构

改革首先从地方机构开始。明太祖下令撤销了总管一省行政、司法和军政大权的行中书省。设立了承宣布政使司,管理民政和财政事务;设立提刑按察使司,掌管司法刑狱;设立都指挥使司,掌管军政事务。三司均为朝廷在地方的直接派出机构,归中央管辖,相互之间没有统属关系,便于被中央垂直管理,加强了中央集权,基层两级管理也比元朝时期行省下设置的路、府、州、县更加简明。

地方机构改革以后,地方的权力收归中央,丞相的职权增大,使君权受到了威胁。明太祖废除了自秦朝以来一直设置的宰相制度,并撤销中书省,设置吏、户、礼、兵、刑、工六部分别主理政务,直接对皇帝负责。明太祖还将大都督府改为左、右、中、前、后五军都督府,规定五军都督府掌军政,但无权调动军队,兵部掌军令,但无权指挥军队。遇到战争,由皇帝作出决定,并任命总兵官,兵部奉旨调兵,交总兵官统率出征。这样,全国的行政、司法和军政大权都集中到皇帝手里,君权空前强化。

丞相废除以后,由于皇帝无法独自处理庞杂的政务,不得不找人协助。明太祖另设殿阁大学士,以备顾问。明成祖在位时,选拔文官到皇宫内的文渊阁轮流值班,实际担任皇帝的参谋、秘书的职务,久而久之形成了内阁制度,这些文官被称为大学士,也叫内阁学士。大学士的日常工作是帮助皇帝浏览百官上奏的奏折,提出处理意见供皇帝参考,称为"票拟"。皇帝在这些意见的基础上,用红笔在奏折上正式批复,称为"批红"。明朝中后期,有的大学士得到皇帝信任和重用,权力不断增大,堪比宰相。

2. 设立特务机构

明太祖设立了锦衣卫机构,实际是特务机构,加强对大臣和百姓的监视和侦察。后来,明朝统治者又先后设立东厂、西厂等特务机构,由宦官统领,皇帝直接控制。东厂权力在锦衣卫之上,只对皇帝负责,不经司法机关批准,可随意监督缉拿臣民,从而开宦官干政之端。西厂常常勾结一些朝官排除异己,陷害忠良,威势倾天下。

3. 实行八股取士

明朝继续采用科举制度选拔官吏。科举制在明朝有重要变化。明政府规定科举考试只能在四书五经范围内出题,考生只许根据固定的观点答卷。答卷的文体也有严格限制,其主要部分为四段对偶排比文字,俗称"八股文"。这种考试制度严重地束缚了士人的思想。

(二) 明朝中后期的统治危机

明朝中后期,大部分时期的君主失去了勤政进取的作风。其中,明武宗长期不上朝,明世宗迷信宗教,无心过问政事,明神宗万历皇帝更是深居简出,20多年不理朝政。这个时期,明王朝政治日益腐败,统治危机不断加深。

由于君主不理政事,朝廷大权落入奸臣和宦官手中。明世宗热衷修炼道教方术,内阁首辅严嵩长期控制朝政,贪污受贿,聚敛了巨额财产。宦官的势力更为嚣张。明英宗时的王振、明武宗时的刘瑾,都权倾一时。王振被朝中贵戚尊称为"翁父",刘瑾有"刘皇帝""立皇帝"之称。明熹宗在位时,宦官魏忠贤主宰朝政,党羽遍布内外。以东林党为核心的正直官僚与他展开斗争,受到残酷迫害,主要人物都被关入锦衣卫监狱,折磨致死。在一片恐怖气氛中,全国掀起对魏忠贤的阿谀谄媚之风,到处为他建立生祠,尊称其为"九千岁"。

这一时期,土地兼并也日趋严重,许多贵戚官僚和大地主大量占掠民田,少者数千顷,多者万顷。大批农民失去土地,流离失所。

农民被迫起义反对明朝的残酷统治。1627年,陕西澄城县农民发动起义,攻破县城,正式揭开明末农民起义的序幕。

澄城县农民起义后,陕北各地农民纷纷响应。经过数年作战,农民军形成了李自成、张献忠两支主力。李自成被部下推为"闯王",以"均田免粮"口号号召百姓,势力迅速膨胀。1644年,李自成在西安建立政权,立国号为大顺,张献忠则占领四川,建立了大西政权。这一年,李自成攻占明朝首都北京,崇祯帝自缢身亡。明朝灭亡。

二、清朝的建立与统治

(一)清军入关和统一中国

东北女真族原本接受明朝招抚,归属于奴儿干都司管辖。明朝后期,女真建州部强大起来,首领努尔哈赤经过30多年的努力,基本统一了女真各部。他建立了兵民合一的八旗制度,女真部落日益崛起。1616年,努尔哈赤称汗,建立后金政权,并开始进攻明朝。努尔哈赤的儿子皇太极即位后,于1636年称帝,改国号大清,尊努尔哈赤为清太祖,皇太极为清太宗。李自成起义成功后,清摄政王多尔衮打入山海关,打败李自成的农民军,攻占了北京。不久,清顺治帝迁都北京。顺治帝在位时,又逐步击败了农民军和明朝的余部,实现了国家的大一统。

(二)康雍乾时期的君主专制

清朝第四至六代皇帝康熙、雍正、乾隆在位期间,政治稳定、版图巩固、经济繁荣,出现了长达100多年的鼎盛时期,史称"康乾盛世"。中国古代君主专制体制在这一阶段发展到了顶峰。这一时期,为了加强中央集权,统治者主要采取了以下措施:

设立南书房和军机处,削弱议政王大臣会议的权力。议政王大臣会议也称"国议",成员主要由满族贵族、八旗旗主组成。清初期,凡是军国大事,都要由议政王大臣签字,权力超过内阁和六部。在这种体制下,鳌拜、明珠等人相继专权擅政,清朝前期的皇帝为了摆脱议政王大臣权力的约束,加强皇帝的权力,通过设立其他机构处理机务来削弱甚至架空议政王大臣会议。康熙在位时,设立了南书房,后来成为皇帝的核心参谋机要机构。康熙帝提高南书房的地位,削弱议政王大臣会议的权力,是他收拢外部职能归于内廷、加强高度集权的一个重要措施。雍正继位后,清朝西北边关战事不断,为了及时处理军情,雍正帝设置军机房,后改名为军机处。军机处直接归皇帝管理,是加强皇权的核心议政机构,这时议政王大臣会议的权力和地位已经微乎其微,政治大权牢牢掌握在皇帝手里。军机处的成立和运作,是清朝皇权空前得到加强的标志。

设立督抚制度。清朝统治者在处理中央和地方关系问题上,改进了明初的做法。明初,设置承宣布政使司、提刑按察使司、都指挥使司的"三司"制度,虽然强化了中央集权,但实际上三司事权不一,不利于对地方的管控。清朝设置了总督、巡抚制度,节制三司,统一协调地方的权力,较好地避免了地方权力互不统属、推诿扯皮现象严重的问题。总督和巡抚同为中央派驻地方的重臣,总督主要负责军政管理,巡抚则偏重民政管理,提高了中央的政令在地方的执行效率。

实行文化专制。清朝君主中央集权的高度专制，体现在文化领域最为突出的就是频繁出现文字狱。那时私人著作中如果揭露了清室祖先对明朝的臣属关系，或者是带有否定清朝正统地位的倾向，都遭到严厉的查禁和惩办。统治者大兴文字狱，实质上是借文字犯禁罗织罪名来剪除异己，这严重禁锢了思想，堵塞了言路，阻碍了社会科学文化的发展，是封建专制日趋腐朽没落的反映。

（三）清朝由盛转衰

"康乾盛世"后期，社会已呈现由盛转衰的迹象，嘉庆和道光年间，统治危机已经暴露得非常明显。盛世的繁荣使清朝人口急剧膨胀。据《明实录》记载，明朝人口约7000万，实际可达1亿。1741年，清朝人口为1.4亿人，到鸦片战争前期，已达4亿人。社会贫富差距不断拉大，加上吏治的腐败，农民起义从乾隆后期就开始爆发。白莲教起义在四川、湖北、陕西等地持续了10年，嘉庆后期还曾攻入皇宫。

这一时期，以英国为首的西方列强逐渐向东发展，扩大对华贸易。清廷对于以英国为首的西方列强在东南沿海的频繁活动采取消极态度，不愿与西方发展对外贸易。起初，清朝设置了四处通商口岸，后来仅保留广州一处，并且规定外国人不允许居住在广州城中，外商和中国商民的交往受到严格限制。民间实行"海禁"，不允许私自出海贸易。清朝奉行闭关自守政策，加深了彼此隔阂和矛盾。面对内外交困的危机，统治者妄自尊大的心态，无法适应新的外部环境，中国逐渐落在世界潮流之后。

三、明至清中叶的对外关系

（一）郑和下西洋

由于明初实行的"海禁"政策，明朝国家的对外贸易主要采取朝贡的形式进行。明成祖即位后，开始推行积极的对外贸易政策，将朝贡的贸易形式主动推广到海外，这就是著名的"郑和下西洋"。郑和，云南回族人，是明成祖非常宠信的宦官。自公元1405年到公元1433年，郑和共7次奉皇帝之命出海远航，足迹遍布东南亚、南亚、西亚和东非地区共30多个国家。郑和船队已经掌握了当时世界上先进的航海技术，他带领的船队规模庞大，随行人员众多，船上满载有中国珍贵的瓷器、丝绸和铁器等货物，向沿路国家展示大明国威。公元1433年，郑和在航海途中去世，自此下西洋的活动不再继续。

（二）戚继光抗倭

从明初开始，明朝南方就受到倭寇的威胁和骚扰，对此明朝在沿海修筑城戍边防，并对外实行名为"海禁"的经济封锁，严令禁止明朝百姓出海与国外进行对外贸易。此外，明太祖吸取了元朝对外扩张带来弊端的教训，对于其他海外国家，均采取和平为主的方针政策，即使对日本，也采取以防御为主的政策，未曾轻易与之发生战争。

明朝统治时期，日本倭寇在沿海的骚扰不断，并日益猖獗。嘉靖年间，中央起用著名爱国将领戚继光镇守东南地区，平叛倭寇。戚继光在浙江募兵组织新军，通过严格训练，带出一支军纪严、素质高的"戚家军"。在对倭作战时，"戚家军"不断变化战术、阵法，创新兵器使用，屡战屡胜，一时间名震天下。到嘉靖末年，在戚继光和另一位著名将领俞大猷的指挥下，明朝取得了战争优势，长期骚扰东南边境的倭寇基本被肃清。

嘉靖之后，日本把军事作战重点又放在了朝鲜，万历年间，日本派出丰臣秀吉发动对朝战争，朝鲜大部分国土快速沦陷，朝鲜君主向明朝求救，明朝中央决定出兵支援，和日军在朝鲜形成了长期拉锯的局势。直到丰臣秀吉病死,日军才撤回军队,朝鲜转危为安。这次战争中,明朝国力受到了极大的损耗,进一步加剧了国家的衰退。

(三) 欧洲殖民者东来

明朝中期,欧洲殖民者开始在中国沿海活动,最早前来的是葡萄牙。1553 年,葡萄牙人以晾晒货物为名,买通广东地方官员,被允许在澳门暂时居住。他们上岸后,擅自盖房建屋,长期居住。1573 年,他们将每年贿赂广东地方官的 500 两白银作为地租交给中国政府,获准租居澳门。

继葡萄牙之后东来的是西班牙和荷兰,它们分别占据了台湾岛的北部和南部。明朝末年,荷兰击败西班牙,独占台湾。1661—1662 年,在东南沿海坚持抗清的南明将领郑成功跨海远征,经过激烈战斗,打败荷兰殖民者,收复了台湾。郑成功及其子孙统治台湾 20 余年,保境安民,台湾的经济、文化有了很大发展。

(四) 中俄签订《尼布楚条约》

17 世纪上半叶,沙皇俄国的势力不断向我国东北地区黑龙江流域延伸。康熙前期,清朝两次出兵围攻雅克萨,俄军大败,被迫同意议和。1689 年,中俄签订《尼布楚条约》,确定了两国东段的边境线以格尔毕齐河、额尔古纳河以及外兴安岭为界,确定了黑龙江、乌苏里江流域,包括库页岛都是中国的领土。

四、明至清中叶统一多民族国家的巩固与发展

(一) 同蒙古、新疆地区关系的加强

元朝灭亡后,草原上的蒙古人分为鞑靼和瓦剌两大集团。为防止蒙古骑兵南下,明朝修缮长城,加强边防驻兵,但仍未挡住瓦剌军队的入侵。在一次战役中,瓦剌还俘虏了明英宗。1571 年,鞑靼首领俺答汗与明朝订立和约,受封为顺义王。双方恢复封贡互市,蒙汉两族维持了数十年的和平友好关系。

明末清初,蒙古分为漠南、漠北、漠西三部。清朝入关前,打败了漠南蒙古并迫使其归降,漠北和漠西蒙古也遣使臣服。1671 年,漠西蒙古准噶尔部噶尔丹称汗,势力渐强,占据天山南北,进攻漠北和漠南蒙古,妄图割据称雄。清朝与噶尔丹及其继承者斗争 70 余年,终于粉碎割据势力,统一天山北路。清朝在乌里雅苏台设将军,在科布多设参赞大臣,直接掌管蒙古各部的军政事务。

清军击败准噶尔部后,原受准噶尔统治的天山南路维吾尔贵族大、小和卓兄弟起兵反清,很快被清军平定。1762 年,清朝在新疆设立伊犁将军,统辖包括巴尔喀什湖在内的整个新疆地区。

清政府在边疆地区采取因地制宜的统治政策,尊重各民族的社会习俗和宗教信仰,优待各族上层分子,取得了较好的效果。1771 年,早先西迁伏尔加河下游的漠西蒙古土尔扈特部首领渥巴锡率部众起义,冲破沙皇俄国的阻挠,万里跋涉,回归祖国。他们受到乾隆皇帝的热情接待和妥善安置。

(二) 同西藏地区关系的加强

明朝称西藏地区为乌思藏。明初,朝廷在乌思藏设立羁縻卫所,任用藏族首领担任各级官吏;针对藏传佛教教派林立、各主一方的情况,建立僧官制度,对各教派首领酌情封赐,各级僧官也都由朝廷任免。

明清交替之际,西藏和清的关系更为密切。清初,西藏最有影响的佛教格鲁派领袖五世达

赖来京朝贺,清政府册封以"达赖喇嘛"尊号。另一位格鲁派领袖五世班禅,在康熙时被赐予"班禅额尔德尼"尊号。此后历世达赖和班禅,都经由中央政府册封。从1727年起,清朝开始派遣驻藏大臣,代表朝廷与达赖、班禅共同治理西藏。1793年,清政府颁布《钦定藏内善后章程》29条,以法律形式明确和落实了中央政府对西藏地方的管辖权。

(三)"改土归流"和台湾府的设置

改土归流,又称土司改流,始于明代中后期。明朝沿袭元朝在西南少数民族的土司制度,设立武职的宣慰司、宣抚司、长宣司和文职的土府、土州、土县等各级土司,任用当地少数民族首领担任土司长官,并允许他们世袭。明永乐年间,西南地区的两个宣慰司发动叛乱,明朝派兵平定以后,改由朝廷派遣不世袭、有任期、可以调动的"流官"直接进行统治。清朝在明朝的基础上,继续实行"改土归流"政策,逐步取消土司世袭制,设立府、州、县,任命流动的官员管理,削弱割据的状况,归于统一。改土归流,加强了清朝中央政府对西南少数民族地区的统治,改变了当地落后闭塞和割据纷争的状态,促进了各民族间经济文化的交流,有利于统一多民族国家的巩固和发展。

清初郑成功收复台湾后,台湾一直处在郑氏家族统治之下。1683年,康熙帝命令福建水师提督施琅率军统一台湾。施琅一举攻占澎湖,然后安抚岛上居民和归降的郑氏官兵,同时派人去台湾招降。台湾人心浮动,郑成功之孙郑克塽战败率部归降。1684年,清设台湾府,隶属福建省。台湾府的设置加强了台湾同大陆的联系,促进了台湾的开发,巩固了祖国的海防。

典型例题

一、中华文明的起源与早期国家

1. 2019年7月6日,中国良渚遗址获准列入世界遗产名录。距今约5000年的良渚聚落群中既有普通村落,也有大型宫殿式建筑区;既有埋葬一般人和中小贵族的墓地,也有最高贵族的专用墓地。这表明良渚文化_____。

A. 是中华文明的起源地
B. 正处于旧石器时代晚期
C. 已形成君主专制国家
D. 已存在社会不平等现象

答案:D

解析:根据材料"有普通村落,也有大型宫殿式建筑区;既有埋葬一般人和中小贵族的墓地,也有最高贵族的专用墓地",结合所学知识可知,此时的良渚文化已经有了阶级的区分和社会的不平等现象,故答案为D;中华文明的发源地在黄河流域,良渚文化在长江流域,A项错误;距今约1万年前人类进入新时期时代,B项错误;秦朝才建成君主专制国家,C项错误。

2. 2017年,甲骨文成功入选"世界记忆名录";2019年中国国家博物馆依托馆藏甲骨首次举办"证古泽今——纪念甲骨文发现一百二十周年文化展";习近平总书记指出:"中国字是中国文化传承的标志"。下列关于甲骨文说法正确的是_____。

A. 世界上发现迄今最古老的文字
B. 能印证《史记》中夏朝的记载
C. 体现中国文化传承与文化自信
D. 按史料类型分类属于二手史料

答案:C

解析:材料"习近平总书记指出'中国字是中国文化传承的标志'"体现的是中国文化的传

承与自信,C 选项符合题意;世界上发现迄今最古老的文字是楔形文字,A 选项排除;甲骨文主要反映的是商朝的一些事件记载,B 选项排除;甲骨文属于一手资料,D 选项排除。

3. 《三字经》载:"夏传子,家天下,四百年,迁夏社。"材料中的"子"指的是_____。

A. 尧　　　　　　B. 舜　　　　　　C. 禹　　　　　　D. 启

答案:D

解析:夏朝时期,大禹把王位传给启,开启了家天下的局面,D 项正确;尧、舜和禹时期实行的是禅让制,A、B 和 C 项错误。

4. 史料记载:"(周公)兼治天下,立七十一国,姬姓独居五十三人。"材料说明,西周的分封对象主要是_____。

A. 姬姓王族　　　B. 周天子姻亲　　C. 战争功臣　　　D. 先帝后裔

答案:A

解析:西周时期分封制主要对象是王族、功臣和先代的贵族。材料中"立七十一国,姬姓独居五十三人"说明分封制的主体是姬姓王族,A 项正确;周天子姻亲不是材料反映出分封制的主体,B 项错误;功臣和先帝后裔材料中没有体现,C 项和 D 项错误。

5. 我国古代开启王位世袭制代替禅让制的朝代是_____。

答案:夏朝

二、春秋战国的政治社会变革

1. 改革是兴利除弊、振兴国家的重要手段,商鞅变法使秦国成为战国后期最富强的国家。商鞅变法的内容中,对后世政治制度影响最深远的措施是_____。

A. 废除旧贵族特权　　　　　　　　B. 奖励耕战
C. 废井田、开阡陌　　　　　　　　D. 建立县制

答案:D

解析:根据所学知识可知,商鞅变法推行县制,加强了中央集权,并被后世所沿用,对后世政治制度影响最深远,D 项正确;废除旧贵族特权只对当时的秦国产生了重要影响,排除 A 项;奖励耕战、废井田、开阡陌属于经济方面,不属于政治方面,排除 B、C 项。故选 D。

2. 从两千多年前墨子和学生做成小孔成像实验,到今天"墨子号"系列成果引领"第二次量子革命",量子科学领域有望成为中国对外的新名片,闪耀世界。而墨子的思想主张则是_____。

A. "春秋无义战"　　　　　　　　B. "无为而治"
C. "兼爱""非攻"　　　　　　　　D. "为政以德"

答案:C

解析:根据所学知识可知,墨子的思想主张是"兼爱""非攻",希望人们互助互爱,支持正义战争,C 项符合题意;A 项"春秋无义战"一词出自《孟子·尽心下》;B 项"无为而治"是道家思想;D 项"为政以德"是儒家思想。因此只有 C 项符合题意,故选 C。

3. 在中华传统美德里,影响较大的是"仁",提出"仁"的思想家是_____。

答案:孔子

4. 春秋战国时期学术思想异常活跃,各学派纷纷著书立说。其中老子创立的学派是_____。

答案:道家

5. 简述商鞅变法的内容。

答案:(1)经济:重农抑商,奖励农耕;"废井田,开阡陌",授田于百姓;强制大家庭拆散为个体小家庭。(2)军事:奖励军功,剥夺和限制贵族特权。(3)政治:普遍推行县制,县的主要官员由君主任免。(4)社会管理:在民间实行什伍连坐,互相纠察告发。

三、秦汉时期统一多民族国家的建立和巩固

1. "秦王扫六合,虎视何雄哉",第一个大一统封建王朝建立,嬴政为这个新生帝国的长久,实施的政策有_____。

    A. 三省六部制、行省制度　　　　　　B. 三公九卿制、郡县制
    C. 内阁制度、行省制　　　　　　　　D. 内外朝制度、刺史制度

答案:B

解析:结合所学知识可知,第一个大一统封建王朝是秦朝,实行了三公九卿制、郡县制,故 B 项正确;三省六部制是隋唐时期,行省制是元朝,故 A 项错误;内阁制度是明朝,故 C 项错误;D 项是西汉时期,排除。故选 B。

2. 下列应该出现在"文景之治"时期的现象是_____。

    ① 轻罪重罚
    ② 提倡节俭
    ③ 轻徭薄赋
    ④ 奉行黄老思想

    A. ①②③　　　　　　B. ②③④　　　　　　C. ①②④　　　　　　D. ①③④

答案:B

解析:轻罪重罚是法家思想,西汉初年信奉的是黄老思想,故排除①,④正确;文景之治时期统治者注重节俭,实行轻徭薄赋的政策,与民休息,促进了西汉初期经济的恢复与发展,故②③正确。故选 B。

3. 董仲舒建议汉武帝:"诸不在六艺之科,孔子之术,皆绝其道,勿使并进……统纪可一而法度可明,民知所从矣",这一建议的实施_____。

    A. 加强了地方的监察　　　　　　　　B. 削弱了丞相权力
    C. 有利于思想的统一　　　　　　　　D. 增加了政府收入

答案:C

解析:材料"诸不在六艺之科,孔子之术,皆绝其道,勿使并进"体现的是"罢黜百家,独尊儒术"的主张,有利于思想的统一,故 C 项正确;A、B、D 项与题意明显不符合。

4. 西汉汉武帝时期,为了联系西域诸国夹击匈奴,武帝先后两次派遣张骞出使西域。张骞的"凿空"之行带来的客观经济结果是_____。

    A. 丝绸之路　　　　B. 长城西延　　　　C. 匈奴被灭　　　　D. 盐铁官营

答案:A

解析:根据所学知识可知,汉武帝时期,张骞出使西域,促进了中外经济文化的交流,其"凿空"之行带来的客观经济结果是丝绸之路,故 A 项正确。B、D 两项不是由张骞出使西域带来的,C 项不是"经济结果",均排除。故选 A。

5. 简述两汉时期的文化科技成就。

答案:(1)史学:司马迁的《史记》叙述了上自黄帝、下至汉武帝年间的历史;班固的《汉书》是我国第一部纪传体断代史。(2)医学:成书于战国至两汉间的《黄帝内经》奠定了中医理论的基础,东汉时的《神农本草经》是中国古代第一部药物学专著。(3)数学:《九章算术》在中国数学史乃至世界数学史上都占有重要地位。(4)造纸术:东汉蔡伦改进造纸术,大大促进了中国和世界文化的传播和发展。

四、三国两晋南北朝时期的政权更迭与民族交融

1. 学会归纳历史发展的阶段特征是学习历史的重要方法,下列对三国两晋南北朝时期阶段特征的归纳,正确的是_____。

　　A. 统一多民族国家的建立和巩固
　　B. 政权分立与民族交融
　　C. 繁荣与开放的时代
　　D. 统一多民族国家巩固与发展

答案:B

解析:结合所学知识可知,三国两晋南北朝时期政权更迭频繁,社会动荡,北方少数民族南下,民族交融增强,所以此时期的阶段特征是政权分立和民族交融,故选B。

2. 有学者指出,纵观中华民族的发展史,不难看出这样一条轨迹:先秦时期的民族交融,促成了中华民族历史上第一个新型统一帝国的出现。魏晋南北朝的民族交融,带来了中华民族的第二次大统一和大发展的高潮。对此理解正确的是_____。

　　A. 先秦和魏晋南北朝时期社会动荡
　　B. 中国历史有两次分裂与统一
　　C. 民族交融为统一和繁荣奠定基础
　　D. 隋唐是中国历史发展的顶峰

答案:C

解析:材料"先秦时期的民族交融,促成了中华民族历史上第一个新型统一帝国的出现。魏晋南北朝的民族交融,带来了中华民族的第二次大统一和大发展的高潮"体现的是民族交融为统一和繁荣奠定基础,故C项正确;A、B不符合材料主旨,排除;材料强调中国历史上的两次统一是民族融合的推动,并没有强调哪个是顶峰的问题,排除D。故选C。

3. 北魏孝文帝下诏:"北人谓土为拓、后为跋,魏之先出于黄帝,以土德王,故为拓跋氏……宜改姓元氏。"这一措施_____。

　　A. 加强了北方民族交融　　　　　　B. 恢复了北方农业生产
　　C. 加速了北方人民南迁　　　　　　D. 实现了北方的再次统一

答案:A

解析:材料"北人谓土为拓、后为跋,魏之先出于黄帝,以土德王,故为拓跋氏……宜改姓元氏",体现了北魏孝文帝通过改姓的措施学习汉文化的现象,这有利于加强了北方民族交融,A项正确;北魏孝文帝改革时期通过实行均田制,促进北方农业生产的恢复,而不是材料所述措施,B项错误;材料内容主要体现了北魏孝文帝改汉姓的措施,该措施不能加速北方人民的南迁,C项错误;材料体现了北魏孝文帝通过改姓的措施学习汉文化的现象,这有利于加强北方民

族交融,而不是对北方的统一,D 项错误。

4. 陈寅恪先生评论,北魏孝文帝"变胡语、胡姓与胡名为汉语、汉姓与汉名,进入了汉化的实质问题,鲜卑贵族变为文化士族的道路打通了"。该评论认为孝文帝改革_____。
   A. 利于提高鲜卑贵族的文化地位
   B. 打破了原有的等级制度
   C. 改变了鲜卑族落后的游牧生活
   D. 消除了民族之间的隔阂
   答案:A
   解析:"变胡语、胡姓与胡名为汉语、汉姓与汉名"有利于鲜卑族的汉化,利于促进鲜卑贵族的文化进步,故选 A 项;鲜卑族的汉化政策与打破鲜卑族的等级制度无关,排除 B 项;C 项与材料信息无关,排除;D 项表述太绝对,错误,排除。

5. 简述北魏孝文帝改革的主要措施。
   答案:(1)迁都洛阳,改籍贯:将都城从平城迁到洛阳,迁到洛阳的鲜卑贵族一律将籍贯改为洛阳。(2)改革风俗:①以汉族服饰取代鲜卑服饰,朝中统一说汉语;②改鲜卑姓为汉姓;③将新改姓的部分鲜卑贵族定为一等高门,鼓励其与汉族高门士族通婚。

五、隋唐统一多民族国家的发展

1. 隋文帝的下列功绩和措施,对历史进程影响最大的是_____。
   A. 取代北周,建立隋朝   B. 结束分裂,统一全国
   C. 开创三省六部制度   D. 创立科举制
   答案:B
   解析:隋文帝杨坚在 581 年建立隋朝,于 589 年统一全国,从而结束了三百多年的大分裂局面,开创了继秦汉后又一个封建大一统的繁荣时期,为繁盛的隋唐出现奠定了坚实的基础。因此,B 项最符合题意;A、C、D 项的影响只是政治方面的影响,没有统一深远。故选 B。

2. 唐太宗统治时期,国家出现了少有的开明政治局面,史称"_____"。
   答案:贞观之治

3. 隋朝时,科举制度形成。唐朝时,继承并完善科举制度。与九品中正制相比,科举制度_____。
   A. 按品德和家世选拔人才   B. 由中正官评定人才
   C. 缩小了人才的选拔范围   D. 更加公开和公平
   答案:D
   解析:九品中正制注重德才来选取官吏,但是在后期被世家大族垄断,而科举制度是注重人才的学识,通过考试选拔人才的制度,显示出更加公开和公平,故答案为 D;A、B 是九品中正制的选拔人才方法,排除;科举制扩大了人才的选拔范围,C 项错误。

4. 《唐六典》记载:"课户每丁租粟二石;其调随乡土所产绫、绢各二丈……凡丁岁役二旬,无事则收其庸,每日三尺。"指的是_____。
   A. 郡县制   B. 科举制   C. 三省六部制   D. 租庸调制
   答案:D
   解析:根据材料《唐六典》"无事则收其庸"并结合所学知识可知,这一赋税制度为租庸调

制;郡县制、科举制和三省六部制均和材料无关。故选D。

5. 简述三国两晋南北朝至隋唐时期的文化艺术科技成就。

答案:(1)文学:唐朝诗歌创作进入黄金时代,李白、杜甫的诗作代表了唐诗的最高成就,他们分别被誉为"诗仙"和"诗圣"。(2)艺术:山西大同云冈石窟、河南洛阳龙门石窟、甘肃敦煌莫高窟等,都是闻名世界的艺术宝库。(3)数学:南朝祖冲之算出圆周率在3.1415926～3.1415927之间。(4)农学:北朝贾思勰著述的《齐民要术》是中国现存最早的一部完整的农书。(5)建筑:隋朝李春设计建造的赵州桥,是世界上现存最古老的石拱桥。

六、宋辽夏金元时期的政治、经济与文化

1. 宋朝形成了"中书主民,枢密主兵,三司主财,各不相知"的局面,这反映出_____。

A. 宰相职权范围扩大　　　　　　　　B. 中央对地方控制加强
C. 专制皇权得到加强　　　　　　　　D. 相权对皇权形成制约

答案: C

解析: 宋朝时期削弱宰相的权力,分别由参知政事负责行政、枢密院负责军事、三司负责财政,宰相权力的分割体现出专制皇权的加强,C正确;材料中宰相的权力被分割,A错误;材料体现出的是皇权与相权的斗争,不是中央与地方的关系,B错误;材料中体现出相权的削弱,并不是对皇权形成制约,D错误。

2. 中国历史上某个朝代可以用"强干弱枝""守内虚外""重文抑武"等词来概括它的特点,这个朝代最有可能是_____。

A. 汉　　　　　　B. 唐　　　　　　C. 宋　　　　　　D. 明

答案: C

解析: 根据"强干弱枝""守内虚外""重文抑武"并结合所学可知,这是北宋加强中央集权的措施,故C正确,排除A、B、D。故选C。

3. 南宋建立后,金朝不断对其发动军事战争,宋军在与金军的斗争之中,素质得到明显提高,尤其是_____的"岳家军",战绩彪炳。

答案: 岳飞

4. 有一种理论认为:"理"是世界万物的本原,是自然界和社会的根本原则,也称"天理";人生的目标应该"存天理,灭人欲",最终成为"圣人"。此种理论是_____。

A. 孔孟之道　　　B. 程朱理学　　　C. 佛教思想　　　D. 道教思想

答案: B

解析: 结合所学知识可知,程朱理学认为"理"是万物的本原,主张"存天理,灭人欲",B项符合题意,故选B。

5. 元朝农学家王祯编撰的《_____》,全面系统地研究了农学,记录了农业技术和丰富的农具类型。

答案: 农书

七、明清时期统一多民族国家的巩固和发展

1. "我朝阁臣,只备顾问之职,原非宰相。中有一二权势稍重者,皆上窃君上之威灵,下侵六曹之职掌,终以贾祸。"材料说明内阁的实质是_____。

A. 行使宰相的权力 B. 完全剥夺六部的权力
C. 明朝祸乱的根源 D. 中枢秘书机构

答案：D

解析：根据"我朝阁臣,只备论思顾问之职"及所学明朝内阁的职权可知,明朝内阁始终不是法定的中央一级的行政机构,只是为皇帝服务的内侍机构,内阁的阁臣权力来源于皇帝,只是皇帝处理政事的助手,故选 D;宰相已被废除,内阁阁臣权力不能和宰相相比,排除 A;内阁本身没有权力,不可能剥夺六部权力,排除 B;废丞相、设内阁、宦官乱政等都是明朝加强皇权的结果,根源还在于明朝君主专制的加强,C 项说法错误。故选 D。

2. 由于清朝中前期皇帝多勤政,君主集权体制能够高效运转,形成了封建统治的一段鼎盛时期,史称"＿＿＿＿",这也是中国古代君主专制的最后一个黄金时期。

答案：康乾盛世

3. 1762 年,清朝在新疆设立＿＿＿＿,总领军政事务。

答案：伊犁将军

4. 从 1727 年起,清朝开始派遣＿＿＿＿,代表朝廷与达赖、班禅共同治理西藏。

答案：驻藏大臣

5. 简述康雍乾时期加强君主专制的措施。

答案：(1)先后设立南书房和军机处,削弱议政王大臣会议的权力。(2)设立督抚制度。总督和巡抚同为中央派驻地方的重臣,总督主要负责军政管理,巡抚则偏重民政管理,提高了中央的政令在地方的执行效率。(3)实行文化专制。清朝君主中央集权的高度专制,体现在文化领域最为突出的就是频繁出现文字狱。

第二章　中国近代史

考试范围与要求

　　了解两次鸦片战争和中国社会性质、主要矛盾的变化；了解中日甲午战争、八国联军侵华等列强不断侵华的史实；了解太平天国运动、洋务运动、维新运动等史实，理解不同社会力量对国家出路的早期探索；了解资产阶级民主革命的兴起、武昌起义和中华民国建立，理解辛亥革命的历史意义及局限性；了解新文化运动的主要内容与代表人物；了解五四运动与马克思主义在中国的广泛传播；了解中国共产党的成立及其历史意义；了解国共合作和国民革命运动，理解国共合作下的国民革命在中国革命进程中的作用；了解国民党统治在全国的确立和国民政府的政治、经济统治；了解南昌起义、八七会议和秋收起义；了解井冈山革命根据地创立和中华苏维埃共和国成立，理解农村包围城市、武装夺取政权道路的开辟及意义；了解三湾改编、古田会议的主要内容；了解红军长征的原因及其胜利的重大意义；了解日本侵华的过程与暴行；了解西安事变、抗日民族统一战线的建立等史实，理解全民族抗战的形成及意义；了解中共七大与毛泽东思想确立为党的指导思想；认识中国战场是世界反法西斯战争的东方主战场；理解抗日战争的胜利在中华民族伟大复兴中的意义；理解抗日战争胜利的主要原因；了解重庆谈判与政治协商会议，理解中国共产党为争取和平民主的斗争；了解全面内战的爆发与中国共产党的自卫战争；了解解放区土地改革、战略反攻、战略决战和渡江战役等史实，理解人民解放战争取得胜利的原因及意义。

第一节　中国开始沦为半殖民地半封建社会

一、鸦片战争

（一）鸦片战争前的世界与中国

　　19世纪中期，世界形势发展到全新的格局。工业革命后半个世纪，资本主义生产方式在英、法、美等国逐渐占据主导地位。西方主要资本主义国家社会生产力大幅度提高，对市场和原料的需求越来越强烈。资产阶级为了开辟新的原料产地和商品销售市场，加紧剥削工人和农民，不断发动侵略战争，掠夺殖民地。当时，英国掌握着资本主义世界的霸权，其在美洲、非洲夺取殖民地的同时，把目标对准了亚洲。西方史书中地大物博、物产丰饶的中国已成为它觊觎的对象。法国从越南打开侵入亚洲的缺口，俄国势力不断侵入中国东北和新疆地区，美国发动多次对华侵略行动。

　　当西方资本主义列强向世界各地猛烈侵略扩张的时候，中国正处于封建制度没落和封建王朝由盛到衰的时期。政治上，君主专制统治依旧顽固，政治腐败日益显露，官场结党营私、互相倾轧、卖官鬻爵现象屡见不鲜；经济上，以家庭为单位、男耕女织、自给自足的小农经济仍是主要的生产方式；军事上，八旗和绿营装备陈旧，操练不勤，营务废弛，作战能力低下，使用的冷兵器远远落后于英国的火器；阶级关系上，农民反抗不断。鸦片战争以前，清朝先后出现了古州苗民起义、天理教暴动、捻军起义。对外政策上，采取"闭关锁国"政策。欧洲进入资本主义发展时代，中国的统治者清王朝政府却对世界形势的变化浑然不觉，统治危机四伏。

（二）中英贸易与虎门销烟

清朝中后期实行"一口通商"政策。除清政府指定的十三家可以与外国人做买卖的机构——广州十三行外，停止其他西洋贸易。清政府"一口通商"政策下，中国始终处于贸易顺差状态。中国的丝绸、茶叶、瓷器等成为欧洲宫廷的"最爱"，风靡开来。但到18世纪末的时候，随着英国工业革命的开展，昔日的手工生产都变为机器生产，效率提高，海外市场对英国越来越重要。英方提出中英平等并且扩大贸易时，清政府拒绝英国的贸易要求。英国不法商人找到了用鸦片抵消贸易失衡的办法。英国东印度公司把之前数量极少且只作为药用的鸦片向中国走私。乾隆时鸦片输入每年约400箱，嘉庆时输入增长10倍，道光时鸦片输入增长最快，道光十五年（1835年）增加到3万箱。

鸦片泛滥严重摧残了吸食者的身心健康，导致白银大量外流，造成了严重的社会问题和经济问题。1838年，道光皇帝任命湖广总督林则徐为钦差大臣，前往广东禁烟。

1839年3月，林则徐抵达广州。林则徐在人民群众的支持帮助下，整顿海防，对外国鸦片贩子采取严厉的措施。他首先下令查明烟馆以及中国的鸦片商人，然后决定没收外国商人的鸦片。在林则徐强硬措施的打击下，英国驻华商务监督义律被迫同意英国商人将鸦片上缴广东当局。1839年6月3日，林则徐下令在虎门海滩当众销毁鸦片，至6月25日结束，共历时23天，销毁鸦片19万余箱，共计237万余斤。

（三）南京条约

得知中国厉行禁烟的消息后，英国政府决定发动对华战争。1840年6月，英军到达广东海面，封锁珠江口。鸦片战争爆发。

由于广东防备严密，无隙可乘，英军转而沿海北犯，攻陷浙江定海，继而直达天津白河口。眼见英舰迫近，清廷慑于兵威，将林则徐革职，改派直隶总督琦善为钦差大臣，与英军议和。英军逼迫琦善答应割让香港岛，道光帝十分恼怒，下诏宣战。英国随即决定进一步扩大战争，于1841年再犯广州，随后一路北上，相继攻占厦门、定海、镇海、宁波、乍浦等地，接着又攻陷吴淞炮台，占领宝山和上海，溯江西上，攻占镇江。1842年8月，英军舰队驶抵南京下关江面，清政府屈辱求和。

1842年8月29日，清政府被迫签订中国近代史上第一个丧权辱国的不平等条约——《南京条约》。条约规定：中国割让香港岛给英国；赔款洋银2100万元；开放广州、福州、厦门、宁波、上海五处为通商口岸；协定关税，英商应纳进出口货税、饷费，中国海关无权自主；准许英商在华自由贸易等。

1843年英国政府又强迫清政府订立了《五口通商章程：海关税则》和《五口通商附粘善后条款》（《虎门条约》）作为《南京条约》的附约，增加了领事裁判权、片面最惠国待遇等条款。

鸦片战争给中国带来了巨大的屈辱和深重的灾难，是中国历史的转折点，是中国近代史的开端，对中国社会产生了巨大影响。政治上，中国主权开始遭到严重的破坏，中国逐渐开始沦为半殖民地国家；经济上，中国开始被迫卷入世界资本主义市场。自给自足的封建经济逐步解体，客观上促进了中国资本主义的发展。社会矛盾上，中国社会的主要矛盾，由地主阶级和农民阶级的矛盾，开始转变为外国资本主义和中华民族的矛盾、封建主义和人民大众的矛盾；外国资本主义和中华民族的矛盾，成为各种社会矛盾中的主要矛盾。

二、第二次鸦片战争

（一）"修约"交涉

鸦片战争之后，英国对中国输出的商品总额未能实现迅猛增长，西方资产阶级认为是中国的门户开放程度不够导致商品滞销，企图要求清朝政府给予更多的特权。英国自1854年起就开始与清政府交涉，提出了中国全境开放、鸦片贸易合法化、外国公使常驻北京等要求，酝酿全面修改条约。随后，法、美两国也分别要求修改条约。清政府拒不接受，交涉没有结果。

1856年10月，英国借口"亚罗号事件"，蓄意制造事端，发动战争。随后，法国也以"马神甫事件"为借口，出兵中国。

"亚罗号"是一艘中国船，注册地在香港，但已过期。1856年10月8日，广东水师从中国商船"亚罗号"上拘获海盗及水手12人。英国驻广州代理领事巴夏礼称"亚罗号"是英国船，捏造中国兵曾侮辱悬挂在船上的英国国旗，要求送还被捕者，赔礼道歉。两广总督叶名琛据理力争，但迫于压力，还是将被扣人员送往英国领事馆，巴夏礼又拒不接收。随后，英国即以此事为借口，发动侵华战争。

"马神甫事件"是指法国天主教神甫马赖非法潜入中国内地传教，勾结土豪，为非作歹，于1856年2月被广西西林县知县处死一事。此案发生后，中法之间进行了交涉，尚未议结。在英国的怂恿下，法国以此案为借口，加入侵略战争。

（二）天津条约与北京条约

1856年，英国派兵进攻广州。1857年12月，英法侵略军5600余人炮击广州，并登陆攻城。1858年3月，英、法、美、俄四国公使同往上海，北上天津。1858年4月，四国公使率舰陆续来到大沽口外，要求谈判。清政府一面在天津、大沽设防，一面在大沽交涉，寄希望于俄美公使的所谓"调停"上，未果。5月20日英法联军炮轰大沽炮台，清军奋起还击，大沽失陷。英法联军扬言要进攻北京。清政府在英法侵略者威逼恫吓下，分别与俄、英、法、美签订《天津条约》。其主要内容为：公使常驻北京；增开汉口、九江、南京、镇江等地为通商口岸；外籍传教士得以入内地自由传教；外国商船可在长江各口岸往来；对英赔款银400万两，对法赔款银200万两。条约签订后，英法联军退出天津。

按照《天津条约》规定，一年后正式换约。1859年6月，英、法两国公使各率一支舰队北上"换约"。因其不按清政府指定的条件和路线进京，在英、法兵船不按规定闯入大沽口时，清军进行了反击，英、法舰队遭受重创。

1860年，英法两国借口来中国换约受到阻碍，再次出兵，侵略军再度占领天津，进逼北京。咸丰帝逃往承德避暑山庄，派弟弟恭亲王奕䜣担任议和大臣，留守北京。英法联军一路烧杀，攻入北京，洗劫并焚毁了北京西北郊举世闻名的皇家园林圆明园。清政府分别与英法签订《北京条约》。条约规定：承认《天津条约》有效；增开天津为商埠；割九龙司地方一区给英国；对英法赔款增至800万两。

在此期间，俄国趁火打劫，与清政府签订了《瑷珲条约》《中俄北京条约》《勘分西北界约记》等一系列不平等条约，割占中国150多万平方千米领土，成为第二次鸦片战争期间最大的获利者。

（三）战争影响

第二次鸦片战争是列强侵略中国的延续,中国半殖民地半封建社会程度进一步加深。政治上,外国公使驻京加强了对清政府的影响和控制。清政府逐渐成为洋人的附庸与工具,中外反动势力公开勾结,共同镇压中国人民的反抗。华工出国及允许外国人前往内地传教,都使中国的社会矛盾更加激化。经济上,鸦片贸易合法化、外国侵略势力扩张到中国沿海各省,并伸向中国内地。领土上,第二次鸦片战争使中国丧失大片领土,主权受到更加严重的侵害。

（四）中国社会性质、主要矛盾的变化

鸦片战争后,中国社会性质发生的变化是:政治上的变化、经济上的变化、社会主要矛盾的变化和主要革命任务。鸦片战争的失败和一系列不平等条约的签订,使中国开始由封建社会转为半殖民地半封建社会。

（1）政治上的变化:鸦片战争前,中国是由清朝统治的独立自主,统一的封建的国家,鸦片战争后,中英《南京条约》的签订,美国、法国、俄国等纷纷索取特权,《南京条约》、《望厦条约》,及各国强加给清朝的一系列不平等条约,破坏了中国的行政权、关税权、领海领土主权的完整。《南京条约》的订立,标志着中国开始由独立的封建社会逐渐走向半殖民地半封建社会。

（2）经济上的变化:战前,中国是小农经济占主要地位的自给自足的封建国家;战后,由于外国资本主义倾销商品和掠夺原料,中国的封建自然经济逐渐解体,成为半殖民地半封建经济。中国成为西方国家的商品市场和原料供给地,社会经济为外国资本主义所控制,逐步成为世界资本主义的附庸。

（3）社会主要矛盾的变化:战前,社会的主要矛盾是地主阶级和农民阶级的矛盾;战争后,社会的主要矛盾变为外国资本主义和中华民族的矛盾以及封建主义和人民大众的矛盾。

（4）主要革命任务:战争前,主要矛盾是推翻封建统治;战争后,主要任务变为反帝反封建。

第二节 国家出路的探索与民族危机的加剧

一、太平天国运动

（一）太平天国运动爆发的原因

太平天国农民战争,是在中国已经开始沦为半殖民地半封建社会的历史条件下发生的,是鸦片战争后中国社会危机加剧的结果。

1. 农民和手工业者纷纷破产,经济压力大

鸦片战争后,中国开始卷入世界资本主义市场。西方列强凭借不平等条约所取得的特权,向中国大量倾销洋布、洋纱等商品,并以廉价收购中国的丝、茶等农副产品,从而导致了中国自给自足自然经济的解体和大批农民、手工业者的失业破产。鸦片输入年年激增,造成中国白银滚滚外流,银贵钱贱更加严重,又额外增加了农民的负担。

2. 土地高度集中,农民剥削加重

太平天国运动前夕,土地高度集中,占全国人口不到10%的地主、官僚、贵族,集中了绝大部分的土地;而占全国人口70%以上的农民,则没有或只有极少的土地。地主阶级乘机兼并土地,对农民进行敲骨吸髓的剥削。

3. 清政府的黑暗统治,造成了人祸和天灾并行

清政府为了支付巨额战争费用和赔款,也为了弥补财政亏空,便巧立名目,增加各种捐税,大肆搜刮民脂民膏。1846年至1850年,黄河流域和长江流域各省连续遭到严重的水、旱灾害,使人民陷于失业破产、饥饿死亡的困境。因此,鸦片战争后的10年里,民变蜂起,遍及全国。

(二) 太平天国运动兴起的过程

1. 创立拜上帝会

鸦片战争后的十年里,中国各省大约有100多次自发性的农民暴动和武装起义。在这些农民武装起义中,以下层社会的农民、手工业者、无业游民、乞丐,以及那些在考场、官场失意的士绅为主组织的秘密会社起到过重要的作用。太平天国也一样,洪秀全在广州应试的时候,传教士梁发散发的基督教的小册子《劝世良言》引起了他的注意。洪秀全多次考试不中,重读《劝世良言》,对基督教的一般教义,尤其是对基督教人人皆平等的思想印象深刻。他把基督教的平等观和中国农民的"天下太平""人人平等"的平均思想结合起来,用三年时间从事宗教理论研究,1843年创立"拜上帝会"。最早追随洪秀全的是他的族弟洪仁玕和表弟冯云山。他从农民阶级的要求和利益出发,先后撰写了《原道救世歌》《原道醒世训》和《原道觉世训》等作品,奠定了太平天国革命的思想基础。至1847年年底,拜上帝会的领导核心已基本确立。除了作为思想领袖和指导者的洪秀全及负责实际组织工作的冯云山以外,农民出身的杨秀清、萧朝贵、石达开,矿工出身的秦日纲,以及小地主出身的韦昌辉等后来一些重要的领导人,都已聚集在拜上帝会。

2. 从金田起义到进入全盛

1851年1月11日,洪秀全、杨秀清等在广西桂平金田村发动起义,建号太平天国。3月,洪秀全自称天王。9月,太平军攻占永安州。在永安滞留期间,进行了休整补充和制度建设,初步奠定了太平天国政治制度的雏形,史称永安建制,或者永安封王。1852年3月,太平军从永安突围,北上围桂林,克全州,入湖南。在全州战役中,冯云山战死。太平军转战途中,广大群众纷纷响应,纤夫、船工、挑夫、搬运工、铁匠、商贩、木匠、煤矿工人纷纷加入。1853年1月,太平军攻克武汉三镇,队伍增至50万人,声威大震。1853年2月,太平军沿长江东下,经九江、安庆,3月占领南京,改南京为天京,定都于此。然后,太平军北伐、西征,占领湖北、江西、安徽的许多地方,1856年上半年,太平军又在天京外围展开了激烈的破围战,先后击破了江北大营和江南大营,在军事上达到全盛。

(三) 太平天国的革命纲领

太平天国农民战争有两个重要的革命纲领:一是前期的《天朝田亩制度》;二是后期的《资政新篇》。

1. 《天朝田亩制度》

1853年冬,太平天国制定并颁布了《天朝田亩制度》,提出了"凡天下田,天下人同耕"的原则。试图建立一个"有田同耕,有饭同食,有衣同穿,有钱同使,无处不均匀,无人不饱暖"的理想社会。这是一个以土地问题为核心,包括经济、政治、文化、军事和宗教等各方面的纲领性文件,是太平天国运动的政治纲领。规定按人口平均分配土地,分田办法是把土地分为上、中、下三级九等,计口授田,不论男女,好坏搭配,15岁以下者受田减半。设立"圣库"制度,农民全年收入包括粮食和所有农产品,除按标准留下口粮外,一律上交圣库。"所有婚娶弥月喜事",由国库开支。通过圣库制度,实现"天下一家,共享太平"的理想社会。太平天国的社会生活制度,采取军政合一的政权形式,规定各地按太平军制编民,寓兵于农。

《天朝田亩制度》的主张，否定了封建社会的基础即封建土地所有制，体现了广大农民要求平均分配土地的强烈愿望，是对以往农民战争中"均贫富""等贵贱"和"均平""均田"思想的发展和超越，具有进步意义。不过，它并没有超出农民小生产者的狭隘眼界。它所描绘的理想天国，仍然是闭塞的自给自足的自然经济，是小农业和家庭手工业相结合的传统生活方式；同时又是一个没有商品交换的和绝对平均的社会。这种社会理想，在很大程度上具有不切实际的空想性质。实际上，《天朝田亩制度》中的平分土地方案即使在太平军占领地区也并未能付诸实行。

2.《资政新篇》

《资政新篇》是洪仁玕提出的太平天国后期的改革方案。其主要内容是：在政治上主张加强中央集权，学习西方，制定法律、制度。在经济方面，主张发展近代工矿、交通、邮政、银行等事业，奖励科技发明和制造机器。提倡资本主义的雇佣劳动制。在思想文化方面，建议设立新闻官、新闻馆，破除陈规陋习，提倡兴办学校、医院和社会福利事业。在外交方面，主张同外国平等往来，自由通商，但严禁鸦片入口，强调外人不得干涉天朝内政。

《资政新篇》是中国近代要求学习资本主义的第一个比较系统的纲领性文件，是符合历史发展潮流的，是进步的。《资政新篇》没有提到农民迫切要求解决的土地问题，脱离了群众。又因当时处于紧张的战争条件下，所以，《资政新篇》没有付诸实施。

（四）太平天国后期的斗争及其失败

定都天京之后，统治集团内部开始争权夺利，生活逐渐腐化，洪秀全不理朝政，杨秀清逐渐专权，得罪诸王，并有了篡逆之心。正当太平军在西征战场取得胜利之时，1856年8月，天京城内发生杨秀清假借"天父下凡"，杖责洪秀全，逼封他为"万岁"的事件。洪秀全感到事态发展不利，密召在前线的韦昌辉、石达开、秦日纲回京救驾。韦昌辉想借机谋取权力，9月2日凌晨，在秦日纲的配合下，包围了东王府，杀了杨秀清及部属2万多人。石达开从湖北赶回，斥责韦昌辉滥杀无辜。韦昌辉又想杀死石达开，石达开连夜缒城逃出天京，石达开的全家老小都被韦昌辉杀害了。韦昌辉的行为，引起太平军全体官兵和百姓的愤慨。11月2日，洪秀全诛杀了韦昌辉及其心腹200余人，平息了这场自相残杀的内乱。石达开应召回京"提理政务"。洪秀全经过"天京事变"，对石达开也不信任。石达开于1857年6月，率领10多万精兵远走西南，最终兵败大渡河畔。"天京事变"成为太平天国由盛入衰的转折点。

此后，洪秀全为重振国威，提拔陈玉成、李秀成等青年将领，委以重任。在军事上短暂稳定了局势。但清政府和外国侵略者互相勾结，雇佣洋枪队，共同镇压太平天国。1864年6月1日，洪秀全病逝。7月19日，湘军挖掘地道攻城，天京陷落。中国历史上这场空前规模的太平天国农民战争，前后奋战14年，纵横18个省，威震全国，最终在清政府和外国侵略势力的联合绞杀下失败了。

（五）太平天国农民斗争的意义与启示

太平天国起义对封建的经济基础和上层建筑进行了猛烈的冲击，沉重地打击了清王朝的反动统治，动摇了封建制度的根基。

二、洋务运动

太平天国运动失败之后，清朝统治者已经深深地感到，西方的军事技术与装备比中国厉害得多。清政府内部就出现了一批主张筹办夷务即洋务的人。他们在中央的代表人物是恭亲王奕䜣、军机大臣文祥，汉族高官曾国藩、李鸿章、左宗棠、张之洞等。他们主张学习西方的先进技术,射击武器和大炮、轮船、弹药的制造工艺。

（一）洋务运动的内容

1861年1月,恭亲王奕䜣等人正式提出在京师设立总理各国事务衙门,为了挽救国家的颓势,他们推行了一系列以"自强""求富"为目标的洋务新政。洋务运动的指导思想是"中体西用"的思想,即"中学为体,西学为用"。

根据重点和理念的变化,洋务运动可分为三个阶段：

（1）第一阶段从1861年到1872年,强调建立翻译馆、新式学堂及派遣留学生去学习西洋的火器、机器、科学知识,并培养技术和外交的专业人才,创办军事工业。

1861年,曾国藩创办安庆内军械所,并生产出子弹、炮弹等。1862年,李鸿章在上海开设洋炮局,1864年,左宗棠在杭州设立造船厂。1865年,李鸿章在上海创办江南机器制造总局,这是近代中国最大的军火工厂。1866年,杭州造船厂迁往福州马尾,左宗棠大力扩展使之成为福州船政局。洋务运动发展的军工企业具有鲜明的特点：其一,它们均为"官办"企业,是封建衙门式的管理方式；其二,企业在技术与原料上依赖于洋人,对其盲目信赖；其三,各自为政,带有强烈的地方和"封建"气息。

（2）第二阶段从1872年到1885年,投向了一些追求利润的民用企业,如轮船、铁路、开矿和电报等。其中1872年创办的轮船招商局,是创办时间最早、规模最大的民用企业。另外还创办有上海机器织布局（1879）、兰州机器织呢局（1878）、开平矿务局（1877）、天津电报总局（1880）、唐山胥格庄铁路（1881）等。洋务派创办的民用企业采用大机器生产,雇佣工人,追求利润,吸收商人入股,性质是"官督商办",带有资本主义性质,但仍然具有很浓厚的封建性。

（3）第三阶段从1885年到1895年,加强陆海军建设。1885年组建海军衙门,1888年正式成立北洋水师。1894年甲午战争中北洋舰队的全军覆没,标志着轰轰烈烈地展开了30多年的洋务运动彻底破产。

除此之外,洋务派注重创办学校、派遣留学生以培养近代化人才。1861年1月在北京设立京师同文馆,讲授外语、天文和数学等科目,培养学习西方的专门人才。1866年6月,左宗棠在福州开设船政局及学习造船和轮船驾驶的学堂。清政府在1872—1875年先后派遣四批共120名青少年到美国去学习,开创了近代中国人留学的先河,有力地促进了西方近代思想文化、科学技术在中国的传播。

（二）洋务运动的历史作用

以"自强""求富"为目的的洋务运动虽然最终未能挽救清王朝,却标志着中国工业化的开始,并在中国播下了现代化的种子。它具有许多深远的影响：第一,洋务运动顺应了历史潮流,把向西方学习变成大规模的社会实践；第二,洋务运动客观上促进了中国民族资本主义的发展；第三,洋务运动导致了中国社会阶级结构的新变化,出现了中国民族资产阶级,壮大了中国无产阶级的力量；第四,洋务运动冲击了传统的封建观念,开阔了中国人的视野。

三、甲午中日战争与瓜分中国狂潮

日本在明治维新之后一直觊觎朝鲜,力图变朝鲜为自己的保护国。1894年4月,日本借朝鲜秘密会社东学党起义的机会乘机出兵朝鲜,与驻朝鲜的清军发生冲突。7月25日,日本巡洋舰在朝鲜海岸击沉中国租借英国的"高升号"运兵船,船上的700余名将士遇难。29日,日军向朝鲜牙山的中国驻军发动进攻,中国军队被迫向平壤撤退。

（一）甲午中日战争的经过

1894年8月，甲午中日战争爆发。战争分三个阶段：

第一阶段，从1894年7月25日至9月17日。在此阶段中，战争是在朝鲜半岛及黄海北部进行，陆战主要是平壤战役，海战主要是黄海海战。

平壤之战，双方陆军首次大规模作战。清军共13000人，进攻平壤的日军有16000人。主帅叶志超指挥失误和临阵脱逃，导致清军失败，以至于影响了整个战局。日军分四路围攻平壤，兵力分散，由于李鸿章"先定守局，再图进取"的作战方针，以及清将叶志超的胆小昏聩，左宝贵等人攻打日军的行动不断遭到叶志超的阻挠，日军遂顺利完成了对平壤的包围。清军狂奔五百里，一路逃至鸭绿江边，渡鸭绿江回国。日军一路高歌猛进，占领朝鲜全境。

黄海海战，发生于1894年9月17日，日本联合舰队在鸭绿江口大东沟附近的黄海海面挑起一场激烈的海战，这是甲午战争中日双方海军一次主力决战。历时5个多小时海战的结果：北洋舰队损失"致远""经远""超勇""扬威""广甲"5艘军舰，死伤官兵千余人；日本舰队"松岛""吉野""比睿""赤城""西京丸"5舰受重创，死伤官兵600余人。此役北洋水师虽损失较大，但并未完全战败。然而李鸿章为保存实力，命令北洋舰队躲入威海港内，不准巡海迎敌。日本夺取了黄海的制海权。在黄海海战中，北洋舰队官兵英勇作战，重创日本舰队，"致远"舰管带邓世昌、"经远"舰管带林永升率部英勇奋战，最终与舰同沉。此次海战中，北洋舰队遭到重大损失。战后李鸿章发出"避战保船"命令，北洋海军失去了制海权。

第二阶段，从1894年9月17日到11月22日。在此阶段中，战争在辽东半岛进行，有鸭绿江江防之战和金旅之战。

鸭绿江江防之战开始于10月24日，是清军面对日军攻击的首次保卫战。部署在鸭绿江北岸的清军共约28000人。日军进攻部队共30000人。清军因平壤新败，士气不振，将领多无抗敌决心。日本则士气高昂，野心勃勃。10月26日，日军占领九连城和安东县（今丹东）。鸭绿江防线全线崩溃。

金旅之战也开始于10月24日，这是甲午战争期间中日双方的关键一战。日军进攻鸭绿江清军防线的同一天，另有一支军队25000人在日舰掩护下，开始在旅顺后路上的花园口登陆。11月21日，日军向旅顺口发起总攻，次日，旅顺陷于日军手中。日军攻陷旅顺后，即制造了旅顺大屠杀惨案，4天之内连续屠杀中国居民，死难者最高估计达2万余人。

第三阶段，是威海卫之战。威海卫之战是保卫北洋海军根据地的防御战，也是北洋舰队的最后一战。1895年1月20日，日军25000人在日舰掩护下开始在荣成龙须岛登陆，同时日联合舰队第1游击队在登州实行炮击，23日，日军在荣成全部登陆完毕。30日，日军集中兵力进攻威海卫南帮炮台。2月3日，日军占领威海卫城。威海陆地悉数被日本占据，刘公岛成为孤岛。2月17日，日军在刘公岛登陆，威海卫海军基地陷落，北洋舰队全军覆没。

（二）列强掀起瓜分中国的狂潮

中国战败，清政府派李鸿章到日本马关与日本政府议和，被迫签订《马关条约》，其主要内容有：承认朝鲜国独立，实际上是承认日本对朝鲜的控制权；割让辽东半岛、台湾和澎湖列岛；中国向日本赔偿军费2亿两白银；中国同意增设沙市、重庆、苏州、杭州四处通商口岸，日本可在各通商口岸设厂制造，并享有各种优惠待遇。

《马关条约》签订后，俄、德、法为了自身利益，以提供"友善劝告"为借口，"三国干涉还辽"，迫使日本把辽东还给清政府。日本向清政府索取3000万两白银"赎辽费"。为了在3年内向日本交出 2.3 亿两白银,清政府分 3 次向俄法银行团、英德银行团以高额利息借款 3 亿两白银。

三国的外交胜利,激起了世界各大强国在华实现帝国主义的野心,列强在华划分势力范围和强租租借地,掀起了瓜分中国的狂潮。俄国租旅大,英国租威海卫,德国租胶州湾,英国租九龙,法国租广州湾。

四、戊戌维新运动

(一) 戊戌维新兴起的背景

割地赔款的《马关条约》激起国内民众的激烈反对,也让知识分子开始思考救国的道路。

(1) 时代背景:甲午中日战争以后,帝国主义列强掀起瓜分中国的狂潮,它们纷纷强占租界地,划分"势力范围"。甲午战后列强在华资本输出和商品输出,进一步加深了中国社会经济的半殖民地化。深重的外患促使中国人民民族意识日益觉醒。

(2) 经济基础:19 世纪末民族资本主义有了初步发展,形成了一定的社会经济基础。一方面,清政府为偿还赔款,扩大财源,放松了民间办厂的限制,"实业救国"的浪潮兴起。

(3) 阶级基础:随着民族工业的初步发展,民族资产阶级队伍也有所壮大,要求改革现状,并开始作为一个新的政治力量登上历史舞台。

(4) 思想条件:维新思想诞生。"开眼看世界"的林则徐、魏源为代表提出"师夷之长技以制夷"号召学习西方;洋务派又提出了"中学为体,西学为用"的主张,并付诸实践,学习西方先进技术,创办近代企业;但是弊病逐渐暴露,甲午战败让人们意识到纯的科学技术是不能使国家富强的,应该在政治上有一个改变,弃旧图新,维新变革。"维新派"应运而生,代表人物有康有为、梁启超、谭嗣同、严复等。

(二) 维新派的活动方式

维新派积极宣传变法思想,维新思想在全国的影响迅速扩大,政治力量也在不断加强。

(1) 上书请愿。康有为为变法先后共写了 7 次请愿书。他的第二次上书,也就是历史上著名的"公车上书"。这次上书请愿在全国的影响是非常大的,从此奠定了康有为维新运动领袖的地位。

(2) 创办报刊。康有为在梁启超的帮助下主办《万国公报》,后改为《中外纪闻》,在上海创办的《时务报》影响比较大,湖南的改良派还办了《湘报》。

(3) 组织学会。康有为在北京组织了"强学会",后来又在上海组织了"强学会"。长沙组织了"南学会"。

(4) 创办学堂。在长沙办了"时务学堂",是为维新派培养干部的学堂。

维新派的主张尽管引起了封建势力的仇恨和恐惧,还和除极端守旧的顽固派、号称"通达时务"的洋务派进行了论战,但维新思想形成了一定的规模和气候,得到广泛传播。

(三) 百日维新

1898 年 6 月 11 日,光绪皇帝采纳康有为、梁启超等维新派的主张下诏变法。9 月 21 日慈禧发动政变,缉拿维新派,变法失败。从变法开始到变法失败,前后共 103 天,所以历史上又称其为"百日维新"。

1. 百日维新的内容

文化教育改革:一是废除科举考试。科举考试的八股文,严重束缚思想,维新派要求废八股,改为自由地来表达自己的政治见解的策论。二是办学堂。创办了京师大学堂等一些宣传西方思想的学堂,这也是戊戌时期变法改革得以保留下来的唯一的成果。

经济改革:要发展商业,搞好商品流通,发展科技,奖励发明创造,保护专利,允许民间办工厂等。

军事改革:训练新军,以热兵器代替落后的冷兵器,造兵轮、建海军。

社会风俗的改革:把城乡许多祠堂、庙宇改为学堂,破除迷信,女人不缠足等。

政治改革:一是广开言路,凡是朝廷官员如有意见都可以通过本部门的"堂官"代传、上书。普通百姓可以到都察院反映意见。二是精简机构。从中央机关一下子撤销了六个衙门,裁撤冗杂,提高效率。三是任用新人。光绪帝任用了一大批维新派人士,参与新政。

2. 戊戌政变

1898年清政府统治集团内部,以慈禧太后为首的守旧派势力向以光绪帝为首的改良派势力发动了一场血腥政变,持续了百余日的戊戌变法宣告失败,"戊戌六君子"被杀,康有为、梁启超等逃往国外,光绪帝失去了人身自由,被囚禁于瀛台,而以慈禧太后为首的守旧派势力重新掌权。

(四)戊戌维新运动的意义、原因和启示

1. 戊戌维新运动的意义

第一,戊戌维新运动是一次爱国救亡运动,推动了中华民族的觉醒。第二,戊戌维新运动是一场资产阶级性质的政治改革运动,在政治、经济等领域一定程度上冲击了封建制度。第三,戊戌维新运动更是一场思想启蒙运动。维新派大力传播西方的社会政治学说,有利于民主主义思想在中国的传播,对近代教育发展起了积极作用。第四,维新派主张革除吸食鸦片及妇女缠足等陋习、"剪辫易服",倡导讲文明、重卫生、反跪拜等,改革了社会风气。

2. 失败的原因

戊戌变法是一次自上而下的资产阶级性质的改良运动,符合当时历史发展的趋势,具有爱国和进步的意义。但是它却以失败而告终,究其原因主要有:

第一,封建统治集团中顽固守旧势力太强大。国家的最高领导权不在维新派手中,而是紧握在以慈禧太后为首的王公、大臣手中。维新派只有少数几个人,在朝廷里面的职位很低,他们唯一可以依靠的只是没有实权的光绪皇帝。

第二,变法理论具有局限性。康有为先后撰写了两部书,一部叫《新学伪经考》,另外一部叫《孔子改制考》,来作为他主张变法维新的理论根据。康有为"托古改制"学说,得出这个结论的证据不足,无法使人信服。他想改革,想实行君主立宪,但又不想引起社会的震动,所以他幻想依靠皇帝的权威,在不彻底改变封建制度的基础上,达到资产阶级参与政权和发展资本主义的目的。他反对顽固守旧的儒家思想,但又从儒家经典和孔子那里借用某些东西,制造变法的根据,他企图把儒家的某些经典和变法维新思想调和起来。这也正暴露了他们在封建传统势力面前的软弱与保守。

第三,维新派以及光绪皇帝改革中策略上的失误。光绪帝及康有为等人缺乏政治经验,改革操之过急,不分轻重缓急,举措失当。首先,方法蛮干,光绪一下就裁去一大批闲散衙门和冗员,又毫无善后措施。其次,对于顽固守旧大臣,康有为等人大多持嫉恶如仇态度,而不是采取分化、孤立、争取的策略,无意间也为推动变法增加了对立面。再次,康有为等人在对待洋务派官僚问题上也犯了大错,把洋务派也划到对立面,没有团结拉拢。

第四,维新派脱离了广大人民群众。在维新派们看来,历史是由少数帝王将相和英雄豪杰创造的,也只有"圣君""明主"和像他们这样的"贤人""智者"才能拯救中国。他们没有努力获取广大人民群众的支持,没有认识到人民群众是历史的创造者。

五、义和团运动

(一)帝国主义瓜分中国的图谋

帝国主义列强对中国的争夺和瓜分的图谋,在 1894 年甲午中日战争爆发后达到高潮。1895 年 4 月 2 日,即《马关条约》签订前半个月,日本驻德公使青木周藏约德国外交部参事米尔堡会谈时,提出将"南满"给日本,"北满"给俄国,舟山预定给英国,而"德国完全有权在东南要求一省"的瓜分方案。中日《马关条约》规定把台湾、澎湖列岛和辽东半岛割让给日本,大大刺激了帝国主义列强瓜分中国领土的野心,并激化了列强争夺中国的矛盾。

列强瓜分中国图谋逐渐破产。由于帝国主义列强之间的利益瓜分矛盾,帝国主义列强并没有能够实现瓜分中国的图谋。

还有个重要原因是,民族危机日益加深之后激起了中国人民的反抗。由于西方势力深入中国城市、乡村后引发了一系列冲突,特别是德国强占胶州湾,进一步刺激了山东民众。以"扶清灭洋"为口号的反洋教斗争蔓延到山东、直隶很多州县农村。

1897 年,山东冠县梨园屯村民与教堂因历史上的土地纠纷引起冲突。直隶威县梅花拳师赵三多应村民阎书勤等邀请,前往援助。后赵三多将梅花拳改名为义和拳。1898 年 10 月,赵三多在山东冠县率众起义,竖起了"助清灭洋"的旗帜,义和团运动爆发。

(二)义和团运动的过程

1898 年 10 月,赵三多等人在冠县蒋家庄(今属河北省威县)竖起"扶清灭洋"的旗帜"起义",遭清军镇压而失败。

次年(1899 年),山东平原县知县蒋楷镇压义和团,当地义和拳首领李长水请求茌平、高唐等地的义和拳首领朱红灯支援,朱红灯在杠子李庄整齐队伍正式竖起了"天下义和拳兴清灭洋"旗帜。先后担任山东巡抚的毓贤、袁世凯等,对义和团采取先抚后剿的举措。

1899 年在山东遭遇不利情况后,义和团开始向直隶等地转移。清政府严禁义和团,先后派出多批军队参与镇压。

各国公使要求清政府取缔义和团。慈禧太后采用"招抚"义和团的办法,企图对义和团加以控制利用。1900 年 1 月,慈禧发布维护义和团的诏令。但后来,在中外势力联合镇压下,义和团运动失败了。

(三)义和团运动的意义与局限

义和团运动的高潮虽说为期不过三个月,但义和团的英勇抵抗给侵略军以沉重的打击,有积极的历史意义。义和团运动粉碎了帝国主义瓜分中国的图谋,使帝国主义者看到中国人民的力量,不敢瓜分中国,改变了侵华政策;使清政府统治威信下降,加速了清朝的灭亡;促进了中国广大人民群众民族意识的觉醒,革命者正是从义和团的斗争中,看到了民族和国家的希望。

义和团提出"灭洋",虽然触及了时代的救亡主题,起了广泛吸引群众参加反帝斗争的作用,但它对洋人、洋教和外来思想统统排斥,又具有盲目排外的落后性,给义和团的反帝斗争带来了消极作用。由于没有先进阶级的领导,义和团运动无法阻止中国滑向半殖民地的深渊,但它所展现的中国人民不畏强暴的牺牲精神,使外国列强认识到任何国家"皆无此脑力与兵力可以统治此天下生灵四分之一""瓜分一事,实鉴为下策"。

六、八国联军侵华

（一）八国联军侵华的背景

义和团运动在直隶和京津地区迅猛发展，团民则沿途烧教堂、拆电线、毁铁路，攻进天津租界。各国公使要求清廷取缔义和团，但未获回应。

1900年1月27日，英、法、美、德、意等国联合照会清政府，再次要求取缔义和团。

2月1日，山东高密群众围攻德国铁路公司，相持数日，并破毁铁路。至14日，德军扬言要以武力镇压。

3月13日，帝国主义列强在渤海举行海军示威，显示要用武力干涉大清帝国。

4月，义和团刚在北京近郊发展起来，俄国公使就提出镇压，英国、美国、法国、德国各国公使也奉本国政府密令，联合照会清朝政府"剿除义和团"，并将舰队聚集大沽口进行威胁。

5月间，义和团在京津一带迅速发展，越来越多的清军士兵参加义和团，以端郡王爱新觉罗·载漪为首的排外势力在清政府内占据上风。

（二）战争过程

1900年5月，英、美、法、德、俄、日、奥匈、意八国决定联合出兵镇压义和团。

随后，各国继续向中国增兵，各国军舰24艘集结大沽口外，聚集在天津租界的联军达2000余人。1900年6月6日前后，八国联合侵华计划相继得到各自政府的批准，进攻中国的战争爆发。

1900年6月11日，英国海军中将西摩尔率领八国联军2000多人强占火车由天津驶往北京。帝国主义的侵华战争，激起义和团坚决抵抗，义和团与清军联合作战，切断侵略军与天津的联系，以血肉之躯与敌人拼搏，表现出极大的勇气和爱国热情，打死打伤敌军300余名。西摩尔溃不成军，被迫沿北运河退回天津，义和团粉碎了八国联军进犯北京的计划。

6月中旬，侵华帝国主义海军在沙俄海军将领指挥下，联合进攻大沽口炮台，遭到守军坚决抵抗，清军共击伤击沉敌舰6艘，毙伤敌军200余名。正当战事激烈时，守将罗荣光中弹牺牲，清军失去指挥，大沽炮台失守。

6月21日，清政府向各国"宣战"，并且在北京贴出赏文悬赏杀洋人。

8月中旬，联军2万余人由天津进犯北京。联军进至北京城下，进攻东便门、朝阳门、东直门。8月14日，北京失陷。8月15日晨，西太后和光绪皇帝仓皇出逃。义和团被迫退出北京，转往外地坚持抗击侵略者。慈禧太后在流亡途中，指定李鸿章为与列强议和全权代表，发布彻底铲除义和团的命令。八国联军占领北京后，派兵四处攻城略地，扩大征伐，在所到之处烧杀抢掠，无恶不作，犯下骇人听闻的罪行。俄国军队趁机侵占中国东北。在中外势力联合镇压下，义和团运动失败。

（三）辛丑条约及影响

1901年9月7日，总理外务部事务大臣和硕庆亲王爱新觉罗·奕劻与文华殿大学士北洋大臣直隶总督李鸿章，代表清廷与帝国主义签订了《辛丑条约》十二款及其十九个附件。

1. 条约内容

中国赔银4亿5千万两，北京使馆区及北京至山海关铁路沿线交由外国驻军，禁止中国人民组织反帝组织等。《辛丑条约》保住了清政府权位，加强了帝国主义对中国人民的统治，清政府由此成为帝国主义的傀儡。

2. 条约影响

政治方面,清政府付出庞大的赔款,并丧失多项国家主权。从此,清政府完全成为了帝国主义统治中国的工具。

经济方面,清政府赔款白银4亿5千万两,中国这时战争不断,内忧外患,早已国库空虚,以海关税及盐税作为偿还赔款之用,使得中国在后来的几十年中的经济跌入谷底。

第三节 资产阶级民主革命与中华民国的建立

一、辛亥革命

(一)辛亥革命爆发的历史条件

辛亥革命前,中国社会已经陷入严重的政治、经济危机之中,危机四伏的社会使得辛亥革命的爆发成为历史的必然。

1. 帝国主义侵略导致民族危机加深

20世纪初,帝国主义列强对中国的侵略日益扩大,它们在迫使中国签订《辛丑条约》以后,加强了对清政府的政治控制,多方扩展在华经济势力。它们在中国通过不平等条约操控中国的金融,扩大在华投资,并把铁路、矿山的利权列为掠夺的重要目标,加强了对中国社会经济的控制。

1904年至1905年,日、俄两国为了争夺在华利益爆发战争,双方在中国领土交战,清政府却宣称"局外中立",胜利后的日本攫取了俄国在中国东北地区南部的所有侵略特权。与此同时,英国派兵侵入中国西藏地区,德国则企图将势力延伸到原属英国势力范围的长江流域。

2. 清末"新政"导致政治危机加剧

为了摆脱严重的社会危机,清政府于1901年4月成立督办政务处,宣布实行"新政"。此后,清政府陆续推行了一系列的改革。新政的实施,加重了清政府的财政负担,清政府又将负担转嫁给人民,导致社会矛盾激化。清政府于1906年宣布"预备仿行宪政",并于1908年颁布了《钦定宪法大纲》,以九年为过渡期,制定了一个学习日本实现君主立宪的方案。

预备立宪并没有能够挽救清王朝,反而加重了清政府的政治危机。清政府立宪的目的,是为了延续其反动统治。"皇族内阁"的出笼,使得原来对清廷还抱有幻想的社会各阶层的政治态度发生了很大变化,转而同情和支持革命。清政府在政治上分崩离析已经失去最后的自我革新的机会,陷入了无法照旧统治下去的境地。

3. 中国社会经济出现严重危机

清政府每年要拿出2200万两白银用来偿付《辛丑条约》的赔款。从1900年到1911年,清政府举借外债高达3.4亿两白银,赤字比1900年以前增加一倍以上。清政府为了赔款和偿付外债,在十多年的时间里,财政开支激增四倍之多。为了解决财政困难,清政府不断加捐加税,各种收款项目层出不穷,各级官吏还要从中中饱私囊,人民生活困苦不堪,社会矛盾空前尖锐。

这些情况说明,随着晚清政局的演变,人民群众已经不能照旧生活下去了。人民群众的反抗斗争使清王朝应接不暇,整个大清王朝宛如在风浪中航行的扁舟,随时都有倾覆的危险。辛亥革命的爆发有着深刻的社会历史背景,绝不是偶然事件。

4. 资产阶级革命派的阶级基础和骨干力量

辛亥革命的爆发,依靠的主要是资产阶级革命派。资产阶级革命派的形成有赖于近代中国资本主义的进一步发展和资产阶级队伍的扩大。

甲午战争以后,民主意识和爱国思想渐入人心,进步的人们越发地以"抵制外货,自保权利"作为筹办企业的口号。帝国主义对华侵略的加深,引起了中国人民反帝爱国运动的高涨。民族资产阶级为了冲破帝国主义、封建主义的桎梏,发展资本主义,需要自己政治利益的代言人和经济利益的维护者。这是资产阶级革命派形成的阶级基础。

戊戌维新运动及20世纪初清政府兴学堂、派留学生的举措使得中国近代知识分子群体兴起。这批资产阶级、小资产阶级知识分子接触到了近代西方资本主义的思想文化,具有与封建士大夫完全不同的世界观、价值观。其中不少人在民族危难加深、群众自发斗争高涨的形势下,开始摸索救国救民的新道路,成为了资产阶级的骨干,后来甚至成为辛亥革命的中坚力量。

(二)资产阶级民主革命的兴起

中国的资产阶级民主革命是从孙中山开始的,孙中山首先举起了反清革命的旗帜。

1. 孙中山与资产阶级民主革命的开始

孙中山早年曾经希望采取和平的手段来推进中国的变革与进步,1894年6月,孙中山抵达天津呈递《上李鸿章书》。在这份上书中,孙中山提出人尽其才、地尽其利、物尽其用、货畅其流四项主张,以期在中国实现富国强兵。孙中山满怀信心地向李鸿章上书,然而却事与愿违。遭到拒绝的孙中山离开天津,到达北京。这时中日甲午战争已经爆发,正在北京的孙中山所目睹的情况是,辽东烽火告警,北京却歌舞升平,在严重的民族危机面前,孙中山决定用革命手段倾覆清廷的腐朽统治,走上了反清武装斗争的革命道路。1894年11月,孙中山在檀香山组织兴中会,明确提出了"驱除鞑虏,恢复中华,创立合众政府"的革命目标。

2. 资产阶级革命派的宣传与组织工作

资产阶级革命派登上历史舞台后,就开始了一系列旨在推翻清政府反动统治的活动,在极其艰难困苦的条件下,一批批为了革命理想而走到一起的人们唱响了那个时代的最强音,为辛亥革命的发动做了各方面的必要准备。

1900年以后,随着革命形势的迅速发展,以及孙中山和革命派的共同努力,国内外掀起了出版介绍西方资本主义译著、创办革命报刊、发行革命书籍、宣传民主革命思想的热潮,为发动资产阶级民主革命做了思想上的准备。

在民主革命思想的宣传者中,影响最大的是章炳麟、邹容和陈天华。

1903年,章炳麟发表了《驳康有为论革命书》,反对康有为的保皇观点,斥责光绪皇帝为"载湉小丑,未辨菽麦",歌颂革命为"启迪民智,除旧布新"的良药,强调中国人民完全有能力建立民主共和制度。邹容出版了《革命军》,以"革命军中马前卒"的名义,热情讴歌革命,阐述在中国进行民主革命的必要性和正义性,号召人民推翻清朝统治,建立"中华共和国"。陈天华写了《警世钟》《猛回头》两本小册子,以畅快淋漓的笔锋,痛陈帝国主义侵略给中国带来的沉重灾难,揭露清政府已经成了帝国主义统治中国的工具,号召人民奋起革命,推翻清政府这个"洋人的朝廷"。

20世纪初资产阶级民主革命思想的广泛传播,缩小了保皇派的市场,扩大了革命阵营,推动了民主革命运动的发展,资产阶级革命团体也在各地成立。从1904年开始,中国出现了十多个革命团体,其中重要的有华兴会、科学补习所、光复会等。这些革命团体的成立为革命思想的传播及革命运动的发展提供了不可或缺的组织力量,也为全国统一革命团体的创建及革命高潮的到来创造了必要的组织条件。

3. 中国同盟会的成立及三民主义

1905年8月20日,孙中山和黄兴、宋教仁等人在日本东京成立了中国同盟会,孙中山被推选为总理,黄兴被任命为执行部庶务,实际主持会内日常工作。同盟会以《民报》为机关报,并确定了革命纲领。这是近代中国第一个领导资产阶级革命的政党,它的成立标志着中国资产阶级民主革命进入了一个新的阶段。

同盟会的政治纲领是"驱除鞑虏,恢复中华,创立民国,平均地权"。1905年11月,在同盟会机关报《民报》的发刊词中,孙中山将同盟会的纲领概括为三大主义,即民族主义、民权主义、民生主义,后被称为"三民主义"。民族主义包括"驱除鞑虏,恢复中华"两项内容。一是要以革命手段推翻清朝政府,改变它一贯推行的民族歧视和民族压迫政策;二是追求独立,建立"民族独立的国家"。民权主义的内容是"创立民国",即推翻封建专制制度,建立资产阶级民主共和国,这就是孙中山所说的政治革命,也是纲领的核心。民生主义在当时指的是"平均地权",也就是社会革命。

孙中山的三民主义学说,初步描绘出了中国还不曾有过的资产阶级共和国方案,是一个比较完整而明确的资产阶级民主革命纲领。它的提出,对推动革命的发展产生了重大而积极的影响。但由于其存在着历史的局限性,缺乏明确的、彻底的反帝反封建内容,因而不能成为团结广大人民群众尤其是农民进行斗争的有效理论武器。

(三) **武昌起义的爆发与各地响应**

武昌起义爆发的导火线是四川保路运动。保路运动是在收回利权运动的基础上发展起来的。1911年5月,清政府宣布"铁路干线收归国有",并与四国银行团订立粤汉、川汉铁路借款合同,借"国有"名义把铁路利权出卖给外国列强同时借此"劫夺"商股。这激起了湖北、湖南、广东、四川四省的保路风潮,其中以四川为最烈。1911年6月17日,川汉铁路公司在成都成立了保路同志会,四川各州县纷纷响应。清政府对四川保路风潮十分恼火,命四川总督赵尔丰严加镇压。清政府的倒行逆施激起了人民的极大愤慨,同盟会借机因势利导,商讨组织武装起义,将保路同志会改为保路同志军。9月7日,赵尔丰枪杀数十名请愿群众,促使保路运动转向反清武装起义。成都附近的同志军率先起义,各地闻警纷起响应。四川保路运动终于导致了全国革命风暴的到来,清政府不得不抽调大量湖北新军前往四川镇压革命运动,武汉空虚。

革命党人决定利用这个大好时机,发动起义。为了加强对武汉地区革命力量的领导,在同盟会中部总会的领导下,当时湖北地区的两个革命团体文学社和共进会决定联合行动,成立了统一的起义领导机构。10月10日晚,新军工程第八营的革命党人打响了起义的第一枪,城内各处新军闻风而动。革命军奋不顾身血战通宵,占领了总督衙门、藩库等重要机关,湖广总督瑞澂仓皇逃往停泊在长江的兵舰上,起义军一夜之间占领了武昌城,次日,"铁血十八星旗"迎着旭日缓缓升起。

武昌起义后,各地革命党人纷纷响应,黄龙旗短短一个月内就在各地换了颜色,湖北、湖南、陕西、江西、山西、云南、浙江、江苏、贵州、安徽、广西、福建、广东等省以及上海先后宣布脱离清朝的统治,代表新生的"铁血十八星旗"在大多数新独立的省份高高飘扬。各省的纷纷响应和席卷全国的群众自发斗争,汇合成资产阶级民主革命的巨大洪流,使清王朝陷于土崩瓦解之中。

二、中华民国的创建

1912年1月1日,孙中山在南京宣誓就任中华民国临时大总统,宣告中华民国临时政府成立。

3月,临时参议院颁布了《中华民国临时约法》(简称《临时约法》)。这是中国历史上第一部具有资产阶级共和国宪法性质的法典。

《临时约法》规定,"中华民国之主权,属于国民全体",而"以参议院、临时大总统、国务员、法院行使其统治权"。

《临时约法》规定,在政治上施行三权分立的责任内阁制,限制总统的权利;参议院为立法机关,行使立法权,参议员由各省选派;临时大总统代表临时政府总揽政务。国务总理及各部总长称国务员,辅佐临时大总统,为行政机关,行使行政权;增设法院,行使司法权;参议院有弹劾大总统和国务员的权利。

《临时约法》还规定,中华民国国民一律平等,享有人身、财产、集会、结社、出版、言论等自由,享有请愿、陈诉、考试、选举与被选举等民主权利。

《临时约法》以根本大法的形式废除了两千年来的封建君主专制制度,确认了资产阶级共和国的政治制度。表明临时政府是以资产阶级的"三权分立""代议政治"为原则建立的,鲜明地体现了资产阶级民主共和国的性质。

南京临时政府的成立以及《中华民国临时约法》的颁布,是"揖美追欧"的结果,也是五四运动以前80年先进的中国人经过几代人的奋斗而取得的最富深远意义的结果。

辛亥革命实现了20世纪中国历史的第一次历史性巨变,具有伟大的历史性意义。

第一,辛亥革命推翻了统治中国260多年的清王朝,结束了中国两千多年的封建君主专制制度,具有划时代的历史意义。

第二,辛亥革命建立了中国历史上第一个资产阶级共和政府,使民主共和成为一面有号召力的旗帜。

第三,辛亥革命是一场巨大的思想解放运动,极大地推动了中华民族的思想解放,为中国先进分子探索救国救民的道路开拓了新的视野。

第四,辛亥革命促进了社会经济、思想习惯和社会风俗等方面的一系列变化,推动了社会的进步和发展。

第五,辛亥革命在一定程度上打击了帝国主义侵略势力,推动了亚洲各国民族解放运动的高涨。

但是,辛亥革命并没有解决近代中国社会的根本矛盾,没有完成民族独立、人民解放的历史任务。它缺乏一个能够提出科学的革命纲领、能够发动广大民众,以及组织严密的革命政党的领导,这些是辛亥革命的历史局限。

三、北洋军阀的统治

孙中山被迫发表声明:只要清帝退位、袁世凯赞成共和,即推举他做大总统。袁世凯在得到这些保证后,转而借用革命力量逼迫清帝退位,1912年2月12日,清政府颁布《清帝逊位诏书》,清帝退位。1912年3月10日,袁世凯在北京宣誓就任临时大总统。4月1日,孙中山被正式解除临时大总统职务。4月5日,临时参议院迁往北京。中华民国虽然表面上完成了国家的统一，但实际政权却转到了袁世凯手中。

袁世凯取得政权后，建立了北洋军阀统治。早期北洋军阀主要在袁世凯的领导之下。1916年6月袁世凯死后，北洋军阀内部各派乘机发展自己的势力，帝国主义为争夺在华利益也各自寻找代理人，北洋军阀分裂演变为三大派系：日本支持的以时任国务总理兼陆军总长段祺瑞为首的皖系军阀集团，主要控制皖、陕、鲁、浙、甘、闽等省；英、美支持的以时任副总统冯国璋为首的直系军阀集团，主要控制苏、鄂、湘、直、赣等省；日本支持的以时任奉天督军兼署省长张作霖为首的奉系军阀集团，主要控制东三省。此外，各地方的一些军阀或独立或分别依附于各大派军阀。

在北洋军阀统治时期，民主共和制度一步步地被破坏，辛亥革命的胜利果实被完全篡夺，革命派建设一个独立、民主的资产阶级共和国的理想彻底破灭了。中国重新陷入黑暗的深渊。

辛亥革命虽然取得了推翻清王朝、结束帝制、建立民国的重大胜利，但是没有完成反帝反封建的任务，没有改变中国半殖民地半封建社会的性质。辛亥革命失败的原因主要有以下两点。

从客观方面来说，帝国主义与以袁世凯为代表的大地主大买办势力以及旧官僚、立宪派一齐勾结起来，从外部和内部绞杀了这场革命。

从主观方面来说，这场革命失败的根本原因，在于它的领导者资产阶级革命派本身存在着许多弱点和错误，主要体现在以下几个方面：

第一，在政治方面，中国资产阶级的软弱性造成革命党人在这次革命中一直没有提出彻底的反帝反封建的革命纲领。他们害怕帝国主义的武装干涉，没有明确提出反帝的口号。他们只强调反满和建立共和政体，并没有认识到必须反对整个封建统治阶级。他们不敢广泛地发动和组织下层工农群众参加革命，没有从根本上触动封建旧制度的根基。受当时政治局势的左右和妥协退让思想的支配，革命党人最后甚至还把政权拱手让给了袁世凯。

第二，在军事方面，在辛亥革命的进程中，同盟会始终没有建立起一支具有共同革命理想和严格组织纪律的革命军队。中国民族资产阶级由于同封建势力有着千丝万缕的联系，因而不敢依靠反封建的主力军农民群众。

第三，在组织方面，资产阶级革命派不能建立一个坚强的革命政党，没有很好地发挥指挥全国革命运动的核心作用。以孙中山为首的资产阶级革命派在革命中形成的是一个松散的联合体，其内部充满了错综复杂的斗争，没有一个坚强有力的领导核心，这是辛亥革命失败的一个重要因素。

资产阶级革命派的这些弱点、错误，根源于中国民族资产阶级的软弱性和妥协性。辛亥革命的失败表明，资产阶级共和国的方案不能救中国，民族资产阶级不可能领导中国民主革命取得彻底的胜利。中国革命反帝反封建的艰巨任务，历史性地落在了新兴的无产阶级及其政党的肩上。

辛亥革命后，民族资本主义工业的迅速发展使得中国产业工人的人数急剧增加，成为不可忽视的社会力量，为后来新民主主义革命的到来和中国共产党的成立准备了阶级条件。

第四节　中国共产党的成立与国民革命运动

一、新文化运动与五四运动

（一）新文化运动

1915年9月，陈独秀在上海创办《青年杂志》，并在创刊号上发表《敬告青年》一文，提倡民主与科学,反对封建文化,揭开了新文化运动的序幕。新文化运动是资产阶级民主主义新文化反对封建主义的旧文化的斗争。《青年杂志》从第2卷起改名为《新青年》。它是由人们对辛亥革命失败原因的痛苦反思而来的,他们认识到共和制度之所以不能真正得到巩固,中国的状况依然黑暗,根本原因在于缺乏对旧思想、旧文化、旧礼教的彻底批判,大多数国民的头脑仍被专制和愚昧牢牢地束缚着。1917年1月,蔡元培就任北京大学校长,随即聘请陈独秀为文科学长,并延揽许多具有新思想的学者来北京大学任教。北京大学和迁往北京的《新青年》杂志,成为新文化运动的主要阵地。

新文化运动的主要内容是提倡民主与科学,反对专制和愚昧,即以现代自然科学反对无知、迷信和神秘主义,争取民权和民主自由以反对专制独裁,提倡资产阶级民主思想和民主制度,反对一切封建旧思想和旧制度;提倡个性自由和个人发展,反对封建礼教;提倡新文学,反对旧文学,推行文学革命,发起白话文运动,即主张以白话文作为新文学的语言,为文章注入新内容、新思想,建设平易、通俗的新文学。

新文化运动高举民主与科学的旗帜,猛烈地冲击了封建思想的统治地位,使人们的思想,尤其是青年人的思想得到空前的解放,为马克思主义在中国的传播创造了条件。当新文化运动开展得如火如荼之时,俄国十月革命一声炮响,给中国送来了马克思主义。李大钊率先举起社会主义的大旗。1918年,李大钊发表《法俄革命之比较》《庶民的胜利》《布尔什维主义的胜利》等文章,指出:1917年的俄国革命,"是立于社会主义之上的革命""是20世纪中世界革命之先声""须知今后的世界,变成劳工的世界"。他主张学习俄国,改造中国,号召知识分子到工农群众中去做宣传和组织工作,培植革命力量。1917年后,《每周评论》《星期评论》《湘江评论》也刊发了大量宣传马克思主义的文章。到新文化运动后期,传播马克思主义成为运动的主流。

(二)五四运动

新文化运动唤醒了中国新一代年轻知识分子。1919年初,中国在巴黎和会上的外交即将失败、德国在山东的特权将被转交给日本等消息传来之后,新一代年轻知识分子迅速行动起来,掀起了规模宏大、震惊中外的五四爱国运动,将新文化运动推向高潮。1919年5月4日下午,北京各校学生3000多人在天安门前举行聚会和示威游行,提出"外争国权,内除国贼""废除二十一条""拒绝在和约上签字""誓死争回青岛"等口号,要求惩办曹汝霖、陆宗舆、章宗祥三个卖国贼。随后天津、上海、广州等地的学生纷纷游行响应。6月3日和4日,北京大批学生被捕,消息传到上海。6月5日,上海爆发了有数十万工人参加的大罢工和游行,支持学生运动,并于6月6日成立上海各界联合会,五四运动中心由北京转向上海,这标志着中国工人阶级登上政治舞台,成为运动的主力,这场爱国运动发展到了一个新阶段。在各方施加的巨大压力下,北洋政府释放了被捕学生,罢免了曹、陆、章三人的职务。参加巴黎和会的中国代表最终拒签和约。五四运动取得了初步胜利。

五四运动以彻底反帝反封建的革命性、追求救国强国真理的进步性、各族各界群众积极参与的广泛性,推动了民众在思想上的解放,推动了中国社会的进步,促进了马克思主义在中国的传播,促进了马克思主义与中国工人运动的结合,为1921年中国共产党的成立做了思想上、干部上的准备,为新的革命力量、革命文化、革命斗争登上历史舞台创造了条件,标志着新民主主义革命的开端,在近代以来中华民族追求民族独立和发展进步的历史进程中具有里程碑意义。

二、中国共产党的成立

（一）马克思主义在中国的广泛传播

五四运动以后社会主义思潮在中国蓬勃兴起，马克思主义开始在知识界传播。在李大钊等的影响和当时形势的推动下，一批爱国的进步青年，尤其是具有初步共产主义思想的知识分子，经过各自的摸索，逐步划清了资产阶级民主主义和无产阶级社会主义、科学社会主义和其他社会主义流派的界限，走上了马克思主义的道路。1919年，李大钊为《新青年》主编《马克思研究专号》，刊登了一批介绍马克思主义和俄国革命的文章，李大钊的《我的马克思主义观》比较全面地介绍了马克思主义。1920年3月，李大钊又发起中国最早研究马克思主义的团体——马克思学说研究会，把一批经历过五四运动洗礼的优秀青年组织起来。同年5月，陈独秀在上海组织了马克思主义研究会。从日本留学回国的李达、陈望道、李汉俊等人投身于马克思主义学说的翻译和宣传。陈独秀、毛泽东、邓中夏、蔡和森、瞿秋白、周恩来等一批先进的中国知识分子成为马克思主义者。

（二）马克思主义与中国工人运动的结合

随着中国工人运动的持续发展，创建工人阶级政党的问题提到日程上来。1920年年初，陈独秀和李大钊最早提出并推动在中国建立共产党。同年3月，共产国际派代表来到中国，先后与李大钊、陈独秀商议建党事宜。8月，陈独秀在上海发起成立了中国共产党早期组织。10月，李大钊在北京建立了共产党小组。从1920年秋至1921年春，武汉、长沙、济南、广州等地也相继建立了共产党的早期组织。在日本、法国留学的中国先进分子，也成立了这样的组织。在建党过程中，在上海成立的共产党早期组织，实际上是中国共产党的发起组织，是各地共产主义者进行建党活动的联络中心。

中国共产党早期组织成立以后，非常重视到工人中去进行宣传和组织工作。这些组织创办工人补习学校，向工人宣传马克思主义，还出版面向工人的刊物——《劳动界》《劳动者》《劳动音》，深受工人欢迎。经过宣传教育，觉悟的工人有了组织起来的要求。1920年11月，共产党早期组织领导的第一个工会——上海机器工会宣告成立。1921年五一国际劳动节，北京长辛店成立工人俱乐部（工会）。武汉、长沙、广州、济南等地的工人也相继成立工会。工会开始发动工人开展罢工斗争。工人的觉悟程度和组织程度在斗争中进一步提高。

共产党早期组织进行的这些活动，促进了马克思列宁主义的传播及其与中国工人运动的结合。在中国创建共产党的条件基本具备了。

（三）中国共产党的创建及其意义

在中国工人运动与马克思列宁主义初步结合的基础上，1921年7月23日，中国共产党第一次全国代表大会在上海法租界望志路106号（现为兴业路76号）举行。参加大会的有12名代表，除了上海的李达、李汉俊外，还有来自长沙的毛泽东、何叔衡，武汉的董必武、陈潭秋，北京的张国焘、刘仁静，济南的王尽美、邓恩铭，广州的陈公博和日本东京的周佛海，以及陈独秀指派的代表包惠僧。陈独秀、李大钊因分别在广州和北京有事，未出席会议。他们代表了全国50多名党员，共产国际代表马林、尼克尔斯基也列席了这次会议。由于会场受到暗探注意和法租借巡捕房的搜查，最后一天的会议转移到浙江嘉兴南湖的游船上举行。

大会讨论了当时的政治形势、党的基本任务、党的组织原则和组织机构等问题，通过了中国共产党的第一个纲领。党纲确定党的名称为"中国共产党"；规定党的奋斗目标是以无产阶级的革命军队推翻资产阶级,建立无产阶级专政,废除私有制,直至消灭阶级差别。

大会选举产生了党的领导机构——中央局,陈独秀担任中央局书记,李达任宣传主任,张国焘任组织主任。中国共产党第一次全国代表大会的召开宣告了中国共产党的成立。党的一大通过的党纲,明确以实现社会主义、共产主义为党的奋斗目标,表明中国共产党从一诞生就同一切资产阶级政党及其他非无产阶级政党有着根本的区别。党从开始就是以共产主义为目的的、以马克思列宁主义为行动指南的、统一的工人阶级政党。

中国共产党的成立,是近现代中国历史发展的必然产物,是中国人民在救亡图存斗争中顽强求索的必然产物,是实现中华民族伟大复兴的必然产物。中国共产党作为中国最先进的阶级——工人阶级的政党,不仅代表着工人阶级的利益,而且代表着整个中华民族和中国最广大人民的利益,它从一开始就坚持以马克思主义为行动指南,把为中国人民谋幸福、为中华民族谋复兴确立为自己的初心使命。

中国共产党的成立,是中华民族发展史上一个开天辟地的大事件,具有伟大而深远的意义。近代以后中国人民的反帝反封建斗争之所以屡遭挫折和失败,最重要的原因就是没有先进的坚强的政党作为凝聚力量的领导核心。中国共产党的诞生,从根本上改变了这种局面。

中国共产党的成立,使中国革命有了坚强的领导核心,使中国革命有了前进的根本动力。中国共产党的先驱们创建了中国共产党,形成了坚持真理、坚守理想,践行初心、担当使命,不怕牺牲、英勇斗争,对党忠诚、不负人民的伟大建党精神,这是中国共产党的精神之源。正是对这一精神的坚守与践行、光大与发扬,构建起中国共产党人的精神谱系,激励中国共产党和中国人民创造了人间奇迹。

中国共产党的成立,深刻改变了近代以后中华民族发展的方向和进程,深刻改变了中国人民和中华民族的前途和命运,同时沟通了中国革命和世界无产阶级革命之间的联系,中华民族的解放运动成为世界无产阶级社会主义革命运动的一部分,深刻改变了世界发展的趋势和格局。

(四) 制定反帝反封建的民主革命纲领

中国共产党一经成立,中国革命就展现了新的面貌。

1922年7月16日至23日,中国共产党第二次全国代表大会在上海召开。出席会议的代表共12名,代表全国195名党员。大会根据世界革命形势和中国政治经济状况,制定了党的最高纲领和最低纲领。大会宣言指出,中国共产党是中国无产阶级政党,它的目的是要组织无产阶级,用阶级斗争的手段,建立劳农专政的政治,铲除私有财产制度,渐次达到一个共产主义的社会。这是党的最终奋斗目标,是党的最高纲领。为了实现党的最高纲领,大会提出了在目前历史条件下的最低纲领,这就是:消除内乱,打倒军阀,建设国内和平;推翻国际帝国主义的压迫,达到中华民族完全独立;统一中国为真正的民主共和国。

民主革命纲领的提出,无论在中国共产党的历史上还是在中国革命的历史上,都具有重大而深远的影响。它为中国各民族人民的革命斗争指明了方向。这个纲领一经提出,立即成为中国共产党团结广大人民群众的一面战斗旗帜,为后来轰轰烈烈的大革命做了准备。

三、国共合作与国民革命

中国共产党成立后,积极投身工人运动,推动了一系列罢工运动的展开。在大力开展工人运动的同时,中国共产党越来越清楚地认识到必须建立革命统一战线。1923年6月,中国共产党第三次全国代表大会在广州召开,通过了关于国共合作问题的决议。1924年1月,在共产党人的参加与帮助下,孙中山在广州主持召开了中国国民党第一次全国代表大会,提出了新三民主义的主张。大会实际上通过了联俄、联共、扶助农工三大政策,第一次国共合作正式形成。

以国共合作为特征的革命统一战线的建立,加速了中国革命的进程。以"打倒列强,除军阀"为目标的国民革命席卷全国。1925年,国民政府在广州成立,通过两次东征消灭了陈炯明的势力,广东革命根据地得到巩固和统一。1926年,国共两党合作开始北伐,使革命势力从珠江流域发展到长江流域,基本推翻了北洋军阀的反动统治。

随着革命高潮的到来,统一战线内部争夺领导权的斗争加剧,特别是1925年3月孙中山逝世后,国民党右派篡夺领导权的活动日益猖獗。1927年4月12日,蒋介石在上海发动反革命政变,大肆捕杀共产党人和革命群众。7月15日,汪精卫集团在武汉"分共"。至此,第一次国共合作全面破裂,由国共合作发动的国民革命失败。

第五节　南京国民政府的统治与中国共产党开辟革命新道路

一、南京国民政府的建立与统一

1927年"七一五反革命政变"后,国民党的南京政府和武汉政府经过一段时间相互争斗,达成妥协,实现合并,史称"宁汉合流"。它标志着国民党一党专制统治的确立。

1928年2月,国民政府继续北伐,讨伐张作霖。日本帝国主义为阻挠北伐,制造了"济南惨案"。蒋介石命令部队绕道开进。张作霖因战事不利,决定退出北京。日本见张作霖不能满足他们的侵略要求,在张作霖退回关外途中,将他炸死。1928年12月29日,张作霖之子张学良于东北发出通告,宣布东北三省服从国民政府,改易旗帜。北洋军阀不再作为独立的政治力量继续存在。这样,国民党就在全国范围内建立了自己的统治。

1927年大革命失败后,国民党已经不再是工人、农民、城市小资产阶级和民族资产阶级的革命联盟,而是变成了一个由代表地主阶级、买办性的大资产阶级利益的反动集团所控制的政党,其所建立的南京国民政府同北洋军阀的统治没有本质的区别。

国民政府建立以后,民族资产阶级兴办实业的热情有所提高。中国人民抑制洋货、提倡国货等反帝爱国运动的开展,也为民族工业的发展创造了机遇。1928年至1929年间,中国民族工业有过短暂的繁荣。1928年注册厂家有250户,资本额达1.1784亿元。

二、中国共产党领导的武装斗争和革命根据地的建立

(一) 工农武装起义与人民军队的创建

1. 八七会议

在革命的危急关头,1927年7月中旬,中共中央临时政治局常委会决定了三件大事:将党所掌握和影响的部队向南昌集中,准备起义;组织湘、鄂、赣、粤四省的农民,在秋收季节举行暴动;召集中央会议,讨论和决定新时期的方针和政策。同年8月7日,中共中央在汉口秘密召开紧急会议(即八七会议),会议确定了土地革命和武装起义的方针。出席这次会议的毛泽东在发言中突出地强调:"以后要非常注意军事:须知政权是由枪杆子中取得的"。会议还提出了"整顿改编自己的队伍,纠正过去严重的错误,而找着新的道路"的任务。八七会议给正处在思

想混乱和组织涣散中的中国共产党指明了新的出路,这是由大革命失败到土地革命战争兴起的历史性转变。

2. 工农武装起义

1927年8月1日,在以周恩来为书记的中共中央前敌委员会的领导下,贺龙、叶挺、朱德、刘伯承等率领革命军在南昌起义,并迅速占领南昌城。随后,起义军撤离南昌,南下广东,途经广东潮州、汕头地区时遭到敌人封堵,损失严重。起义军一部分由朱德、陈毅率领转战湘南;另一部分转移到海陆丰地区,与当地农民军汇合。

南昌起义打响了武装反抗国民党反动派的第一枪,标志着中国共产党独立地创建和领导人民军队、武装夺取政权的开始。

1927年9月9日,毛泽东领导的湘赣边界秋收起义按预定计划爆发,开辟了第一个在农村的根据地,为后来各地工农红军和农村革命根据地的大规模发展奠定了基础。

1927年12月11日,张太雷领导的广州起义爆发。广州起义是对国民党反动派的一次重击,表现了中国共产党和中国工人阶级坚强意志和不怕牺牲的英雄气概,为红军的创建做出了重要贡献。

3. 三湾改编

1927年9月29日,毛泽东率领工农革命军来到三湾村,在这里主持召开前委会议,主要研究工农革命军改编的问题。自秋收起义以来,部队接连打败仗,已由原来的5000来人减为1000来人。当前,官兵士气低落,军心浮动,逃亡增加,失败主义情绪严重,如果革命军不立即改变这种情况,部队就会彻底垮掉。

毛泽东提出,为了今后的发展和壮大,要对部队进行改编,要达此目的,必须从三个方面入手:第一条是将现在的一个师缩编为一个团,改称工农革命军第一军第一师第一团;第二条是要加强党对军队的领导,把共产党的支部建在连队这一级;第三条就是要在军队中实行民主,设立各级士兵委员会。

三湾改编的伟大历史意义:第一,三湾改编把支部建在连上,在营以上部队设立党委,加强党的领导,牢固确立了党对军队的绝对领导;第二,三湾改编在军队中实行民主,设立各级士兵委员会,能够更好地发挥广大官兵的为人民当兵为人民打仗的自觉性和积极性;第三,三湾改编制定的一系列建党建军原则,为建立一支无产阶级领导的新型的人民军队,从组织上、政治上、思想上奠定了坚实的基础。

4. 古田会议

由于红军的成分主要是农民和旧军队过来的人员,许多人受旧社会、旧军队的影响很深,所以,自由散漫、极端民主化、单纯军事观点、军阀作风等思想和习气,严重地影响着红军的纯洁。1929年12月,红四军党的第九次代表大会在福建上杭县古田村召开。会议通过了毛泽东主持起草的《中国共产党红军第四军第九次代表大会决议案》,即古田会议决议。古田会议决议的中心思想是要用无产阶级思想进行军队和党的建设,主要精神体现在以下几个方面:

第一,在党的建设方面,古田会议决议着重强调了加强党的思想建设的重要性,提出要加强党内教育特别是党的正确路线的教育和开展党内的正确批评,必须加强党的组织建设,坚持民主集中制,并提出了发展新党员的基本条件。

第二,在军队建设方面,古田会议决议明确规定了红军的无产阶级性质,强调红军是一个执行革命的政治任务的武装集团,从根本上划清了新型人民军队同一切旧式军队的界限。

第三,在军队同党的关系方面,古田会议决议进一步确立了党对军队绝对领导的原则和制度。决议指出党要成为部队的"领导中枢""党对于军事工作要有积极的注意和讨论。一切工作,在党的讨论和决议之后,再经过群众去执行。"决议规定了政治工作的任务和内容,要求红军军事机关和政治机关"在前委指导之下,平行地执行工作"。

古田会议决议解决了在农村游击战争环境中,如何将以农民为主要成分的军队建设成为无产阶级领导的新型人民军队,如何从加强党的思想建设着手,保持党的无产阶级先锋队性质的根本问题,是人民军队建设史上的重要里程碑。

(二) 创建农村革命根据地

人民军队在早期起义中攻打中心大城市,结果都失败了,逐渐认识到照搬苏联经验不行,必须根据中国革命实际,走农村包围城市、武装夺取政权的道路,也就是中国革命新道路。

1927年10月,毛泽东率领工农革命军到达井冈山地区。他领导井冈山军民开展游击战争,进行土地革命,建立工农民主政权。经过近半年的艰苦努力,创建了第一个农村革命根据地。1928年4月,朱德、陈毅率领南昌起义部队和湘南的工农武装来到井冈山,与毛泽东领导的工农革命军会师,这就是著名的井冈山会师。会师后,成立工农革命军第四军(后改称红军第四军),朱德任军长,毛泽东任党代表。

在创建井冈山革命根据地时,毛泽东及时总结斗争经验,相继写了《中国的红色政权为什么能够存在?》《井冈山的斗争》《星星之火,可以燎原》等文章,从理论上回答了中国革命走什么道路的问题。毛泽东认为,红色政权的存在和发展,必须包含三个方面的内容,即在中国共产党的领导下,把武装斗争、土地革命和根据地建设三者结合起来。这就是"工农武装割据"思想。

到1930年夏,全国已建立湘鄂西、左右江、鄂豫皖、闽浙赣等大小十几块农村革命根据地,它们分布在十多个省,革命武装力量达到10万人。1931年11月7日,中华苏维埃共和国临时中央政府在江西中央苏区成立,主席毛泽东,定都瑞金,以中国工农红军作为国家的武装力量。中国共产党在各农村革命根据地逐步开展土地革命,组织农民打土豪、分田地,废除封建剥削和债务,根据地军民组织农业生产,兴办一批军事工业和民用工业,革命根据地的经济建设粉碎了国民党的经济封锁,支持了革命战争,巩固了红色政权。

农村包围城市、武装夺取政权的道路,是以毛泽东为代表的中国共产党人深入研究中国国情,把马克思主义普遍原理同中国革命的具体实践相结合的产物。它成功地解决了在中国这样一个半殖民地半封建的东方大国如何领导武装革命走向胜利,并夺取全国政权的问题。

(三) "围剿"与反"围剿"斗争

中国共产党领导的农村革命根据地的迅速发展和红军队伍的不断壮大,引起了国民党的极大恐慌。从1930年开始,蒋介石调集重兵,重点对中央革命根据地和毛泽东、朱德率领的红一方面军发动大规模"围剿"。

1930年10月,蒋介石调集10万多人,发动对中央根据地的第一次"围剿"。中国共产党采用毛泽东提出的"诱敌深入"的战略方针,最终红军歼灭国民党1.3万人,活捉敌第18师师长张辉瓒,取得第一次反"围剿"的胜利。

1931年2月,蒋介石派军政部部长何应钦率24万人,"以厚集兵力严密包围及取缓进为要旨",采取稳扎稳打、步步为营的作战方针,积极部署对红一方面军的第二次"围剿"。红军继续采取"诱敌深入"的战略方针,连打5个胜仗,歼敌3万余人,打破了敌人的第二次"围剿"。

1931年7月,蒋介石亲任"围剿"军总司令,调集约30万兵力,发动第三次"围剿"。红一方面军仍采取"诱敌深入"的战略方针,歼敌3万余人,彻底地粉碎了敌人的第三次"围剿"。

1932年5月,蒋介石准备向革命根据地发动第四次"围剿"。红一方面军在朱德、周恩来的指挥下,运用和发展以往反"围剿"的成功经验,歼灭国民党军队3个师,俘敌1万余人,打破了国民党军队对中央根据地的第四次"围剿"。

1933年9月,蒋介石调集100万兵力,发动第五次"围剿"。以博古、李德为代表的中共中央放弃前四次反"围剿"行之有效的积极防御方针,犯了"左"倾错误,提出"御敌于国门之外""不丧失寸土"的口号,主张全线出击,进攻时采取军事冒险主义,攻打敌人坚固阵地;遇挫时又采取保守主义,主张同敌人打阵地战,以"短促突击"与敌人拼消耗,结果红军损失惨重,中央根据地丢失。

三、中国工农红军长征

未能打破敌人的第五次"围剿",中共临时中央和中央红军不得不于1934年10月退出中央苏区,开始了战略大转移——长征。

(一)长征初期的艰难行程

长征前红军做了一些准备工作,主要有:在苏区扩大红军,决定干部的走留,决定在中央根据地成立以项英为书记的中央分局,进行了思想动员和物质准备,军事上也做了一些准备,派出北上和西征先遣队。

1934年10月21日,中央红军8万多人,从福建西部的长汀、宁化和江西南部的瑞金、于都地区出发,开始长征。长征开始时,"左"倾领导者犯了退却中的逃跑主义错误,把红军的战略转移当作大规模的搬家式的行动。

国民党在红军必经之地设置了四道封锁线,红军突破前三道封锁线后,蒋立即在广西的全州、灌阳、兴安之间设置了第四道封锁线,企图利用湘江作天然屏障,消灭红军,蒋介石调动了40万兵力围追堵截。

湘江大战,空前惨烈。红军在湘江东岸血战一个星期,伤亡折损过半。中央红军虽然突破了第四道封锁线,渡过了湘江,但是,我军已由长征出发时的8万多人锐减到3万多人了,处境十分危险。毛泽东积极建议放弃与红二、六军团会合的计划,改向敌人力量薄弱的贵州前进。

(二)遵义会议

党内"左"倾机会主义路线占上风,指挥权在博古、李德手中,红军遭遇重大失败,军事问题和组织问题急需解决。

1935年1月15—17日,遵义会议召开,会议经过争论,统一了认识,并在此基础上委托张闻天起草了中央《关于反对敌人五次"围剿"的总结的决议》,决议经政治局审查通过。决议明确指出,红军第五次反"围剿"的失败以及退出苏区后遭受的严重损失,其主要原因是博古和李德在军事指挥上,犯了一系列严重的左倾冒险主义错误,肯定了毛泽东等关于红军作战的战略战术和基本原则。会议推选毛泽东为中央政治局常委,取消长征前成立的由博古、李德和周恩来组成的"三人团"。会后不久,在向云南扎西地区进军的途中,中央政治局常委决定由张闻天代替博古总负责,毛泽东为周恩来在军事指挥上的帮助者,后成立由毛泽东、周恩来、王稼祥组成的三人小组,负责全军的军事行动。

遵义会议是中国共产党的历史上一个生死攸关的转折点。这次会议在红军第五次反"围剿"挫败和长征初期严重受挫的历史关头召开，事实上确立了毛泽东在党中央和红军的领导地位，开始确立了以毛泽东为主要代表的马克思主义正确路线在党中央的领导地位，开始形成以毛泽东为核心的第一代中央领导集体，开启了党独立自主解决中国革命实际问题的新阶段。遵义会议的鲜明特点是坚持真理、修正错误，确立党中央的正确领导，创造性地制定和实施符合中国革命特点的战略策略。

（三）长征胜利

遵义会议的召开，给党和红军带来了光明和希望，使全军振奋。

毛泽东指挥中央红军三个月的时间六次穿越三条河流，四渡赤水，巧妙地穿插于国民党军重兵集团"围剿"之间，不断创造战机，在运动中大量歼灭敌人，牢牢地掌握战场的主动权，取得了红军长征史上以少胜多、变被动为主动的光辉战例。

红军渡过金沙江，刘伯承与小叶丹结盟，通过彝族区。红军飞夺泸定桥，强渡大渡河，粉碎了蒋介石妄图把毛泽东变为"石达开第二"的梦想。爬雪山、过草地，1935年6月红一、四方面军懋功会师，粉碎了张国焘另立中央的分裂行径。

1935年10月，红一方面军到达陕北吴起镇，与陕北红军会师。1936年10月9日，红四方面军指挥部到达甘肃会宁，同红一方面军会合。22日，红二方面军指挥部到达甘肃隆德将台堡（今属宁夏回族自治区），同红一方面军会合。至此，三大主力红军胜利会师。

（四）红军长征的伟大历史意义

中国工农红军长征是一次理想信念的伟大远征，是一次检验真理的伟大远征，是一次唤醒民众的伟大远征，是一次开创新局的伟大远征。

长征的胜利，极大地促进了中国共产党在政治上和思想上的成熟。中国共产党进一步认识到，只有把马克思主义基本原理同中国革命具体实际结合起来，独立自主解决中国革命的重大问题，才能把革命事业引向胜利。

长征的胜利，是中国革命转危为安的关键。红军长征宣告了国民党反动派消灭中国共产党和红军的图谋彻底失败，宣告了中国共产党和红军肩负着民族希望胜利实现了北上抗日的战略转移，实现了中国共产党和中国革命事业从挫折走向胜利的伟大转折，开启了中国共产党为实现民族独立、人民解放而斗争的新的伟大进军。

长征铸就了伟大的长征精神，这就是：把全国人民和中华民族的根本利益看得高于一切，坚定革命的理想和信念，坚信正义事业必然胜利的精神；为了救国救民，不怕任何艰难险阻，不惜付出一切牺牲的精神；坚持独立自主、实事求是、一切从实际出发的精神；顾全大局、严守纪律、紧密团结的精神；紧紧依靠人民群众，同人民群众生死相依、患难与共、艰苦奋斗的精神。长征精神为中国革命不断从胜利走向胜利提供了强大精神动力。

第六节　中国人民的抗日战争

一、从局部抗战到全面抗战

（一）局部抗战

1929年秋，世界性经济危机爆发，严重影响日本。为了摆脱危机，日本统治集团急于发动侵略中国的战争。

1931年9月18日,日本制造了"九一八"事变。日本变中国为其独占殖民地的阶段由此开始。至1932年2月,中国东北全境沦陷。

面对日本的大举侵略,国民党政府一再退让。蒋介石提出"攘外必先安内"的方针,将其军队主力用于"剿共",对日本侵略者实行不抵抗政策,寄希望于英美等国出面调停,幻想依赖国际联盟迫使日本撤兵。但国际联盟和英、美等国对日采取姑息、纵容政策。这使得日本对中国的侵略计划步步得逞。

日本强占东北后,中日民族矛盾激化,中国局部抗战开始兴起。中国东北民众自发组织了大量东北抗日义勇军抵抗日军侵略,国民党军队中的部分爱国官兵也自发进行了抗战。中国人民开始了武装反抗日本帝国主义侵略的斗争。

1931年11月4日,黑龙江省主席马占山带领东北军阻击日本侵略军,史称"江桥抗战"。1932年1月28日,日军进攻上海,驻守上海的第十九路军在陈铭枢、蒋光鼐、蔡廷锴的带领下展开回击,史称"淞沪抗战"。1933年,日军由东北向长城沿线进犯,遭到中国军队的顽强抵抗。

由于日军侵华是蓄谋已久的行动,中国军民虽然局部进行英勇抵抗,但大都以失败而告终。日本侵略者很快就将侵略矛头指向华北。1935年,日本在华北制造一系列事端,中国在河北、察哈尔两省的主权大部丧失。日本仍不满足,又在华北五省策动"防共自治运动",并指使汉奸成立所谓"冀北防共自治委员会"。这一系列意在"分离"华北的活动被称为"华北事变"。

在中华民族处于生死存亡的危急关头,与当时国民党当局采取的不抵抗主义形成鲜明的对照,中国共产党率先举起了武装抗日的旗帜。"九一八"事变后,中共中央便发布系列文告,号召全国工农武装起来,进行民族的自卫战争。1932年4月15日,中华苏维埃共和国临时中央政府宣布对日作战。1935年8月1日,中国共产党发表《为抗日救国告全体同胞书》,呼吁停止内战,一致抗日。

12月25日,中共中央召开瓦窑堡会议,确立了建立抗日民族统一战线的战略方针。

红军长征到达陕北后,蒋介石调集包括张学良的东北军和杨虎城的西北军在内的大军围攻陕北。在中共抗日民族统一战线政策的感召下,张学良在西北地区实行联共抗日。

1936年12月,蒋介石亲赴西安逼迫张学良、杨虎城全力攻打陕北红军。12日凌晨,张学良、杨虎城在对蒋介石"哭谏"无效的情况下,为了实现停止内战,共同抗日,毅然实行"兵谏",扣留了蒋介石,这就是西安事变。

面对错综复杂的政治形势,中国共产党从民族大义出发,为了团结国民党共同抗日,确定促成事变和平解决的基本方针,并派周恩来等人到西安,参加张、杨同南京方面代表宋美龄、宋子文的和平谈判,终于迫使蒋介石作出了停止"剿共"、联合红军抗日等六项承诺。西安事变的和平解决,成为扭转战争局势的关键,促进了中共中央"联蒋抗日"方针的实现。至此,十年内战基本结束,全国团结抗战的局面初步形成。

(二) 全面抗战的开始

1937年7月7日晚,日军炮轰卢沟桥,中国守军奋起还击。这就是卢沟桥事变,又称"七七事变"。中国全面抗战由此开始。

卢沟桥事变第二天,中国共产党通电全国,号召全中国同胞团结起来,筑成抗日民族统一战线的坚固长城。与此同时,国民党中央政治会议为了表示"团结各方共赴国难",邀请各党各派及无党派人士分批在庐山开谈话会,听取各方人士对抗日救国的意见。

为早日促成国共两党合作抗日,7月15日,中共代表周恩来等将《中国共产党为公布国共合作宣言》交给蒋介石,提出迅速发动全民族抗战、实行民主政治和改善人民生活等基本要求,重申中国共产党为实现国共合作的四项保证。

7月17日,蒋介石在第二次庐山谈话会上谈话表示,"卢沟桥事变已经到了退让的最后关头""再没有妥协的机会,如果放弃尺寸土地与主权,便是中华民族的千古罪人!"

8月25日,中共中央革命军事委员会发布命令,宣布红军改名为国民革命军第八路军。朱德任总指挥,彭德怀任副总指挥,南方八省的红军游击队(琼崖红军游击队除外),改编为国民革命军陆军新编第四军,叶挺任军长,项英任副军长。

9月22日,国民党中央通讯社发表了中国共产党提出的国共合作抗战宣言;23日,蒋介石发表实际上承认共产党合法地位的谈话。在中国共产党推动下,国共两党第二次合作实现,抗日民族统一战线正式形成。

(三)抗日民族统一战线的重大意义

(1)抗日民族统一战线的形成表明了蒋介石国民党"攘外必先安内"政策的破产,证明了我党提出的"国共合作,共同抗日"的主张符合历史的潮流,符合民心所向。

(2)抗日民族统一战线形成之后,中国革命进入了一个新阶段,就是全民族奋起抗战的民族革命时期,对于打倒日本帝国主义,取得抗战的胜利起着关键性的作用。

(3)我党利用抗日民族统一战线,迅速发展工人、农民、青年、妇女运动,扩展了人民武装和政权,发展和壮大了我党的革命力量。人民革命力量的新发展,极大地促进了中国民主革命胜利的步伐。

(4)抗日民主战线的形成不仅符合中国人民的愿望,同时也符合国际人民的心愿。中国的抗日战场是国际反法西斯战争的主战场之一,抗日民族统一战线的形成为有利于国际反法西斯战争的胜利。

(四)日军的侵华暴行

日本在大规模侵华过程中,犯下了空前严重的罪行,给中华民族造成了极为深重的灾难。

军事上,残酷杀害中国人民。1937年12月,日军攻陷南京。日军在南京进行了持续6周的烧杀劫掠,制造了惨绝人寰的南京大屠杀。据战后中国南京审判日本战犯的军事法庭查证,日军占领南京后,屠杀手无寸铁的中国居民和放下武器的士兵达30万人以上。从1941年到1942年,日军在华北对抗日根据地发动毁灭性的"扫荡""清乡",实行"三光"政策。据不完全统计,在晋冀鲁豫等7个根据地,中国军民被杀戮318万人,被焚房屋1952万间。日军悍然实行细菌战、化学战,对中国军民实行惨无人道的活体试验。日军731部队等将带有病毒的投掷器投放到中国许多地区,造成大量中国平民死亡。

政治上,实行"以华制华"方针,在占领区扶植傀儡政权。1940年3月,在日本扶植下,汪精卫在南京成立伪国民政府,并签订大量卖国协定。

经济上,实行"以战养战",对占领区大肆进行野蛮的经济掠夺,垄断沦陷区工矿、金融、交通业。除直接夺取和通过伪政权间接搜刮外,还实行"粮食统制",以低廉价格强制"收购"粮食等农产品,以支持其长期战争。

文化上,强制推行奴化教育。日本侵略者按照"思想战"的方针,在占领区大力推行奴化教育,企图以此达到泯灭中国民众的民族意识和反抗精神、维护其殖民统治的目的。

日本侵略者在中国犯下的罪行罄竹难书。据不完全统计,战争期间,中国军民伤亡人数超过3500万;按1937年的比价,中国直接经济损失1000多亿美元,间接经济损失5000多亿美元。

二、全国抗战的正面战场与敌后战场

抗日民族统一战线形成后,中国共产党领导开辟的敌后战场和国民党指挥的正面战场协力合作,形成了共同抗击日本侵略者的战略局面。

(一)正面战场的抗战

正面战场是指日军侵华推进线上中日两国交战的战场,作战的中国军队主要是国民党武装力量,实行的是单纯依靠政府和军队而不发动民众的抗战路线。

从卢沟桥事变到1938年10月广州、武汉失守,中国抗日战争处于战略防御阶段。

在战略防御阶段,日本侵略者以国民党军队为主要作战对象。以国民党军队为主体的正面战场担负了抗击日军战略进攻的主要任务,先后进行了平津会战、淞沪会战、忻口会战、徐州会战、太原会战、武汉会战等重要战役,并取得了台儿庄战役的胜利,阻滞了日军的推进,粉碎了日军3个月灭亡中国的狂妄企图。但是,由于国民党在政治上实行单纯依靠政府和军队的片面抗战路线,在军事上采取单纯防御的战略方针,所以,尽管国民党军队的许多官兵对日军的进攻进行了英勇的抵抗,但正面战场的战局仍非常不利,先后丢失了华北、华中的大片领土,1937年11月,国民政府迁都重庆。

1938年10月,武汉沦陷,与此同时,南部重镇广州也被日军占领。武汉、广州陷落后,抗战进入相持阶段。进入相持阶段后,日本对国民党政府采取以政治诱降为主、军事打击为辅的方针。国民党在重申坚持持久抗战的同时,其对内对外政策发生重大变化。1939年1月,国民党五届五中全会决定成立"防共委员会",确定"防共、限共、溶共、反共"的方针。蒋介石还将"抗战到底"解释为"恢复卢沟桥事变以前的状态"。这标志着国民党政府逐步转变为消极抗战。

日军在对国民党进行政治诱降的同时,为巩固占领区,对国民党军队发动过若干次进攻性打击,国民党军队也进行过几次较大战役,大体上保住了西南、西北大后方地区。

1941年6月22日,德国法西斯大举入侵苏联,苏德战争爆发。12月7日,日本海军联合舰队偷袭美国在太平洋的主要海军基地珍珠港,太平洋战争爆发。1942年1月1日,以中、美、英、苏4国为首的26个参加对德、意、日轴心国作战的同盟国家,在华盛顿签署《联合国家宣言》,标志着世界反法西斯统一战线正式形成。

太平洋战争后,美国提议设立中国战区。为配合英、美打击日军,国民政府命令各战区发起攻击。在1942年的第三次长沙会战中,日军死伤5万余人。同年2月,为协助盟国作战,解除日军对中国西南大后方的威胁,并保卫中国重要的国际交通线——滇缅公路,中国组建远征军进入缅甸对日作战。

中国远征军入缅作战,历时半年,转战1500余千米,浴血奋战,屡挫敌锋,使日军遭到太平洋战争以来少有的沉重打击,给英缅军以有力的支援,有力配合了盟军在太平洋的反攻,为盟军在缅甸的最后胜利做出了贡献。

在世界反法西斯战争胜利发展、抗日敌后战场开始局部反攻的有利条件下,国民党军队的战斗力却日益下降。在1944年4月至1945年1月的豫湘桂战役中,国民党军队大溃败,丢失拥有146座大小城市、6000多万人口的20多万平方千米的国土。豫湘桂大溃败成为大后方人心变动的重要转折点。国民党统治区民生凋敝、民怨沸腾、民变蜂起,国民党统治陷入深刻危机。

(二) 敌后战场的抗战

敌后战场一般指日军正面推进线后方的战场,在这一战场上,主要是共产党领导的抗战,实行的是动员全民族一切力量,争取抗战胜利的人民战争路线。

与国民党的片面抗战路线不同,中国共产党在抗战一开始就提出全面抗战路线。1937年8月,中国共产党在陕北洛川召开政治局扩大会议,制定了抗日救国十大纲领,强调要打倒日本帝国主义,关键在于使已经发动的抗战成为全面的全民族抗战。

为贯彻执行全面抗战路线,中国共产党作出了开辟敌后战场的战略决策。八路军刚开赴前线时,主要是配合国民党军队作战。1937年9月,八路军第一一五师主力在晋东北平型关附近伏击日军,歼敌1000余人,击毁汽车100多辆,取得全民族抗战以来中国军队主动寻歼敌人的第一次重大胜利,打破了日军不可战胜的神话。接着,八路军三个师又配合国民党军队进行忻口战役,相继取得雁门关伏击战、夜袭阳明堡日军机场等胜利。

1937年11月太原失守后,八路军在敌后实施战略展开,发动独立自主的敌后游击战争,先后开辟晋察冀、晋西北、晋冀豫、山东和大青山等抗日根据地。新四军则挺进长江南北,创建华中抗日根据地。

战略相持阶段到来后,敌后游击战争成为主要的抗日作战方式,敌后战场逐渐成为抗日的主战场。日军逐步将主要兵力用于打击敌后战场的人民军队,保持和巩固其占领地。1939年至1940年,仅华北地区的日军出动千人以上对敌后抗日根据地的大"扫荡"就有109次,使用总兵力50万人以上。

为打击日本侵略者,人民军队一方面采取"麻雀战""地雷战""地道战"等游击战争,陷日军于人民战争的汪洋大海之中;另一方面,在有利条件下也进行过运动战。1940年下半年,为粉碎日军的"囚笼政策",彭德怀指挥八路军一百多个团,在华北发动一次大规模对日作战,称为"百团大战",参加人数约20余万,合105个团,进行大小战斗1800多次,毙伤日伪军2万多人。它打出了敌后抗日军民的声威,打击了日军的侵略气焰,振奋了全国人民争取抗战胜利的信心,在战略上有力地支持了国民党正面战场。

此时,国民党在抗战上有所消极,反共倾向明显增长。1941年1月,国民党顽固派制造了震惊中外的"皖南事变"。共产党坚持抗战、团结、进步的方针,一面从政治上坚决打退国民党的反共高潮,一面坚持艰苦的敌后抗日游击战争,不断巩固和扩大抗日民主根据地。1945年8月反攻阶段到来前夕,人民军队发展到120万人、民兵220万人,根据地达19块。

在全民族抗战过程中,中国共产党发挥了中流砥柱作用,领导全国人民,指挥八路军、新四军和华南抗日武装等全国各地的革命抗日武装力量,对敌作战12.5万余次,消灭日、伪军171.4万余人,其中日军52.7万余人,为坚持抗战、夺取抗战最后胜利作出了彪炳史册的贡献。

在艰苦的敌后抗战中,涌现出无数可歌可泣的英雄事迹:东北抗联8名女战士陷入敌人包围后,投入乌斯浑河,英勇殉国;在冀西狼牙山地区,八路军5名战士为掩护党政机关和群众,主动把日、伪军吸引到自己身边,在打完全部子弹后,他们毅然砸枪跳崖,被誉为"狼牙山五壮士"。新四军"刘老庄连"全部壮烈牺牲。东北抗日联军第一路军总司令兼政治委员杨靖宇、东北抗联第二路军副总指挥赵尚志、八路军副参谋长左权、新四军第四师师长彭雪枫等身先士卒,在作战中以身殉国。

三、抗日战争的胜利

1945年上半年,世界反法西斯战争进入最后阶段。在世界反法西斯战争和中国抗日战争胜利的前夕,1945年春,中国共产党在延安召开了第七次全国代表大会。毛泽东在会上作了《论联合政府》的政治报告。大会提出,在抗日战争即将胜利的形势下,党的任务是:放手发动群众,壮大人民力量,领导人民打败日本侵略者,解放全国人民,建立一个独立、自由、民主、统一、富强的新民主主义国家。大会确立毛泽东思想为党的指导思想,选举产生以毛泽东为首的中央委员会。这次大会为争取抗日战争的最后胜利和新民主主义革命在全国的胜利作了重要准备。

1945年5月,德国无条件投降。8月6日和9日,美国先后在日本广岛、长崎投下原子弹。8月8日,苏联对日宣战。苏军进入中国东北,迅速消灭日本关东军。解放区战场展开全面反攻。8月15日,日本向包括中国在内的同盟国无条件投降。中国抗日战争和世界反法西斯战争胜利结束。

中国人民抗日战争是20世纪中国和人类历史上的重大事件。这一伟大胜利的重大意义在于:

第一,中国人民抗日战争的胜利,彻底粉碎了日本军国主义殖民奴役中国的图谋,有力捍卫了国家主权和领土完整,彻底洗刷了近代以来抗击外来侵略屡战屡败的民族耻辱。

第二,中国人民抗日战争的胜利,促进了中华民族的大团结,形成了伟大抗战精神。中国人民向世界展示了天下兴亡、匹夫有责的爱国情怀,视死如归、宁死不屈的民族气节,不畏强暴、血战到底的英雄气概,百折不挠、坚忍不拔的必胜信念。这是中国人民弥足珍贵的精神财富。

第三,中国人民抗日战争的胜利,坚定了中国人民追求民族独立、自由、解放的意志,为中国共产党团结带领全国人民实现彻底的民族独立和人民解放奠定了重要基础,成为中华民族走向复兴的历史转折点。

第四,中国人民抗日战争的胜利,对世界各国夺取反法西斯战争的胜利,维护世界和平产生了巨大影响。中国人民抗日战争是世界反法西斯战争的重要组成部分,中国战场是世界反法西斯战争的东方主战场。在太平洋战争爆发前,中国抗击日本陆军的80%左右;在太平洋战争爆发后,仍抗击日本陆军的半数以上。从1931年9月至1945年9月,中国军民共毙伤日军150多万,对日本侵略者的彻底覆灭起到了决定性作用。中国坚持持久抗战,抗击和牵制着日本陆军主力,在战略上策应和支持了盟国作战,为最终战胜世界法西斯反动势力做出了不可磨灭的历史贡献。

第七节 人民解放战争

一、中国共产党争取和平民主的斗争

抗日战争胜利后,和平建国是中国人民的强烈愿望。当时的中国出现了两种不同的建国方针:中国共产党以和平、民主、团结为号召,力争建立一个新民主主义的国家;国民党打着"和平建国"的旗号,坚持独裁和内战的方针。在这种背景下,1945年8月,蒋介石接连三次电邀毛泽

东到重庆举行和平谈判。

（一）重庆谈判

1945年8月25日，中共中央发表《对目前时局的宣言》，明确提出"和平、团结、民主"的口号，阐明中共中央争取和平民主反对内战独裁的方针，并为争取和平建国早日实现做出努力。8月28日，毛泽东偕同周恩来和王若飞从延安飞往重庆。毛泽东到重庆谈判的消息如惊雷一般在山城上空震荡。爱国民主人士柳亚子特地赋诗一首，称毛泽东的行动是"弥天大勇"。重庆谈判的过程艰难而曲折，然而，在紧张的谈判期间，毛泽东还会见了重庆各界人士，开诚布公地和他们交流政治见解。毛泽东在重庆谈判期间与民主党派的交往，为人民民主统一战线的建立奠定了基础。从1945年8月29日至10月10日，经过43天谈判，10月10日，国共双方签署《政府与中共代表会谈纪要》（即"双十协定"）。协定规定：坚决避免内战，建设独立、自由和富强的新中国。

（二）政治协商会议

以蒋介石为首的国民党统治集团，在虚假地与中国共产党进行和平谈判的同时，积极进行内战的准备。1946年1月10日，根据国共两党重庆谈判达成的《政府与中共代表会谈纪要》（即"双十协定"），在中国共产党推动下，政治协商会议（史称旧政协会议）在重庆国民政府礼堂开幕。出席会议的有国民党、共产党、民主同盟、青年党及无党派人士代表38人。以周恩来为首的中共代表团与民主同盟等民主党派和无党派人士的代表密切合作，与国民党的错误主张进行有理、有利、有节的斗争，促成会议通过了《关于政府组织问题的协议》《和平建国纲领》《关于国民大会的协议》《关于宪法问题的协议》《关于军事问题的协议》5项协议，实际上否定了国民党的一党专政、独裁统治和内战政策。

在全国各阶层的关心推动下，政治协商会议于31日闭幕。政治协商会议是重庆谈判的延续和扩大，达成的五项协议有利于从根本上改变国民党一党专政、蒋介石独裁统治的局面，有利于和平建国方针的顺利实现，有利于避免国共两党之间内战的爆发。政治协商会议的成功是中国共产党联合各民主党派共同斗争的结果，也是中国共产党统一战线政策的胜利。

政协会议后，国内出现了一个暂时的和平局面，但是这一局面很快就被国民党打破。1946年2月10日，国民党的特务、打手，破坏"陪都各界协进会"等19个团体发起举行的"庆祝政协成功大会"，李公朴、郭沫若等多人被打伤，连同失踪、被捕的共有60多人，制造了惨案。随后，一系列破坏政协协议的事件接连发生。国民党扩大内战的行动，使政协决议成为一纸空文。之后，国民党加快抢占东北，对关内各解放区的进攻也日益升级。这不得不迫使中国共产党的工作重点由争取和平民主逐步转向准备自卫战争。

二、全面内战的爆发

（一）内战爆发

1946年6月26日，国民党军队在完成内战准备后，以22万人悍然进攻鄂豫边境的中原解放区，挑起了全面内战。10月11日，国民党军占领华北解放区重镇张家口，蒋介石于当天宣布11月12日召开由国民党一手包办的"国民大会"。1947年3月，国民党当局限期令中共驻南京、上海、重庆三地代表及工作人员全部撤退。至此，一切和平谈判之门都被国民党关闭，国共关系彻底破裂。

全面内战爆发时，中国共产党面临的形势极为严峻。当时，国民党政府拥有军队总兵力约

430万人,控制着全国76%的面积、3.39亿人口、几乎所有的大城市和绝大部分铁路交通线;它不仅接收了100余万日军和数十万伪军的装备,而且美国还为它训练和装备了50万军队。人民军队总兵力只有约127万人,装备基本上是缴自日、伪军的步兵武器,仅有少量火炮;解放区人口约1.36亿,土地面积只约占全国的24%,而且是被分割、包围的,在物质上得不到任何外援。正是凭借着军力和经济上的优势,蒋介石声称,这场战争"一定能速战速决"。

(二) 战略防御阶段

从1946年6月至1947年6月,人民军队处于战略防御阶段,战争主要在解放区内进行。

为粉碎国民党的军事进攻,人民解放军实行以运动战为主要方式,以歼灭敌人有生力量为主要目标,集中优势兵力各个歼灭敌人的作战原则和方针,而不以保守或夺取城市和地方为主要目标。

1946年6月至10月,国民党军侵占解放区城市153座;解放军则收复城市48座、歼敌29.8万人。从1946年11月至1947年2月,国民党军侵占解放区城市87座;解放军则收复和解放城市87座、歼敌41万人。国民党军被迫放弃对解放区的全面进攻,而改为对陕北、山东两解放区的重点进攻。

人民军队继续执行积极防御的作战方针。在山东,华东野战军在陈毅、粟裕等指挥下,先于1947年2月下旬在莱芜地区全歼国民党第二"绥靖"区副司令长官李仙洲部5.6万余人,后又于5月中旬在孟良崮战役中全歼国民党军精锐主力整编第七十四师3.2万余人。国民党军队对山东解放区的重点进攻基本上被粉碎。

在陕北,国民党军胡宗南等部25万人向延安发动突然袭击。中共中央机关主动于3月18日撤离,开始陕北转战。彭德怀、习仲勋指挥西北野战兵团采取"蘑菇"战术与国民党军队周旋,在青化砭、羊马河、蟠龙镇三战三捷,歼敌1.4万余人;而后在沙家店战役全歼胡宗南部整编第三十六师师部和两个旅。到8月间,国民党军队对陕北的重点进攻也被粉碎。

经过一年作战,战争形势发生重大变化。1947年7月,国民党军队总兵力已从430万人下降为373万人,其中正规军由200万人下降为150万人。人民解放军的总兵力则由127万人增加为195万人,其中正规军近100万人,武器装备也得到很大改善。中共中央当机立断,决定不等完全粉碎敌人的战略进攻,立刻转入全国性反攻,以主力打到外线去,将战争引向国民党区域。中共中央选择地处中原的大别山区作为主要突击方向,决定晋冀鲁豫野战军采取跃进的进攻样式,不要后方,长驱直入,千里跃进大别山,一举插进敌人的战略纵深地区。人民军队在战略防御阶段结束后,以新的态势跨入人民解放战争的第二个年头。

三、国民党政权的统治危机

国民党政府由于其专制独裁统治和官员们的贪污腐败、大发国难财,抗战后期在大后方便已严重丧失人心,在抗战胜利时曾经对它抱有很大期望的原沦陷区人民,也很快对它感到极度失望。一个重要原因,就是国民党政府派出的官员到原沦陷区接收时,把接收变成"劫收",大发胜利财。连一名国民党接收官员也向蒋介石进言,"像这样下去,我们虽已收复了国土,但我们将丧失了民心",其结果将使政府"基础动摇,在一片胜利声中早已经埋下了一颗失败的定时炸弹"。

国民党迅速失去民心,主要是由于它违背全国人民迫切要求休养生息、和平建国的意愿,执行反人民的内战政策。全面内战爆发后,国统区财政经济逐渐陷入崩溃境地。为了维持战争的庞大开支,国民政府无限制地发行纸币。1948年8月,法币发行额已比1937年全国抗战前夕增加47万多倍。随之而来的是恶性通货膨胀,物价飞涨,官僚资本极度膨胀,工农业生产严重萎缩,大批民族工商业濒于倒闭,城市失业人数陡增,广大人民的生活水平不断下降,国民党统治区陷入严重经济危机。全国各阶层人民在饥饿和死亡线上挣扎,不得不团结起来,同国民党政府作你死我活的斗争。

1947年5月中旬,学生的"反饥饿、反内战"运动在全国范围内迅速高涨。5月20日,京、沪、苏、杭学生约5000余名走上南京街头,举行"挽救教育危机联合大游行",高呼"反饥饿""反内战"等口号,遭到反动当局镇压。同一天,北平7000余名学生也举行了"反饥饿""反内战"示威大游行。学生运动的高涨促进了整个人民运动的高涨。1947年,全国20多个大中城市中先后有300余万工人罢工。5月到6月,饥饿的城市居民"抢米"风潮席卷包括江苏、浙江、安徽、四川等省的40多个大小城镇。以学生为先锋的爱国民主运动同国民党政府之间的斗争,逐步形成配合人民解放战争的第二条战线。

这些事实表明,不仅在军事战线上,而且在政治战线上,国民党政府都打了败仗。这个政府已经处在全民的包围之中。

四、解放战争的胜利发展

解放战争后期,我军转入战略进攻阶段,为巩固后方,废除地主阶级封建剥削的土地所有制,实行农民土地所有制,借以解放农村生产力,恢复和发展农业生产。1946年5月4日,中共中央发出《关于土地问题的指示》(即《五四指示》),实现"耕者有其田"的政策,极大地调动了广大农民支援人民军队的积极性。到1946年10月,全解放区有30万农民参加了人民解放军,有300万至400万农民参加民兵或游击队。

(一)战略反攻阶段

从1947年6月到1948年9月,是战略反攻阶段。1947年6月30日夜,刘伯承、邓小平率领晋冀鲁豫野战军主力12万人一举突破黄河天险,揭开了战略进攻的序幕。8月7日,刘邓大军分三路向南疾进,开始了千里跃进大别山的壮举。

经过20多天的连续急行军,刘邓大军于8月27日渡过淮河成功到达大别山。刘邓大军进入大别山地区后,把解放战争的战线在短时间内由黄河南北推进到长江北岸,使中原地区由国民党军队进攻解放区的重要后方,变成人民解放军夺取全国胜利的前进基地。这时仍在内线作战的人民解放军,包括彭德怀率领的西北野战军,谭震林、许世友率领的华东野战军山东兵团,聂荣臻率领的晋察冀野战军,徐向前率领的晋冀鲁豫野战军一部,也加紧发起攻击,并渐次转入战略反攻和战略进攻。各个战场上的攻势作战,构成了人民解放军全国规模的战略进攻的总形势。

人民解放军经过两年的英勇作战,到1948年秋,国共两党力量对比进一步发生了有利于革命的变化。首先,军事力量的对比发生了变化。这时,人民解放军已经增加到了280万人,第一线总兵力则超过了国民党军队。经过新式整兵运动,人民解放军指战员的政治素质和战斗力也大大加强了。此时,国民党军队的全面防御和分区防御都已经破产,为了避免各个被歼,蒋介石决定实行重点防御,实际上已经失去了完整的战线,缺少进行战略机动的兵力。因此,从军事上来说决战的时机已经成熟。

中共中央军委制定了关于第三年的军事计划,决定在东北、华北、西北、华东等地发起攻势,进行几次大的战役,把战争引向国民党统治区。

（二）战略决战阶段

战略决战,需要贯彻分批歼敌的方针。中共中央决定把第一个歼击目标选择在东北战场。

辽沈战役是1948年9月12日至11月2日之间进行的。辽沈战役共歼敌47万余人,解放了东北全境,连同其他战场的胜利,人民解放军上升为300万人,国民党军队则下降为290万人。全国军事形势出现了一个新的转折点。从此,人民解放军不仅在质上占了优势,而且在数量上也占了优势。辽沈战役的胜利,使得人民解放军拥有了一个巩固的具有一定工业基础的战略后方,并拥有了东北野战军这支近百万的战略预备队,为以后解放平津与华北创造了有利条件。

淮海战役从1948年11月6日发起,至1949年1月10日结束,共计歼敌55.5万余人,解放了长江中下游以北的广大的地区。国民党统治的心脏地带京、沪一带完全暴露于人民解放军的攻击之下。

平津战役是1948年11月29日至1949年1月31日之间进行的,共歼灭和改编敌军达52万余人,华北基本上获得解放,并使华北、东北这两大解放区完全连成一片。

三大战役的胜利,使人民群众胜利地完成了与敌主力的战略决战。三大战役共进行了142天,歼灭敌人173个师,共计154万余人。连同在此期间其他地区的作战,人民解放军共计歼敌182万余人。这意味着国民党赖以维持其反动统治的主要军事力量基本上已被消灭殆尽。三大战役的胜利,奠定了人民解放战争在全国胜利的巩固基础。

（三）解放战争的胜利

三大战役取得胜利后,国民党政府拒绝在国内和平协定上签字,企图卷土重来。1949年4月21日,毛泽东、朱德发布《向全国进军的命令》。在"打过长江去,解放全中国"的口号下,人民解放军在500多千米长的江北战线上,以排山倒海之势直插江南,在猛烈的炮火的掩护下,千万只战船越过长江。

4月23日,人民解放军占领南京总统府。南京解放,渡江战役历时42天,人民解放军以木帆船为主要航渡工具,一举突破国民党军的长江防线,并以运动战和城市攻坚战相结合,合围并歼灭其重兵集团。此役,人民解放军歼灭国民党军11个军部、46个师共43万余人,解放了南京、上海、武汉等大城市,以及江苏、安徽两省全境和浙江省大部及江西、湖北、福建等省各一部,为尔后解放华东全境和向华南、西南地区进军创造了重要条件。

随后,解放军各路大军继续向中南、西北、西南各省胜利大进军,迅速解决残余敌人,解放广大国土。中国共产党带领全国人民终于赢得新民主主义革命的胜利,这是人民创造的彪炳史册的伟大胜利。

（四）解放战争胜利的原因及意义

国民党因其不能解决中国社会的根本矛盾,不能应对中国社会的发展要求,不能代表广大民众的切身利益,从而失去了民众的支持,丧失了在中国大陆的统治权。

中国共产党始终顺应时代发展的潮流,代表了中国最广大人民的根本利益,得到了广大民众的支持,故能领导人民取得中国新民主主义革命的胜利。

中国人民革命的胜利,是马克思主义普遍原理与中国革命具体实践相结合的胜利,是毛泽东思想的胜利,从根本上改变了中国社会的发展方向,是20世纪人类历史上最具影响的伟大事件之一。

典型例题

一、中国开始沦为半殖民地半封建社会

1. 鸦片战争和第二次鸦片战争在本质上的相同之处是_____。
   A. 都是为了夺取市场和原料
   B. 战争主要在京津地区进行
   C. 战争的发动都是在广东省
   D. 战争以清政府的战败结束

   答案：A

   解析：结合所学知识可知，英国发动两次鸦片战争都是为了打开中国市场，掠夺更多的原料，故选A；第一次鸦片战争主要是在南方沿海地区，排除B；C、D项不是两次战争的本质，排除。故选A。

2. 第二次鸦片战争期间，广州城乡内外民众组织团练，用游击战术袭击敌人。在香港、澳门为外国人雇佣的工人，纷纷返乡。天津、烟台、旅顺乃至北京附近，都有民众自发起来袭击侵略军。中国民众的这一行为_____。
   A. 维护了国家主权完整
   B. 推动洋务运动的兴起
   C. 彰显爱国的民族情怀
   D. 获得当时政府的支持

   答案：C

   解析：联系所学内容可知，中国民众的抵抗行为结果失败了，故A项错误；第二次鸦片战争战败后，中国内忧外患，迫使地主阶级洋务派向西方学习，与材料的限定时间不相符，故B项错误；从"用游击战术袭击敌人""民众自发起来袭击侵略军"体现中国人民对英法侵略的反抗，是一种爱国的表现，故C项正确；从"民众自发起来"可见并非获得政府的支持，故D项错误。故选C。

3. 2019年9月17日"回归之路——新中国成立70周年流失文物回归成果展"在中国国家博物馆开幕，在展品中有"圆明园青铜虎鎣""圆明园马首"等珍贵的回归文物。劫掠圆明园珍贵物品的侵略者是_____。
   A. 英法联军   B. 俄国军队   C. 八国联军   D. 日本军队

   答案：A

   解析：结合所学知识可知，圆明园的文物流入国外主要和第二次鸦片战争期间英法联军攻入北京，洗劫圆明园有关，A选项符合题意；俄国军队、八国联军和日本军队与洗劫圆明园文物无关，B、C、D选项排除。

4. 改变了中国历史发展的进程，使中国开始从封建社会变为半殖民地半封建社会，成为中国近代史的开端。这段话描述的是_____。

   答案：鸦片战争

5. 1838年，清朝一位钦差大臣前往广东禁烟，迫使外国烟商上缴鸦片237万斤，次年6月，他在虎门海滩当众销毁收缴的鸦片，此举大快人心。此人物是_____。

   答案：林则徐

二、国家出路的探索与民族危机的加剧

1. 丁一平在《对甲午海战的再认识》中认为：纵观世界海战史，在一场海战中，一支海军舰

队战死或以身殉国、尽节以终的将领占到高级指挥军官半数以上,是极为罕见的。这有力地驳斥了_____。

A. "清政府昏庸腐败"的观点
B. "李鸿章避战求和"的观点
C. "中国战略战术落后"的观点
D. "北洋海军贪生怕死"的观点

答案:D

解析:北洋海军舰队官员的殉国行为可以说明北洋海军并不是贪生怕死,故 D 项正确。

2. 有学者指出,甲午战争后中国人民救亡图存的斗争存在"社会上层"和"社会下层"两个层次,这两个层次的代表性事件分别是_____。

A. 洋务运动和太平天国运动
B. 开眼看世界和预备立宪
C. 维新变法和义和团运动
D. 清末新政和辛亥革命

答案:C

解析:依据材料"甲午战争后"并结合所学可知,"社会上层"是指统治阶级的斗争或改革,"社会下层"是指下层人民的斗争,维新变法属于清政府的改革,符合"社会上层";义和团运动是一场农民阶级领导的反帝运动,符合"社会下层",故 C 项正确;洋务运动发生在 19 世纪 60—90 年代,太平天国运动发生在 1851—1864 年,与材料时间不符,故 A 项错误;开眼看世界是指鸦片战争后的新思想的萌芽,与材料时间不符,而且预备立宪是晚清政府的改革,不符合"社会下层",故 B 项错误;辛亥革命是一场资产阶级民主革命,不符合"社会下层",故 D 项错误。故选 C。

3. "这一运动强大的社会动员奇迹和爆发力使势头正盛的外国殖民者心头一震……改变了列强国家对中国和中国人民的普遍态度和观念,深刻认识到中国巨大的潜力和战斗力是不可短期战胜的。"这体现了_____。

A. 洋务运动影响的普遍性
B. 义和团运动影响的深刻性
C. 戊戌维新运动影响的国际性
D. 太平天国运动影响的震撼性

答案:B

解析:材料中"强大的社会动员奇迹""外国殖民者心头一震""改变了列强国家对中国和中国人民的普遍态度和观念",体现了义和团运动具有广泛的群众基础,打击了侵略者的嚣张气焰,故 B 项正确。

4. 从鸦片战争到新文化运动,中国人向西方学习经历了曲折的历程。其中引进西方机器生产技术,迈出中国现代化第一步的是_____。

A. 太平天国运动   B. 洋务运动   C. 百日维新   D. 辛亥革命

答案:B

解析:现代化在经济上指的是经济工业化,洋务运动引进西方机器生产技术,推动了中国的工业化进程,是中国经济近代化的开端,故选 B;太平天国是农民起义,没有引进西方机器生产技术,A 项错误;C、D 项属于向西方学习制度,不符合题意,排除。

5. 维新变法是近代中国民族资产阶级摸索救国救民道路的一次爱国运动。维新运动是一次爱国运动表现在_____。
   A. 变法维新运动和救亡运动相结合
   B. 资产阶级政治学说与儒家思想相结合
   C. 维新变法与传播新式文化相结合
   D. 维新变法运动与思想启蒙运动相结合

答案:A

解析:维新运动是近代中国社会矛盾不断加剧的产物,资产阶级维新派将自己的政治要求融入救亡运动中,使变法维新运动和救亡运动紧密结合起来,故选 A。

三、资产阶级民主革命与中华民国的建立

1. "由平民革命建立国民政府,凡为国民皆平等以有参政权。大总统由国民公举……敢有帝制自为者,天下共击之。"这是_____。
   A. 洪秀全提倡的财富平均思想
   B. 维新派提出的社会改良措施
   C. 孙中山的民权主义中的主张
   D. 中国共产党推行的土地改革政策

答案:C

解析:根据"凡为国民皆平等以有参政权。大总统由国民公举……敢有帝制自为者,天下共击之"可知,材料体现了人民主权、废除封建君主专制的民主思想,结合所学可知,孙中山的民权主义主张废除封建君主专制,建立资产阶级民主共和国,故选 C;材料信息无法体现财富平均思想,排除 A;维新派主张建立君主立宪制,不符合"敢有帝制自为者,天下共击之",排除 B;土地改革政策与"敢有帝制自为者,天下共击之"无关,排除 D。

2. 孙中山曾说"欲求生产分配平均,亦必先将土地归公有,而后始可谋社会永远之幸福也"。这反映了他的哪一主张_____。
   A. 民族主义   B. 民权主义
   C. 民主主义   D. 民生主义

答案:D

解析:根据所学知识可知,"欲求生产分配平均,亦必先将土地归公有,而后始可谋社会永远之幸福也"指的是孙中山三民主义中的民生主义主张,故 D 项正确;民族主义主张推翻清王朝统治,故 A 项不符合材料信息;民权主义主张建立民国、保障民权,故 B 项不符合材料信息;民主主义属于民权主义内容,故 C 项错误。

3. 有学者认为,从洋务运动到戊戌变法是革新道路上的量变,辛亥革命是个飞跃,这里讲的"飞跃"是指辛亥革命_____。
   A. 结束了君主专制制度   B. 改变了社会性质
   C. 结束了封建专制统治   D. 改变了革命任务

答案:A

解析:洋务运动属于器物的近代化,戊戌变法和辛亥革命属于制度近代化。洋务运动和戊

戌变法都没有推翻君主专制的统治,辛亥革命结束了君主专制制度,显然是个飞跃,A 项正确;辛亥革命没有改变近代中国半殖民半封建社会性质,也没有结束封建制度,更没有改变近代中国反帝反封建的革命任务,B、C 和 D 项错误。故选 A。

4. "武昌起义后的半年内,全国报纸猛增至 500 家,不少报纸以"民主""民权""民国"命名……读报者虽限于少数人士,但报纸发表意见,由公众的或者私人的议论,几乎下等之苦力,亦受其宣传。"材料反映的现象说明_____。

    A. 武昌起义成功了   B. 民主共和理念得到传播
    C. 报刊业发展迅速   D. 人们言论自由了

答案:B

解析:材料中报纸"民权、民主和民国"等命名的出现,说明辛亥革命使民主共和理念得到传播,B 项正确;材料说明的是辛亥革命对于民主思想的传播,不是说明武昌起义的胜利,A 项错误;材料不是说明报刊业的迅速发展,C 项错误;材料说明的是思想传播,并不是说明人们的言论自由了,D 项错误。

5. 1905 年 8 月 20 日,孙中山和黄兴、宋教仁等人在日本东京成立了_____,这是近代中国第一个领导资产阶级革命的政党,它的成立标志着中国资产阶级民主革命进入了一个新的阶段。

答案:中国同盟会

四、中国共产党的成立与国民革命运动

1. 2019 年 4 月 30 日,习近平总书记在一次纪念大会上讲道:它"改变了以往只有觉悟的革命者而缺少觉醒的人民大众的斗争状况,实现了中国人民和中华民族自鸦片战争以来第一次全面觉醒"。这次大会纪念的是_____。

    A. 义和团运动   B. 新文化运动
    C. 五四运动   D. 国民革命运动

答案:C

解析:依据所学知识可知,"实现了中国人民和中华民族自鸦片战争以来第一次全面觉醒"的运动是 1919 年的五四运动,故 C 项正确;义和团运动是农民爱国反帝运动,不符合材料信息,故 A 项错误;新文化运动是知识分子发起的思想解放运动,故 B 项不符合材料信息;国民革命运动是在 1924 年开始,不符合"第一次全面觉醒",故 D 项错误。

2. 毛泽东曾说,陈独秀为"思想界的明星",李大钊是"我真正的老师"。这主要是因为_____。

    A. 毛泽东曾经就读于陈、李任教的北京大学
    B. 在陈、李影响下,毛泽东接受了马克思主义,逐步成为马克思主义者
    C. 陈、李是新文化运动、五四运动的发起人和领导者
    D. 陈、李是中国共产党的创始人和领导者

答案:B

解析:题干反映了毛泽东对陈独秀、李大钊的褒扬。"思想界的明星""我真正的老师"是从陈、李二人对毛泽东本人在思想上的引领而言,尤其是李大钊,他是在中国传播马克思主义的第一人,故 B 项正确。

3. 中共十九大闭幕仅一周,习近平总书记带领中央政治局常委在瞻仰红船时指出,小小红船承载千钧,播下了中国革命的火种,我们要结合时代特点大力弘扬"红船精神"。他们瞻仰的红船位于_____。

  A. 浙江嘉兴   B. 江西井冈山
  C. 陕西延安   D. 河北西柏坡

答案:A

解析:中国共产党第一次会议最后一天转移到浙江嘉兴南湖的游船上举行,故 A 项正确。

4. 下列关于北伐战争胜利原因的表述,正确的是_____。

  A. 帝国主义放松侵略   B. 革命统一战线推动
  C. 军阀势力极为软弱   D. 红军战士英勇斗争

答案:B

解析:根据所学知识可知,北伐战争之所以取得胜利,是因为国共合作建立了革命统一战线,故选 B。北伐战争是 1926—1927 年,当时帝国主义并没有放松对中国的侵略,故 A 项错误。北伐战争时期的军阀势力并不软弱,故 C 项错误;北伐军队被称为国民革命军,红军是土地革命时期中共军队的称呼,故 D 项错误。

5. 简述五四运动的意义。

答案:(1)是一场以先进青年知识分子为先锋、广大人民群众参加的彻底反帝反封建的伟大爱国革命运动,是一场中国人民为拯救民族危亡、捍卫民族尊严、凝聚民族力量而掀起的伟大社会革命运动,是一场传播新思想新文化新知识的伟大思想启蒙运动。(2)推动了中国社会进步,促进了马克思主义在中国的传播,促进了马克思主义同中国工人运动的结合,为中国共产党成立做了思想上干部上的准备,为新的革命力量、革命文化、革命斗争登上历史舞台创造了条件,是中国旧民主主义革命走向新民主主义革命的转折点,在近代以来中华民族追求民族独立和发展进步的历史进程中具有里程碑意义。

五、南京国民政府的统治与中国共产党开辟革命新道路

1. 鉴于大革命失败的教训,毛泽东在某次会议的发言中提出"以后要非常注意军事,须知政权是由枪杆子中取得的"。这次会议是指_____。

  A. 中国共产党第一次全国代表大会
  B. 八七会议
  C. 中国共产党第七次全国代表大会
  D. 遵义会议

答案:B

解析:结合所学知识可知,1927 年 8 月,中共中央政治局在汉口召开八七会议。在这次会议上毛泽东提出了"枪杆子里出政权"的著名思想,给正处于思想混乱和组织涣散的中国共产党指明了新的出路,为挽救党和革命作出了巨大贡献,选项 B 符合题意。

2. "在红一方面军二万五千里的征途上,平均每 300 米就有一名红军牺牲。长征这条红飘带,是无数红军的鲜血染成的。"这表明_____。

  A. 党的工作重心开始转移到农村
  B. 中共已从幼稚走向成熟

C. 坚定的信念是长征胜利的保证
D. 党内要根除"左"倾错误

答案：C

解析：材料反映的是红军将士不怕牺牲的精神,才推动红军长征的胜利完成,故 C 项正确。

3. 1928 年 4 月,朱德、陈毅与毛泽东领导的工农革命军胜利会师的地点是_____。

答案：井冈山

4. 简述南昌起义的历史意义。

答案：南昌起义打响了武装反抗国民党反动派的第一枪,有力地回击了国民党新军阀的屠杀政策;在全国人民面前树立了一面鲜艳的武装斗争的旗帜,拉开了土地革命战争的伟大序幕;标志着中国共产党独立领导武装斗争和创建人民军队、武装夺取政权的开始。

5. 简述遵义会议的历史意义。

答案：遵义会议开始确立以毛泽东为主要代表的马克思主义正确路线在党中央的领导地位,在极其危急的情况下,挽救了党,挽救了红军,挽救了中国革命。

六、中国人民的抗日战争

1. 根据教育部要求,从 2017 年开始在全国中小学教材中全面落实"十四年抗战"的概念。"十四年抗战"始于_____。

　　A. 九一八事变　　　　　　　　B. 一二八事变
　　C. 七七事变　　　　　　　　　D. 八一三事变

答案：A

解析：中国的抗日战争开始于 1931 年的九一八事变,结束于 1945 年 9 月 2 日日本签署投降书,故选 A。

2. 1937 年,日本侵略军攻陷国民政府所在地,在那里屠杀中国同胞 30 万人以上,而现在却被日本右翼势力称之为"二十世纪最大谎言"的事件是_____。

　　A. 济南惨案　　　　　　　　　B. 九一八事变
　　C. 卢沟桥事变　　　　　　　　D. 南京大屠杀

答案：D

解析：题干中的关键信息是"1937 年 12 月""国民政府所在地""屠杀中国同胞 30 万人以上",据此可知是南京大屠杀,故选 D。

3. 中国共产党是全民族抗战的中流砥柱。早在 1937 年 8 月召开的一次重要会议所作的决定中就明确提出:今天争取抗战胜利的中心关键,是使"抗战发展为全面的全民族的抗战"。这次会议是_____。

答案：洛川会议

4. 1940 年,彭德怀指挥八路军在华北战场上发动一场大规模的进攻作战,打击了日军的侵略气焰,使敌后战场逐渐成为全国抗战的主战场。这场战役是_____。

答案：百团大战

5. 简述抗日战争胜利的原因。

答案：(1)以爱国主义为核心的民族精神是中国人民抗日战争胜利的决定因素。(2)中国共产党的中流砥柱作用是中国人民抗日战争胜利的关键。(3)全民族抗战是中国人民抗日战争胜利的重要法宝。(4)中国人民抗日战争的胜利,同世界所有爱好和平和正义的国家和人民、国际组织以及各种反法西斯力量的同情和支持也是分不开的。

七、人民解放战争

1. 1945年8月,毛泽东率中共代表团到达重庆,山城为之沸腾。重庆各界纷纷在《新华日报》上表达他们喜悦的心情和对谈判的希望。这反映出当时人们的普遍愿望是_____。

　　A. "驱除鞑虏,恢复中华"　　　　　　　B. "打倒列强,除军阀"
　　C. "还我河山,守土抗战"　　　　　　　D. "要和平,争民主"

答案: D

解析: 抗日战争胜利后,全国人民渴望和平、民主。但是以蒋介石为首的国民党阴谋发动反共反人民的内战。为了争取国内和平,1945年8月,毛泽东等人赴重庆谈判。此举顺应民意,赢得了民心。所以D项符合题意。

2. 1949年,渡江战役即将发起时,英国军舰擅自闯入长江人民解放军防线。人民解放军奋起反击,毙伤英军百余人,并要求英、美、法等国的武装力量"迅速撤离中国的领水、领海、领土、领空"。人民解放军的这一行动_____。

　　A. 有利于巩固社会主义阵营
　　B. 是对列强在华特权的否定
　　C. 切断了西方国家对国民党的军事援助
　　D. 反映出"另起炉灶"外交政策的确立

答案: B

解析: 渡江战役时期,新中国尚未成立,还不是社会主义阵营的成员,故A项错误;人民解放军的这一行动捍卫了中国的领水、领海、领土、领空主权,否定了列强在华特权,故B项正确;这一行动只是使列强退出长江流域,西方国家还可以通过东南沿海等地援助国民党,故C项错误;"另起炉灶"是新中国成立之后的外交政策,此时新中国尚未成立,故D项错误。

3. 某战役是"解放战争中震撼世界的三大决战之一……武力解决的方式打得十分精彩,和平谈判的方式也处理得非常圆满。华北地区基本获得解放,意义重大"。这次战役是_____。

答案: 平津战役

4. 简述三大战役胜利的意义。

答案: 三大战役的胜利,使人民群众胜利地完成了与敌主力的战略决战。三大战役共歼灭敌人154万余人。连同在此期间其他地区的作战,人民解放军共计歼敌182万余人。这意味着国民党赖以维持其反动统治的主要军事力量基本上已被消灭殆尽。三大战役的胜利,奠定了人民解放战争在全国胜利的基础。

5. 简述人民解放战争胜利的意义。

答案: 是马克思主义普遍原理与中国革命具体实践相结合的胜利,是毛泽东思想的胜利,从根本上改变了中国社会的发展方向,是20世纪人类历史上最具影响的伟大事件之一。

第三章 中国现代史

考试范围与要求

了解中华人民共和国的成立;了解巩固新生人民政权的主要措施;了解"一边倒"外交方针和和平共处五项原则;了解党在过渡时期的总路线和有中国特点的社会主义改造道路,理解社会主义基本制度在中国的全面确立及意义;了解中共八大、"大跃进"和"人民公社化运动、调整国民经济等史实,正确认识中国探索社会主义道路的曲折发展;了解"两弹一星"、三线建设等社会主义建设成就;了解党的十一届三中全会开启的历史性伟大转折;了解家庭联产承包责任制的推广、经济特区设立、社会主义市场经济体制确立、中国加入世界贸易组织等改革开放进程;了解"一国两制"的提出与内容;了解邓小平理论、"三个代表"重要思想、科学发展观的形成及重大意义;了解我国改革开放以来取得经济总量跃居世界第二、人民生活从温饱不足到总体小康、奔向全面小康等巨大成就;了解党的十八大以来党和国家事业发生的历史性变革与意义;了解党的十九大和确立习近平新时代中国特色社会主义思想为党的指导思想;了解走中国特色强军之路;了解抗击新冠肺炎疫情和伟大抗疫精神;了解脱贫攻坚战的全面胜利和全面建成小康社会宏伟目标的如期实现;了解实现第二个百年奋斗目标的战略安排;了解党的十九届六中全会的地位意义、重大成果;理解党的二十大的主题、主要成果和重大意义。

第一节 中华人民共和国的成立和社会主义制度的确立

一、中华人民共和国的建立与新生人民政权的巩固

1949年10月1日下午,开国大典在首都北京隆重举行,30万军民齐聚天安门广场。毛泽东庄严宣告:"中华人民共和国中央人民政府今天成立了!"

中华人民共和国的成立,彻底结束了旧中国半殖民地半封建社会的历史,彻底结束了极少数剥削者统治广大劳动人民的历史,彻底结束了旧中国一盘散沙的局面,彻底废除了列强强加给中国的不平等条约和帝国主义在中国的一切特权,实现了中国从封建专制统治向人民民主专政的伟大飞跃,也极大改变了世界政治格局,鼓舞全世界被压迫民族和被压迫人民争取解放的斗争,实现了中国高度统一和各民族空前团结,中国人民从此站立起来了!中国人民从此把命运牢牢掌握在自己手中,成为国家、社会和自己命运的主人!中国发展从此开启了新纪元!

(一)执政之初面临的考验

建国伊始,在党和人民面前,还存在很多亟待解决的困难,面临着很多严峻考验。

军事上,人民解放战争还没有完全结束,国民党从大陆撤退时遗留下的100余万军队、200多万土匪及60多万特务分子还有待肃清。

经济上，新中国继承的是一个千疮百孔的烂摊子，生产萎缩，民生凋敝。

国际上，妄图称霸全球的美国，在其"扶蒋反共"政策失败后，仍然不肯放弃与中国人民为敌的立场，拒绝承认新中国，并竭力阻挠其他国家承认新中国，阻挠中华人民共和国恢复在联合国的合法席位，对新中国实行政治孤立、经济封锁和军事包围。

党自身的队伍也面临着全国执政的新考验。广大干部和党员在党执掌全国政权、从事和平建设的条件下，要继续保持优良传统和作风，经得起资产阶级"糖衣炮弹"的攻击。

总之，新中国已经成立，但新生的人民政权能不能站得住脚，中国共产党能不能管好国家，国际间的朋友和敌人，都在注视和等待着这个回答。

（二）巩固新政权的伟大斗争

面对复杂形势和种种考验，党采取一系列积极稳健的政策措施，有条不紊地领导全国各族人民进行巩固新政权、建设新中国的伟大斗争。

1. 完成民主革命的遗留任务

继续进行废除封建土地制度的改革，公布施行《中华人民共和国土地改革法》，先后使3亿多无地少地的农民（包括老解放区农民在内）无偿地获得了约7亿亩土地和大量其他生产资料，占中国绝大多数人口的农民群众获得了翻身解放。制定《中华人民共和国婚姻法》，废除封建婚姻制度，使广大妇女获得婚姻自由的权利。开展大规模的镇压反革命运动，基本肃清了国民党遗留在大陆的反动势力。

2. 领导国民经济恢复工作

1950年3月，政务院发出《关于统一国家财政经济工作的决定》，决定统一全国财政收入、物资调度、现金管理。稳定物价和统一财经的工作，是新中国成立后在财政经济战线上一个具有重大意义的胜利，从此结束了国民党统治时代长期的恶性通货膨胀和物价飞涨的局面，为安定人民生活、恢复和发展工农业生产创造了有利条件。

3. 巩固民族独立，维护国家主权和安全

基于第二次世界大战后形成的两极格局、两大阵营、两种社会制度相互对抗的局面，1949年上半年，毛泽东先后提出"另起炉灶""打扫干净屋子再请客"和"一边倒"三条基本外交方针，即：不承认国民党政府同各国建立的旧的外交关系，取消帝国主义在华特权；把帝国主义在中国的残余势力清除干净之后再考虑建交；明确宣布新中国站在社会主义和世界和平民主阵营一边，新中国同苏联订立了《中苏友好同盟互助条约》和有关协定。

1950年6月25日，朝鲜内战爆发。10月初，美军无视中国政府一再警告，悍然越过三八线，把战火烧到中朝边境，直接威胁新中国的国家安全。应朝鲜劳动党和政府请求，中国共产党和人民政府作出派遣中国人民志愿军入朝作战，抗美援朝、保家卫国的历史性决策，组建以彭德怀为司令员兼政治委员的中国人民志愿军。19日，志愿军雄赳赳，气昂昂，跨过鸭绿江。中国人民志愿军同朝鲜军民密切配合，首战两水洞、激战云山城、会战青川江、鏖战长津湖等，此后又构筑起铜墙铁壁般的纵深防御阵地，实施多次进攻战役，粉碎"绞杀战"、抵御"细菌战"、血战上甘岭，创造了威武雄壮的战争伟业、锻造了伟大的抗美援朝精神。战争中涌现出杨根思、黄继光、邱少云等30多万名英雄功臣和近6000个功臣群体，谱写了惊天地、泣鬼神的雄壮史诗。抗美援朝战争，打出了国威军威，打出了中国人民的精气神，赢得抗美援朝战争伟大胜利，捍卫新中国安全，彰显了新中国大国地位。

在波澜壮阔的抗美援朝战争中，英雄的中国人民志愿军始终发扬祖国和人民利益高于一切、为了祖国和民族的尊严而奋不顾身的爱国主义精神，英勇顽强、舍生忘死的革命英雄主义精神，不畏艰难困苦、始终保持高昂士气的革命乐观主义精神，为了完成祖国和人民赋予的使命、慷慨奉献自己一切的革命忠诚精神，为了人类和平与正义事业而奋斗的国际主义精神，锻造了伟大抗美援朝精神。

1953年12月，中国政府同印度就两国在西藏地区的关系问题进行谈判。周恩来在接见印度代表团时，首次提出了和平共处五项原则，即互相尊重主权和领土完整、互不侵犯、互不干涉内政、平等互利、和平共处。和平共处五项原则的提出，具有重大的战略意义。它是新中国在国际舞台上开展活动，突破美国的孤立和遏制政策，扩大对外交往的有力武器，不仅成为我国对外政策的基石，也逐渐在国际社会中被普遍接受，为推动建立公正合理的新型国际关系作出了历史性贡献。

二、党在过渡时期的总路线和有计划大规模经济建设的开始

（一）过渡时期总路线的提出

国民经济恢复之后，我们国家的发展面临新的形势和许多新的问题。党领导人民继续前进，需要提出新的任务和目标。

1952年底，土地改革基本完成，恢复国民经济的任务顺利实现，朝鲜停战谈判双方在主要问题上达成协议，战争有望不久结束。这表明，我国已具备了有计划地进行大规模经济建设的条件。中共中央在1952年底开始酝酿并于1953年正式提出党在过渡时期的总路线，明确规定："从中华人民共和国成立，到社会主义改造基本完成，这是一个过渡时期。党在这个过渡时期的总路线和总任务，是要在一个相当长的时期内，逐步实现国家的社会主义工业化，并逐步实现国家对农业、对手工业和对资本主义工商业的社会主义改造。"这条总路线的主要内容可以概括为"一化三改"。过渡时期总路线体现了社会主义工业化和社会主义改造的紧密结合，体现了解放生产力与发展生产力、变革生产关系与发展生产力的有机统一。

（二）"一五"计划和社会主义工业化的起步

制定一部切实可行的发展国民经济的中期计划，是完成过渡时期总路线规定的工业化主体任务的重要步骤。为准备进行有计划的经济建设，我国从1951年着手编制第一个五年计划，1955年7月召开的一届全国人大二次会议通过了这个计划。

"一五"计划的实施从1953年开始，经济建设工作有计划地在全国展开，全国城乡迅速形成参加和支援国家工业化建设的热烈氛围，对工业化的憧憬，激发出工人、农民、知识分子从未有过的劳动热情。工业建设战线喜报频传，以苏联援助的156项工程为中心的工业建设，使我国的工业生产能力和技术水平前进了一大步。1953年12月，鞍山钢铁公司的三大工程——大型轧钢厂、无缝钢管厂、七号炼铁炉举行开工生产典礼；包头、武汉的大型钢铁企业先后开始施工。1956年7月，中国第一批国产汽车——"解放"牌载重汽车在长春第一汽车制造厂试制成功。一大批旧中国没有的基础工业部门一个个建立起来，一大批工矿企业在内地兴办，旧中国重工业过分落后的面貌和不合理布局大大改观，这一时期工业生产取得的成就，远远超过了旧中国的一百年。新中国迅速从废墟上站起，为我国建立独立完整的工业体系奠定了基础，为社会主义建设积累了宝贵经验。

（三）农业和手工业的社会主义改造

随着第一个五年建设计划的实施和社会主义工业化的起步，对农业、手工业和资本主义工

商业的社会主义改造,也在有步骤地向前推进。

1. 农业的社会主义改造

农业合作化的步骤,就是经过简单的共同劳动的临时互助组,到在共同劳动的基础上实行某些分工分业而有某些少量公共财产的常年互助组,再到实行土地入股、统一经营而有较多公共财产的农业生产合作社,最后实行完全的社会主义的农民集体所有制的更高级的农业生产合作社。

在农业合作化运动过程中,党和政府按照农民自愿的原则,采取说服、示范和国家援助的方法使农民自愿联合起来。1956年底,农业合作化基本完成。

农业合作化期间,农业生产力不断发展,全国农业总产值平均每年递增4.8%。中国农村完成了从几千年的分散个体劳动向集体所有、集体经营的历史性转变,但由于在全国实现高级形式的合作化的速度过快,执行过程中出现了偏差,以至遗留了一些问题。

2. 手工业合作化

对个体手工业的社会主义改造,一般都经过手工业生产合作小组、手工业供销生产合作社和手工业生产合作社三个阶段,因地制宜,按照不同手工业者容易接受的形式,由低级到高级、由小到大、由简单到复杂地进行。国家坚持贯彻自愿互利原则,力求把合作社办得对生产者、国家和消费者三方面都有利。到1956年底,全国基本实现了手工业合作化。

（四）资本主义工商业的改造

对资本主义工商业的改造,是通过国家资本主义途径实现的。在1953年底以前,着重发展以加工订货为主的初级和中级国家资本主义形式。从1954年起,开始转入重点发展公私合营这种高级形式的国家资本主义。由于公私合营后企业生产迅速发展,私股分得的红利大都比私营时期的利润多,促使更多的资本家要求公私合营。1954年底,国务院决定采取"统筹兼顾、归口安排、按行业改造"的方针,以解决公私之间的矛盾,按行业采取以大带小、以先进带落后的办法实行合营,加快了改造私营工业的步伐。到1956年底,资本主义工商业社会主义改造也基本完成。

三、社会主义制度的建立

（一）社会主义经济制度的确立

随着社会主义改造的完成,以生产资料公有制、按劳分配和计划经济体制为特征的社会主义经济制度建立起来,这是中国进入社会主义社会最主要的标志。

1956年底,各种经济成分在国民收入中,社会主义性质的国营经济、合作社经济和基本上属于社会主义性质的公私合营经济合计为92.9%,占到了国民收入的绝大多数。这标志着生产资料公有制占绝对优势的社会主义经济制度在中国建立起来了。

社会主义改造的基本完成,使人民民主政权获得了自己的牢固的经济基础。这是人民民主政权得以长期坚持、巩固和发展的重要条件。社会主义的最大优越性,是能够集中力量办大事。如果离开了占主体地位的生产资料公有制经济,国家不掌握主要的经济命脉,没有可以供调动的战略物资和其他物质资源,是不可能做到这一点的。还应当看到,只有坚持公有制的主体地位,走共同富裕的道路,中国的经济才能得到持续发展,社会政治局面才能保持稳定,广大群众才能安居乐业、过上幸福富裕的生活。

（二）社会主义政治制度的确立

1954年9月,中华人民共和国第一届全国人民代表大会第一次会议在北京召开。大会讨论并通过了《中华人民共和国宪法》。这是一部社会主义类型的宪法,体现了人民民主原则和社会主义原则。宪法明确规定:"中华人民共和国是工人阶级领导的、以工农联盟为基础的人民民主国家。""中华人民共和国的一切权力属于人民。人民行使权力的机关是全国人民代表大会和地方各级人民代表大会。"

1954年12月,中国人民政治协商会议第二届全国委员会一次会议在北京举行。大会通过的《中国人民政治协商会议章程》明确规定,人民政协"作为团结全国各民族、各民主阶级、各民主党派、各人民团体、国外华侨和其他爱国民主人士的人民民主统一战线的组织,仍然需要存在",从此,中国人民政治协商会议是中国人民爱国统一战线的组织,是中国共产党领导的多党合作和政治协商的重要机构。

1949年9月,《中国人民政治协商会议共同纲领》确定实行民族区域自治制度。1952年8月,中央人民政府公布施行《中华人民共和国民族区域自治实施纲要》,1954年宪法将民族自治地方规范为自治区、自治州、自治县三级,县以下的少数民族聚居区设民族乡。继内蒙古自治区成立(1947年5月)之后,新疆维吾尔自治区(1955年10月)、广西壮族自治区(1958年3月)、宁夏回族自治区(1958年10月)和西藏自治区(1965年9月)先后成立。这表明,新中国能够用彻底的民主主义和民族平等的精神来解决民族问题,建立各民族之间的真正团结合作。

人民代表大会的根本政治制度,中国共产党领导的多党合作和政治协商制度、民族区域自治制度等基本政治制度,构成了我国社会主义的政治制度体系,为我国社会主义经济基础和相应的经济制度的确立,提供了政治保障。

(三) 社会主义制度确立的伟大意义

实现中华民族伟大复兴,必须建立符合中国实际的先进社会制度。中华人民共和国成立、社会主义制度的建立,是中华民族有史以来最为广泛而深刻的社会变革,为当代中国一切发展进步奠定了根本政治前提和制度基础,为中国发展富强、中国人民生活富裕奠定了坚实基础,实现了中华民族由不断衰落到根本扭转命运、持续走向繁荣富强的伟大飞跃。

社会主义制度的确立标志着中国这个占世界1/4人口的东方大国进入了社会主义社会。此后,党面临的根本任务,就是领导全国各族人民在社会主义制度基础上,充分发挥社会主义制度的优越性,大力发展社会生产力,为实现国家富强、人民幸福而奋斗。

第二节 社会主义建设的艰辛探索和曲折发展

一、党的八大和中国社会主义建设的良好开端

1956年9月15日至27日,中国共产党第八次全国代表大会在北京举行。这是党在全国执政后召开的第一次全国代表大会。

八大正确分析了国内形势和主要矛盾的变化,明确提出新形势下党和人民的主要任务,大会宣布:社会主义制度在我国已经基本上建立起来,国内主要矛盾已经是人民对于经济文化迅速发展的需要同当前经济文化不能满足人民需要的状况之间的矛盾,全国人民的主要任务是集中力量发展社会生产力,实现国家工业化,逐步满足人民日益增长的物质和文化需要。

八大坚持党中央提出的既反保守又反冒进,即在综合平衡中稳步前进的经济建设方针。在政治建设上,提出要扩大社会主义民主、健全社会主义法制,使党和政府的活动做到"有法可

依"和"有法必依"。

党的八大宣告了社会主义革命的基本完成和社会主义制度的基本确立,并明确提出了党在今后的根本任务。大会制定的路线是正确的,但由于我国社会主义建设实践的时间较短,社会主义建设规律未充分体现,党在理论上和思想上对社会主义的认识还不够成熟。但这次会议对中国建设社会主义道路的探索仍取得了初步成果。

二、社会主义道路的艰辛探索

(一)"大跃进"与人民公社化运动

为尽快改变中国贫穷落后的面貌,中共中央力图在探索社会主义建设道路中打开一个崭新的局面。

1957年11月13日《人民日报》社论提出要在生产战线上来一个大的跃进,由此拉开"大跃进"的序幕。1958年5月,中共八大二次会议通过"鼓足干劲、力争上游、多快好省地建设社会主义"的总路线,反映了广大人民群众迫切要求改变国家经济落后状况的普遍愿望,但忽视了客观的经济规律。会后,"大跃进"运动在全国范围内开展起来。农业方面提出"以粮为纲"口号,要求5年、3年以至一两年达到规定的粮食产量指标,引发严重的浮夸风。工业方面提出"以钢为纲"口号,要求几年内提前实现15年钢产量赶超英国的目标,掀起大炼钢铁的群众运动。

在"大跃进"迅猛发展的同时,农村掀起人民公社化运动高潮。1958年8月,中共中央作出《关于在农村建立人民公社问题的决议》,提出"应该积极地运用人民公社的形式,摸索出一条过渡到共产主义的具体途径"。从这年夏季开始,只经过几个月时间,全国74万个农业生产合作社合并成为2.6万多个人民公社。"大跃进"初期建立的人民公社实行"政社合一"的体制,其基本特点被概括为"一大二公"。所谓"大",就是规模大,原来一二百户规模的农业生产合作社被合并成拥有四五千户甚至一两万户的人民公社;所谓"公",就是公有化程度高,原来经济条件各不相同的农业生产合作社被合并以后,主要财产归人民公社所有,收入在全社范围内统一核算和分配。实际上,这是刮"一平二调"的"共产风",搞平均主义,无偿调拨生产队包括社员个人的财物和劳动力,严重损害了农民的生产积极性。

(二)国民经济调整

国民经济出现的严重困难局面,给中国共产党以深刻的教训。中共中央和毛泽东决心认真进行调查研究、调整政策,纠正错误。1960年11月,中共中央发出《关于农村人民公社当前政策问题的紧急指示信》,着手解决当时最为突出的农业和农村问题。1961年1月,中共八届九中全会决定对国民经济实行"调整、巩固、充实、提高"的八字方针。以这两件事为标志,"大跃进"运动实际上已被停止,国民经济开始转入调整的新轨道。

毛泽东在中共八届九中全会以及为准备这次全会而召开的中央工作会议上,号召全党大兴调查研究之风。随后,他领导的三个调查组分赴浙江、湖南、广东农村基层作调查,刘少奇、周恩来、朱德、陈云、邓小平等也深入基层进行调查研究。

1961年3月,毛泽东在广州主持起草《农村人民公社工作条例(草案)》(即"农业六十条"),确定以生产队为基本核算单位,要求认真贯彻按劳分配的原则,废除供给制,停办公共食堂。"农业六十条"的贯彻执行,对于克服严重存在的平均主义,调动农民的生产积极性,推动恢复和发展农业生产,起到了十分重要的作用。在此基础上,在刘少奇、周恩来、陈云、邓小平等的主持下,中共中央陆续制定出有关工业、商业、教育、科学、文艺等方面的工作条例草案,总结历史经验，继续纠正"左"的错误，推动国民经济转入1962年至1965年的三年调整时期。

三、社会主义建设在曲折中发展

（一）各方面工作的艰难推进

"文化大革命"时期，我国国民经济出现较大起伏，但在党和人民的共同努力下，各项工作在艰难中仍然取得重要进展。"文化大革命"初期，动乱主要集中在文教部门和党政机关，大部分生产系统未被打乱，特别是五年调整给国民经济的发展打下较好的基础，所以1966年各项生产建设事业仍然取得比较好的成绩。1969年以后，随着国内局势稍趋安定，主持政府工作的周恩来等领导人抓住时机，着手恢复各主要工业部门和其他综合经济部门的工作，加强对经济的计划管理。1970年经济建设中，内地战略后方的建设（重点是国防工业建设）迅速全面铺开，地方"五小"工业（小钢铁、小机械、小化肥、小煤窑、小水泥）迅猛发展。到年底，当年经济指标以及"三五"计划主要指标大体完成。

1971年，我国开始执行第四个五年计划。由于忽视经济工作中存在的矛盾，继续追求高指标，经济建设的冒进之风有增无减。1972年至1973年，根据周恩来的指示，国务院采取各种措施对国民经济进行调整。1973年下半年，经济形势明显好转，国民经济计划主要指标都完成或超额完成。在此期间，我国第一次把人口控制指标纳入国民经济发展计划，制定了第一部环境保护的综合性文件，陆续从国外进口一批技术先进的成套设备和单机，对我国此后经济发展和技术进步发挥了重要的促进作用。

（二）1975年各条战线整顿

1975年初，四届全国人大一次会议闭幕后，重申四个现代化目标。邓小平在毛泽东、周恩来支持下，全面主持中共中央和国务院的日常工作，大刀阔斧地进行整顿。根据毛泽东提出的要安定团结、把国民经济搞上去的指示，邓小平强调，工业、农业、商业、财贸、文教、科技、军队都要整顿，核心是党的整顿，关键是领导班子。

经过全面整顿，形势明显好转。大部分地区社会秩序趋于稳定，国民经济迅速回升。1975年的工农业总产值和大多数产品产量指标按照"四五"计划基本完成。

（三）"两弹一星"与三线建设

为了抵御帝国主义的武力威胁和打破大国的核讹诈、核垄断，党中央在20世纪五六十年代作出研制"两弹一星"、重点突破国防尖端技术的重大决策。1964年10月16日，我国成功爆炸第一颗原子弹，有力打破了大国的核垄断和核讹诈，提高了我国的国际地位。1966年10月，我国第一次成功进行了发射导弹核武器的试验。1967年6月，成功爆炸了第一颗氢弹。1970年1月，第一枚中远程导弹发射成功。同年4月，我国成功发射第一颗人造地球卫星"东方红一号"，标志着中国在宇宙航天技术方面取得历史性突破。这些成就的取得，表明中国在尖端科技领域的某些方面正接近世界先进水平。在新中国的发展历程中，"两弹一星"的研制成功，是中华民族为之自豪的伟大成就。钱学森、钱三强、邓稼先等一大批科学家，把热血洒在戈壁滩，把青春和生命奉献给新中国国防事业，将热爱祖国、无私奉献、自力更生、艰苦奋斗、大力协同、勇于登攀的"两弹一星"精神，永久镌刻在中国大地上，成为全国各族人民宝贵的精神财富和不竭的动力源泉。

三线建设是在备战备荒的背景下进行的。20世纪60年代前期，国际形势出现新的动荡，美国对越南北方的侵略战争逐步扩大，我国周边形势日趋紧张，备战问题摆在党的重要议程上来。1964年五六月间,毛泽东从经济建设和国防建设的战略布局考虑,将全国划分为一、二、三线,提出三线建设问题,随后三线建设开始启动。

所谓"三线"是相对沿海一线和与沿海相邻的二线而言的,大致包括四川、云南、贵州、陕西、甘肃、青海、宁夏7省区,以及山西、河南、湖南、湖北4省区西部地区。从1965年到1972年,国家对三线建设地区投入800多亿元的建设资金,使三线地区的经济面貌发生了巨大变化:1970年7月至1973年10月,在极端恶劣的条件下,铁道兵指战员和铁路工程建设人员在人迹罕至的崇山峻岭克服重重困难,相继建成成昆铁路、湘黔铁路、襄渝铁路,改变了西南地区长期交通梗阻的闭塞落后状况。此外,三线建设的开展也使一大批当时属于顶尖的军工企业、国有企业、科研院所来到西部。三线建设在很大程度上改变了旧中国工业布局不平衡的状况,为西部地区提供了难得的发展机遇。

第三节 改革开放与社会主义现代化建设新时期

一、党的十一届三中全会实现伟大历史转折

1978年11月10日至12月15日,中共中央在北京召开工作会议。会议本来是要讨论经济工作的,但因陈云等老一辈革命家率先提出解决历史遗留问题,以及在关于真理标准等问题上几次思想交锋,使会议议程发生改变。根据大家的要求,11月25日,中央政治局作出为天安门事件等重大错案平反的决定。

12月13日,邓小平在中央工作会议闭幕会上作题为《解放思想,实事求是,团结一致向前看》的讲话。他指出,首先是解放思想,只有思想解放了,我们才能正确地以马列主义、毛泽东思想为指导,解决过去遗留的问题,解决新出现的一系列问题。这个讲话是解放思想、开辟新时期新道路的宣言书,实际上成为随后召开的党的十一届三中全会的主题报告,为全会实现具有划时代意义的伟大转折奠定了重要基础。

1978年12月18日至22日,党的十一届三中全会在北京召开。会议的主要任务是确定把全党工作重点转移到社会主义现代化建设上来。全会冲破长期"左"的错误,彻底否定"两个凡是"的错误方针,高度评价关于真理标准问题的讨论,重新确立了党的实事求是的思想路线。

党的十一届三中全会的胜利召开,结束了粉碎"四人帮"后党和国家工作在徘徊中前进的局面,标志着中国共产党重新确立了马克思主义的思想路线、政治路线、组织路线,实现了新中国成立以来党的历史上具有深远意义的伟大转折,开启了我国改革开放和社会主义现代化建设新时期。

二、农村改革、创办经济特区和改革开放的起步

(一)农村改革率先取得突破

党的十一届三中全会前,我国农村存在经营管理过于集中和分配中的严重平均主义等弊端,严重挫伤了农民的生产积极性,农业发展和农民生活改善比较缓慢。1978年,全国还有2.5亿人口没有解决温饱问题。1978年夏秋之际,安徽省遭遇严重旱灾,秋种遇到困难。省委决定把部分土地借给农民种粮种菜,所产粮菜不征购,不计口粮。这一措施很快调动起群众的生产积极性,当年全省超额完成秋种计划。从"借地"中得到启发,安徽一些地方的基层干部和农民

冲破旧体制的限制,开始包干到组、包产到户。凤阳县梨园公社小岗村18户农民,冒着风险,在包干合同书上按下了手印。小岗村创造的包干到户,就是"保证国家的,留足集体的,剩下都是自己的"。这个办法简便易行,成效显著,受到农民欢迎。四川、甘肃、云南、广东等省份的一些地方也放宽政策,采取了类似做法。这些大胆尝试,揭开了农村经济改革的序幕。

1982年,党中央发出"一号文件",明确指出包括包产到户、包干到户在内的各种责任制,都是社会主义集体经济的生产责任制。在党中央的支持下,以包产到户、包干到户为主要形式的家庭联产承包责任制迅速推广。这充分调动了农民的生产积极性,促进了农业生产的迅速发展。

(二)对外开放和创办经济特区

在改革推进的过程中,对外开放逐步展开,并取得重大突破。1980年,我国恢复在世界银行、国际货币基金组织的代表权,并加入国际农业发展基金会,开始从这些国际金融机构中得到贷款。我国还先后同日、法、美等国公司签订协议,开展海上石油勘探开发。随着1979年7月《中华人民共和国中外合资经营企业法》及此后一系列相关法律法规的出台,中外合资经营从无到有发展起来。旅游业也异军突起,迅速站到了对外开放的前列,发展为一个新兴产业。

创办经济特区,是党和国家为推进改革开放和社会主义现代化建设进行的伟大创举。1979年7月,党中央、国务院决定在深圳、珠海划出部分地区试办出口特区。1980年5月,党中央、国务院正式决定将"出口特区"定名为"经济特区"。8月,五届全国人大常委会第十五次会议批准广东、福建两省在深圳、珠海、汕头、厦门设置经济特区。在中央决策的推动下,短短几年间,将深圳、珠海这些昔日落后的边陲小镇、荒滩渔村,建设成为生机勃勃的崭新城市,创造了敢闯敢试、敢为人先、埋头苦干的特区精神。经济特区成为中国改革开放的重要窗口,向世界展示了中国改革开放的磅礴伟力。

加入世界贸易组织是我国改革开放进程中具有历史意义的一件大事,也是进一步推进全方位、多层次、宽领域对外开放的重要契机。1995年1月世界贸易组织成立后,中国开始与世贸组织成员国逐一进行拉锯式的双边谈判。经过长达15年的谈判,2001年11月10日,在卡塔尔首都多哈举行的世界贸易组织第四届部长级会议,通过了中国加入世界贸易组织的决定。12月11日,中国正式成为世贸组织的第143名成员。实践证明,加入世界贸易组织,使中国经济在全球化进程中获得参与制定规则和竞争的有利位置,从而打开了对外开放的新天地,得到更为广阔的发展空间,对推动经济体制改革和现代化建设产生了深刻影响。

三、确立社会主义市场经济体制目标和总体小康目标实现

(一)确立社会主义市场经济体制目标

按照党的十四大关于建立社会主义市场经济体制的重大决策,党中央、国务院作出一系列相应的体制改革和政策调整,同时抓紧制定总体规划,并有计划、有步骤地加以实施。经过广泛深入的专题调研,1993年11月,党的十四届三中全会审议通过《中共中央关于建立社会主义市场经济体制若干问题的决定》。《决定》指出:社会主义市场经济体制是同社会主义基本制度结合在一起的,建立社会主义市场经济体制,就是要使市场在国家宏观调控下对资源配置起基础性作用。《决定》把十四大提出的经济体制改革目标和基本原则进一步具体化,制定了建立社会主义市场经济体制的总体规划。《决定》所勾画的社会主义市场经济体制基本框架是:在坚持以公有制为主体、多种经济成分共同发展的基础上,建立现代企业制度、全国统一开放的市场

体系、完善的宏观调控体系、合理的收入分配制度和多层次的社会保障制度。这个决定总结了我国改革开放的基本经验,也借鉴了市场经济发达国家的有益经验,回答了改革实践中提出的许多重大问题,在理论和政策上都有新的突破,思想性和指导性都很强,是继续深化改革的纲领性文件。

(二) 人民生活实现总体小康

在奋力把中国特色社会主义事业推向21世纪的进程中,按照党的十五大的战略部署,党带领人民坚定不移推进改革开放和现代化建设,正确应对来自经济、政治和自然界等方面的严峻挑战,取得了巨大的建设成就和一系列重大斗争的胜利。

到2000年,"九五"计划的主要任务完成或超额完成,使我国实现了现代化建设的第二战略目标,人民生活总体水平达到小康水平,为实施"十五"计划、开始迈向第三步战略目标奠定了良好基础。这是我国改革开发和社会主义现代化建设事业取得的伟大成就,是中华民族发展史上一个新的里程碑。

四、"一国两制"与祖国统一大业

20世纪80年代初,邓小平提出"一个国家,两种制度"的构想,就是在一个中国前提下,国家主体坚持社会主义制度,香港、澳门、台湾保持原有的资本主义制度长期不变。在国际上代表中国的,只能是中华人民共和国。

1984年12月和1987年4月,中国政府分别同英国和葡萄牙政府签署了中英、中葡联合声明。1997年7月1日,中英两国政府完成香港政权交接仪式,中国对香港恢复行使主权,中华人民共和国香港特别行政区正式成立。1999年12月20日,中国对澳门恢复行使主权,中华人民共和国澳门特别行政区正式成立。香港、澳门的回归,标志着祖国统一大业向前迈出重要一步。

1979年元旦全国人大常委会发表《告台湾同胞书》后,中国政府推动大陆同台湾同胞的经济技术交流与合作,促进双方人员往来。1992年11月,大陆海峡两岸关系协会与台湾海峡交流基金会的代表在香港会晤,达成了"海峡两岸均坚持一个中国原则"的重要共识,后被称为"九二共识"。

1993年4月,海协会会长汪道涵、台湾海基会董事长辜振甫在新加坡举行会谈。汪辜会谈标志着两岸关系发展迈出了重要一步。经过海峡两岸同胞的共同努力,两岸往来日渐频繁,民间交往不断扩大,经贸合作蓬勃发展。

2005年3月,十届全国人大三次会议通过《反分裂国家法》,充分体现了党和国家以最大诚意和尽最大努力争取和平统一的一贯立场,表现了反对和遏制"台独"分裂势力分裂国家、维护国家统一与领土完整的坚强决心。2015年11月7日,两岸领导人习近平、马英九在新加坡会面,就进一步推进两岸关系和平发展交换意见。这是1949年以来两岸领导人的首次会面,翻开了两岸关系历史性一页。

五、形成中国特色社会主义理论体系

(一) 邓小平理论

邓小平理论,是以邓小平为主要创立者、以建设有中国特色社会主义为主题的理论。

1982年,邓小平在党的十二大开幕词中,第一次提出和使用了"建设有中国特色的社会主义"的科学概念。党的十二大报告系统概括了社会主义社会的基本特征，并从中国国情出发，确定了以经济建设为中心，"现代化""高度民主""高度文明"三位一体，经济、政治、思想文化三大建设一起抓的总路线和总任务。在坚持四项基本原则的同时，改革开放在全国蓬勃发展起来，成为党和国家长期坚持的战略方针和基本国策。

1987年党的十三大系统阐述了邓小平理论的基本轮廓，明确提出我国处于社会主义初级阶段，概括和全面阐述了党的"一个中心、两个基本点"的基本路线，确定了建设有中国特色社会主义的六条具有长远意义的指导方针，并明确提出了我国现代化建设"三步走"的战略目标。至此，我们党已经对建设有中国特色社会主义的理论有了比较充分的论述，标志着邓小平理论的初步形成。

1992年，邓小平到南方视察，发表了一系列重要讲话。围绕"什么是社会主义、怎样建设社会主义"这一根本问题，他指出，社会主义的本质就是解放生产力、发展生产力，消灭剥削，消除两极分化，最终达到共同富裕；判断各方面工作的是非标准是"三个有利于"，即是否有利于发展社会主义社会的生产力，是否有利于增强社会主义国家的综合国力，是否有利于提高人民的生活水平。这些讲话，科学地总结了十一届三中全会以来党的基本实践经验，鲜明地回答了经常困扰和束缚人们思想的许多重大思想理论问题，从而使邓小平理论的主线和轮廓更加清晰。

同年，中共十四大召开。党的十四大报告从更宽广的视野和更高的理论层次，对邓小平建设有中国特色社会主义理论进一步作出科学的概括。

1997年9月，中共十五大决定把邓小平理论作为党的指导思想写入《中国共产党章程》。

党的十五大报告指出：邓小平理论"是在和平与发展成为时代主题的历史条件下，在我国改革开放和现代化建设的实践中，在总结我国社会主义胜利和挫折的历史经验并借鉴其他社会主义国家兴衰成败历史经验的基础上，逐步形成和发展起来的。"邓小平理论除了对新时期建设中国特色社会主义的论述外，还创造性地提出"一国两制"的伟大构想，阐述了和平与发展是当今世界的两大主题等思想，内容十分丰富。邓小平理论是马克思列宁主义的基本原理同当代中国实践和时代特征相结合的产物，是毛泽东思想在新的历史条件下的继承和发展，是马克思主义在中国发展的新阶段，引导着我国社会主义现代化事业不断前进。

（二）"三个代表"重要思想

江泽民同志2000年2月25日在广东省考察工作时，从全面总结党的历史经验和如何适应新形势新任务的要求出发，首次提出并比较全面地阐述了"三个代表"重要思想。具体内容为：中国共产党始终代表中国先进生产力的发展要求、始终代表中国先进文化的前进方向、始终代表中国最广大人民的根本利益。"三个代表"重要思想是我们党的立党之本、执政之基、力量之源。

"三个代表"重要思想，集中概括了党和国家全部理论活动、实践活动，包括一切工作的根本方向、根本准则、根本依据，成为指引党和国家新世纪伟大进军的行动指南。"三个代表"重要思想的科学内涵有以下三点：

第一，中国共产党要始终代表中国先进生产力的发展要求，就是党的理论、路线、纲领、方针、政策和各项工作，必须努力符合生产力发展的规律，体现不断推动社会生产力的解放和发展的要求，尤其要体现推动先进生产力发展的要求，通过发展生产力不断提高人民群众的生活水平。

第二，中国共产党要始终代表中国先进文化的前进方向，就是党的理论、路线、纲领、方针、政策和各项工作,必须努力体现发展面向现代化、面向世界、面向未来的,民族的科学的大众的社会主义文化的要求,促进全民族思想道德素质和科学文化素质的不断提高,为我国经济发展和社会进步提供精神动力和智力支持。

第三,中国共产党要始终代表中国最广大人民的根本利益,就是党的理论、路线、纲领、方针、政策和各项工作,必须坚持把人民的根本利益作为出发点和归宿,充分发挥人民群众的积极性主动性创造性,在社会不断发展进步的基础上,使人民群众不断获得切实的经济、政治、文化利益。

2002年,在中共十六大上,"三个代表"重要思想被确立为全党的指导思想,写进了《中国共产党章程》。

"三个代表"重要思想,在邓小平理论的基础上,进一步回答了什么是社会主义,怎样建设社会主义的问题,创造性地回答了建设什么样的党、怎样建设党的问题,深化了中国共产党对中国特色社会主义的认识。

(三)科学发展观

2002年,胡锦涛在中共十六届一中全会上当选为中共中央总书记。面对人民生活在总体上达到小康水平后的新形势,根据新的发展要求,以胡锦涛为主要代表的中国共产党人提出了科学发展观。

科学发展观是坚持以人为本,全面、协调、可持续的发展观。以人为本,就是要把人民的利益作为一切工作的出发点和落脚点,不断满足人们的多方面需求和促进人的全面发展;全面,就是要在不断完善社会主义市场经济体制,保持经济持续快速协调健康发展的同时,加快政治文明、精神文明的建设,形成物质文明、政治文明、精神文明相互促进、共同发展的格局;协调,就是要统筹城乡协调发展、区域协调发展、经济社会协调发展、国内发展和对外开放;可持续,就是要统筹人与自然和谐发展,处理好经济建设、人口增长与资源利用、生态环境保护的关系,推动整个社会走上生产发展、生活富裕、生态良好的文明发展道路。

科学发展观,是中国共产党对社会主义市场经济条件下经济社会发展规律在认识上的重要升华,是中国共产党执政理念的一个飞跃,是马克思主义关于发展的世界观和方法论的集中体现,对新形势下实现什么样的发展、怎样发展的重大问题作出了新的科学的回答。2007年,在中共十七大上,科学发展观被写进《中国共产党章程》。2012年,在中共十八大上,科学发展观被确立为中国共产党的指导思想。

第四节 中国特色社会主义进入新时代

一、党的十八大和实现中华民族伟大复兴中国梦

(一)党的十八大

2012年11月8日至14日,中国共产党第十八次全国代表大会在北京召开。胡锦涛代表十七届中央委员会作题为《坚定不移沿着中国特色社会主义道路前进,为全面建成小康社会而奋斗》的报告。

大会的主题是:高举中国特色社会主义伟大旗帜,以邓小平理论、"三个代表"重要思想、科学发展观为指导,解放思想,改革开放,凝聚力量,攻坚克难,坚定不移沿着中国特色社会主义道

路前进,为全面建成小康社会而奋斗。

大会贯穿始终的主线是坚持和发展中国特色社会主义。大会强调,中国特色社会主义道路、中国特色社会主义理论体系、中国特色社会主义制度,是党和人民90多年奋斗、创造、积累的根本成就,必须倍加珍惜、始终坚持、不断发展。建设中国特色社会主义,总依据是社会主义初级阶段,总布局是社会主义经济建设、政治建设、文化建设、社会建设、生态文明建设"五位一体",总任务是实现社会主义现代化和中华民族伟大复兴。大会提出,在中国共产党成立一百年时全面建成小康社会,在新中国成立一百年时建成富强、民主、文明、和谐的社会主义现代化国家。

大会确定了全面建成小康社会和全面深化改革的目标,即:经济持续健康发展;人民民主不断扩大;文化软实力显著增强;人民生活水平全面提高;资源节约型、环境友好型社会建设取得重大进展。

大会对全面提高党的建设科学化水平提出了明确要求。报告强调,要牢牢把握加强党的执政能力建设、先进性和纯洁性建设这条主线,坚持解放思想、改革创新,坚持党要管党、从严治党,全面加强党的思想建设、组织建设、作风建设、反腐倡廉建设、制度建设,增强自我净化、自我完善、自我革新、自我提高能力,建设学习型、服务型、创新型的马克思主义执政党,确保党始终成为中国特色社会主义事业的坚强领导核心。

(二)实现中华民族伟大复兴的中国梦

坚持和发展中国特色社会主义的总任务,是实现社会主义现代化和中华民族伟大复兴,在全面建成小康社会的基础上,分两步走,在本世纪中叶建成富强民主文明和谐美丽的社会主义现代化强国。中国梦是中华民族伟大复兴的形象表达。

2012年11月29日,习近平在参观《复兴之路》展览时首次提出并阐述实现中华民族伟大复兴的中国梦。

习近平指出,中国梦的核心内涵是中华民族伟大复兴,本质是国家富强、民族振兴、人民幸福。国家富强、民族振兴是人民幸福的基础和保障,人民幸福是国家富强、民族振兴的根本出发点和落脚点。中国梦归根到底是人民的梦,必须紧紧依靠人民来实现,必须不断为人民造福。

二、党的十九大确立习近平新时代中国特色社会主义思想和决胜全面建成小康社会

(一)党的十九大

2017年10月18日至24日,中国共产党第十九次全国代表大会在北京举行。大会的主题是:不忘初心,牢记使命,高举中国特色社会主义伟大旗帜,决胜全面建成小康社会,夺取新时代中国特色社会主义伟大胜利,为实现中华民族伟大复兴的中国梦不懈奋斗。

大会提出我国社会主要矛盾已经转化为人民日益增长的美好生活需要和不平衡不充分的发展之间的矛盾,对党和国家工作提出了许多新要求。

大会结合"两个一百年"奋斗目标,对决胜全面建成小康社会、开启全面建设社会主义现代化国家新征程作出战略部署和安排。报告指出,从党的十九大到二十大,是"两个一百年"奋斗目标的历史交汇期。既要全面建成小康社会、实现第一个百年奋斗目标,又要乘势而上开启全面建设社会主义现代化国家新征程,向第二个百年奋斗目标进军。综合分析国际国内形势和我国发展条件,从2020年到本世纪中叶可以分两个阶段来安排。第一个阶段,从2020年到2035

年,在全面建成小康社会的基础上,再奋斗 15 年,基本实现社会主义现代化。第二个阶段,从 2035 年到本世纪中叶,在基本实现现代化的基础上,再奋斗 15 年,把我国建成富强、民主、文明、和谐、美丽的社会主义现代化强国。

(二) 确立习近平新时代中国特色社会主义思想为党的指导思想

党的十九大着眼中国特色社会主义事业长远发展,郑重提出习近平新时代中国特色社会主义思想,并把这一思想确立为党必须长期坚持的指导思想,写进党章,实现了党的指导思想的又一次与时俱进。

以习近平同志为主要代表的中国共产党人,坚持把马克思主义基本原理同中国具体实际相结合、同中华优秀传统文化相结合,坚持毛泽东思想、邓小平理论、"三个代表"重要思想、科学发展观,深刻总结并充分运用党成立以来的历史经验,从新的实际出发,创立了习近平新时代中国特色社会主义思想。

习近平同志对关系新时代党和国家事业发展的一系列重大理论和实践问题进行了深邃思考和科学判断,就新时代坚持和发展什么样的中国特色社会主义、怎样坚持和发展中国特色社会主义,建设什么样的社会主义现代化强国、怎样建设社会主义现代化强国,建设什么样的长期执政的马克思主义政党、怎样建设长期执政的马克思主义政党等重大时代课题,提出一系列原创性的治国理政新理念新思想新战略,是习近平新时代中国特色社会主义思想的主要创立者。习近平新时代中国特色社会主义思想是当代中国马克思主义、21 世纪马克思主义,是中华文化和中国精神的时代精华,实现了马克思主义中国化新的飞跃。党确立习近平同志党中央的核心、全党的核心地位,确立习近平新时代中国特色社会主义思想的指导地位,反映了全党全军全国各族人民共同心愿,对新时代党和国家事业发展、对推进中华民族伟大复兴历史进程具有决定性意义。

三、改革开放以来取得的巨大成就

(一) 综合国力不断提升

改革开放 40 多年来,中国国民经济一直保持着快速增长。2018 年,中国经济总量突破 90 万亿元,对全球经济增长的贡献率接近 30%。中国的外汇储备超过 3 万亿美元,位居全球第一。中国的国际竞争力持续增强。

中国的基础设施建设在众多领域走在世界前列。高速铁路总里程达到 2.9 万千米,高速公路里程突破 14 万千米,都居世界第一。世界港口吞吐量前 10 位里面中国占有 7 席。以"复兴号"为代表的新一代高铁技术、特高压输变电技术、"神威·太湖之光"超级计算机、"蛟龙号"载人深潜器、载人航天和探月工程、国产民用大飞机 C919、世界最大单口径射电望远镜 FAST(天眼)等,都展示了中国自主研发和制造的实力。中国移动通信技术实现了 4G 同步、5G 引领跨越的快速发展。得益于云计算、移动通信和卫星精准定位系统,中国移动支付走在世界前列,全球将近 40% 的网上交易发生在中国。以港口机械装备全自动化、物流全自动分拣流水线等为代表的人工智能,助推中国在新一轮科技革命和产业变革中实现跨越式发展。

全面建成小康社会,不仅要国内生产总值和城乡居民人均收入比 2010 年翻一番,更要国民素质和社会文明程度显著提高。这就要求物质文明和精神文明"两手抓,两手都要硬",在全社会弘扬社会主义核心价值观,构筑共同的思想道德基础,为奋进的中国提供强大的精神力量。

中共十八大以来,国家继续把教育放在优先发展的位置上,教育经费连年保持在占国内生产总值的4%，中国教育总体发展水平进入世界中上行列。全国文化事业费年增速超过10%，老百姓有越来越多的文化获得感。文化产业持续发力，公共文化服务面向基层，均等化、标准化水平明显提升。文化创作弘扬中华优秀传统文化。电视剧数量和图书出版量稳居世界第一。电影票房连创新高。文学艺术唱响主旋律，媒体融合深度发展。中国文化加快走出去步伐，推动文明互鉴，传播中国声音。

国防和军队改革取得历史性突破，形成军委管总、战区主战、军种主建新格局，人民军队组织架构和力量体系实现革命性重塑。中国人民解放军整体实力跃升，向着世界一流军队迈进。武器装备加速发展，军事斗争准备取得重大进展。解放军坚决维护国家主权、安全、发展利益。划设东海防空识别区，执行钓鱼岛维权斗争、南海常态化战斗巡航、有效进行海上维权、反恐维稳、抢险救灾、国际维和、亚丁湾护航、人道主义救援等重大任务。

（二）国际影响力不断扩大

改革开放以来，中国遵循和平发展理念，全方位开展对外交往，积极参与国际事务，努力争取良好的国际环境和周边环境，外交工作取得令人瞩目的成就。

中共十八大以来，中国推动建设相互尊重、公平正义、合作共赢的新型国际关系。中国积极发展全球伙伴关系，扩大同各国的利益交会点。推进大国协调合作，构建总体稳定、均衡发展的大国关系框架。按照"亲、诚、惠、容"的理念，深化同周边国家关系。对非洲关系提出"真、实、亲、诚"原则，形成中国与非洲国家休戚与共、共同发展、文明互鉴的友好合作关系。中国同欧洲、拉美之间也相互增进了解，加强合作。

中国作为联合国安理会常任理事国之一，倡导和平共处五项原则，支持联合国在国际事务中发挥核心作用，推动和平解决朝鲜半岛核问题、伊朗核问题、叙利亚问题、中东和平进程等国际和地区热点问题。中国积极促进全球治理体系改革与完善，推动气候变化《巴黎协定》生效。中国倡议设立的亚洲基础设施投资银行，是对既有国际金融体系的有益补充。共商、共建、共享是中国提出的共建"一带一路"倡议的核心理念，是各方推动"一带一路"的重要共识，被写入联合国决议和亚太经合组织领导人宣言等重要国际文件。中国正从经济全球化的积极参与者变成更具有影响力和作用力的推动者。中国坚持和平发展道路，推动构建人类命运共同体，为世界和平与发展提供中国方案。

国家综合国力不断提升和国际影响力不断扩大，充分说明了中国特色社会主义制度的优越性。中国特色社会主义制度是当代中国发展的根本制度保障，是具有明显制度优势、强大自我完善能力的先进制度。

四、走中国特色强军之路

2017年10月，党的十九大明确，党在新时代的强军目标是建设一支听党指挥、能打胜仗、作风优良的人民军队，并作出新的战略安排，强调确保到2020年基本实现机械化，信息化建设取得重大进展，战略能力有大的提升，力争到2035年基本实现国防和军队现代化，到本世纪中叶把人民军队全面建成世界一流军队。

2020年10月，党的十九届五中全会提出，加快国防和军队现代化，实现富国和强军相统一。贯彻习近平强军思想，贯彻新时代军事战略方针，坚持党对人民军队的绝对领导，坚持政治建军、改革强军、科技强军、人才强军、依法治军，加快机械化信息化智能化融合发展，全面加强练兵备战，提高捍卫国家主权、安全、发展利益的战略能力，确保2027年实现建军百年奋斗目标。

党的十九大把坚持党对人民军队的绝对领导上升为新时代坚持和发展中国特色社会主义的一条基本方略,把"中央军事委员会实行主席负责制"写入党章,使这一领导体制在党的根本大法中确立下来;把习近平强军思想郑重写入党章,确立习近平强军思想在国防和军队建设中的指导地位。2018年8月,中央军委党的建设会议召开,会后印发《关于加强新时代军队党的建设的决定》,就全面加强新时代军队党的领导和党的建设工作作出战略部署,进一步推进新时代政治建军。2019年1月,中央军委印发《关于全面从严加强部队管理的意见》。10月,党的十九届四中全会对贯彻军委主席负责制作出新的部署,贯彻军委主席负责制法治化规范化程序化运行进一步得到加强。同时,全会提出构建中国特色社会主义军事政策制度体系,全面推进国防和军队现代化,确保党在新时代的强军目标。11月,中央军委召开基层建设会议并印发《关于加强新时代军队基层建设的决定》,就全面锻造"三个过硬"基层立起基层建设新标准,有力确保了党对军队的绝对领导直达基层、直达官兵。2020年11月,中央政治局会议审议《军队政治工作条例》,要求全面深入贯彻军委主席负责制,确保绝对忠诚、绝对纯洁、绝对可靠。

强军兴军,人才是关键。2020年10月,中央军委印发《关于加快推进三位一体新型军事人才培养体系建设的决定》。全军积极适应新的形势任务要求,建强联合作战指挥人才、新型作战力量人才、高层次科技创新人才、高水平战略管理人才等各方面人才队伍,各类人才创造活力竞相迸发的局面初步形成。

强军兴军,归根到底要落实到提高军队战斗力这个根本上来,驰而不息推动全部心思向打仗聚焦,各项工作向打仗用劲,确保部队召之即来、来之能战、战之必胜。作为加强练兵备战的重要举措,自2018年1月军委首次统一组织全军开训动员起,习近平在新年之际向全军发布开训动员令,树立起大抓军事训练的鲜明导向。2020年11月,《中国人民解放军联合作战纲要(试行)》施行,成为新时代作战条令体系的顶层法规。同月,中央军委军事训练会议提出,加快构建新型军事训练体系,加快实现军事训练转型升级,全面提高训练水平和打赢能力。

站在新的历史起点上,面对国家安全环境的深刻变化,面对强国强军的时代要求,新时代国防和军队建设着眼于实现中国强军梦,坚持政治建军、改革强军、科技强军、人才强军、依法治军,强军兴军取得历史性成就,实现政治生态重塑、组织形态重塑、力量体系重塑、作风形象重塑。2020年11月,军队已基本实现机械化,信息化建设取得重大进展。人民军队在中国特色强军之路上迈出坚定步伐。

五、抗击新冠肺炎疫情和伟大抗疫精神

2020年伊始,一场突如其来的新冠肺炎疫情肆虐中华大地。这次疫情是新中国成立以来我国遭遇的传播速度最快、感染范围最广、防控难度最大的一次重大突发公共卫生事件,也是百年来全球发生的最严重的传染病大流行。

新冠肺炎疫情发生后,党中央将疫情防控作为头等大事来抓。习近平亲自指挥、亲自部署,坚持把人民生命安全和身体健康放在第一位,提出坚定信心、同舟共济、科学防治、精准施策的总要求。

在党中央坚强领导下,中国人民风雨同舟、众志成城,构筑起疫情防控的坚固防线。经过艰苦卓绝的努力,我国用3个月左右的时间取得武汉保卫战、湖北保卫战的决定性成果,进而又接连打了几场局部地区聚集性疫情歼灭战,疫情防控取得重大战略成果。

党中央及时将全国总体防控策略调整为"外防输入、内防反弹",推动防控工作由应急性超常规防控向常态化防控转变。我国第一时间研发出核酸检测试剂盒,疫苗研发总体处于世界领先地位,分批为全民免费接种。

我国始终秉持人类命运共同体理念,积极开展抗疫国际和地区合作,倡导构建人类卫生健康共同体,有力支持了世界各国疫情防控。

2020年9月8日,全国抗击新冠肺炎疫情表彰大会隆重举行。习近平在大会上深刻阐述生命至上、举国同心、舍生忘死、尊重科学、命运与共的伟大抗疫精神。习近平指出:"伟大抗疫精神,同中华民族长期形成的特质禀赋和文化基因一脉相承,是爱国主义、集体主义、社会主义精神的传承和发展,是中国精神的生动诠释,丰富了民族精神和时代精神的内涵。"

新冠肺炎疫情加速了世界格局演变,世界不稳定性不确定性明显增加。面对错综复杂的国际环境带来的新矛盾新挑战,面对我国社会主要矛盾变化带来的新特征新要求,党中央统筹中华民族伟大复兴战略全局和世界百年未有之大变局,带领全党全国人民,以顽强意志,努力在危机中育先机、于变局中开新局,向着中华民族伟大复兴的目标继续前进。

六、脱贫攻坚战的全面胜利和全面建成小康社会宏伟目标的实现

消除贫困、改善民生、逐步实现共同富裕,是中国特色社会主义的本质要求,是中国共产党的重要历史使命。习近平强调:"全面建成小康社会,实现第一个百年奋斗目标,农村贫困人口全部脱贫是一个标志性指标。"2017年10月,党的十九大向全党全国人民发出坚决打赢脱贫攻坚战的动员令。2018年6月,中共中央、国务院制定《关于打赢脱贫攻坚战三年行动的指导意见》。2019年3月,习近平在全国两会上号召全国"尽锐出战、迎难而上,真抓实干、精准施策",吹响打赢脱贫攻坚战的号角。10月,党的十九届四中全会提出"坚决打赢脱贫攻坚战,巩固脱贫攻坚成果,建立解决相对贫困的长效机制"。2021年2月25日,全国脱贫攻坚总结表彰大会举行,习近平在会上庄严宣告:我国脱贫攻坚战取得了全面胜利。这是中国人民的伟大光荣,是中国共产党的伟大光荣,是中华民族的伟大光荣!

困扰中华民族几千年的绝对贫困问题得到历史性解决,是全面建成小康社会的标志性成果。这一成就的取得,凝聚了全党全国各族人民的智慧和心血,是广大干部群众扎扎实实干出来的,彰显了中国共产党领导和我国社会主义制度的政治优势。

打赢脱贫攻坚战,为实现第一个百年奋斗目标打下了坚实基础,强化了我们党的执政之基,巩固了中国特色社会主义制度。打赢脱贫攻坚战,为人类减贫事业作出历史性贡献,为全球减贫治理提供了中国智慧和中国方案。这一伟大壮举,将载入人类社会发展的史册,向世界有力证明中国共产党领导和中国特色社会主义制度的优越性。

2021年7月1日,习近平在庆祝中国共产党成立100周年大会上庄严宣告:经过全党全国各族人民持续奋斗,我们实现了第一个百年奋斗目标,在中华大地上全面建成了小康社会,历史性地解决了绝对贫困问题,正在意气风发向着全面建成社会主义现代化强国的第二个百年奋斗目标迈进。这是中华民族的伟大光荣!这是中国人民的伟大光荣!这是中国共产党的伟大光荣!

全面建成小康社会,实现了中华民族千百年来的夙愿。无论在落后的农耕文明时代,还是在积贫积弱的近代,小康对百姓来说,都只是遥不可及的奢望。只有在中国共产党领导下,这一梦想才能实现。中国共产党自成立之日起,就坚定扛起为人民谋幸福、为民族谋复兴的大旗,经过一代一代的持续奋斗,全面小康终于梦想成真。实现这一目标,我国发展和人民生活水平跃上新的大台阶。

全面建成小康社会,是迈向中华民族伟大复兴的关键一步。如期全面建成小康社会,标志着第一个百年奋斗目标圆满完成,为实现第二个百年奋斗目标奠定了坚实的基础。全面建成小康社会,是对人类社会的伟大贡献。全面建成小康社会的成功探索,拓展了发展中国家走向现代化的路径,给世界上那些既希望加快发展又希望保持自身独立性的国家和民族提供了全新选择,为解决人类问题贡献了中国智慧和中国方案。

七、中国共产党第十九届六中全会

2021年11月8日至11日,中国共产党第十九届六中全会在北京举行。会议审议通过了《中共中央关于党的百年奋斗重大成就和历史经验的决议》和《关于召开党的第二十次全国代表大会的决议》。

全会通过的《中共中央关于党的百年奋斗重大成就和历史经验的决议》(以下简称《决议》),既是对中国共产党奋斗实践和中国社会发展的历史总结,又是对中华民族今后前进方向、奋斗目标和战略谋划的鲜明昭示。

《决议》共7个部分,总结了党的百年奋斗重大成就、历史经验,阐述了党百年奋斗的历史意义。重大成就:一百年来,党团结带领人民浴血奋战、百折不挠,创造了新民主主义革命的伟大成就;自力更生、发愤图强,创造了社会主义革命和建设的伟大成就;解放思想、锐意进取,创造了改革开放和社会主义现代化建设的伟大成就;自信自强、守正创新,创造了新时代中国特色社会主义的伟大成就。

十个方面的历史经验:坚持党的领导、坚持人民至上、坚持理论创新、坚持独立自主、坚持中国道路、坚持胸怀天下、坚持开拓创新、坚持敢于斗争、坚持统一战线、坚持自我革命。

中国共产党百年奋斗的历史意义:从根本上改变了中国人民的前途命运,开辟了实现中华民族伟大复兴的正确道路,展示了马克思主义的强大生命力,深刻影响了世界历史进程,锻造了走在时代前列的中国共产党。

全会决定,中国共产党第二十次全国代表大会于2022年下半年在北京召开。

八、党的十八大以来党和国家事业取得的历史性成就

党的十八大以来,以习近平同志为核心的党中央以巨大的政治勇气和强烈的责任担当,提出一系列新理念新思想新战略,出台一系列重大方针政策,推出一系列重大举措,推进一系列重大工作,解决了许多长期想解决而没有解决的难题,办成了许多过去想办而没有办成的大事,推动党和国家事业取得了全方位的、开创性的历史性成就,发生了深层次的、根本性的历史性变革,主要表现在以下方面:

第一,坚持党的全面领导。党的十八大以来,党中央权威和集中统一领导得到有力保证,党的领导制度体系不断完善,党的领导方式更加科学,全党思想上更加统一、政治上更加团结、行动上更加一致,党的政治领导力、思想引领力、群众组织力、社会号召力显著增强。

第二,全面从严治党成效卓著。党的十八大以来,经过坚决斗争,全面从严治党的政治引领和政治保障作用充分发挥,党的自我净化、自我完善、自我革新、自我提高能力显著增强,管党治党宽松软状况得到根本扭转,反腐败斗争取得压倒性胜利并全面巩固,消除了党、国家、军队内部存在的严重隐患,党在革命性锻造中更加坚强。

第三,经济建设取得重大成就。党的十八大以来,我国经济发展平衡性、协调性、可持续性

明显增强，国内生产总值突破百万亿元大关，人均国内生产总值超过一万美元，国家经济实力、科技实力、综合国力跃上新台阶，我国经济迈上更高质量、更有效率、更加公平、更可持续、更为安全的发展之路。

第四，全面深化改革取得重大突破。党的十八大以来，党不断推动全面深化改革向广度和深度进军，中国特色社会主义制度更加成熟更加定型，国家治理体系和治理能力现代化水平不断提高，党和国家事业焕发出新的生机活力。

第五，政治局面得到巩固和发展。党的十八大以来，我国社会主义民主政治制度化、规范化、程序化全面推进，中国特色社会主义政治制度优越性得到更好发挥，生动活泼、安定团结的政治局面得到巩固和发展。

第六，依法治国能力显著增强。党的十八大以来，中国特色社会主义法治体系不断健全，法治中国建设迈出坚实步伐，法治固根本、稳预期、利长远的保障作用进一步发挥，党运用法治方式领导和治理国家的能力显著增强。

第七，文化建设成果显著。党的十八大以来，我国意识形态领域形势发生全局性、根本性转变，全党全国各族人民文化自信明显增强，全社会凝聚力和向心力极大提升，为新时代开创党和国家事业新局面提供了坚强思想保证和强大精神力量。

第八，人民生活不断改善。党的十八大以来，我国社会建设全面加强，人民生活全方位改善，社会治理社会化、法治化、智能化、专业化水平大幅度提升，发展了人民安居乐业、社会安定有序的良好局面，续写了社会长期稳定奇迹。

第九，生态文明建设成效显著。党的十八大以来，党中央以前所未有的力度抓生态文明建设，全党全国推动绿色发展的自觉性和主动性显著增强，美丽中国建设迈出重大步伐，我国生态环境保护发生历史性、转折性、全局性变化。

第十，强军兴军开创新局面。党的十八大以来，在党的坚强领导下，人民军队实现整体性革命性重塑、重整行装再出发，国防实力和经济实力同步提升，一体化国家战略体系和能力加快构建，建立健全退役军人管理保障体制，国防动员更加高效，军政军民团结更加巩固。人民军队坚决履行新时代使命任务，以顽强斗争精神和实际行动捍卫了国家主权、安全、发展利益。

第十一，国家安全全面加强。党的十八大以来，国家安全得到全面加强，经受住了来自政治、经济、意识形态、自然界等方面的风险挑战考验，为党和国家兴旺发达、长治久安提供了有力保证。

第十二，港澳台工作取得新进展。坚定落实"爱国者治港""爱国者治澳"，牢牢掌握宪法和基本法赋予的中央对香港、澳门全面管治权，深化内地和港澳地区交流合作，保持香港、澳门繁荣稳定。坚持一个中国原则和"九二共识"，坚决反对"台独"分裂行径，坚决反对外部势力干涉，牢牢把握两岸关系主导权和主动权。祖国完全统一的时和势始终在我们这一边。

第十三，全方位外交布局深入展开。经过持续努力，中国特色大国外交全面推进，构建人类命运共同体成为引领时代潮流和人类前进方向的鲜明旗帜，我国外交在世界大变局中开创新局、在世界乱局中化危为机，我国国际影响力、感召力、塑造力显著提升。

九、党的二十大的主题、主要成果和重大意义

党的二十大报告指出："中国共产党第二十次全国代表大会，是在全党全国各族人民迈上

全面建设社会主义现代化国家新征程、向第二个百年奋斗目标进军的关键时刻召开的一次十分重要的大会。"大会全面总结了过去5年的工作和新时代10年的伟大变革,深入分析了国内国际形势,系统阐述了开辟马克思主义中国化时代化新境界、新时代新征程中国共产党的使命任务等重大理论和实践问题,科学谋划了未来5年乃至更长时期党和国家事业发展的目标任务和大政方针,选举产生了新一届中央领导集体,审议通过了《中国共产党章程(修正案)》,取得了一系列重大政治成果、理论成果、实践成果,对于我们党在新时代新征程上团结带领全国各族人民全面建设社会主义现代化国家、全面推进中华民族伟大复兴,具有重大的现实意义和深远的历史意义。

党的二十大报告中指出:"大会的主题是:高举中国特色社会主义伟大旗帜,全面贯彻新时代中国特色社会主义思想,弘扬伟大建党精神,自信自强、守正创新,踔厉奋发、勇毅前行,为全面建设社会主义现代化国家、全面推进中华民族伟大复兴而团结奋斗。"大会的主题,是大会精神的集中体现,是大会报告的灵魂和主旨,旗帜鲜明地向党内外、国内外宣示,党在新的征程上举什么旗、走什么路、以什么样的精神状态、朝着什么样的目标继续前进。

典型例题

一、中华人民共和国的成立和社会主义制度的确立

1. 1949年9月21日,北平新华广播电台播出了毛泽东当天晚上在中国人民政治协商会议第一届全体会议上的开幕词:"我们的工作将写在人类新的历史上,它将表明:占人类四分之一的中国人从此站立起来了。"这里的"中国人从此站立起来了"指的是_____。
   A. 结束了两千多年的封建君主专制制度
   B. 诞生世界上第一个无产阶级专政国家
   C. 取得第一次反抗外来侵略的完全胜利
   D. 标志着新民主主义革命基本取得胜利
   答案:D
   解析:根据材料"中国人从此站立起来了"结合所学知识可知,新中国的成立标志着中国人民摆脱了帝国主义、封建主义和官僚资本主义的压迫,中国人民从此站起来了,D项符合题意;A项是辛亥革命的意义,排除;B项是俄国十月革命的意义,排除;C项是抗日战争的意义,排除。

2. 彭德怀说:"西方侵略者几百年来只要在东方一个海岸上架起几尊大炮就可霸占一个国家的时代是一去不复返了。"彭德怀说这段话的背景是_____。
   A. 新中国成立　　　　　　　　B. 抗美援朝的胜利
   C. 社会主义制度建立　　　　　D. 一五计划完成
   答案:B
   解析:材料出自彭德怀《关于中国人民志愿军抗美援朝工作的报告》,材料论述的是抗美援朝打败美国为首的联合国军,结束这一现象的显然是抗美援朝的胜利,B项正确;新中国成立标志着中华民族开始以崭新的姿态自立于世界民族之林,中国历史进入新纪元,A项错误;社会主义制度建立属于制度建设方面,不符合材料中军事事件,C项错误;一五计划完成标志着开始改

变工业化落后的面貌,D项错误。

3. 标志着生产资料公有制占绝对优势的社会主义经济制度在我国初步建立起来的历史事件是_____。

  A. 一五计划的完成　　　　　　　B. 三大改造的完成
  C. 土地改革的完成　　　　　　　D. 人大制度的形成

答案: B

解析: 根据所学知识可知,三大改造的完成标志着生产资料公有制占绝对优势的社会主义经济制度在我国初步建立,B项正确;一五计划完成是1957年,奠定了社会主义工业化的基础,A项与题意不符;1952年土地改革完成,变封建土地私有制为农民土地所有制,C项不符题意;人大制度的形成是新中国的根本政治制度,与题意不符,D项错误。

4. 简述抗美援朝战争胜利的意义。

答案: (1)抗美援朝战争打出了国威和军威,提高了新中国的国际地位;(2)志愿军的英雄事迹汇成强大的民族凝聚力,极大地鼓舞着全国人民为保卫和建设祖国而团结奋斗。

5. 简述和平共处五项原则的内容。

答案: 互相尊重主权和领土完整,互不侵犯,互不干涉内政,平等互利,和平共处。

二、社会主义建设的艰辛探索和曲折发展

1. 中国共产党第八次全国代表大会是对我国建设社会主义道路的一次成功探索。能为此结论提供佐证的是_____。

  A. 确立了第一个五年计划的方针
  B. 确定了"三大改造"的方针政策
  C. 正确分析了中国社会的主要矛盾
  D. 制定"调整、巩固、充实、提高"方针

答案: C

解析: 根据所学知识可知,1956年中国共产党第八次全国代表大会在探索我国建设社会主义道路方面取得的重要成果是正确分析了我国国内主要矛盾,这是探索建设社会主义道路的良好开端,故C项正确;一五计划时期是指1953—1957年,故A项排除;B项是1953年过渡时期总路线制定的,排除;D项是1960年提出的,排除。

2. "两弹一星"是新中国伟大成就的象征,是中华民族的骄傲。它研制成功,对当时中国最主要的现实意义是_____。

  A. 加强了中国的国防实力
  B. 使中国科技水平世界领先
  C. 促进了世界的和平与发展
  D. 证明了社会主义制度的优越性

答案: A

解析: "两弹一星"研制成功打破了美苏等大国对核武器和空间技术的垄断,增强了中国的国防实力,故选A项。"两弹一星"的研制旨在打破大国的技术垄断,与世界先进水平还有差距,排除B项;C、D两项不是对当时中国最主要的现实意义,排除。

3. "三线建设"从1964年开始,进行了十多年。在贵州、陕西及鄂西、湘西等地区建立起许

多军事工业基地,在西部地区建成攀枝花大型钢铁联合企业等一大批工业基地,还开工兴建成昆、贵昆、川黔、湘黔等铁路。可见,"三线建设"_____。

①推动沿海地区城市化进程　　　　②增强了国家的国防力量
③实现了产业结构平衡发展　　　　④改善了我国的工业布局

A. ①②　　　　B. ②③　　　　C. ①④　　　　D. ②④

答案:D

详解:据材料"在贵州、陕西及鄂西、湘西等地区建立起许多军事工业基地,在西部地区建成攀枝花大型钢铁联合企业等一大批工业基地,还开工兴建成昆、贵昆、川黔、湘黔等铁路"可知,三线建设主要在西部地区,故与沿海地区发展无关,①错误;据材料"在贵州、陕西及鄂西、湘西等地区建立起许多军事工业基地"可知,三线建设增强了国家的国防力量,②正确;据材料"在贵州、陕西及鄂西、湘西等地区建立起许多军事工业基地,在西部地区建成攀枝花大型钢铁联合企业等一大批工业基地,还开工兴建成昆、贵昆、川黔、湘黔等铁路"可知,三线建设主要在西部地区建设军事基地和工业基地,与产业结构平衡无关,③错误;三线建设主要在西部地区建设军事基地和工业基地,利于改善我国的工业布局,④正确。结合上述分析可知D项正确,排除A、B、C项。故选D项。

4. 简述中共八大提出的主要矛盾和主要任务。

答案:(1)主要矛盾:人民对于经济文化迅速发展的需要同当前经济文化不能满足人民需要的状况之间的矛盾;(2)主要任务:把我国尽快从落后的农业国变成先进的工业国。

三、改革开放与社会主义现代化建设新时期

1. 20世纪70年代末以来,中国逐渐推开尘封已久的大门,开启了改革开放的革命征程,进入到一个崭新的历史发展时期。开启这一"征程"的标志是新中国成立以来中国共产党召开的一次历史性的会议,这个会议是_____。

答案:十一届三中全会

2. 我国对外开放的基本顺序是_____。
① 加入WTO
② 开放浦东
③ 建立特区
④ 建立沿海开放城市

A. ②③④①　　　B. ①②③④　　　C. ③④②①　　　D. ③④①②

答案:C

解析:结合所学知识可知,1980年设立经济特区;1984年建立沿海开放城市;1990年开放浦东;2001年加入WTO,故③④②①,故C项正确。

3. 澳门回归祖国20多年来,取得了举世瞩目的成就得益于_____。

A. 改革开放伟大决策　　　　B. "九二共识"
C. 民族区域自治制度　　　　D. "一国两制"构想

答案:D

解析:根据所学知识可知,回归祖国20年来,澳门能够取得举世瞩目的成就主要得益于"一国两制"伟大构想的成功运用,D项正确。故选D。

4. 简述中共十一届三中全会的主要内容。

答案:把党和国家工作中心转移到经济建设上来,实行改革开放。全会重新确立了党的思想路线、政治路线和组织路线,恢复了党的民主集中制的优良传统。

5. 简述"一国两制"的内容。

答案:(1)在一个中国前提下,国家主体坚持社会主义制度,香港、澳门、台湾保持原有的资本主义制度长期不变。(2)在国际上代表中国的,只能是中华人民共和国。

四、中国特色社会主义进入新时代

1. 实现中华民族伟大复兴,就是中华民族近代以来最伟大的梦想。下列关于这个梦想的解读,正确的是_____。
   ① 基本内涵是国家富强、民族振兴、人民幸福
   ② 体现了全国各族人民的共同愿望
   ③ 将在本世纪头 20 年实现
   ④ 需要走中国道路,弘扬中国精神

   A. ①②③
   B. ②③④
   C. ①②④
   D. ①③④

   答案:C

   解析:依据所学知识可知,2012 年 11 月,习近平在参观《复兴之路》展览时提出:"实现中华民族伟大复兴,就是中华民族近代以来最伟大的梦想。"2013 年,习近平在十二届全国人大一次会议上当选为国家主席。在会上,他深刻阐述了中国梦的宏伟蓝图,强调中国梦的基本内涵是国家富强、民族振兴、人民幸福;实现中国梦,必须走中国道路、弘扬中国精神、凝聚中国力量。中国梦体现了全国各族人民的共同愿望。①②④正确。习近平指出,为了实现中国梦,中国共产党确立了"两个一百年"奋斗目标,其中,到中华人民共和国成立 100 年时,建成富强民主文明和谐的社会主义现代化国家,实现中华民族伟大复兴。故③说法错误,应是在 2050 年左右实现。故选 C。

2. 十八大以来中国实施了共建"一带一路"的倡议,发起创办了亚洲基础设施投资银行,举办了二十国集团领导人杭州峰会、金砖国家领导人厦门会晤,倡导构建人类命运共同体,促进全球治理体系变革。这表明当今中国_____。

   A. 致力于加强与周边邻国合作
   B. 主导了亚太地区的经济合作
   C. 极力加强与发展中国家的全面合作
   D. 努力构建合作共赢的新型国际关系

   答案:D

   解析:结合所学知识可知,近年来,实施共建"一带一路"倡议、举办二十国集团峰会、倡导构建人类命运共同体,促进全球治理体系变革等,表明当今中国努力构建合作共赢的新型国际关系,D 项正确;致力于加强与周边邻国合作与"举办了二十国集团领导人杭州峰会、金砖国家领导人厦门会晤"等不符,A 项错误;中国并未主导亚太地区的经济合作,B 项错误;极力加强与"发展中国家的全面合作"与材料主旨不符,C 项错误。

3. 十九大的主题是:不忘初心,_____,高举中国特色社会主义伟大旗帜,决胜全面建成

小康社会,夺取新时代中国特色社会主义伟大胜利,为实现中华民族伟大复兴的中国梦不懈奋斗。

答案: 牢记使命

4. 党的十九大提出中国共产党必须长期坚持的指导思想是_____。

答案: 习近平新时代中国特色社会主义思想

5. 简述构建人类命运共同体思想的意义。

答案: 构建人类命运共同体思想顺应了历史潮流,适应了新时代中国与世界关系的历史性变化,成为中国引领时代潮流和人类文明进步方向的鲜明旗帜,已被多次写入联合国文件,对中国的和平发展、世界的繁荣进步都具有深远的意义。

第四章 世界古代史

考试范围与要求

了解古埃及文明、古巴比伦文明、古印度文明和古希腊文明,了解世界古代文明特征;了解波斯帝国、亚历山大帝国、古罗马帝国,理解古代帝国文明交往的方式与表现;了解西欧封建社会的特征;了解大化改新和日本古代社会。

第一节 奴隶社会时期的古代世界

一、世界古代文明的特征

最初的文明分别出现于西亚的两河流域、北非的尼罗河流域、南亚的印度河和恒河流域、中国的黄河和长江流域,以及欧洲巴尔干半岛南部和爱琴海地区。在这些古代文明中,奴隶主占有生产资料,把持国家权力,剥削奴隶和平民。同时,由于生产力发展水平和交通条件的限制,古代各个文明基本独立发展,表现出明显的多元特征。

二、古埃及文明

东北非的埃及同样地处干旱地区,尼罗河的定期泛滥,有利于农业生产的发展,尼罗河还提供了连通上下埃及的交通条件。公元前3500年左右,埃及文明兴起。公元前3100年左右,埃及初步实现统一,建立起比较完善的官僚系统。法老被视为神在人间的代表,掌握着政治、经济和军事等最重要的权力。法老之下,设有官员分别处理政务和地方事务。

古代埃及有丰富多彩的神话和文学故事,象形文字几乎和楔形文字一样古老。埃及人制定了世界上第一部太阳历,将一年分为三季,分别是泛滥季、播种季和收获季,每季四个月,年末另加五天为节日。金字塔的建造不仅体现了法老的至上权威,而且证明了埃及人在建筑和数学方面都达到了较高的水平。尼罗河的特产莎草被加工成莎草纸,是古代埃及主要的书写材料和重要的出口物资。

三、古巴比伦文明

两河流域大部分地区干旱少雨,但幼发拉底河和底格里斯河提供了充足的水源。公元前3500年左右,这里产生了最初的文明,约公元前2900年,两河下游的苏美尔地区出现了一系列城市国家。约公元前18世纪,古巴比伦王国国王汉谟拉比基本统一了两河流域,建立君主专制制度。国王是国家最高统治者,下有各类官员管理政务和军事。原来的城市大多失去独立地位,成为必须服从国王命令、向宫廷纳贡的地方行政单位。《汉谟拉比法典》是世界上现存最早的较为完整的成文法典,涉及古巴比伦王国的社会结构、婚姻、土地租赁和借贷等多个方面。它宣扬君权神授,维护奴隶主的利益和权威。

古代西亚有辉煌的文化成就,楔形文字是世界上最古老的文字,《吉尔伽美什》是目前所知最早的史诗。在与经常泛滥的洪水的斗争过程中,诞生了著名的洪水和方舟传说。苏美尔人发明了60进制,用于测量土地、计算粮食产量和人工。

四、古印度文明

公元前3千纪,古代印度文明诞生于印度河流域的大平原上。随着铁器时代的来临,生产工具的进步,雨水丰沛、植被茂盛的恒河流域逐步得到开发,成为印度历史的中心舞台。公元前6世纪,恒河流域形成一系列国家。在国家形成过程中,印度出现贵贱分明、职业世袭、法律地位不平等的种姓制度。在这种严格的等级制度下,婆罗门主掌宗教祭祀;刹帝利主要由以国王为首的武士集团构成,负责统治和保卫国家;吠舍的大多数是普通劳动者,少部分是富有的商人;首陀罗地位最低,需要为前三个等级服务。婆罗门教的说教,为种姓制度提供了理论和宗教基础。后来,在四个种姓之外,还出现了"贱民"。他们处在社会的最底层,被认为是"不可接触者"。这种发端于古代的制度延续下来,对印度社会和历史的发展产生了深远的影响。

古代印度创造了辉煌灿烂的文化。佛教是印度重要的思想流派,对种姓制度形成了一定程度的冲击。《摩诃婆罗多》和《罗摩衍那》是世界上著名的史诗。印度人在天文、历法、数学、医学等领域都取得了重要成就。他们创造了从1到9的数字,发明了"0",提出了按位计值的方法。

五、古希腊文明

古代希腊的中心区域是巴尔干半岛南部和爱琴海中的部分岛屿,这里多山少平原,陆上交通不便,不利于地区性大国的兴起。公元前2千纪,这里曾诞生克里特文明和迈锡尼文明。公元前8—前6世纪,城邦逐渐发展起来。它们数量众多,典型特征是小国寡民,公民直接参与国家管理,斯巴达和雅典是其中最为著名的两个城邦。斯巴达是少数人掌握政权的寡头政治的代表,雅典是多数公民掌权的民主政治的典型。在雅典,公民都有出席公民大会和担任公职的权利,直接决定城邦的大政方针。但是,古希腊城邦民主政治建立在奴隶制基础之上,享有民主权利的仅是成年男性公民,妇女、外邦人和奴隶都被排斥在公民队伍之外。奴隶缺少最基本的权利。

古希腊的神话、悲剧和喜剧等,是世界文学的瑰宝,启迪了西方的文学创作和思想。希罗多德首创"历史"一词,在西方,他被认为是"史学之父"。修昔底德成为政治史传统的奠基人。苏格拉底、柏拉图和亚里士多德奠定了西方哲学的基础。

第二节 奴隶制帝国的发展及文明

世界古代文明各自的扩展使不同文明区相互连接起来,促进了大帝国的兴起。区域性扩张促使波斯等帝国兴起,进一步巩固和扩大了古代文明区。

一、波斯帝国

公元前6世纪,波斯兴起于伊朗高原的西南部。

公元前558年,居鲁士二世在波斯称王,他率领波斯人反抗米底人的统治,于公元前550年争得独立。公元前530年,居鲁士率军远征中亚时去世,其子冈比西斯继位,继续征服埃及的战争,建立并形成了一个横跨亚非的大帝国。

公元前522年,僧侣高墨达发动政变,企图夺取波斯政权。大流士,联合其他波斯贵族杀死高墨达及其追随者并夺得政权,对地方暴动进行镇压,稳定了局面。

在大流士统治时期,采取一系列措施以巩固波斯帝国并加强其个人的专制统治。他加强君主专制,调整了国王与贵族的关系;调整行政区划,建立军区,极力拉拢被征服地区的统治阶级,形成了一整套对被征服地区居民进行统治和剥削的制度;统一了帝国的铸币制度,还在全国建立了驿道制度。大流士改革的目的是维护君主专制统治,巩固波斯人对各被征服地区的统治,但在客观上也促进了帝国内部各地经济文化交流,有利于落后地区经济上的发展。

公元前334年,马其顿国王亚历山大二世率军东侵波斯,波斯军节节败退。公元前330年波斯王大流士三世在战败逃亡中被杀,波斯帝国灭亡。

波斯帝国既为西亚北非的古代文明做了总结,又为后来的希腊罗马古典文明提供了借鉴,起了承前启后的桥梁作用。

二、亚历山大帝国

马其顿地处希腊东北部,早期存在过一些独立的部落联盟。马其顿在文明发展的道路上,比南部的希腊人迟了一步,在希腊城邦已达到政治经济文化高度繁荣的时代,马其顿刚跨入文明社会的门槛。马其顿公元前6世纪下半叶形成早期国家,实行君主制,国王是全国土地的主人,战争中最高的统帅,在对外关系上代表国家。

公元前359年前后,马其顿发生权力之争,国家内部混乱,几面受敌,危在旦夕,摄政王腓力临危受命,将威胁一一去除。后来他成为国王,进行大刀阔斧的改革,加强了王权,提高了军队的机动能力和作战技能,发展经济扩大贸易。经苦心经营,马其顿很快成为巴尔干半岛强大的国家。

公元前336年,腓力二世遇刺身亡,其子亚历山大三世继位,他以铁腕手段镇压了希腊人反马其顿的运动。他于公元前335年组建起一支远征军,随后开始了历史性的东侵征程,夺取了小亚细亚、巴勒斯坦、埃及、波斯等地,从而建立了世界古代史上前所未有的大帝国。它西起巴尔干半岛,南达尼罗河流域,东抵中亚细亚,北依多瑙河和黑海。

公元前323年,亚历山大在筹备远征阿拉伯半岛时突然病亡,时年33岁。由于他留下的权力真空无人能够填补,中央权力迅速解体。至公元前301年,帝国已分裂为一些独立的王国,其中以亚历山大部将建立的托勒密王国、塞琉古王国和马其顿王国最为强大。

亚历山大是一个杰出的军事统帅和历史上罕见的大征服者,一连串的征服固然给当地人民带来了深重的灾难,但也开创了欧亚非文化交流的新时代。

三、古罗马帝国

公元前510年,贵族联合平民的力量驱逐了最后一个统治罗马的暴君塔克文及其家族,继而建立了共和国。罗马共和国实质上是贵族共和国,执政官选自贵族,元老院也为贵族所把持。

公元前73年至公元前71年,意大利爆发了斯巴达克奴隶起义。斯巴达克起义虽然失败,但沉重打击了罗马元老政治,克拉苏、凯撒等人趁机崛起,加速了共和国灭亡的进程。斯巴达克起义平息后,罗马的权力真空很快被三名实力派人物克拉苏、庞培、凯撒填充,开始了前三头政治。公元前48年,凯撒被选为终身保民官,并担任5年执政官,公元前45年,他又被宣布为终身独裁官。凯撒死后,罗马政坛上又出现了三位重要人物,分别是安东尼、屋大维、雷必达,实行后三头政治。此后屋大维成为唯一的巨头,罗马共和国随之灭亡。

公元前27年,屋大维创立元首制,公元前27年至公元284年这一时期被称为罗马早期帝国。屋大维对内重新调整和整顿当时的社会等级,维护奴隶制,颁布法令恢复罗马宗教崇拜和传统习俗,大兴土木,改善行省管理制度,实行税制改革,整编军队,组织常备军。对外依靠军队继续推行扩张侵略政策。屋大维的对内和对外政策稳定了帝国的统治秩序,奠定了帝国早期罗马经济和文化发展的基础,在罗马历史上占有非常重要的地位。罗马帝国继续扩张,先后征服了从西班牙到两河流域的整个地中海周边地区,把整个地中海变成了罗马的内海,到公元2世纪时,成为地跨欧亚非三洲的大帝国。

公元3世纪之后,罗马帝国开始走向瓦解。395年,罗马帝国正式分裂为以君士坦丁堡为都城的东罗马帝国和以罗马为都城的西罗马帝国。4世纪,帝国西部的人民起义,此起彼伏声势浩大,极大地削弱了罗马统治的基础。375年,西哥特人等日耳曼蛮族侵入罗马境内。476年,西罗马帝国灭亡。

从罗马建国到公元前3世纪中叶,罗马产生的法律统称为公民法,专门适用于罗马公民,也是早期罗马法的主要内容。《十二铜表法》是罗马法的开端,它是在平民保民官的强烈要求下制定的,是罗马共和国第一部成文法典,基本上是习惯法的汇编,它明确维护私有财产权和贵族的既得利益。到东罗马帝国皇帝查士丁尼执政期间,罗马法发展到成熟阶段。查士丁尼执政期间编撰颁布了《罗马民法大全》,标志着罗马法发展到完备阶段。它保留了罗马在法学方面的创造成果,对人们的行为作出详细的法律规范,为调解复杂的社会矛盾提供了法律手段,成为维系东罗马帝国统治的有效工具。

罗马法产生了巨大的影响。罗马法的有关司法体系,被西欧资产阶级在民事立法中成功地借鉴与发展,罗马法中许多原则和制度也被近代以来的法律制度所采用。

四、古代帝国文明的交流

在人类文明发展过程中,不同地区之间始终存在着一定程度的联系和影响。文明之间交往的总趋势是不断加强,相互影响也不断扩大。西亚的农耕技术,逐步传到中亚、欧洲和北非一些地区。冶铁技术起源于西亚,从那里扩散到埃及和希腊等地。西亚的神话传入希腊,成为希腊神话的重要内容。希腊最初的雕刻艺术,特别是人像雕刻,在很多方面都模仿埃及。

字母文字起源于西亚地区的腓尼基。这里地处埃及和西亚文明的交汇点,商业比较发达。为方便记录,人们发明了由22个字母组成的文字,这22个字母被称为"腓尼基字母"。它在东方演化为阿拉马字母,由阿拉马字母发展出古代西亚、埃及以及印度等地的多种字母;它向西传入希腊,形成希腊字母,再演化出拉丁字母。希腊字母和拉丁字母成为今天欧洲几乎所有字母文字的源头。

公元前后,汉朝和罗马帝国分别兴起于亚欧大陆的东西两端。两大强国之间缺乏官方的直接往来,但通过丝绸之路,双方有间接的经贸和文化交流。早在波斯帝国时期,中国的丝绸已到达地中海东岸。东汉的班超为经营西域,曾派甘英出使大秦。罗马在征服地中海东部地区后,当地商人也有意向东,尝试与汉朝建立直接联系。2世纪,已经有来自罗马的商人到达洛阳。此后,罗马商人不断东来,与中国进行贸易。

第三节 封建社会时期的古代世界

一、西欧封建制度的建立

（一）西欧封建制度概况

在罗马帝国的废墟和日耳曼人迁徙后建立的一系列王国的基础上，西欧封建社会产生了。其基本特征是封君封臣制度、庄园与农奴制度。

封君封臣制度是社会动荡和自然经济的产物，8世纪后逐渐与封土联系在一起。当时地方领主为其家族和亲兵提供土地作为给养，授予土地者为封君，领取土地者为封臣，封臣必须效忠封君，主要义务是服兵役。由于土地被层层分封，各级封建主都是土地事实上的占有者，享有土地上的司法、行政和经济等各种权利。一方面国王或皇帝是名义上的最高统治者，通过封君封臣制度和各级封建主联系起来成为西欧社会的统治者；另一方面，封建主作为领主，在各自的领地内独立行使权力，政治上出现了不同程度的分裂割据局面。

西欧庄园大小不一，耕地由领主自营地和农民份地组成，是中古西欧封建农业经济的基本组织形式和封建制度的基础，自给自足的自然经济是其显著特征。典型的庄园，采用劳役地租的剥削方式。农奴制是西欧封建社会中一种依附农民的经济地位、法律身份等的综合制度，农奴是西欧封建社会主要的生产者，领有份地，使用自己的生产工具耕作，有独立的财产和家庭。农奴制的特征在于除耕种自己的份地外，还要耕种庄园中领主的自营地，受劳役地租剥削。为自己的劳动和为领主的劳动，在空间上和时间上是分开的。法律强调农奴人身属于主人，农奴世代为农奴。份地的所有权归领主，农奴子弟继承份地也要向领主交纳继承金。庄园又是一个将政治、宗教、军事、经济等各种性质综合在一起的社会。庄园的领主对庄园内的农民享有司法权、征税权和政治统治权。

（二）西欧封建国家

萨利克法兰克人的首领克洛维于481年建立法兰克王国。800年前后，查理统治下的法兰克王国的版图幅员与西罗马帝国的欧洲部分相近，史称查理帝国。查理之子路易去世后，长子罗退尔继位，他的兄弟日耳曼路易和秃头查理联合起来反对他。843年，三人在凡尔登缔结条约瓜分国家，形成后来的法国、德国、意大利三国。

封建国家形成初期王权软弱，但是国王作为国家名义上的最高统治者，被视为最高的领主，拥有高于一般领主的权力。随着社会环境逐渐稳定，经济增长，西欧各国王权有不同程度的加强。英格兰国王在与贵族的斗争中强化权力，到15世纪晚期都铎王朝建立后，英格兰逐渐成为了较强的王国。法兰西国王借助通婚和征服等手段击败各地封建主，逐渐扩大王室领地，到15世纪晚期基本完成了法兰西的统一，王权得到加强。15世纪末在伊比利亚半岛形成的国家有西班牙和葡萄牙，这些王国为西欧民族国家的发展奠定了基础。

基督教会在中古西欧占有举足轻重的地位，它拥有大量庄园和广袤土地，并向信徒征收什一税。教会组织形成了从教皇到各级神职人员的等级制度，整个西欧社会的居民几乎都是基督教徒，教会控制着他们的精神生活，宗教戒律严重束缚了人性的发展。1054年，基督教会分裂成东西两派，以罗马为中心的西部教会称为天主教，以君士坦丁堡为中心的东部教会称为东正教。

二、大化改新和日本古代社会

(一) 大化改新

公元3世纪,在日本近畿一带兴起古大和国,经济发达,国力强盛。但随着封建因素的不断增长和大陆封建文化的大量传入,大和国统治阶级内部的矛盾趋于激化。6至7世纪,日本出现严重社会危机。646年孝德天皇颁布新诏开始改革,以唐朝律令制度为蓝本,参酌日本旧习,在经济、政治方面进行了改革。因其年号是大化,史称大化改新。大化改新的主要内容体现在4个方面:废除皇室和贵族的私有土地和部民,收归国家,成为公地、公民;改革统治机构,建立京师和地方行政机构;造户籍、记账(赋税账簿),实行班田收授法;改革税收制度,实行租庸调新税法。

大化改新是日本历史上一次重大变革运动,它促进了新的生产关系及封建制度的发展,它为日本历史开创了社会改革先例,维护了主权,防止了社会的分裂,使日本改变了落后的面貌。经过约半个世纪的改革,日本模仿中国建立了中央集权国家。

(二) 幕府政治

8世纪末期,日本土地兼并盛行,国家掌握的公田、公民锐减,班田制难以继续推行。10世纪,由于班田制的破坏和庄园的兴起,地方割据势力日益强大,日本的中央集权体制开始瓦解。随着新土地的开垦,贵族、佛寺和神社广占土地,形成庄园。贵族及庄园领主为保护财产豢养武士,武士集团的重要性日益增强。12世纪末,武士集团的首领源赖朝在镰仓建立了自己的军事机构——幕府,并从朝廷获得了镇压叛乱,征收赋税等权利,日本进入幕府政治时期。在这种体制下,以天皇为首的朝廷,只保有名义上的中央政府称号,以将军为首的幕府掌握实权。将军与武士结成主从关系,武士成为将军的家臣。将军赐予武士官职和俸禄,武士对将军宣誓效忠并承担纳贡和兵役等义务。

镰仓幕府的建立标志着日本由中央贵族掌握实际统治权的时代结束了,在贵族时代地位很低的武士登上了历史舞台。13世纪元军侵日战争客观上使幕府进一步加强了对日本的统治。

自镰仓幕府以来,日本历史上共经历了镰仓幕府、室町幕府、德川幕府三个幕府历史时期。始于1185年,终于1867年,德川幕府的德川庆喜还政于天皇,幕府政治结束,共682年。

典型例题

一、奴隶社会时期的古代世界

1. 位于非洲尼罗河流域的古代埃及是世界四大文明古国之一。下列文明成就属于古代埃及的是_____。

A. 种姓制度   B. 金字塔和狮身人面像
C. 分封制   D. 《汉谟拉比法典》

答案: B

解析: 金字塔是非洲尼罗河流域古埃及文明的代表作,是古代埃及国王的陵墓,是权力的象征,也是埃及人民的骄傲。狮身人面像是古埃及文明的标志之一,是人类文明的杰出成就。故选B。

2. 《汉谟拉比法典》是历史上已知最早的较为完备的成文法典。这部法典诞生于_____。
   A. 古埃及　　　B. 古中国　　　C. 古印度　　　D. 古巴比伦

   答案：D

   解析：公元前18世纪,古巴比伦国王汉谟拉比统一了两河流域,建立起中央集权的奴隶制国家。为了维护奴隶主的利益,汉谟拉比制定了一部法典,史称《汉谟拉比法典》,故选D。

3. "法官的儿子永远是法官,小偷的儿子永远是小偷",这句电影《流浪者》的经典台词,源于古代的阶级歧视制度。它是_____。
   A. 古代希腊的城邦制度
   B. 古巴比伦王国的君主专制制度
   C. 古代印度的种姓制度
   D. 亚历山大帝国的君主专制制度

   答案：C

   解析："法官的儿子永远是法官,小偷的儿子永远是小偷"体现的是阶层的固化,这与古代印度贵贱分明、职业世袭、法律地位不平等的种姓制度一致,故选C项;古代希腊的城邦制度强调的是国家体制,与阶级歧视制度不符,排除A项;古巴比伦王国的君主专制制度,与材料主旨不符,排除B项;亚历山大帝国的君主专制制度将政治、军事等大权集于一身,与材料主旨不符,排除D项。

4. 公元前8世纪至公元前6世纪,古代希腊城邦制度开始形成。部落民众大会转变为城邦的_____,在形式上保留了对贵族会议的提议进行表决的权力。

   答案：公民大会

二、奴隶制帝国的发展及文明

1. 下列有关亚历山大帝国和罗马帝国的相同点的叙述,正确的有_____。
   ① 都曾经入侵过印度河流域
   ② 都建立了地跨欧亚非三洲的大帝国
   ③ 都进行了大规模的对外扩张
   ④ 都促进了东西方文化的交流与发展
   A. ②③④　　　B. ①②③　　　C. ①③④　　　D. ①②④

   答案：A

   解析：根据所学知识可知,亚历山大帝国曾经入侵过印度河流域,但罗马帝国没有,故①错误。②③④均是亚历山大帝国和罗马帝国的相同点,说法正确。故选A。

2. "帝国初年,地中海已成了帝国的内湖,地中海各地之间的交通畅通无阻,海上航路、内陆河道、陆上通道和古老商道都成了内外贸易的动脉,商旅往来,络绎不绝。"材料中的"帝国"是指_____。
   A. 亚述帝国　　B. 波斯帝国　　C. 亚历山大帝国　　D. 罗马帝国

   答案：D

   解析：公元前27年以后,在屋大维的统治下,罗马帝国发动多次侵略战争,疆域不断扩大,到公元2世纪时达最大规模,东起幼发拉底河上游,西临大西洋,南抵非洲撒哈拉大沙漠,北达不列颠、莱茵河和多瑙河,地跨欧亚非三大洲,地中海成为帝国的内湖,故选 D;亚述帝国地跨亚非两洲,波斯帝国和亚历山大帝国虽都曾地跨欧亚非三洲,但地中海不是它们的内湖,A、B、C 错误。

3. 公元前 4 世纪晚期,马其顿国王_____率军入侵波斯帝国。历经十年征战,成功灭亡波斯后,建立了地跨欧亚非三大洲的帝国。

答案: 亚历山大

三、封建社会时期的古代世界

1. 在国家公共权力系统和政府官僚机构尚不完备的情况下,封君封臣制在维系和协调封建主阶级内部的关系、维护地方封建统治秩序上发挥了重要作用。这说明封君封臣制度_____。
   A. 解决了封建社会的矛盾
   B. 是历史发展到特定阶段的产物
   C. 促进了西欧封建经济的发展
   D. 无法集中中央的权力,具有明显的局限性

   答案: B
   解析: 封君封臣制度是国家公共权力系统和政府官僚机构尚不完备的情况下,通过封君授土地给封臣,封臣拥有土地上的司法、行政和经济权力,封臣效忠封君,在维系和协调封建主阶级内部的关系、维护地方封建统治秩序上发挥了重要作用,说明封君封臣制度是历史发展到特定阶段的产物,故选 B;封建社会的矛盾很多,说"解决了"明显说法绝对化,A 项错误;材料没有体现促进西欧封建经济的发展,C 项错误;材料内容是封君封臣制度出现的原因,D 项是影响,排除。

2. 12 世纪末,日本进入幕府统治时期。下列选项中准确描述幕府统治特点的是_____。
   A. 天皇为首的朝廷掌握国家实权
   B. 幕府是名义上的最高国家政权机关
   C. 模仿隋唐制度加强了中央集权
   D. 采用庄园制和武士集团的统治形式

   答案: D
   解析: 根据所学知识可知,日本进入幕府统治后,采用庄园制和武士集团的统治形式,大部分的幕府将军,形式上取得天皇授权,实为军事统治,在这种体制下,以天皇为首的朝廷,只保有名义上的中央政府称号,以将军为首的幕府掌握实权。故选 D。

3. 简述西欧封建社会的封君封臣制度。

   答案: 封君封臣制度是西欧社会动荡和自然经济的产物,8 世纪后逐渐与封土联系在一起。当时地方领主为其家族和亲兵提供土地作为给养。授予土地者为封君,领取土地者为封臣,封臣必须效忠封君,主要义务是服兵役。由于土地被层层分封,各级封建主都是土地事实上的占有者,享有土地上的司法、行政和经济等各种权利。一方面国王或皇帝是名义上的最高统治者,通过封君封臣制度和各级封建主联系起来成为西欧社会的统治阶级;另一方面,封建主作为领主,在各自的领地内独立行使权力,政治上出现了不同程度的分裂割据局面。

第五章　世界近代史

考试范围与要求

了解新航路的开辟,认识地理大发现对世界市场形成的意义;了解文艺复兴的思想、主要代表人物;了解启蒙运动的主要代表人物及其主张;了解英国、美国、法国资产阶级革命,认识资本主义制度的确立;了解俄国农奴制改革、日本明治维新等史实,认识资本主义制度的扩展;了解两次工业革命的主要成就,认识工业革命对资本主义世界体系形成的影响;了解马克思、恩格斯的革命活动和《共产党宣言》的发表,理解马克思主义诞生的历史意义;了解亚洲、非洲和拉丁美洲殖民地半殖民化的过程,理解世界体系的形成。

第一节　世界近代资本主义兴起

一、文艺复兴运动

文艺复兴是指发生在 14 世纪到 17 世纪的一场反映新兴资产阶级要求的欧洲思想文化运动。它从 14 世纪的意大利开始,到 16 世纪一直传播到欧洲其他地区,其影响力在艺术、建筑、哲学、文学、音乐、科学技术、政治、宗教以及智力探究的其他方面都得到了体现。

文艺复兴时期的意大利人才辈出。14 世纪产生了但丁、彼特拉克、薄伽丘三位著名的开拓者,他们被称为"文学三杰"。他们创作的诗篇和小说,讽刺教会的封建腐朽,宣扬人性的自由。15 世纪,出现了达·芬奇、米开朗基罗和拉斐尔,他们被称为"美术三杰"。他们的作品用高超的艺术表现手法,突破了中世纪呆板僵硬的风格,描绘现世生活,展现人物的内心世界。

文艺复兴是历史上第一次资产阶级思想解放运动。它使正处在传统封建神学束缚中的欧洲思想界慢慢解放,人们开始从宗教外衣之下慢慢探索人的价值。文艺复兴运动充分肯定人的价值,重视人性,成为人们冲破中世纪的层层纱幕的有力号召。作为一场弘扬新兴资产阶级文化的思想解放运动,文艺复兴在传播过程中为早期的资本主义萌芽发展奠定了深厚基础,同时也为同时期进行的新航路开辟、宗教改革及今后的资产阶级革命或改革提供了必要条件。另一方面,也由于文艺复兴在传播过程中过分强调人的价值,在传播后期也带来了诸如个人私欲膨胀,物质享受和奢靡泛滥等负面影响。

二、新航路的开辟

15 世纪末到 16 世纪初,西欧各国试图探寻通往东方的航线,经过一系列航海探险活动开辟了通往印度和美洲等世界各地的航路,这些航路通常被叫作新航路。

（一）新航路开辟的动因和条件

新航路的开辟绝非偶然，它有着深刻的经济根源和社会根源。14 世纪至 15 世纪，地中海沿岸城市出现了资本主义萌芽。随着封建庄园制度的逐渐解体，手工工场和租地农场的出现，西欧各国的商品经济迅速发展，对金银财富的需求以及开拓新市场的意愿日益迫切。

欧洲长期从亚洲进口丝绸、瓷器等奢侈品和香料等生活必需品。13 世纪末，威尼斯商人马可·波罗的游记，把东方描绘成遍地黄金、富庶繁荣的乐土，引起了西方到东方寻找黄金的热潮。然而，奥斯曼土耳其帝国的崛起，控制了东西方交通要道，对往来过境的商人肆意征税勒索，加上战争和海盗的掠夺，这就使来自亚洲的商品因加价而奇贵，东西方的贸易受到严重阻碍。这种情况下，西欧人急于从海上开辟通往东方的新航路，通过向海外扩张来传播基督教，也成为激励他们出海远航的一个动因。

从条件因素来看，西欧人长期以来在地中海和大西洋沿岸的航行中积累了丰富的经验，他们相信大地是球状的、有关季风和洋流等方面的地理知识日益丰富，懂得选择风向最有利的季节出海远航。与此同时，造船技术也不断提高。所有这些，都为远洋航行的进一步发展奠定了基础。

（二）新航路的开辟

15 世纪 80 年代以前，很少有人知道非洲大陆的最南端究竟在何处。为了弄明白这一点，许多人雄心勃勃地乘船远航，但结果都没有成功。迪亚士是葡萄牙著名的航海家。为了弄清非洲最南端的秘密，迪亚士于 1487 年 8 月从里斯本出发，率领两条武装舰船和一艘补给船，沿着非洲西海岸向南驶去，在航行中因遭遇大风而意外绕过非洲西南端的好望角，到达非洲东海岸。

哥伦布为意大利航海家。1492 年，在得到西班牙女王伊莎贝拉一世的资助后，哥伦布率 3 艘帆船西航，到达美洲的巴哈马群岛。此后，他又三次进行横渡大西洋的往返远航，开辟了从欧洲到美洲的新航路。

达·伽马是葡萄牙航海家、探险家。1492 年，当哥伦布率领的西班牙船队发现美洲新大陆的消息传遍西欧时，面对西班牙将称霸于海上的挑战，葡萄牙王室决心加快抓紧探索通往印度的海上活动，并且将这一任务交给了达·伽马。1497 年 7 月 8 日，达·伽马率船从里斯本出发，寻找通向印度的海上航路。船经加那利群岛，绕好望角，经莫桑比克等地，于 1498 年 5 月 20 日到达印度西南部卡利卡特；同年秋离开印度，于 1499 年 9 月 9 日回到里斯本。此后，他又分别于 1502—1503 年和 1524 年两次到印度。

斐迪南·麦哲伦为葡萄牙探险家和航海家。1519 年，麦哲伦率 5 艘帆船出航。他们绕过南美洲，经过风浪险恶的海峡进入太平洋，1521 年到达菲律宾群岛。在麦哲伦由于介入当地人的冲突中被杀后，他的同伴们驾驶"维多利亚"号经南印度洋，绕过好望角，沿非洲西海岸航行，1522 年回到西班牙，完成了人类历史上第一次环球航行。

（三）走向交融的世界

新航路开辟后，西班牙和葡萄牙占据了欧洲至亚洲和美洲最有利的通商路线。英国、荷兰、法国等欧洲国家为发展海上贸易，也纷纷加入海外探险行动，开辟了前往世界各地的航路。新航路和其他航路的开辟使欧洲人发现了许多过去不知道的地方，他们把这个过程称为"地理大发现"。

新航路的开辟结束了世界各地相对孤立的状态，各地的文明开始汇合交融，日益连成一个整体。欧洲的商人们开始直接同世界各地建立商业联系，他们把亚洲的茶叶、丝绸、瓷器、香料，非洲的黄金和象牙,美洲的黄金、白银、玉米、烟草以及欧洲的枪支、工艺品等运往世界各地销售,赚取丰厚利润。从此,以西欧为中心的世界市场的雏形开始出现。

新航路的开辟也导致欧洲社会出现重大变革。贸易规模不断扩大,商品种类日益增多,商业经营方式发生变化,贸易中心由原来的地中海区域转到大西洋沿岸,出现了历史上所称的"商业革命"。由于黄金、白银大量流入欧洲,造成物价上涨,依靠固定地租为生的封建地主地位下降,从事商品生产的资产阶级实力上升。所以这些都加速了西欧封建制度的解体,促进了资本主义的发展。

三、近代早期殖民活动

新航路的开辟拉开了欧洲海外扩张的序幕,葡萄牙、西班牙很快走上了大规模殖民掠夺的道路。16世纪,葡萄牙将巴西变成殖民地,并在非洲沿岸、印度果阿、马六甲和中国澳门等地建立了几十个殖民据点和商站。西班牙在殖民扩张中将除了巴西之外的中、南美洲广大地区,以及亚洲的菲律宾变成殖民地。17世纪,荷兰、英国、法国也在亚洲、非洲、北美洲建立了多个殖民地。

殖民扩张中断了美洲和非洲原有的社会发展进程,打破了原本相对平衡的多元文明格局,给当地人民带来了巨大灾难,印第安人被殖民者大量屠杀,他们的文明遭到毁灭性打击,很多非洲人在三角贸易中成为奴隶,亚洲的古老帝国也受到冲击。

第二节 世界近代思想解放运动

在文艺复兴运动的推动下,自然科学取得很大进展,科学家们揭示了许多自然界的奥秘,教会的很多说教不攻自破,人们有了更多的自信。随着资本主义的发展,新兴资产阶级要求摆脱封建专制统治和教会压迫的愿望日益强烈,由此掀起了一场轰轰烈烈的思想解放运动,历史上称之为启蒙运动。17世纪时,英国出现了早期启蒙思想。18世纪中叶,在封建专制的天主教国家法国,日益崛起的新兴资产阶级对封建专制统治和天主教会展开了激烈斗争,涌现出了伏尔泰、孟德斯鸠、卢梭等一大批启蒙思想家,推动启蒙运动进入高潮。

启蒙思想家们不满足于对人性的尊重,要求获得人本身的解放,进一步发展了人文主义。他们否定一切外在权威,认为判断是非的唯一标准只有人自己的"理性"。所谓"理性"是指人自己思考,运用自己的智力去认识,判断和推理问题的能力。"理性"是启蒙运动的核心。启蒙思想家们呼唤用理性的阳光驱散现实的黑暗。努力构建一个民主和科学的美好时代,他们以生动的文笔,通过戏剧、小说等形式,猛烈抨击天主教会的权威和迷信,反对专制和愚昧,提倡科学、自由和平等。

他主张人人在法律面前平等,但又认为财产权利的不平等是不可避免的。他把英国的君主立宪制理想化了,认为最理想的是由"开明"的君主按哲学家的意见来治理国家。伏尔泰在启蒙运动的思想家中,反映上层资产阶级的利益,主张开明君主制。

孟德斯鸠是法国启蒙时期思想家、律师,西方国家学说以及法学理论的奠基人。

孟德斯鸠提出了"三权分立"学说,认为保证法治的手段是立法权、行政权和司法权分属于三个不同的国家机关,三者相互制约、权力均衡。孟德斯鸠特别强调法的功能,认为法律是理性的体现。

孟德斯鸠关于分权和法制的学说，对18世纪法国资产阶级革命以及其他国家的资产阶级革命运动产生过相当巨大而又深刻的影响，对中国资产阶级改良派也产生了相当大的影响。

卢梭是法国18世纪启蒙运动代表人物之一。

卢梭的最主要思想是"天赋人权"学说，提出"人民主权"的口号。坚持"主权在民"的原则，国家的最高权力属于人民。

卢梭是批判封建制度、宣传理性至上的启蒙思想家中最为激进的民主主义者。他的反封建、反专制的精神影响了资产阶级自由民主传统，对后世影响极大。

启蒙运动是一次空前的思想解放运动，它进一步解放了人们的思想，冲击着欧洲的封建专制统治。在启蒙运动的影响下，法国爆发了轰轰烈烈的大革命，推翻了专制王朝，建立了资产阶级统治，传播了自由和平等思想。启蒙运动的影响远远超出了欧洲范围，极大鼓舞了殖民地和半殖民地人民争取民族独立的斗争。启蒙思想成为人们追求解放的精神武器，在人类历史发展进程中发挥了重要作用。

第三节 资产阶级革命与资本主义制度的初步确立

一、英国资产阶级革命

英国资产阶级革命始于1640年查理一世召开新议会，1688年议会反对派发动宫廷政变标志着英国资产阶级革命的结束。这是一场以新贵族为代表推翻封建专制统治建立起英国资本主义制度的社会革命。

（一）历史背景

15世纪至17世纪初期，英国传统的农业经济取得了很大的发展。由于羊毛价格上涨，在英格兰许多地区出现了被称为"羊吃人"的圈地运动，剥夺了大量农民的土地，大部分的土地变成了牧场，大量农民失去土地，只得投入其他产业，进而为工商业提供了大量的劳动力，国内市场扩大了，财富也随之增加了，新的资本主义农业逐渐产生并且随之出现了一个不断壮大的农业资产阶级。同时国内工场手工业也已经有了很大的发展。经济的发展大大加强了富裕阶层和新贵族的势力。事实上，在15世纪至16世纪，新君主专制的出现以及发展曾经为英国新教民族国家的发展起到了推动作用，这一时期的资产阶级和新贵族相对弱小，君主专制能够保护国内新经济的平稳发展，资产阶级和新贵族能够借助君主的力量抗衡旧的封建贵族势力并壮大自身的力量，双方有共同的利益。而到了17世纪初期，在资产阶级和新贵族力量壮大之后，原先为专制统治服务的议会逐渐重视自身的自由传统，不再将君主视为自己的代表和保护人，双方的矛盾愈发明显。

1603年，苏格兰国王詹姆士·斯图亚特继承了英国王位，开始了斯图亚特王朝的在英格兰和爱尔兰的统治。詹姆士一世登台便鼓吹"君权神授"的说法，声称国王是上帝派到人间的最高权威，有无限的权力。他根本不把议会放在眼里，曾三次解散议会；他不关心英国的海上贸易，不重视建设海军；这些政策大大阻碍了英国社会经济的发展，引起了人们的强烈不满。查理一世继位后，大肆搜刮钱财，仍然独断专行，由于议会不同意他随意收税，他竟多次解散议会，结果形成多年无议会统治的局面。此时的英国，一方面王室生活极度腐化，挥霍无度，国家处在无序之中；另一方面国王征收各种苛捐杂税，压榨人民，大量工人失业，反对压迫的农民要求取消地租,获得土地,革命运动随之逐渐蓬勃兴起,越演越烈。城市平民和失业的手工业者为生活所迫时常暴动,查理一世的专制统治使英国社会的各种矛盾迅速激化。

（二）战争经过

1642年8月,查理一世在诺丁汉城堡升起国王的军旗,宣布讨伐议会,发动内战。10月23日,发生了厄其山战役,议会军司令埃塞克斯伯爵放弃了彻底打击王军的机会,使国王能够在距离伦敦只有50英里的牛津建立大本营。1643年夏季,议会军一再失利。

1643年秋,国王派军队从三方面向伦敦进攻,伦敦的安全受到威胁。8月初,由手工业者、帮工、学徒组成的伦敦民团奋起出击,附近农民武装也来支援,这才减轻了对伦敦的压力,挽回了局势。1643年10月11日,克伦威尔所率领的由自耕农组成的骑兵在温斯比附近获得了重大胜利。

1644年7月2日,发生了内战以来最大的一次战役——马斯顿荒原战役,克伦威尔所率的议会军取得了辉煌胜利,但是南方和西方的议会军却遭到了惨败。议会不得不通过彻底改组军队的计划,规定建立统一的正规的"新模范军",由国家供养,实行统一指挥。"新模范军"是由各郡招募的人组成的军队,纪律严明,作战勇敢,具有很强的战斗力。

"新模范军"在1645年6月14日纳西比附近的一次战役中,一举击溃国王的军队。国王军队损失了全部大炮和辎重,被俘5000人。国王只身逃跑,并于1646年5月5日向苏格兰投降。

1647年1月,议会以40万英镑的代价把查理一世买回软禁起来。1647年11月,查理一世逃往怀特岛,胁迫郡长叛变未遂被拘。他和苏格兰倾向王党的右翼秘密勾结,并煽动各地王党叛乱。

1648年春发生第二次内战,3月到5月,王党在伦敦、威尔士、肯特郡等地制造暴动,苏格兰军也从北部入侵。军事行动是在三个孤立的地区:东南部、西部(包括威尔士)和北部展开的。克伦威尔率领议会军镇压了东部、西部的叛乱以后,向北挺进,迎击苏格兰的军队。1648年8月17日,克伦威尔在浓雾的掩护下从侧翼进攻苏格兰军。苏格兰军惨败。1万人被俘,其余向北逃跑。到8月底,第二次内战实际上已经结束。

共和国时期,克伦威尔掌握了政权,担任"护国主",实行有利于人民与资产阶级政策。但是,克伦威尔去世后不久,查理一世之子查理二世复辟。查理二世及其继承者进行了疯狂的反攻倒算,使得人人自危,怨声载道。

1685年查理二世去世。他死后,弟弟詹姆士二世继位,他推行反动政策,实行血腥报复。1688年,支持议会的辉格党人与部分托利党人邀请詹姆士二世的女儿玛丽和时任荷兰执政的女婿威廉回国执政,发动宫廷政变,推翻斯图亚特王朝统治,这次政变没有流血而获得成功,因此史称"光荣革命"。

（三）深远影响

英国资产阶级革命是人类历史上资产阶级的一次重大胜利。光荣革命以后,资产阶级和新贵族为增加议会权力,于1689年,颁布了《权利法案》。《权利法案》以明确的法律条文去限制国王的权力,保证议会的立法权、财政权等权力。这样,封建时代的君权神授遭到否定,君主权力由法律赋予,受到法律严格制约。议会不但掌握制定法律的权力,还要监督政府并决定重大的经济政策。议会的权力超过国王的权力,国王开始逐渐处于"统而不治"的地位,英国的君主立宪制确立起来。

英国资产阶级革命为英国资本主义迅速发展扫清了障碍,为社会经济的顺利发展创造了良好的环境,为英国开展工业革命和成为工业强国创造了前提;也极大促进了欧洲各国反封建专制的运动,揭开了欧洲和北美革命运动的序幕,推动了世界历史发展的进程。

二、美国的独立

(一)历史背景

1607年,英国人来到北美大西洋沿岸,开始建立第一个殖民地弗吉尼亚。经过不断拓殖,到18世纪30年代,已在北美大西洋沿岸建立了13个殖民地。当时,殖民地的统治模式是依照英国政体建立的,每个殖民地都有自己的总督和议会。总督代表英国对殖民地进行统治,拥有行政、经济和军事大权,可以否决议会通过的法案。经过一百多年的发展,英属北美各殖民地的经济来往日益密切,初步形成了统一的国内市场。同时,在长期的交流、融合过程中,英语成为各殖民地的共同语言,逐渐产生了共同的文化。在此基础上,美利坚民族开始形成。民族意识逐渐觉醒。18世纪上半期,启蒙思想在英属北美殖民地得到传播,涌现出一些杰出的思想家,如本杰明·富兰克林和托马斯·杰斐逊。英属北美殖民地的民族和民主意识日趋增强。

18世纪中期,英属北美殖民地的经济发展迅速,北部工商业发达,造船业是主要的工业部门之一,甚至英国本土都有很多人购买这里制造的船只;中部盛产粮食,生产的小麦和玉米都远销欧洲市场;南部种植园经济盛行,黑人奴隶是种植园的主要劳动力,除生产稻米外,主要种植烟草和棉花等经济作物。北美生产的很多产品甚至能在国际市场上与英国产品一争高低。在1756—1763年的"七年战争"中,为争夺对北美殖民地的控制,英国与法国进行了长期的战争。英国虽然打败了法国,控制了北美大部分地区,但因长期的战争而导致财政困难。于是,英国政府不断地向北美各殖民增加税收,并实行高压政策,对殖民地进行蛮横的压榨和残酷的剥削,英国希望北美永远做它的原料产地和商品市场,竭力压制殖民地经济发展,并从殖民地搜刮更多的财富。殖民地人民不满英国的盘剥和束缚,双方矛盾日益尖锐,最终导致战争爆发。

(二)战争经过

1774年9月5日,英属殖民地代表在费城成立"大陆会议",并秘密组织民兵武装,在康科德备有军需物资库。这一消息被马萨诸塞的英国总督盖奇知道后,于1775年4月18日派史密斯上校带兵收缴。毁掉军需物资的英军在撤退时受到莱克星顿民兵的包围,战斗中,民兵以牺牲18人的代价造成英军伤亡259人,这在历史上被称为"莱克星顿的枪声"。

莱克星顿的枪声是美国独立战争中的第一次战斗,它震动了整个北美殖民地。民兵迅速集合起来,包围了波士顿。5月10日,大陆会议在费城召开第二次会议,决定成立一支正规军队——大陆军,由华盛顿任总司令。

缺枪少弹的大陆军凭借满腔热情,攻占了加拿大的蒙特利尔,打退了波士顿的英军,击败了南部查尔斯顿的保皇派/亲英势力。1776年7月4日,大陆会议通过了《独立宣言》,大陆军成为合众国武装,整个北美殖民地人民情绪激昂。萨拉托加的胜利,是美国独立战争的转折点。国际反英势力纷纷支援美国,法、西、荷等国相继对英宣战,英国在国际上处于孤立状态。英军将战略重心转移到南方,先征服佐治亚州,又逼降查尔斯顿的美军,随后攻占了南卡罗莱纳。1780年12月,华盛顿任命洛林为南部美军总司令。洛林将部队分散开来,展开游击战。

1781年4月,美军在法、西、荷等国海上舰队的配合下,开始大规模反攻,迫使英军退守海岸线。8月,英统帅康沃利斯将南部主力集中在弗吉尼亚半岛上的约克敦,以便与纽约驻军相互策应。华盛顿率领美法联军1.6万余人,从水陆各方包围了约克敦,切断了英军与纽约驻军的联系。10月9日,联军发起总攻,分别从左右两方同时向约克敦发炮。

火炮的巨大吼声持续了十八九个小时,英军逐渐支撑不住。16日,试图从海上逃跑的英军又因暴风吹散了准备好的船只而无法撤离。17日,失去反攻能力的英军只好投降。1783年11月3日,美英签订和约,英国承认美国独立。美国独立战争宣告结束。

（三）深远影响

美国独立战争是世界历史上第一次大规模的殖民地争取民族独立的战争。它推翻了英国的殖民统治,实现了国家的独立,确立了比较民主的政治体制,创造了世界上第一个联邦总统共和制国家。

1787年,美国各州代表在费城召开制宪会议,通过了一部联邦宪法。宪法规定美国是一个联邦制国家,联邦权力高于各州权力。联邦政府拥有政治、经济、军事和外交大权,各州可以在不违背宪法的前提下制定地方法律,有一定的自治权,以发挥地方的积极性,避免过度集权的弊端。中央集权和地方分权相结合,有利于美国资本主义的发展。

美国独立战争的胜利,给大英帝国的殖民体系打开了一个巨大缺口,为拉丁美洲殖民地民族独立战争树立了范例,也推动了18世纪的欧洲革命。然而,由于美国独立战争没有解决土地问题,也没有解决奴隶制问题,使得独立后的美国南北方朝着两种不同的经济道路发展,最终导致美国内战的爆发。

三、法国大革命

（一）历史背景

18世纪是法国经济由于通货膨胀而日益恶化的时代,通货膨胀使得社会购买力下降,18世纪80年代地主因欠收加租进一步削弱农民的收入。国内最大的地主罗马天主教会教廷对谷物征收什一税。什一税表面上减轻了国王税项对民众的压力,实际上对每天都饿着肚子的穷人而言是一座大山。国内设置的关卡则限制了国内的经济活动,在间歇性作物欠收时成为运输障碍。法国由于路易十五时代的过度参战又未能打赢而导致国库空虚,参加美国独立战争带来的财政压力,又让这一切雪上加霜。另外,由启蒙时代带来的愤恨和渴望,以及由此而生的社会和政治因素也是法国大革命产生的重要原因。

（二）革命经过

路易十六在1774年登上王位时,代表法国3个等级的三级会议已经有175年没有召开。1789年5月5日,由于财政问题,路易十六在凡尔赛宫召开三级会议,国王希望在会议中讨论增税、限制新闻出版和民事刑法问题,并且下令不许讨论其他议题。而第三等级代表不同意增税,并且宣布增税非法。1789年6月17日第三等级代表宣布成立国民议会,国王无权否决国民议会的决议。于是路易十六关闭了国民议会,宣布它是非法的,其一切决议无效,命令三个等级的代表分别开会。

1789年7月9日国民议会宣布改称制宪议会,要求制定宪法,限制王权。路易十六意识到这危及了自己的统治,调集军队企图解散议会。7月12日,巴黎市民举行声势浩大的示威游行支持制宪议会。次日,巴黎教堂响起钟声,市民与来自德国和瑞士的国王雇佣军展开战斗,在当天夜里就控制了巴黎的大部分地区。7月14日群众攻克了象征专制统治的巴士底狱,释放七名犯人,取得初步胜利。

攻占巴士底狱成了全国革命的信号。各个城市纷纷仿效巴黎人民,武装起来夺取市政管理权,建立了国民自卫军。在农村,到处都有农民攻打领主庄园,烧毁地契。不久,由人民组织起来的制宪会议掌握了大权。这一年,制宪会议颁布了"废除一切旧义务"的"八月法令",紧接着又通过了著名的《人权宣言》,向全世界庄严宣布了"人身自由,权利平等"的原则。

1790年6月,制宪议会废除了亲王、世袭贵族、封爵头衔,并且重新划分政区。成立大理院、最高法院、建立陪审制度。制宪会议还没收教会财产,宣布法国教会脱离罗马教皇统治而归国家管理,实现政教分离。9月制宪议会制定了一部以"一切政权由全民产生"、三权分立的宪法,规定行政权属于国王、立法权属于立法会议,司法权属各级法院。随后,制宪议会解散,立法议会召开,法国成为君主立宪制国家。

法国大革命引起周边国家不安,普鲁士、奥地利成立联军攻打法国。由于路易十六的王后、奥地利皇帝的妹妹玛丽·安托瓦内特泄露军事机密给联军,使法国军队被打败,联军攻入法国。1792年7月11日立法议会宣布祖国处于危急中。以平民为主体的巴黎人民再次掀起共和运动的高潮,于8月10日攻占国王住宅杜伊勒里宫,拘禁了国王、王后,打倒波旁王朝,推翻立宪派的统治,吉伦特派取得政权。9月20日法国军队在瓦尔密战役中打败外国干涉军,随后成立法兰西第一共和国。

吉伦特派执政期间颁布法令,强迫贵族退还非法占有的公有土地,将没收的教会土地分小块出租或出售给农民,严厉打击拒绝对宪法宣誓的教士和逃亡贵族。由于将主要力量用于反对雅各宾派和平民,从1792年秋季起,人们不满他们的温和政策,要求打击投机商人和限制物价,却遭到吉伦特派的镇压。与此同时,法国军队在1792年10月后已经打到了国外。欧洲各国非常害怕,在1793年2月,普鲁士、奥地利、西班牙、荷兰、萨丁王国、汉诺威、英国成立了反法同盟,对法国进行武装干涉。然而吉伦特派无力抵抗外国军队,巴黎人民于5月31日—6月2日发动第三次起义,推翻吉伦特派的统治,建立起雅各宾派专政。

雅各宾派专政后,平定了被推翻的吉伦特派在许多地区煽起的武装叛乱,先后颁布3个土地法令,使大批农民得到土地;公布法国第一部共和制的民主宪法——1793年宪法,处决投机商人,将外国干涉军全部赶出国土。

然而,由于此后开始的激烈内部斗争使雅各宾派趋于孤立,国民公会中反罗伯斯庇尔独裁的力量组成热月党,于1794年7月27日发动热月政变推翻罗伯斯庇尔并将他斩首。根据新宪法,热月党人于10月26日解散国民公会,成立新的政府机构督政府。恐怖时期结束,但政局仍然不稳。1799年英国又组成第二次反法联盟,以西哀士为首的右翼势力要求借助军人力量控制局面。11月9日,拿破仑·波拿巴发动雾月政变,结束了督政府的统治,建立起临时执政府,自任执政。法国大革命高潮结束。

拿破仑在滑铁卢战役失利后,路易十八在外国军队保护下复辟了波旁王朝,恢复了国王的部分权力,保留了大多数革命成果,并且建立君主立宪制。之后由于查理十世大肆血洗革命者,1830年7月巴黎人民发动七月革命,经过3天战斗,攻下王宫,国王查理十世逃往英国,此后,法国建立了以路易·菲利浦为首的七月王朝,至此法国大革命彻底结束。

(三)深远影响

法国大革命是一次广泛而深刻的政治革命和社会革命,从巴黎人民攻占巴士底狱到热月政变,法国大革命经历了五年的历程,其势如暴风骤雨,迅猛异常。在三次起义中,人民群众都显示出伟大的力量,一再把革命从危机中挽救过来,并推动它进一步向前发展,它彻底地结束了法国一千多年的君主专制制度,传播了自由民主平等的思想。

法国大革命是世界近代史上规模最大、最彻底的革命,它摧毁了法国的君主专制制度,震撼了整个欧洲大陆的封建秩序,传播了自由民主的进步思想。期间所颁布的《人权宣言》和拿破仑帝国时期颁布的《民法典》(后改名《拿破仑法典》)被称为新社会的出生证书,在世界历史上产生了深远的影响。

第四节 资本主义制度的初步扩展

一、俄国农奴制改革

19世纪中叶,俄国还顽固保存着野蛮落后的农奴制。农民的人格和自尊心被无情摧残,他们整天无偿地为地主劳动,甚至被作为物品抵押债务。大量劳动力被束缚在庄园里,资本主义工业发展必需的劳动力因此缺乏,俄国经济发展和社会发展也因此大大落后于西欧国家。

随着资本主义的发展、农业危机的加深和农村阶级的分化,阶级斗争越来越尖锐。特别是资产阶级化的贵族地主,希望迅速改变农奴制度。在这种背景下,为了缓和阶级矛盾、增强国家实力、巩固统治、维护统治阶级利益,亚历山大二世不得不实行改革。1861年2月19日,亚历山大二世签署了关于废除农奴制的宣言。这就是著名的"2月19日法令"。

1861年"2月19日法令"共17个文件,其中,《关于脱离农奴依附关系的农民的一般法令》是一系列法令中根本的法令。它涉及农民生活的两个重要方面:人身权利和财产权利。在人身权利方面,《一般法令》规定:脱离了农奴依附身份的农民享有其他自由的农村居民同等的权利,诸如自由买卖,依法开办和经营工厂以及从事重工业、商业和手工业,加入行会、同业公会,有权起诉、出庭作证、参加选举、受教育和服兵役等。农民结婚和处理自己的家庭事务不必取得地主的同意。根据这些规定,农民获得了"人"的权利。他们不再像牲畜那样可以任人买卖、典押或赠予了。

在财产权利方面,《一般法令》规定:"每个农民可以遵照自由农村居民有关法规,获得不动产和动产为私产,可以转卖、抵押和把它们作一般处理。"不动产有两种:一种是宅园地,农民可以赎买;另一种是耕地及其他土地,地主在保留对这些土地所有权的情况下,作为份地分给农民使用。农民可将份地赎买为私产,但须向地主缴纳大大超过土地价格的赎金。

除此之外,根据法令规定在农村建立起来的一系列管理农民的机构,使贵族地主对农民的压迫更合法化了。贵族地主除了借助沙皇政府的武力来镇压农民的反抗,还能以调停官吏和管理农民机构的人来规劝农民,让农民安分守己,好好履行他们对地主所承担的义务。

1861年改革是沙皇自上而下实行的资产阶级性质的改革。通过这次改革,俄国废除了农奴制,缓解了国内的社会矛盾,走上了发展资本主义的道路,对俄国摆脱落后状况、实现近代化的目标有积极作用,是俄国历史的转折点。

二、日本明治维新

(一)历史背景

在19世纪中期的亚洲,日本处于最后一个幕府——德川幕府时代。掌握大权的德川幕府对外实行"锁国政策",禁止外国的传教士、商人与平民进入日本,也不允许国外的日本人回国,甚至禁止制造适于远洋航行的船只。在日本明治维新前,一些经济比较发达的地区,开始出现家庭手工业或手工作坊。在商品经济形态的快速扩展下,商人阶层,特别是金融事业经营者的力量逐渐增强。商人们感觉到旧有制度严重制约着他们的发展,于是开始呼吁改革政治体制。具有资产阶级色彩的大名(藩地诸侯)、武士,和要求进行制度改革的商人们组成政治性联盟,与反对幕府的基层农民共同形成"倒幕派"的实力基础。

1853年,美国海军准将马休·佩里和祖·阿博特等率领舰队进入江户(今东京)湾的浦贺海面,把美国总统米勒德·菲尔莫尔写给日本天皇的信交给了德川幕府,要求同日本建立外交关系和进行贸易,史称"黑船事件"。1854年,日本与美国签订了神奈川《日美亲善条约》,又名《神奈川条约》,同意向美国开放除长崎外的下田和箱馆(函馆)两个港口,并给予美国最惠国待遇等。由于接踵而来的一系列不平等条约的签订,德川幕府再度成为日本社会讨伐的目标。在内忧外患的情况下,以天皇为代表的改革派从1868年提出了"富国强兵、殖产兴业、文明开化"的口号,开始进行改革。

(二)主要内容

德川幕府倒台后,天皇成立的政府成为全国唯一合法的政府,天皇成为全国最高统治者。以天皇为首的新政府,于1868年10月23日改年号为明治。1869年5月9日迁都东京,并颁布一系列改革措施:

政治方面,废除割据状态的藩国,设置都、道、府、县,把地方置于中央的直接管辖之下,并废除领主土地所有制,承认土地私有。随后,政府宣布"四民平等",取消了等级身份制和武士阶级的特权。

经济方面,引进西方近代工业技术,设立工部省管理工商业;改革土地制度,废除原有土地政策,许可土地买卖,实施新的地税政策;废除各藩设立的关卡;统一货币;撤销工商业界的行会制度和垄断组织,推动工商业的发展(殖产兴业)。

文化方面,实行"文明开化"政策,大力引进、吸收西方的思想文化和社会风俗习惯,努力改造落后愚昧的社会习俗。确定了"国民皆学"的方针,提出"邑无不学之户,家无不学之人"的目标。

军事方面,改革军队编制,陆军参考德国训练,海军参考英国海军编制;并于1872年颁布征兵令,凡年龄达20岁以上的成年男子一律须服兵役。此外明治政府亦发展国营军事工业;到了明治时代中、后期,军事预算急剧增加,约占政府经费的30%～45%,推行军国主义,鼓吹所谓"武士道精神"。

(三)深远影响

明治维新使日本迅速崛起,通过学习西方,"脱亚入欧",改革落后的封建制度,走上了发展资本主义的道路。日本利用日趋强盛的国力,逐步废除与西方列强签订的不平等条约,收回国家主权,摆脱了沦为殖民地的危机,成为亚洲唯一能保持民族独立的国家,而后随着经济实力的快速提升,军事力量也快速强化,跻身于世界资本主义列强的行列。但是,明治维新具有不彻底性,在各方面保留了大量旧日本时代的封建残余,如天皇权力过大、土地兼并依然严重等封建残余现象,与日后发生的一系列日本难以解决的社会问题相互影响,使得日本走上了侵略扩张的道路。

第五节 马克思主义的诞生和国际共产主义运动

一、工业革命

工业革命开始于18世纪60年代资本主义工业化早期,是以机器取代人力、以大规模工厂化生产取代个体工场手工生产的一场生产与科技革命。

(一)工业革命的背景

工业革命首先发生在英国。英国"光荣革命"后,国内政局稳定,政府积极鼓励经济发展。英国农业资本主义发展迅速,为工业发展提供了充裕的农产品、自由劳动力和国内市场。英国通过殖民扩张,促进了资本原始积累,获得了大量廉价的原材料和广阔的海外市场。英国的手工工场发展水平较高,劳动分工细致,生产工具日趋专门化,工人的生产技术日益纯熟,为技术改革和机器发明提供了条件。随着国内外市场的扩大和需求的增长,手工生产的产品不能满足需要,提高生产力成为当务之急。

(二)工业革命的进程

工业革命始于棉纺织业。英国公众对棉纺织品的喜爱,促使棉纺织品价格上涨,棉纺织业获利丰厚。市场的需求刺激了棉纺织业的发展,也催生了新的技术发明。从18世纪30年代提高织布速度的"飞梭"开始,在半个多世纪内,通过珍妮纺纱机、水力纺纱机、骡机、水力织布机等一系列发明创造,棉纺织业基本实现了机械化生产。为了提高效益、加强管理,人们开始将机器、工人集中起来进行生产,工厂出现了。1771年,阿克莱特开办了第一家水力纺纱厂,成为近代工厂的开端。采用机器生产的工厂逐渐取代了手工工场。

1782年,徒工出身的瓦特在前人研究的基础上,运用新的科学知识,经过不断改进,试制出旋转运动的"复动式蒸汽机"。它能产生巨大的动力,还解决了生产动力受自然条件限制的问题。1785年,经过进一步改进的瓦特蒸汽机开始在棉纺织工厂使用。

蒸汽机是英国工业革命中伟大的技术发明,是第一次工业革命的主要标志,也是生产技术史上的一次飞跃。动力技术的革新,催生了交通工具的革命。19世纪初,汽船、火车先后问世,从此,人类进入"蒸汽时代"。随着生产机械化的推进,机器工业迅速成长。19世纪中期,英国的机器制造业也实现了机械化。

从18世纪后期到19世纪中期,工业革命从英国逐渐扩展到欧洲大陆和北美,从大西洋两岸逐步深入内陆,形成持续不断的辐射效应,推动了工业的迅速发展。

(三)工业革命的影响

工业革命使生产力出现了前所未有的大发展,不仅使世界各地的联系日益紧密,也给实现了工业化的各国带来了空前的经济繁荣。在工业化的带动下,商业和交通运输业等行业的重要性进一步提高,农业变革也在欧美地区全面展开。工业革命使生产组织与管理方式发生重大变革,建立了资本主义大工厂制度。随着工厂制度的发展,科学化的管理日益受到重视。同时,工业革命也带来了社会生活的巨大变化。以工厂为中心形成了很多城市,它们在国家社会生活中的地位日益重要。现代工业提供了物美价廉的商品,人们的生活有所改善;休闲娱乐和群众性体育运动逐渐兴起,报刊书籍发行量大增,人们的文化素养得到提高;女性也获得了更多受教育的机会。从总的趋势来看,人口增加明显。

19世纪中后期，欧美主要资本主义国家社会相对稳定，经济发展，自然科学取得一系列突破性成果，新技术、新发明层出不穷，为工业革命的深入发展创造了有利条件。

第二次工业革命主要表现为电力技术的广泛开发和应用，电力成为补充、取代蒸汽的新动力，人类进入"电气时代"。内燃机的发明和应用，带来更便捷的动力，汽车、飞机等新式快速交通工具应运而生，成为第二次工业革命具有深远影响的成就。化学工业的兴起令人瞩目，人们不仅用化学方法加工原料，而且采用合成方法制造新的材料，石油化工业获得发展。通过新技术改造的旧产业部门，如炼钢、纺织、采煤、机器制造和铁路运输等，也焕发出新的活力。

第二次工业革命并不是第一次工业革命的简单延续，它具有不同于第一次工业革命的显著特点，如：由于科学技术与生产紧密结合，以及近代科学理论的指导，第二次工业革命比第一次工业革命取得了更多、更重要的成果；第二次工业革命几乎在主要资本主义国家同时发生，范围广、规模大、进展更迅速，英国、美国、德国、法国等都有重要的发明创造，其中美国与德国最为突出。各国的自然条件和社会历史条件不同，工业革命的进程也各具特色。

工业革命造成社会阶级结构的重大变化。工业资产阶级和工业无产阶级逐渐成为社会的两大阶级。随着生产力的增长，工业资产阶级要求获得更多的政治权利，他们通过改革，进一步巩固了统治地位。同时，工人阶级也迅速崛起，为争取自己的权利不断展开斗争。技术人员、管理人员等中间阶层的力量也开始发展。随着技术的日益复杂、投资的不断扩大、竞争的日趋激烈，生产进一步集中，出现了垄断组织。资本家通过建立垄断组织获取了高额利润，同时也阻碍了竞争，导致停滞、腐败和社会贫富分化加剧现象，工人居住条件恶劣、环境污染严重，疾病与犯罪等一系列社会问题层出不穷。

工业革命极大地改变了世界的面貌，主要资本主义国家凭借工业革命提供的强大经济和军事实力，继续向世界各地大肆扩张。19世纪末20世纪初，资本主义进入垄断阶段，资本主义世界经济体系最终形成。

二、欧洲早期工人运动

（一）里昂工人起义

1831年和1834年，法国里昂发生了两次工人反对资本主义剥削压迫的武装起义，是法国无产阶级作为独立的政治力量登上历史舞台的重要标志之一。

里昂是法国丝织业中心，在工场主和包买商残酷剥削下，丝织工人和手工业者生活极为困苦。1831年初里昂工人掀起一场以要求提高工资为主要内容的运动，工人多次举行集会、请愿、游行。同年10月，与包买商谈判达成最低工资协议。但随后在七月王朝商业大臣的支持下，包买商撕毁协议。1831年11月21日工人举行抗议示威，与军警发生冲突，转为自发的武装起义。工人在起义中提出"不能劳动而生，毋宁战斗而死"的口号。经过3天战斗，工人一度占领里昂城。然而，起义很快被七月王朝政府调来的军队所镇压。

1834年4月9日里昂再度爆发丝织工人起义。起义的直接原因是政府逮捕和审判罢工领袖，发布禁止工人结社集会的法令。这次起义具有更鲜明的政治性质，不仅提出经济要求，还提出废除君主制度、建立共和政体的口号。起义者在旗帜上写着："我们为之斗争的事业是全人类的事业。"起义成立了专门的领导机构——总委员会。总委员会成员由工人组织的互助社和小资产阶级民主主义者组织的人权社、进步社的成员组成。起义群众同政府军在里昂郊区和市内进行了6天激战，终因力量悬殊被政府军镇压。

（二）英国宪章运动

英国是第一个发生资产阶级革命和进行工业革命的国家，19世纪时被称为"世界工厂"。多少年来在这个以实行"议会民主"而闻名的国家里，只有缴纳高额所得税的人才有选举权，广大工人被排斥在议会大门之外。

《人民宪章》是1837年由伦敦工人协会向国会提出的一份请愿书，它提出年满21岁的男子都有普选权，选举投票应秘密进行，废除议会候选人的财产资格限制，国会每年举行一次改选，平均分配选区。1838年5月，这份请愿书公布后，被称为《人民宪章》。

1840年7月，各地宪章派的代表在曼彻斯特召开了大会，宣告成立全国宪章派协会。

1842年5月2日，宪章派全国协会负责人向英国下院递交了全国宪章派第二次请愿书。这份有300万人（约占英国成年男子的一半）签名的请愿书再次要求把《人民宪章》定为法律。

1848年，在欧洲大陆革命风暴的推动下，宪章运动再度高涨。4月10日，全国宪章派代表把第三份请愿书装在四套华丽的马车上向国会驶去，途中遭到宪兵的镇压。国会拒绝接受请愿书。接着，政府下令解散全国宪章派协会。

宪章运动虽然失败了，但它在英国历史及国际工人运动历史上仍具有重要意义。它标志着英国无产阶级开始作为一支独立的政治力量登上了历史舞台，揭开了同资产阶级争夺政治权力的斗争的序幕。

（三）西里西亚起义

西里西亚起义是1844年6月普鲁士王国所属西里西亚纺织工人的起义。当时西里西亚有发达的纺织业。这个地区从事棉麻纺织的工人和家庭手工业者受到工场主、包买商以及地主的残酷剥削。在19世纪40年代，由于资本家把英国机器纺织品冲击带来的损失转嫁给工人，加剧了他们的贫困。1844年6月4日，以争取提高工资被拒绝为导火线，在欧根山麓两个纺织村镇彼特斯瓦尔道和朗根比劳爆发纺织工人自发的起义。起义队伍扩大到3000人，集中打击工人最痛恨的工厂主。起义者以简陋武器迎战前来镇压的包括骑兵和炮兵的政府军。坚持到6月6日，起义被镇压。它推动了工人运动的发展。西里西亚主要城市布勒斯劳的手工业者和学徒，柏林、亚琛的纺织工人，马格德堡的糖厂工人等，先后举行罢工以及局部起义，响应西里西亚织工的斗争。这次织工起义事件表明无产阶级已作为独立的政治力量登上历史舞台。

三、马克思、恩格斯早期的革命活动

卡尔·马克思，是马克思主义的创始人之一，第一国际的组织者和领导者，马克思主义政党的缔造者之一，全世界无产阶级和劳动人民的革命导师，无产阶级的精神领袖，国际共产主义运动的开创者。1818年5月5日，马克思出生于德国一个风景如画的小城特利尔城。他的父亲是犹太人，一个非常有名的律师，这对于马克思丰富的思想、严密的逻辑和雄辩的演说才能影响很大。在马克思的家里，有较为富裕的条件和充满文化气氛的环境。他的母亲是荷兰人，贤淑善良，善于持家，对马克思父亲的工作帮助很大。

1835年夏天，马克思即将中学毕业，他的一篇作文引起了老师的注意，题目是"青年在选择职业时的考虑"。文章中深刻的思想内容为教师们所惊叹，给他们留下了深刻的印象。

1836年，马克思转入柏林大学学习。在柏林大学学习过程中，加入了"青年黑格尔派"，积极参与他们的活动，这使他更多地吸收了该派的民主思想成分，加强了对世界的认识，增强了改造世界的信心,为他以后的思想发展和理论建树奠定了基础。

1841年,马克思大学毕业之际,认真完成了一篇哲学论文,他试图以哲学来改造世界,该论文系统完整地反映了马克思此时的哲学观点、理论建树和思想内涵。在论文中,他引用了希腊神话中普罗米修斯为了人类而宁愿牺牲自己的话语,表现了自己决心为改造人类世界而进行坚持不懈的斗争。大学毕业后,马克思被聘用为《莱茵报》主编。他借助《莱茵报》来宣传革命思想,所以这份报纸成了马克思毕业后进行革命工作的第一步。

1843年深秋,马克思离开了德国,来到了法国巴黎。为了更好地宣传自己的理论,马克思不断地加强与工人的联系,以便了解工人阶级的愿望,把自己的理论思想与工人阶级的实际思想结合起来。因此,他不断到工人家去了解工人生活、思想和要求,还经常参加工人组织的秘密会议。

由于认真地、长时间地参与工人的活动,马克思越来越清晰地看到,要使工人阶级翻身解放,成为社会的主人,就必须消灭私有制,全面提高全人类的思想觉悟和文化水平,进而建立一种更完善、更理想、人人平等、没有剥削、没有压迫的新型社会——共产主义社会。只有在这个社会里,才能够实现人类大同。

同时他又认识到,要实现共产主义社会,光靠抽象理论是不行的,还必须付诸实际的行动。这个行动,就是打碎旧的国家机器,推翻资产阶级专政。要做到这一点,还必须依靠广大的工人、农民等无产者联合起来,共同奋斗。

恩格斯是卡尔·马克思的挚友,被誉为"第二提琴手",他为马克思从事学术研究提供了大量经济上的支持。在马克思逝世后,将马克思的大量手稿、遗著整理出版,并且成为国际工人运动众望所归的领袖。

四、《共产党宣言》的发表

在长期的革命实践和理论研究中,马克思、恩格斯一方面深入工人群众,揭露并分析资本主义制度;另一方面也广泛汲取人类优秀文化成果,特别是对当时出现的德意志古典哲学、英国古典政治经济学和英法的空想社会主义学说加以批判继承,创立了马克思主义理论。

1847年1月底至12月初,共产主义者同盟在伦敦召开第二次代表大会。马克思和恩格斯都出席了会议。这次大会的主要任务是通过新的《章程》和制订纲领。大会共开了10天。早在两个月前,同盟中央委员会曾用一种问答的形式写成了纲领草案:《共产主义信条的象征》,同盟把它分发给全体成员讨论。因为这份纲领还具有不少空想成分,恩格斯又草拟了一份纲领,也是用问答体,名为《共产主义原理》。新章程的讨论比较顺利,但在讨论纲领时,第二次代表大会产生了激烈的争论。于是,马克思和恩格斯耐心地做了宣传和解释工作。渐渐地使代表们的意见趋向一致。最后,大会同意了马克思和恩格斯的观点,并且决定委托马克思和恩格斯起草一个宣言,作为共产主义同盟的行动纲领,同时也作为同盟的重要文件,向全世界公开发表。

他们吸收了《共产主义原理》中的基本观点,在大会结束以后,马克思和恩格斯积极投入新宣言的写作。不久,《共产党宣言》顺利完成,并于1848年2月在伦敦正式出版发行。

《共产党宣言》是科学社会主义的第一个纲领性文件,它系统地阐述了共产主义理论,成为全世界无产阶级斗争的总纲领。它着重阐明了资产阶级的灭亡和无产阶级的胜利都是不可避免的这一客观规律,明确规定了无产阶级革命的任务和目的,提出了无产阶级革命的策略思想。

在《共产党宣言》的结尾,马克思、恩格斯豪迈地宣称:"让统治阶级在共产主义革命面前发抖吧!无产者在这个革命中失去的只是锁链,他们获得的将是整个世界!"最后,以"全世界无产者,联合起来!"作为《共产党宣言》庄严的结语。

《共产党宣言》的发表,是世界历史上划时代的事件,它标志着马克思主义的诞生,标志着人类思想史上一次伟大的革命。无产阶级革命者从此可以用崭新的世界观来观察世界和改造世界。

第六节 资本主义世界殖民体系的形成

一、拉丁美洲的殖民地化

在欧洲殖民者到来之前,拉丁美洲的居民只有印第安人。1492 年,哥伦布发现新大陆后,当时的海上霸王西班牙人和葡萄牙人相继侵入拉丁美洲,西班牙人占领了除巴西和圭亚那之外的全部拉丁美洲领土;葡萄牙人则占领了占拉丁美洲全部领土 3/7 的巴西。之后,他们对印第安人进行了残酷的屠杀和掠夺。

西班牙和葡萄牙殖民者为了长期霸占拉丁美洲,掠夺其丰富的资源,从印第安人身上榨取更多的收入,建立起森严的殖民统治机构,并掠取印第安人的土地,开办种植园和矿场。在西班牙殖民地,殖民当局正式建立的奴役制度主要是一种变相的农奴制。在矿区则实行强迫劳役制,即米达制。在巴西,葡萄牙殖民者推行种植园奴隶制,在圣保罗还建立了"捕奴队",专用捕捉逃入内地的印第安人,卖给种植园做奴隶。奴隶种植园种植甘蔗,出口蔗糖,使葡萄牙殖民者获得丰厚的利润。

二、亚洲的殖民地半殖民地化

随着新航路的开辟,葡萄牙人到达东方。他们最初在亚洲的殖民活动主要是建立商栈,以控制商路。到 16 世纪中叶,葡萄牙已经在亚洲建立了包括我国澳门在内的几十个商栈。几乎与此同时,西班牙入侵菲律宾,将其变成了殖民地。

从 17 世纪开始,英国、荷兰和法国成为殖民侵略活动的主角,加快了亚洲的殖民地和半殖民地化。

在南亚,17 世纪初,英国人来到印度。英国通过东印度公司,采取直接抢掠、侵占土地、强征巨额土地税、种植并走私鸦片等手段,掠夺了大量财富和巨额利润。另外,英国利用印度各地封建割据严重、国内社会矛盾尖锐的弱点,挑动印度人打印度人,坐收渔利;或者直接进行武力侵略。到 19 世纪中后期,英国几乎控制了印度全境。

在东南亚,17 世纪初,荷兰殖民者侵入印度尼西亚,建立了巴达维亚殖民地。后来,占领了整个印度尼西亚。到 19 世纪末,英国已将缅甸和马来半岛的大部分变成殖民地,法国侵占了越南、柬埔寨和老挝,美国从西班牙手里夺得菲律宾。

在西亚,18 世纪末 19 世纪初,英、法、俄等国纷纷在奥斯曼帝国扩大势力范围,分割领土。奥斯曼帝国半殖民地化程度不断加深。伊朗也遭到了类似的对待,俄国和英国不但控制了伊朗的经济和内政,而且分别在伊朗北部和南部划分势力范围。

在东亚,鸦片战争后,列强迫使清政府签订了一系列不平等条约,使中国逐步沦为半殖民地半封建社会。

三、西方列强瓜分非洲

1415年,葡萄牙人以武力强占了北非沿海城市休达,建立了非洲的第一个殖民据点。荷兰人、英国人和法国人步其后尘,自16世纪初期相继来到非洲,他们在非洲沿海地区修筑堡垒、建立据点、开设商栈,大肆攫取非洲的黄金、象牙等贵重物品。

为了探察非洲大陆的资源和进入内陆的通道,18世纪末19世纪初,列强开始派遣传教士和商人深入非洲内地进行大规模的地理考察。从1821年到1870年的50年间,这种探险活动多达73次。随后,英国1882年对埃及进行武装干涉,将名义上属于奥斯曼帝国的埃及置于其统治之下。此外,在非洲之角和尼日尔河三角洲一带,英国还占有一些土地。

德国在1883年,骗得吕德里茨湾附近的215平方英里土地后,又于次年宣布:从南纬26度到今安哥拉之间的大部分地区为德国保护国。在西非,多哥和喀麦隆相继成为德国的保护地。在东非,德国占领了坦噶尼喀,并宣布东非接受德国保护。

意大利则以红海沿岸的阿萨布港为基地向内陆扩张。

为比利时国王利奥波德效力的斯坦利在对非洲进行三次探险后,以武力和欺骗两种手法在刚果河流域和刚果盆地,从当地非洲人手中骗取了450多个条约,建立了22个商栈和据点,这些都成为利奥波德此后占领刚果的依据。

法国在1815年武装占领了突尼斯,1883年迫使马达加斯加接受其保护。在非洲之角和塞内加尔河流域,法国以诱骗的方式取得了大片土地,在尼日尔河上游建立了一系列的据点。自1876年以来,列强在分割非洲其他地区过程中已发生多起矛盾。为解决列强之间因分割非洲产生的矛盾,1884年11月15日,西方列强在柏林召开了第一次瓜分非洲的国际会议。经过激烈讨价还价,达成协议。其中规定:任何国家在非洲占领新的土地,必须通知其他国家,占领方为有效,这就是臭名昭著的"有效占领"原则。

柏林会议之后,列强瓜分非洲的速度大大加快。19世纪70年代以前,欧洲殖民国家只侵占了10%左右的非洲土地;19世纪晚期,他们侵占了几乎整个非洲。

19世纪末20世纪初,亚洲的绝大多数地区已经沦为殖民地或半殖民地,非洲的绝大部分地区沦为殖民地,独立的拉丁美洲国家实际也成为依附于欧美国家的半殖民地。据统计,1914年世界总人口约18亿,其中5亿多人处于西方殖民国家直接统治之下,还有远超过此数的人生活在半殖民地。资本主义世界殖民体系最终形成。资本主义世界殖民体系的建立是同资本主义发展到帝国主义阶段联系在一起的。在向垄断资本主义的过渡中资本主义各国越来越要求独占更大的商品市场、原料产地和投资场所。因此,这些国家争先恐后地扩大自己的殖民帝国,更大规模地瓜分世界。当19世纪末20世纪初整个世界被瓜分完毕,资本主义世界殖民体系建立起来的时候,主要资本主义国家也发展到帝国主义阶段。但是,它们之间扩张与争夺的加剧,也孕育着新的更大的冲突。随着资本主义世界殖民体系的形成,世界上几乎所有国家和地区都被卷入资本主义世界市场当中,世界越来越紧密地连为一体。

与此同时,殖民统治和掠夺给殖民地半殖民地人民带来了深重的灾难,形成了人类历史上由少数资本主义国家奴役和控制世界上绝大部分土地和人口的极不合理的状态,被压迫人民的反抗斗争不断高涨。

典型例题

一、世界近代资本主义兴起

1. "新航路开辟后,使世界上原本互相隔绝的地区沟通起来,世界开始联成一个整体,为资本主义发展开辟了广阔的空间。"该材料体现的是新航路开辟的_____。

  A. 历史背景　　　B. 必备条件　　　C. 主要过程　　　D. 重要影响

  答案: D

  解析: 根据所学知识可知,新航路开辟后,从欧洲到亚洲、美洲和非洲等地的交通往来日益密切,世界开始连成一个整体,被称为世界的发现;欧洲大西洋沿岸工商业经济繁荣起来,促进了资本主义的产生和发展。D项符合题意。A、B、C三项不合题意,故选D。

2. 1492年,哥伦布率领三艘帆船,开始横渡茫茫的大西洋。经过两个多月的艰苦航行,终于到达了古巴、海地等地。下列关于哥伦布的说法正确的是_____。

  ① 他的远航获得了西班牙国王的资助
  ② 他的行为给印第安人民带来了深重的灾难
  ③ 他相信地圆学说,认为从欧洲出发,一直向西航行,就能到达东方
  ④ 指南针为他的远航提供了技术支持
  ⑤ 他的远航证实了地圆学说

  A. ①②③④　　　B. ①②④⑤　　　C. ②③④⑤　　　D. ①②③④⑤

  答案: A

  解析: 根据所学知识可知,麦哲伦的航行证实了地圆学说的正确,所以⑤不符合题意,从而可以排除B、C、D;①②③④项内容都与哥伦布航行的史实相关,符合题意。故选择A。

3. 一位西方学者对近代的某个历史事件作了如下描述:"没有丰富多彩、全面发展的人格,就没有灿烂的文化。个人主义造成了高度和谐的个性……另一方面也淋漓尽致地展现出它一切丑恶的方面。"该事件是_____。

  答案: 文艺复兴

4. 简述文艺复兴的影响。

  答案: 文艺复兴在一定程度上冲击了封建秩序,解放了长期被宗教戒律压抑和禁锢的人性,使人们开始更多地关注人本身与现世世界。

二、世界近代思想解放运动

1. 启蒙思想在17—18世纪得到广泛传播,成为人们追求思想解放的精神武器。下列观点属于启蒙思想的是_____。

  A. 君权神授　　　B. 天赋人权　　　C. 因信称义　　　D. 美德即知识

  答案: B

  解析: 根据所学知识可知,启蒙运动以理性主义为旗帜,反对封建专制主义、教权主义、等级特权,主张天赋人权、自由平等、民主政治,故B项正确。A项是封建君主专制制度的一种政治理论,是启蒙运动反对的思想,排除。C项是宗教改革的内容,排除。D项是苏格拉底的思想,

排除。故选 B。

2. 启蒙思想家们在政治上都反对君主专制,但也存在差异,下列思想家与主张对应正确的是_____。

A. 孟德斯鸠——认为劳动是财富的源泉和衡量价值的尺度,主张自由竞争
B. 卢梭——主张主权在民和直接民主制
C. 伏尔泰——强调立法、司法、行政三权分立、制衡
D. 洛克——寄希望于"开明"君主进行改革,建立君主立宪制

答案:B

解析:结合所学知识可知,认为劳动是财富的源泉和衡量价值的尺度,主张自由竞争是亚当·斯密的思想,故 A 项错误。卢梭主张主权在民和直接民主制,故 B 项正确。强调立法、司法、行政三权分立、制衡是孟德斯鸠的思想,故 C 项错误。寄希望于"开明"君主进行改革,建立君主立宪制是伏尔泰的思想,故 D 项错误。故选 B。

三、资产阶级革命与资本主义制度的初步确立

1. 1689 年,英国议会通过了一部法律文献,扩大议会权力,限制王权,这部法律文献是_____。

A.《权利法案》　　　　　　　　B.《独立宣言》
C.《人权宣言》　　　　　　　　D.《解放黑人奴隶宣言》

答案:A

解析:根据所学知识可知,英国议会于 1689 年签订《权利法案》,扩大了议会权力,限制了王权,标志着英国建立了君主立宪制,A 项正确;B、D 均是美国颁布的,排除 B、D 项;《人权宣言》颁布于法国大革命期间,排除 C 项。故选 A。

2. 1688 年,辉格党人与部分托利党人邀请詹姆士二世的女儿玛丽和女婿威廉回国执政,发动宫廷政变,推翻斯图亚特王朝统治,这次政变没有流血而获得成功,因此史称"_____"。

答案:光荣革命

3. 美国 1787 年宪法把国家权力分为立法、司法和行政三部分,三者独立平等,但互相制约,以防止专制的出现,这充分体现了_____原则。

答案:三权分立

4. 简述法国大革命的进步意义。

答案:(1)法国大革命是一次广泛而深刻的政治革命和社会革命,它彻底地结束了法国一千多年的君主专制制度,传播了自由民主平等的思想。(2)法国大革命是世界近代史上规模最大、最彻底的革命,它摧毁了法国的君主专制制度,震撼了整个欧洲大陆的封建秩序,传播了自由民主的进步思想。

四、资本主义制度的初步扩展

1. 19 世纪 70 年代,日本通过"开发国民多数之智德良能,进入文明开化之域",实现了国家富强。据此推知,明治政府_____。

A. 废藩置县　　　　　　　　　　B. 实行征兵制
C. 重视教育　　　　　　　　　　D. 允许土地买卖

答案:C

解析:根据题干信息"19世纪70年代""开发……智德良能""文明开化"并结合所学知识可知,1868年,明治政府开始实行一系列改革,以西方为榜样,全面改造日本,史称"明治维新",社会生活上,提倡"文明开化",向西方学习,改造日本的教育、文化和生活方式,故C项正确;A、B、D均不符合题意,排除。故选C。

  2. 改革是落后国家通向现代化的一座桥梁。俄国农奴制改革和日本明治维新的相同点是_____。

  A. 都是资产阶级领导的自上而下的改革
  B. 都大力引进西方技术,实现了工业化
  C. 都促进了资本主义的发展
  D. 都实现了政治民主化

答案:C

解析:依据所学知识可知,俄国农奴制改革和日本明治维新都促进了资本主义的发展,故C项正确;俄国农奴制改革是沙皇领导的自上而下的改革,故A项错误;俄国农奴制改革没有实现工业化,故B项错误;两国改革都未实现政治民主化,故D项错误。故选C。

  3. 1861年改革是沙皇自上而下实行的资产阶级性质的改革。通过这次改革,俄国废除了_____,走上了发展资本主义的道路,是俄国历史的转折点。

答案:农奴制

  4. 简述俄国农奴制改革的重要影响。

答案:通过这次改革,俄国废除了农奴制,缓解了国内的社会矛盾,走上了发展资本主义的道路,对俄国摆脱落后状况、实现近代化的目标有积极作用,是俄国历史的转折点。

五、马克思主义的诞生和国际共产主义运动

  1. 某学者认为,英国工业革命"是以往一系列渐进变化的积累"。下列各项属于"积累"的有_____。

  ① 启蒙运动新理论的应用
  ② 工场手工业的不断发展
  ③ 民主共和制度的普遍实施
  ④ 殖民扩张促进资本原始积累

  A. ②③   B. ③④   C. ①③   D. ②④

答案:D

解析:根据所学知识可知,英国手工工场日益兴旺,为工业革命提供了技术条件,②正确;英国通过殖民贸易、殖民掠夺、贩卖黑奴等活动,积累大量财富,④正确,D项符合题意。第一次工业革命是经验与技术的结合,第二次工业革命才是科技理论与技术的结合,排除①;英国确立的是君主立宪制,排除③,故A、B、C均不符合题意,排除。故选D。

  2. 第二次工业革命不同于第一次工业革命的显著特点有_____。

  ① 工厂成为新的生产组织形式
  ② 美国与德国的发明最为突出
  ③ 近代科学理论指导作用较大

④ 电力技术的广泛开发与应用

A. ①②③ B. ①③④ C. ①②④ D. ②③④

答案：D

解析：根据所学知识可知，第二次工业革命相对于第一次工业革命来说，并非以经验积累而是以科学理论的重大突破为推动力，并非由一国发生而是突破一国范围，其中美、德两国发明居多，以电力的广泛应用为标志，故②③④正确，D项符合题意。工厂是第一次工业革命的产物，第二次工业革命产生了垄断组织，故①错误，A、B、C均不符合题意，排除。故选D。

3.《共产党宣言》第一次较为完整系统地阐述了科学社会主义的基本原理。它的发表标志着_____。

A. 马克思主义的诞生 B. "第一国际"的成立
C. 巴黎公社的建立 D. 十月革命的胜利

答案：A

解析：根据所学知识可知，《共产党宣言》是马克思和恩格斯为共产主义者同盟起草的纲领，全文贯穿马克思主义的历史观，第一次较为完整系统地阐述了科学社会主义的基本原理，它是马克思主义诞生的重要标志，A项正确；第一国际，即国际工人协会，是1864年建立的国际工人联合组织，不符合题意，排除B项；1871年3月18日，巴黎工人举行起义，推翻了资产阶级反动统治，建立了无产阶级革命政权，不符合题意，排除C项；1917年的十月革命是俄国工人阶级在布尔什维克党领导下联合贫农所完成的伟大的社会主义革命，不符合题意，排除D项。故选A。

六、资本主义世界殖民体系的形成

1. 1884年11月15日，西方列强在柏林召开了第一次瓜分非洲的国际会议。经过激烈讨价还价，达成协议。其中规定：任何国家在非洲占领新的土地，必须通知其他国家，占领方为有效，这就是臭名昭著的"_____"原则。

答案：有效占领

2. 简述世界殖民体系形成的影响。

答案：(1)随着资本主义世界殖民体系的形成，世界上几乎所有国家和地区都被卷入资本主义世界市场当中，世界越来越紧密地连为一体。(2)与此同时，殖民统治和掠夺给殖民地半殖民地人民带来了深重的灾难，形成了人类历史上由少数资本主义国家奴役和控制世界上绝大部分土地和人口的极不合理的状态。被压迫人民的反抗斗争不断高涨。

第六章 世界现代史

考试范围与要求

了解第一次世界大战的原因、性质与进程;了解凡尔赛-华盛顿体系的构建;了解十月革命的胜利与历史意义;了解意大利、日本和德国法西斯政权的建立与侵略扩张;了解第二次世界大战的主要进程;了解雅尔塔体系与战后国际秩序的建立;了解冷战与两极格局的形成;了解第三次科技革命;了解苏联的改革以及苏联解体和东欧剧变;了解冷战结束后世界多极化、经济全球化、社会信息化、文化多样化的发展趋势;认识和平与发展是时代的主题。

第一节 第一次世界大战与战后国际秩序

一、第一次世界大战的起源

19世纪晚期至20世纪初,随着第二次工业革命和垄断组织的产生,主要资本主义大国发展到帝国主义阶段。

由于资本主义国家间经济政治发展不平衡,导致其实力对比发生重大变化。德国统一后,国力迅速增强,扩张之势强劲。英国力求维持欧洲大陆的均势,不愿意德国过分强大;德国随着经济军事实力的增强,野心大为膨胀,要求争夺世界霸权。英德矛盾日益尖锐。德国与法国由于阿尔萨斯和洛林等领土争端问题积怨已久,对北非殖民地的争夺剑拔弩张。德国与俄国由于长期的贸易摩擦而关系恶化。俄国打着大斯拉夫主义的旗号,向巴尔干半岛扩张;奥匈帝国也向巴尔干半岛扩张,又怕统治下的斯拉夫人脱离奥匈帝国。

为了重新瓜分殖民地,争夺世界霸权,各国都在寻求同盟者。20世纪初,欧洲形成两大敌对的军事集团。为了防范法俄结成反德集团,德国决定加强与奥匈帝国的关系。1879年,德国与奥匈帝国缔结"同盟条约",共同反对俄国。1881年,意大利在同法国争夺突尼斯的战斗中失败后,德国首相俾斯麦利用法国和意大利之间的矛盾,趁机拉拢意大利共同对付法国。1882年,德国、奥匈帝国、意大利签订《德奥意三国同盟条约》,组成以德国为核心的同盟国。

为与同盟国对抗,1892年法国和俄国缔结《法俄军事协定》,结成军事同盟。1904年和1907年,英国分别同法国、俄国签订协约,结成同盟。法俄同盟与英法协约、英俄协约一起,构成了三国协约。以英国为核心的协约集团成立。

"三国同盟"和"三国协约"两大军事集团在欧洲形成了对峙局面。它们竞相扩军备战制订战争计划,制造政治危机和局部军事冲突,国际局势日益紧张。

二、第一次世界大战的爆发与进程

1914年6月28日,奥匈帝国皇储费迪南大公及夫人在波斯尼亚首府萨拉热窝被塞尔维亚青年普林西普枪杀。

两大集团利用这一突发事件,推波助澜,导致国际局势迅速恶化。7月28日,德国支持奥匈帝国对塞尔维亚宣战。8月1日、3日和4日,德国分别对俄国、法国和英国宣战。此后,各帝国主义国家相继参加战争。第一次世界大战全面爆发。这场战争是列强重新瓜分世界、争夺世界霸权的帝国主义之战。

第一次世界大战主要在欧洲的三条战线进行。英、法、比利时军队与德军对阵西线,德奥联军与俄军在东线厮杀,奥军与俄军及塞尔维亚军队在南线斗争。其中,西线是决定性战场。

1914年,德军进攻法国,德军主力与英法联军在马恩河激战,这是大战中的第一次大规模战略决战,持续8天,双方参战人数150万,以法英联军胜利而结束。这是大战的第一个转折点,标志着德军"速决战"计划的破产。德国必须面对东西两线同时作战的现实,而协约国希望早日取胜的打算也已落空。西线双方修筑战壕、长期对峙,转入阵地战。

1915—1916年,战争处于胶着状态。1915年德军将作战重心东移,企图首先打败兵力较弱的俄国,迫其媾和,以摆脱两线作战的困境。德奥军队在东线和南线取胜,但未能摆脱东西两线作战的困境。

1916年,为了打破僵局,交战双方在西线和东线爆发了大规模战役。1916年2—12月在西线进行的凡尔登战役,是大战中持续时间最长的消耗战,双方均投入巨大兵力,伤亡惨重。德国没有实现一举迫使法国投降的战略计划,反而因损失巨大而士气低落。凡尔登战役是大战的又一个转折点。

为了减轻凡尔登的压力,法英联军于1916年6月发动了索姆河战役。这次战役对德军在凡尔登的攻势有所牵制,但未能实现突破德军防线的战略目标。由于陆上作战没有取得预期战果,英德两国都将希望寄托于海战上。5月31日,英德舰队在日德兰半岛附近相遇,展开了大战中最大的一次海上交战——日德兰海战。德国未能突破英国的海上封锁。经过两年多的消耗战,德军进攻能力大为削弱,大战的战略主动权转移到协约国一方。

1917年4月,美国对德、奥匈宣战。在美国海军的打击下,德国的无限制潜艇战计划失败,德奥集团在战略上进一步处于劣势。1917年8月,中国北洋政府向德奥集团宣战。中国以"以工代战"的方式为协约国提供大量粮食和人力,数十万中国青壮年到欧洲完成后勤工作。俄国十月革命胜利,于1918年退出战争,东线不复存在。

1918年3—7月,同盟国对协约国发动了5次进攻,但都没有能够实现预期的战略目标,而德军却损失惨重,兵源严重不足。后来德军放弃"兴登堡防线",败局已定,同盟国迅速瓦解。11月,德国国内发生革命,威廉二世被迫退位,德国宣布投降。11月11日大战以同盟国的失败而结束。

三、大战的影响

第一次世界大战使各国人民蒙受了空前的灾难。这次战争的直接战争费用约为1863亿美元。战争期间,交战双方人员伤亡数以百万计,无数城镇化为废墟,各国经济一片混乱。这是人类历史上一场史无前例的大浩劫。

第一次世界大战使帝国主义各国力量对比发生变化。大战削弱了欧洲传统资本主义强国的实力,使欧洲各国迅速衰落,动摇了欧洲的世界优势地位。美国的参战和俄国十月革命的胜利,开始改变以欧洲为中心的格局。

第一次世界大战推动了世界社会主义革命。在交战各国中，在反动腐朽的沙皇俄国爆发了十月革命，苏维埃政权建立。苏俄凭借制度优势战胜了帝国主义的围堵，并迅速壮大起来。苏俄的崛起鼓舞着世界各国的弱小民族以马列主义为武器，以十月革命为榜样，以建立社会主义制度为目标，奋勇开拓自己的革命实践。

第一次世界大战冲击了世界殖民体系，世界范围内的民族解放运动高涨。在欧洲为宗主国的殖民地人民卷入战争的同时，欧洲民族主义在殖民地传播，唤起了殖民地人民的民族自决和民族独立意识。在战争中，各殖民地和半殖民地的民族工业获得发展，民族资产阶级和无产阶级的队伍不断壮大，成为反对帝国主义的重要力量，在亚洲、非洲和拉丁美洲进一步兴起了民族民主运动，形成了战后第一次民族解放运动的高潮。

四、第一次世界大战后的国际秩序

战争结束后，战胜国在1919年和1921—1922年分别召开了巴黎和会与华盛顿会议，与会各国缔结了以《凡尔赛条约》和《九国公约》为代表的一系列国际条约，在全球范围内建立了帝国主义的国际新秩序：凡尔赛-华盛顿体系。

条约主要内容包括：重新划分德国疆界，瓜分德国所有的海外殖民地，严格限制德国军备，规定德国赔款，阿尔萨斯和洛林重归法国，恢复法国在普法战争前的疆界等；有限地承认民族自决权，在东欧、东南欧、中东重建、新建了一批民族国家；制定《国际联盟条约》，成立国际联盟。规定美、英、日、法相互尊重彼此在太平洋区域属地和领地的权利等；协调列强制海权，使美国取得同英国对等的制海权，限制英国、日本的海军军备；处理"中国问题"，列强同意将"门户开放""机会均等"作为侵略中国的共同原则。

国际联盟（简称国联）是凡尔赛-华盛顿体系的重要组成部分，体现了战后的国际政治秩序。国联是第一个由主权国家组成的世界性国际组织，成立的宗旨是促进国际合作和实现世界和平与安全。但是，国联形成决议的"全体一致"原则，使其失去了对侵略行为采取任何有效行动的可能性，无法制止战争的发生，英法则将国联作为维护自己既得利益、操纵国际事务的工具。因此，国联在制裁侵略、保卫世界和平方面没有发挥应有的作用。

凡尔赛-华盛顿体系的建立，有利于世界局势的缓和，有利于资本主义国家恢复经济，有利于苏联社会主义政权的巩固和五年计划实施。由于民族自决权得到承认，殖民地半殖民地民族意识的高涨，民族独立斗争更加成熟。国际联盟的创立，开创了国际合作的新形式，为后来的国际组织提供了有益的经验。但是，凡尔赛-华盛顿体系是帝国主义重新瓜分世界的体系，是战胜国分赃、妥协的产物。帝国主义各国政治经济的不平衡发展、战胜国分赃不均的矛盾以及战胜国与战败国矛盾的进一步激化，注定了凡尔赛-华盛顿体系必然崩溃的命运。

第二节 俄国十月社会主义革命

一、列宁主义的形成

19世纪末20世纪初，俄国资本主义经济不断发展，沙皇专制统治却持续强化，社会矛盾日益尖锐。工业的发展造就了俄国第一代产业工人。1898年，俄国社会民主工党宣告成立，展开了有组织的工人运动。

1900年，流亡国外的列宁创办《火星报》，宣传马克思主义，为建立新型无产阶级政党作了思想和组织上的准备。1903年，俄国社会民主工党举行第二次代表大会，列宁的拥护者在中央委员会中占多数，被称作"布尔什维克"。这次大会标志着布尔什维克党的建立。党的指导思想是"布尔什维主义"，也就是列宁主义。列宁认为，帝国主义是资本主义发展的最高阶段，"是无产阶级社会革命的前夜"；由于资本主义发展的不平衡规律，俄国是"帝国主义链条中最薄弱的一环"；"社会主义可能在少数甚至单独一个资本主义国家内获得胜利"；工人阶级要以暴力推翻资产阶级政权，建立无产阶级政权。

列宁深刻洞悉帝国主义时代资本主义发展新特征，把马克思主义基本原理与俄国革命具体实际结合起来，形成了列宁主义，创造性地提出社会主义可能在一国或数国首先取得胜利等一系列社会主义革命和社会主义建设理论，为帝国主义时代的无产阶级革命提供了强大思想武器。

二、十月革命的胜利和苏维埃政权建立

第一次世界大战使俄国经济濒于崩溃，给人民带来深重的灾难，社会各种矛盾空前激化。列宁提出了变帝国主义战争为国内战争的口号。1917年1月22日，即俄历2月9日，俄国爆发革命运动，即"二月革命"。二月革命推翻了罗曼诺夫王朝的沙皇统治，建立了资产阶级组成的临时政府。革命期间，彼得格勒工人和士兵建立新的政权——工兵代表苏维埃。彼得格勒工兵代表苏维埃与资产阶级临时政府并立，形成了两个政府并立的局面。

二月革命后，资产阶级临时政府为了巩固统治，暂时放松了对布尔什维克党的镇压，俄国国内政治环境有所改善，布尔什维克党恢复公开活动。布尔什维克党利用有利形势，积极组织群众，开展革命斗争。1917年4月，列宁从瑞士回到彼得格勒，作了题为《论无产阶级在这次革命中的任务》的报告，全面分析了俄国革命的特点、前途等重大问题，提出了将俄国革命从资产阶级民主革命向社会主义推进的战略和策略。

1917年7月，临时政府命令俄国在西南战线发起进攻，结果遭到惨败。消息传到首都，激起了广大人民的愤怒。在布尔什维克党的领导下，彼得格勒50多万工人、士兵和水兵上街游行，要求全部政权归苏维埃，要求苏维埃中央执委会立即夺取政权。临时政府镇压示威群众，公开反对革命，接着展开全面进攻并完全掌握了政权。这次事件造成400余人伤亡，被称为"七月事件"。

七月事件后，列宁及时调整布尔什维克党的策略，把和平过渡的策略改变为武装起义的策略。1917年11月7日，即俄历10月25日，布尔什维克党领导彼得格勒工人赤卫队员、革命士兵进行武装起义，占领临时政府所在地冬宫，即"十月革命"。次日，全俄工兵代表苏维埃第二次代表大会召开，发布《告工人、士兵和农民书》，宣布推翻临时政府，成立布尔什维克党领导的苏维埃政权，选举产生了全俄中央执行委员会，列宁当选为人民委员会主席。颁布《土地法令》，消灭俄国的封建土地制度和地主阶级，改变生产资料所有制，建立社会主义的经济基础。颁布《和平法令》，宣布退出帝国主义战争。这次大会标志着苏维埃政权在俄国正式建立，宣告了世界上第一个社会主义国家诞生。

十月革命胜利是俄国与世界历史进程的划时代事件。十月革命建立了人类历史上第一个无产阶级领导的以工农联盟为基础的社会主义国家，使占俄国人口绝大多数的工人和农民第一次摆脱被奴役被剥削地位，成为国家政治生活的主人。十月革命沉重打击了帝国主义对世界的统治，为各被压迫民族和殖民地半殖民地从帝国主义压迫下解放出来，开辟了广泛的可能性和

现实道路,推动了被压迫国家、被压迫民族争取独立、自由和解放的革命运动,改变了20世纪的世界格局。十月革命打破了资本主义制度的一统天下,社会主义作为一种崭新的社会制度出现在世界历史舞台。

三、苏维埃俄国巩固新生政权的斗争

全俄苏维埃政权建立后,为巩固革命政权,列宁和布尔什维克党采取了一系列措施,建设苏维埃政权。

在列宁的建议下,在全俄苏维埃中央执行委员会和工农临时政府——人民委员会下,设置陆海军、司法、内务、外交、财政和其他领域的共13个人民委员部,执行无产阶级专政的各种职能。在布尔什维克党的领导下,苏俄建立了一支具有高度政治觉悟、纪律严明的红军,取消旧警察、旧法院,成立由工农组成的苏联民警和人民法院,改变生产资料私有制,建立社会主义公有制,进行了土地改革和农业的社会主义改造。

1918年1月全俄工兵农苏维埃第三次代表大会召开,批准了列宁起草的《被剥削劳动人民权利宣言》,宣布"俄国为工兵农代表苏维埃共和国,中央和地方全部政权属于苏维埃,俄罗斯苏维埃共和国是建立在自由民族的自由联盟基础上的各苏维埃民族共和国联邦"。新型的苏维埃国家制度正式确立。

1918年7月,第五次全俄苏维埃代表大会通过苏俄宪法,明确规定了苏维埃政权的无产阶级性质,把苏维埃政府成立以来的社会主义革命和建设成果用根本大法的形式固定下来。这是人类历史上第一部社会主义性质的大法,是列宁和俄国布尔什维克党为巩固无产阶级专政而斗争所取得的伟大胜利。

从1919年春到1920年年底,英国、法国、美国、日本等协约国集结了30万干涉军队,勾结俄国国内的反动势力对苏俄不宣而战,发起了三次大规模疯狂进攻。俄共(布)组织红军进行抗击,号召全国人民支援前线,在军民的共同努力之下,击败了协约国的进攻,捍卫并巩固了年轻的苏维埃政权。

1918年夏,国内战争开始后,为了把有限的力量集中起来保证战争的胜利,苏维埃政府实行战时共产主义政策。主要内容有:实行余粮征集制,将农民除口粮、种子粮和饲料外一切余粮收集到国家手中;将大中企业收归国有,对小企业实行监督;实行最小限度的商品交易和最大限度的国家分配,国内贸易国有化,一切生活必需品都由国家集中分配;实行义务劳动制和劳动军事化。

这些政策保证了前线的粮食和其他生活必需品的供应,但严重损害了农民的利益,导致战后的经济和政治危机。

1921年3月,苏俄政府决定实行新经济政策。新经济政策的重心是调整国家与农民的关系,通过粮食税代替余粮收集制等措施建立工农联盟。在坚持发展社会主义大生产和国家掌握国民经济命脉的前提下,允许私营企业有一定程度的发展,并以租让制等形式在一些经济部门引入外国资本。新经济政策的实施稳定和恢复了国民经济,巩固了苏维埃政权。

1922年12月30日,苏维埃社会主义共和国第一次苏维埃代表大会在莫斯科召开,宣告建立苏维埃社会主义共和国联盟,简称"苏联",制定了第一部宪法。加入苏联的有俄罗斯、乌克兰、白俄罗斯和外高加索四个共和国。1924年1月,苏联第二次苏维埃代表大会批准了苏联宪法,从法律上把苏维埃共和国联盟的形式固定下来。

第三节　第二次世界大战与雅尔塔体系的形成

一、法西斯主义与亚欧战争策源地的形成

(一) 法西斯主义

第一次世界大战结束后，意大利、德国和日本产生了法西斯组织。1919年墨索里尼成立了"战斗的意大利法西斯"，是世界上第一个法西斯主义政党，后更名为"国家法西斯党"。1922年，墨索里尼建立了法西斯政权。1920年，希特勒组建"民族社会主义德意志工人党"，简称"纳粹党"，是德国法西斯运动的开始。1921年冈村宁次、东条英机等日本军人订立密约，要求"消除派阀、刷新人事、改革军制、建立总动员态势"，是日本军部法西斯的开始。

法西斯主义以极端民族主义为基本特征，反对自由主义和共产主义，主张对内实行恐怖独裁统治，对外侵略扩张，发动战争，争霸世界。

(二) 欧洲战争策源地的形成

经济危机使德国本来就十分脆弱的经济跌入低谷，社会各阶层普遍对政府失去信任，法西斯势力迅速发展。纳粹党利用民众对《凡尔赛条约》的强烈不满，煽动民族复仇主义，种族狂热和对外扩张得到了广泛的支持。1932年，在国会选举中纳粹党一跃成为国会第一大党。1933年，纳粹党夺取德国政权，希特勒出任德国总理，建立法西斯独裁统治。1934年，希特勒成为国家元首，集总统、总理和军队最高统帅于一身。

为巩固统治，纳粹党打击德国共产党，取缔其他一切政党；实行国民经济军事化；严密控制文化思想教育领域，用纳粹党的理论钳制人们的思想；疯狂迫害犹太人，推行种族灭绝政策。1933年，德国退出国际联盟；1935年，撕毁《凡尔赛和约》，扩充陆军、重建空军，建造军舰；1936年，德军开进莱茵非军事区，进一步践踏《凡尔赛和约》。德国走上了对内实行恐怖统治、对外积极扩张的道路。

为巩固统治，意大利大资产阶级希望实行极权统治。1921年，法西斯党建立，1922年10月，墨索里尼进军罗马，发动政变，建立了世界上第一个法西斯政权。意大利为了实现称霸地中海地区的野心，在1935年10月入侵埃塞俄比亚。1936年，意大利和德国结成轴心国。1938年，德国吞并奥地利，并对捷克斯洛伐克提出领土要求。而英法实行绥靖政策，与德意签订《慕尼黑协定》，把苏台德地区割让给德国，更加助长了法西斯国家的侵略野心。欧洲战争的策源地形成。

(三) 亚洲战争策源地的形成

世界经济危机重创日本经济，以军部为核心的法西斯势力要求在天皇的名义下建立法西斯独裁政权，实行对侵略扩张。1936年的"二二六"兵变后，受军部控制的广田弘毅上台组阁，建立军事法西斯专政，积极准备扩大侵略战争。

日本法西斯分子认为，摆脱危机的出路是对外扩张，他们声称"满蒙"是日本的生命线，妄图把中国东北变成日本独占的海外市场和殖民地，进而征服中国，最终征服世界。1931年，日本军队发动九一八事变，侵占中国东北。1936年，日本建立军事法西斯专政，以扩大对外侵略为基本国策。亚洲战争策源地最终形成。

1936年，德国和日本签订《反共产国际协定》。1937年，意大利加入，形成"柏林－罗马－东京"三国轴心。

二、第二次世界大战的爆发与进程

（一）德国入侵波兰与"二战"全面爆发

1939年9月1日，德国以"闪击战"突袭波兰，英法被迫对德宣战，第二次世界大战全面爆发。

英、法原本指望德国占领波兰后向东进攻苏联，但德国却挥戈西向，直指英、法等国。1940年4—5月，德军进攻北欧和西欧各国，占领了丹麦、挪威、荷兰、比利时和卢森堡。德军绕过法国的马奇诺防线，侵入法国境内，英法联军迅即崩溃。希特勒突然命令德军停止追击，给了英法军队以喘息的机会，从5月26日—6月4日，英国成功地从法国的敦刻尔克将33.6万英法联军及少数比利时军队撤退到英国，史称"敦刻尔克大撤退"。6月5日，德军转兵向南，突破索姆河防线，向巴黎推进。10日意大利向法国宣战，从阿尔卑斯山入侵法国。法国政府投降。

法国战败投降后，希特勒企图诱降英国，未能奏效。随后对英国发动了猛烈的空袭和潜艇战，丘吉尔领导英国军民毅然走上了坚决抵抗法西斯侵略之路，动员全国军民抗战。英国军民顽强抵抗，德军遭受沉重打击，放弃进攻英国，掉头进攻苏联。

（二）苏德战争爆发

1941年6月22日，德国撕毁《苏德互不侵犯条约》，兵分三路对苏联发动了闪击战。在苏联共产党和斯大林的领导下，苏联人民开始了伟大的卫国战争。由于准备不足，苏军仓促应战，损失惨重。短短三个多月的时间，北路、中路及南路德军围困列宁格勒，攻下通向莫斯科的要塞斯摩棱斯克和苏联重镇敖德萨。

1941年9月，德军向莫斯科发动强大攻势。苏联军民开始了莫斯科保卫战。在国家生死存亡的紧急关头，斯大林在红场发表演说，号召苏联军民以钢铁般的意志阻止德军侵略，数十万红军参加了红场阅兵式，并直接开往前线。11月底，德军推进到莫斯科近郊，遭到苏军顽强抵抗。随后苏军展开反击，到1942年1月，取得了莫斯科保卫战的胜利，打破了德军常胜不败的神话，宣告了德国闪击战的破产，极大地增强了苏联军民打败德国的决心，鼓舞了世界各国人民夺取反法西斯战争胜利的信心。

（三）太平洋战争爆发

1941年12月8日，日本偷袭了美国在夏威夷的军事基地珍珠港，经过3小时轰炸，炸沉、炸伤美舰24艘，击毁飞机260余架，炸死炸伤官兵3680余人，美国太平洋舰队遭受重创。

与此同时，日本40万陆军在空军的配合下，向东南亚地区和太平洋岛屿发动袭击，美、英、荷守军猝不及防，迅速败退。随后，美、英等20余国相继对日宣战，太平洋战争爆发。不久，日军又迅速占领了西起缅甸、马来亚，东至中部太平洋的吉尔伯特岛，南到新几内亚、所罗门群岛，北达阿留申群岛的广大区域。虽然日本军事上进展顺利，但战略上却面临着在中国战场和太平洋战场两线作战的境地。

（四）国际反法西斯联盟的建立

第二次世界大战爆发后，德军席卷欧洲，法国败降，英国岌岌可危。美国在欧洲的利益受到严重损害，意识到不能再置身战争之外，开始公开支持英、法等国的反法西斯斗争。美国以租借的形式向英国等反法西斯国家提供帮助。

1942年1月1日，美、英、苏、中等26个国家的代表，在华盛顿签署了《联合国家宣言》，保证运用全部军事与经济资源对德意日及其仆从国作战,不与法西斯国家合作,不单独同法西斯国家缔结停战协定或和约。此后又有21个国家陆续加入。《联合国家宣言》的发表,标志着以美、英、苏、中为首的反法西斯联盟正式形成,也为联合国的建立奠定了初步的基础。

三、世界反法西斯战争的战略转折

1942年下半年至1943年,反法西斯盟国经过艰苦抵抗,在欧亚非实现了反法西斯战争的战略转折。

(一) 斯大林格勒会战

在苏德战场,1942年6月,德军进攻斯大林格勒。10月,苏军秘密调集了重兵从斯大林格勒南北两面对德军实施反包围。到1943年2月2日,苏军仅在斯大林格勒就歼灭德军14万人,俘虏9万余人。在长达200天的战斗中,德军及其仆从军死亡、失踪及被俘近150万人,约占其在苏德战场总兵力的四分之一。

斯大林格勒保卫战的胜利,扭转了苏德战场的整个战略形势,苏军夺取了战略主动权,开始战略反攻,德军开始退却。

希特勒不甘心失败,发动夏季攻势以扭转战局。苏德在莫斯科与基辅之间的库尔斯克地区展开激战,德军溃败,再也无力发动战略性进攻,最终丧失了战役主动权。苏军乘胜追击,进行反攻作战,先后解放了顿巴斯、收复了基辅,将战线向西推进了400余千米,为大反攻创造了条件。

(二) 盟军在北非的胜利

在北非地中海战场,1942年5月26日,德军向驻守埃及的英军发动新一轮进攻,攻陷托卜鲁克,直指阿拉曼。8月31日,德军向阿拉曼发动进攻。蒙哥马利指挥英军分南北两路向德军发动猛烈攻击。1943年1月23日,英军占领的黎波里,阿拉曼战役结束。德意法西斯军开始节节败退。阿拉曼战役扭转了北非战场的战争局势。

与此同时,英美联军在卡萨布兰卡地区登陆,进攻突尼斯。法国维希政府军队和德意军队相继投降,盟军控制了北非。1943年1月,美国总统罗斯福与英国首相丘吉尔在卡萨布兰卡举行会晤,决定在地中海开辟新战场。艾森豪威尔被任命为英美联军总司令。7月9日,盟军开始在西西里岛登陆。8月16日,盟军攻占西西里,打开了意大利的南大门。9月3日,意大利政府同美英签署了投降书。意大利投降标志着三国同盟的瓦解,沉重打击了法西斯国家,为盟军从地中海进攻德国打开了前哨阵地。

(三) 太平洋战场的转折

1942年6月4日,日本海军发动了中途岛战役,想要消灭美国太平洋舰队主力。美国太平洋舰队通过破译日军密码获悉了日军全部计划,早就秘密地将3艘航空母舰埋伏在中途岛附近海域,不等日本进攻美军就发起了攻击。经过一天多的激战,日军4艘航空母舰全部被击沉,330架飞机被击毁;而美军损失了1艘航空母舰和147架飞机。在美军的追击下日本海军狼狈撤退。中途岛海战是太平洋战场战略转折的开始,日本海军舰队从此一蹶不振,失去了太平洋的制海权。

之后美日双方又在瓜达尔卡纳尔岛发生激战,最终日军落败,瓜岛战役完成了太平洋战场的战略转折。紧接着美军又攻占了新几内亚、马绍尔群岛、硫磺岛和冲绳岛,完成了最后进攻日本本土的准备。

（四）世界各国人民的反法西斯斗争

在第二次世界大战中,德国和日本分别在其占领区建立了"欧洲新秩序"和"大东亚新秩序",疯狂掠夺被占领国的资源和财产,对广大人民进行惨无人道的统治和压榨。世界各国人民针对法西斯的侵略展开了艰苦卓绝的抵抗。各地的反法西斯斗争沉重打击了德、意、日法西斯,加速了它们的失败。中国战场旷日持久的反法西斯斗争牵制、打击了日本陆军主力,有力地支援了盟国在太平洋战场和欧洲战场的作战。

四、世界反法西斯战争的胜利与历史意义

从1944年开始,盟军展开了全面的战略反攻。欧洲战场上,1944年6月,美、英盟军从英国横渡英吉利海峡,在法国诺曼底登陆,为盟军从西线进攻德国开辟了道路。盟军在西线大举进攻,与东线的苏军一起对德国形成东西夹攻之势。在苏、美、英东西夹击之下,1945年5月9日,德国战败投降。在亚太战场,中、美、苏和其他亚洲各国团结奋战,迫使日本于1945年8月15日宣布战败投降。

第二次世界大战是人类历史进程上划时代的事件,是20世纪世界历史从战争到和平的转折点,对世界历史进程的发展具有深远影响。

第二次世界大战是人类有史以来一次规模最大的全球性战争。战争使人类在物质上和精神上蒙受了前所未有的损失,无论战胜国还是战败国都伤亡惨重,给国家、民族、社会、家庭与个人造成了巨大的精神创伤,也使各国人民深刻认识到战争的危害与和平的珍贵。

第二次世界大战彻底改变了国际政治格局并打破了旧的国际政治秩序结构,加速了欧洲的衰落,促进了美苏的崛起,改变了世界范围内的力量对比。

第二次世界大战为一系列欧亚国家走上社会主义道路创造了条件。战争从根本上动摇了殖民主义统治的根基,加速了殖民体系的瓦解,形成了战后民族解放运动的高潮。战争还推动了科学技术的发展,为战后科技革命的发展创造了条件,对战后人类生活面貌的改变起到了重要作用。

五、第二次世界大战后的国际秩序的建立

第二次世界大战中后期,反法西斯同盟国的首脑相继在开罗、德黑兰、雅尔塔和波茨坦等地召开会议,缔结了一系列条约和协定,建立了战后国际秩序,史称"雅尔塔体系"。

雅尔塔体系的主要内容包括:重新确定欧亚国家版图,德国由美、英、法、苏分区占领,日本由美国单独占领;日本领土限制在四个岛屿和若干小岛,退出第一次世界大战以来在太平洋区域所占的一切岛屿以及日本窃取中国的领土,如东北地区,将台湾及其附属岛屿、澎湖列岛等归还中国;承认朝鲜独立;审判战犯,肃清法西斯主义和军国主义;对德、意、日的殖民地及国联的委任统治地实行托管,原则上承认被压迫民族的独立权利;美、英、苏划分势力范围;成立联合国;等等。

1945年10月24日成立的联合国,作为由主权国家组成的国际组织,体现了第二次世界大战后的国际政治秩序。其宗旨是维护国际和平与安全,加强国际合作,促进全球经济社会发展。联合国吸取国联的教训,将制裁侵略的权力集中于安理会,实行形成实质性事项的决议需要五个常任理事国一致同意的"大国一致"原则,使和平解决争端和制裁侵略具有更强的可操作性。

雅尔塔体系以建立和维护世界和平为主要目标,提倡不同社会制度国家之间的共处与合

作。但是，它也是大国相互妥协的产物，带有明显的强权政治色彩，严重损害了一些国家的利益。

第四节　第二次世界大战后的世界

一、冷战开始与两极格局形成

（一）冷战开始

冷战是指20世纪40年代中后期至80年代末90年代初，以美、苏为首的两大集团之间逐步形成既非战争又非和平的长期对峙与竞争的状态。

第二次世界大战结束后不久，美国就在"反对共产主义扩张"旗号下，对苏联实行遏制和敌对行动，率先挑起了冷战，苏联予以反击。

随着冷战的发生和发展，逐渐形成了两极阵营。

在资本主义国家中，政治上，1946年3月，丘吉尔在美国富尔敦发表反苏反共的"铁幕演说"，主张遏制苏联，对抗共产主义运动。1947年3月12日，杜鲁门在美国国会发表了关于遏制苏联和"共产主义扩张"的国情咨文，提出要对以苏联为首的社会主义国家进行遏制。这标志着杜鲁门主义的出台，表明美国公开放弃同苏联合作的政策，拉开了冷战的帷幕。经济上，1947年，美国提出对欧洲经济援助计划，即"马歇尔计划"，巩固了西欧的资本主义制度，同时通过在经济上扶持西欧以达到在政治上控制西欧国家的目的。军事上，1949年，美、英、法等12个国家在华盛顿签署《北大西洋公约》，成立北大西洋公约组织，简称"北约"。1952年希腊与土耳其加入北约。1955年，联邦德国加入北约。北约的防御范围包括西欧、北非和南欧。资本主义阵营组建完毕，开始对社会主义国家进行遏制。

美国的遏制使苏联和东欧国家的安全受到威胁，他们开始加紧组建社会主义阵营。政治上，1947年9月，苏、南、波、罗、捷、匈、保、法、意等九个国家成立了共产党和工人党情报局，以加强各党之间的联系和交流。经济上，1949年，苏联同保加利亚、匈牙利、波兰、罗马尼亚、捷克斯洛伐克等国家建立了经济互助委员会，简称"经互会"，形成了以苏联计划经济模式为主导的经济体系。军事上，1955年，苏联成立包括民主德国和其他东欧国家在内的华沙条约组织，简称"华约"。

北约和华约两大政治军事集团的形成，标志着战后东西方对峙的两大阵营与两极国际格局正式形成。

（二）冷战的发展与多极力量的成长

20世纪50年代中后期，东西方关系既有缓和，又有激烈的冷战对抗。在美苏开展对话的同时，发生了第二次柏林危机和古巴导弹危机。这两次危机虽然没有达到局部热战的程度，但它们所带来的战争特别是核战争的风险是空前严重的。

1958年11月，苏联要求美、英、法三国在6个月内从西柏林撤军，遭到坚决反对，第二次柏林危机爆发。1961年8月12—13日，东德在西柏林周围拉起一道全长约154千米的路障和铁丝网，后来改建成水泥墙。这就是"柏林墙"。美国对此提出强烈抗议，并派装甲部队来到柏林墙下，与苏联坦克对峙，但双方避免发生直接军事冲突。

1962年10月，美国指责苏联在古巴部署导弹，苏联否认，古巴导弹危机爆发。美国出动包括8艘航空母舰在内的183艘军舰和包括携带核武器的B-52轰炸机在内的大批飞机,将古巴"隔离"。美苏军队都进入战备状态,并摆出一副不惜动用核武器的姿态。但是,美苏对危机的处理十分谨慎,双方领导人多次通信,通过秘密谈判,结束了危机。

与此同时,世界发生了深刻变化。欧洲共同体的成立和发展,日本经济的"起飞"及其要成为"政治大国"的追求,表明以美国为首的西方阵营逐渐分化。西欧和日本逐渐成为重要的国际力量。

苏联的大国主义和民族利己主义所导致的东欧国家反对苏联控制的斗争,以及中苏关系的破裂,表明以苏联为首的社会主义阵营的瓦解。

以中国自力更生拥有"两弹一星"、中华人民共和国恢复在联合国的合法席位、美国总统尼克松正式访华等重大事件为标志,中国成为国际社会中不可忽视的政治力量。

中国的发展与第三世界的兴起同步进行。1955年,29个亚非国家和地区第一次在没有西方殖民国家参加的情况下举行了万隆会议,由此诞生了体现和平共处原则的"万隆精神"。万隆会议及在此基础上形成的不结盟运动,是发展中国家以独立的政治力量登上国际政治舞台的重要标志。

国际关系的这些变化,对美苏两极格局造成了有力冲击。

(三)两极格局的瓦解

1979年,苏联入侵阿富汗,美国再次加强对苏联的遏制,同时大搞军备竞赛,提出并着手实施"战略防御计划",企图拖垮苏联。

1985年以后,美苏关系走向缓和。其重要表现是:美苏首脑多次会晤,建立了多层次对话机制;1987年,美苏签署《关于消除两国中程和中短程导弹条约》,1991年,两国签订《美苏关于削减和限制进攻性战略武器条约》,裁军取得重要进展;苏联实行战略收缩,从阿富汗撤军,宣布不再干涉东欧事务,同意两德统一;等等。

苏联与中国关系也实现了正常化。

与此同时,苏联放任西方对东欧的"和平演变"攻势,国内改革背离了社会主义方向,放弃共产党的领导地位,最终形成东欧剧变、苏联解体的局面。

苏联解体,两极格局崩溃,持续近半个世纪的冷战随之结束。两极格局中出现的世界多极化趋势不可逆转。

第五节 苏联和东欧社会主义国家的发展与变化

从20世纪50年代中期起,苏联和东欧各社会主义国家开始对原有的政治经济体制进行改革,但在复杂的国际国内形势中,各国的改革在艰难曲折中发展。戈尔巴乔夫的改革背离了社会主义方向,导致苏联解体和东欧剧变,国际共产主义运动受到严重挫折。

一、苏联的发展、改革与解体

(一)赫鲁晓夫的改革

第二次世界大战结束后,苏联进入和平建设时期,斯大林体制的弊端日益暴露,国内教条主义盛行,人民思想僵化。斯大林逝世后,以赫鲁晓夫为首的苏联领导人开始着手对旧体制进行改革。其主要内容包括:增加农业投入,允许集体农庄有一定的生产经营自主权,把农产品义务交售制改为收购制,提高农产品收购价格;改革工业管理体制,把部分企业管理权下放;平反冤假错案,反对个人集权,加强党的集体领导,改革干部制度;等等。

这些改革注入某些市场经济成分,取得了一些成效。农业发展,耕地面积和粮食产量有所增强。1957年苏联成功发射了世界上第一颗人造卫星。1961年苏联宇航员尤里·加加林成为世界上第一个进入太空的宇航员。但改革没有从根本上改变苏联高度集中的政治经济体制,国民经济比例严重失调。

1956年赫鲁晓夫在苏共二十大上作了《关于个人迷信及其后果》的秘密报告,打破了对斯大林的个人崇拜,但没有对斯大林的功过作出全面科学的分析,造成严重的后遗症。

(二) 勃列日涅夫的改革

1964年10月,勃列日涅夫出任苏共中央第一书记。为克服赫鲁晓夫唯意志论造成的混乱局面,他采取了"稳定局势"的方针,纠正了赫鲁晓夫的一些错误措施,同时在某些方面继续进行改革。

在政治体制方面,加强党的集中统一领导。在民主和法制建设方面,建立了从最高苏维埃到各级苏维埃的人民监督机构,形成了比较完整的监督体系。在农业方面,继续通过修改农产品采购制度、提高农产品收购价格等方式促进农业生产。在工业方面,推行了"新经济体制"。扩大企业自主权,利用奖金等经济杠杆促进企业改善管理,提高效益。改革只是对传统体制的修修补补,效果有限。勃列日涅夫执政后期,热衷于个人迷信,专断作风严重,各项工作缺乏活力,社会矛盾丛生,发展缓慢,人民不满情绪增长,国家处于危机前的困境。

(三) 戈尔巴乔夫的改革与苏联解体

1985年,苏共中央总书记戈尔巴乔夫开始在经济领域进行改革,对经济体制进行根本性变革,承认市场调节在社会主义经济中的作用。在经济改革陷入困境后,戈尔巴乔夫骤然把改革重点转向政治体制领域,取消苏共领导地位,放弃社会主义制度,实行议会制、总统制和多党制,在意识形态上抛弃马克思主义指导,实行"多元化",造成思想混乱,民族分离主义随之兴起。1990年,立陶宛率先独立。随后,俄罗斯发表主权宣言,其他加盟共和国也纷纷效仿。

1991年8月19日,苏联副总统亚纳耶夫等八人宣布成立国家紧急状态委员会,发动政变,试图阻止苏联分裂,但很快以失败告终。到1991年12月,除了俄罗斯和哈萨克斯坦外的所有加盟共和国,都已脱离了苏联。1991年12月21日,11个独立国家领导人在哈萨克斯坦首都阿拉木图举行独立国家首脑会议,正式宣告建立独立国家联合体,苏维埃社会主义共和国联盟不复存在。12月25日戈尔巴乔夫在电视讲话中宣布辞职,将国家权力移交给俄罗斯总统。戈尔巴乔夫的改革,以苏共亡党、苏联解体而终结。

二、东欧的社会主义建设、改革和剧变

(一) 东欧社会主义国家的建设与改革

第二次世界大战胜利前后,东欧各国人民经过艰苦斗争,在苏联的帮助下建立了一系列人民民主国家。东欧各国着手恢复遭到战争破坏的经济,提高了人民生活水平和教育水平,但它们大多照搬苏联模式,造成国民经济比例失调、经济发展缺乏活力等问题。一些东欧国家希望摆脱苏联控制,通过改革,走独立发展的道路。

南斯拉夫最早开始改革,1950年颁布《工人自治法令》,实行工人自治。经过多年实践,建立了社会主义自治制度。这是南斯拉夫根据本国国情开创的独立建设社会主义的道路。通过

权力下放，调动地方、企业和群众的积极性，促进了经济发展。但改革导致地方主义抬头，民族问题尖锐，为后来国家的分裂埋下了隐患。

波兰从50年代末开始改革，批判个人崇拜，扩大社会主义民主；改革国民经济管理体制；纠正农业集体化中的偏差；推行开放政策，发展同资本主义国家之间的经济交流。但由于改革受到各种反对势力的干扰，同时缺乏群众基础，1985年后趋于停顿。

东欧其他国家的社会主义改革也曾取得显著成效。匈牙利在1968—1973年间国民收入年递增率为6%，人民消费水平也以5%～6%的速度提高，人民群众比较满意。民主德国经济稳步增长，经济发展水平居东欧国家之首。

（二）东欧社会主义国家的剧变

东欧各国的改革都没有突破苏联模式的束缚，到20世纪80年代，一些东欧国家经济陷入严重困境，政局剧烈动荡。在苏联鼓励东欧改革和西方和平演变战略影响下，东欧执政的共产党或工人党领导迷失了社会主义方向，否定马克思主义指导，否定社会主义制度，抛弃共产党领导地位，实行政治多元化。1989—1992年，东欧各国社会政治经济制度急剧变化。

波兰、匈牙利、保加利亚、阿尔巴尼亚通过选举实现了政权的和平过渡；罗马尼亚发生流血冲突；民主德国并入了联邦德国；捷克斯洛伐克分为捷克和斯洛伐克两个国家；南斯拉夫经过激烈内战，最终解体。

（三）东欧剧变的教训与影响

东欧剧变使国际共产主义运动遭受重大挫折，给世界社会主义的发展留下深刻的历史教训，促进了人们对社会主义的反思。社会主义国家必须把马克思主义基本原理同本国实际相结合，探索适合时代条件和本国国情的社会主义建设道路；必须以经济建设为中心，建立社会主义强大的物质基础，满足人民群众不断增长的物质文化需求；必须不断加强社会主义民主建设，健全和完善社会主义法治；必须加强执政党自身建设，始终保持党和人民的血肉联系，不断增强党的凝聚力和战斗力；必须加强党对意识形态领域工作的领导，坚决抵制西方的和平演变。

东欧剧变对世界产生深远的影响。东欧剧变给世界社会主义运动的发展造成极大挫折。世界上的社会主义国家只有5个，各国共产党员数量从4400多万锐减为1000多万，国际共产主义运动陷入低潮。东欧剧变使世界格局和国际形势出现了根本性转换。苏联解体标志着两极格局瓦解，冷战结束。国际战略力量对比关系发生了重大变化，世界呈现西强东弱的态势。国际关系相对缓和，国际形势总体和平；但是，苏联解体后留下的权力真空成为各方势力激烈争夺的地区，这些地区热点频发、动乱加剧。

第六节　当代世界发展的主要特点与主要趋势

一、经济全球化不可逆转

（一）经济全球化持续深入发展

经济全球化是一个历史发展的过程，可追溯到新航路的开辟和资本主义在西欧的兴起。工业革命后，世界市场更加扩大，国际贸易和国际投资迅速发展。第二次世界大战结束后，建立的国际货币基金组织、世界银行和关贸总协定，进一步加速了经济全球化进程。20世纪70年代以来，以信息技术为代表的新的科学技术的发展成为经济全球化的主要推动力量。

20世纪90年代,经济全球化呈现加速发展趋势。跨国公司迅猛发展,形成了全球产供销网络,使国际分工的形式和格局发生了显著变化,推动国际分工立体化,形成高度发展的全球分工体系。发达国家发展高技术产业,生产高附加值产品,一部分发展中国家逐步成为世界加工厂,主要从事资本密集型产品和部分技术密集型产品的生产,而大多数发展中国家则主要从事劳动密集型产品和初级产品的生产。这使各国各地区的生产成为全球生产体系的一部分。1995年世界贸易组织正式成立。进入21世纪,随着以互联网、人工智能等为代表的新一轮科学技术的发展,经济全球化成为强劲的时代潮流。

经济全球化在加快世界经济发展的同时,也在全球范围内扩大了贫富差距;它创造了更多的财富增长机会,又增加了经济失控的风险;它在极大满足人们物质需求的同时,也加剧了日益严峻的生态环境问题和社会性结构失衡问题。

(二)世界区域经济集团化

在经济全球化发展的过程中,区域经济集团化也在发展。当今世界已形成以欧盟、北美自由贸易区、亚太经济合作组织三大区域经济集团并存的格局。

欧盟是世界上经济一体化程度最高的区域组织。1952年,法国、联邦德国、意大利、荷兰、比利时和卢森堡六国组建了欧洲煤钢共同体。1958年,六国又建立了欧洲经济共同体和欧洲原子能共同体。1965年4月8日,六国签署了《布鲁塞尔条约》,上述三个机构融为一体,统称为欧洲共同体。1992年,欧共体成员国签订《马斯特里赫特条约》,改名为"欧洲联盟"。欧盟经历了七轮扩大,现共有27个成员国。

北美自由贸易区是世界上第一个由发达国家和发展中国家组成的区域经济集团。为应对经济全球化和欧洲一体化的挑战,实现自身发展,美国、加拿大和墨西哥于1992年签订《北美自由贸易协定》,建立北美自由贸易区组织。该协定从1994年开始生效。协定签订后,三国间的经济交流大大加强,实现经济上的互补,推动了三国的经济发展,但给发展中国家墨西哥带来了一些负面影响。一些美洲国家在其影响下认识到经济合作的重要性。2020年11月《美加墨协定》取代《北美自由贸易协定》。

亚太经合组织是亚太地区层级最高、领域最广、最具影响力的经济合作组织。1989年,12个国家的外长在澳大利亚首都堪培拉举行亚太经济合作会议首届部长级会议,标志着亚太经济合作组织的成立。1991年11月,中国以主权国家身份,中国台北和香港(1997年7月1日起改为"中国香港")以地区经济体名义正式加入亚太经合组织。亚太经合组织共有21个成员。亚太经济组织的成立和发展,不仅使亚太地区在世界经济和政治格局中的地位和作用大大提高,而且在区域经济合作和一体化发展中走出一条行之有效的新路,引起了世界的广泛关注并产生了深远影响。

二、世界多极化深入发展

苏联解体后,俄罗斯联邦取代苏联在联合国的地位,拥有可以与美国匹敌的军事力量,推行多极化外交,在国际事务中的作用举足轻重。俄罗斯在加速推进独联体一体化的同时,通过上海合作组织维护中亚的和平、安全与稳定,并与欧盟、东欧国家、中国、印度、拉美、非洲展开了全方位外交活动。1997年,俄罗斯加入亚太经合组织,积极参与亚太区域经济一体化进程。2000年普京就任总统,明确提出重振俄罗斯的国家战略,积极谋求发挥大国作用,拓展发展空间。

欧盟成立后,继续向经济和政治一体化迈进。在国际事务中,坚持用一个声音说话,坚持反对恐怖主义,积极推动世界多极化进程,在国际组织和国际事务中发挥着重要作用。

日本在保持经济大国的同时,积极谋求政治大国地位。日本极力要获得联合国安理会常任理事国席位,同时大力重整军备,强化与美国的同盟关系,推行"多极外交"和"大国外交"。日本以日美关系为基础,加强日欧关系,构筑美、欧、日三极结构。在亚太地区,日本积极发展与中国、韩国及东南亚国家的经济关系,介入朝鲜核危机的解决,积极参加亚太经合组织和东盟地区论坛的活动。

中国进一步改革开放,坚持和平发展,积极开展多边外交,推动建设相互尊重、公平正义、合作共赢的新型国际关系,正在发挥并将继续发挥负责任大国的作用。国际金融危机爆发以来,中国对世界经济增长贡献率超过30%,为世界的繁荣稳定作出了重要贡献。中国以开放、包容的姿态努力将自身的发展变成与世界各国共同进步的机遇。作为联合国安理会常任理事国,中国坚定维护联合国在维护国际和平与安全领域发挥的主导作用,中国在国际维和行动、国际人道主义救援行动中扮演着重要角色。中国积极参与国际货币基金组织、世界银行等金融机构改革,支持扩大发展中国家在国际事务中的代表性和发言权。在深海、极地、太空、网络等新兴领域,中国主动引领国际规则的制定,为完善全球治理体系发挥着建设性作用。

广大发展中国家总体实力增强,成为推动世界多极化的重要力量。随着发展中国家整体实力增强,在国际事务中影响力也相应上升。2008年全球金融危机之后,二十国集团逐渐成为世界经济治理的主要平台,其中近一半国家是新兴市场国家和发展中国家,这些国家的国民生产总值约占世界总量的85%,人口近世界总人口的2/3,具有广泛的代表性。中国、俄罗斯、印度、巴西、南非等新兴大国组成的"金砖国家",在国际事务中发挥的作用越来越大。新兴市场国家和发展中国家在叙利亚、伊朗等地区热点问题上发挥着日益重要的建设性作用。

三、和平发展合作共赢成为时代潮流

(一)和平与发展成为时代主题

第二次世界大战后,尽管发生了冷战和多次局部战争,但是70多年以来,没有发生过新的世界大战,一些局部冲突也得到政治解决。由于长期和平的国际环境,世界范围内的经济、政治、社会、科技、文化等方面获得了惊人的发展,极大地改变了各国和整个世界的面貌。第二次世界大战后亚非地区的殖民地或半殖民地纷纷获得独立,成为它们经济社会发展的前提。经过几十年的和平发展,发展中国家在世界经济、政治生活中正在发挥越来越重要的作用。

和平与发展是当今时代的主题。和平是指世界的总体和平,发展是指世界的繁荣与发展。和平是发展的前提,发展是和平的保障,两者相辅相成。人类进入21世纪,世界多极化深入发展,经济全球化不可逆转,全球和区域合作未艾,各国之间的相互联系、相互依存,已经成为命运共同体。这一切都成为制约战争的有力因素,有利于维护世界和平。

(二)人类发展面临的全球性问题

世界并不安宁,和平与发展受到严重挑战。在发展方面,自2008年全球金融危机发生以来,世界经济存在增长动力不足,发达经济体需求萎缩、经济复苏乏力等问题。世界范围的贫富差距巨大状况没有改变。在和平与安全方面,地区热点问题此起彼伏,如"二战"后阿拉伯国家与以色列的争端、叙利亚内战问题等至今没有解决。此外,大规模杀伤性武器扩散、恐怖主义、网络安全、重大传染疾病、跨国刑事犯罪、生态环境恶化气候变化等问题蔓延。海洋权益和极地资源争夺日趋激烈,霸权主义和强权政治依然存在,人类面临许多共同问题,没有任何一个国家

可以独自面对,也没有哪一个国家能够退回到自我封闭的孤岛。

(三)在合作共赢中促进全球共同发展

全球性问题需要全球治理。

中国作为世界和平的建设者、全球发展的贡献者和国际秩序的维护者,为解决人类面临的共同问题,提出中国方案。一方面,中国继续高举和平、发展、合作、共赢的旗帜,坚持在和平共处五项原则基础上发展同各国的友好合作,推动建设相互尊重、公平正义、合作共赢的新型国际关系;另一方面,面对世界百年未有之变局,面对冷战结束后不公正不合理的国际秩序和全球治理出现的各种问题,中国提倡构建人类命运共同体,积极推动全球治理体系的变革。

人类命运共同体的建设是一个长期复杂和曲折的过程,中国政府已率先身体力行。2013年,中国提出建设"丝绸之路经济带"和"21世纪海上丝绸之路",简称"一带一路"的合作倡议。该倡议秉持和平合作、开放包容、互学互鉴、互利共赢的理念,坚持共商、共建、共享的原则,以政策沟通、设施联通、贸易畅通、资金融通、民心相通为基本内容,为中国与相关国家的经济合作、共同繁荣提供新的平台和新的动力。2014年11月,中国设立丝路基金,对"一带一路"建设给予资金支持。2015年12月,中国倡议设立的亚洲基础设施投资银行正式成立,简称"亚投行"。到2020年7月,亚投行已有103个成员。这些具体措施,表明中国正在以自己的发展惠及世界。

第七节　现代科学技术

一、科技进步与新科技革命的兴起

第二次世界大战以来经济社会发展的客观需要,是新科技革命兴起的最深刻根源。第二次世界大战结束后,世界局势相对稳定,科技开始迅速发展。电子科学理论出现突破,使科学技术发展具备一定的物质和技术基础。各国对科学技术迫切需要是第三次科技革命的前提条件。各国利用强大的行政和物质力量,组织规模大、耗资多、利润低、风险高的尖端科研项目和基础研究项目,不断研发出新产品,促进科学技术发展,奠定了新科技革命的重要社会基础。从第二次世界大战到冷战,战争的需要加速了军事科技的发展,大大促进了新科技革命的产生和发展。基础科学领域的许多重大突破为新科技革命的到来开辟了宽广的道路。

从20世纪四五十年代开始的科学技术革命,以原子能技术、航天技术、电子计算机的应用为代表,还包括人工合成材料、分子生物和遗传工程等高新技术。这次革命被称为第三次科技革命。这次革命使人类在原子能、空间技术、电子计算机、分子生物学以及新材料等领域取得了前所未有的突破。

第三次科技革命具有鲜明的特点。科学技术转化为直接生产力的速度加快,科学和技术密切结合,相互促进,促使科研探索领域不断拓宽。科学技术各个领域之间相互渗透,一方面,学科越来越多,分工越来越细,研究越来越深;另一方面,学科之间的联系越来越密切,科学研究朝着综合性方向发展。军事方面率先突破,而后带动民用技术,是第三次科技革命的重要特征。这次科技革命以原子能技术、航天技术、电子计算机的应用为典型代表。

第二次世界大战后,西方人本主义流派百家争鸣。

二、新科技革命对世界的影响

新科技革命推动了社会生产力的巨大发展,引起生产方式的深刻变革。现代高科技广泛应用于人类社会生活各领域,特别是电子信息技术的发展,使笔记本电脑、智能手机、数码相机等成为日常生活用品。互联网的发展极大地丰富了人们的精神文化生活,改善了人们的生活条件和工作条件。网络扩大了人类活动的空间,改变着人们的生活习惯和行为方式。

新科技革命直接影响了世界经济格局的形成。新科技革命开展较早、科技水平高、经济实力强的西方国家,在世界经济中处于主导地位。它们凭借雄厚的经济实力,把发展中国家变成其国际产业链条中的中低端生产环节,形成不公平的国际经济分工体系,使经济全球化创造的财富绝大部分涌入发达国家,从而加剧了全球发展的不平衡。

新科技革命对国际政治格局产生重大影响。由于各国在新科技革命中取得的成就不一,导致各国政治经济发展不平衡,从而使各国在国际政治中的地位、作用和影响也不相同。

新科技革命对国际关系的变化产生深刻影响。一方面,新科技革命的开展,适应了世界和平、发展、合作的大势,有利于世界各国的和平交往和合作。另一方面,新科技成果往往被一些国家所利用,来谋取自己的国家利益。像美国利用核武器等推行霸权主义,在一定程度上威胁世界的和平与稳定。

典型例题

一、第一次世界大战与战后国际秩序

1. 关于第一次世界大战下列描述最为准确的是_____。
   A. 第一次世界大战爆发的根本原因是萨拉热窝事件
   B. 战争爆发前德国把美国视为衰落的国家
   C. 第一次世界大战是列强重新瓜分世界争夺世界霸权的帝国主义之战
   D. 第一次世界大战开始改变以欧洲为中心的世界格局,中心转向亚洲

答案:C

解析:结合所学知识可知,第一次世界大战爆发的根本原因是帝国主义国家之间政治经济发展的不平衡,萨拉热窝事件是第一次世界大战的导火线,故 A 项错误。第一次世界大战爆发前美国的实力逐渐在增强,因此 B 项中的衰落不符合史实,排除。第一次世界大战是列强重新瓜分世界争夺世界霸权的帝国主义战争,故 C 项正确。第一次世界大战后世界格局仍然是以欧洲为中心的世界格局,故 D 项错误。故选 C。

2. 列宁指出:"凡尔赛体系使世界十分之七的人口陷于被奴役的地位。这些奴隶遍及全世界,受英国、法国和日本等一小撮国家的宰割。"这表明该体系_____。
   A. 加强了英国殖民帝国的地位
   B. 带有帝国主义的掠夺性
   C. 形成了稳定的国际关系秩序
   D. 解决了法德之间的矛盾

答案:B

解析:依据材料"凡尔赛体系使世界十分之七的人口陷于被奴役的地位。这些奴隶遍及全世界,受英国、法国和日本等一小撮国家的宰割"可以看出,凡尔赛体系具有帝国主义的掠夺性,故 B 项正确。材料强调的是凡尔赛体系的世界影响,不是强调对英国的作用,故 A 项错误。

材料体现的是凡尔赛体系具有帝国主义的掠夺性,这就会加剧被奴役地区的反抗,不利于国际关系的稳定,故 C 项错误。D 项与材料无关,排除。故选 B。

3. 1882 年,德国、_____、意大利签订《德奥意三国同盟条约》,组成以德国为核心的同盟国。

答案:奥匈帝国

4. 简述第一次世界大战的影响。

答案:(1)第一次世界大战使各国人民蒙受了空前的灾难。(2)第一次世界大战使帝国主义各国力量对比发生变化。大战削弱了欧洲传统资本主义强国的实力,使欧洲各国迅速衰落,动摇了欧洲的世界优势地位。美国的参战和俄国十月革命的胜利,开始改变以欧洲为中心的格局。(3)第一次世界大战推动了世界社会主义革命。(4)第一次世界大战冲击了世界殖民体系,世界范围内的民族解放运动高涨。

二、俄国十月社会主义革命

1. 1916 年,列宁在《无产阶级革命的军事纲领》一文中指出:"社会主义不能在所有国家内同时获得胜利。它将首先在一个或者几个国家获得胜利,而其余的国家在一段时间内将仍然是资产阶级的或者资产阶级以前时期的国家。"列宁得出以上结论的基本依据是_____。

  A. 马克思主义对阶级斗争的论述

  B. 二月革命推翻了沙皇专制统治

  C. 各个国家的国情不同,帝国主义国家发展的不平衡性

  D. 社会主义运动自身的发展规律

答案:C

解析:依据题干材料"社会主义不能在所有国家内同时获得胜利。它将首先在一个或者几个国家获得胜利,而其余的国家在一段时间内将仍然是资产阶级的或者资产阶级以前时期的国家"可知,反映的是由于各个国家的经济发展程度和国情不同,因此社会主义获得胜利结果也不同,故 C 项正确。题干涉及的是列宁对无产阶级革命的认识,与马克思主义对阶级斗争的论述无关,故 A 项错误。题干涉及的是社会主义革命,二月革命是资产阶级民主革命,故 B 项错误。题干材料没有体现社会主义运动自身的发展规律的信息,故 D 项错误。故选 C。

2. 列宁主义是列宁在资本主义发展到帝国主义时期对马克思主义创造性地运用和发展。它诞生的标志是_____。

  A. 俄国社会民主工党第一次代表大会的召开

  B. 马克思主义小组的建立

  C. 俄国社会民主工党第二次代表大会的召开

  D. 全俄第一份马克思主义报纸的出现

答案:C

解析:结合所学知识可知,1903 年,俄国社会民主工党第二次代表大会召开,大会宣告了布尔什维克党的建立,标志着列宁主义的诞生,故 C 项正确。A、B、D 三项均不是列宁主义诞生的标志。故选 C。

3. 简述新经济政策的主要内容和历史意义。

答案:(1)新经济政策的重心是调整国家与农民的关系,通过粮食税代替余粮收集制等措

施建立工农联盟;在坚持发展社会主义大生产和国家掌握国民经济命脉的前提下,允许私营企业有一定程度的发展,并以租让制等形式在一些经济部门引入外国资本。(2)新经济政策的实施稳定和恢复了国民经济,巩固了苏维埃政权。

三、第二次世界大战与雅尔塔体系的形成

1. 以下第二次世界大战相关的重要事件,按时间顺序排列正确的是_____。
①日本挑起太平洋战争　　　　　②日本制造九一八事变
③德国闪击波兰　　　　　　　　④美英苏中签署《联合国家宣言》
A. ③②④①　　B. ②③①④　　C. ③①④②　　D. ②①④③

答案:B

解析:根据所学知识可知,1941年12月7日,日本航空母舰特混舰队用舰载机对美国太平洋舰队基地珍珠港发动突然袭击;日本制造九一八事变是在1931年9月18日;德国闪击波兰是在1939年9月1日;美英苏中签署《联合国家宣言》是在1942年元旦,综上所述,按历史事件发生的前后顺序排应是②③①④,B项正确;排除A、C、D项。

2. 1941年6月24日,罗斯福在记者招待会上表示,美国准备给予俄国一切力所能及的援助。接着,美国政府宣布停止冻结苏联在美国的存款,允许苏联购买美国的战略物资。这些举措旨在_____。
A. 缓解太平洋战场的压力　　　　B. 推动欧洲战场的胜利
C. 壮大国际反法西斯联盟　　　　D. 维护自身的国防安全

答案:D

解析:美国给予苏联援助是为了增强苏联实力以抗击德国的入侵,最终目的是维护自身安全,故选D项;1941年6月太平洋战争还没有爆发,排除A项;推动欧洲战场的胜利只是维护美国自身国防安全的手段,并非最终目的,排除B项;国际反法西斯联盟建立于1942年1月1日,时间不符,排除C项。

3. 1939年9月1日,德国以"闪击战"突袭_____,英法被迫对德宣战,第二次世界大战全面爆发。

答案:波兰

4. 中国是安理会五个常任理事国之一,致力于维护国际和平与安全。安理会隶属的国际组织是_____。

答案:联合国

5. 简述第二次世界大战的影响。

答案:(1)第二次世界大战是人类历史进程上划时代的事件,是20世纪世界历史从战争到和平的转折点,对世界历史进程的发展具有深远影响。(2)第二次世界大战使人类在物质上和精神上蒙受了前所未有的损失,无论战胜国还是战败国都伤亡惨重,给国家、民族、社会、家庭与个人造成了巨大的精神创伤,也使各国人民深刻认识到战争的危害与和平的珍贵。(3)第二次世界大战彻底改变了国际政治格局并打破了旧的国际政治秩序结构,加速了欧洲的衰落,促进了美苏的崛起,改变了世界范围内的力量对比。(4)第二次世界大战为一系列欧亚国家走上社会主义道路创造了条件。

四、第二次世界大战后的世界

1. 二战后,美苏两大敌对军事同盟体系确立的标志是_____。
   A. 杜鲁门主义的提出　　　　B. 马歇尔计划的实施
   C. 德国分裂　　　　　　　　D. 华沙条约组织的成立

   答案:D

   解析:1955年华沙条约组织的成立标志以美苏为首的两大军事政治集团对峙局面的形成,故选D;A项是冷战的开始标志,排除;B项是冷战在经济上的表现,排除;C项是两种不同社会意识形态对立的表现,不是敌对军事同盟体系形成的标志,C项错误。故选D。

2. 冷战成为二战后国际关系的最显著特征。下列各项中,属于美苏冷战具体表现的是_____。
   ① 杜鲁门主义的提出
   ② 马歇尔计划的实施
   ③ 北大西洋公约组织的建立
   ④ 不结盟运动的兴起
   A. ①②③　　　B. ①②④　　　C. ①③④　　　D. ②③④

   答案:A

   解析:根据所学知识可知,①②③均是美苏冷战的表现,正确;不结盟运动的兴起是多极化趋势出现的表现,故④错误,故A项正确,排除B、C、D三项。故选A。

3. 1949年,美、英、法等12个国家在华盛顿签署《北大西洋公约》,成立北大西洋公约组织,简称"_____"。

   答案:北约

4. 1962年爆发的_____是冷战时期在美国、苏联与古巴之间爆发的一场极其严重的政治、军事危机。事件爆发的直接原因是苏联在古巴部署导弹。

   答案:古巴导弹危机

五、苏联东欧社会主义国家的发展与变化

1. 为了解决斯大林模式给苏联经济造成的困难,从赫鲁晓夫、勃列日涅夫到戈尔巴乔夫都进行了经济改革,他们改革的共同点是_____。
   A. 优先解决农业生产中的问题
   B. 发展重工业以进行军备竞赛
   C. 调整所有制结构发展个体经济
   D. 力图缓解计划经济造成的弊端

   答案:D

   解析:结合所学知识可知,赫鲁晓夫改革、勃列日涅夫改革、戈尔巴乔夫改革都是因为"斯大林模式"的弊端,因此三者改革的共同点是解决高度集中的计划经济体制的问题,故D项正确;A项只符合赫鲁晓夫改革,排除;B项只符合勃列日涅夫改革,排除;C项只符合戈尔巴乔夫改革,排除。故选D。

2. 1991年12月25日戈尔巴乔夫在电视讲话中宣布辞职,将国家权力移交给俄罗斯总统。

戈尔巴乔夫的改革,以苏共亡党、_____而终结。

答案:苏联解体

3. 20世纪80年代,一些东欧国家经济陷入严重困境,政局剧烈动荡。在西方_____战略影响下,东欧执政的共产党或工人党领导迷失了社会主义方向,抛弃共产党领导地位,实行政治多元化。

答案:和平演变

六、当代世界发展的主要特点与主要趋势

1. 20世纪70年代,拉美大多数国家承认国际关系中的多种意识形态,主张不同社会政治制度国家和平共处,开展"多元外交"。这一变化_____。

  A. 顺应了世界政治格局多极化趋势
  B. 推动了亚非拉国家不结盟运动正式形成
  C. 表明了"一超多强"局面的出现
  D. 旨在应对欧盟国际地位提高带来的挑战

答案:A

解析:根据"主张不同社会政治制度国家和平共处,开展'多元外交'",可以看出,这一变化顺应了世界政治格局多极化趋势,推动了世界的多极化,故A项正确;不结盟运动已经形成,排除B;C项是在冷战之后,排除C;D项不是其目的,排除。故选A。

2. 20世纪90年代以来,经济领域的全球化速度大大加快,对其出现的原因,下列说法正确的是_____。

  ① 两极格局的结束及市场经济被广泛接受
  ② 世贸组织的仲裁使各国不再有经济纠纷
  ③ 跨国公司遍布全球起了重大的推动作用
  ④ 新型交通和通讯提供了基本的技术手段

  A. ①②③   B. ②③④   C. ①②④   D. ①③④

答案:D

解析:1995年世界贸易组织取代关贸总协定,一定程度上促进了国际贸易的有秩序进行,在促进世界经济增长方面发挥了非常重要的作用,但是它的仲裁并不能使各国不再有经济纠纷,故②错误;①③④均符合题意,故①③④正确。故选D。

3. 20世纪60年代末,在世界贸易总额中,西欧国家仅欧共体六国所占比例就超过39%,美国同期从1957年的20.9%下降到15.1%。在世界工业生产中,1951年至1970年,西欧所占比例由20.8%升至28.6%,美国同期则由48.6%降至37.8%。据此可知,西欧经济的发展_____。

  A. 促进了布雷顿森林体系的建立
  B. 强化了欧洲为主导的世界格局
  C. 缓和了西欧国家与美国的矛盾
  D. 推动了世界格局向多极化演进

答案:D

解析:材料数据说明,欧共体成立后大大冲击了美国作为资本主义头号强国的地位,由此可

知,欧共体的发展有利于世界格局多极化趋势的出现,故 D 项正确;布雷顿森林体系建立于 1944 年,故 A 项错误;此时的世界格局是美苏主导的,故 B 项错误;欧共体的发展会激化西欧与美国的矛盾,故 C 项错误。故选 D。

4. 第二次世界大战结束以来,_____成为时代主题。
A. 团结与协作　　B. 和平与发展　　C. 冲突与战争　　D. 发展与进步

答案:B

解析:根据所学知识可知,第二次世界大战后,国际形势总体稳定,和平因素的增长超过了战争因素的增长,和平与发展成为当今时代的主题,故 B 项正确;A、C、D 均不符合题意,排除。故选 B。

七、现代科学技术与文化

1. 简述第三次科技革命的特点。

答案:科学技术转化为直接生产力的速度加快,科学和技术密切结合,相互促进,促使科研探索领域不断拓宽。科学技术各个领域之间相互渗透,一方面学科越来越多,分工越来越细,研究越来越深;另一方面,学科之间的联系越来越密切,科学研究朝着综合性方向发展。军事方面率先突破,而后带动民用技术,是第三次科技革命的重要特征。这次科技革命以原子能技术、航天技术、电子计算机的应用为典型代表。

2. 简述第三次科技革命的影响。

答案:(1)新科技革命推动了社会生产力的巨大发展,引起生产方式的深刻变革。(2)新科技革命直接影响了世界经济格局的形成。新科技革命开展较早、科技水平高、经济实力强的西方国家,在世界经济中处于主导地位。(3)新科技革命对国际政治格局产生重大影响。由于各国在新科技革命中取得的成就不一,导致各国政治经济发展不平衡,从而使各国在国际政治中的地位、作用和影响也不相同。(4)新科技革命对国际关系的变化产生深刻影响。一方面,新科技革命的开展,适应了世界和平、发展、合作的大势,有利于世界各国的和平交往和合作。另一方面,新科技成果往往被一些国家所利用,来谋取自己的国家利益。

第二单元　强化训练

第一章　中国古代史

一、选择题

1. 战国时期的韩非子认为"事在四方,要在中央;圣人执要,四方来效"的政治制度是最理想的政治制度。这一主张的核心思想是_____。

　　A. 天下共主,众星捧月　　　　B. 君主专制,中央集权
　　C. 大兴教化,圣贤治国　　　　D. 分化事权,加强监督

2. 归纳历史发展的阶段特征是学习历史的重要方法之一。下列对秦汉时期阶段特征的归纳,正确的是_____。

　　A. 国家的产生和社会变革　　B. 大一统国家的建立与巩固
　　C. 政权的更迭与民族交融　　D. 经济的繁荣与社会的开放

3. 有史学家指出:"它以一种温和的方式适应了当时大一统皇权构建的需要,使汉王朝摆脱了地方诸侯尾大不掉的困境。"文中的"它"代指的措施是_____。

　　A. 设置丞相　　　　　　　　B. 设立御史大夫
　　C. 推行郡国并行　　　　　　D. 实行推恩令

4. 新疆自古就是中国领土神圣不可分割的一部分,该地区开始隶属中央政府管辖的标志是_____。

　　A. 张骞出使西域　　　　　　B. 丝绸之路的开通
　　C. 班超经营西域　　　　　　D. 西汉设置西域都护府

5. 大雁塔位于陕西西安的慈恩寺中,"雁塔题名"成为进士及第的代称。与此现象有关的制度是_____。

　　A. 刺史制度　　B. 察举制　　C. 九品中正制　　D. 科举制

6. 北宋理学家张载说:"为天地立心,为生民立命,为往圣继绝学,为万世开太平。"这一思想_____。

　　A. 强调了人的社会责任和历史使命
　　B. 确立了儒学主流意识形态的地位
　　C. 提出了"存天理,灭人欲"主张

D. 明确了获得万物之"理"的方法

7. 2017年习近平主席在"一带一路"国际合作高峰论坛发表讲话,称"15世纪初的明代,中国著名航海家郑和七次远洋航海……之所以名垂青史,是因为它依靠的不是坚船和利炮,而是宝船和友谊。"这段话赞誉_____。

A. 郑和下西洋增加了明王朝的财政收入

B. 中国明朝时期造船和海航技术的高超

C. 郑和下西洋促进了中外之间友好交往

D. 郑和下西洋对中国社会推动作用巨大

8. 清朝时期,代表中央政府与达赖、班禅共同治理西藏的是_____。

A. 西域都护　　　B. 军机处　　　C. 驻藏大臣　　　D. 宣政院

9. 明清时期,丞相制度的废除、军机处的设立、八股取士,这些从本质上反映了_____。

A. 文化专制的加强　　　　　　B. 思想控制的强化

C. 近代化因素的萌发　　　　　D. 专制统治的加强

10. 下列属于明清时期社会经济发展表现的是_____。

① 高产作物的推广种植大幅度提高了粮食总产量

② 美洲等地白银通过海外贸易大量流入中国

③ 形成了实力雄厚的商人群体

④ 兴起一大批以经济功能为主的工商业市镇

A. ①②③④　　B. ①②③　　C. ②③④　　D. ①③④

二、填空题

1. 郭沫若评价某位历史人物:"他是一个时代的宠儿,生当大变革的时代,又遇着信任专一的孝公,使他能够放手做去,收到了莫大的功名……秦王政后来之所以能够统一中国,是由于他变法的后果。"这位历史人物是_____。

2. 史学家翦伯赞对某人的评价是:他开辟了通往西域的道路,是一个冒险家,又是一个天才的外交家,是中国历史上出类拔萃的人物。被评价的人物是_____。

3. 东汉初年,刘秀整顿吏治,合并郡县;释放奴婢,减轻农民负担;减轻刑罚。社会出现比较安定的局面,经济得到恢复和发展。历史上称为_____。

4. 为解决财政困难,唐朝实施"惟以资产为宗,不以人丁为本"即改变自战国以来以人丁为主的赋税制度,该制度是_____。

5. 四大发明是中国古代科技发展史上突出成就,对世界文明发展具有巨大的贡献。其中,北宋匠人毕昇的重大发明是_____。

三、简答题

1. 简述秦加强中央集权与统一的措施。
2. 简述西汉巩固统一多民族国家的措施。
3. 简述北魏孝文帝改革的意义。
4. 简述隋唐三省六部制的内容及影响。
5. 简述清朝前中期巩固统一多民族国家的措施。

第二章 中国近代史

一、选择题

1. 人民英雄纪念碑上镶嵌八幅巨大的汉白玉浮雕，生动而概括地表现出中国人民100多年来反帝反封建的伟大革命斗争史实。按时间顺序，第一块浮雕的内容是_____。
    A. 虎门销烟　　B. 五四运动　　C. 金田起义　　D. 武昌起义

2. 中日甲午战争后，中国某地区人民"鸣锣罢市"，发布檄文，反对割地议和。面对日军优势兵力的疯狂进攻，当地军民奋起反抗，与日军血战五个月。这一历史事件是_____。
    A. 黄海海战　　　　　　　　B. 台湾人民反割台斗争
    C. 威海卫战役　　　　　　　D. 辽东战役

3. 陈独秀提出："要拥护那德先生，便不得不反对孔教、礼法、贞节、旧伦理、旧政治；要拥护那赛先生，便不得不反对旧艺术、旧宗教；要拥护德先生又要拥护赛先生，便不得不反对国粹和旧文学。"其中，"德先生"和"赛先生"指的是_____。
    A. 自强与求富　　　　　　　B. 民主与科学
    C. 独立与进步　　　　　　　D. 新道德与白话文

4. 习近平主席曾用"五个创造性"总结毛泽东在党的历史上所作的重要贡献，强调毛泽东创造性地解决了中国革命道路问题。这里的"中国革命道路"是指_____。
    A. 采取暴力革命　　　　　　B. 领导工人运动
    C. 农村包围城市　　　　　　D. 国共两党合作

5. 毛泽东告诉他的战士们：我们闹革命，光是跑来跑去是不行的，一定要有一个家，不然就很困难，有了这个家，就可以同敌人进行革命斗争。……我们以家为依托，不断向外发展，把我们四周的敌人一点点地吃掉、赶走，我们的日子慢慢地就好过了。材料主要反映了中共_____。
    A. 团结一切力量革命的必要性
    B. 建立农村革命根据地的必要性
    C. 实行人民民主专政的必要性
    D. 立足于城市发动工人的必要性

6. 毛泽东曾说：因为困难的时候不动摇，长征后不到三万人的队伍，要比长征前三十万人更强大。毛泽东强调的是_____。
    A. 反"围剿"积累了斗争经验
    B. 遵义会议作出了正确决策
    C. 长征锻炼了红军的基干力量
    D. 红军三大主力得以胜利会师

7. 1938年5月，毛泽东在《论持久战》中指出："只有战略的持久战才是争取最后胜利的唯一途径。"这一论断_____。

  A. 标志抗日民族统一战线正式形成

  B. 指导国民党军队取得台儿庄大捷

  C. 增强了全国人民坚持抗战的信心

  D. 成功扭转了正面战场的进攻颓势

8. 从2014年开始，我国有了两个新的法定纪念日——9月3日和12月13日。这两个纪念日_____。

  A. 与20世纪的十四年抗战有关

  B. 与国际工人运动和社会主义运动有关

  C. 与建党、建军、建国有关

  D. 与中华优秀传统文化有关

9. 中共中央撤离延安后，彭德怀、习仲勋领导西北野战军粉碎了国民党军队对陕北的重点进攻。下列战役不是此期间发生的是_____。

  A. 青化砭战役   B. 羊马河战役

  C. 沙家店战役   D. 孟良崮战役

10. 1946—1948年，华北和东北解放区有200多万人参军。山东有580多万人、冀中有480多万人随解放军出征。出现这种情况的主要原因是_____。

  A. 解放区进行了土地改革

  B. 南京国民政府的腐朽统治

  C. 实行了减租减息的政策

  D. 三大战役取得决定性胜利

二、填空题

1. 它建立了中国历史上第一个资产阶级共和政府。"从此敢有帝制自为者，天下共击之"的观念深入人心。这一历史事件是_____。

2. 1919年爆发了一场以先进青年知识分子为先锋，广大人民群众参加的彻底反帝反封建的伟大爱国革命运动，是中国旧民主主义革命走向新民主主义革命的转折点。这场运动是_____。

3. 中共中央在某次政治局扩大会议上集中全力纠正了博古等人在军事上和组织上"左"的错误，成为中国共产党历史上生死攸关的转折点。这一会议是_____。

4. 1937年粉碎了日军"不可战胜"的神话，中国军队主动对日作战取得的第一个重大胜利是_____。

5. 此战是解放战争的一个伟大转折，在这一历史转折关头，中共中央军委以晋冀鲁豫野战军主力组成战略突击队，在各解放区军民的策应和后面两路大军的配合下，直捣国民党统治区，揭开了人民解放军战略进攻的序幕。这一历史事件是_____。

三、简答题

1. 简述辛亥革命的历史意义。
2. 简述中国共产党成立的历史意义。

3. 简述红军长征胜利的重大意义。
4. 简述抗日战争的胜利在中华民族伟大复兴中的意义。
5. 简述人民解放战争取得胜利的主要原因。

第三章　中国现代史

一、选择题

1. 在历时近三年的战争中,大批青年参军,他们被称为"最可爱的人"。老百姓为了支援这场战争积极捐赠,他们说:"我们捐献飞机大炮,早点把美帝国主义打垮,好过太平日子。"通过材料描述判定这场战争是_____。

   A. 抗日战争　　　　　　　　B. 解放战争
   C. 抗美援朝战争　　　　　　D. 国民大革命

2. 1956 年底,标志着生产资料公有制占绝对优势的社会主义经济制度在我国初步建立起来,我国完成了_____。

   ① 对农业的改造
   ② 对资本主义工商业的改造
   ③ 对手工业的改造
   ④ 一五计划

   A. ①②③　　　B. ②③④　　　C. ①②④　　　D. ①③④

3. 国务院批复自 2016 年起,将每年 4 月 24 日设立为"中国航天日"。下列科技成就与之直接相关的是_____。

   A. 中国第一颗原子弹爆炸成功
   B. "东方红一号"人造地球卫星发射成功
   C. 中国第一颗氢弹试爆成功
   D. "南优 2 号"杂交水稻首次培育成功

4. 中国共产党自成立以来召开了许多重要会议。在这次会议上邓小平做了重要讲话,作出把党和国家工作中心转移到经济建设上来,实行改革开放的决策。这次会议是_____。

   A. 中国人民政治协商会议　　B. 中共八大
   C. 七届二中全会　　　　　　D. 十一届三中全会

5. 随着对外开放迈出重大步伐,1980 年中央决定在东南沿海设立四个经济特区,下列城市中属于经济特区的是_____。

   A. 上海　　　B. 福州　　　C. 深圳　　　D. 杭州

6. 1971 年,余光中在《乡愁》中写道:"乡愁是湾浅浅的海峡,我在这头,大陆在那头。"他期盼的是_____。

   A. 祖国早日实现统一
   B. 实行"一国两制"
   C. 尽早实现"三通"
   D. 达成"九二共识"

7.《我国经济建设的历史经验》一文中提到:"中国的经验第一条就是自力更生为主,我们很多东西是靠自己搞出来的……这样,就可以振奋起整个国家奋发图强的精神。"下列改革开放以来我国取得的科技成就中,能印证这一观点的是_____。

  A. 第一颗原子弹爆炸成功   B. 首颗人造地球卫星发射成功
  C. 成功发射了中远程弹道导弹   D. 掌握载人航天技术

8. 中国共产党高度重视理论建设,坚持将马克思主义基本原理同中国具体实际和时代特征结合起来。马克思主义中国化的最新理论成果是_____。

  A. 邓小平理论
  B. "三个代表"重要思想
  C. 科学发展观
  D. 习近平新时代中国特色社会主义思想

9. 党的十九大丰富和发展了"两个一百年"奋斗目标的内涵,这也成为激励中国人民不懈奋斗的一个精神动力。以下关于"两个一百年"奋斗目标的理解正确的是_____。

  ① 建党100年时我国将全面建成小康社会
  ② 建党100年时我国将实现中华民族的伟大复兴
  ③ 建国100年时我国将建成富强民主文明和谐美丽的社会主义现代化强国
  ④ 建国100年时我国将全面建成小康社会

  A. ①②   B. ①④   C. ①③   D. ②③

10. 2017年5月14日,"一带一路"国际合作高峰论坛在北京开幕,这充分反映了_____。

  ①共商、共享、共建的理念   ②中国综合国力和国际地位大大提高
  ③和平和发展仍是世界主流   ④霸权主义和强权政治退出历史舞台

  A. ①②③   B. ①③④
  C. ②③④   D. ①②④

二、填空题

1. 1953年12月,周恩来在接见印度代表团时,首次提出了_____,即互相尊重领土主权、互不侵犯、互不干涉内政、平等互惠、和平共处。

2. 1954年9月,第一届全国人民代表大会在北京召开。大会讨论并通过了《_____》。这是一部社会主义类型的宪法,体现了人民民主原则和社会主义原则。

3. 20世纪末,香港和澳门回归是中国政府解决历史遗留问题的成功范例,得益于实施了创造性的伟大构想。这一构想是_____。

4. 进入21世纪,改革开放向重点领域和关键环节稳步推进,国民经济迈上新台阶。到2010年,中国国内生产总值超过40万亿元,经济总量跃居世界第_____位。

5. 党在新时代的强军目标是建设一支_____、能打胜仗、作风优良的人民军队,必须同国家现代化进程相一致,全面建设世界一流军队。

三、简答题

1. 简述巩固新生人民政权的主要措施。

2. 简述 20 世纪 50 年代新中国外交方针和三大政策。
3. 简述中共十一届三中全会的历史意义。
4. 简述习近平新时代中国特色社会主义思想的历史地位。
5. 简述实现第二个百年奋斗目标的战略安排。

第四章　世界古代史

一、选择题

1. 一考古队从中国出发,从东向西去考察四大文明古国的发源地,其考察的顺序是_____。

①尼罗河流域　　②印度河流域　　③黄河流域　　④两河流域

A. ①②③④　　B. ①④②③　　C. ①②④③　　D. ③②④①

2. "当他们分割普鲁沙时……其口为婆罗门,由其双臂造成罗惹尼耶(刹帝利),其双腿变成吠舍,从其双脚生出首陀罗。"这反映出_____。

A. 古埃及法老拥有至上权威　　B. 两河流域法典宣扬君权神授
C. 古印度各种姓间的不平等　　D. 古罗马奴隶制度的迅速发展

3. 世界古代历史上曾经存在过这样一个帝国:地中海一度成为其内湖,与中国汉朝处于同一时期。这个帝国是_____。

A. 亚历山大帝国　　B. 罗马帝国
C. 阿拉伯帝国　　D. 拜占庭帝国

4. 从 476 年西罗马帝国灭亡到 1500 年左右(新航路开辟之前)的欧洲历史,被西方史学家称为"中世纪"(封建社会)。西欧封建社会的基本特征不包括_____。

A. 封君封臣制度　　B. 庄园
C. 农奴制度　　D. 民主制度

5. 公元 646 年,某国家实行"大化改新",模仿唐朝律令制度建立中央集权国家。这个国家是_____。

A. 日本　　B. 阿拉伯帝国　　C. 罗马帝国　　D. 朝鲜

二、填空题

1. 苏美尔人和古巴比伦使用的_____是世界上最古老的文字,《吉尔伽美什》是目前所知最早的史诗。

2. 某《法典》规定:"刹帝利辱骂了婆罗门要罚款 100 帕那(银钱单位),吠舍骂了要罚款 150 到 200 帕那,首陀罗骂了,要用滚烫的油灌入他的口中和耳中。"这一规定出自_____。

3. 12 世纪末,武士集团的首领源赖朝在镰仓建立了自己的军事机构——幕府,并从朝廷获得了镇压叛乱、征收赋税等权利,日本进入_____时期。

第五章　世界近代史

一、选择题

1. 新航路开辟后,人类历史发生了重大转折,这一"转折"主要是指_____。
   A. 欧洲贸易中心转到地中海沿岸　　B. 世界开始从分散走向整体
   C. 人类由农业文明转向工业文明　　D. 资本主义制度的确立

2. 文艺复兴是 14 世纪到 17 世纪初发生在欧洲的思想文化运动,肯定了人的价值和尊严。这一运动的代表人物有_____。
   A. 但丁　　　B. 孟德斯鸠　　C. 伏尔泰　　D. 卢梭

3. 17—18 世纪的启蒙运动,以理性和科学的光芒,驱散蒙昧、迷信、宗教狂热和专制统治带来的黑暗。启蒙运动思想家的主张有_____。
   ①提倡三权分立　　②宣扬主权在民　　③赞同君主专制　　④倡导天赋人权
   A. ①②③　　　　　　　　　　　　B. ①②④
   C. ①③④　　　　　　　　　　　　D. ②③④

4. 下列选项没有直接关系的是_____。
   A. 英国光荣革命——《权利法案》
   B. 北美反殖民侵略——《独立宣言》
   C. 日本明治维新——废除农奴制
   D. 法国大革命——攻占巴士底狱

5. 1902 年美国已有发电厂 3621 座,总装机容量 121.2 万千瓦;1907 年德国已有三分之一的企业使用电动机。这预示人类进入到_____。
   A. 蒸汽时代　　B. 电气时代　　C. 信息时代　　D. 智能时代

6. 社会主义运动是世界近现代史的重要内容。《共产党宣言》作为国际共产主义运动史上的重要文献,其发表标志着_____。
   A. 空想社会主义的出现　　　　　B. 马克思主义的诞生
   C. 无产阶级政权的建立　　　　　D. 剩余价值学说的创立

二、填空题

1. 随着资本主义的发展,新兴资产阶级要求摆脱封建专制统治和教会压迫的愿望日益强烈,由此掀起了一场轰轰烈烈的思想解放运动,历史上称之为_____。

2. 18 世纪末,出现在法国,提出"在权利方面,人们生来是而且始终是自由平等的,在法律面前,所有公民都平等"的法律文献是《_____》。

3. 几乎与中国的洋务运动同时,日本国内也经历着一场重大的变革,并且最终实现了富国强兵,日本开始跻身资本主义强国之列。这场变革是_____。

4. 动力技术的革新，催生了交通工具的革命。19 世纪初，汽船、火车先后问世，从此，人类进入"_____"。

5. 19 世纪中期的一部著作阐明了社会发展的客观规律，论证了被剥削的无产者不断壮大，将用暴力推翻资本主义制度，未来属于工人阶级。这部著作是《_____》。

三、简答题

1. 简述启蒙运动的主要代表人物及其主张。
2. 简述工业革命对资本主义世界体系形成的影响。

第六章 世界现代史

一、选择题

1. 20世纪初的第一次世界大战,其爆发的根源是_____。
   A. 德国、意大利之间的矛盾加剧
   B. 帝国主义列强瓜分世界的斗争
   C. 奥匈帝国皇储在萨拉热窝遇刺
   D. 英、法等国的绥靖政策的纵容

2. 有俄罗斯学者认为:"(十月)革命是由于国家必须实现社会经济、文化、政治发展的'现代化'要求决定的。在城市和乡村、在'上层'和'下层'正日益尖锐的矛盾就是这种要求的反映。"对这段话理解正确的是_____。
   A. 十月革命沉重打击了帝国主义
   B. 十月革命是俄国近代化的要求
   C. 十月革命完成了国家富强任务
   D. 反沙皇专制是十月革命的目的

3. 1921年苏俄政府调整国家与农民的关系,通过粮食税等市场机制建立工农联盟,同时允许私营企业有一定程度的发展,并以租让制等形式在某些经济部门引入外国资本。这表明苏俄政府正在实施_____。
   A. 战时共产主义政策   B. 新经济政策
   C. "社会主义工业化"   D. "农业集体化"

4. 第二次世界大战期间,为了对付共同的敌人——法西斯,遭受侵略的国家不断加强联合并于1942年结成了反法西斯统一战线,为此,反法西斯国家签署了_____。
   A.《九国公约》   B.《凡尔赛条约》
   C.《联合国家宣言》   D.《和平法令》

5. 20世纪40年代中后期至80年代末90年代初,世界出现了两大集团既非战争又非和平的长期对峙与竞争状态,这两大集团的领导者是_____。
   A. 英国与德国   B. 英国与法国   C. 美国与日本   D. 美国与苏联

6. 科学改变世界,技术优化生活。"十一"长假期间,家住北京的王先生去青岛旅游,他一路享受的方便条件哪一项源于第三次科技革命的重大发明。_____
   A. 乘火车到达青岛
   B. 乘轮船游览黄岛
   C. 通过电子邮件向家人报告平安
   D. 乘飞机从青岛返回北京

7. 当今世界发展的特点和趋势是_____。

①冷战对抗依然存在　　　　　②社会信息化、文化多样化
③经济全球化不断发展　　　　④和平发展合作共赢是潮流
A. ①②③　　　　　　　　　　B. ①③④
C. ①②④　　　　　　　　　　D. ②③④

8. 进入 21 世纪后,在新的机遇与挑战面前,中国作为世界和平的建设者、全球发展的贡献者和国际秩序的维护者,正为世界做着更大的贡献。具体表现有_____。

① 构建人类命运共同体,努力实现共赢共享
② 积极促进全球治理体系的改革与完善
③ 参加万隆会议,反对帝国主义和霸权主义
④ 提出"一带一路"倡议,促进世界经济发展

A. ①②③　　　　　　　　　　B. ①②④
C. ①③④　　　　　　　　　　D. ②③④

二、填空题

1. 1918 年夏,国内战争开始后,为了把有限的力量集中起来保证战争的胜利,苏维埃政府实行_____政策。

2. 1943 年 2 月,罗斯福在致斯大林的贺信中说:"(这次战役)制止了侵略浪潮,成了盟军反侵略战争的转折点。"这次战役是指_____。

3. 1947 年,美国提出对欧洲经济援助计划,即"_____",巩固了西欧的资本主义制度,同时通过在经济上扶持西欧以达到在政治上控制西欧国家的目的。

4. 人类命运共同体的建设是一个长期复杂和曲折的过程,中国政府已率先身体力行。2013 年,中国提出建设"丝绸之路经济带"和"21 世纪海上丝绸之路",简称"_____"的合作倡议。

三、简答题

1. 简述俄国十月革命的历史意义。
2. 简述当代世界发展的主要特点和主要趋势。

参考答案

第一章　中国古代史

一、选择题

1. 答案：B

解析：通过材料"事在四方，要在中央；圣人执要，四方来效"并结合所学知识可知，这是韩非子的专制主义中央集权思想，故 B 项正确；A、C 是儒家思想，排除；D 项不符合材料信息，排除。故选 B。

2. 答案：B

解析：秦朝结束了几百年的国家分裂和战乱时期，完成了国家的大一统，建立起专制主义中央集权制，汉代对于这一制度进一步巩固，因此秦汉时期是大一统国家的建立与巩固时期，B 项正确；国家的产生和社会变革是夏商周时期，A 项错误；政权的更迭与民族交融是三国两晋南北朝时期，C 项错误；经济的繁荣与开放的社会是隋唐时期，D 项错误。

3. 答案：D

解析：通过材料"温和的方式适应了大一统皇权构建的需要，摆脱了地方诸侯尾大不掉的困境。"结合所学知识我们可知，汉武帝实行推恩令，削弱了王国实力加强的中央集权，故 D 正确；丞相和御史大夫都属于中枢机构，排除 A、B；郡国并行制的推行不利于加强中央集权，最终形成王国问题，排除 C。故选 D。

4. 答案：D

解析：公元前 60 年，西汉政府设置西域都护府，标志着西域开始正式隶属中央政府管辖。从此，今新疆及巴尔喀什湖以东、以南的广大地区开始隶属中央政府，成为我国不可分割的一部分。故选 D。

5. 答案：D

解析：结合所学知识可知，隋炀帝设立进士科，标志着科举制的创立，符合材料"进士及第"的描述，D 项正确；材料强调的是科举制，而非刺史制度、察举制和九品中正制，排除 A、B、C 项。故选 D 项。

6. 答案：A

解析:材料的意思是为天地确立起生生之心,为百姓指明一条共同遵行的大道,继承孔孟等以往的圣人不传的学问,为天下后世开辟永久太平的基业,体现出理学家社会责任感和历史使命,答案为 A;B 项是汉武帝时期确立的,排除;C 项是朱熹的观点,排除;D 项在材料中没有体现,排除。

7. 答案:C

解析:材料信息"15 世纪初的明代,中国著名航海家郑和七次远洋航海……之所以名垂青史,是因为它依靠的不是坚船和利炮,而是宝船和友谊"说明,习主席赞誉了郑和下西洋促进了中外之间友好交往,故 C 项正确;郑和下西洋增加了明王朝的财政负担,故 A 项错误;材料和造船和海航技术无关,故 B 项错误;材料信息不能得出郑和下西洋对中国社会推动作用巨大,故 D 项错误。

8. 答案:C

解析:1727 年,清朝开始派遣驻藏大臣,C 项符合题意。西汉时设立西域都护,作为管理西域的最高长官,排除 A;军机处是清朝雍正帝时设立的辅助皇帝处理政务的最重要的中枢机构,标志着君主专制进一步强化,排除 B;宣政院是元朝在中央设立的负责管理西藏地区行政事务的机构,排除 D。故选 C。

9. 答案:D

解析:明太祖继位后,为加强君权,废除丞相制度;明政府实行八股取士,应试的人为了能够被录取,只有死读"四书""五经",成为皇帝旨意的顺从者;清朝时期,为加强君主专制,雍正帝设置军机处,军政大事完全由皇帝裁决。由此可知,丞相制度的废除、军机处的设立、八股取士都是加强专制统治的措施,都加强了专制统治。故选 D。

10. 答案:A

解析:结合所学知识可知,高产作物的推广种植大幅度提高了粮食总产量、美洲的白银通过海外贸易大量流入中国、形成了实力雄厚的商人群体即商帮、兴起一大批以经济功能为主的工商业市镇,这都是明清时期社会经济发展的表现。故选 A。

二、填空题

1. 答案:商鞅
2. 答案:张骞
3. 答案:光武中兴
4. 答案:两税法
5. 答案:活字印刷术

三、简答题

1. 答案:(1)秦朝最早确立皇帝制度,皇帝对国家事务拥有至高无上的决定权。(2)皇帝之下设三公九卿,三公九卿组成中央政府。(3)彻底废除分封制,在全国推广郡县制。设立郡、县两级行政机构,其主要官员由中央任免和考核。(4)统一车轨、文字、货币和度量衡。

2. 答案:(1)与匈奴的战争:汉武帝任用卫青、霍去病为将,经过三次大规模战争,控制了阴山以南和河西走廊的大片区域,西汉在河西走廊设立武威、张掖、酒泉、敦煌四郡。(2)张骞出使西域:汉武帝派遣张骞两次出使西域,开辟了中西交通道路,大大促进了西域与中原的政治、经济、文化联系。中国的丝织品沿着这条道路西传,这就是著名的"丝绸之路"。(3)行政管辖:公元前60年,西汉设置西域都护府,作为管辖西域的军政机构。

3. **答案**:(1)顺应了北方民族交往交流交融的历史趋势,缓解了民族矛盾。(2)促进了北魏的经济发展和社会繁荣,为以后北方统一南方以及隋唐盛世的出现打下了基础。

4. **答案**:(1)内容:三省指的是尚书省、中书省、门下省,尚书省是执行机构,掌管行政,下设六部吏、户、礼、兵、刑、工为其主要组成部分,分工处理各项具体事务;中书省负责起草诏令,为决策机构;门下省则是审议机构,负责发现诏令中的问题,提出建议。(2)影响:三省六部制提高了工作效率,加强了中央的统治力量,削弱了相权,加强了皇权,是我国官制上非常重大的变革,标志着封建政治制度的成熟。

5. **答案**:(1)统一台湾;(2)签订《尼布楚条约》,从法律上确定黑龙江和乌苏里江流域包括库页岛在内的广大地区,都是中国的领土;(3)平定准噶尔部,设立盟、旗,平定大、小和卓兄弟叛乱,设立伊犁将军,总领军政事务;(4)派遣驻藏大臣,代表朝廷与达赖、班禅共同治理西藏;(5)在西南各民族聚居区,改土归流,逐步取消土司世袭制度。

第二章　中国近代史

一、选择题

1. 答案：A

解析：根据所学知识可知，1839年6月3日在广东虎门海滩上，群众将英美鸦片贩子的鸦片倒在销烟池中销毁，这就是"虎门销烟"，A项符合题意；五四运动是1919年5月4日发生的，B项不符题意；金田起义是1851年发生的，C项不符题意；武昌起义发生在1911年10月10日，D项不符题意。

2. 答案：B

解析：甲午战争后签订《马关条约》，规定台湾全岛及所有附属各岛屿、澎湖列岛割让给日本，引发了台湾人民的反割台斗争，故B正确。

3. 答案：B

解析：结合所学知识可知，新文化运动以民主和科学为旗帜，提倡新道德，反对旧道德，提倡新文学，反对旧文学，因此"德先生"和"赛先生"指的是民主与科学，故B项正确，排除C项；A项是洋务运动的目的，排除；D项是新文化运动的内容，但是不是"德先生"和"赛先生"的含义，排除。故选B。

4. 答案：C

解析：采取暴力革命、领导工人运动都不是中国革命所独有的，国共两党合作不是中国共产党单方面实行的，所以A、B、D三项错误。故选C。

5. 答案：B

解析：依据材料"我们闹革命，光是跑来跑去是不行的，一定要有一个家，不然就很困难，有了这个家，就可以同敌人进行革命斗争"并结合所学知识可知，毛泽东认为建立农村革命根据地对于开展革命斗争十分必要，故答案为B项。材料没有反映"团结一切力量"，排除A项；材料没有涉及"人民民主专政"，排除C项；毛泽东提出"工农武装割据"思想，主张发动农民开展斗争，排除D项。

6. 答案：C

解析：依据材料可知，毛泽东强调了长征对红军基干力量的锻炼，经过长征，队伍更加坚韧和顽强。故选C。

7. 答案：C

解析：根据"只有战略的持久战才是争取最后胜利的唯一途径"可得出，毛泽东在延安发表《论持久战》的演讲，总结抗战开始以来的战争形势，针对国内存在的"中国必亡论"和"中国速胜论"，科学论证了中国必须通过持久作战赢得对日作战最后胜利的战略指导理论，在国内外产生了重大影响，增强了全国人民坚持抗战的信心，C项正确；抗日民族统一战线正式形成是在1937年9月，排除A项；毛泽东没有指导国民党军队取得台儿庄大捷，排除B项；正面战场的进攻颓势并没有得到扭转,排除D项。故选C。

8. 答案:A

解析:9月3日是中国人民抗日战争胜利纪念日,12月13日是南京大屠杀死难者国家公祭日,故A项正确;与国际工人运动有关的是五一劳动节,故B项错误;七一建党节、八一建军节、十一国庆节,故C项错误;与中华优秀传统文化有关的是春节,故D项错误。

9. 答案:D

解析:孟良崮战役是华东野战军在陈毅、粟裕指挥下,在山东孟良崮消灭国民党王牌主力整编第七十四师的一次战役,打退了敌人对山东解放区的重点进攻,故选D。

10. 答案:A

解析:1946—1948年处于解放战争时期,当时中国共产党在解放区进行了土地改革,满足了农民获得土地的愿望,调动了农民革命的积极性,农民踊跃参战。故选A。

二、填空题

1. 答案:辛亥革命
2. 答案:五四运动
3. 答案:遵义会议
4. 答案:平型关大捷
5. 答案:挺进大别山

三、简答题

1. 答案:(1)政治层面:开始了比较完全意义上的反帝反封建的民族民主革命,推翻了清王朝统治,结束了中国两千多年的君主专制制度,建立起中国历史上从来不曾有过的共和政体;(2)思想层面:传播了民主共和理念,推动了中华民族思想解放;(3)社会层面:促使社会经济、思想文化和社会风俗等方面发生新的变化,冲破了封建主义的藩篱;(4)经济层面:打击了帝国主义在华势力,为民族资本主义的发展创造了有利条件。

2. 答案:(1)中国共产党的成立,是一个开天辟地的大事变,给灾难深重的中国人民带来了光明和希望;(2)中国共产党的成立,使中国革命有了坚强的领导力量;(3)自从有了中国共产党,中国革命有了正确的前进方向,中国人民有了强大的凝聚力量,中国命运有了光明的发展前景,从此,中国革命的面貌焕然一新。

3. 答案:长征实现了红军的战略大转移,宣传了中国共产党的政治主张,在沿途播下了革命种子,鼓舞了广大人民群众,铸就了长征精神,打开了中国革命的新局面。

4. 答案:(1)抗日战争的胜利,是近代以来中国抗击外敌入侵所取得的第一次完全胜利,对维护世界和平的伟大事业产生了重要影响,重新确立了中国在世界上的大国地位,使中国人民赢得了世界爱好和平人民的尊敬;(2)这一伟大胜利,开辟了中华民族伟大复兴的光明前景,开启了古老中国凤凰涅槃、浴火重生的新征程。

5. 答案:(1)国民党因其不能解决中国社会的根本矛盾,不能应对中国社会的发展要求,不能代表广大民众的切身利益,从而失去了民众的支持;(2)中国共产党能够始终顺应时代发展的潮流,代表了中国最广大人民的根本利益,得到了广大民众的支持。

第三章 中国现代史

一、选择题

1. **答案**:C

解析:依据材料"历时近三年的战争""最可爱的人""把美帝国主义打垮"并结合所学知识可知,该战争是抗美援朝战争,抗美援朝战争发生于1950—1953年,主要反抗的是美国的侵略,中国人民志愿军也被称为"最可爱的人",故C项正确;A项的时间是1931—1945年,抗击的是日本的侵略,排除;B项是国共内战,排除;D项是一场反帝反封建的大革命,排除。故选C。

2. **答案**:A

解析:①对农业的改造在1956年已经完成;②对资本主义工商业的改造是在1956年完成的;③对手工业的改造也是在1956年完成的;④一五计划是1957年完成的。故选A。

3. **答案**:B

解析:1970年4月24日,中国第一颗人造地球卫星"东方红一号"发射成功,拉开了中国人探索宇宙奥秘、和平利用太空、造福人类的序幕。设立"中国航空日",旨在宣传我国和平利用外太空的宗旨,弘扬航天精神,普及航天知识,推动中国梦、航天梦的实现。正确答案为B项;原子弹和氢弹的爆炸属于核武器,不属于航天方面,排除A项和C项;D项属于农业方面,排除。

4. **答案**:D

解析:结合所学知识可知,1978年十一届三中全会召开,大会决定把党和国家工作中心转移到经济建设上来,实行改革开放的决策,拉开新中国改革开放序幕,中国经济建设进入快车道,故D正确;政治协商会议主要是参政议政,故排除A;中共八大首次明确中国社会的主要矛盾是人民内部矛盾,并未实行改革开放,故排除B;"七届二中全会"决定工作重心由农村转入城市,故排除C。故选D。

5. **答案**:C

解析:结合所学知识可知,1980年,中央设立深圳、珠海、汕头、厦门为经济特区,故C项正确。A、B、D均不合题干主旨,排除。故选C。

6. **答案**:A

解析:结合所学知识可知,余光中在《乡愁》期盼是祖国早日实现统一,故A项正确。"一国两制"在80年代提出,"三通"是1981年由大陆明确提出,达成"九二共识"是在1992年,以上三项皆发生在1971年之后,故B、C、D项错误。

7. **答案**:D

解析:根据所学知识可知,2003年10月,航天员杨利伟乘坐"神舟五号"飞船升入太空,并成功返回地面。我国成为世界上第三个掌握载人航天技术的国家,是在改革开放后,D项正确;A项是1964年,B项是1970年,排除A、B项;1966年,我国第一枚中程地地导弹发射成功。排除 C 项。故选 D 项。

8. 答案:D

解析:结合所学知识可知,习近平新时代中国特色社会主义思想从指导思想层面提出"八个明确",是对毛泽东思想、"三个代表"重要思想以及科学发展观的继承和发展,故 D 项正确;A、B、C 三项是马克思主义中国化的产物,但是不符合"最新理论成果"。故选 D。

9. 答案:C

解析:结合所学知识可知,"两个一百年"奋斗目标的内涵指的是在中国共产党成立一百年时全面建成小康社会,在新中国成立一百年时建成富强民主文明和谐的社会主义现代化国家。因此①③正确,C 项符合题意。

10. 答案:A

解析:当今世界,个别大国仍然在不断挑起事端,干涉别国的内政,霸权主义和强权政治并没有退出历史舞台,排除④;"一带一路"的核心理念是"共商、共享和共建";"一带一路"国际合作高峰论坛在北京召开,充分说明中国综合国力和国际地位的提高;"一带一路"峰会的召开也说明了和平和发展仍是世界主流;①②③符合题意,故 A 正确;结合上述分析可知,B、C 和 D 不符合题意,排除。故选 A。

二、填空题

1. 答案:和平共处五项原则
2. 答案:中华人民共和国宪法
3. 答案:一国两制
4. 答案:二
5. 答案:听党指挥

三、简答题

1. 答案:(1)剿匪镇反;(2)土地改革;(3)稳定物价、统一财经;(4)抗美援朝。

2. 答案:方针:独立自主的和平外交方针。三大政策:①一边倒;②另起炉灶;③打扫干净屋子再请客。

3. 答案:中共十一届三中全会,实现了新中国成立以来党和国家历史上具有深远意义的伟大转折,开启了改革开放和社会主义现代化建设新时期。

4. 答案:习近平新时代中国特色社会主义思想是对马克思列宁主义、毛泽东思想、邓小平理论、"三个代表"重要思想、科学发展观的继承和发展,是马克思主义中国化的最新成果,是中国特色社会主义理论体系的重要组成部分,是全党全国人民为实现中华民族伟大复兴而奋斗的行动指南。

5. 答案:(1)第一个阶段,从 2020 年到 2035 年,在全面建成小康社会的基础上,再奋斗 15 年,基本实现社会主义现代化。(2)第二个阶段,从 2035 年到本世纪中叶,在基本实现现代化的基础上,再奋斗 15 年,把我国建成富强民主文明和谐美丽的社会主义现代化强国。

第四章　世界古代史

一、选择题

1. **答案**:D

解析:在亚非文明古国中,自东向西依次为长江、黄河流域的古代中国文明,印度河流域的古代印度文明,两河流域的古代巴比伦文明,最西端是尼罗河流域的古代埃及文明。故选 D。

2. **答案**:C

解析:婆罗门、刹帝利、吠舍等都是印度种姓制度的内容,故 C 项正确,A、B、D 与种姓无关,排除。

3. **答案**:B

解析:题干材料中给出了"地中海一度成为其内湖"这个提示信息,可知这个帝国是罗马帝国。公元前 27 年以后,罗马帝国在屋大维统治下,发动多次侵略战争,疆域不断扩大,到 2 世纪达到最大规模,成为地跨欧亚非三洲的大帝国,广袤的地中海成为它的内湖。故选 B。

4. **答案**:D

解析:西欧封建社会的基本特征不包括民主制度,D 项符合题意;封君封臣制度、庄园和农奴制度都是西欧封建社会的基本特征,A、B、C 三项不符合题意。故选 D。

5. **答案**:A

解析:根据所学知识可知,公元 646 年,日本实行"大化改新",模仿唐朝律令制度建立中央集权国家。故选 A。

二、填空题

1. **答案**:楔形文字
2. **答案**:古代印度
3. **答案**:幕府政治

第五章 世界近代史

一、选择题

1. **答案**：B

   解析：新航路开辟后,世界各大洲相对隔绝的状态被打破,世界开始从分散走向整体,人类历史发生了重大转折,B项正确;欧洲贸易中心在新航路开辟后由地中海沿岸转移到大西洋沿岸,A项排除;工业革命使人类由农业文明转向工业文明,C项排除;资产阶级革命或改革使得资本主义制度确立,D项排除。故选B。

2. **答案**：A

   解析：但丁是文艺复兴中文学三杰,A项正确;孟德斯鸠、伏尔泰、卢梭都为启蒙思想家,排除B、C、D项。故选A项。

3. **答案**：B

   解析：根据材料"17—18世纪的启蒙运动,以理性和科学的光芒,驱散蒙昧、迷信、宗教狂热和专制统治带来的黑暗"及所学知识可得,孟德斯鸠主张三权分立,伏尔泰、孟德斯鸠和卢梭主张宣扬主权在民、倡导天赋人权,①②④符合题意,B项正确;思想启蒙代表主要反对君主专制,③不符合题意,排除A、C、D项。故选B项。

4. **答案**：C

   解析：农奴制是沙皇俄国的制度,日本没有实行农奴制,明治维新与废除农奴制没有直接关系,故选C;英国光荣革命后颁布了《权利法案》,美国在反对英国殖民侵略战争的过程中发表了《独立宣言》,法国大革命中革命群众攻占了巴士底狱,A、B、D搭配正确,排除。故选C。

5. **答案**：B

   解析：依据题干时间可知,处于第二次工业革命时期,依据题干材料"美国已有发电厂3621座,总装机容量121.2万千瓦""德国已有三分之一的企业使用电动机"可知,第二次工业革命后,人类社会进入电气时代,故C项正确。A项是第一次工业革命的影响,不符合题意,应排除。C项是第三次科技革命的影响,不符合题意,应排除。D项明显不符合题意,应排除。故选B。

6. **答案**：B

   解析：《共产党宣言》是国际共产主义运动第一个纲领性文件,它的发表标志马克思主义的诞生,使工人运动有了科学理论指导,故选B;空想社会主义是马克思主义诞生的思想基础之一,A项错误;第一个无产阶级政权的建立是1871年巴黎公社,而《共产党宣言》发表是1848年,C项错误;剩余价值学说创立是在1867年《资本论》中体现,与1848年《共产党宣言》发表不符,D项错误。

二、填空题

1. **答案**：启蒙运动

2. **答案**:人权宣言
3. **答案**:明治维新
4. **答案**:蒸汽时代
5. **答案**:共产党宣言

三、简答题

1. **答案**:(1)孟德斯鸠强调立法、司法、行政三权分立,互相监督、制衡;(2)伏尔泰寄希望于"开明"君主进行改革,建立君主立宪制;(3)卢梭主张主权在民和直接民主制。

2. **答案**:(1)工业革命极大地改变了世界的面貌,使世界各地的联系日益密切。(2)主要资本主义国家凭借工业革命提供的强大经济和军事实力,继续向世界各地扩张。(3)19世纪末20世纪初,资本主义进入垄断阶段,资本主义世界体系最终形成。

第六章 世界现代史

一、选择题

1. **答案**：B

   解析：新兴的资本主义国家如美国、德国经济实力迅速提高，并导致这些国家综合国力和军事实力增强，一举超越老牌资本主义国家英国、法国等。原有的"均势"遭到破坏，于是他们便要求重新瓜分世界。这势必危及老牌资本主义国家的既得利益，导致帝国主义国家之间的矛盾形成和激化，最终酿成战争，故选B；德国和意大利是同盟国，A项错误；C项是第一次世界大战的导火线，排除；D项是第二次世界大战前的状况，排除。

2. **答案**：B

   解析："革命是由于国家必须实现社会经济、文化、政治发展的'现代化'要求决定的"说明十月革命是俄国近代化发展的要求，故B项正确；A项属于十月革命的意义，排除；C项中"国家富强"不符合事实，排除；D项是二月革命要求，排除。故选B。

3. **答案**：B

   解析：根据材料"1921年苏俄政府调整国家与农民的关系，通过粮食税等市场机制建立工农联盟"结合所学知识可知，1921年苏俄实行新经济政策，以固定粮食税代替余粮收集制，因此题干内容体现的是新经济政策内容，B项正确；根据所学可知，战时共产主义政策实行于1918—1921年，并且主要实行余粮收集制，不符合题意，排除A项；苏联社会主义工业化开始于20世纪20年代末，不符合题意，排除C项；农业集体化也开始于20世纪20年代末，不符合题意，排除D项。故选B项。

4. **答案**：C

   解析：依据所学知识可知，法西斯国家的大肆侵略，激起世界各国人民的愤怒，全世界反法西斯国家开始逐渐走向联合。1942年1月，美、英、苏、中等26个国家的代表在美国首都华盛顿签署《联合国家宣言》，标志着世界反法西斯联盟的正式形成。C项符合题意。

5. **答案**：D

   解析：根据"20世纪40年代中后期至80年代末90年代初，世界出现了两大集团既非战争又非和平的长期对峙与竞争状态"可得出是美苏的冷战，D项正确，排除A、B、C。

6. **答案**：C

   解析：根据所学知识可知，火车是第一次工业革命的成果，排除A；轮船、飞机是第二次工业革命的成果，排除B、D。电子计算机的广泛使用是第三次科技革命的重要特征，人类从此开始向网络信息时代迈进，电子邮件属于第三次科技革命的成果，故选C。

7. **答案**：D

   解析：根据所学知识可知，当今世界发展的特点和趋势有：社会信息化、文化多样化，经济全球化不断发展，和平发展合作共赢是潮流，②③④正确，D项符合题意；1991年苏联解体标志着冷战的结束,①错误,与之组合的 A、B、C 三项不符合题意。

8. **答案**:B

解析:根据材料"中国作为世界和平的建设者、全球发展的贡献者和国际秩序的维护者,正为世界做着更大的贡献"及所学知识可知,中国积极构建人类命运共同体,努力实现共赢共享,同时积极促进全球治理体系的改革与完善,提出"一带一路"倡议,促进世界经济发展,①②④表述符合题意,B 项正确;万隆会议是亚非国家和地区第一次在没有殖民国家参加的情况下讨论亚非人民切身利益的大型国际会议,"参加万隆会议,反对帝国主义和霸权主义"表述错误,排除 A、C、D 项。故选 B 项。

二、填空题

1. **答案**:战时共产主义
2. **答案**:斯大林格勒战役
3. **答案**:马歇尔计划
4. **答案**:一带一路

三、简答题

1. **答案**:(1)建立了人类历史上第一个无产阶级领导的国家,打破了资本主义一统天下的世界格局,实现了社会主义从理想到现实的伟大飞跃,开辟了人类探索社会主义道路的新纪元。(2)沉重打击了帝国主义对世界的统治,极大地鼓舞了殖民地半殖民地人民的解放斗争,改变了 20 世纪的世界格局。从此,资本主义和社会主义两种社会制度的并存与竞争,成为世界历史的重要内容。

2. **答案**:(1)经济全球化不可逆转;(2)世界多极化深入发展;(3)社会信息化和文化多样性;(4)和平发展合作共赢成为时代潮流。

二〇二二年军队院校招收士兵学员文化科目统一考试

军士科学知识综合试题重点真题及解析

第一部分 物理

一、单项选择题

1. 某人在高度为 h 的地方抛出一个质量为 m 的物体,不计空气阻力,物体落地时的速度为 v,这人对物体所做的功为_____。

   A. mgh
   B. $\frac{1}{2}mv^2$
   C. $mgh + \frac{1}{2}mv^2$
   D. $\frac{1}{2}mv^2 - mgh$

   【答案】D

   【解析】根据动能定理可确定选项 D 正确。

2. 关于机械能守恒,以下说法正确的是_____。

   A. 物体所受合力为零时,机械能一定守恒
   B. 在水平面上做匀速运动的物体,机械能一定守恒
   C. 在竖直平面内做匀速圆周运动的物体,机械能一定守恒
   D. 做各种抛体运动的物体,若不计空气阻力,机械能一定守恒

   【答案】D

   【解析】机械能守恒的条件是:物体或系统只有重力或弹簧弹力做功,没有其他力做功或者其他力做功的代数和为零,则机械能守恒。物体所受合力等于零时,它的机械能不一定守恒;在水平面上做匀速运动的物体,它的机械能不一定守恒;在竖直面内做匀速圆周运动的物体,它的机械能一定不守恒;做各种抛体运动的物体,当不计空气阻力时,在运动过程中只有重力做功,因此机械能一定守恒;所以只有选项 D 正确。

3. 真空中两个相同的金属小球,相距为 r,r 远远大于小球的直径,带有的电荷量分别为 $-Q$ 和 $+3Q$,它们间静电力的大小为 F。若将两小球接触后,再分开,当其距离变为 $\frac{r}{2}$ 时,则两球间静电力的大小为_____。

   A. $\frac{1}{12}F$
   B. $\frac{3}{4}F$
   C. $\frac{4}{3}F$
   D. $12F$

   【答案】C

   【解析】真空中的两个金属小球分别带有电荷量为 $-Q$ 和 $+3Q$,因二者之间的距离远远大于小球的直径,故可将其视为点电荷,根据库仑定律,它们之间的静电力的大小 $F = k\frac{3Q^2}{r^2}$。两小球接触后,再分开,由电荷守恒定律可得此时这两个小球带电量相等,都为 Q,又由于它们之间的距离变为 $\frac{r}{2}$,由库仑定律可得两小球间的作用力大小为 $F' = k\frac{Q^2}{\left(\frac{r}{2}\right)^2} = k\frac{4Q^2}{r^2} = \frac{4}{3}F$,故

选项 C 正确。

4.若平行板电容器充电后始终与电源保持连接,则以下说法正确的是_____。
   A.若两极板的正对面积减小,则电容器所带的电荷量变大
   B.若两极板的正对面积减小,则两极板间的场强变大
   C.若两极板间的距离减小,则两极板间的场强变大
   D.若两极板间插入电介质,则两极板间的场强变大
【答案】C

【解析】平行板电容器充电后,始终与电源保持连接的情况下,两极板间的电势差 U 不变。由平行板电容器公式 $C=\varepsilon\dfrac{S}{d}$ 以及 $Q=CU$ 可知,若两极板的正对面积减小,则电容器的电容 C 减小,因电压 U 不变,所以电容器所带的电荷量减小,故 A 错误;由公式 $E=\dfrac{U}{d}$ 可知,若两极板间的距离 d 减小,则极板间的场强增大;故 B、D 错误,C 正确。

5.一段粗细均匀的镍铬丝,横截面的直径是 d,电阻是 R,把它拉制成直径为 $\dfrac{d}{10}$ 的均匀细丝后,它的电阻变为_____。

A.10 000R B.$\dfrac{R}{10\ 000}$ C.100R D.$\dfrac{R}{100}$

【答案】A

【解析】将粗细均匀的镍铬丝均匀拉长,使其直径为原来的 $\dfrac{1}{10}$,则拉长后的镍铬丝的横截面积变为原来的 $\dfrac{1}{100}$,长度变为原来的 100 倍。由电阻定律 $R=\rho\dfrac{l}{S}$ 得,电阻变为原来的 10 000 倍,所以正确的选项为 A。

6.如图3所示,理想变压器输入的交变电压 U 不变,两个副线圈的匝数分别为 n_2 和 n_3,当把一定值电阻先后接在 a、b 之间和 c、d 之间时,安培表的示数分别为 I 和 I',则 $I:I'$ 为_____。

A.$n_2^2:n_3^2$ 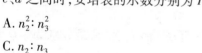   B.$\sqrt{n_2}:\sqrt{n_3}$
C.$n_2:n_3$ D.$n_3^2:n_2^2$

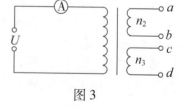

图3

【答案】A

【解析】设该理想变压器原线圈的匝数为 n,定值电阻为 R,根据理想变压器的原理有:$U_{ab}=\dfrac{n_2}{n}U$,$U_{cd}=\dfrac{n_3}{n}U$,$UI=\dfrac{U_{ab}^2}{R}$,$UI'=\dfrac{U_{cd}^2}{R}$;联立可得 $I:I'=n_2^2:n_3^2$,故选项 A 正确。

7.雨后太阳光入射到水滴中发生色散而形成彩虹。设水滴是球形的,图4中的圆代表水滴过球心的截面,入射光线在过此截面的平面内,a、b、c、d 代表四条不同颜色的出射光线,则 a、b、c、d 可能依次是_____。
   A.紫光、黄光、蓝光和红光
   B.紫光、蓝光、黄光和红光
   C.红光、蓝光、黄光和紫光

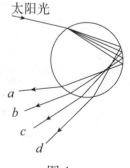

图4

· 500 ·

D. 红光、黄光、蓝光和紫光

【答案】B

【解析】太阳光是复色光,水对不同色光的折射率不同,红光、黄光、蓝光、紫光的波长依次减小,频率依次增大,折射率也依次增大,即水对紫光的折射率最大,对红光的折射率最小,因此,由 a 到 d 的四条光线依次为紫光、蓝光、黄光和红光,故正确的选项为 B。

二、填空题

8. 我国民用交流电压的 $U-t$ 图像如图 5 所示。根据图象可知以下有关民用交流电压的具体参数值:

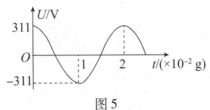

图 5

(1)用交流电压表测出的值是_____V(保留三位有效数字);

(2)交流电的频率是_____Hz。

【答案】220　50

【解析】由图像的纵轴可以读出交变电压的最大值(峰值),由横轴可以求出其周期;用交流电压表测出的值是交变电压的有效值,有效值与最大值的关系是: $U_{有效}=\dfrac{U_{\mathrm{m}}}{\sqrt{2}}=\dfrac{311}{\sqrt{2}}=220$ V;交流电的频率是周期的倒数,所以 $f=\dfrac{1}{T}=\dfrac{1}{2\times 10^{-2}}=50$ Hz。

第二部分　化学

一、单项选择题

1. 下列物质属于碱的是_____。

　A. Na_2CO_3　　　　　　　　B. $Cu_2(OH)_2CO_3$
　C. $Ba(OH)_2$　　　　　　　　D. CH_3COOH

【答案】C

【解析】此题考查物质的分类。

A 选项, Na_2CO_3 的阳离子是金属离子,阴离子是酸根离子,属于盐类,故 A 错误;

B 选项, $Cu_2(OH)_2CO_3$ 的阳离子是金属离子、阴离子是酸根离子和氢氧根,属于碱式盐,故 B 错误。

C 选项, $Ba(OH)_2$ 在水溶液中电离出来的阴离子全部都是 OH^-,属于碱,故 C 正确;

D 选项, CH_3COOH 在水溶液中电离出的阳离子全部是氢离子,属于酸,故 D 错误。

2. 下列物质属于电解质的是_____。

　A. 氯气　　　　B. 氯化钠　　　　C. 蔗糖　　　　D. 铁

【答案】B

【解析】此题考查电解质的定义:在水溶液或熔融状态下能够导电的化合物。

A 选项,氯气属于单质,所以不是电解质,故 A 错误;

B 选项,氯化钠在水溶液和熔融状态下均能导电,并且属于化合物,符合电解质的定义,故 B 正确;

C 选项,蔗糖在水溶液和熔融状态下均不导电,属于非电解质,故 C 错误;

D 选项,铁属于单质,所以不是电解质,故 D 错误。

3. 下列说法不正确的是_____。

A. 氯化钠可用于配制生理盐水

B. 镁在空气中能燃烧并发出耀眼的白光,可用于制造信号弹

C. 浓氨水可检验氯气管道漏气

D. 玻璃(含 SiO_2)容器可以长期盛放各种酸

【答案】D

【解析】A 项,NaCl 易溶于水,食盐水可使细菌中细胞脱水,则氯化钠可用于配制生理盐水,故 A 正确;

B 项,镁在空气中燃烧会发出耀眼白光,可用作信号弹,正确;

C 项,氯气与浓氨水挥发出的氨气可发生如下反应:$8NH_3 + 3Cl_2 = N_2 + 6NH_4Cl$,当将浓氨水靠近氯气时,可以看到白烟($NH_4Cl$)生成,所以工厂里常用浓氨水来检验氯气管道是否泄漏,正确;

D 项,玻璃容器可长期盛放不与玻璃发生反应的酸,但由于 HF 能与玻璃的成分 SiO_2 发生反应($SiO_2 + 4HF = SiF_4\uparrow + 2H_2O$),所以玻璃容器不能存放氢氟酸(HF),错误。

二、填空题(除特殊标注外,每空 3 分)

4. (本小题每空 2 分)常温下某氨水溶液的 $c(OH^-) = 0.001\ mol\cdot L^{-1}$,则该溶液的 pH = _____,该溶液中由水电离出的 $c(H^+)$ _____ $0.001\ mol\cdot L^{-1}$ NaOH 溶液中由水电离出的 $c(H^+)$(填">"、"="、"<")。

【答案】11 =

【解析】常温下,$K_w = c(H^+) \times c(OH^-) = 1 \times 10^{-14}$,$c(OH^-) = 0.001\ mol\cdot L^{-1}$ 代入可得 $c(H^+) = 10^{-11}\ mol\cdot L^{-1}$,$pH = -\lg c(H^+) = 11$

在 $0.001\ mol\cdot L^{-1}$ 的氨水和氢氧化钠溶液中,H^+ 都是由水电离出来的,其浓度都是 $10^{-11}\ mol\cdot L^{-1}$,所以两者浓度相等。

5. 设 N_A 为阿伏加德罗常数,则 N_A 个 ^{12}C 原子的质量为_____g。

【答案】12

【解析】此题考查物质的量的相关计算

N_A 个 ^{12}C 原子的物质的量为 1 mol,由元素符号左上角数据可知,C 原子的相对原子质量 = 12,其摩尔质量 = 12 g/mol,所以质量为 1 mol × 12 g/mol = 12 g。

6. 如图表示一定温度下,在容积固定的密闭容器中,A、B、C 三种气体的物质的量浓度随时间的变化情况,则 $0 \sim t_1$ s 内,B 气体的平均反应速率为_____$mol\cdot L^{-1}\cdot s^{-1}$。(用含 t_1 的表达式表示)

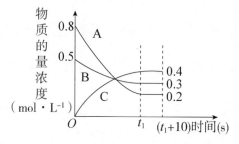

【答案】$\dfrac{0.2}{t_1}$

【解析】根据反应速率计算公式，$0\sim t_1$ s 内气体 B 的平均反应速率 $v(B)=\dfrac{\Delta c(B)}{\Delta t}=\dfrac{0.2}{t_1}$ mol·$L^{-1}\cdot s^{-1}$。

7. 软锰矿（主要成分 MnO_2）的水悬浊液与烟气中的 SO_2 可发生反应：$MnO_2+SO_2 =\!=\!= MnSO_4$，该反应中的氧化剂是_____。质量为 17.40 g 纯净 MnO_2 最多能氧化_____L SO_2（标准状况），该过程转移的电子数目为_____mol。

【答案】MnO_2　4.48　0.4

【解析】在反应过程中，Mn 元素化合价从 +4 价降到 +2 价，得 2 个电子，被还原，所以氧化剂是 MnO_2，

根据 $MnO_2+SO_2=\!=\!=MnSO_4$ 可知：$MnO_2\sim SO_2$，$n(SO_2)=n(MnO_2)=\dfrac{17.4\text{ g}}{87\text{ g·mol}^{-1}}=0.2$ mol，

其体积为 0.2 mol×22.4 L·mol^{-1} =4.48 L。

反应 1 mol SO_2 转移电子 2 mol，则反应 0.2 mol SO_2 转移电子 0.4 mol。

8. X、Y、Z 为三种原子序数依次增大的短周期主族元素。X 元素的最简单氢化物是天然气的主要成分；Y 和 Z 能形成 Z_2Y 与 Z_2Y_2 两种离子化合物，其中一种为常用的供氧剂。

请回答：

(1) X 元素的元素符号为_____。

(2) Z_2Y_2 中含有的化学键类型有_____种。

(3) Z_2Y_2 与 CO_2 反应的化学方程式为_____。

【答案】

(1) C

(2) 2

(3) $2Na_2O_2+2CO_2=2Na_2CO_3+O_2$

【解析】由题知，X 元素的最简单氢化物是天然气主要成分 CH_4，可推测 X 元素为 C；Y 和 Z 能形成 Z_2Y 与 Z_2Y_2 两种离子化合物，可推测知 Y 是 O；常用的供氧剂为 Na_2O_2，可推测 Z 是 Na。Na_2O_2 中含有离子键和共价键 2 种，其与 CO_2 的反应方程式为 $2Na_2O_2+2CO_2=2Na_2CO_3+O_2$

9. 用铜片、银片、$Cu(NO_3)_2$ 溶液、$AgNO_3$ 溶液、导线和盐桥（装有琼脂－KNO_3 的 U 型管）构成一个原电池。

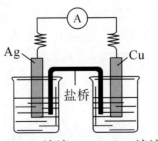

$AgNO_3$ 溶液　$Cu(NO_3)_2$ 溶液

请回答：

(1) 在外电路中，电子由_____电极流出。（填"铜"或"银"）

(2)该原电池的正极反应式为_____。

(3)将铜片浸入 AgNO₃ 溶液中发生的化学反应与该原电池反应_____。(填"不同"或"相同")

【答案】(1)铜

(2)$Ag^+ + e^- = Ag$

(3)相同

【解析】

(1)在此原电池中,铜电极做负极,失电子;银电极做正极,得电子;电子从负极流向正极。

(2)银为正极,电极反应式为:$Ag^+ + e^- = Ag$

(3)该原电池的电极反应式为:负极:$Cu - 2e^- = Cu^{2+}$;正极:$Ag^+ + e^- = Ag$,故总反应为 $Cu + 2Ag^+ = Cu^{2+} + 2Ag$。铜片与硝酸银反应的离子方程式为 $Cu + 2Ag^+ = Cu^{2+} + 2Ag$,与原电池的总反应相同。

10. 氯可形成多种含氧酸盐,广泛应用于杀菌、消毒及化工领域。实验室中利用下图装置(部分装置省略)制备 KClO₃ 和 NaClO。

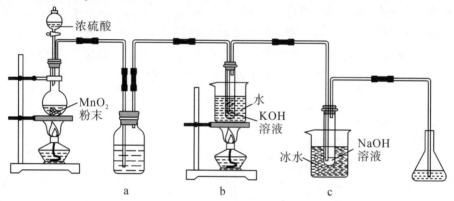

请回答:

(1)盛放 MnO₂ 粉末的仪器名称是_____,a 中的试剂为_____。

(2)b 中采用的加热方式是_____。

(3)c 中发生反应的化学方程式是_____。

【答案】(1)圆底烧瓶　饱和食盐水

(2)水浴加热

(3)$Cl_2 + 2NaOH = NaCl + NaClO + H_2O$

【解析】整套装置的最左端为氯气的发生装置,利用二氧化锰固体和浓盐酸在加热条件下制取氯气,由于盐酸具有挥发性,导致氯气中含有杂质 HCl 和水蒸气,氯气中的杂质气体 HCl 会影响后面的 KClO₃ 和 NaClO 的制备,故需要用饱和食盐水(a 中盛放的试剂)除去氯气中的 HCl 杂质。b 为氯气与 KOH 溶液在加热(热水浴)条件下制取 KClO₃ 的装置,发生的反应为 $3Cl_2 + 6KOH \xrightarrow{\triangle} KClO_3 + 5KCl + 3H_2O$。c 为氯气与 NaOH 溶液在较低温度下制取 NaClO 的装置,发生的反应为 $Cl_2 + 2NaOH = NaCl + NaClO + H_2O$。

第三部分　历史

一、单项选择题

1. 中国人民局部抗日战争和全民族抗日战争开始的时间分别是_____。

A. 1936 年 12 月 12 日、1937 年 7 月 7 日
B. 1931 年 9 月 18 日、1936 年 12 月 12 日
C. 1937 年 7 月 7 日、1937 年 8 月 13 日
D. 1931 年 9 月 18 日、1937 年 7 月 7 日

【答案】D

【解析】1931 年 9 月 18 日夜,日本关东军炸毁沈阳北郊柳条湖附近南满铁路的一段路轨,反诬中国军队所为,借此对中国东北军驻地北大营和沈阳城发动突然袭击,制造了九一八事变。这一事变标志着中国局部抗战的开始。1937 年 7 月 7 日晚,日军在北平西南的宛平城外卢沟桥举行"军事演习",借口一名士兵失踪,要求进入宛平城搜查。遭到拒绝后,日军竟然向宛平城射击,炮轰卢沟桥,中国守军奋起还击。这就是卢沟桥事变,又称七七事变。中国全面抗战由此开始。故选 D。

2. 党的_____着眼中国特色社会主义事业长远发展,郑重提出习近平新时代中国特色社会主义思想,并把这一思想确立为党必须长期坚持的指导思想,写进党章。
　　A. 十九大　　　　B. 十八大　　　　C. 十九届六中全会　　D. 十七大

【答案】A

【解析】2017 年,中国共产党第十九次全国代表大会在北京召开。大会确立习近平新时代中国特色社会主义思想为中国共产党必须长期坚持的指导思想。故选 A。

3. 2020 年 9 月 8 日,全国抗击新冠肺炎疫情表彰大会隆重举行,习近平总书记在大会上深刻阐述了_____的伟大抗疫精神。
　　A. 紧紧依靠人民群众、同人民群众生死相依、患难与共、艰苦奋斗
　　B. 天下兴亡、匹夫有责,视死如归、宁死不屈,不畏强暴、血战到底,百折不挠、坚韧不拔
　　C. 生命至上、举国同心、舍生忘死、尊重科学、命运与共
　　D. 忠诚于党、热爱人民、报效国家、献身使命、崇尚荣誉

【答案】C

【解析】2020 年 9 月 8 日,全国抗击新冠肺炎疫情表彰大会隆重举行。习近平在大会上深刻阐述生命至上、举国同心、舍生忘死、尊重科学、命运与共的伟大抗疫精神。故选 C。

4. 虽然当今世界并不安宁,霸权主义和强权政治依然存在,人类面临许多共同问题,但是世界的两大主题仍然是_____
　　A. 友好与合作　　　　　　　　B. 战争与革命
　　C. 霸权与恐怖　　　　　　　　D. 和平与发展

【答案】D

【解析】和平与发展是当今时代的主题。和平是指世界的总体和平,发展是指世界的繁荣与发展。故选 D。

二、填空题

5. 1937 年 8 月,根据国共两党协议,中共中央革命军事委员会发布命令,宣布红军改名为国民革命军第八路军,任命_____为总指挥。

【答案】朱德

【解析】为早日促成国共两党合作抗日,周恩来向蒋介石递交了《中共中央为公布国共合作宣

言》,提出抗日的基本主张,重申共产党的各项保证。随后,红军主力正式改编为国民革命军第八路军,朱德、彭德怀分别为正、副总指挥。

6. 1917年11月7日,即俄历10月25日,俄国爆发_____革命,布尔什维克党领导彼得格勒工人赤卫队员、革命士兵进行武装起义,占领临时政府所在地冬宫。

【答案】十月

【解析】1917年11月7日,即俄历10月25日,革命武装占领临时政府所在地冬宫。1917年11月8日,全俄工兵代表苏维埃第二次代表大会宣布推翻临时政府,成立布尔什维克党领导的苏维埃政权,列宁当选为人民委员会主席。这次大会标志着苏维埃政权在俄国正式建立,宣告了世界上第一个社会主义国家的诞生。

三、简答题

7. (8分)简述洋务运动的历史影响。

【答案】

(1)洋务运动顺应了历史潮流,把向西方学习变成大规模的社会实践(2分)

(2)洋务运动客观上促进了中国民族资本主义的发展(2分)

(3)洋务运动导致了中国社会阶级结构的新变化,出现了中国民族资产阶级,壮大了中国无产阶级的力量(2分)

(4)洋务运动冲击了传统的封建观念,开阔了中国人的视野(2分)

8. (6分)简述实现第二个百年奋斗目标的两个阶段性战略安排。

【答案】

(1)第一阶段,从2020年到2035年,在全面建成小康社会的基础上,再奋斗15年,基本实现社会主义现代化。(3分)

(2)第二阶段,从2035年到本世纪中叶,在基本实现现代化的基础上,再奋斗15年,把我国建成富强、民主、文明、和谐、美丽的社会主义现代化强国。(3分)

9. (6分)简述工业革命的影响。

【答案】

(1)工业革命使生产力出现了前所未有的大发展,不仅使世界各地的联系日益紧密,也给实现了工业化的各国带来了空前的经济繁荣。(2分)

(2)工业革命造成社会阶级结构的重大变化,工业资产阶级和工业无产阶级逐渐成为社会的两大阶级。(2分)

(3)工业革命极大地改变了世界的面貌,主要资本主义国家凭借工业革命提供的强大经济和军事实力,继续向世界各地大肆扩张。19世纪末20世纪初,资本主义进入垄断阶段,资本主义世界经济体系最终形成。(2分)

附录 酸、碱和盐的溶解性表(20℃)

离子	OH^-	NO_3^-	Cl^-	SO_4^{2-}	S^{2-}	SO_3^{2-}	CO_3^{2-}	SiO_3^{2-}	PO_4^{3-}
H^+		溶、挥	溶、挥	溶	溶、挥	溶、挥	溶、挥	微	溶
NH_4^+	溶、挥	溶	溶	溶	溶	溶	溶	溶	溶
K^+	溶	溶	溶	溶	溶	溶	溶	溶	溶
Na^+	溶	溶	溶	溶	溶	溶	溶	溶	溶
Ba^{2+}	溶	溶	溶	不	—	不	不	不	不
Ca^{2+}	微	溶	溶	微	—	不	不	不	不
Mg^{2+}	不	溶	溶	溶	—	微	微	不	不
Al^{3+}	不	溶	溶	溶	—	—	—	不	不
Mn^{2+}	不	溶	溶	溶	不	不	不	不	不
Zn^{2+}	不	溶	溶	溶	不	不	不	不	不
Cr^{3+}	不	溶	溶	溶	—	—	—	不	不
Fe^{2+}	不	溶	溶	溶	不	不	不	不	不
Fe^{3+}	不	溶	溶	溶	—	—	不	不	不
Sn^{2+}	不	溶	溶	溶	不	—	—	—	不
Pb^{2+}	不	溶	微	不	不	不	不	不	不
Bi^{3+}	不	溶	—	溶	不	不	不	—	不
Cu^{2+}	不	溶	溶	溶	不	不	不	不	不
Hg_2^{2+}		溶	不	微	不	不	不	—	不
Hg^{2+}	—	溶	溶	溶	不	不	不	—	不
Ag^+	—	溶	不	微	不	不	不	不	不

注:"溶"表示该物质可溶于水,"不"表示不溶于水,"微"表示微溶于水,"挥"表示挥发性。"—"表示该物质不存在或遇到水就分解了。

元素周期表

原子序数	92 U	元素符号，红色指放射性元素
元素名称 注 * 的是人造元素	铀	
	$5f^{3}6d^{1}7s^{2}$	外围电子层排布，括号指可能的电子层排布
	238.0	相对原子质量（加括号的数据为该放射性元素半衰期最长同位素的质量数）

非金属　金属　过渡元素

周期＼族	I A 1	II A 2	III B 3	IV B 4	V B 5	VI B 6	VII B 7	VIII 8	9	10	I B 11	II B 12	III A 13	IV A 14	V A 15	VI A 16	VII A 17	0 18	电子层	0 族电子数
1	1 H 氢 $1s^{1}$ 1.008																	2 He 氦 $1s^{2}$ 4.003	K	2
2	3 Li 锂 $2s^{1}$ 6.941	4 Be 铍 $2s^{2}$ 9.012											5 B 硼 $2s^{2}2p^{1}$ 10.81	6 C 碳 $2s^{2}2p^{2}$ 12.01	7 N 氮 $2s^{2}2p^{3}$ 14.01	8 O 氧 $2s^{2}2p^{4}$ 16.00	9 F 氟 $2s^{2}2p^{5}$ 19.00	10 Ne 氖 $2s^{2}2p^{6}$ 20.18	L K	8 2
3	11 Na 钠 $3s^{1}$ 22.99	12 Mg 镁 $3s^{2}$ 24.31											13 Al 铝 $3s^{2}3p^{1}$ 26.98	14 Si 硅 $3s^{2}3p^{2}$ 28.09	15 P 磷 $3s^{2}3p^{3}$ 30.97	16 S 硫 $3s^{2}3p^{4}$ 32.06	17 Cl 氯 $3s^{2}3p^{5}$ 35.45	18 Ar 氩 $3s^{2}3p^{6}$ 39.95	M L K	8 8 2
4	19 K 钾 $4s^{1}$ 39.10	20 Ca 钙 $4s^{2}$ 40.08	21 Sc 钪 $3d^{1}4s^{2}$ 44.96	22 Ti 钛 $3d^{2}4s^{2}$ 47.88	23 V 钒 $3d^{3}4s^{2}$ 50.94	24 Cr 铬 $3d^{5}4s^{1}$ 52.00	25 Mn 锰 $3d^{5}4s^{2}$ 54.94	26 Fe 铁 $3d^{6}4s^{2}$ 55.85	27 Co 钴 $3d^{7}4s^{2}$ 58.93	28 Ni 镍 $3d^{8}4s^{2}$ 58.69	29 Cu 铜 $3d^{10}4s^{1}$ 63.55	30 Zn 锌 $3d^{10}4s^{2}$ 65.38	31 Ga 镓 $4s^{2}4p^{1}$ 69.72	32 Ge 锗 $4s^{2}4p^{2}$ 72.64	33 As 砷 $4s^{2}4p^{3}$ 74.92	34 Se 硒 $4s^{2}4p^{4}$ 78.96	35 Br 溴 $4s^{2}4p^{5}$ 79.90	36 Kr 氪 $4s^{2}4p^{6}$ 83.80	N M L K	8 18 8 2
5	37 Rb 铷 $5s^{1}$ 85.47	38 Sr 锶 $5s^{2}$ 87.62	39 Y 钇 $4d^{1}5s^{2}$ 88.91	40 Zr 锆 $4d^{2}5s^{2}$ 91.22	41 Nb 铌 $4d^{4}5s^{1}$ 92.91	42 Mo 钼 $4d^{5}5s^{1}$ 95.94	43 Tc 锝 $4d^{5}5s^{2}$ 〔98〕	44 Ru 钌 $4d^{7}5s^{1}$ 101.1	45 Rh 铑 $4d^{8}5s^{1}$ 102.9	46 Pd 钯 $4d^{10}$ 106.4	47 Ag 银 $4d^{10}5s^{1}$ 107.9	48 Cd 镉 $4d^{10}5s^{2}$ 112.4	49 In 铟 $5s^{2}5p^{1}$ 114.8	50 Sn 锡 $5s^{2}5p^{2}$ 118.7	51 Sb 锑 $5s^{2}5p^{3}$ 121.8	52 Te 碲 $5s^{2}5p^{4}$ 127.6	53 I 碘 $5s^{2}5p^{5}$ 126.9	54 Xe 氙 $5s^{2}5p^{6}$ 131.3	O N M L K	8 18 18 8 2
6	55 Cs 铯 $6s^{1}$ 132.9	56 Ba 钡 $6s^{2}$ 137.3	57~71 La~Lu 镧系	72 Hf 铪 $5d^{2}6s^{2}$ 178.5	73 Ta 钽 $5d^{3}6s^{2}$ 180.9	74 W 钨 $5d^{4}6s^{2}$ 183.8	75 Re 铼 $5d^{5}6s^{2}$ 186.2	76 Os 锇 $5d^{6}6s^{2}$ 190.2	77 Ir 铱 $5d^{7}6s^{2}$ 192.2	78 Pt 铂 $5d^{9}6s^{1}$ 195.1	79 Au 金 $5d^{10}6s^{1}$ 197.0	80 Hg 汞 $5d^{10}6s^{2}$ 200.6	81 Tl 铊 $6s^{2}6p^{1}$ 204.4	82 Pb 铅 $6s^{2}6p^{2}$ 207.2	83 Bi 铋 $6s^{2}6p^{3}$ 209.0	84 Po 钋 $6s^{2}6p^{4}$ 〔209〕	85 At 砹 $6s^{2}6p^{5}$ 〔210〕	86 Rn 氡 $6s^{2}6p^{6}$ 〔222〕	P O N M L K	8 18 32 18 8 2
7	87 Fr 钫 $7s^{1}$ 〔223〕	88 Ra 镭 $7s^{2}$ 〔226〕	89~103 Ac~Lr 锕系	104 Rf 𬬻* $5d^{2}7s^{2}$ 〔261〕	105 Db 𬭊* $6d^{3}7s^{2}$ 〔262〕	106 Sg 𬭳* 〔263〕	107 Bh 𬭛* 〔264〕	108 Hs 𬭶* 〔265〕	109 Mt 鿏* 〔265〕	110 Uun * 〔269〕	111 Uuu * 〔272〕	112 Uub * 〔277〕	……							

镧系	57 La 镧 $5d^{1}6s^{2}$ 138.9	58 Ce 铈 $4f^{1}5d^{1}6s^{2}$ 140.1	59 Pr 镨 $4f^{3}6s^{2}$ 140.9	60 Nd 钕 $4f^{4}6s^{2}$ 144.2	61 Pm 钷 $4f^{5}6s^{2}$ 〔145〕	62 Sm 钐 $4f^{6}6s^{2}$ 150.4	63 Eu 铕 $4f^{7}6s^{2}$ 152.0	64 Gd 钆 $4f^{7}5d^{1}6s^{2}$ 157.3	65 Tb 铽 $4f^{9}6s^{2}$ 158.9	66 Dy 镝 $4f^{10}6s^{2}$ 162.5	67 Ho 钬 $4f^{11}6s^{2}$ 164.9	68 Er 铒 $4f^{12}6s^{2}$ 167.3	69 Tm 铥 $4f^{13}6s^{2}$ 168.9	70 Yb 镱 $4f^{14}6s^{2}$ 173.0	71 Lu 镥 $4f^{14}5d^{1}6s^{2}$ 175.0
锕系	89 Ac 锕 $6d^{1}7s^{2}$ 〔227〕	90 Th 钍 $6d^{2}7s^{2}$ 232.0	91 Pa 镤 $5f^{2}6d^{1}7s^{2}$ 231.0	92 U 铀 $5f^{3}6d^{1}7s^{2}$ 238.0	93 Np 镎 $5f^{4}6d^{1}7s^{2}$ 237.0	94 Pu 钚 $5f^{6}7s^{2}$ 〔244〕	95 Am 镅* $5f^{7}7s^{2}$ 〔243〕	96 Cm 锔* $5f^{7}6d^{1}7s^{2}$ 〔247〕	97 Bk 锫* $5f^{9}7s^{2}$ 〔247〕	98 Cf 锎* $5f^{10}7s^{2}$ 〔251〕	99 Es 锿* $5f^{11}7s^{2}$ 〔252〕	100 Fm 镄* $5f^{12}7s^{2}$ 〔257〕	101 Md 钔* $(5f^{13}7s^{2})$ 〔258〕	102 No 锘* $(5f^{14}7s^{2})$ 〔259〕	103 Lr 铹* $(5f^{14}6d^{1}7s^{2})$ 〔262〕

注:

1.原子量录自1993年国际原子量表,并全部取4位有效数字。

2.原子量加括号的为放射性元素的半衰期最长的同位素的质量数。